O NOVO MAPA

O autor

Daniel Yergin é uma autoridade altamente respeitada nos campos de energia, política internacional e economia. Vencedor do Prêmio Pulitzer, é autor dos *best-sellers* O Petróleo: Uma História de Conquistas, Poder e Dinheiro, A Busca: Energia, Segurança e a Reconstrução do Mundo Moderno e Shattered Peace: The Origins of the Cold War e coautor de *Commanding Heights: The Battle for the World Economy*. É vice-presidente da IHS Markit, uma das maiores empresas de pesquisa e informação do mundo, conselheiro do Council on Foreign Relations e conselheiro sênior da Brookings Institution. Integrou também o conselho consultivo do secretário de Energia dos Estados Unidos no mandato dos quatro últimos presidentes.

Y47n	Yergin, Daniel
	    O novo mapa : energia, clima e o conflito entre nações /
	Daniel Yergin ; tradução: Francisco Araújo da Costa. –
	Porto Alegre : Bookman, 2023.
	    xviii, 494 p.: il. ; 23 cm.
	
	    ISBN 978-85-8260-600-1
	
	    1. Economia. 2. Mudanças climáticas. 3. Recursos energéticos. I. Título.
	
	                                                                                                                CDU 339.9

Catalogação na publicação: Karin Lorien Menoncin – CRB 10/214

O NOVO MAPA

ENERGIA, CLIMA E O CONFLITO ENTRE NAÇÕES

DANIEL YERGIN
GANHADOR DO PRÊMIO PULITZER

Tradução:
Francisco Araújo da Costa

Porto Alegre
2023

Obra originalmente publicada sob o título
The New Map: Energy, Climate, and the Clash of Nations
ISBN 9781594206436

Copyright ©2021 by Daniel Yergin
First published in the United States of America by Penguin Press, an imprint of Penguin Random House, LLC (c) 2021.

Gerente editorial: *Letícia Bispo de Lima*

Colaboraram nesta edição:

Editora: *Arysinha Jacques Affonso*

Leitura final: *Denise Weber Nowaczyk* e *Gabriela Sitta*

Capa: *Paola Manica | Brand&Book*

Editoração: Matriz Visual

Reservados todos os direitos de publicação ao
GRUPO A EDUCAÇÃO S.A.
(Bookman é um selo editorial do GRUPO A EDUCAÇÃO S.A.)
Rua Ernesto Alves, 150 – Bairro Floresta
90220-190 – Porto Alegre – RS
Fone: (51) 3027-7000

SAC 0800 703 3444 – www.grupoa.com.br

É proibida a duplicação ou reprodução deste volume, no todo ou em parte, sob quaisquer formas ou por quaisquer meios (eletrônico, mecânico, gravação, fotocópia, distribuição na *web* e outros), sem permissão expressa da Editora.

IMPRESSO NO BRASIL
PRINTED IN BRAZIL

Para Angela, Rebecca, Alex e Jessica

Agradecimentos

Antes de mais nada, gostaria de expressar meu grande apreço por Ann Godoff, editora da Penguin Press, que, com seu grande senso de história e de momento, incentivou este projeto desde o princípio, me ajudou a pensá-lo e moldá-lo e ofereceu orientações que me beneficiaram enormemente. Will Heyward, da Penguin se envolveu profundamente com a edição e com o processo intelectual. Também na Penguin, agradeço a Elisabeth Calamari pela oportunidade de trabalhar com ela mais uma vez. E muito obrigado a todos na Penguin, pelo esforço em um período muito desafiador.

Sou profundamente grato ao sábio e perspicaz Stuart Proffitt, da Penguin de Londres, e a Penelope Vogler e seus colegas, também em Londres.

Suzanne Gluck, minha agente na WME, é minha sábia conselheira desde muito antes deste livro. Também agradeço a sua colega Andrea Blatt.

Este livro se beneficiou enormemente do compromisso de Elena Pravettoni com o projeto. Uma pesquisadora e analista de acuidade e talento consideráveis, ela aplicou seu bom senso e conhecimento a cada passo desta história.

Tive a boa sorte de trabalhar mais uma vez com Ruth Mandel, uma editora fotográfica magnífica, criativa e, às vezes, mágica, e com Virginia Mason, cartógrafa de altíssimo nível, que garantiu que os mapas contas-

viii Agradecimentos

sem a história de um livro chamado O *Novo Mapa*. Matthew Luckwitz fez o mesmo pelos diagramas, enquanto Michael Blea aplicou o seu *design* criativo à galeria de fotos. Sou muito grato a Freda Amar e Christa Temple, que apoiaram o projeto ao longo de toda a sua duração e decifraram minha eventual indecifrabilidade.

Steven Weisman, amigo de toda uma vida, escritor e editor de habilidade incrível, demonstrou maestria, perspicácia e bom senso na leitura do manuscrito, como fez com tantas obras minhas. Jamey Rosenfield, com quem colaboro há muitos anos, trouxe, como sempre, rigor, perspectiva, questionamento e senso de estrutura a nossas discussões.

Pela leitura cuidadosa de toda a obra, pelas críticas inteligentes e pelos conselhos e *insights* constantes, bem como pelo tempo que dedicaram à obra, também sou profundamente grato a Atul Arya, Bhushan Bahree, Jason Bordoff, Jim Burkhard, Carlos Pascual, Jeff Marn e Sue Lena Thompson, que ainda colaborou com a galeria de fotos.

Agradeço muito àqueles que dedicaram seu tempo a ler e comentar partes deste livro. Beneficiei-me muito dos seus conselhos e conhecimentos especializados. Pelos seus *insights* sobre o Oriente Médio e os mercados: Frances Cook, Kristin Smith Diwan, Roger Diwan, Martin Indyk e Meghan O'Sullivan. Pelas suas perspectivas sobre a Ásia: James Clad, Jin-Yong Cai, Bonnie Glaser, Gauri Jauhar e Xizhou Zhou. Pelo seu conhecimento sobre Rússia, Ásia Central e gás natural na Europa: Simon Blakey, Thane Gustafson, Laurent Ruseckas, Matt Sagers, Shankari Srinivasan e Michael Stoppard. E pelas suas perspectivas sobre energia na América do Norte, tecnologia e fontes renováveis: Kevin Birn, Raoul LeBlanc, Charles Leykum, Jeff Meyer, Anna Mosby, Steven Koonin, Nina Sovich e Edurne Zoco.

Tenho muita sorte de ser parte do IHS Markit, com uma equipe de colegas altamente especializados e experientes em todo o campo da energia e da economia. Agradeço a todos a quem recorri, incluindo Aaron Brady, Vera de Ladoucette, Andrew Ellis, Mark Eramo, Karim Fawaz, Judson Jacobs, Dewey Johnson, Amy Kipp, Steven Knell, Alejandra Leon, Dylan Mair, Eduard Sala de Vedruna, Nirmal Shani, Zbyszko Tabernacki, Linda Toyias, John Webb, Stanislav Yazynin e Irina Zamarina. Também sou muito grato a outros colegas que me ajudaram em questões específicas e com grande agilidade.

Agradecimentos **ix**

O IHS Markit, com sua equipe de todo o mundo, oferece uma perspectiva global sobre a economia mundial. Gostaria de reconhecer e agradecer Lance Uggla, presidente e CEO, e a equipe de administração sênior do IHS Markit pelo apoio e pela liderança: Shane Akeroyd, Brian Crotty, Jonathan Gear, Sari Granat, Adam Kansler, Will Meldrum, Sally Moore, Yaacov Mutnikas, Edouard Tavernier e Ronnie West, assim como Todd Hyatt e nosso diretor, Lorde Browne de Madingley.

Aprecio o diálogo de muitos anos com Ernest Moniz, professor do MIT e ex-secretário de Energia dos Estados Unidos, e a colaboração com a sua Energy Future Initiative, como indicado no Capítulo 44. John Harper, historiador corporativo na Chevron, ofereceu gentilmente sua orientação para navegar pelos arquivos da empresa e para descobertas vívidas sobre "descoberta". Marsha Salisbury minerou os ricos arquivos do *Journal of Commerce* (JOC), um recurso extraordinário para o desenvolvimento da economia global. Agradeço a ela, a Peter Tirschwell, que comanda o JOC, hoje parte do IHS Markit, e a John Heimlich pela sua ajuda sobre companhias aéreas. Um agradecimento especial pelos seus *insights* ao doutor James LeDuc, diretor do Galveston National Laboratory e ex-diretor da divisão de doenças virais dos Centers for Disease Control. E com certeza gostaria de expressar meu apreço aos membros da Energy Security Roundtable, parte da Brookings Institution, que tenho o privilégio de presidir, pelas suas conversas estimulantes ao longo de vários anos.

Por fim, e acima de tudo, minha profunda consideração pela minha família, por sua paciência, seu encorajamento e seus conselhos: Rebecca, Alex e Jessica. E pela minha crítica favorita, e mais feroz, Angela Stent, minha esposa. Enquanto eu escrevia este livro, ela se dedicava ao seu próprio trabalho, sobre o fim da antiga Guerra Fria e o início das novas, mas também apoiou e se engajou neste projeto. Tenho uma dívida de gratidão profunda pela sua parceria durante todos esses anos. Muito obrigado!

E uma última palavra: obviamente, eu sou o único responsável pelo conteúdo e pelas perspectivas em todas as páginas seguintes.

Apresentação à edição brasileira

Daniel Yergin é um historiador especialista em energia cujos livros cumprem, nessa área, o papel que clássicos como *Germinal*, de Émile Zola, ou *Grandes Esperanças*, de Charles Dickens, desempenham na literatura. Seu livro *O Petróleo*, de 1991, recebeu o Pulitzer, um dos mais importantes prêmios concedidos nas áreas de jornalismo, literatura e composição musical nos Estados Unidos. Em 46 capítulos, ele conta a história do petróleo desde a metade do século XIX até quase o fim do século XX, quando esse recurso natural se tornou dominante como fonte de energia e fundamental, também, na geopolítica.

Yergin é um historiador talentoso e escreve num estilo fluente e fácil de ler. Ele conta os problemas que os "fundadores" da era do petróleo enfrentaram ao abrir caminho para que a nova fonte de energia competisse com as dominantes na época: a biomassa (nos países em desenvolvimento) e o carvão (nos países industrializados).

O século XX tornou-se a "era do petróleo", marcada pela emergência do império da Opep, que reuniu países produtores e exportadores de petróleo, e pelas crises que provocou com os sucessivos "choques" de preços e seu impacto na economia mundial. O livro publicado em 1991 é uma leitura obrigatória para aqueles que desejam entender a importância da energia no destino das nações.

xii Apresentação à edição brasileira

Neste novo livro, Yergin analisa os acontecimentos das últimas décadas decorrentes de grandes transformações na área da energia, com novos desenvolvimentos tecnológicos, entre eles a produção em grande escala de xisto, a ascensão das energias renováveis, como a eólica e a solar, e a eletrificação da frota automobilística.

No plano político, vimos o extraordinário crescimento da economia da China, e a criação de uma nova "rota da seda", a dissolução da União Soviética em 15 repúblicas independentes, as crises econômicas e a pandemia da covid-19. Os problemas de energia foram todos agravados pela enorme oscilação dos preços do petróleo, que foi de menos de 20 dólares por barril, após a crise econômica de 2016, a mais de 100 dólares, em 2022. Também contribuiu muito para isso o conflito militar na Ucrânia e a eliminação gradativa da Rússia como um dos supridores importantes de petróleo e gás para a Europa.

As incertezas relativas ao fornecimento e à flutuação dos preços do petróleo estão levando agora a um novo "nacionalismo energético", em que os países tentam reduzir sua dependência das importações e afastar-se da instabilidade mundial na área de petróleo e gás. O aumento da contribuição das energias renováveis vai nessa direção, uma vez que a maioria das energias renováveis (eólica e solar) são produzidas de forma descentralizada.

Na mesma direção vai o enorme esforço para reduzir as emissões dos gases responsáveis pelo aquecimento global, cuja fonte principal são os combustíveis fósseis. Compromissos de atingir as metas definidas para tal na Convenção do Clima de 1992 e no Acordo de Paris de 2015 estão deixando de ser apenas retórica e se tornando realidade. A eletrificação dos meios de transporte (sobretudo automóveis, que somam mais de 1 bilhão no mundo) é o melhor exemplo disso.

A Figura 1 mostra o que ocorreu com as diferentes fontes de energia desde 1850, incluindo o que o futuro nos reserva, de acordo com as projeções da Agência Internacional de Energia (AIE).

Apresentação à edição brasileira　xiii

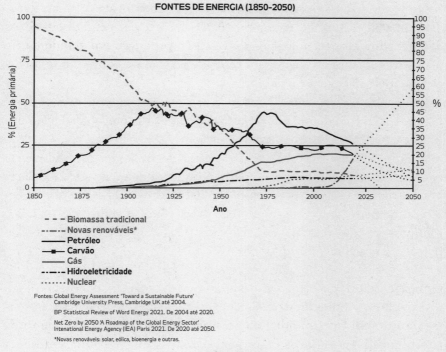

Figura 1

Energias renováveis, que em 2020 representavam 12% do suprimento de energia, passariam a representar 67%. A contribuição da eletricidade passaria de 20% do total de energia consumida em 2020 para 49%. Haveria uma "eletrificação" generalizada da matriz energética mundial.

Essas projeções levam em conta as decisões políticas adotadas pelos países para reduzir significativamente as emissões de gases responsáveis pelo aquecimento global: o abandono gradativo do consumo de combustíveis fósseis (carvão, gás e petróleo) e a emergência das novas fontes de energia renovável (eólica, solar) e energia nuclear.

A leitura do livro de Yergin nos ajuda a entender o que ocorreu no passado e nos prepara a entender o que pode acontecer no futuro.

Professor José Goldemberg
Universidade de São Paulo

Sumário

Introdução 1

O NOVO MAPA DOS ESTADOS UNIDOS

1. O homem do gás 11
2. A "descoberta" do petróleo de xisto 21
3. "Se tivessem me dito 10 anos atrás": o renascimento da indústria 32
4. O novo exportador de gás natural 38
5. Fechamento e abertura: México e Brasil 47
6. As batalhas dos dutos 52
7. A era do xisto 58
8. O rebalanceamento da geopolítica 64

xvi Sumário

O MAPA DA RÚSSIA

9. O grande projeto de Putin 75
10. Crises do gás natural 83
11. Conflitos por segurança energética 89
12. Ucrânia e novas sanções 95
13. O petróleo e o Estado 104
14. Resistência 107
15. Guinada para o Oriente 119
16. O coração da terra 124

O MAPA DA CHINA

17. O "G2" 133
18. "Território perigoso" 139
19. As três perguntas 144
20. "Contar com a sabedoria das gerações futuras" 149
21. O papel da história 154
22. Óleo e água? 157
23. Os novos navios do tesouro da China 163
24. O teste de prudência 167
25. A construção do Cinturão e Rota 178

OS MAPAS DO ORIENTE MÉDIO

26. Linhas na areia...193

27. A Revolução Iraniana 205

28. Guerras no Golfo 209

29. Uma guerra fria regional 218

30. A disputa pelo Iraque 227

31. O arco do confronto 233

32. A ascensão do "Mediterrâneo Oriental" 249

33. "A resposta"...254

34. Choque do petróleo 266

35. Corrida para o futuro 284

36. A peste 303

O MAPA DO FUTURO

37. A carga elétrica 317

38. A chegada do robô 336

39. Chamando o futuro...346

40. *Auto-tech*...354

xviii Sumário

O MAPA DO CLIMA

41. Transição energética 365

42. *Green deals* 376

43. O cenário dos recursos renováveis 382

44. Tecnologias revolucionárias 391

45. O que significa "transição energética" nos países
    em desenvolvimento? 395

46. O novo *mix* 399

Conclusão: O futuro em disrupção 411

Epílogo: Neutralidade 419

Notas 439

Créditos das ilustrações 471

Índice 475

Introdução

Este livro aborda o mapa global que está se formando como decorrência de radicais transformações na geopolítica e na energia. Para onde esse mapa está nos levando? A geopolítica foca as perturbações do equilíbrio entre as nações e as tensões crescentes entre elas. A energia reflete alterações profundas na oferta e nos fluxos globais, motivadas em grande medida pela mudança incrível na posição energética dos Estados Unidos (EUA) e pelo papel crescente das fontes de energia renovável e da nova política do clima.

Diferentes tipos de poder estão em jogo. Um é o poder das nações, moldado pela economia, pelas capacidades militares e pela geografia; pela grande estratégia e pela ambição calculada; pelo medo e pela desconfiança; e por tudo que faz parte da contingência ou do inesperado. Outro é o poder que é fruto da potência do petróleo, do carvão e do gás natural, da energia solar e eólica e da fissão dos átomos, e também o poder que vem de políticas que buscam reordenar o sistema energético mundial e avançar em direção à neutralidade de carbono em nome do clima.

Não há um mapa simples a ser seguido, pois ele é dinâmico e muda constantemente. O mapa complicou-se ainda mais com o coronavírus, que teve origem na China e varreu o planeta em 2020, provocando desordem, tristeza profunda e enorme sofrimento humano. O vírus também

2 Introdução

paralisou a economia mundial, perturbou o comércio em nível local e global, destruiu empregos e empresas, empobreceu milhões, mergulhou a economia mundial na recessão mais profunda desde a Grande Depressão, agigantou a dívida pública, acentuou as tensões entre os países e provocou um caos terrível nos mercados de energia globais.

Este livro busca esclarecer e explicar esse novo mapa. O modo como a revolução do xisto alterou a posição americana no mundo. Como e por que novas guerras frias estão surgindo entre, de um lado, os Estados Unidos e, do outro, a Rússia e a China, e qual é o papel da energia nesses conflitos. A velocidade e os potenciais riscos de a relação entre os Estados Unidos e a China estar se transformando de "engajamento" em "rivalidade estratégica", sugerindo uma guerra fria emergente. E a instabilidade dos fundamentos do Oriente Médio, que ainda fornece um terço do petróleo mundial e uma parcela significativa do gás natural. Como o ecossistema de petróleo e automóveis, com o qual funcionamos há mais de um século, está sendo desafiado por uma revolução da mobilidade. Como preocupações com o clima estão alterando o mapa da energia e como a famosa "transição energética", de combustíveis fósseis para recursos renováveis, pode, de fato, ocorrer. E como o coronavírus transformou os mercados emergentes e os papéis futuros dos três grandes países (Estados Unidos, Arábia Saudita e Rússia) que dominam o mundo do petróleo atualmente.

"O NOVO MAPA DOS ESTADOS UNIDOS" CONTA A HISTÓRIA DA INESPE-rada revolução do xisto, que está transformando a posição global do país, virando os mercados de energia mundiais de pernas para o ar e reconfigurando a geopolítica global. Juntos, o petróleo de xisto e o gás de xisto são as maiores inovações energéticas do século XXI até o momento. A energia eólica e a solar são inovações das décadas de 1970 e 1980, apesar de ambas terem amadurecido na última década. Os Estados Unidos ultrapassaram a Rússia e a Arábia Saudita, tornaram-se o produtor número um do mundo de petróleo e gás natural e hoje são um dos principais exportadores de ambos.

Embora alvo de proibições por alguns políticos, a revolução do xisto alimentou o crescimento econômico dos EUA, fortaleceu sua posição no comércio internacional, gerou investimentos, criou empregos e reduziu as

Introdução **3**

contas de milhões de consumidores. As cadeias logísticas por trás do xisto atravessam todo o país e envolvem praticamente todos os 50 estados; elas criam empregos até no estado de Nova York, que proíbe o desenvolvimento de xisto dentro das suas fronteiras, pela oposição dos ambientalistas.

A partir das crises energéticas da década de 1970, os americanos se acostumaram a pensar que a dependência de fontes importadas significa que os EUA estão vulneráveis. Contudo, as consequências geopolíticas para os Estados Unidos, agora que são quase autossuficientes, estão evidentes em novas dimensões de influência, maior segurança energética e mais flexibilidade na sua política internacional. Mas há limites para essa nova autoconfiança, pois a energia continua a ser uma indústria global interconectada, e essas consequências ainda são apenas parte da trama geral de relações entre os países. Além disso, o xisto já estava em busca da sua próxima "revolução" quando o coronavírus provocou uma nova crise.

"O MAPA DA RÚSSIA" TRATA DA BOMBA-RELÓGIO CRIADA PELA INTERAção entre fluxos de energia, competição geopolítica e a continuidade dos conflitos de fronteira causados pelo colapso da União Soviética três décadas atrás, assim como pelos planos de Vladimir Putin de fazer com que a Rússia volte a ser uma grande potência. A Rússia pode ser uma "superpotência energética", mas também depende economicamente das exportações de petróleo e gás natural. Hoje, assim como no período soviético, essas exportações provocam debates acalorados a respeito da influência política russa sobre a Europa. Entretanto, qualquer possível vantagem foi dissipada por transformações nos mercados globais e europeus de gás natural.

As consequências da transformação abrupta da União Soviética em 15 países independentes ainda são incertas, especialmente no que diz respeito à Rússia e à Ucrânia, onde o conflito por gás natural desempenha um papel crucial. Após a anexação da Crimeia pela Rússia, em 2014, a disputa passou para os campos de batalha do sudeste ucraniano. A história anda por caminhos estranhos, e essa guerra — mais especificamente, a questão de armas americanas para resistir aos tanques russos — provocou o *impeachment* de Donald Trump pela Câmara de Deputados dos EUA, seguido pela sua absolvição no Senado.

4 Introdução

As relações russo-americanas atingiram um nível de hostilidade que não se via desde o início da década de 1980, nos tempos da União Soviética. Ao mesmo tempo, a Rússia "voltou" ao Oriente Médio e está "virando-se para o Oriente", ou seja, para a China. Moscou e Beijing também estão unidas na defesa da "soberania absoluta" e na sua oposição ao que chamam de "hegemonia" americana. Também há considerações práticas nessa relação emergente: a China precisa de energia e a Rússia, de mercados.

"O MAPA DA CHINA" TEM SUAS RAÍZES NO QUE O PAÍS CHAMA DE "SÉCULO de Humilhação" e em seus avanços fenomenais em poderio militar e econômico global nas últimas duas décadas, bem como nas necessidades energéticas daquela que será a maior economia do mundo (e, dependendo de como medimos, já o é). A China está se expandindo em todas as dimensões: geográfica, militar, econômica, tecnológica e política. A "oficina do mundo" agora quer subir na cadeia de valor e transformar-se na líder global dos novos setores econômicos do século XXI. A China também está defendendo o seu próprio mapa para quase todo o Mar do Sul da China, a rota comercial oceânica mais crítica do mundo e o mais perigoso ponto de confronto estratégico com os Estados Unidos. A energia é uma parte importante dessa reivindicação chinesa.

A Iniciativa Cinturão e Rota (ICR) chinesa foi projetada para redesenhar o mapa econômico da Ásia, da Eurásia e além, colocando o antigo "Reino Médio" no meio de uma economia global reordenada. A ICR busca garantir que a China terá mercados para os bens que produz e acesso à energia e às matérias-primas de que precisa. Mas em que medida a ICR é um projeto principalmente econômico ou, como seus críticos afirmam, um projeto geopolítico que pretende criar uma ordem chinesa na política mundial?

O "consenso da OMC", que remonta ao início deste século, desapareceu. As críticas à China unem democratas e republicanos nos Estados Unidos, tão divididos em outras questões, e as instituições de segurança nacional em ambos os países veem cada vez mais o outro país como o adversário do futuro. Entretanto, os dois países estão mais integrados economicamente e são mais interdependentes do que muitos reconhecem, como o surto de coronavírus infelizmente demonstrou em 2020; e ambos dependem mutuamente da prosperidade global. Mas essa realidade perde

Introdução **5**

importância à medida que cresce o clamor por "desacoplamento" entre as duas maiores economias do mundo, acompanhado por cada vez mais desconfiança e amplificado pela crise do coronavírus. Uma das consequências duradouras desse processo será a maior tensão entre os dois países.

OS LIMITES GEOGRÁFICOS DO ORIENTE MÉDIO SÃO REDESENHADOS continuamente desde a Antiguidade, com a ascensão e queda dos mais diversos impérios. O Império Otomano governou e a região por seis séculos, mas suas fronteiras mudavam com frequência. O mapa do Oriente Médio foi estabelecido durante e após a Primeira Guerra Mundial, no vácuo resultante do colapso dos otomanos, mas baseado nas fronteiras provinciais deixadas por eles. Os mapas são questionados desde então: pelo nacionalismo pan-árabe e pelo islamismo, pela oposição ao Estado de Israel e depois por jihadistas, como o Isis, que querem substituir a própria ideia de "Estado-nação" por um califado. Um dos maiores desafios da região na atualidade vem da rivalidade entre a Arábia Saudita sunita e o Irã xiita. Essa disputa por proeminência torna-se ainda mais complexa com o interesse da Turquia por esse papel, reclamando para si uma linhagem que remonta aos otomanos. Outro elemento que define a região é o confronto de quatro décadas entre Estados Unidos e Irã, além da fraca governança em muitos dos países que a compõem.

Além dos mapas de fronteiras, outros tipos de mapas também moldaram o Oriente Médio, é claro: geológicos, de poços de petróleo e gás natural, de rotas de oleodutos, gasodutos e petroleiros. Contudo, o colapso do preço do petróleo que teve início em 2014 alimentou um novo debate sobre o futuro desse produto. Pouco mais de uma década atrás, o mundo se preocupava com o "pico do petróleo", a ideia de que os suprimentos de petróleo se esgotariam. Hoje, o foco está no "pico de demanda": até quando o consumo de petróleo continuará a crescer e quando começará a diminuir. O petróleo perderá seu valor e importância nas próximas décadas? O colapso da procura por petróleo em 2020 tornou ainda mais urgente que os exportadores desse produto diversifiquem e modernizem suas economias. Foi o que Abu Dhabi começou a fazer em 2007, com o Visão 2030, e o que a Arábia Saudita agora tenta implementar na metade do tempo.

6 Introdução

Se há um fator principal por trás da ideia de que a demanda, não a oferta, é a restrição mais importante do futuro, este é a intersecção entre políticas climáticas e tecnologia. Um mercado parecia garantido para o petróleo por muito tempo: o transporte, mais especificamente o automóvel. Não é mais assim, não no "mapa do futuro". Agora o petróleo enfrenta a ascensão súbita de uma nova tríade: carro elétrico, que não usa petróleo; "mobilidade como serviço", nos serviços de carona solidária e transporte de passageiros por aplicativos; e carros autônomos. O resultado pode ser uma disputa por dominância em uma nova indústria trilionária, a chamada *auto-tech*.

O DEBATE SOBRE A RAPIDEZ COM A QUAL O MUNDO PODE E DEVE SE ajustar a mudanças climáticas e quanto isso vai custar provavelmente não se resolverá nesta década, mas o projeto se torna mais urgente à medida que a opinião pública se agita e novas políticas buscam implementar a "neutralidade de carbono". Tudo isso nos leva à "transição energética": a transformação do mundo de hoje, que depende do petróleo, do gás natural e do carvão para mais de 80% da sua energia (assim como dependia 30 anos atrás), em um mundo que opera cada vez mais com base em fontes renováveis de energia. O Acordo de Paris de 2015 acelerou a marcha em direção a um futuro com menos carbono. Na verdade, em termos de energia e clima, temos duas eras distintas: "antes de Paris" e "depois de Paris". Embora a transição energética tenha se tornado um assunto dominante em todo o mundo, está longe de se formar um consenso, tanto dentro de cada país quanto entre eles, em relação à natureza da transição: como ocorrerá, quanto tempo demorará e quem pagará por ela. "Transição energética" significa uma coisa para a Alemanha ou para a Holanda, mas algo muito diferente para um país em desenvolvimento, como a Índia, onde centenas de milhões de pessoas vivem na pobreza, sem acesso à energia comercial.

A energia solar e a eólica se tornaram os principais veículos para a "descarbonização" da eletricidade. Antes chamadas de "alternativas", hoje se popularizaram. À medida que a sua participação na geração de energia cresce, entretanto, ambas enfrentam o desafio da "intermitência". Elas podem inundar a rede com eletricidade quando o sol brilha ou o vento sopra, mas quase desaparecem em dias nublados ou de brisas suaves. Esses

Introdução **7**

fatos apontam para grandes desafios tecnológicos: como manter a estabilidade da rede e encontrar maneiras de armazenar eletricidade em larga escala por períodos de mais do que algumas horas.

O "mapa do clima" será um fator profundamente determinante do novo mapa da energia. Nesta seção, continuo a história que comecei em meu livro *A Busca: Energia, Segurança e a Reconstrução do Mundo Moderno*. Nele, explorei como o "clima" passou de um tema que interessava a um punhado de cientistas na Europa de meados do século XIX, os quais temiam o advento de outra Era do Gelo que obliteraria a civilização, para o consenso sobre aquecimento global que reuniu 195 países em Paris , em 2015, para forjar um acordo climático que se transformou em referência global. Essas páginas avaliam como o avanço das políticas climáticas, apoiadas por pesquisas e observações, por modelos climáticos e por mobilização política e poder regulatório, ativismo social, instituições financeiras e ansiedades profundas, transformará o sistema energético. A "neutralidade de carbono" será um dos maiores desafios das próximas décadas, e não apenas politicamente: ela terá custos significativos e modificará o modo como vivemos.

Meu primeiro livro, *Shattered Peace* ("Paz Estilhaçada"), trata sobre as origens da Guerra Fria entre Estados Unidos e União Soviética. Nas páginas deste novo livro, os leitores encontrarão as origens de novas guerras frias. *O Petróleo: Uma História Mundial de Conquistas, Poder e Dinheiro* apresenta um retrato abrangente da geopolítica e do petróleo durante quase um século e meio, e esse retrato também é parte da narrativa de O *Novo Mapa*. *The Commanding Heights* ("O Alto Comando"), que escrevi com Joseph Stanislaw, tratava sobre o mundo após a Guerra Fria e a nova era da globalização. Agora, a fragmentação da globalização é parte dessa história.

O coronavírus acelerou um retrocesso que já estava em andamento: o da globalização, bem como das instituições internacionais e da cooperação que as sustentava. Entre 2008 e 2009, a colaboração internacional foi essencial para dominar o contágio financeiro. Doze anos depois, essa cooperação em nível governamental e internacional destacou-se pela sua ausência na luta contra o contágio pelo vírus. Conversas sobre "desacoplamento" transformaram-se no desmanche de cadeias logísticas que alicerçavam uma economia global de 90 trilhões de dólares. Em termos mais gerais, fronteiras se erguem, nacionalismo e protecionismo crescem e o movimento geralmente livre de pessoas torna-se menos livre. Uma consequência da miséria econômica global causada pela pandemia de 2020 pode ser a maior prevalência de Estados frágeis e falidos, o que criaria desafios de segurança que, em algum momento, podem transbordar das suas fronteiras. Contudo, a resposta dos governos a necessidades nacionais e internacionais, sejam elas relativas à segurança, à saúde, à energia ou ao clima, seria prejudicada pela enorme armadura fiscal e endividamento que assumiram na batalha para preservar suas economias.

Mas a jornada na estrada para o futuro começou muito antes da crise do coronavírus, com as fontes renováveis e veículos elétricos, e também com a revolução do xisto, que transformou a posição energética americana, sacudiu os mercados globais e mudou o papel dos EUA no mundo.

E é nessa estrada que entraremos agora.

O NOVO MAPA DOS ESTADOS UNIDOS

Capítulo 1

O HOMEM DO GÁS

Se quiser ver onde começou a revolução do xisto, pegue a rodovia interestadual 35E, em Dallas, Texas, e siga para o norte por cerca de 65 quilômetros (km). Chegue na cidadezinha de Ponder. Passe pela agropecuária, pela caixa d'água branca, pela placa da Cowboy Church e pela loja de rosquinhas fechada. Mais 6,5 km e você chegará em Dish, Texas, que tem cerca de 400 habitantes. Você vai parar em uma cerca de arame ao redor de um emaranhado de tubos com uma escadaria de metal. Pronto, você chegou. É o poço de gás natural SH Griffin nº 4. Na cerca, uma placa informa a data: PERFURADO EM 1998.

Não era exatamente um grande momento para perfurar poços. Os preços do petróleo e do gás natural haviam despencado com a crise financeira asiática e o pânico econômico global que se seguiu. Mas o SH Griffin nº 4 mudaria o mundo, muito mais do que qualquer um poderia imaginar na época.

O poço foi perfurado basicamente com tecnologia padrão, mas também com engenhosidade e experimentação, apesar do ceticismo considerável em torno do projeto. Um pequeno bando de fiéis que trabalhava no poço estava convencido de que seria possível extrair gás natural do

12 O novo mapa dos Estados Unidos

xisto denso de uma forma comercialmente viável, algo que os livros de engenharia de petróleo diziam ser impossível. Ninguém tinha uma crença mais inabalável do que a de um homem: George P. Mitchell, o chefe do grupo. Ele estava convicto havia muito tempo.

Para entender a intensidade dessa convicção, é preciso entender que a estrada até o SH Griffin nº 4 começa muito antes, em um vilarejo minúsculo na península do Peloponeso, na Grécia.

Em 1901, um pastor analfabeto de 21 anos chamado Savvas Paraskevopoulos decidiu que o único jeito de fugir da pobreza seria emigrar para os Estados Unidos. Quando finalmente chegou em Galveston, Texas, Savvas se chamava Mike Mitchell. Mike abriu uma lavanderia e engraxataria que mal rendia o suficiente para sustentar a família. George, seu filho, matriculou-se na Texas A&M University, onde estudou geologia e uma disciplina relativamente nova, a engenharia de petróleo. George era um estudante pobre em meio à Grande Depressão, então fazia serviços para os outros alunos para pagar os estudos: vendia doces e papel de carta, servia à mesa e fazia serviço de alfaiate. Ele também era o capitão da equipe de tênis e o melhor aluno da turma.

Após a Segunda Guerra Mundial, Mitchell não queria mais trabalhar para os outros. Com dois sócios, abriu um escritório de consultoria geológica no segundo andar de um mercadinho em Houston. Até a década de 1970, a firma tornou-se uma empresa de petróleo e gás natural de porte considerável, não sem enfrentar altos e baixos. Mas Mitchell tinha uma proclividade incomum: ele preferia o gás natural ao petróleo.

Por volta de 1972, ele cruzou com o livro *Os Limites do Crescimento*, publicado pelo Clube de Roma, um grupo ambientalista. O livro previa que a superpopulação iminente levaria ao esgotamento dos recursos naturais. Intrigado, Mitchell começou a se interessar cada vez mais pelo meio ambiente. Para ele, o gás natural não era só um negócio: era uma causa, pois sua combustão era mais limpa do que a do carvão. Às vezes, se achava que alguém tinha elogiado o carvão de algum modo, ele ligava para a pessoa e começava a xingá-la.

Motivado pelo seu novo ambientalismo, Mitchell lançou um negócio completamente diferente: a criação de uma comunidade planejada, com paisagismo completo batizada de The Woodlands, em uma área florestada

Capítulo 1 O homem do gás **13**

de 114 km² ao norte de Houston. O *slogan* do projeto era "a floresta para morar" (a população atual é de mais de 100 mil habitantes). Mitchell envolveu-se com as decisões até os mínimos detalhes das floreiras e das árvores e introduziu perus selvagens (até que um foi caçado).[1]

Mas ele não poderia ignorar sua empresa de energia, é claro. Ele tinha um problema grave. A Mitchell Energy conquistara o contrato para fornecer 10% do gás natural de Chicago, mas as reservas de gás no solo incluídas no contrato estavam se esgotando. A Mitchell Energy precisava agir. Foi então que ele encontrou uma solução.

Em 1981, ele lera o texto preliminar de um artigo acadêmico de um dos seus geólogos. O artigo levantava uma hipótese que batia de frente com o que era ensinado nas aulas de geologia e de engenharia de petróleo. Ele sugeria que gás natural comercial poderia ser extraído das profundezas da terra, de rochas extremamente densas, mais densas do que concreto. Essas seriam as rochas geradoras, a "cozinha" onde o material orgânico era "cozinhado" durante milhões de anos e transformado em petróleo ou gás natural. De acordo com os livros acadêmicos, o petróleo e o gás natural migravam delas para reservatórios, de onde podiam ser extraídos.

Na época, acreditava-se que parte do petróleo e do gás natural poderia permanecer no xisto, mas não poderia ser produzida em escala comercial porque não fluía através da rocha densa. O artigo discordava. Mitchell, preocupado com o contrato com a cidade de Chicago, convenceu-se de que essa poderia ser a salvação da sua empresa. Deveria haver algum jeito de provar que a crença comum era precipitada.

A área de testes seria o xisto de Barnett, batizado em homenagem ao fazendeiro que chegara à região de carroça em meados do século XIX. O xisto tinha 13 mil km³ de extensão, a cerca de 1,6 km de profundidade, e estendia-se sob o aeroporto de Dallas/Fort Worth e diversos ranchos e cidadezinhas do norte do Texas. Ano após ano, a equipe da Mitchell trabalhou arduamente para decifrar o código do xisto. Seu objetivo era abrir caminhos minúsculos no xisto denso para que o gás conseguisse fluir através da rocha e chegar ao poço. Para tanto, eles aplicaram a técnica do fraturamento hidráulico, que mais tarde ficaria famosa com o nome em inglês de *fracking*. A técnica usa coquetéis de água, areia, gel e alguns produtos químicos que, injetados sob alta pressão nas rochas, abrem poros

14 O novo mapa dos Estados Unidos

minúsculos e liberam o gás. A tecnologia do fraturamento hidráulico foi desenvolvida no final da década de 1940 e é bastante usada na perfuração de poços convencionais de petróleo e gás natural desde então.

Aqui, no entanto, o *fracking* não seria aplicado em um reservatório convencional, e sim no próprio xisto. Mas o tempo estava passando, o dinheiro era gasto e os resultados comerciais não vinham. As críticas dentro da empresa se acumulavam. Quando alguém ousava sugerir a Mitchell que a sua ideia não funcionaria, que era apenas um "experimento científico", no entanto, ele tinha uma resposta: "É isso que vamos fazer e pronto". E, como ele controlava a empresa, a Mitchell Energy continuou com o fraturamento hidráulico em Barnett mesmo sem produzir bons resultados.

Em meados da década de 1990, a situação financeira da empresa era precária. O preço do gás natural estava em baixa. A Mitchell Energy cortou suas despesas e reduziu o pessoal. A empresa vendeu The Woodlands por 543 milhões de dólares. Quando o comunicado chegou à sua mesa para ser aprovado, Mitchell anotou no papel: "Ok, mas triste". "Odiei vendê-la", ele disse mais tarde. Não havia outra opção, no entanto. A empresa precisava do dinheiro. Mas Mitchell não cedia em relação ao xisto. Uma de suas características mais marcantes, como conta sua neta, era a teimosia. Se tinha dúvidas, guardava-as para si mesmo.[2]

A EMPRESA GASTOU MUITO DINHEIRO EM BARNETT ATÉ 1998 — talvez um quarto de bilhão de dólares. Quando os analistas publicavam previsões dos futuros estoques de gás natural do país, Barnett sequer entrava na lista. "Muita gente experiente e com boa formação queria abandonar o barco em Barnett", conta Dan Steward, um dos fiéis a Mitchell. "Diziam que estávamos jogando dinheiro fora."[3]

Nick Steinsberger, um gerente de 34 anos da Mitchell em Barnett, não era um dos céticos. Ele estava convencido de que havia uma solução técnica para produzir comercialmente a partir do xisto. Além disso, os preços de gás natural estavam baixos, e ele também estava tentando reduzir os custos de perfuração de poços. Para tanto, seria preciso atacar um dos maiores custos: o guar.

O guar, quase todo importado da Índia, é derivado da semente de guar. O produto é bastante usado na indústria alimentícia para garantir a consistência de bolos, tortas, sorvetes, cereais e iogurtes. Mas ele também tem outro uso importante: no fraturamento hidráulico, o guar é usado em uma gosma que parece gelatina para transportar a areia até as fraturas e expandi-las. Contudo, o guar e os aditivos associados eram caros. Em um jogo de beisebol em Dallas, Steinsberger encontrou alguns geólogos que haviam conseguido substituir boa parte do guar por água, mas em outra parte do Texas e não no xisto. Em 1997, ele experimentou a sua receita de água em alguns poços de xisto sem sucesso.

Steinsberger recebeu aprovação para tentar uma última vez, no SH Griffin nº 4, em Dish. A equipe ainda usava água para substituir a maior parte do guar, mas, dessa vez, alimentaram a areia mais lentamente. Na primavera de 1998, a equipe havia chegado à resposta. "O poço era muito superior a qualquer outro que a Mitchell já perfurara", conta Steinsberger. O código do xisto fora decifrado.

A nova técnica precisava de um nome. Eles não queriam chamá-la simplesmente de "fraturamento hidráulico" (*water fracking*). Seria prosaico demais, até meio sem graça. Assim, eles batizaram o processo de *slick water fracking* ("fraturamento por água lisa").

A empresa adaptou rapidamente a técnica aos seus novos poços em Barnett. A produção se expandiu. Mas, se pretendia desenvolver o xisto em larga escala, a Mitchell Energy precisaria de muito mais capital, algo que não tinha. Com relutância, George Mitchell começou o processo de venda da empresa. Pessoalmente, passava por um momento difícil. Embora pudesse ficar muito satisfeito em saber que sua intuição (e convicção) fora comprovada, após 17 anos de trabalho, ele estava tratando um câncer de próstata, e a doença de Alzheimer da esposa estava piorando. Não havia compradores interessados. O processo de venda foi cancelado e a empresa voltou ao trabalho.

NOS DOIS ANOS SEGUINTES, A PRODUÇÃO DE GÁS DA MITCHELL Energy mais do que dobrou. Isso chamou a atenção de Larry Nichols, CEO da Devon Energy, uma das empresas que não se interessara pela Mitchell durante o processo de venda anterior. Nichols questionou seus próprios engenheiros: "Por que isso estava acontecendo? Se o fraturamento hidráulico não funcionava, por que a produção da Mitchell estava em alta?". Os engenheiros da Devon perceberam que a Mitchell Energy realmente havia decifrado o código. Nichols não deixaria a empresa escapar uma segunda vez. Em 2002, a Devon adquiriu a Mitchell por 3,5 bilhões de dólares. "Na época", conta Nichols, "absolutamente ninguém acreditava que a perfuração de xisto funcionava, só a Mitchell e nós".

Mas a perfuração de xisto precisaria de outra tecnologia para ser econômica: a perfuração horizontal. Ela permitiria que os operadores perfurassem verticalmente (hoje, até mais de 3 km) até o chamado *kick-off point* (KOP), onde a broca faz a curva e avança horizontalmente através do xisto. Isso expõe muito mais da rocha à broca, o que leva a uma recuperação muito maior de gás natural (ou de petróleo). Havia experiência com a perfuração horizontal, mas a tecnologia não se tornou dominante até o final da década de 1980 e o início da de 1990, resultado de avanços em medições e sensores, perfuração direcional, análise sísmica e motores especiais. Os motores tinham uma capacidade incrível: a 2 ou 3 km no subterrâneo, eles impulsionavam a broca para a frente depois que esta fazia a sua curva de 90° e começava a mover-se horizontalmente. Também foi preciso outra coisa: muita tentativa e erro. Agora, a Devon estava preparada para tentar combinar a perfuração horizontal com o fraturamento hidráulico.[4]

NO INTENSO VERÃO DE 2003, UM GRANDE GRUPO DE AUTORIdades governamentais, engenheiros, especialistas e executivos da indústria do gás natural estavam reunidos 1.200 km ao norte, em uma sala de conferências no Hotel Marriott do aeroporto de Denver. O objetivo era analisar os resultados de um grande estudo sobre o futuro do gás natural nos EUA. As conclusões eram profundamente pessimistas. Após anos de baixa, o preço do gás natural havia saltado de repente. A demanda estava em alta, especialmente para a geração de energia elétrica. Apesar de o número de plataformas de perfuração ativas ter dobrado, segundo o relatório, o fato "preocupante" era que "os preços altos contínuos do gás natural" não estavam levando ao aumento esperado na oferta. Em suma, os Estados Unidos estavam ficando sem gás natural.

Novas tecnologias e gás "não convencional" ou "inconvencional", o diretor do estudo informou ao grupo, não teriam quase impacto algum. O gás de xisto não mereceu sequer ser mencionado na lista.

Um professor da Universidade do Texas levantou-se para objetar. Ele observou que a estimativa de gás "não convencional" era apenas cerca de um terço de outra projeção. "É uma grande diferença", ele comentou sarcasticamente. O diretor do estudo discordou. A projeção discordante de um suprimento potencial maior estava simplesmente errada.

"Alguém aqui está completamente errado, não é mesmo?", retrucou o professor.

Quase todos os presentes estavam convencidos de que era o professor que estava errado e de que os Estados Unidos enfrentariam uma escassez permanente de gás natural doméstico. A principal forma de compensar essa escassez seria buscar o produto no estrangeiro e importar gás natural liquefeito (GNL). Os Estados Unidos teriam que fazer algo inédito em sua história: depender cada vez mais de grandes importações de GNL do Caribe, da África Ocidental, do Oriente Médio ou da Ásia. Imaginava-se que o país estava destinado a se tornar o maior importador de GNL do mundo, cada vez mais dependente dos mercados globais para o seu gás natural, como já acontecia com o petróleo.[5]

Mas naquele julho de 2003, enquanto o estudo sobre gás natural era debatido no ar-condicionado de Denver, as equipes da Devon trabalhavam sob temperaturas de quase 40 graus no Texas, realizando perfurações metódicas que totalizariam 55 poços.

Larry Nichols, o CEO da Devon, faltou à reunião em Denver porque estava focado demais no programa de perfuração da empresa. "À medida que perfurávamos cada poço e víamos a produção contínua dos poços, percebíamos um pouco mais que aquilo viraria o jogo", Nichols lembra. "Não houve um momento específico de 'eureca'. Houve várias pequenas 'eurecas' enquanto melhorávamos nossa tecnologia".

Ao final do programa de perfuração, eles tinham a prova. Os engenheiros da Devon haviam conseguido combinar as duas tecnologias, fraturamento hidráulico com *slick water* e perfuração horizontal, para libertar o gás natural aprisionado no xisto. "O resto é história", Nichols diria posteriormente.[6]

18 O novo mapa dos Estados Unidos

FOI COMO SE ALGUÉM TIVESSE DADO A LARGADA. A NOTÍCIA desses avanços provocou uma corrida frenética entre outras empresas para conquistarem o seu pedaço de rocha densa antes das concorrentes.

Não eram empresas gigantes, com seus logotipos estampados em postos de gasolina espalhados pelo país. As "grandes" ainda estavam liquidando a sua produção terrestre nos EUA, pois acreditavam que não havia saída. Em vez disso, estavam investindo nas águas profundas do Golfo do México e em "megaprojetos" multibilionários ao redor do mundo. Na sua opinião, os melhores locais para produção em terra nos EUA já estavam ocupados e, obviamente, em decadência, incapazes de gerar os novos recursos na escala de que precisariam.

A produção em terra foi deixada para as independentes, empresas focadas em exploração e produção, sem o peso das refinarias ou dos postos de gasolina, mais empreendedoras e ágeis, com as estruturas de custo mais baixo necessárias para ganhar dinheiro na produção terrestre cada vez mais próxima do esgotamento. O termo "independente" em si era bastante amplo, pois abrangia desde empresas avaliadas em vários bilhões de dólares até exploradores solitários.

A corrida girava em torno de arrendar toda a área promissora possível de fazendeiros e rancheiros e, então, começar o processo de testar os recursos. Os xistos não eram todos iguais, como logo se descobriu; alguns eram mais produtivos do que outros. Todos queriam achar o "ponto certo", a área com maior potencial produtivo, antes dos outros. A vanguarda dessa revolução era composta de milhares de *land men* ("homens da terra"), que batiam em portas com mosquiteiros, deixavam bilhetes em caixas de correio no interior e convenciam proprietários a trocar seus direitos de exploração mineral, que antes não valiam nada, pela possibilidade de *royalties* no futuro — e talvez por grandes fortunas.

Os independentes levaram a corrida a outros xistos, nos estados de Louisiana, Arkansas e Oklahoma, e então àquela que se revelaria a maior fonte de gás de xisto de todas, o poderoso Marcellus, uma rocha base espessa a mais de 1,5 km de profundidade que se estende do oeste de Nova York aos estados de Pensilvânia, Ohio e Virgínia Ocidental e até o Canadá. O xisto Marcellus seria a segunda maior província de gás natural do mundo, e talvez até a maior de todas. E outra formação de xisto, chamada de Uti-

Capítulo 1 O homem do gás **19**

ca, está sob partes do Marcellus. O que levou os independentes a correr a toda velocidade foi aquele grande motivador chamado preço. "Após décadas de abundância e baixos preços", informava o *Wall Street Journal,* "o gás natural americano tornou-se o mais caro do mundo industrializado". Os preços altos motivaram muitos experimentos, investimentos e riscos inaceitáveis a preços menores. Foi preciso dominar um perfil de produção diferente daquele aplicado ao gás convencional (e então ao petróleo). A produção inicial de um novo poço era alta, mas então decaía muito mais rapidamente do que a de um poço convencional antes de estabilizar-se. Isso criava a necessidade de continuar a perfuração de novos poços, algo que viria a ser descrito como um processo industrial.[7]

O ano de 2008 foi o momento em que o sino tocou. Naquele ano, a produção de gás natural dos EUA aumentou em vez de diminuir, como era a expectativa geral na época. Isso subitamente chamou a atenção das grandes empresas internacionais. Algumas começaram a transferir seus investimentos de volta para as plataformas terrestres nos Estados Unidos. Em alguns casos, elas adquiriram empresas independentes. E diversas empresas internacionais, da China, Índia, França, Itália, Noruega, Austrália e Coreia do Sul, pagaram para se associar a independentes americanas e fornecer o caixa de que precisavam para continuar o seu avanço frenético.

Com essa nova perspectiva, as estimativas sobre a base de recursos de gás natural dos EUA aumentaram drasticamente. Em 2011, o Potential Gas Committee, que analisa recursos físicos para os Estados Unidos, projetava recursos de gás natural recuperável 70% maiores do que na década anterior. Naquele ano, o presidente Barack Obama declarou: "Inovações recentes nos deram a oportunidade de acessar reservas maiores — talvez o equivalente a um século — no xisto que está sob os nossos pés".

Os números continuavam a crescer. Em 2019, o Potential Gas Committee estimava que as reservas de gás natural recuperável eram o triplo dos números de 2002. A produção de gás natural aumentava tão rápido que deu origem à expressão *shale gale* — a ventania do xisto. À medida que o gás natural ia da escassez à superabundância, o inevitável aconteceu: os preços despencaram. A combinação de suprimentos abundantes e preços baixos alterou o *mix* energético geral dos EUA, com a maior participação do gás natural no consumo de energia total do país.[8]

A mudança mais decisiva ocorreu no setor de energia elétrica. O carvão sempre fora a fonte dominante de eletricidade, posição reforçada por políticas públicas das décadas de 1970 e 1980 que o promoviam como fonte doméstica de energia e limitavam o uso de gás natural para a geração de eletricidade (pois, na época, também se acreditava que o país estivesse ficando sem gás). Na década de 1990, antes do xisto, o gás natural nunca representou mais de 17% da geração de eletricidade. Com a chegada do xisto, entretanto, o gás tornou-se altamente competitivo em termos de preço, e a oposição dos ambientalistas tornava a construção de uma nova usina termelétrica a carvão nos Estados Unidos praticamente impossível. Em 2007, o carvão ainda gerava metade da eletricidade americana. Em 2019, esse número havia caído para 24%, enquanto o gás natural havia subido para 38%. Esse foi o principal motivo de as emissões americanas de dióxido de carbono (CO_2) terem caído para os níveis do início da década de 1990 apesar de a economia americana ter dobrado de tamanho.

A ideia de importar GNL caro evaporou. O desafio não era mais extrair os parcos novos estoques, e sim encontrar mercados para o gás natural barato e cada vez mais abundante. Havia simplesmente gás natural demais.

Capítulo 2

A "DESCOBERTA" DO PETRÓLEO DE XISTO

Em uma manhã de 2007, Mark Papa estava se preparando para uma reunião do conselho em Houston. Papa era o CEO da EOG, uma das principais empresas independentes no xisto de Barnett. Enquanto analisava *slides* que mostravam quanto gás natural só a EOG já havia encontrado em Barnett, sua mente começou a trilhar·um caminho preocupante. A magnitude estava mudando, Papa pensou consigo. Como empresa, a EOG costumava pensar nas suas reservas de gás natural em termos de bcf (bilhões de pés cúbicos). Agora, com todo o gás de xisto em Barnett, estava falando de unidades mil vezes maiores: tcf, trilhões de pés cúbicos. E tcf, até Barnett, era uma unidade geralmente utilizada para medir as reservas totais de gás natural dos Estados Unidos, não as de uma única empresa!

Outras empresas estavam encontrando quantidades semelhantes. Papa somou os números de cabeça. O resultado era alarmante. "Isso vai afetar o mercado de gás natural", ele percebeu.

Papa tinha a aparência ligeiramente surpresa de um professor de química que acaba de perceber que está atrasado para a aula. Ele crescera nos arredores de Pittsburgh e decidira estudar engenharia de petróleo na Universidade de Pittsburgh após pegar o folheto de uma petrolífera. "Isso não parece nada científico", disse então, "mas a maioria das áreas onde se encontrou petróleo são relativamente quentes. Eu gosto do calor".

Durante a sua carreira, Papa aprendera a ficar de olho no "macro", no quadro geral. No passado, ele trabalhara com um economista especializado em petróleo que acompanhava de perto a Opep e as flutuações do mercado. "Aprendi que é melhor prestar atenção na oferta e na procura", Papa explica. "Adoro a mecânica da oferta e da procura, o vai e vem".

Papa pôs de lado os *slides* que estava revisando e tentou visualizar o que a mecânica da oferta e da procura estava dizendo. "Era absolutamente óbvio", ele conta. "O gás natural é uma *commodity* e o seu preço ia cair feito uma pedra. E nós seríamos fortemente impactados."[1]

A EOG tinha apenas três opções. Poderia se internacionalizar, mas então competiria com empresas como Exxon, Shell e BP, uma perspectiva difícil para uma organização sem a escala, os recursos ou a experiência para tanto. Poderia se arriscar nas águas profundas do Golfo do México, mas também não tinha experiência ou conhecimento especializado para isso.

Ou poderia ir aonde tinha experiência e conhecimento, ao xisto, e ver se conseguiria extrair petróleo das rochas densas, da mesma forma que fazia com gás natural. Mas isso colocaria Papa em uma posição semelhante àquela enfrentada por George Mitchell: ele precisaria escalar uma muralha de ceticismo. O "dogma do setor", nas palavras da EOG, afirmava que o xisto era uma rocha densa demais, mesmo com fraturamento, para o fluxo de petróleo. De acordo com o dogma, as moléculas de petróleo eram muito maiores do que as de gás, então não conseguiriam atravessar os poros minúsculos que o *fracking* criaria na rocha.

E esse não era o único motivo para ceticismo. Havia uma crença quase universal de que os dias dos Estados Unidos como produtor de petróleo estavam no fim. Em 2007, a produção de petróleo dos EUA caíra para 5,1 milhões de barris por dia, pouco mais de metade do que fora no início da década de 1970. Enquanto isso, o saldo de importações de petróleo havia subido para quase 60% do consumo. Os políticos podiam prometer "inde-

Capítulo 2   A "descoberta" do petróleo de xisto   **23**

pendência energética", mas a verdadeira questão parecia ser a velocidade com a qual as importações continuariam a crescer.

A EOG precisava responder a uma pergunta específica: as moléculas de petróleo eram mesmo grandes demais para fluírem através de xisto que sofrera fraturamento hidráulico? Claramente, eram maiores do que as moléculas de gás natural. Mas quão maiores?

"Vamos descobrir", Papa anunciou. Deve haver artigos acadêmicos, claro. Estranhamente, a equipe da EOG não encontrou pesquisa alguma que quantificasse o tamanho de uma molécula de petróleo.

Eles próprios teriam que executar a pesquisa. Qual era o tamanho de uma molécula de gás natural? E o de uma de petróleo? E quais eram as dimensões dos poros, os espaços ou buracos minúsculos na rocha, invisíveis a olho nu, antes e após o fraturamento hidráulico? Após investigar a questão com microscópios eletrônicos, um tomógrafo e seções delgadas de testemunhos, eles chegaram à resposta: uma molécula de petróleo era entre ligeiramente maior do que uma molécula de gás e sete vezes maior do que ela. A descoberta crucial, entretanto, era que mesmo as moléculas de petróleo de maior tamanho deslizariam pelo "gargalo" do poro.

Papa convocou os seus gestores seniores. "Esses caras estavam equipados e preparados para achar gás", ele disse. "Tínhamos tido sucesso para além dos nossos maiores sonhos." Então todos ficaram chocados quando Papa disse que o preço entraria em colapso e que poderia permanecer em baixa por muitos anos. Ele disse aos gerentes atônitos que a EOG pararia de procurar gás de xisto. Em vez disso, deveriam começar a buscar petróleo de xisto.

A sala ficou em silêncio. Papa preparou-se para a resistência. Eles poderiam ter se rebelado. "Mark, você pirou", poderiam ter dito. Em vez disso, a resposta foi: "Certo, Mark, é o que vamos fazer".

Mas Papa não estava com pressa para anunciar a transição publicamente. Pouco tempo depois, ele foi a uma conferência de investidores em Nova York e escutou outros CEOs falarem sobre todo o gás que haviam descoberto e quanto gás ainda descobririam. "Esses caras estão ignorando a economia básica", Papa pensou consigo. Da sua parte, ele foi intencionalmente vago em público sobre a nova linha de pensamento da EOG.

Dentro da empresa, era diferente. "Demos uma virada na outra direção e começamos a procurar petróleo", diz Papa.

24 O novo mapa dos Estados Unidos

A EOG acabou focando o xisto de Eagle Ford, sob o sul do Texas. Eagle Ford era considerada a rocha matriz, a "cozinha", dos outros campos de petróleo do Texas, mas com pouco potencial comercial em si. Nas suas pesquisas, entretanto, os geólogos da EOG haviam encontrado dados sísmicos de poços de baixíssima produção, poços marginais apelidados de *strippers*, perfurados décadas atrás. Quanto mais examinavam os dados, mais se animavam. Os perfis de produção desses poços antigos correspondiam aos poços de xisto: produção inicial alta, então declínio até uma produção contínua em nível muito menor. O campo "estava implorando por perfuração horizontal", lembra Papa. De repente, os geólogos e engenheiros de petróleo da EOG visualizaram algo que jamais poderiam ter imaginado: 190 km de petróleo puro.

Papa deu a ordem de arrendar tanta terra quanto possível, mas também com o máximo de discrição. Quando terminaram, os *land men* da EOG haviam adquirido meio milhão de acres (cerca de 2 mil km²) a 400 dólares por acre. A EOG acreditava ter adquirido quase um bilhão de barris de petróleo. Quando começou a perfurar, no entanto, descobriu que havia subestimado radicalmente as reservas. Papa deu a notícia em uma conferência de investidores em 2010. "Acreditamos que o petróleo horizontal de rochas não convencionais virará o jogo na indústria norte-americana." Quando perceberam o que a EOG fizera, outras empresas correram para Eagle Ford. O preço saltou dos 400 dólares por acre que a EOG pagara para 53 mil dólares. Em 2014, a EOG tornou-se a maior produtora de petróleo bruto terra adentro dos Estados Unidos.

Em alguns anos, ficaria claro que Papa havia subestimado o petróleo de xisto. O jogo não virou apenas na América do Norte. O jogo virou em nível global.[2]

E ENTÃO VEIO A DAKOTA DO NORTE. APÓS DÉCADAS DE POÇOS SECOS por todo o estado, o petróleo fora descoberto em 1951, na Bacia de Williston, por uma empresa chamada Amerada, que depois se tornaria parte da Hess Corporation.

O *boom* resultante levou a uma matéria de capa da revista *Time* que chamava o estado de "El Dorado" para o futuro da produção de petróleo. Um monumento dedicado ao local da descoberta da Amerada em 1953

Capítulo 2   A "descoberta" do petróleo de xisto   **25**

afirmava que ela "abria uma nova era para Dakota do Norte". Mas não houve um El Dorado ou uma nova era. Apesar de muita perfuração, descobriu-se pouco petróleo, e o *boom* esmoreceu. Ainda assim, a Amerada (e, posteriormente, a Hess) permaneceu no estado, expandindo a sua área. "Seguíamos encontrando outros horizontes geológicos, e isso nos manteve no jogo", diz John Hess, CEO da Hess. "Achávamos que mudanças na tecnologia nos permitiriam extrair mais petróleo. Seguimos firmes porque continuamos a acreditar nela. Há uma velha teoria no ramo do petróleo: se você tem uma área com múltiplas possibilidades, não abra mão dela."[3]

Outros suspeitavam que seria possível descobrir quantidades significativas de petróleo em Dakota do Norte, entre eles Harold Hamm, um nativo de Oklahoma. Hamm era um homem do petróleo até a alma. "O ramo do petróleo dominou a minha mente e a minha imaginação de jovem", ele diz. "Eu queria descobrir petróleo."

Hamm crescera na miséria, um dos 13 filhos de um meeiro de Oklahoma. Na infância, ajudava a família a colher as cápsulas de algodão. Como a colheita se estendia além do início do ano escolar, ele muitas vezes demorava meses para se juntar à sua turma e tinha que se esforçar muito para alcançar os colegas. Em vez de ir para a faculdade, Hamm foi trabalhar nos campos de petróleo. No início, suas principais habilidades eram a sua ética de trabalho, sua inteligência e uma vontade feroz de ter sucesso. Anos mais tarde, Hamm se descreveria como "um jovem faminto".

Um dos seus empregos envolvia transportar diesel e lubrificante para pontos de perfuração, e foi por meio dele que conheceu empresários do petróleo. Hamm conversava com eles sobre o negócio, e eles o ensinavam a ler mapas e registros, e a perfurar e completar poços. Aos 25 anos, em 1971, Hamm juntou o dinheiro de que precisaria para adquirir os direitos de um campo de petróleo que a empresa estava vendendo. Ele tinha uma visão diferente sobre o seu potencial. "Estava no negócio havia cinco anos e tinha uma forte convicção", ele conta. Hamm descobriu petróleo. Foi o seu começo. Ele também reconheceu que teria que correr atrás do prejuízo. Hamm passava as noites com livros de geologia e geofísica e, quando podia, assistia a aulas em uma faculdade local. "Não fui atrás de um diploma, queria a educação." Ele vendeu sua primeira empresa em 1982 e começou uma empresa de perfuração. Hamm também teve seus

26 O novo mapa dos Estados Unidos

fracassos, incluindo a perfuração de 17 poços secos consecutivos, mas perseverou e construiu uma empresa que batizou de Continental Resources.

Em meados da década de 1980, começou a procurar petróleo na Bacia de Williston, que fica entre os estados de Montana e Dakota do Norte. A Continental descobriu dois campos no lado de Montana usando perfuração horizontal. Em 2003, a empresa adquiriu terrenos na parte da bacia em Dakota do Norte.

A revolução do xisto no gás natural estava apenas começando. A tecnologia poderia ser aplicada em Dakota do Norte? A uma profundidade de cerca de 3 km, esmagada entre diversos outros estratos, havia uma formação chamada Bakken, em homenagem a um fazendeiro da região, e logo abaixo dela, Three Forks. Embora tecnicamente categorizadas como arenitos de baixa permeabilidade (*tight sands*), essas formações são semelhantes ao xisto e normalmente são chamadas de xisto também. Até a revolução do xisto, eram ignoradas — não tinham valor. "Achavam que nunca daria para produzir nada da Bakken", conta John Hess. Mas o que acontecia em Barnett, no Texas, sugeria o contrário.

A resposta em termos de tecnologia seria a perfuração horizontal na forma de "estágios". Em vez de tentar fraturar todo o poço horizontal de uma só vez, os perfuradores trabalhariam em estágios, aprendendo, experimentando e ajustando-se à rocha específica à medida que avançavam. Trabalhar em estágios a 3 km de profundidade, em um trilho horizontal de 3 km, demoraria mais e custaria mais. Mas *poderia* dar certo. E em 2009, *dava*.

A Bakken decolou. Em 2004, Dakota do Norte produzia um total de 85 mil barris por dia. Sete anos depois, a produção mais do que quadruplicara, atingindo 419 mil barris. Dakota do Norte superou a Califórnia como terceiro maior produtor de petróleo do país, e então o Alasca como segundo maior, atrás apenas do Texas. Em 2014, Dakota do Norte produzia 1,1 milhão de barris por dia, quatorze vezes mais do que uma década antes. A revista *Time* tinha acertado na mosca quando previra um El Dorado em Dakota do Norte; ela apenas chegara 60 anos adiantada.[4]

O *boom* petrolífero de Dakota do Norte turbinou a economia do estado e a receita do governo estadual. O crescimento econômico aumentou, assim como a renda da população. Fazendeiros que operavam na margem, mas que possuíam os direitos minerais, receberam uma infusão de caixa. Nos anos pós-2008 de alto desemprego nos Estados Unidos, Dakota do Norte tinha os índices mais baixos, e os desempregados migraram para o estado.

Mas a rapidez e a escala do *boom* criaram seus próprios problemas: escassez de moradia, estradas engarrafadas, superlotação nas escolas, nos hospitais e até nos tribunais. Dakota do Norte também não estava suficientemente conectada aos dutos, o que significa que grandes volumes de petróleo precisavam ser transportados por ferrovias, em trens com até cem vagões. A quantidade de petróleo transportada por vias férreas nos EUA passou de 50 mil barris por dia em 2010 para mais de 1 milhão em 2014. As ferrovias ficaram muito contentes com a demanda, já que o transporte de carvão estava em decadência.

Um dos desafios mais inusitados da Bakken seriam os pássaros. O Departamento de Justiça dos EUA, acionado pelo Serviço de Pesca e Vida Selvagem do Departamento do Interior, indiciou a Continental e duas outras petrolíferas pela morte de 28 pássaros migratórios. No caso da Continental, a mortandade total era de um pássaro, de uma espécie chamada phoebe oriental, que o Laboratório de Ornitologia da Universidade de Cornell descreve como "comum ao redor dos seres humanos, dado a fazer ninhos em prédios". Em comparação, de acordo com o Serviço de Pesca e Vida Selvagem, os parques eólicos matam meio milhão de pássaros por ano, os carros matam 60 milhões, e cem milhões de pássaros morrem chocando-se contra janelas. Um juiz federal finalmente extinguiu o caso em 2012. Segundo o juiz, uma condenação criminalizaria muitas atividades cotidianas, incluindo podar árvores, colher, dirigir e ser dono de um gato (estima-se que os gatos sejam responsáveis pela morte de até 3,7 bilhões de pássaros por ano nos Estados Unidos).[5]

APÓS BAKKEN E EAGLE FORD, VEIO O PERMIANO, A MAIOR DESCOBERTA DE TODAS. A Bacia do Permiano estende-se por aproximadamente 19.500 km² do oeste do Texas até o sudeste do Novo México. Boa parte da região é caracterizada por "planaltos vazios". O nome da bacia vem de rochas características da era geológica do Permiano, que terminou com a "grande extinção" que aniquilou quase todos os seres vivos cerca de 250 milhões de anos atrás. O nome em si é derivado da cidade russa de Perm, onde um geólogo britânico identificou rochas dessa era geológica no século XIX.

No início do século XX, a região deserta do Permiano era desprezada, chamada de "cemitério do petróleo". Em 1920, afirmava-se que o Permiano era "pouco recomendável como possível província petrolífera".

O primeiro poço bem-sucedido foi perfurado em 1923, em terras que o estado havia cedido à Universidade do Texas: o Santa Rita 1, em homenagem à "santa padroeira das causas impossíveis". Mas os poços subsequentes foram decepcionantes.[6]

Então, em outubro de 1926, com um contrato de arrendamento prestes a vencer, uma descoberta abriu a Bacia do Permiano e transformou-a em uma grande província petrolífera. O Permiano também se tornaria um dos ativos mais importantes dos EUA durante a Segunda Guerra Mundial, pois a sua produção literalmente dobrou para atender à demanda por combustível. No pós-guerra, a Bacia do Permiano cresceu mais uma vez. A região e suas empresas petrolíferas transformaram-se em um ímã para jovens em busca de oportunidades, incluindo um veterano da Marinha com diploma de Yale chamado George H. W. Bush, que se mudou para a região com a esposa Barbara e o filhinho George. Todos os dias, os independentes faziam sua aposta. "Se acertava", Bush disse na época, havia dinheiro a ser feito. "Se não acertava, azar o meu." Em 1974, a bacia (na verdade, um conjunto de vários campos de petróleo gigantes) atingiu seu auge, fornecendo quase um quarto do suprimento de petróleo total dos EUA.[7]

Mas, depois disso, o Permiano começou a decair rapidamente, atingindo seu ponto mais baixo em 2007. A santa padroeira do impossível não estava mais por perto para ajudar, e não foram poucos que leram a extrema-unção da região. "O papel da Bacia do Permiano como grande província produtora de petróleo parece estar no passado", escreveu um geólogo em 2006. Seu futuro "pode, assim, ser apenas de decadência contínua".

A essa altura, no entanto, o aumento dos preços do petróleo estava começando a reestimular as atividades na região. O número de sondas de perfuração aumentou e, em 2011, estava cada vez mais difícil encontrar uma mesa vazia no Wall Street Bar and Grill, o restaurante favorito dos profissionais de petróleo em Midland. Contudo, as novas perfurações ainda trabalhavam com os poços verticais tradicionais.

Capítulo 2   A "descoberta" do petróleo de xisto   **29**

Janeiro de 2011 marcou o início da "Primavera Árabe", que tumultuou o Oriente Médio e o Norte da África e provocou incertezas sobre o futuro da região. Naquele mesmo mês, o título de um novo relatório anunciava que a indústria do petróleo americana estava mudando: "The Shale Gale Goes Oily" ("A ventania do xisto fica oleosa"). O principal estudo de caso era Bakken, mas o texto também chamava a atenção para uma megatransição em potencial: "os operadores estão analisando o próprio quintal com novos olhos" para determinar se as novas tecnologias poderiam ser aplicadas em "campos existentes", considerados além do seu auge. E o maior quintal era a Bacia do Permiano.[8]

Em novembro de 2011, os membros do conselho da Pioneer, uma independente de grande porte, reuniram-se em uma sala de conferências em Dallas para assistir à apresentação de três horas dos geólogos da empresa. O destino da Pioneer tinha sido o mesmo do setor como um todo. A empresa havia se arriscado nas águas profundas do Golfo do México e internacionalmente, desenvolvendo projetos em diversos países, desde a Argentina até a Guiné Equatorial. Em 2005, a Pioneer decidiu começar a vender seus projetos internacionais e voltar para casa. "A arena política e a estrutura de custos de nossos diversos ativos fora dos 48 estados continentais dos EUA estavam se tornando arriscadas demais", disse Scott Sheffield, CEO da empresa. A Pioneer também notava o sucesso que outras empresas estavam tendo no xisto de Barnett. Seria melhor reinvestir nos Estados Unidos, onde os contratos geralmente eram cumpridos e os tribunais eram independentes, do que ter que lidar com governos estrangeiros, que podiam alterar unilateralmente as condições sob as quais a empresa operava.

Durante dois anos, os geólogos da Pioneer estudaram os xistos sob os 3.650 km² da Pioneer na Bacia do Permiano. Sua conclusão foi chocante. Havia uma fortuna em potencial sob a região — não apenas uma camada de xisto, mas várias camadas de rochas compactas empilhadas umas sobre as outras, como panquecas, entre 1,5 e 3 km sob a superfície, cujo petróleo poderia fluir de maneira abundante com o fraturamento hidráulico e a perfuração horizontal. "Foi o momento 'arrá'", lembra Sheffield. A Pioneer redirecionou abruptamente suas despesas para esse recurso. Em 2012, a empresa perfurou seu primeiro poço horizontal bem-sucedido no xisto da Bacia do Permiano.[9]

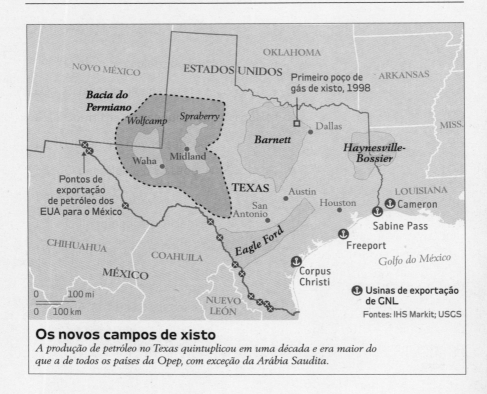

Os novos campos de xisto
A produção de petróleo no Texas quintuplicou em uma década e era maior do que a de todos os países da Opep, com exceção da Arábia Saudita.

A Pioneer foi apenas uma entre as várias empresas que atacaram essa nova oportunidade. A região estava em alta mais uma vez. A escassez de petróleo foi substituída pela de trabalhadores, moradias e escritórios. Um edifício de escritórios de 53 andares foi planejado para Midland: seria o maior arranha-céu entre Houston e Los Angeles. A produção na Bacia do Permiano foi às alturas, saltando da baixa de 850 mil barris em 2007 para 2 milhões em 2014, quase 25% do petróleo bruto total produzido nos EUA.

Em pouquíssimo tempo, a nova tecnologia transformou o Texas, colocando o estado em uma trajetória de crescimento extraordinário. Entre janeiro de 2009 e dezembro de 2014, a produção total de petróleo bruto do estado mais do que triplicou. No final desse período, o Texas produzia mais petróleo do que o México e mais do que todos os países da Opep, com exceção da Arábia Saudita e do Iraque.

A revolução inconvencional também transformara o mapa dos recursos petrolíferos. Uma área do Permiano, chamada de Spraberry e Wolfcamp, agora era considerada o segundo maior campo de petróleo do mundo, atrás apenas de Ghawar, o campo supergigante da Arábia Saudita. Eagle Ford estava em quinto lugar, atrás de Burgan, no Kuwait, e outro campo saudita, mas à frente do gigantesco Samotlor, base do poder petrolífero da Rússia.

Os Estados Unidos estavam de volta, mais uma vez com um papel importante no petróleo mundial.

Capítulo 3

"SE TIVESSEM ME DITO 10 ANOS ATRÁS": O RENASCIMENTO DA INDÚSTRIA

St. James é uma paróquia civil no interior do estado de Louisiana, às margens do rio Mississippi. Seu solo fértil sustenta as plantações de cana-de-açúcar que são a base da economia local. A região é famosa pelas fogueiras acesas nos diques ao longo rio na véspera de Natal. De acordo com as lendas, as fogueiras recebem Papai Noel e o ajudam a não se perder enquanto desce o Mississippi com o seu saco de presentes.

Em uma noite de sexta-feira, no outono de 2015, um tipo diferente de cerimônia foi realizado na escola de ensino médio local para receber calorosamente um novo convidado na paróquia. Na sua maleta, ele trazia uma espécie de presente: um investimento em larga escala em St. James, de um tipo jamais visto antes. O visitante era Wang Jinshu, presidente da Yuhuang Chemical Company, com sede no outro lado do mundo, na província chinesa de Shandong.

Capítulo 3   "Se tivessem me dito 10 anos atrás"   **33**

Wang chegara para dar início à primeira fase de um investimento de 1,9 bilhão de dólares em uma fábrica de produtos químicos que a Yuhuang construiria em St. James. Além de 5,3 km² de canaviais, a Yuhuang também adquirira a escola de ensino médio adjacente onde a cerimônia estava sendo realizada, o que permitiria que a paróquia construísse uma escola mais moderna. Com o tempo, o projeto traria muitos novos empregos e renda para St. James.

O que levou a Yuhuang à paróquia civil foi o gás natural barato. Para a empresa, seria mais econômico aproveitar um gasoduto que levasse gás de xisto ao local, fabricar produtos químicos na Louisiana e transportá-los para a China do que construir instalações semelhantes no seu país de origem. Um executivo da Yuhuang citou muitas razões para o projeto, desde a necessidade do produto ao impacto "benéfico" nas relações sino--americanas e o alinhamento com as políticas do presidente chinês Xi Jinping. Mas a base de tudo era muito mais prosaica: um contrato de 20 anos para comprar gás natural barato.[1]

Em 2019, com o projeto 60% completo e uma segunda fase planejada, mas em meio à guerra comercial entre China e EUA, a Yuhuang prudentemente recrutou uma empresa americana para ser parceira em uma *joint venture*. Mas o que acontecera naquela noite, quatro anos antes, na escola de ensino médio da paróquia civil de St. James, era parte de uma história muito maior: o renascimento da indústria americana e sua competitividade crescente na economia mundial.

COM A REVOLUÇÃO NÃO CONVENCIONAL, A POSIÇÃO ENERGÉTICA AMEricana ficou muito diferente do que fora poucos anos antes. A produção de gás natural dos EUA crescia radicalmente. O mesmo valia para o petróleo. As importações de petróleo diminuíam rapidamente, assim como o dinheiro que o país gastava com elas — e tudo isso reduzia o déficit comercial dos EUA. Mas o impacto da revolução do xisto na economia americana seria ainda mais profundo.

Em 2014, Ben Bernanke, recém-aposentado do cargo de presidente do Federal Reserve (o banco central dos EUA), descreveu a revolução não convencional como "um dos fatos mais benéficos, se não o mais benéfico" na economia americana desde a crise financeira de 2008 e 2009. O impacto foi amplificado pela natureza dos fluxos econômicos. O aumento súbito na atividade econômica estimulado pelo petróleo e pelo gás natural de xisto, em combinação com a redução rápida nas importações, criou benefícios que reverberaram pelas cadeias logísticas e financeiras e afetaram toda a economia do país. Era muito diferente do dinheiro que saía do país para apoiar o desenvolvimento em outras regiões ou acabava nos fundos soberanos de países exportadores. Essa circulação doméstica do dinheiro multiplicaria bastante o impacto.

Entre o fim da Grande Recessão, em junho de 2009, e 2019, o investimento líquido em capital fixo no setor de extração de petróleo e gás natural representou mais de dois terços do investimento industrial líquido total dos EUA. Em outra medida, entre 2009 e 2019, os aumentos no petróleo e no gás natural representaram 40% do crescimento acumulado da produção industrial americana.

Em termos práticos, isso significa dinheiro que fluiu para contracheques ao redor do país. Em 2019, a revolução não convencional já gerava mais de 2,8 milhões de empregos.* Havia empregos nos campos de petróleo e gás natural e ao redor deles, nas fábricas do Meio-Oeste que produziam equipamentos, caminhões e tubulação, empregos na Califórnia para escrever *software* e gerenciar dados e empregos gerados pelo aumento da renda e dos gastos, como no ramo imobiliário e em concessionárias de automóveis. O mais interessante é que, devido às interligações, o impacto econômico foi sentido em praticamente todos os estados. Isso inclui Nova York, onde ambientalistas e políticos conseguiram convencer o estado a proibir o fraturamento hidráulico e impedir a construção de um novo gasoduto que transportaria gás natural barato do Marcellus, na Pensilvânia, até a Nova Inglaterra, uma região com pouco gás. A falta de novos gasodutos levou à proibição de novas conexões de gás em residências e pequenas empresas no condado de Westchester, ao norte da cidade de Nova York, em 2019. Mas mesmo Nova York registrou mais de 40 mil empregos que apoiavam as atividades em formações de xisto em outros estados.[2]

Toda essa atividade econômica incremental gera uma receita em nível estadual e federal estimada em 1,6 trilhão de dólares entre 2012 e 2025.

---

*Antes de a covid-19 paralisar a economia, a indústria do petróleo e gás natural era responsável por um total de 12,3 milhões de empregos nos Estados Unidos.

ALÉM DE RECEITAS, O XISTO TAMBÉM GEROU OPOSIÇÃO E CONTRO-versia ambiental à medida que se expandiu. Como ocorre com quase todas as grandes atividades industriais, é preciso administrar corretamente as questões ambientais em torno do xisto. Nos primeiros anos da revolução do xisto, a controvérsia centrava-se particularmente na contaminação da água, seja pelo processo de fraturamento em si ou pelo descarte das águas residuais extraídas do poço. Uma década depois, como Daniel Raimi observa em seu livro *The Fracking Debate*, a contaminação da água não se tornou o problema sistêmico que alguns temiam. Para começar, o fraturamento em si ocorre quilômetros abaixo dos aquíferos de água doce. Também havia a ideia de que o xisto era uma atividade "do Velho Oeste", mas a produção de xisto, assim como todo o resto do setor de petróleo e gás natural, é altamente regulamentada; no caso, principalmente em nível estadual. Alguns estados precisaram expandir seu sistema regulatório em meio ao crescente desenvolvimento da produção de xisto na sua área. Os terremotos eram outra preocupação, especialmente após a ocorrência de vários em Oklahoma. Estudos subsequentes atribuíram os tremores não às perfurações, e sim ao descarte das águas residuais em locais impróprios, o que causou o deslizamento de formações rochosas e, em seguida, terremotos. Com novas regulamentações sobre onde as águas residuais poderiam ser descartadas, e a que pressão, o número de terremotos desabou. Aprendeu-se muito sobre a gestão dos impactos nas comunidades rurais, incluindo o nível de ruído e o número de caminhões nas estradas locais, ao mesmo tempo que eram atendidas as demandas dessas comunidades por mais empregos e novas fontes de renda.

Hoje, a questão mais significativa trata das emissões "fugitivas" de metano (basicamente, gás natural que vaza de equipamentos ou dutos), o que não se limita ao xisto. O Fundo para a Defesa do Meio Ambiente (EDF — Environmental Defense Fund) trabalha na linha de frente a fim de chamar a atenção para o metano como gás contribuinte para o efeito estufa. Reduzir essas emissões transformou-se em prioridade para agências reguladoras e para a indústria como um todo, em especial para a Oil and Gas Climate Initiative, um grupo de 13 empresas do setor. Nas palavras da Agência Internacional de Energia, "o metano é um produto valioso e, em muitos casos, pode ser vendido se for capturado".[3]

36 O novo mapa dos Estados Unidos

OS EFEITOS DA REVOLUÇÃO DO XISTO NA POSIÇÃO COMERCIAL DOS Estados Unidos foram marcantes. Usando 2007 como base de comparação, o déficit comercial dos EUA, em 2019, era 309 bilhões de dólares menor do que teria sido sem a revolução do xisto. Sem o xisto, os Estados Unidos teriam continuado a ser o maior importador de petróleo do mundo. O país também teria se tornado um grande importador de GNL, competindo com a China, o Japão e outros países pela oferta, o que aumentaria significativamente o seu déficit comercial.[4]

A revolução do xisto também melhorou drasticamente a posição competitiva dos Estados Unidos na economia mundial. Durante muitos anos, os investimentos industriais fluíam dos EUA para países com custos menores devido à mão de obra mais barata no exterior. Mas o jogo virou. Mais de 200 bilhões de dólares estão sendo investidos na construção e reforma de fábricas de produtos químicos nos EUA.[5] Outras dezenas de bilhões de dólares vão para usinas siderúrgicas e outras unidades de fabricação e processamento, além de refinarias e infraestrutura. O principal motivo é a abundância de gás natural barato, usado tanto como combustível quanto como matéria-prima para produtos químicos. Além disso, o gás natural ajuda a reduzir o custo de geração de eletricidade.

Por muitos anos, os investimentos da fabricante de produtos químicos Dow se dirigiam ao exterior, especialmente ao Oriente Médio, na busca por acesso a gás natural barato como matéria-prima para os seus produtos. O advento do gás barato nos EUA os trouxe de volta. Desde então, a empresa destinou bilhões de dólares à expansão ou construção de novas unidades petroquímicas nos Estados Unidos. "As coisas mudam. Viramos bem rápido", disse Andrew Liveris, então diretor-executivo da Dow, quando anunciou uma expansão de 4 bilhões de dólares no Texas em 2012. "Se tivessem me dito, 10 anos atrás, que eu estaria aqui neste palanque, fazendo esse anúncio, eu não acreditaria", completou.

E não são apenas as empresas americanas. Indústrias europeias estão fugindo dos custos energéticos onerosos do continente e investindo nos EUA. Quando anunciou um investimento de 700 milhões de dólares em Corpus Christi, Texas, o CEO de uma siderúrgica austríaca explicou que o baixo preço do gás natural nos EUA, em relação à Europa, "é uma grande vantagem econômica". As indústrias emigrantes incluem fábricas de fertili-

Capítulo 3 "Se tivessem me dito 10 anos atrás" **37**

zante australianas e de plástico taiwanesas. Após décadas em que empresas americanas montavam suas fábricas na China, indústrias chinesas estavam construindo novas unidades industriais nos Estados Unidos. A Shandong Yuhuang, nos canaviais da Louisiana, era um exemplo.

A energia barata não é o único motivo, é claro. Para muitas empresas, entretanto, tanto americanas quanto estrangeiras, o gás natural barato e abundante é um fator decisivo, assim como a expectativa de que será duradouro. Tudo isso transforma o gás de xisto em um elemento crítico para o chamado "renascimento da indústria" nos Estados Unidos e a competitividade crescente do país na economia mundial.[6]

Capítulo 4

O NOVO EXPORTADOR DE GÁS NATURAL

Duas ligações telefônicas em 2009 convenceram Charif Souki a mudar completamente o negócio que estava tentando construir. Uma foi do determinado CEO da Chesapeake, uma independente na vanguarda do desenvolvimento do gás de xisto; a outra, da Shell, uma das maiores empresas do mundo. Ambos tinham a mesma pergunta: Souki poderia transformar as instalações que estava construindo para importação de GNL em uma planta para exportar a crescente oferta de gás natural dos EUA?

Souki ficou chocado. Ele aceitara o consenso do início dos anos 2000 sobre a escassez de gás natural. Arrecadara centenas de milhões de dólares e assinara contratos complexos com base na premissa de que os Estados Unidos teriam que importar grandes quantidades de GNL. As ligações sugeriam que ele tinha feito uma péssima aposta.

Souki, com seu cabelo comprido, seu terno jaquetão e um sotaque pouco pronunciado, não se encaixava exatamente no perfil do explorador pioneiro que se aventura na fronteira do petróleo e do gás natural. Souki crescera em

Beirute, onde seu pai era o correspondente da revista *Newsweek* no Oriente Médio, um homem muito bem relacionado. Souki começara sua carreira trabalhando para um banco de investimentos no mundo árabe, onde aperfeiçoou suas habilidades de persuasão. Quando voltou aos Estados Unidos, tornou-se consultor de investimentos. Abriu restaurantes em Aspen, Colorado, e em Los Angeles, Califórnia, antes de ir parar em Houston, onde montou uma empresa para explorar gás natural. Souki chamou sua empresa de Cheniere, um termo cajun para o terreno elevado em um pântano.

A Cheniere não tinha sucesso algum como empresa de exploração, o que convenceu Souki, assim como muitos outros, de que o gás natural dos EUA estava se esgotando. Isso o levou à ideia audaciosa de importar GNL de todo o mundo. Na verdade, "audaciosa" é eufemismo. Souki fora um *restaurateur* e não tinha dinheiro, mas precisaria de bilhões de dólares e tentaria fechar acordos com as maiores empresas de petróleo e gás natural do mundo e com grandes países exportadores. O dinheiro podia ser pouco, mas confiança ele tinha de sobra. Ainda assim, Souki era um novato que tentava entrar em um negócio global que existia há mais de 40 anos.[1]

EM FEVEREIRO DE 1959, O *JOURNAL OF COMMERCE*, EM UMA REPORTAgem intitulada "Cargo Ship with Methane on High Seas" ("Navio cargueiro com metano em alto-mar"), anunciou que um navio de carga da Segunda Guerra Mundial fora convertido, rebatizado de *Methane Pioneer* e zarpara da Louisiana para a Inglaterra. Sua carga jamais havia sido transportada por vias marítimas antes: ele estava carregado de GNL. O gás natural liquefeito é o produto de um processo complexo que refrigera o gás natural até temperaturas extremas, de −160°C, o que o comprime e transforma em líquido. Nessa forma, ele ocupa apenas 1/600 do espaço que ocuparia em estado gasoso. Isso permite que o gás seja bombeado para tanques em navios refrigerados, transportado pelos oceanos, "gaseificado" (transformado de volta em gás) na outra ponta e bombeado para um sistema de gasodutos no país importador.

A tecnologia foi desenvolvida na Primeira Guerra Mundial, mas apenas após a Segunda Guerra os experimentos começaram a liquefazer gás natural para transportá-lo. O verdadeiro incentivo foi a névoa assassina que envolveu Londres em 1952. A combustão de gás mais limpo para gerar

40 O novo mapa dos Estados Unidos

eletricidade no lugar do carvão ajudaria a atenuar a poluição, e o GNL poderia ser a fonte desse gás. Demorou algum tempo até que fossem desenvolvidos os equipamentos e encontrados os materiais certos para os tanques. Em 1959, o *Methane Pioneer* estava pronto. A carga, segundo o diretor da nova empresa, "é o prelúdio para uma nova era, em que o gás natural, antes descartado ou confinado por falta de mercados acessíveis em muitas partes do mundo, será liquefeito e transportado por cargueiros para os países onde não há gás naturalmente disponível". É uma boa descrição do que ocorreu, de fato, nas décadas seguintes.[2]

Mas nem tudo seguiu o roteiro esperado. O grande mercado de GNL na Grã-Bretanha e no restante da Europa praticamente evaporou com a descoberta do enorme campo de gás natural de Groningen, na Holanda, e, depois, de mais gás no Norte da África e no leito do oceano no litoral leste britânico.

O mercado com alto potencial de crescimento para o GNL estava no outro lado do mundo, no "milagre econômico" do Leste Asiático: Japão, Coreia do Sul e Taiwan. A fim de reduzir sua dependência do petróleo do Oriente Médio para geração de eletricidade, aumentar a sua segurança energética e reduzir a poluição, esses países firmaram contratos complexos para abastecimento de GNL da Indonésia, da Malásia e do sultanato de Brunei. Além disso, uma pequena instalação de GNL em Kenai, no Alasca, enviava cargas intermitentes para o Japão.

Esse novo negócio de GNL exigia investimentos enormes, que chegariam aos bilhões de dólares, para descobrir, desenvolver e bombear o gás; para construir as plantas que liquefariam o gás em uma ponta e o gaseificariam na outra; e para construir os cargueiros especiais que cruzariam milhares de quilômetros de oceano entre elas. Dados os valores envolvidos, os participantes do mercado precisariam ter confiança sobre o longo prazo. Assim, surgiu um modelo de negócios altamente interconectado, no qual os diversos parceiros fariam investimentos na cadeia logística e usariam contratos de 20 anos para garantir a previsibilidade. As moléculas de um determinado campo na Indonésia, em Brunei ou na Malásia iriam parar em usinas de energia específicas no Japão, na Coreia do Sul ou em Taiwan. Entre eles, não haveria compra e venda, redirecionamento ou intermediários. Os preços seriam indexados ao do petróleo. Se o petróleo subisse, o GNL subiria também. Se o petróleo caísse, o preço do gás também cairia.

Capítulo 4   O novo exportador de gás natural   **41**

Foi baseado nisso que o setor de GNL cresceu. Por muitos anos, a Ásia foi o principal destino do produto. Mas, então, o emirado do Catar o transformou em um negócio global. O Catar é uma península plana e arenosa no Golfo Pérsico, a leste da Arábia Saudita. Durante quase todo o século XX, era um país pobre, que sobrevivia da pesca e da busca de pérolas. Isso começou a mudar com uma modesta produção de petróleo no final da década de 1960. O avanço rápido do campo de North Dome, *offshore* do Catar, transformaria sua posição econômica e sua importância global. North Dome é considerado o maior campo de gás natural do mundo, separado apenas por uma linha de demarcação do enorme campo iraniano de South Pars.

O Catar e as empresas com as quais formou parcerias ampliaram cada vez mais a escala de todas as fases das operações de GNL, incluindo o tamanho dos navios. O objetivo era o transporte competitivo de gás para qualquer lugar do mundo. Em 2007, o Catar superou a Indonésia e transformou-se no maior fornecedor de GNL do mundo. O país estava preparado para começar exportações em larga escala para os EUA com o intuito de ajudar a aliviar a escassez de gás natural que dominava o setor energético americano.

Era nessa indústria global que Souki queria mergulhar. Ele planejava construir uma instalação de gaseificação, ou até várias. A empresa receberia GNL no Catar, em Trinidade ou em algum outro lugar e o transformaria de volta em gás para que pudesse ser transportado por gasodutos até os consumidores americanos.

Para seus novos terminais, Souki identificou locais na Costa do Golfo dos EUA. Contudo, ainda faltava um elemento muito importante: dinheiro. Mais de 20 investidores diferentes o rejeitaram, com diversos graus de incredulidade e boa educação. Um até gritou com ele. Mas Souki conhecia alguém que tinha capital, outro tipo incomum: Michael Smith.

Originalmente, Smith fora morar no estado do Colorado para estudar medicina veterinária. Em vez disso, acabou envolvido com imóveis. Depois, ouviu falar de uma descoberta de petróleo e investiu 10 mil dólares em algumas concessões na região. A empresa que construiu acabaria sendo vendida por 410 milhões de dólares. Smith voltou imediatamente ao setor de energia, dessa vez *offshore* no Golfo do México. A proposta de Souki coincidia com suas próprias ideias: havia uma escassez de gás natural no

42 O novo mapa dos Estados Unidos

horizonte. O gás americano, e a produção de gás natural de Smith no Golfo do México, estava, ele diria posteriormente, "fracassando completamente".[3]

Souki e Smith formaram uma parceria. Smith assumiu uma participação majoritária em um dos locais propostos, a saber, Freeport, cerca de 110 km ao sul de Houston. Souki seguiu em frente com um projeto em Sabine Pass, Louisiana, na fronteira com o Texas. Duas grandes empresas internacionais assinaram contratos de 20 anos para usar as instalações da Cheniere em Sabine Pass para gaseificação do GNL trazido de outras partes do mundo. Os mercados financeiros passaram a levar a Cheniere a sério. O preço das suas ações se multiplicou por 25 antes de um desdobramento. Michael Smith recrutou grandes investidores para as instalações em Freeport. A construção em ambos os locais teve início. Em 2007, outros grupos estavam propondo dezenas de projetos de gaseificação. Em 2008, o preço do gás natural atingiu um pico de quase 9 dólares por pé cúbico, mais uma "prova" da escassez e, logo, da urgência cada vez maior de importar GNL. Naquele mesmo ano, entretanto, começou a surgir ceticismo sobre a saúde financeira da Cheniere, e o preço das suas ações entrou em queda. O próprio Souki estava ficando deprimido com o potencial do seu negócio, pois ouvia falar constantemente sobre novas descobertas de gás natural nos Estados Unidos, o que poderia significar menos demanda para a importação de GNL.

E, então, na primavera de 2009, Souki recebeu a ligação de Aubrey McClendon, CEO da Chesapeake, que estava na vanguarda do *boom* de gás de xisto e acumulara grande número de perfurações.

— Ei, vocês conseguem fazer liquefação em Sabine Pass? — McClendon perguntou.

— Por que a pergunta? — Souki respondeu.

McClendon decidiu ser mais explícito: a Cheniere poderia construir um terminal de exportação para a Chesapeake, para que pudesse encontrar mercados estrangeiros para seus volumes cada vez maiores de gás natural e aliviar a pressão crescente da oferta excedente?

Apesar da sua preocupação crescente, Souki ainda ficou atônito. A Cheniere tinha investido tudo em um terminal de importação, não de exportação. E construir um terminal de liquefação para exportação poderia ser literalmente 10 vezes mais caro do que uma instalação de gaseificação de GNL importado. Então a Shell ligou com a mesma pergunta. Era preciso levar isso a sério, pois a Shell não era um empreendedor, era um dos gigantes do petróleo e do gás natural e líder em GNL. Essas ligações soaram o alerta de que os suprimentos americanos estavam crescendo muito mais rápido do que o mercado poderia absorvê-los, o que significa que não haveria mercado para GNL importado nos EUA.

A equipe da Cheniere começou a analisar os números. Na primavera de 2010, Souki apresentou para o conselho da empresa um plano para transformar Sabine Pass em uma unidade de liquefação — no mínimo, 8 bilhões de dólares para a primeira fase. O conselho ficou surpreso. Parecia bom demais para ser verdade. Mas, o conselho concluiu, os números batiam.[4]

Sob a Lei do Gás Natural de 1938, o governo federal precisava aprovar exportações de gás. A solicitação da Cheniere estava completa e não chamou muita atenção. Afinal, o plano todo não era considerado realista. O pedido foi analisado rapidamente e, em 2011, a Cheniere recebeu a sua aprovação. Naquele mesmo ano, a empresa recebeu o primeiro de diversos contratos para compra de GNL de Sabine Pass. Os compradores vinham desde a Espanha até a Índia.

Michael Smith reconheceu a mesma mudança radical devido ao acúmulo de gás de xisto. "O entusiasmo pela gaseificação sumira", ele conta. "O mercado sumira." Logo após a Cheniere, a Freeport apresentou ao governo seu pedido para transformar a unidade de importação em uma de exportação. Ao contrário da Cheniere, entretanto, ela não recebeu aprovação rápida. Parecia que nada estava acontecendo. Smith estava frustrado. "Em Washington, o primeiro pedido é só um pedido", alguém lhe explicou. "O segundo pedido é uma política pública." O que demorara nove meses para a Cheniere demoraria quase quatro anos para a Freeport. O mesmo valeu para outro projeto pioneiro, a Sempra LNG, em Cameron, Louisiana, além de outros projetos posteriores. Todos teriam que esperar.[5]

Depois do ocorrido, a aprovação da Cheniere provocou um vendaval de críticas e oposição. Senadores trovejaram contra a decisão. Algumas empresas industriais, especialmente na indústria química, temiam que as unidades de exportação desviassem suprimentos de gás com os quais estavam contando e aumentassem o preço do produto, ameaçando os bilhões de dólares que investiam em novas fábricas. Essas organizações encontra-

44 O novo mapa dos Estados Unidos

ram aliados improváveis nos grupos ambientalistas contrários ao desenvolvimento do gás de xisto como um todo. Uma organização ambientalista registrou metodicamente uma objeção oficial a praticamente todos os pedidos de exportação que passavam pelo processo regulatório.

Mas a oposição das indústrias dissipou-se diante das evidências: o aumento contínuo das reservas de gás natural e a persistência dos preços baixos. O que finalmente acalmou a controvérsia e aliviou os temores da indústria foi a proclamação de uma política para exportações por parte do Departamento de Energia. O departamento declarou que o mercado oferece "a maneira mais eficiente de alocar suprimentos de gás natural", mas também prometeu "intervenções" que "protegeriam o público" em caso de escassez. As intervenções seriam altamente improváveis, mas se estabelecia uma proteção. As aprovações viriam, e a Freeport finalmente começou a construir seu projeto de 13 bilhões de dólares em 2014. A Sempra deu início ao seu no mesmo ano.[6]

NENHUM PAÍS SE BENEFICIOU MAIS DO CRESCIMENTO DO GNL DO QUE o Catar. Hoje, o país tem a maior renda *per capita* do mundo e um fundo soberano no valor de 350 bilhões de dólares — tudo para um país com cerca de 300 mil habitantes (e mais de 2 milhões de estrangeiros que trabalham lá). A riqueza do GNL financia a rede de televisão global Al Jazeera, assim como um *hub* educacional e os *campi* de diversas instituições educacionais no Oriente Médio: escola de medicina de Weill Cornell, Georgetown University, Texas A&M, Northwestern e Carnegie Mellon, além das canadenses University of Calgary, University College London e University of Aberdeen.

O GNL é um negócio cada vez mais global. Novos projetos de exportação estão sendo desenvolvidos no Egito, em Trinidade, Omã, Israel, Angola, Nigéria, Canadá, Moçambique e Rússia. A escala muito mais ampla e a lista crescente de novos compradores transformaram o mercado. Os contratos de longo prazo continuam a existir, e novos estão sendo assinados, mas parte do GNL começou a ser negociada de forma diferente. Hoje, o GNL também é vendido no curto prazo. Cargas partem com um destino, então um novo lance é apresentado, o navio desvia da sua rota, depois desvia de novo. O GNL não é mais um negócio integrado; também está se tornando um mercado competitivo de compradores e vendedores.

Em 2019, após um investimento de mais de um quarto de trilhão de dólares, a Austrália superou o Catar e tornou-se o maior fornecedor mundial de GNL. O Catar não ia querer ficar em segundo lugar. O país suspendeu um limite autoimposto e anunciou planos de expandir a sua capacidade produtiva para reconquistar o posto de número um.

Mas uma nova era começou para o GNL em fevereiro de 2016. Depois de um investimento que acabou totalizando 20 bilhões de dólares, a primeira carga de GNL americana deixou as instalações da Cheniere em Sabine Pass, com destino ao Brasil. A partir de então, com a regularidade de um relógio, algumas vezes por semana, cargueiros de quase 300 metros de comprimento deixavam o porto de Sabine Pass em direção ao resto do mundo. Hoje, fornecedores e consumidores de gás natural na Ásia, na Europa, na África, na América Latina, na América do Norte e na Austrália estão interligados em uma rede global de comércio.

A Freeport e a Sempra Cameron começaram a exportar em 2019. Várias outras plantas estão sendo construídas nos Estados Unidos. Juntas, elas transformarão os Estados Unidos em um dos maiores exportadores de GNL do mundo, ao lado do Catar e da Austrália.

COM A CHEGADA DO GOVERNO TRUMP, O GNL TORNOU-SE UMA FERRA-menta no conflito comercial. O governo, assim como o próprio Donald Trump, era obcecado por déficits na balança comercial com determinados países, e nenhum déficit o assombrava mais do que aquele com a China. O governo decidiu que as exportações de energia dos EUA, mais especificamente as de GNL, seriam uma maneira de ajudar a reduzir os déficits comerciais. Governos anteriores também haviam promovido as exportações americanas, desde aviões da Boeing até milho e carne de porco.

A diferença, no entanto, foi que Donald Trump começou a atuar pessoalmente como o maior vendedor de GNL da América. Quando Narendra Modi, primeiro-ministro da Índia, visitou Washington, Trump disse que esperava "exportar mais energia americana para o seu país", incluindo "grandes contratos de longo prazo para a aquisição de gás natural americano, que estão sendo negociados neste momento". Ele também completou, em tom de piada, que estava "tentando aumentar um pouquinho o preço".

46 O novo mapa dos Estados Unidos

Isso foi em uma segunda-feira. Na sexta da mesma semana, Trump estava recebendo Moon Jae-in, presidente da Coreia do Sul, em Washington. A Coreia do Sul era outro país cujo superávit comercial com os Estados Unidos irritava Trump. A ideia da reunião era enfocar a ameaça nuclear da Coreia do Norte, mas o presidente não demorou para desviar a conversa para a renegociação da relação comercial entre os dois países. "Um mau negócio para os Estados Unidos", segundo ele. "Os Estados Unidos têm muitos e muitos déficits comerciais, com muitos e muitos países, e não podemos permitir isso", Trump continuou. "Começaremos pela Coreia do Sul agora mesmo." Na verdade, a mensagem já havia sido captada. Cinco dias antes, a Coreia do Sul, um dos maiores compradores de GNL do mundo, assinou um contrato de 20 anos para aquisição de GNL americano no valor de mais de meio bilhão de dólares por ano.[7]

As lideranças estrangeiras poderiam ficar um pouco confusas com os comentários de Trump, já que o governo americano em si não negocia contratos de GNL. A mensagem era clara, no entanto: caberia aos outros governos pressionar suas empresas para comprarem GNL americano.

Mas a postura do governo Trump causou certa perplexidade. "Argumentamos durante anos com os russos e os chineses que não deveriam enxergar o comércio de energia em termos políticos", disse o CEO de uma das grandes petrolíferas. "Mas agora o presidente dos EUA está fazendo exatamente isso, então os russos e os chineses podem nos dizer: 'nós avisamos'."[8]

Capítulo 5

FECHAMENTO E ABERTURA: MÉXICO E BRASIL

A revolução americana do xisto estende-se ao México. Não é o GNL que é exportado, no entanto. Até 2019, as exportações americanas de gás natural para o México através de gasodutos eram maiores do que todas as exportações de GNL combinadas. Os Estados Unidos fornecem 60% do abastecimento de gás do México e 65% da sua gasolina. Isso é parte do novo mapa da integração energética norte-americana.

Desde a sua nacionalização, em 1938, a indústria petrolífera mexicana era monopólio governamental. A estatal Pemex respondia por tudo, da perfuração dos poços aos postos de gasolina. O México foi um dos maiores produtores de petróleo do mundo, e as receitas geradas pelo petróleo chegaram a responder por algo entre 30 e 40% do orçamento nacional. Mas a produção está em forte queda. A indústria sofria com falta de tecnologia, déficits de investimento enormes, endividamento torturante, rigidez burocrática, corrupção e a dominância de um sindicato poderoso. Sem grandes reformas e sem uma abertura para o mundo, a deterioração continuaria.

O México simplesmente não conseguia levantar os investimentos necessários. Ao mesmo tempo, o país emergia como grande plataforma global de exportações industriais. A Nissan anunciou que esperava produzir mais carros no México do que no Japão. Em 2018, o México era o sétimo maior fabricante de automóveis do mundo e o quarto maior exportador, atrás de Alemanha, Japão e Coreia do Sul. O comércio com os Estados Unidos saltou de 248 bilhões de dólares, em 2000, para 614 bilhões, em 2019, o que o tornou o maior parceiro comercial dos EUA. Mas suprimentos de energia de alto custo e pouco confiáveis atrapalhavam a competitividade do México, o que prejudicava o crescimento econômico e a criação de empregos. Nas águas americanas do Golfo do México, uma enorme indústria *offshore* produzia quantidades significativas de petróleo. No setor mexicano adjacente, apesar da geologia semelhante, praticamente nada era produzido. A Pemex não tinha caixa nem tecnologia para se arriscar nas águas profundas ou mesmo para desenvolver completamente suas reservas em águas rasas.

A tendência geológica de Eagle Ford continuava no México, mas não havia capacidade interna para realizar o potencial do xisto mexicano. Ainda assim, a velocidade e a escala da revolução do xisto nos Estados Unidos tornavam ainda mais urgente o desenvolvimento dos recursos mexicanos.[1]

O Partido Revolucionário Institucional (PRI) dominara a política mexicana durante quase todo o século XX, e foi um presidente do PRI que nacionalizou a indústria em 1938. Foi preciso um novo presidente do PRI, Enrique Peña Nieto, para estabelecer um consenso sobre a necessidade de reformar a indústria petrolífera. A emenda constitucional de dezembro de 2013, ao mesmo tempo que reafirmava a soberania do México sobre o subsolo, abria o seu desenvolvimento para empresas mexicanas e internacionais. Era o fim do monopólio da Pemex. Leis subsequentes permitiram que empresas competissem entre si pelo direito de perfurar poços e criaram mercados para a energia elétrica. O setor energético abriu-se para a concorrência.

O resultado foi um influxo de investimentos e tecnologia de empresas mexicanas e internacionais. Estima-se que os 107 contratos *upstream* assinados com empresas mexicanas e estrangeiras gerariam, se tudo desse certo, mais de 160 bilhões de dólares em investimentos. Novos postos

Capítulo 5 Fechamento e abertura: México e Brasil **49**

de gasolina mais modernos pipocaram pelo país. Novos dutos e usinas de energia foram construídos. O gás de xisto americano fluiu para as usinas mexicanas, substituindo o GNL e o petróleo de mais alto custo. Estavam estabelecidos os alicerces para reduzir o custo da eletricidade para os consumidores e a indústria e para tornar o México mais competitivo na economia mundial.

Mas nem todos apoiaram a reforma. O crítico mais ferrenho era Andrés Manuel López Obrador, mais conhecido pela sigla AMLO, um ativista de longa data que chegara a morar em uma cabana no estado tropical de Tabasco, onde trabalhou com povos indígenas. Posteriormente, AMLO foi eleito prefeito da Cidade do México e, na sua terceira tentativa, presidente do México em 2018. Sua plataforma populista de "autossuficiência" remontava ao nacionalismo do petróleo dos anos 70 e a ideias "terceiro--mundistas" de *dependência*, populares no passado, que bradavam contra a integração com a economia global e resultaram em décadas de inflação alta e crescimento baixo na América Latina. Tal plataforma remontava ainda à década de 1930 e à nacionalização original da indústria do petróleo mexicana.

AMLO cancelou o projeto de um novo aeroporto na Cidade do México, no qual já haviam sido gastos 5 bilhões de dólares, após "consultar o povo" antes de se tornar presidente — uma pesquisa informal que envolveu 1,2% dos eleitores registrados. Em vez disso, seu plano era construir uma refinaria de petróleo de 8 bilhões de dólares em Tabasco, seu estado natal, e espera-se que o custo total do projeto seja bem maior do que esse. No geral, sua meta número um é a reforma energética. "Os tecnocratas nos enganaram", afirma. Para ele, a Pemex e a sua nacionalização são os grandes símbolos da identidade nacional. Ele fez questão de anunciar as propostas para a nova refinaria no dia da expropriação do petróleo, que comemora a nacionalização de 1938; e prometeu que iniciaria uma "transformação do México", sendo que a anterior, aos seus olhos, foi a nacionalização de 1938. Os investimentos existentes de empresas mexicanas e estrangeiras seriam "revisados", mas ele fechou a válvula para o fluxo de novos projetos. Em vez disso, ele quer restituir à Pemex, a empresa mais endividada da América Latina, a posição de campeã nacional monopolista. Para sublinhar a ideia, ele insistiu que a Pemex acrescentasse "pelo

50 O novo mapa dos Estados Unidos

resgate da soberania" ao seu logotipo. AMLO também acabou com as licitações para novas usinas de energia, o que elevou o custo da eletricidade.[2]

Apesar da má vontade com a integração energética, no entanto, AMLO não tem como fugir da realidade da revolução do xisto. Dezessete dutos atravessam a sua fronteira para levar gás americano ao México, e mais estão a caminho. Isso significa que os mexicanos continuarão a usar gás natural para gerar uma parcela da eletricidade que consomem ao mesmo tempo que AMLO busca voltar a um passado no qual o México estava mais isolado da economia global.

EM FORTE CONTRASTE COM O DECLÍNIO MEXICANO, A PRODUÇÃO DE petróleo brasileira mais do que dobrou desde 2000, principalmente devido ao pré-sal — a descoberta e o desenvolvimento de enormes reservas *offshore* ocultas sob camadas espessas de sal. Mas a legislação nacionalista do país exigia que a Petrobras, uma empresa de economia mista, fosse a operadora em todos os projetos do pré-sal. A Petrobras tem bastante experiência em águas profundas, mas esse seria um fardo muito grande para colocar nos ombros de uma única empresa, e mais ainda se considerarmos o enorme endividamento que ela acumularia no processo. Em 2016 e 2017, após o *impeachment* da presidente Dilma Rousseff, o governo brasileiro mudou de direção e deu início a grandes reformas que permitiriam que empresas estrangeiras concorressem para operar no pré-sal. O resultado foi um forte influxo de novos investimentos, tecnologias e ideias.

Em 1º de janeiro de 2019, poucas semanas após a posse de AMLO na Cidade do México, o populista Jair Bolsonaro, um ex-capitão do exército que virara deputado federal, tomou posse como presidente do Brasil. Bolsonaro conseguiu reformar o sistema de aposentadoria falido, no qual funcionários públicos podiam se aposentar precocemente (em alguns casos, os homens com 56 e as mulheres com 53 anos) e abriu mais o país à economia global e a investimentos internacionais. Esses avanços restauraram a confiança no futuro brasileiro. Reformas subsequentes no setor energético foram prejudicadas pela turbulência política e por um Congresso com mais de 20 partidos políticos, entretanto. A pandemia do coronavírus em 2020 atingiu o Brasil com força, o que piorou ainda mais a situação política. Mesmo assim, novos investimentos significativos têm entrado no *offshore* brasileiro altamente promissor, e essas águas se transformaram em uma das áreas mais ativas da indústria petrolífera global.[3]

AMLO e Bolsonaro chegaram à presidência dos dois maiores países da América Latina com poucas semanas de diferença e lideraram seus países em direções opostas. Quando se trata de política energética, o Brasil e o México são dois navios que se cruzam na noite. A produção mexicana recuou ao nível de 1979, enquanto a brasileira está 80% maior do que a do México — e continua a crescer.

Capítulo 6

AS BATALHAS DOS DUTOS

Os dutos são os conectores, as linhas necessárias no mapa que ligam suprimentos a mercados. Em décadas anteriores, estavam praticamente ausentes do debate público. "Arranjar alvarás para construir dutos", dizia-se, "era tão emocionante quanto assistir à tinta secar". Mas tudo mudou com a proposta de um duto chamado Keystone XL, que transportaria petróleo das enormes reservas de areias betuminosas canadenses até refinarias nos Estados Unidos. Os ativistas contrários ao consumo de combustíveis fósseis decidiram bloquear os dutos que conectariam novos recursos a mercados, e o segmento de 1.900 km da Keystone tornou-se um símbolo, de alta visibilidade, dessa luta. Poucas pessoas perceberam que o duto proposto equivalia a cerca de 0,5% dos mais de 3.200 km de oleodutos que já atravessam o solo sob os Estados Unidos.

O Canadá e os Estados Unidos são altamente integrados no mapa energético da América do Norte. No Canadá, avanços tecnológicos levaram ao crescimento rápido na produção das areias betuminosas, especialmente centrada na província de Alberta. Entre 2000 e 2019, a produção de petróleo bruto canadense mais do que dobrou, atingindo 4,5 milhões de barris por dia, o que é mais do que o Iraque ou o Irã produziam antes das sanções. Parte desse petróleo é consumido no Canadá, mas a maior parte é exportada para os Estados Unidos. Em 2019, o Canadá forneceu cerca de 50% das importações de petróleo totais dos EUA, volume três vezes maior do que todo o petróleo que os Estados Unidos importaram dos países da Opep. O crescimento das importações canadenses foi considerado uma contribuição importante para a segurança energética americana. Esse comércio também é um elemento fundamental da relação comercial de mais de 600 bilhões de dólares entre os dois países. A intensidade dos gases do efeito estufa (GEE) das areias betuminosas canadenses caiu mais de 20% durante a última década, e as tendências atuais indicam uma queda futura de, no mínimo, outros 20%. Embora poucos estejam cientes do fato, o ciclo de vida das emissões de GEE de alguns dos projetos mais recentes é igual ou próximo ao nível médio do petróleo bruto processado na América do Norte e está na mesma faixa de outras formas de petróleo bruto negociadas globalmente.

O Keystone, cujo segmento inicial foi proposto em 2005, é, na verdade, uma rede de dutos existentes e propostos, desenvolvida pela TC Energy (anteriormente, TransCanada). Em 2012, quando o preço da gasolina atingiu 4 dólares por galão nos EUA (pouco mais de 1 dólar por litro) e parecia destinado a subir ainda mais, o presidente Obama visitou Cushing, em Oklahoma, um eixo importante para dutos e armazenamento de petróleo nos EUA. Emergindo dramaticamente de um labirinto de tubulações gigantes, ele subiu ao palanque para, na prática, inaugurar o segmento sul do sistema Keystone. "Uma empresa chamada TransCanada pediu permissão para construir um novo duto, para transportar mais petróleo de Cushing até as refinarias de última geração na Costa do Golfo", o presidente declarou. "Hoje, estou orientando meu governo a eliminar a papelada, superar os obstáculos burocráticos e priorizar este projeto. Quero que sigam em frente e façam acontecer." "Meu governo aprovou dezenas de novos oleodutos e gasodutos nos últimos três anos", Obama completou.

A essa altura, já havia a proposta de um novo segmento do sistema Keystone, chamado Keystone XL, para encurtar a parte norte da rota entre o Canadá e o estado do Nebraska. A tubulação foi comprada e os

54 O novo mapa dos Estados Unidos

trabalhadores, contratados, mas o projeto enfrentava múltiplos obstáculos jurídicos e regulatórios. Era uma análise após a outra. Mas não eram apenas os tribunais. Manifestantes se acorrentaram à cerca da Casa Branca. Um deles foi o climatologista James Hansen, que disse que aprovar o duto (que transportaria menos de 1% do petróleo mundial) "seria o fim do jogo para o planeta".[1]

Como o novo duto atravessaria uma fronteira internacional, a lei exigia que o Departamento de Estado também o aprovasse, reconhecendo os impactos ambientais. Dois setores do departamento dedicaram um total de sete anos a analisar os dutos propostos, até que, em 2015, finalmente publicaram um relatório longo o suficiente para encher uma prateleira. Os 11 volumes do relatório afirmavam que o projeto deveria ser aprovado e que não havia justificativas ambientais em contrário.[2]

John Kerry, o secretário de Estado, discordava. Apesar das conclusões do departamento, ele vetou o Keystone XL por medo, como explicou, da impressão ruim que provocaria. A aprovação "prejudicaria a credibilidade e a influência dos Estados Unidos para insistir que outros países implementem ações ambiciosas e esforços para combater a mudança climática". A decisão foi decepcionante para o Canadá.[3]

O governo Trump derrubou a decisão de Kerry no início de 2017, mas o projeto continuou atolado em questões jurídicas e regulatórias. Na primavera de 2020, a província de Alberta firmou um compromisso de 7 bilhões de dólares com o Keystone XL. Jason Kenney, primeiro-ministro da província, chamou o projeto de absolutamente "essencial" para o "futuro econômico de Alberta". A TC Energy anunciou que finalmente daria início à construção. Mas novos obstáculos jurídicos não demoraram a surgir. Enquanto isso, quantidades significativas de petróleo eram transportadas até a Costa do Golfo em vagões ferroviários.

O que o Keystone demonstrou claramente é que a aprovação de dutos não é mais como ver a tinta secar. Agora, é um drama político poderoso.

FOI NA DAKOTA DO NORTE, ENTRETANTO, QUE A OPOSIÇÃO AOS DUTOS atingiu um novo nível de intensidade.

O duto Dakota Access foi projetado para transportar quase 600 mil barris por dia entre Bakken, Dakota do Norte, uma região com a produ-

Capítulo 6   As batalhas dos dutos   **55**

ção em alta, e um terminal no estado de Illinois. A batalha subsequente encapsulou aquela que se tornou a disputa fundamental em torno da energia nos Estados Unidos. O novo mapa energético da América do Norte ficará incompleto sem novos dutos para transportar os novos suprimentos de petróleo e gás natural da boca de poço até os mercados. Mas os adversários do petróleo e do gás natural se concentraram em bloquear os dutos como forma de estrangular a indústria.

O Dakota Access, um projeto da Energy Transfer Partners e de outras empresas, tomaria o lugar de 740 vagões de petróleo por dia. No início de 2016, o duto de 3,8 bilhões de dólares estava seguindo em frente, e quase todos os seus 1.886 km haviam sido completados. O projeto passara pelo processo de avaliações ambientais e recebera aprovação do Corpo de Engenheiros do Exército dos EUA, que é obrigado, por lei, a aprovar as partes de dutos que passam por cima ou por baixo de rios e cursos d'água. A empresa também consultara cerca de 50 tribos indígenas e fizera 140 revisões da rota no processo.

A última parte a ser completada era um segmento de 400 m, que ficaria 30 m abaixo do leito do rio Missouri. O Corpo de Engenheiros do Exército aprovou a obra em um relatório de 1.261 páginas, mais do que três para cada metro do duto. Mas os membros da tribo sioux Standing Rock, cujos 8.200 membros moram em uma reserva da região, objetou. Segundo a tribo, ela não havia sido consultada, e o duto, embora enterrado muito abaixo do leito do rio, ameaçaria a sua água potável, além de violar locais sagrados da tribo e o Tratado de Fort Laramie, de 1868. A Energy Transfer respondeu que os seus esforços e os do Corpo de Engenheiros do Exército de consultá-la haviam sido rejeitados e que o duto passava sob áreas privadas e federais, não tribais, e que ficaria muito abaixo do leito do rio. Manifestantes a pé e a cavalo derrubaram a cerca de arame farpado em um canteiro de obras onde seis escavadeiras estavam operando. Os seguranças tentaram rechaçá-los com *spray* de pimenta e alguns cães de guarda. Um cineasta ativista estava na linha de frente, preparado para registrar o evento. O vídeo viralizou.[4]

Um grupo de cerca de 10 mil manifestantes, convocado pelo grupo ambientalista Greenpeace, reuniu-se nos arredores do local, o que criou um espetáculo midiático que se estendeu por mais de 200 dias. Entre

56 O novo mapa dos Estados Unidos

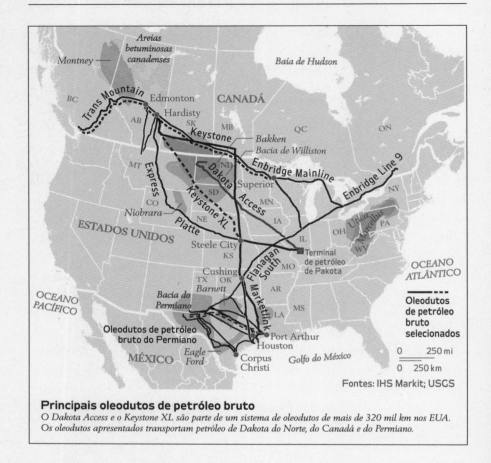

Principais oleodutos de petróleo bruto
O Dakota Access e o Keystone XL são parte de um sistema de oleodutos de mais de 320 mil km nos EUA. Os oleodutos apresentados transportam petróleo de Dakota do Norte, do Canadá e do Permiano.

os manifestantes estava Alexandria Ocasio-Cortez, que descreveria a experiência como "transformacional" e "galvanizante" (dois anos depois, ela seria eleita para o Congresso dos EUA e surgiria como autora principal do projeto "Green New Deal"). Os questionamentos jurídicos contra os últimos 400 m foram organizados por outra organização, a Earth Justice, segundo a qual "a exploração de petróleo e gás natural está destruindo nosso ar, nossa água e nossa saúde". O grupo afirma que uma das suas missões é "lutar contra os dutos". Os protestos se tornaram violentos, uma bomba caseira explodiu, coquetéis Molotov foram atirados, pessoas se feriram e as autoridades de Dakota do Norte precisaram pedir a ajuda de agên-

Capítulo 6 As batalhas dos dutos **57**

cias policiais de 11 outros estados. Em dado momento, os manifestantes tentaram fazer com que uma manada de bisões atacasse a polícia. Juízes federais rejeitaram os processos movidos pela Earth Justice.

Mas o governo Obama, em seu final, entrou em cena e interrompeu a construção dos últimos 400 m do duto, sobrepondo-se aos tribunais e à aprovação do Corpo de Engenheiros do Exército. Alguns meses depois, com a transição na Casa Branca, o governo Trump assinou uma ordem executiva que derrubava a paralisação. Enquanto isso, temperaturas congelantes e a ameaça de derretimento de neve e inundações levaram o estado a fechar os acampamentos dos manifestantes. Os últimos 400 metros do duto de 1.886 km foram completados.

Mas a batalha estava longe de acabar. Manifestantes, ativistas e seus aliados na lei prometeram que lutariam contra novos dutos e contra a reforma dos que já existem. Em resposta, a Energy Transfer processou o Greenpeace sob a lei Racketeer Influenced and Corrupt Organizations (RICO — Lei Federal das Organizações Corruptas e Influenciadas pelo Crime Organizado), originalmente usada para lutar contra a máfia. Dakota do Norte, por sua vez, ficou com uma conta de 43 milhões de dólares, o que incluía o custo de limpar as enormes quantidades de detritos deixadas pelos manifestantes, que, segundo um diretor do serviço de emergência local, haviam deixado "mais lixo por lá do que se esperava".[5]

No final de maio de 2017, quatro meses após a ordem executiva que permitiu a finalização do duto, o petróleo começou a fluir pelo Dakota Access. Mas os dutos continuam no centro da batalha em torno da nova infraestrutura de energia dos Estados Unidos, estimulada pelo conflito entre a revolução do xisto e o ativismo ambiental.

Capítulo 7

A ERA DO XISTO

Em agosto de 1946, exatamente um ano após o fim da Segunda Guerra Mundial, um navio-petroleiro chegou ao porto da Filadélfia com 115 mil barris de petróleo para uma refinaria local. Carregada um mês antes no Kuwait, essa foi considerada, na época, a primeira carga significativa "de petróleo do Oriente Médio para os Estados Unidos". Dois anos depois, petróleo saudita foi importado pela primeira vez para, de acordo com o comprador americano, "atender à demanda por derivados do petróleo nos Estados Unidos".[1]

Aquele ano, 1948, marcou um ponto de inflexão histórico. Além de um exportador líquido de petróleo, os Estados Unidos haviam sido, por muitos anos e por larga margem, o maior exportador do mundo. Seis de cada sete barris de petróleo usados pelos aliados durante a Segunda Guerra Mundial vieram dos EUA. Mas agora o país estava se transformando em um importador. No final da década de 1940, com a expansão econômica do pós-guerra e o surgimento dos subúrbios, que dependiam de automóveis, o consumo de petróleo estava superando os suprimentos em nível nacional.

Capítulo 7   A era do xisto   **59**

Vinte anos depois, no início da década de 1970, o equilíbrio entre a oferta e a demanda no mercado global de petróleo se estreitara e, mais do que isso, tornara-se tenso. Isso preparou o terreno para a crise do petróleo de 1973 (a Guerra do Yom Kippur e o embargo do petróleo árabe), que quadruplicou os preços do petróleo. Os altos preços da gasolina e as filas nos postos de combustível enfureceram o público, e a importação transformou-se numa questão política urgente nos EUA. A crise do petróleo não foi um choque apenas pelo seu impacto econômico e de preços. Muitos acreditavam que ela também significava que os Estados Unidos estavam mais fracos, dependentes da Opep, com a política externa e a economia vulneráveis às decisões dos exportadores de petróleo ou a perturbações no abastecimento.

Em novembro de 1973, o presidente Richard Nixon proclamou a meta de "independência energética" americana em 10 anos. O objetivo transformou-se em um mantra, repetido por todos os seus sucessores, mas o histórico nunca correspondeu à retórica. Em 2005, o saldo das importações aumentara para 60% do consumo total, e tudo indicava que aumentaria ainda mais nas décadas seguintes.

Mas o advento do petróleo de xisto nos anos seguintes mostrou que os Estados Unidos voltariam a ser um exportador de petróleo bruto. Essa possibilidade provocou uma nova batalha política, especialmente porque as exportações de petróleo bruto eram, em sua maioria, proibidas por lei.

Por que a exportação de petróleo bruto fora banida? A proibição era uma relíquia do passado, imposta durante a crise do petróleo da década de 1970. A população, já raivosa, teria se enfurecido ainda mais se o petróleo fosse exportado em um período de preços nas alturas. A proibição também ajudara a proteger o sistema nacional de controle de preços instituído pelo governo Nixon para combater a inflação. Algumas pequenas exceções à proibição eram permitidas. Mas a proibição não era importante de fato, pois os Estados Unidos eram um grande importador, e o petróleo produzido no país ia diretamente para as refinarias americanas.

No final da década de 1970, o presidente Jimmy Carter, apesar da oposição da ala esquerda do seu próprio partido, começou a eliminar o sistema complexo e disfuncional de controle de preços do setor energético, que desestimulava os investimentos e estabelecia preços diferentes para o

60 O novo mapa dos Estados Unidos

mesmo tipo de molécula. O primeiro ato oficial de Ronald Reagan, ao ser empossado em janeiro de 1981, foi abolir completamente os controles de preços nacionais sobre o petróleo. No outono seguinte, sem festa nem falatório, o governo Reagan também eliminou todas as restrições à exportação de derivados do petróleo: gasolina, diesel, combustível para aviação e outros produtos que passam pelo processo de refino. Ninguém pareceu notar. Mas a proibição de exportar petróleo bruto continuou vigente. A situação não mudou até o surgimento do petróleo de xisto. O aumento drástico dos volumes foi acompanhado pelo clamor pelo fim da proibição.[2]

À primeira vista, pareceria estranho exportar petróleo bruto quando os Estados Unidos ainda importavam o produto. A resposta tem a ver com a qualidade do petróleo de xisto e a natureza do sistema de refino americano. Em poucas palavras, eles não combinam. Boa parte do sistema de refino americano é "complexa", o que significa instalações de processamento pesado, projetadas para lidar com o petróleo bruto pesado de baixa qualidade oriundo do Canadá, do México, da Venezuela e do Oriente Médio. Desde o início da década de 1990, investiu-se mais de 100 bilhões de dólares para reconfigurar as refinarias na Costa do Golfo e no Meio-Oeste de modo a lidar com essas formas de petróleo pesado.

Por consequência, essas refinarias não se adaptam bem aos volumes crescentes do petróleo de xisto, mais leve e de melhor qualidade. Com o aumento dos volumes de petróleo leve, as refinarias tornaram-se menos eficientes, o que impõe um ônus financeiro e, em última análise, custos maiores para motoristas e outros consumidores.

Do ponto de vista econômico, a atitude mais racional seria deixar os mercados determinarem o destino do petróleo. Isso não altera o saldo final do petróleo americano. Se os EUA exportam 100 barris de petróleo leve de um porto na Costa do Golfo e importam 100 barris de petróleo mais pesado para algum lugar da mesma região, o saldo do petróleo americano continua zero. Mas nesse caso o sistema seria mais eficiente, e os benefícios econômicos para todas as partes, incluindo os consumidores, seriam maiores.

A situação era muito diferente na política, entretanto. Em comparação com a resposta pacífica ao fim do controle das exportações de derivados do petróleo em 1981, as exportações de petróleo bruto transformaram-se em uma questão ultrapolêmica. Os adversários mais ferrenhos eram os grupos ambientalistas e seus aliados no Congresso, contrários ao desenvolvimento da produção de petróleo e gás natural, e as refinarias, principalmente na costa leste, cujos sistemas não eram "complexos" e dependiam, então, de petróleo mais leve e de mais alta qualidade.

O resultado foi um debate público acalorado. O ponto de inflexão ocorreu em abril de 2015, quando a senadora Lisa Murkowski, presidente da Comissão de Energia do Senado, observou que a proibição da exportação "equivale a um regime de sanções contra nós mesmos". Por que, ela perguntou, o governo americano estava suspendendo as "sanções ao petróleo iraniano" como parte do acordo nuclear de 2015 "ao mesmo tempo que mantém as sanções ao petróleo americano"? Ela e mais dois outros senadores argumentaram que exportar petróleo bruto para "nossos amigos e aliados" fortaleceria a segurança dos parceiros do país e a posição internacional dos próprios Estados Unidos. A União Europeia (UE) concordou, declarando que, após os ataques da Rússia à Ucrânia em 2014, as exportações de petróleo bruto americano fortaleceriam a segurança energética europeia.[3]

O último passo para suspender a proibição foi um acordo entre republicanos e democratas no Capitólio: a proibição às exportações de petróleo bruto foi removida em troca da extensão e expansão dos créditos fiscais para energia eólica e solar. A lei resultante foi sancionada em 18 de dezembro de 2015. Uma semana e meia depois, um navio com uma carga de petróleo bruto originária de Eagle Ford partiu do porto de Corpus Christi, no Texas, com destino à França.

A proibição às exportações de petróleo bruto ficou para trás. O saldo de importações americanas de petróleo caiu de 60% dos suprimentos totais, em 2008, para menos de 3%, em 2019. O país continuava a importar petróleo, mas também exportava quase 3 milhões de barris de petróleo bruto por dia, o que o tornava um dos maiores exportadores do mundo, e mais de 5 milhões de barris de derivados do petróleo, também por dia.

Não era apenas uma questão de suprimentos adicionais. Era uma transição histórica no petróleo mundial e na economia global, assim como nas relações de poder em todo o mundo.

ATÉ 2003, PRESSUPUNHA-SE QUE 20 A 25 DÓLARES POR BARRIL SERIA O preço do petróleo no longo prazo. No final daquele ano e em 2004, entretanto, o preço começou a subir junto com os preços de outras *commodities*, e continuou aumentando. Havia uma importante mudança em curso na economia mundial. Chegava a era dos BRICs: Brasil, Rússia, Índia e China. Os antigos "países em desenvolvimento" foram transformados em "mercados emergentes" por forças poderosas: o intenso crescimento econômico, o comércio internacional, os mercados mais abertos, a tecnologia e as telecomunicações, o colapso da União Soviética, a abertura da China e da Índia, as cadeias logísticas globais e o poder avassalador da globalização.[4]

O crescimento dos BRICs foi enorme. Entre 2003 e 2013, a economia chinesa cresceu mais de 2,5 vezes, e a indiana mais do que dobrou. A economia mundial cresceu apenas 30% no período; a americana, 17%; a europeia, 11%; e a japonesa, somente 8%.

A era dos BRICs foi caracterizada pelo que viria a ser chamado de "superciclo de *commodities*": preços altos e crescentes de petróleo, cobre, minério de ferro e outras *commodities*, motivados pelo intenso crescimento econômico nesses países. Durante a era dos BRICs, foi esse crescimento na demanda, especialmente da China, que passou a definir o mercado mundial de petróleo.

Em resposta ao superciclo e aos aumentos nos preços de *commodities*, as empresas elevaram radicalmente seus investimentos para produzir mais *commodities*. O mercado chinês certamente continuaria a crescer, afinal. Quem imaginaria o contrário? Em junho de 2012, um grande banco internacional realizou sua conferência anual para fundos de investimento e outros investidores em um centro de convenções bucólico chamado The Grove, nos arredores de Londres. Durante o painel sobre "Recursos naturais e o superciclo de *commodities*", os CEOs das maiores mineradoras do mundo concordaram categoricamente: o fim não estava no horizonte, o superciclo de *commodities* continuaria, os preços seguiriam em alta e, logo, suas empresas expandiriam sua capacidade, adquirindo ativos e gastando somas cada vez maiores.

Mas o superciclo já estava no fim. O crescimento econômico dos BRICs estava desacelerando, o que significava menor crescimento do consumo de petróleo e outras *commodities*. A demanda e os BRICs não pesariam mais na definição do petróleo mundial. Agora, o fator decisivo seria o petróleo de xisto americano. Outros países estavam expandindo seus suprimentos, especialmente Canadá, Rússia, Brasil e Iraque. Mas o crescimento seria dominado, de longe, pelo xisto.

Os Estados Unidos estavam a caminho de se tornar um dos "três grandes" do petróleo mundial, ao lado da Rússia e da Arábia Saudita. Além de afetar o mercado mundial, isso também foi um fator significativo na geopolítica. Maroš Šefčovič, então vice-presidente de Energia da Comissão Europeia, declarou em Washington que, da perspectiva da UE em Bruxelas, os Estados Unidos haviam se tornado uma "superpotência energética".[5]

Mas o que isso significa?

Capítulo 8

O REBALANCEAMENTO DA GEOPOLÍTICA

São Petersburgo fica tão ao norte que, em junho, durante as noites brancas, o sol de verão quase não se põe na ex-capital dos czares russos, reduzindo a escuridão a algumas poucas horas. Hoje, no entanto, não é apenas a magia das noites brancas, a qualidade majestática da cidade e o charme dos seus palácios e canais que atrai pessoas de todo o mundo. Nessa época, quase 10 mil pessoas participam do Fórum Econômico Internacional de São Petersburgo, realizado sob o patrocínio do filho mais ilustre da cidade, o presidente Vladimir Putin.

Em 2013, Putin dividiu o palco com a primeira-ministra alemã Angela Merkel. Naquele momento, os impactos globais da revolução do xisto nos EUA estavam apenas começando a ser reconhecidos. A falta de química entre os dois líderes era óbvia; a interação entre eles, frágil e fria. Os dois mantiveram os olhos mais fixos na plateia do que um no outro.

Quando a entrevista formal terminou, vieram as perguntas da plateia. A primeira, sobre a diversificação da economia russa e a redução da sua forte dependência de *commodities*, foi dirigida ao presidente Putin. De pas-

Capítulo 8   O rebalanceamento da geopolítica   **65**

sagem, no entanto, o autor da pergunta mencionou o gás de xisto. O presidente russo ficou furioso com a ideia. Exaltado, ele alertou contra o possível desenvolvimento do gás de xisto na Europa Oriental, denunciando esse gás como um grande perigo, uma ameaça ambiental, um terror para o solo e a água. O autor da pergunta se escondeu de volta no seu assento.

Putin reagiu com essa veemência porque o gás de xisto estava se tornando uma questão geopolítica. O xisto representava um desafio para a Rússia, na época o maior produtor de gás natural do mundo, além de principal fornecedor da Europa. Em todo o mundo, ficava cada vez mais claro que a revolução não convencional envolvia muito mais do que o fluxo de petróleo e gás natural. Ela afetaria também as posições relativas dos países.

DURANTE QUATRO DÉCADAS, A POLÍTICA ENERGÉTICA DOS EUA FOI dominada, e sua política externa, atravancada, pelo espectro da escassez e da vulnerabilidade. A situação remontava aos embargos do petróleo em 1973 e à Revolução Iraniana, de 1979, que derrubou o xá e levou o aiatolá Khomeini ao poder. Não mais. A revolução do xisto "dá a Washington", observou Thomas Donilon, assessor de segurança nacional do presidente Obama, "mais força para buscar e implementar seus objetivos de segurança internacional". Posteriormente, o secretário de Estado Mike Pompeo expressaria a ideia em outras palavras, afirmando que a revolução do xisto deu aos Estados Unidos uma flexibilidade em questões internacionais que o país não tinha havia décadas.[1]

Há mais de um século, a energia — sua disponibilidade, seu acesso e seus fluxos — está ligada à segurança e à geopolítica. Como afirmou um estudo da Brookings Institution, "na era moderna, nenhuma outra *commodity* teve um papel tão crucial nos distúrbios políticos e econômicos, e temos muitos motivos para entender que essa situação continuará".[2]

O Oriente Médio tem sido fundamental para o petróleo mundial, sendo a segurança dos seus suprimentos de importância crucial para a economia mundial e prioridade para a política externa dos EUA. No início da Guerra Fria, em 1950, com as exportações de petróleo saudita começando a aumentar, o presidente Harry Truman ofereceu uma garantia de segurança americana explícita ao rei Ibn Saud. "Qualquer ameaça ao seu reino seria também uma preocupação imediata para os Estados Unidos", escreveu o presidente.[3] Esse compromisso, na época direcionado a impedir que esses recursos caíssem em mãos soviéticas, continuou após a Guerra Fria. O envolvimento do sistema de segurança americano com os países árabes do Golfo é representado por uma série de acordos, vendas de armamentos, trocas e bases militares para forças aéreas, terrestres e marítimas.

Um elemento importante do mercado mundial de petróleo é a "capacidade ociosa", ou seja, a capacidade de produção (em poços de petróleo) que não está em operação no momento, mas poderia ser ativada rapidamente se os preços subissem ou se algo perturbasse a produção em outro local. Hoje, a maior parte da capacidade ociosa mundial está na Arábia Saudita, e outra parte significativa está nos Emirados Árabes Unidos e no Kuwait. Combinado com o tamanho das suas reservas de petróleo e sua habilidade de aumentar ou diminuir rapidamente a produção, isso torna a Arábia Saudita o equilibrador do mercado mundial. O país também é descrito como o "banco central" do petróleo mundial.

A natureza do compromisso de segurança americano com a segurança no Golfo Pérsico, a escala do envolvimento americano e a dimensão dos recursos da região levaram ao senso comum de que os Estados Unidos dependem fortemente do Oriente Médio. Mas em 2008, mesmo antes do petróleo de xisto, as importações do Golfo representavam menos de 20% do petróleo total importado pelos EUA. Como observado, as areias betuminosas da província de Alberta haviam tornado o Canadá, de longe, o maior fornecedor dos EUA. Em 2019, apenas cerca de 11% das importações americanas vinham do Golfo Pérsico. Os produtores da região, por sua vez, concentram-se na Ásia, considerada o seu mercado mais importante.

O compromisso dos EUA com a região perdura não porque barris de petróleo saem da Arábia Saudita, do Kuwait ou dos Emirados Árabes Unidos com destino a refinarias americanas, mas porque esses recursos são fundamentais para a economia mundial como um todo e críticos para os aliados e parceiros comerciais mais importantes dos Estados Unidos. Eventuais perturbações no suprimento de petróleo afetam o sistema global ao qual os Estados Unidos estão tão integrados — quase 30% do PIB americano e cerca de 40 milhões de empregos vêm do comércio com o resto do mundo. Mesmo que os EUA não importem muito petróleo do Oriente Médio, problemas na produção aumentariam os preços globais, o que inclui os preços nos EUA.[4]

Capítulo 8 O rebalanceamento da geopolítica **67**

Como a revolução do xisto mexeu com a geopolítica? O estudo de caso número um é o Irã e o acordo nuclear de 2015. Em 2012, foram aplicadas sanções ao financiamento e às exportações de petróleo iraniano. O objetivo era forçar o país a negociar, como veremos posteriormente. Mas não era óbvio que as sanções funcionariam. A queda esperada na oferta mundial aumentaria os preços, o que afetaria os países importadores de petróleo e faria as sanções desmoronarem. Sem dúvida alguma, era o que Teerã esperava quando declarou, confiante, que as novas sanções estavam "fadadas ao fracasso". Mas o aumento da produção americana compensou a redução das exportações iranianas. Como veremos, as sanções ao petróleo iraniano se sustentaram, apoiadas por sanções financeiras, e a pressão econômica sobre o país finalmente levou ao acordo de 2015, que limitou o programa nuclear iraniano em troca do fim das sanções.[5]

O estudo de caso número dois é a Europa, o que nos leva de volta à resposta exaltada de Putin em São Petersburgo. A ascensão do xisto foi um elemento crucial para a diversificação do mercado de gás natural europeu e o fortalecimento da sua segurança energética. Quando líderes europeus falam em segurança energética, em geral, focam menos o petróleo e mais o gás natural, especialmente pelo grau de dependência do gás vindo da Rússia. Principal fornecedor de gás natural da Europa, a Rússia tinha, nas mentes de alguns na União Europeia e muitos em Washington, a capacidade de utilizar o fornecimento de gás como trunfo na busca de objetivos políticos. Essa preocupação era ampliada pela dependência de dutos, com a sua inflexibilidade inerente.

Mas, então, o gás de xisto americano entrou em cena. Primeiro, ele eliminou a necessidade de GNL nos Estados Unidos, o que levou exportadores a redirecionarem parte do seu GNL para a Europa. A seguir, a exportação de GNL americano reforçou a transição para um cenário de competição na Europa, com o gás americano, além de outras fontes de GNL, competindo diretamente com o gás russo. Os compradores europeus agora tinham múltiplas escolhas e opções, o que significava diversificação dos suprimentos — a pedra fundamental da segurança energética. "Tivemos muitos desafios históricos com a Rússia", afirmou o ministro da Energia da Lituânia. Agora, devido à abertura das instalações de importação de GNL no país, ele continuou, "o fornecimento de gás foi despolitizado".[6]

EM MARÇO DE 2016, UM SUPERPETROLEIRO CARREGADO PARTIU DA Costa do Golfo dos EUA e atravessou o Canal do Panamá em direção ao Pacífico com destino à China. O cliente era a Sinopec, uma das duas principais petrolíferas da China e um dos maiores compradores de petróleo do mundo. "As exportações de petróleo bruto dos EUA são uma notícia positiva para o mercado global e possibilitam que as refinarias da Ásia--Pacífico diversifiquem os seus suprimentos", afirmou um executivo da Sinopec. Alguns meses depois, outro navio-petroleiro chegou a Shenzhen e descarregou o primeiro lote de GNL americano para a China. Essas viagens demonstraram que a suposta competição de vida ou morte, soma zero, entre China e EUA por acesso a estoques limitados de energia, tantas vezes imaginada, não se realizaria. Os suprimentos de energia globais são amplos e a China e os EUA podem interagir no mercado global de modo a produzir benefícios mútuos. A revolução do xisto eliminou ao menos uma área de conflito importante das relações entre os dois países e criou interesses compartilhados por ambos — desde que as guerras comerciais e as brigas em razão do coronavírus não atrapalhem.

Devido ao xisto, os Estados Unidos estão "presentes" na Ásia de uma forma nova e estrategicamente importante para muitos países. Os EUA aumentam a diversificação, o que modera a dependência do Oriente Médio e do Estreito de Hormuz e cria opções em relação ao GNL. Os Estados Unidos são apenas um entre diversos fornecedores de petróleo e GNL para a Índia, mas esse comércio crescente aproximou as duas nações e adicionou uma nova dimensão positiva importante a uma relação que costumava ser mais tumultuada.

Empresas japonesas, assim como o governo do Japão, também estão ansiosas para receber exportações de petróleo e gás natural dos EUA. Esses suprimentos são importantes para reduzir o superávit comercial do Japão com os Estados Unidos e contribuem para a segurança energética global — o Japão importa 99% do seu petróleo e 98% do gás natural. Antes do acidente nuclear de Fukushima, em 2011, a energia nuclear representava 30% da eletricidade japonesa. Em 2020, pouco mais de 5% da eletricidade do país vinha das usinas nucleares. O GNL, já significativo para a geração de eletricidade, preencheu boa parte dessa lacuna — em 2020, era responsável por quase 40% da eletricidade no país.

A Coreia do Sul, na época da redação deste livro, era o maior comprador de GNL dos EUA. Além disso, a opção de comprar gás americano, como afirmou um político coreano do alto escalão, "nos ajuda a negociar com nossos fornecedores tradicionais". E quanto mais gás a Coreia do Sul compra dos Estados Unidos, menor o seu superávit comercial, algo que Seul não hesita em nos lembrar.[7]

NO OUTONO DE 2018, EMBORA POUCOS TENHAM PERCEBIDO NA ÉPOCA, ocorreu algo histórico: os Estados Unidos superaram a Rússia e a Arábia Saudita e retomaram o posto de maior produtor de petróleo do mundo, perdido mais de quatro décadas antes.

Por quanto tempo e até que nível a produção americana ainda crescerá? Há quem diga que a capacidade de recuperar recursos ainda está nas suas primeiras fases. Como um engenheiro de petróleo que administrava as operações de uma das grandes empresas na Bacia do Permiano afirmou: "Em meus 30 anos no setor, observo que o Permiano é o único lugar onde, sempre que crio um mapa dos recursos, ele é maior do que o anterior. Em todos os outros lugares, o mapa dos recursos sempre diminui".[8]

Mas mudanças nas políticas governamentais, nos fundamentos econômicos ou em termos de infraestrutura ou limitações de capital podem restringir o crescimento. A oposição ambientalista está ganhando força. Um governo do Partido Democrata decidido a adotar um "Green New Deal" poderia estabelecer obstáculos jurídicos e regulatórios. "Banir o *fracking*" virou refrão entre alguns políticos. Mas a maioria dos novos poços perfurados nos Estados Unidos tem alguma porção de fraturamento hidráulico; essa proibição significaria uma enxurrada de petróleo importado, e os impactos econômicos negativos seriam sentidos no país inteiro. Podem emergir limitações geológicas não pensadas. Ou, embora isso seja algo que praticamente ninguém imaginava de antemão, uma epidemia viral poderia paralisar a demanda, colapsar os preços e reduzir as perfurações.

TUDO O QUE ACONTECEU DESDE A PERFURAÇÃO DO SH GRIFFIN Nº 4 FOI extraordinário. O mundo jamais vira algo parecido em termos de velocidade ou escala de crescimento. É como se, em volume, os Estados Unidos tivessem adicionado, em pouco mais de uma década, o equivalente a outro grande país produtor de petróleo. Mas, mesmo enquanto a produção de petróleo dos EUA continuava a aumentar, um novo desafio surgiu no horizonte. A revolução do xisto estava em busca de uma nova revolução, esta baseada em economia, não em avanços tecnológicos.

O xisto já foi descrito como uma atividade industrial. Em contraste com os poços tradicionais, a produção dos poços de xisto, como observado anteriormente, diminui significativamente durante o primeiro ano ou mais, antes de se estabilizar. Assim, as empresas perfuram novos poços constantemente para compensar as quedas nos anteriores. Para os independentes, é tudo uma questão de crescimento, financiado por investidores e endividamento. Mas então o crescimento não era mais suficiente. Os investidores que antes batiam palmas enquanto as empresas lutavam por produção cada vez maior cansaram delas. As empresas, para melhorar a sua eficiência, tiveram que cortar o custo dos poços, de cerca de 15 milhões de dólares por poço para 7 milhões, mas não foi o suficiente. Os investidores queriam o seu dinheiro de volta, queriam retorno sobre o investimento. Quando os investidores analisavam as empresas que trabalhavam no xisto, não era mais uma questão de crescimento a qualquer custo, e sim de crescimento a que custo. Com a queda dos preços das ações, as empresas foram forçadas a reconfigurar seus negócios, controlar as despesas e manter-se dentro dos seus orçamentos, o que produziria retornos para os investidores na forma de dividendos ou de recompras de ações. A necessidade de reduzir custos levou a um cenário de fusões e consolidação.[9]

A indústria do xisto também mudou em outro sentido. As independentes diminuíram, mas as grandes entraram no seu lugar. A ConocoPhillips, antes uma empresa bastante internacional, voltou a enfatizar a produção na América do Norte. Duas das maiores do mundo, a ExxonMobil e a Chevron, voltaram-se em parte para a América do Norte, direcionando investimentos significativos para a Bacia do Permiano, de modo a torná-la uma parte crescente das suas carteiras globais. Em menor nível, a BP, a Shell e a Equinor avançaram na mesma direção.

Na soma geral, o crescimento da produção americana parecia destinado a desacelerar e atingir índices anuais menores, muito abaixo do ritmo frenético registrado em anos anteriores. Mesmo com a desaceleração, os

Estados Unidos se tornaram o maior produtor de petróleo do mundo. Em fevereiro de 2020, o país atingiu o maior nível de produção da sua história, 13 milhões de barris por dia, mais do que a Arábia Saudita e a Rússia e a caminho de triplicar o nível de 2008.

Foi então que ocorreu a calamidade de 2020, a pandemia do coronavírus e a paralisação da economia mundial, que parou também o xisto e outros setores da economia. Cortes drásticos nos investimentos vão diminuir a produção do xisto. Quando ela for retomada, o crescimento será mais lento. Seja qual for a trajetória, no entanto, o xisto estabeleceu-se como um recurso formidável.

A REVOLUÇÃO DO XISTO TRANSFORMOU O MERCADO MUNDIAL DE petróleo e está mudando os conceitos de segurança energética. "Opep *versus* não Opep", a estrutura que definiu o mercado mundial de petróleo durante décadas, foi substituída por um novo paradigma, o dos "três grandes": Estados Unidos, Rússia e Arábia Saudita. A nova situação ficou muito clara com a interação sem precedentes entre Moscou, Riade e Washington durante a enorme crise do mercado de petróleo criada pelo vírus em 2020, tema ao qual voltaremos mais adiante.

Além disso, a luta para se ajustar à crise demonstrou, mais uma vez, como a energia continua a ser fundamental para a geopolítica.

Sem dúvida, é assim que Vladimir Putin enxerga a questão.

O MAPA DA RÚSSIA

Capítulo 9

O GRANDE PROJETO DE PUTIN

Da Revolução Bolchevique de 1917 ao fim da Guerra Fria, em 1991, os nomes "Rússia" e "União Soviética" foram sinônimos.* A equivalência funcionava porque o mapa da União Soviética na época correspondia aproximadamente ao do Império Russo (com exceção da Polônia, que pertencera ao império em sua extensão máxima), pois Moscou tinha uma posição central e a cultura e o idioma russos dominavam completamente a União das Repúblicas Socialistas Soviéticas (URSS). Em 1991, a União Soviética entrou em colapso e 15 países independentes emergiram, desde a minúscula Estônia, às margens do Mar Báltico, até o Cazaquistão, com extensão geográfica igual à da Índia.

Mas a Federação Russa — a Rússia — ainda paira sobre os novos estados independentes. Ela espraia-se pelo mapa, abrangendo 11 fusos horários, da Europa, no Oeste, à ponta da Península de Tchukotka, no Extremo Oriente, separada do Alasca por menos de 100 km do Estreito de Bering. Sua

---

* Por exemplo, o renomado diplomata e historiador George Kennan chamou seu livro sobre a política externa soviética de *Russia and the West under Lenin and Stalin* ("A Rússia e o Ocidente sob Lenin e Stalin").

população é só metade da soviética e, em 2019, sua economia era apenas ligeiramente maior do que a espanhola, embora a Espanha tenha um terço da sua população e tenha deixado de ser uma grande potência no século XVIII. Mas a Rússia ainda conta com uma formidável máquina de guerra. O país tem envergadura. Tem um enorme arsenal de mísseis e armas nucleares, além de consideráveis habilidades de guerra cibernética. Tem a determinação de proteger-se no cenário mundial. E tem recursos naturais — em especial, vastas quantidades de petróleo e gás natural que sustentam a sua posição no mundo.

Três décadas após o colapso da União Soviética, emergiu uma nova competição global entre os Estados Unidos e a Rússia. Não é a Guerra Fria da história e do apocalipse nuclear, mas é uma guerra fria ainda assim, disputada em conflitos regionais, guerras de informação, ciberespaço, energia e relações globais. Desde a sua interferência nas eleições presidenciais americanas de 2016, a palavra "Rússia" tornou-se um tema tóxico e uma fonte de grandes rancores em Washington e na política interna americana.

Em suas duas décadas na presidência, o grande projeto internacional de Vladimir Putin tem sido restabelecer a influência russa sobre o resto da antiga União Soviética, reconduzir o país ao posto de grande potência global, forjar novas alianças e resistir aos Estados Unidos. E seja a Rússia parcialmente responsável ou não, Putin pode apontar para resultados que se encaixam nos seus objetivos: a Organização do Tratado do Atlântico Norte (Otan) dividida, a União Europeia em caos e a política americana fragmentada e polarizada.

O PETRÓLEO E O GÁS NATURAL FORAM DECISIVOS PARA A RECUPERAÇÃO russa e para a economia nacional, além de oferecerem uma maneira de a Rússia projetar poder que vai além da sua força militar. "O petróleo é, sem dúvida alguma, um dos elementos mais importantes da política mundial, da economia mundial", disse Putin. Uma vez lhe perguntaram se a Rússia é uma superpotência energética. "Prefiro que abandonemos a terminologia do passado", ele respondeu. "'Superpotência' era a palavra usada durante a Guerra Fria." "Nunca chamei a Rússia de 'superpotência energética'", completou. "Mas temos mais possibilidades do que praticamente qualquer outro país do mundo. É uma obviedade."[1]

A "obviedade" fica evidente na enorme escala e abundância dos recursos energéticos russos. O país é um dos três grandes da produção mundial de petróleo. É o segundo maior produtor de gás natural do mundo (após os Estados Unidos) e ainda o maior exportador. A receita das exportações de petróleo e gás natural são o alicerce financeiro do Estado russo e do poder russo; em épocas normais, representa de 40 a 50% do orçamento do governo, de 55 a 60% dos ganhos com exportações e, estima-se, 30% do PIB do país. Mais do que qualquer outro fator, são esses recursos que tornam a Rússia importante na economia mundial.

A herança geológica do país sustenta sua presença global. Ela está por trás da sua relação econômica com a Europa e de seus laços cada vez mais estreitos com a China. Mas essa dependência também provoca muito debate. Alexei Kudrin, ex-ministro das Finanças e ex-vice-primeiro-ministro, defende, assim como outros autores, que a Rússia depende demais do petróleo e do gás natural, o que prejudica o desenvolvimento de uma economia mais dinâmica e equilibrada.

ESSES DEBATES E DILEMAS NÃO SÃO NOVIDADE. HÁ UM SÉCULO E MEIO, a "Rússia", fosse ela o Império Russo, a União Soviética ou, desde 1991, a Federação Russa, tem um papel importante na energia mundial, mas sempre com forte dependência do petróleo e, posteriormente, também do gás natural.

A indústria do petróleo russa nasceu no século XIX, no território do atual Azerbaijão, no lado oeste do Mar Cáspio, em torno da cidade de Baku e a noroeste da região; também no Cazaquistão, no leste do Cáspio, mas em menor grau. Um visitante britânico a Baku, na década de 1880, maravilhou-se com aquele que havia se tornado o novo "celeiro do petróleo da Europa". Em 1898, a Rússia superou os Estados Unidos e tornou-se o maior produtor de petróleo do mundo. Contudo, após a Revolução de 1905 (o "ensaio", como chamou o líder bolchevique Vladimir Lenin), a antes possante indústria petrolífera russa começou a definhar.[2]

Na guerra civil ocorrida após a tomada do poder, em 1917, os bolcheviques enfrentaram o que chamavam de "fome de combustível", uma ameaça terrível à sua revolução. "A crise do combustível deve ser superada a qualquer custo", afirmou Lenin. "Precisamos desesperadamente de petróleo" e

78   O mapa da Rússia

qualquer um que ficar no caminho "nós aniquilaremos". Para resolver a fome de combustível, os bolcheviques nacionalizaram a indústria do petróleo.[3]

No início da década de 1920, os comunistas assumiram o controle de todo o país. Nos anos seguintes, a indústria do petróleo se recuperou e voltou a ter relevância no mercado global. Em meados da década seguinte, Joseph Stalin, sucessor de Lenin, promoveu expurgos políticos que entranharam todo o país. A indústria do petróleo não foi exceção; a polícia secreta declarou que "descobrira" uma "organização contrarrevolucionária de sabotagem e espionagem" disseminada no setor. Muitos dos seus líderes e trabalhadores foram mandados para os campos de prisioneiros chamados de *gulags* ou foram sumariamente executados. A indústria deixou de ser um fator relevante fora da União Soviética.[4]

Foi apenas no final da década de 1950, muito após o fim da Segunda Guerra Mundial, que a União Soviética voltou a ser um exportador de petróleo. A transformação ocorreu graças à nova produção na região do Volga-Urais e, mais tarde, à descoberta de vastas reservas na Sibéria Ocidental. Mas a Rússia exportava para um mercado global já saturado pela produção cada vez maior de petróleo do Oriente Médio.

Em resposta aos volumes crescentes de petróleo soviético, as petrolíferas internacionais reduziram os preços em 1959 e, mais uma vez, em 1960. Enfurecidos com as quedas nas próprias receitas, os países exportadores de petróleo, liderados pela Arábia Saudita e pela Venezuela, reuniram-se para formar uma nova entidade: a Organização dos Países Exportadores de Petróleo (Opep).

No início da década de 1970, a economia centralizada da União Soviética estava se afundando. A URSS não conseguia produzir os bens que as pessoas desejavam, e o que produzia era de péssima qualidade, exceto em alguns setores específicos, principalmente na defesa. A crise do petróleo da década de 1970 chegou a tempo. Os aumentos radicais no preço da *commodity* inflaram as receitas, resgataram a economia estagnada e ajudaram a financiar os enormes gastos militares do país. Essa sobrevida seria apenas temporária, entretanto.

Em 1985, Mikhail Gorbachev surgiu como novo líder da União Soviética. Jovem e cheio de energia, ele estava decidido a reformar a economia. Mas o destino não jogava a seu favor. No ano seguinte, o preço do petróleo

Capítulo 9   O grande projeto de Putin   **79**

desabou, desferindo um golpe terrível na economia soviética e marcando o início do que Yegor Gaidar, ex-ministro das Finanças e primeiro-ministro interino, chamou de "o cronograma do colapso da União Soviética".[5]

As receitas do petróleo não teriam mais como mascarar o fracasso da economia centralizada. "Planejávamos criar uma comissão", lembra Gorbachev, "para resolver o problema das meias-calças femininas. Imagine um país que vai ao espaço, lança *Sputniks*, cria um sistema de defesa como o nosso, mas não consegue resolver o problema das meias-calças. Falta pasta de dente, falta sabão em pó, faltam os artigos básicos para a sobrevivência. Era incrível e humilhante trabalhar em tal governo".

A situação piorou. A produção de petróleo começou a cair vertiginosamente. Em 1989, o presidente do Conselho de Ministros reclamou: "sem petróleo, não vai haver economia nacional". Diversos fatores convergiam para levar a União Soviética à extinção, mas a queda dos preços do petróleo rompeu o cordão financeiro que mantinha a economia viva.[6]

A República Russa era a maior de todas as "repúblicas" (ou seja, estados) que compunham a URSS. Todas as repúblicas tinham seus próprios parlamentos e agências governamentais, mas nenhuma tinha poder de verdade. Agora que não era mais apenas testa de ferro dos soviéticos, carimbando todas as suas decisões, a República Russa reimpôs sua autoridade. Ela assumiu o controle dos ativos de petróleo e gás natural soviéticos em seu território e das receitas do petróleo que antes eram destinadas ao governo da união. Agora era Boris Yeltsin, presidente da República Russa, quem mandava no dinheiro do petróleo, e não Mikhail Gorbachev.

Em dezembro de 1991, Yeltsin e os presidentes dos parlamentos da Ucrânia e da Belarus se encontraram em uma cabana de caça na floresta. Durante a noite, estimulados por grandes quantidades de espumante soviético e vodca, os três chegaram a um acordo surpreendente: invocando o *status* das suas três "repúblicas" como "estados fundadores da URSS", em 1922, eles declararam que "a URSS, como sujeito de direito internacional e realidade geopolítica, cessa sua existência".

Em 25 de dezembro de 1991, Gorbachev anunciou na televisão aquilo que um dos seus assessores chamou de "obituário" da União Soviética. A URSS estava se dissolvendo. As "repúblicas" que a constituíam, antes sem nenhum poder próprio, transformar-se-iam em nações independentes. A

80 O mapa da Rússia

Federação Russa, como passou a ser conhecida, seria a principal herdeira da União Soviética. Entre outras coisas, isso envolveria a transferência dos códigos que controlavam a disposição e o uso do seu vasto arsenal de armas nucleares. Mas a inimizade entre Gorbachev e Yeltsin era tanta que os dois não conseguiam concordar sobre quem iria ao escritório de quem, no Kremlin, para completar a transferência. Por fim, dois grupos de oficiais militares, um representando a União Soviética e outro representando a Federação Russa, encontraram-se em um corredor do Kremlin para realizar a transferência dos códigos, um evento histórico marcado apenas por uma breve troca de saudações.[7]

A desintegração da União Soviética rachou o conjunto da indústria do petróleo. A base original no lado oeste do Mar Cáspio agora pertencia ao Azerbaijão independente. O petróleo no lado leste do Cáspio, por sua vez, agora pertencia ao Cazaquistão. O desmantelamento das estruturas econômicas soviéticas deixou a gigantesca indústria petrolífera da Sibéria Ocidental fragmentada e em caos. Durante a "privatização espontânea" da década de 1990, um período que viria a ser conhecido como os "selvagens anos 90", a própria indústria do petróleo da Rússia ficou nas mãos de quem a quisesse. Novas petrolíferas começaram a surgir, reunindo os ativos existentes.

À medida que a década avançou, a economia se recuperou, os alicerces de uma economia de mercado começaram a tomar forma e o otimismo reapareceu. Falava-se de um *chudo*, um milagre econômico russo, invocando os "milagres econômicos" da Europa Ocidental e do Japão após a Segunda Guerra Mundial.[8] Mas então veio agosto de 1998, e a crise financeira asiática dominou a Rússia. O rublo sofreu um colapso, assim como o preço do petróleo, o que destruiu as receitas do governo. A nova economia parou de funcionar e as pessoas pararam de receber. A credibilidade da presidência de Yeltsin ficou em frangalhos. O próprio Yeltsin perdeu completamente sua influência.

EM 1976, O *LENINGRAD EVENING NEWS* NOTICIOU QUE UM "JUDOCA" local, um jovem desconhecido, vencera uma competição de judô e, "pela primeira vez, juntara-se às fileiras dos campeões". O jornal previa que as pessoas ouviriam falar mais dele no futuro. Era Vladimir Putin, 23 anos. Putin entrou para a KGB, que o mandou para a Alemanha Oriental. Em

Capítulo 9 O grande projeto de Putin **81**

1990, após o colapso do país, ele queimou arquivos secretos da KGB às pressas e voltou para casa com um *souvenir* valioso: uma lavadora de roupa sobre o capô do carro. Sua cidade natal, a antiga Leningrado, voltara a se chamar São Petersburgo. Ele foi trabalhar para o prefeito reformista e tornou-se vice-prefeito.[9]

Em 1996, depois que o prefeito não se reelegeu, Putin ficou desempregado. Ele estudou no instituto geológico local. Também foi a Moscou à procura de um emprego. O resultado, após os primeiros passos no Departamento de Propriedades Estatais, seria uma ascensão meteórica dentro do governo russo, que culminaria em 2000, quando foi escolhido para ser o sucessor de Boris Yeltsin. Uma vez no Kremlin, os objetivos de Putin eram reimpor a ordem, estabilizar a economia, recuperar a autoridade do Estado e devolver a Rússia ao posto de grande potência mundial. Nas duas décadas seguintes, ele demonstrou ser, como previsto em 1976, um "judoca" de grande habilidade, mas em escala global, aproveitando-se dos erros e das fraquezas dos outros países, atacando cada abertura e cada oportunidade. A energia seria fundamental para a sua pauta. Putin entendia que, na Rússia, o poder vinha do petróleo e do gás natural. Os interlocutores ocidentais se surpreenderiam constantemente com o seu conhecimento detalhado sobre a indústria e os mercados de energia e com a fluência com a qual discutia esses tópicos em seus mínimos detalhes. Putin, diriam eles, parecia um CEO tanto quanto um chefe de Estado.

Sob Putin, o governo retomou o controle da indústria de energia. Mikhail Khodorkovsky, diretor da Yukos, uma das maiores entre as novas petrolíferas, e um dos mais poderosos entre os novos oligarcas, desafiou Putin diretamente e acabou condenado a 10 anos em um campo de prisioneiros. Os ativos da Yukos foram absorvidos pela estatal Rosneft. O CEO da empresa é Igor Sechin, ex-vice-primeiro-ministro, que trabalhou com Putin na prefeitura de São Petersburgo na década de 1990. Em 2013, a Rosneft assumiu outra grande empresa, a TNK-BP, em um acordo de 55 bilhões de dólares que a transformou em uma produtora de petróleo maior do que a ExxonMobil. Em 2016, foi a vez da Bashneft de ser adquirida. Hoje, a Rosneft produz 40% do petróleo russo. O governo é dono de pouco mais de metade da empresa e tem o controle acionário.

O governo russo, por sua vez, possui uma participação majoritária na Gazprom, a gigante do setor de gás natural comandada por Alexey Miller, que também trabalhou na prefeitura de São Petersburgo com Putin, no início da década de 1990. Em 2005, a Gazprom adquiriu a Sibneft de outro oligarca e a rebatizou Gazprom Neft (o que significa "Gazprom Petróleo"). O CEO, Alexander Dyukov, comandara o porto de São Petersburgo. Hoje, sobram poucas petrolíferas privadas. A Lukoil é a maior. Seu CEO, Vagit Alekperov, começou a carreira em uma plataforma *offshore* no Mar Cáspio e depois na Sibéria Ocidental. Posteriormente, em Moscou, foi vice-ministro da Energia, no final da década de 1980, quando desenvolveu a ideia de fundar uma petrolífera ao estilo ocidental na Rússia.

Tanto Mikhail Gorbachev quanto Boris Yeltsin tiveram azar em se tratando de petróleo, com colapsos nos preços que derrubaram a economia nacional. Vladimir Putin, por outro lado, teve muita sorte, pois o preço do petróleo se recuperou quando ele subiu ao poder, em 2000, e continuou em alta durante a era dos BRIC. A produção, que havia caído quase pela metade com o colapso da União Soviética, recuperou-se. Isso foi possível graças a novos investimentos, incluindo de empresas ocidentais. Essas companhias também trouxeram consigo práticas e tecnologias do Ocidente, todas as quais eram proibidas durante o período soviético, que se combinaram com as capacidades soviéticas tradicionais. Ao final de 2018, a produção russa atingia 11,4 milhões de barris por dia, volume similar ao do auge da Rússia na União Soviética.

O valor das exportações de petróleo da Rússia se multiplicou por oito entre 2000 e 2012, de 36 para 284 bilhões de dólares por ano. O valor anual das exportações de gás natural durante o mesmo período aumentou de 17 para 67 bilhões de dólares. Com o crescimento da receita gerada pelo petróleo e pelo gás natural, a economia da Rússia foi da fragilidade à força, pagou a dívida externa, aumentou salários e aposentadorias, melhorou os padrões de vida, economizou em fundos de "estabilização", gastou mais com defesa e financiou a recuperação do *status* de grande potência.

A Rússia foi uma das maiores beneficiárias do superciclo de *commodities* na era dos BRIC e da alta demanda dos mercados emergentes que o definiu. Acima de tudo, isso envolvia a China e seu crescimento econômico frenético. Uma vez perguntaram a um vice-primeiro-ministro, no seu escritório na Praça Staraya, em Moscou, o que aconteceria com a economia da Rússia. Ele indicou a janela e apontou para o leste.

"Diga-me o que vai acontecer na China", ele respondeu.[10]

Capítulo 10

CRISES DO GÁS NATURAL

O fornecimento russo de gás natural para a Europa, que garante cerca de 35% do consumo europeu total do produto, está no centro de uma disputa geopolítica. A questão é: essa dependência e as transações multibilionárias que envolvem gás natural são um instrumento de poder e influência da Rússia ou parte de uma relação comercial mutuamente benéfica e geograficamente determinada? E, se ambas as afirmações são verdadeiras, qual é o fator preponderante?

Essa tensão é muito evidente na violência e nas fissuras que caracterizam a relação entre a Rússia e a Ucrânia. As consequências reverberam nos mercados de energia, nas relações com a Europa e na relação entre a Rússia e os Estados Unidos, com impactos que vão desde o orçamento militar americano a disputas internas sobre a eleição presidencial de 2016, e desde a hostilidade crescente entre as duas maiores potências nucleares ao julgamento de *impeachment* de Donald Trump, em 2020. Na verdade, se precisássemos escolher o motivo mais importante para o novo antagonismo entre a Rússia e o Ocidente, e para a nova guerra fria, escolheríamos a Ucrânia, bem como as questões não

84 O mapa da Rússia

resolvidas e o rancor decorrentes do fim da União Soviética e do modo como ele se desenrolou.

Em sua origem etimológica, o nome "Ucrânia" significa "terra de fronteira". O território que viria a ser conhecido por esse nome é composto principalmente por uma extensa planície com poucas fronteiras naturais. Tanto a Rússia quanto a Ucrânia acreditam que remontam à Rússia de Kiev, um reino medieval fundado por guerreiros vikings que se misturaram com as tribos eslavas locais. Esse território passou a ser conhecido como "terras de Rus", governadas de Kiev (atual capital da Ucrânia). Apesar de compartilharem a linhagem da Rússia de Kiev, a Rússia e a Ucrânia modernas têm um conflito em torno da reivindicação de uma identidade comum (na visão russa) em contraste com identidades separadas (na visão ucraniana).

A Rússia de Kiev desapareceu da história quando a Horda Dourada mongol saqueou Kiev, em 1240. Os primeiros mapas da Ucrânia, incluindo suas fronteiras, foram criados por volta de 1640, quando pertencia ao grão-ducado que combinava a Lituânia e a Polônia. Um mapa levava o título de "Descrição Geral das Planícies Vazias (em Linguagem Comum Ucrânia)".

Quatorze anos depois, em 1654, um líder dos cossacos no que hoje é a Ucrânia jurou fidelidade ao czar do principado eslávico oriental de Muscovy, que estava "recolhendo" as terras russas. Historiadores, políticos e nacionalistas continuam a debater se a fidelidade a "Muscovy" era condicional, se preservava a autonomia ou se representava submissão absoluta e incorporação às terras "recolhidas".[1]

O fervor e a identidade nacionalistas estavam crescendo na Ucrânia russa antes da Primeira Guerra Mundial. Ao mesmo tempo, a industrialização em larga escala desenvolvia-se na região do Donbas, no sudeste ucraniano, o que atraía russófonos de outras regiões do império. Em 1918, logo após a Revolução Bolchevique, declarou-se uma Ucrânia independente, mas o país desapareceu no caos da guerra civil russa. Após a vitória bolchevique, a Ucrânia tornou-se uma das repúblicas fundadoras da União Soviética.

Com a divisão da União Soviética, no final de 1991, a Ucrânia deixou de ser, pela primeira vez (com exceção daquele breve momento no final da Primeira Guerra Mundial), uma ideia, uma fronteira, uma província de um império. Pela primeira vez, a Ucrânia era uma nação soberana.

Com a declaração da sua independência, a Ucrânia "nasceu nuclear", pois herdou 1.900 ogivas nucleares da União Soviética, o que a tornava o terceiro maior Estado nuclear do mundo. Em 1994, com o chamado Memorando de Budapeste, o país abriu mão de suas armas nucleares e transferiu-as para a Rússia. Em troca, Rússia, Grã-Bretanha e Estados Unidos juraram solenemente "respeitar" as "atuais fronteiras da Ucrânia".[2]

UMA INSTITUIÇÃO CONSEGUIU SOBREVIVER AO FURACÃO DO COLAPSO pós-soviético intacta, ainda que não sem algum sofrimento: o Ministério do Gás Natural. Ela trocou de nome, no entanto, para Gazprom. A Gazprom retomou o controle dos grandes gasodutos de exportação e das receitas que produzem, herdando, assim, as relações soviéticas com as grandes empresas de energia da Europa Ocidental.

A Gazprom tornou-se a maior empresa de gás natural do mundo. Ela fornecia o gás que mantinha a economia nacional russa de pé, mesmo que nem todas as contas fossem pagas, e mantinha sua reputação como fornecedora confiável de gás para a Europa Ocidental. A Gazprom também fornecia as receitas de que a fazenda nacional precisava desesperadamente. Em meio ao colapso, a empresa representava tanto a continuidade do passado quanto a futura integração econômica da Rússia com o Ocidente. A Gazprom insistia que operava como uma organização comercial. Mas nem todos fora da Rússia a viam como apenas uma empresa de gás natural. Ela era também o espectro palpável da Guerra Fria entre EUA e URSS, a personificação do poderio russo em recuperação e um instrumento para que a Rússia influenciasse a Europa Ocidental e, logo, criasse uma cisão entre esta e os Estados Unidos. E no cerne da questão do gás estava a Ucrânia.[3]

Em qual direção a Ucrânia buscaria o seu futuro? Essa questão fundamental inflama as relações entre a Ucrânia e a Rússia desde o fim da União Soviética. O país continuaria voltado para o leste, sob a influência de Moscou? Ou se voltaria para o oeste, para a Europa, a União Europeia e, o que do ponto de vista de Moscou seria ainda pior, para a Otan e os Estados Unidos?

O gás natural, assim como os dutos que o transportam, havia unido os dois países, mas agora os colocaria um contra o outro. O gás importado da Rússia era a principal fonte de energia da Ucrânia, crítico para a sua

86 O mapa da Rússia

própria economia e para a indústria pesada. Além disso, as tarifas sobre a transmissão de gás russo para a Europa através dos dutos e do território da Ucrânia eram uma fonte importante de receita para o governo.

Mas essa não era uma via de mão única. Garantir o acesso à Europa era fundamental para a Gazprom, pois o mercado europeu era a sua principal fonte de receitas. Assim, a Rússia também dependia da Ucrânia; até 2005, 80% das exportações de gás natural para a Europa passavam pelos dutos ucranianos. Nada disso importava quando a Ucrânia e a Rússia eram partes do mesmo país, é claro, e ligadas pelo gasoduto chamado de "Amizade" (*Druzhba*). Mas, com o fim da União Soviética, passou a importar, e importar muito. A Ucrânia e a Rússia não eram mais nações irmãs.

O fim da União Soviética, em 1991, levou rapidamente a uma briga entre os dois países devido ao preço do gás natural russo e às tarifas cobradas pela Ucrânia pelo trânsito nos seus dutos. Até 2004, no entanto, as disputas eram limitadas; mas, então, a acirrada eleição presidencial ucraniana de 2004 colocou os "dois Viktors" um contra o outro. O vencedor inicial da eleição, que a grande maioria acreditava ter sido fraudada, foi Viktor Yanukovych, então primeiro-ministro e ex-boxeador. Yanukovych era um falante nativo de russo, considerado o candidato de Moscou. Seu adversário era Viktor Yushchenko, ex-primeiro-ministro e ex-diretor do Banco Central, falante nativo de ucraniano, para quem a Europa era o grande farol.

A eleição fraudada provocou protestos gigantescos que convergiram na Praça Maidan, em Kiev, naquela que viria a ser conhecida como a "Revolução Laranja" (a cor da campanha de Yushchenko). No segundo turno imposto pelos tribunais, Yushchenko saiu vencedor. O resultado foi um choque para Moscou. A Ucrânia agora teria um presidente que queria voltar-se para o Ocidente. Para reforçar ainda mais essa ideia, Yushchenko era casado com uma americana descendente de ucranianos formada pela Universidade de Georgetown e que trabalhara para o governo Reagan.

Para o Kremlin, o resultado foi um alerta contra a ameaça existencial das "revoluções coloridas". A Revolução Laranja da Ucrânia fora precedida pela "Revolução das Rosas" na Geórgia recém-independente, que levara políticos reformistas antirrussos ao poder. Moscou acreditava que essas revoluções coloridas eram apoiadas por organizações não governamentais ocidentais e suspeitava que também recebiam apoio dos "serviços de se-

Capítulo 10   Crises do gás natural   **87**

gurança" do Ocidente, que pretendiam desalojar a Rússia da sua "esfera privilegiada" no restante da antiga União Soviética. Mais do que isso, a Revolução Laranja criava o risco de levar a Otan, à qual os países bálticos já pertenciam, à fronteira da Ucrânia com a Rússia. Isso, afirmou Putin, seria uma "ameaça direta" à segurança russa. E havia outro risco: o contágio das revoluções coloridas poderia atingir a Praça Vermelha, em Moscou.[4]

A vitória de Yushchenko provocou difíceis negociações em relação aos preços do gás natural. A Ucrânia pagava apenas um terço, ou menos, do que os europeus ocidentais pagavam. Por que, perguntavam os russos, deveriam continuar a subsidiar a Ucrânia com gás natural barato, ao custo de bilhões de dólares por ano, quando o país já devia bilhões da sua conta de gás e agora ainda era liderado por um presidente que queria afastar-se da Rússia? Além das receitas, Moscou tinha outro objetivo: controlar o importante sistema de gasodutos ucranianos, do qual dependia para transportar seu gás natural para a Europa. Esse sistema, no entanto, não estava em jogo. Nas palavras de Yushchenko, aqueles dutos, construídos durante o período soviético, eram as "joias da coroa" da Ucrânia independente.[5]

Em 1º de janeiro de 2006, sem uma solução no horizonte, a Gazprom cortou o gás destinado para a Ucrânia. Os ucranianos, por sua vez, desviaram o gás que iria para a Europa, o que interrompeu o abastecimento de gás para outros países europeus e levou a uma crise nas relações da Rússia com a Europa.

A Rússia sustentava que o corte não era motivado pela política, sendo simplesmente uma questão de economia e de "preços de mercado". Os ucranianos não deveriam receber um desconto tão grande. Mas, para a Europa e os Estados Unidos, Moscou estava demonstrando o poder bruto da energia. A Rússia, nas palavras de Condoleezza Rice, secretária de Estado dos EUA, estava usando o gás natural e o petróleo como armas "com motivação política". "Simplesmente não se pode jogar assim", ela declarou.[6]

Após alguns dias, os dois lados conseguiram chegar a um novo acordo, mas a Rússia não conquistou o controle do sistema de dutos ucraniano. Kiev não abriria mão das joias da coroa. O resultado foi o surgimento de uma misteriosa empresa chamada RosUkrEnergo, que teria um papel crucial no setor de gás natural.

Três anos depois, em 31 de dezembro de 2008, Vladimir Putin buscou injetar um pouco de humor no seu pronunciamento de Ano Novo na televisão russa. "É um sinal claro de que o Ano Novo está chegando", ele declarou. "As negociações sobre gás natural estão esquentando." Horas depois, em 1º de janeiro de 2009, a Rússia voltou a cortar o gás destinado ao consumo ucraniano. Putin declarou que os ucranianos estavam mais uma vez desviando e roubando o gás que iria para a Europa. Ele ordenou a interrupção de todo o abastecimento de gás para a Ucrânia. Em outras palavras, o sistema não estava mais recebendo gás natural para a Europa. Foi preciso mais de duas semanas, e o que Putin chamou de negociações "difíceis", para que a Rússia e a Ucrânia chegassem a um novo acordo.[7]

E ainda assim, por mais incrível que pareça, apesar do frio excepcional, essa segunda crise do gás natural não causou escassez do produto, exceto em partes dos Bálcãs. Os ucranianos tinham grande reserva. Os europeus também recorreram aos seus estoques de gás natural.

Essas crises deram nova ênfase à segurança energética, tanto para a Rússia quanto para a Europa. Mas o conceito de "segurança energética" tinha significados radicalmente diferentes para cada uma delas.

Capítulo 11

CONFLITOS POR SEGURANÇA ENERGÉTICA

"Até recentemente, imaginávamos que o regime de segurança energética que passara a existir na Europa era ideal", refletiu o então presidente russo Dmitry Medvedev logo após a crise do gás natural. "Acontece que não era."[1]

Em 2011, o novo conceito russo ficou claro. O palco foi Lubmin, um balneário na costa nordeste da Alemanha que chama as suas praias de "um paraíso para as famílias". Foi onde se reuniram Medvedev, a chanceler alemã Angela Merkel, os primeiros-ministros da França e da Holanda e o comissário de Energia da UE. Entre os participantes, estava Gerhard Schroeder, predecessor de Merkel como chanceler da Alemanha e então presidente da Nord Stream, uma nova empresa no ramo de dutos.

O grupo obviamente não fora a Lubmin pelas praias, e sim para girar a válvula de um duto de 10 bilhões de dólares chamado Nord Stream — na verdade, gasodutos gêmeos de 1.200 km que transportariam gás natural diretamente da Rússia até a Alemanha e passariam sob o Mar Báltico. O Nord Stream era a solução da Rússia para a sua própria versão de segu-

90 O mapa da Rússia

rança energética: o país construiria novos dutos que contornariam a Ucrânia e reduziriam a dependência do trânsito ucraniano. "Sua construção atende aos nossos objetivos de longo prazo", declarou Medvedev durante a inauguração. "Esta é a nossa contribuição para a segurança energética europeia, é claro", completou generosamente. A chanceler Merkel deu sua aprovação para o projeto. A Europa e a Rússia, nas suas palavras, "permaneceriam ligadas" em uma "parceria segura e resiliente" nas próximas décadas. A União Europeia classificou o gasoduto como "projeto prioritário" que contribuiria para a segurança energética europeia.

O gás natural que chegava a Lubmin fora injetado no gasoduto dois meses antes, no porto de Vyborg, a noroeste de São Petersburgo. Quando apertou o botão para dar início ao fluxo de gás, Putin foi mais explícito sobre a visão russa da segurança energética. O Nord Stream, segundo ele, daria um fim à "tentação [ucraniana] de se beneficiar" da sua "posição exclusiva". Ele previu que o resultado seria uma "relação mais civilizada" entre a Rússia e a Ucrânia. O que viria a seguir não poderia ter sido mais diferente.[2]

A Rússia já havia construído outros dutos para contornar a Ucrânia: o Yamal-Europa, através da Polônia, e o Blue Stream, que vai da Rússia à Turquia e passa sob o Mar Negro. Mas o Nord Stream era algo muito maior.

PARA A EUROPA, A SEGURANÇA ENERGÉTICA SIGNIFICA ALGO MUITO diferente: maior flexibilidade e diversidade nos suprimentos. A UE busca há anos uma política energética comum, muito difícil de elaborar para 28 países diferentes, com interesses diferentes, dotações diferentes, necessidades diferentes — e atitudes diferentes em relação à Rússia. Os europeus ocidentais, em geral, recebiam as importações de gás russo com braços abertos. Os países da Europa Central e Oriental, muito mais dependentes do gás russo, viam essa como uma fonte de vulnerabilidade, o que os lembrava da sua antiga servidão a Moscou, quando eram satélites da União Soviética. Esses países apontavam para situações em que a União Soviética, e depois a Rússia, na sua opinião, haviam usado cortes no abastecimento e manipulação dos suprimentos como forma de pressão política.

À medida que evoluiu, a política energética europeia tinha dois objetivos principais. O primeiro, relacionado ao gás natural, era agregar resiliência e maior segurança energética ao sistema e estimular a formação

Capítulo 11   Conflitos por segurança energética   **91**

de um mercado único de gás natural para todo o continente. As empresas aumentaram as ligações entre os dutos para facilitar o transporte de gás entre regiões da Europa. Elas reformularam os sistemas de dutos para que a direção dos fluxos de gás pudesse ser invertida, se necessário. O investimento em terminais de GNL e capacidade de armazenamento foi promovido. "Cláusulas de destino", que limitavam a capacidade de desviar suprimentos de gás de um comprador para outro, foram eliminadas. Esse conjunto de políticas e iniciativas acabaria por transformar todo o sistema de gás natural europeu.

A política europeia também pretendia acabar com os contratos rígidos tradicionais, de 20 anos ou mais, nos quais o preço era indexado ao do petróleo. O sistema de gás europeu fora construído durante muitas décadas, alicerçado nesses contratos de longo prazo, com previsibilidade e relacionamentos de longo prazo. No lugar deles, Bruxelas agora queria promover concorrência e transparência. Queria "mercados", um mundo de compradores e vendedores, não "relacionamentos". A UE não era necessariamente contra os contratos de longo prazo, mas queria a precificação baseada no mercado, ou seja, nos preços de curto prazo que emergiam nos centros comerciais — os locais, principalmente na Grã-Bretanha e na Holanda, para onde convergiam os dutos, os terminais de GNL e o comércio de gás. A UE também queria que os contratos fossem transparentes, de modo a impedir o que definia como comportamento "anticompetitivo", e proibia a Gazprom de ser dona dos dutos por meio dos quais o gás natural seria transportado na Europa.[3]

A segunda grande área que preocupava a UE era o clima. O objetivo era a descarbonização, o aumento da eficiência e o avanço acelerado em direção à energia renovável. A Alemanha estava na vanguarda desse movimento. Sob a rubrica da sua *Energiewende*, ou "virada energética", os alemães ofereciam amplos subsídios para o desenvolvimento de energia eólica e solar. Embora essa não fosse a intenção, a política também acabou por indiretamente oferecer grandes subsídios às empresas chinesas do ramo de energia solar, que se tornaram os principais fornecedores de painéis solares baratos do mundo. Em 2019, 33% da eletricidade alemã vinha de fontes renováveis. Mas essa mudança não saíra barato. O Tribunal Federal de Auditoria da Alemanha criticou os ministérios por não "supervisionarem o impacto financeiro da *Energiewende*", por não questionarem "quanto a *Energiewende* custaria ao Estado" e por não levarem "confiabilidade e acessibilidade" em conta.[4]

Em março de 2011, um terremoto em alto-mar provocou um *tsunami* gigante que inundou a usina nuclear de Fukushima, no Japão, e resultou no pior acidente nuclear desde a explosão do reator de Chernobyl, na Ucrânia, em 1986. Imediatamente após o desastre de Fukushima, o governo alemão decidiu desativar sua maior fonte de eletricidade que emitia CO_2, a saber, sua enorme rede de reatores nucleares. Para ajudar a compensar as lacunas na geração de eletricidade, o governo alemão aumentou temporariamente o consumo de carvão.

Para a UE como um todo, o gás natural representa cerca de 25% do consumo de energia. Isso significa que o gás russo, com cerca de 35% do consumo de gás total, fornece 9% da energia da Europa. Depois da Rússia, os "suprimentos domésticos" ou "nativos", em grande parte do campo de Groningen, na Holanda, e do setor britânico do Mar do Norte, são a segunda maior fonte de gás natural. A Noruega, embora não seja membro da UE, tem alta integração econômica com a União, fornecendo 24% do seu gás natural. Cerca de 9% vêm do Norte da África, principalmente da Argélia.

O debate sobre os riscos políticos de importar energia da União Soviética, e depois da Rússia, ocorre há muito tempo. O aumento das exportações soviéticas de petróleo para a Europa no final da década de 1950 e início da de 1960 deixou os Estados Unidos alarmados. Um senador americano trovejou que os soviéticos queriam "nos afogar em um mar de petróleo" na sua busca por "dominação mundial". As manchetes capturavam o desentendimento transatlântico: "Petróleo soviético alimenta disputa no Ocidente" e "Petróleo é nova arma soviética". Washington era radicalmente contra o que chamava de "ofensiva do petróleo soviética". Para os europeus, era mais uma questão de negócios. Os soviéticos planejavam construir um novo oleoduto até a Europa Oriental, e a Alemanha Ocidental planejava vender a tubulação de grande diâmetro especial que seria necessária. Contudo, os Estados Unidos conseguiram bloquear a venda. Os soviéticos não demoraram para dominar a tecnologia, entretanto, e construir seus próprios tubos de grande diâmetro. O embargo conseguira atrasar o oleoduto em apenas um ano.[5]

Capítulo 11   Conflitos por segurança energética   **93**

No início da década de 1980, nos primeiros anos do governo Reagan, os Estados Unidos e a Europa se desentenderam sobre as exportações de energia soviéticas — dessa vez, a questão era o gás natural, não o petróleo. As empresas da Europa Ocidental, com o apoio dos seus governos, negociavam um acordo gigante para construir um novo gasoduto que permitiria a exportação de gás natural da Sibéria Ocidental. O governo Reagan, que estava elevando os gastos com defesa, não queria que os soviéticos ganhassem dinheiro para financiar os seus próprios gastos militares. Washington também temia que a dependência do gás russo, especialmente na Alemanha, pudesse ajudar Moscou a gerar rachas na Otan e criar um ponto de pressão importante caso as relações entre Ocidente e Oriente se deteriorassem. Era o momento de "manter-se firme", afirmou o presidente Reagan, e "pressionar os soviéticos até eles falirem".[6]

Quando a Alemanha e os outros países europeus não deram sinal de recuar do acordo, o governo Reagan aplicou um embargo a exportações da Europa que usassem a tecnologia e o *know-how* dos EUA necessários para o duto proposto. As sanções, embora direcionadas à União Soviética, enfureceram os europeus. Além de possivelmente implicar a perda do acesso ao gás natural, o embargo também levaria ao desemprego nas fábricas, pela proibição de vender tecnologias e equipamentos. Washington e os governos europeus finalmente chegaram a um acordo que limitou a importação de gás natural soviético para a Europa Ocidental. O projeto do duto seguiu em frente, mas junto ao de outro gasoduto, que levaria gás natural da Noruega para o resto do continente.

As sanções, enquanto isso, demonstraram ser o que o secretário de Estado George Shultz chamara de "um ativo consumível". Elas tiveram o impacto que as sanções quase sempre têm: motivaram os soviéticos a desenvolver suas próprias capacidades tecnológicas para substituir os equipamentos embargados por outros.[7]

DUAS DÉCADAS DEPOIS, O NORD STREAM, SOB O MAR BÁLTICO, REACENdeu a controvérsia em torno dos dutos. Os formuladores de políticas públicas da Europa Central e membros da mídia criticaram duramente a influência política que, na sua visão, a Rússia conquistaria com o acordo. Os europeus ocidentais, os alemães em especial, tinham outra visão. Para eles, o acordo era parte de uma relação complementar maior, envolvendo mercados, comércio e investimentos, uma relação que a geografia tornava inevitável. Além disso, eles podiam depender dos russos para o gás natural, mas os russos dependiam deles para os mercados e para as receitas. O Nord Stream seguiu em frente sem maiores dificuldades, culminando com a cerimônia de inauguração em Lubmin, em 2011.

Ante o tumulto e as críticas que acompanharam o Nord Stream, Moscou tinha uma mensagem para os europeus. Durante o Fórum Econômico Internacional de São Petersburgo, Alexey Miller, CEO da Gazprom, disse para um salão cheio de europeus: "Superem seu medo da Rússia ou fiquem sem gás".

Capítulo 12

UCRÂNIA E NOVAS SANÇÕES

Em 23 de junho de 2013, o pouco que sobrara da harmonia e da boa vontade pós-Guerra Fria começou a desmoronar. Naquele dia, Edward Snowden, um funcionário insatisfeito de uma empresa que prestava serviços para a Agência de Segurança Nacional dos EUA (NSA — National Security Agency), embarcou em um voo de Hong Kong para Moscou. Ele não tinha um visto válido, mas os russos o deixaram entrar no país. Snowden levava consigo algo de enorme valor: as "chaves do reino" da inteligência americana, enormes quantidades de arquivos que roubara da NSA. Deles fluiria uma ruptura e, então, uma crise centrada na Ucrânia e suas fronteiras que dividiria Ocidente e Oriente e serviria de estopim para uma nova guerra fria.

O roubo chocou o governo americano, e seus resultados foram devastadores. Uma pequena quantidade do que Snowden levara consigo era relacionada a comunicações entre alvos de ações de inteligência e cidadãos americanos — o motivo alegado para o roubo. Quase todo o material, entretanto, estava relacionado à coleta de inteligência mundial, a maior parte focada no terrorismo e no combate a ameaças, como os artefatos explosivos improvisados que estavam matando e aleijando militares americanos.

A presença de Snowden em Moscou foi facilitada pelo governo russo. A fonte dessa informação foi o próprio Vladimir Putin. "Contarei a vocês algo que nunca disse antes", Putin anunciou em uma coletiva de imprensa, em 3 de setembro de 2013. Snowden "primeiro foi a Hong Kong e entrou em contato com nossos representantes diplomáticos", que comunicaram a Putin que um "agente dos serviços especiais" americanos estava tentando vir à Rússia. Putin recontou que respondera que o agente seria "bem-vindo" na Rússia, desde que "parasse com qualquer tipo de atividade que pudesse interferir nas relações russo-americanas". Moscou concedeu asilo a Snowden. Putin completou que teria preferido não ter que lidar com o problema Snowden. "É como tosquiar um porco. Muito guincho, pouca lã."[1]

Outros, no entanto, tinham uma opinião diferente — de que os russos devem ter ganhado um belo novelo de Snowden. Afinal, segundo eles, a empatia por um "informante" nunca teria sido suficiente para que Moscou pagasse o custo político de oferecer um refúgio a Snowden.

O custo logo tornou-se evidente. O presidente Barack Obama tinha um encontro marcado com Putin em setembro de 2013, em Moscou, sua primeira reunião em quatro anos. As relações entre os EUA e a Rússia haviam começado a se deteriorar após a invasão do Iraque, em 2003, e pioraram com a guerra russo-georgiana de 2008 e a Primavera Árabe, em 2011. O governo Obama buscara "reinicializar" o relacionamento, mas as relações pessoais entre os dois presidentes eram frágeis desde o seu primeiro encontro, em 2009, quando Obama parecia ter sido colocado na posição de aluno e Putin palestrara sobre os "erros" que os Estados Unidos haviam cometido ao lidar com a Rússia. Em agosto de 2013, após a deserção de Snowden, Obama retrucou, dizendo que Putin "tem aquela postura atirada, parece o menino entediado no fundo da sala de aula".

Putin acreditava que os Estados Unidos estavam decididos a frustrar seu objetivo geral de reconduzir a Rússia ao posto de grande potência global, com uma "esfera privilegiada" no "espaço pós-soviético". Mas, por mais tensa que fosse a relação entre Moscou e Washington, uma reunião teria aberto o caminho para recuperar um mínimo de uma relação de trabalho. Depois que Moscou concedeu asilo a Snowden, considerado responsável pelo maior roubo de inteligência da história dos EUA, seria impossível que Obama se encontrasse com Putin. A reunião foi cancelada. Para alfinetar, Obama posteriormente diria que a Rússia não passava de uma "potência regional".[2]

Enquanto isso, a Ucrânia permanecia presa entre Ocidente e Oriente. À primeira vista, era uma questão comercial. Moscou promovia algo que chamava de "União Econômica Eurasiática", que uniria sob a liderança russa os novos países da antiga União Soviética, membros de um sistema comum de tarifas e de um espaço econômico unificado. Ao mesmo tempo, no entanto, a Ucrânia discutia um acordo de "associação" com a União Europeia, que levaria a uma maior integração econômica. Havia uma incompatibilidade total, até uma contradição fatal, entre as duas negociações, pois seria impossível pertencer a dois sistemas de tarifas mutuamente excludentes. Em outras palavras, se a Ucrânia completasse as suas negociações com a União Europeia, não poderia pertencer à União Econômica Eurasiática de Putin.

Além disso, o engajamento ucraniano com a União Europeia teria um impacto geopolítico significativo, afastando o país da Rússia. As conversas entre Kiev e a União Europeia avançavam em bases tecnocráticas, sem dar muita atenção a questões geopolíticas. Para o Ocidente, "Ucrânia" era apenas um entre muitos dos interesses que disputavam por atenção em Bruxelas e em Washington.

Mas, para a Rússia, a Ucrânia era um interesse "fundamental", como Obama observaria posteriormente. Na narrativa de Moscou, a Ucrânia era parte da Rússia, remontando à Rússia de Kiev e ao juramento de fidelidade dos cossacos ao czar de Muscovy em 1654. Putin resumiria essa visão da seguinte forma: "A Ucrânia nem é um país. O que é a Ucrânia? Parte do seu território fica na Europa Oriental, mas a maior parte é presente nosso". Mais tarde, citando as palavras de um comandante do Exército Branco durante a Guerra Civil Russa, Putin disse: "Grande Rússia e Pequena Rússia — a Ucrânia... Ninguém deveria poder interferir nas relações entre nós; sempre foram um assunto da própria Rússia".[3]

A economia da Ucrânia era um caos, e a corrupção, endêmica. O rei da corrupção era nada menos do que o presidente, Viktor Yanukovych.

98 O mapa da Rússia

Derrotado em 2005, o ex-boxeador voltara ao ringue político, vencera a revanche e fora eleito presidente em 2010.

Em 2013, Yanukovych estava prestes a assinar o acordo de associação com a União Europeia quando os russos perceberam que isso tiraria a Ucrânia da União Econômica Eurasiática. Moscou aumentou as apostas — e a pressão. Era um ou o outro. Yanukovych abandonou o acordo com a UE, uma saída lubrificada por um empréstimo de 15 bilhões de dólares de Moscou.

Os ucranianos ficaram furiosos. No final de 2013, meio milhão de pessoas lotaram a Praça Maidan, em Kiev, para protestar contra o abandono do acordo com a União Europeia e contra a corrupção desenfreada e a influência russa no país. Em um dezembro congelante, Victoria Nuland, secretária-assistente de Estado, visitou a multidão e distribuiu biscoitos. Moscou, enquanto isso, chamava os manifestantes de "fascistas e neonazistas".

Em fevereiro de 2014, a polícia abriu fogo contra os manifestantes, matando mais de cem. Uma guerra civil parecia iminente. Três ministros das Relações Exteriores europeus voaram às pressas e negociaram um acordo com Yanukovych e políticos da oposição para adiantar as eleições presidenciais, mas o governo estava se desintegrando. Os próprios seguranças de Yanukovych desapareceram e ele fugiu abruptamente para a Rússia. Os Estados Unidos e a União Europeia anunciaram imediatamente o apoio ao novo governo interino. Uma das suas primeiras medidas foi banir o russo como idioma "oficial", posição que dividia com a língua ucraniana. O russo é a língua-mãe de muitos na Ucrânia, especialmente no leste do país e na Crimeia. Esse equívoco infeliz foi retificado rapidamente, mas teve impacto duradouro. "Os europeus os impediram de fazer aquilo", disse Putin. "Mas o sinal já havia sido mandado."[4]

ENQUANTO TUDO ISSO ACONTECIA, AS OLIMPÍADAS DE INVERNO DE 2014 eram realizadas nas montanhas nevadas acima de Sochi, no sul da Rússia. Era uma grande celebração de como a Rússia voltara do abismo do colapso soviético, uma festa presidida pelo próprio Vladimir Putin. A cerimônia de abertura incluiu um tributo musical grandioso à história russa. Muitos chefes de Estado marcaram presença, incluindo Xi Jinping. Mas não Barack Obama, não com Edward Snowden convidado do Kremlin e não à luz da nova legislação russa para combater a homossexualidade, legislação condenada pelo governo Obama. A representante dos Estados Unidos foi Janet Napolitano, ex-membro do gabinete de Obama e atual reitora da Universidade da Califórnia.

Em algum momento, em meio à glória e ao brilho das Olimpíadas, o governo russo — supõe-se que Putin e seu círculo interno — tomou uma decisão. Logo em seguida, possivelmente de acordo com um plano de contingência preexistente, "homenzinhos verdes" (forças paramilitares) apareceram na Crimeia, a grande península que se projeta da Ucrânia para o Mar Negro. As forças paramilitares estavam lá, segundo declarações, para proteger os russos "oprimidos" que viviam na Crimeia. A Rússia assumiu o controle da península.

Ao longo dos séculos, a Crimeia, com seu clima semitropical ameno no verão, foi um dos pontos de veraneio favoritos dos czares e nobres da Rússia, e depois dos líderes comunistas, assim como de milhões de cidadãos soviéticos. Em 1954, o líder soviético Nikita Khrushchev "presenteou" a República Socialista Soviética Ucraniana com a Crimeia em um gesto teatral. Publicamente, o presente comemorava o tricentenário do juramento de fidelidade dos cossacos a Muscovy, em 1654, e, logo, de acordo com essa narrativa, a fusão da Ucrânia com a Rússia. Mas Khrushchev também buscava garantir o apoio do Partido Comunista Ucraniano na sua batalha pelo poder um ano após a morte de Stalin.[5]

Obviamente, o presente da Crimeia era irrelevante no período soviético. Ele passou a importar muito, no entanto, quando a Ucrânia e a Rússia tornaram-se países separados, e não apenas por questões de nostalgia e feriadões. A cidade de Sevastopol, localizada na península, era o único porto de águas quentes da Marinha russa, sendo arrendado da Ucrânia.

Em meados de março de 2014, supostamente 96% da população votou por juntar-se à Rússia em um referendo organizado por Moscou. No dia seguinte, Putin anunciou a "reunificação" da Crimeia com a Rússia. Os Estados Unidos e a União Europeia, tomados de surpresa, declararam que a Rússia havia violado as fronteiras aceitas por todos da Europa e impuseram sanções.

Os ucranianos protestaram radicalmente contra a anexação. Em 1994, os russos haviam assinado o Memorando de Budapeste, que garantia a integridade territorial da Ucrânia em troca de o país abrir mão das suas armas nucleares. Moscou, entretanto, insistia que o Memorando de Budapeste fora invalidado pelo que chamou de "golpe de Estado". A Rússia acusava o Ocidente de ter arquitetado o evento que derrubara aquele que considerava o governo "legítimo" da Ucrânia.

A seguir, separatistas, forças paramilitares e soldados russos "de férias" deram início a operações militares no Donbas, no sudeste da Ucrânia. A região era o grande centro industrial do país, ainda altamente integrado com a economia russa, especialmente com a sua indústria de defesa. Os separatistas pró-russos assumiram o controle de diversas cidades. A insurgência transformou-se em guerra, com o apoio e o envolvimento das forças armadas russas.

Em 16 de julho de 2014, os Estados Unidos aumentaram as sanções aos setores financeiro, de defesa e de energia da Rússia. Não estava claro que os europeus, que seriam impactados economicamente de forma mais direta, acompanhariam a decisão. No dia seguinte, entretanto, o mundo ficou chocado ao descobrir que separatistas, aparentemente acreditando que miravam um avião de transporte militar ucraniano e usando um míssil terra-ar russo, derrubaram um avião civil malaio sobre o leste da Ucrânia. Todos os 298 passageiros morreram, sendo que dois terços deles eram holandeses. Os europeus se juntaram às novas sanções. No lugar da força, as sanções se tornaram, nas palavras de Jacob Lew, secretário do Tesouro do governo Obama, "a peça central da resposta internacional às ações agressivas da Rússia na Ucrânia".[6]

A guerra arrasta-se desde então, com ao menos 14 mil mortos, ampliando ainda mais as divisões entre a Rússia e a Ucrânia e entre a Rússia e o Ocidente.

Parte das sanções era direcionada a organizações e indivíduos específicos, considerados próximos a Putin ou ativos na Crimeia e no Donbas. Uma segunda parte restringia o acesso da Rússia ao sistema financeiro global e sua capacidade de obter recursos em mercados internacionais e, ao mesmo tempo, estrangulava o investimento estrangeiro no país. As medidas fizeram com que os bancos internacionais receassem trabalhar com a Rússia, por medo de violar as sanções ou acidentalmente descumprir alguma regra de *compliance* e ficar sujeitos a multas multibilionárias e à humi-

Capítulo 12   Ucrânia e novas sanções   **101**

Ucrânia
O tumulto em Kiev, a anexação da Crimeia e uma guerra no sudeste ucraniano levaram a uma nova guerra fria.

lhação pública. Essas sanções financeiras dependem da posição central dos Estados Unidos no sistema financeiro global e da dependência econômica mundial do sistema de pagamentos em dólar que flui através da cidade de Nova York — bem como do risco de ser barrado desse sistema.

Contudo, existe o risco de que a posição dominante dos Estados Unidos, derivada dos seus mercados de capital e do dólar, possa enfraquecer-se com o tempo, devido à dependência excessiva de sanções financeiras, pois os outros países buscarão alternativas. Dois anos após os Estados Unidos imporem sanções financeiras à Rússia, o próprio Lew, secretário do Tesouro de Obama, alertou: "Quanto mais condicionamos o uso do dólar e do nosso sistema financeiro à adesão à política externa americana, mais cresce o risco de migração para outras moedas e outros sistemas financeiros no médio prazo. Tais resultados não atenderiam aos interesses dos Estados Unidos".[7]

O terceiro conjunto de sanções pretendia limitar o poderio energético da Rússia. Houve cuidado para elaborar sanções que não prejudicassem a atual produção petrolífera russa, pois temia-se que isso elevasse o preço do petróleo em um momento já de alta. Em vez disso, as sanções atacaram as novas áreas de crescimento, que precisariam de tecnologias e parceiros ocidentais. A participação ocidental no *offshore* do Ártico foi proibida. A vasta plataforma russa no Ártico é pouco explorada, mas acredita-se que possa conter enormes recursos de petróleo e gás natural. O serviço de geologia dos Estados Unidos concluiu que "a extensa plataforma continental do Ártico pode representar a maior área de prospecção não explorada de petróleo restante no planeta". Para Moscou, no entanto, há muito mais em jogo. O avanço russo no Ártico pretende confirmar a sua primazia em uma região que se abre para o comércio e para a competição política, considerada de grande importância estratégica pelo país. Isso ficou evidente alguns anos antes, quando dois minissubmarinos russos cravaram uma versão em titânio da bandeira russa no leito do mar, a 4 km de profundidade sob o Polo Norte. Em resposta, o ministro das Relações Exteriores do Canadá, outra potência do Ártico, retrucou: "Não estamos no século XV. Você não pode andar pelo mundo, plantar bandeiras e dizer 'este território é nosso'". Mas foi o que a Rússia fez.[8]

Outro alvo foi o petróleo de xisto e os imensos recursos não convencionais da Rússia, incluindo a gigantesca formação Bazhenov, sob a bacia da Sibéria Ocidental. Seja qual for o seu potencial, por muito tempo não havia tecnologia capaz de produzir com sucesso na geologia complexa da formação.

Mas a revolução do xisto nos Estados Unidos ofereceu uma possível solução para Bazhenov: poços horizontais e fraturamento hidráulico em múltiplos estágios. Não foram apenas os russos que tiveram essa ideia. Em 2013, o Departamento de Informações sobre Energia dos EUA estimou que os recursos de petróleo de xisto russo "tecnicamente recuperáveis não comprovados" eram possivelmente maiores do que os dos Estados Unidos.

Os parceiros ocidentais, com seu *know-how* e experiência, poderiam ajudar bastante. Encontrar e desenvolver os "pontos certos" é uma questão de paciência, capacidades, dados e tentativa e erro. Nas palavras de um engenheiro de petróleo russo na Sibéria, "precisamos gradualmente, de pouquinho em pouquinho, encontrar as chaves". Assim, as empresas russas recrutaram parceiros e tecnologias ocidentais.

Com as novas sanções, entretanto, as empresas ocidentais tiveram que sair de cena. Como observou um engenheiro russo, as empresas ocidentais "tinham medo de encostar em Bazhenov, era como se fosse fogo".[9]

Assim, as empresas russas estão por conta própria, desenvolvendo-se e melhorando suas próprias capacidades. Com o tempo, conseguirão substituir equipamentos que não conseguem comprar no Ocidente por itens de fabricação russa, comprovando a declaração do secretário de Estado George Shultz, na década de 1980, sobre a controvérsia em torno do gás soviético: as sanções podem ser um ativo consumível. Ainda assim, as sanções provavelmente atrasaram o desenvolvimento da formação Bazhenov em meia década ou mais. Em uma era de oferta excedente e amplas oportunidades convencionais na Rússia, entretanto, esse atraso pode não ser tão ruim do ponto de vista da própria Rússia.

Capítulo 13

O PETRÓLEO E O ESTADO

As sanções dos EUA e da UE, assim como as de outros países, incluindo Japão e Noruega, foram impostas em um momento de altos preços do petróleo e expectativas de que o mercado continuaria com escassez de oferta. Mas o preço do petróleo entrou em colapso no final de 2014, provocando um novo choque na economia russa e em um orçamento nacional bastante dependente do petróleo. Uma crise grave parecia inevitável. E o impacto inicial foi realmente grande: fuga de capitais, redução dos investimentos estrangeiros e nacionais, perda de acesso aos mercados de capital internacionais, contenção de despesas radical por parte dos consumidores e queda do PIB.

Mas o choque foi aliviado pelas políticas do Banco Central russo, que fechou os bancos insolventes, incluindo aqueles que pertenciam a figuras poderosas, e permitiu a flutuação do rublo. A moeda perdeu mais de metade do seu valor contra o dólar, mas essa flexibilidade permitiu a estabilização da economia. As despesas do governo russo eram, em sua maioria, em rublos. Assim, uma queda de 50% nas receitas do petróleo em dólar ainda equivaleria, aproximadamente, ao mesmo número de rublos dentro da Rússia antes do colapso.

Capítulo 13   O petróleo e o Estado   **105**

A desvalorização turbinou a indústria do petróleo russa. Ela recebia em dólares pelas suas exportações, mas a maioria dos gastos com trabalhadores e equipamentos era em rublos desvalorizados, então o colapso do preço do petróleo afetou pouco as suas atividades dentro da Rússia. Na verdade, a produção de petróleo russa aumentou entre 2014 e 2016.

Os produtos importados ficaram muito mais caros para os consumidores russos, que recebiam em rublos desvalorizados e tiveram que reduzir essas compras. Ao mesmo tempo, devido à queda do rublo, bens e serviços produzidos internamente se tornaram muito mais competitivos, tanto dentro da Rússia quanto internacionalmente. Isso se aplicava tanto à indústria quanto à agricultura, sendo que esta também se beneficiava de reformas profundas no setor. A Rússia tornou-se o maior exportador de trigo do mundo, uma grande reviravolta em relação à década de 1970, quando a União Soviética gastava boa parte da receita do petróleo comprando trigo dos Estados Unidos. Além disso, em retaliação às sanções, o governo russo impôs as suas próprias sanções e proibiu a importação de alimentos da Europa. Essa medida foi uma bênção para os fazendeiros russos.

Mas outras esferas da economia russa sofreram muito mais. O fechamento dos mercados internacionais de capital colocou as empresas e instituições financeiras russas que haviam tomado empréstimos em dólares ou em euros na posição precária de não conseguir cumprir suas obrigações. O Kremlin instituiu um programa "anticrise" para oferecer subsídios e financiamento, recorrendo a seus fundos soberanos no processo.

Esses fundos haviam sido construídos durante muitos anos por Alexei Kudrin, o ministro das Finanças entre 2000 e 2011. Kudrin ficou traumatizado pela crise de 1998, quando a economia russa entrou em queda livre e o governo ficou sem dinheiro. Era também um crítico de longa data do governo russo, defendendo que parte das enormes receitas geradas pelo petróleo fossem guardadas em fundos soberanos e usadas para pagar a dívida externa em vez de serem gastas imediatamente. Agora, no entanto, a importância dos fundos para momentos de "vacas magras" estava se tornando evidente. Um visitante observou para Kudrin que muita gente devia estar agradecendo a ele pela sua presciência — e pela sua insistência. Sua resposta foi um sorriso fraco. "Não o suficiente." Kudrin ainda era atacado.[1]

No fim das contas, entretanto, a economia russa revelou-se mais resiliente às sanções e ao colapso do preço do petróleo do que o esperado. Em 2017, a economia havia voltado a crescer e, em 2019, o índice de crescimento atingiu 1,6%. Mas a crise demonstrara mais uma vez os riscos de depender tanto do petróleo. A esperança de reforma econômica foi descarrilhada pela enxurrada de sanções e pelo desengajamento da economia global, assim como pelos interesses escusos em nível nacional que seriam prejudicados por uma reforma. Em vez disso, o novo isolamento tornou as empresas mais dependentes do Estado e expandiu o papel do governo na economia nacional.

A esperança de um crescimento econômico revigorado agora dependia quase exclusivamente de uma ampla série de "projetos nacionais", incluindo infraestrutura, saúde e educação. Eram iniciativas do governo que envolveriam despesas consideráveis. A economia russa estava voltando ao controle estatal. Mais uma vez, as reformas precisariam esperar.[2]

Capítulo 14

RESISTÊNCIA

No final de 2015, quatro anos após o início das operações do duto Nord Stream, agrimensores começaram a mapear a rota para um segundo duto entre a Rússia e a Alemanha sob o Mar Báltico. A oposição ao Nord Stream 2, como veio a ser conhecido, foi muito mais forte do que aquela contra o Nord Stream original. Em parte, isso ocorreu em função da questão Ucrânia. As críticas vieram de partes da Europa, especialmente da Polônia e dos países bálticos, assim como da União Europeia em si, uma mudança radical em relação ao apoio dado ao Nord Stream original. Donald Tusk, presidente do Conselho da UE, já alertava: "A dependência excessiva da energia russa enfraquece a Europa". Maroš Šefčovič, vice-presidente da UE, listou o Nord Stream 2 como uma das maiores "ameaças híbridas".

Não era assim que outros europeus, incluindo a chanceler alemã Angela Merkel, viam o Nord Stream 2. Segundo ela, era um projeto comercial, de responsabilidade das empresas envolvidas — a Gazprom e seus parceiros europeus. Em março de 2017, o primeiro tubo chegou a um centro de logística alemão. Mas os proponentes do Nord Stream 2 não haviam levado em consideração o que acontecia em Washington.[1]

108 O mapa da Rússia

Donald Trump tomou posse determinado a traçar um novo caminho em relação à Rússia. Durante a campanha, elogiou Putin e chamou-o de líder forte, declarando que Putin o chamara de "gênio" (Putin usara a palavra *yarkii*, que pode ser traduzida como *bright* em inglês, no sentido de "chamativo" ou "reluzente").

Trump, no entanto, trilhava o seu próprio caminho. A Rússia tornara-se um assunto profundamente polarizador em Washington. Uma força-tarefa conjunta entre CIA, NSA e FBI concluiu que "o governo russo implementou uma campanha de influência multifacetada" na eleição de 2016, o que incluiu "uso intenso de ciberataques", e que "o presidente Putin dirigiu e influenciou a campanha para corroer a fé e a confiança do povo americano no processo da eleição presidencial", "aviltar a secretária Clinton" e "privilegiar o sr. Trump".

Putin certamente não escondia sua aversão a Clinton. E o sentimento era mútuo. Clinton dissera que Putin, por ser ex-agente da KGB, "por definição, não tem alma". Após as eleições parlamentares de 2011 na Rússia provocarem protestos nas ruas, ela acusou o Kremlin de fraude eleitoral. Em resposta, Putin a acusou de financiar os manifestantes anti-Kremlin em Moscou. Em Washington, após a vitória de Trump na eleição de 2016, a palavra "Rússia" e a intervenção russa na eleição eram temas dominantes, e a natureza autoritária e a corrupção do seu governo, refrões constantes.[2]

Na tentativa de "fazer alguma coisa", o Congresso dos EUA aprovou uma série de novas sanções direcionadas a indivíduos que seriam próximos a Putin, e a empresas e instituições financeiras. Algumas pretendiam restringir ainda mais os projetos energéticos russos e limitar a participação ocidental neles.

Normalmente, a legislação americana sobre sanções permite que o presidente ajuste essa que é uma ferramenta política em resposta a mudanças por parte do país sancionado. Mas parte das novas sanções foram incorporadas permanentemente à lei, o que eliminou essa flexibilidade e foi controverso em termos de autoridade presidencial. Isso impede que governos futuros as usem em negociações ou para mudar o comportamento. A história demonstra que sanções incorporadas à lei, sem discricionariedade presidencial, são difíceis de remover. A emenda Jackson-Vanik, sancionada em 1974 para apoiar a emigração judaica da União Soviética, permaneceu em vigor durante 38 anos, embora a URSS tenha deixado de existir e a conformidade russa com a lei tenha sido certificada muitos anos antes. As novas proibições instituídas pelo Congresso eram prova da hostilidade em relação à Rússia e, entre os democratas, do rancor que ainda sentiam devido à interferência russa na eleição de 2016 — e também da sua profunda desconfiança do governo Trump e do próprio presidente. Essa questão foi destacada por Igor Sechin, CEO da Rosneft, quando disse: "às vezes, me parece que as sanções são impostas a ele, não a nós".[3]

Trump aprovou novas sanções importantes em agosto de 2017, mas disse que sofriam de "falhas graves", pois a legislação interferia na autoridade presidencial. Contudo, ele encontrou uma nova fonte para a sua autoridade, que ia além da Constituição. "Construí uma empresa verdadeiramente grande, que vale muitos bilhões de dólares", ele disse. "É grande parte da razão para eu ter sido eleito. Como presidente, posso fechar acordos com países estrangeiros muito melhor do que o Congresso."[4]

O Nord Stream 2 foi alvo de diversos projetos de lei. Muitos em Washington pressupunham que, se o gasoduto não fosse construído, isso reduziria a entrada de gás russo na Europa. A ideia não estava correta, entretanto. O gás simplesmente fluiria por meio de outros dutos, incluindo aqueles que atravessam a Ucrânia e a Turquia.[5]

Enquanto os membros orientais da União Europeia queriam novas sanções com o objetivo de impedir a construção do Nord Stream 2, o restante do continente tinha uma reação diferente. "O abastecimento energético da Europa é uma questão para a Europa, não para os Estados Unidos da América", o ministro das Relações Exteriores alemão e o chanceler austríaco afirmaram em uma declaração conjunta. "Os instrumentos para sanções políticas não devem estar atrelados a interesses econômicos." Os europeus tinham dificuldade de enxergar a relação entre a interferência russa nas eleições americanas e um duto de gás natural na Europa. Tinha de haver outra explicação. O diretor de uma das maiores empresas de energia da Europa sugeriu que as sanções seriam uma maneira de os Estados Unidos "tentarem favorecer o próprio gás", ou seja, exportações americanas de GNL. O ministro das Relações Exteriores alemão disse o mesmo. Não era uma interpretação absurda, pois a legislação de 2017 conclamava "a exportação de recursos energéticos americanos para criar empregos nos Estados Unidos".[6]

Wolfgang Ischinger, presidente da Conferência de Segurança de Munique e ex-embaixador alemão nos Estados Unidos, observou que os americanos ficariam furiosos se Bruxelas sancionasse uma lei que bloqueasse a construção de um oleoduto entre o Canadá e os Estados Unidos. Ischinger também lembrou uma lição fundamental das sanções: elas têm maior probabilidade de serem bem-sucedidas quando são multilaterais. As sanções unilaterais criam rancor entre os aliados. O maior beneficiário de um conflito entre os Estados Unidos e a UE motivado por sanções seria a Rússia, que ficaria alegre em ver o Ocidente dividido.

Os contornos de um acordo em relação ao Nord Stream 2, ao menos na Europa, estavam ficando evidentes. O duto não era "só um projeto econômico", a chanceler Merkel afirmou na primavera de 2018. "Obviamente, fatores políticos também devem ser levados em conta." Ela tinha em mente, especificamente, a garantia de que determinada quantidade de gás deveria fluir pelo sistema ucraniano. A Gazprom, da sua parte, sinalizou que manteria algum nível de exportações através da Ucrânia. Em Washington, no entanto, 39 senadores exigiram que o governo impedisse a construção do Nord Stream 2 porque tornaria "a Europa mais suscetível à coerção e à influência maligna de Moscou".

Mas acontece que as maiores críticas ao Nord Stream 2 vieram de Donald Trump. Durante um café da manhã com o secretário-geral da Otan, Trump declarou: "A Alemanha é totalmente controlada pela Rússia porque recebe de 60 a 70% da sua energia em um novo duto. Me diz se isso é apropriado. Acho que não é". E Trump ainda tinha mais a dizer. "A Alemanha é prisioneira da Rússia", acrescentou.

Merkel ficou pessoalmente ofendida, pois cresceu na Alemanha Oriental comunista, sob o jugo onisciente da Stasi, a polícia secreta do país. "Eu vi com meus próprios olhos como parte da Alemanha era controlada pela União Soviética", retrucou. "Fico muito contente que hoje estamos unidos em liberdade" e "podemos adotar nossas políticas e tomar decisões independentes".

Trump não se intimidou, e ainda renovou o ataque via Twitter: "De que adianta a Otan se a Alemanha paga bilhões de dólares à Rússia por gás e energia?". Em uma reunião com o presidente da Comissão Europeia, prometeu que os Estados Unidos venderiam quantidades "maciças" de GNL

Capítulo 14   Resistência   **111**

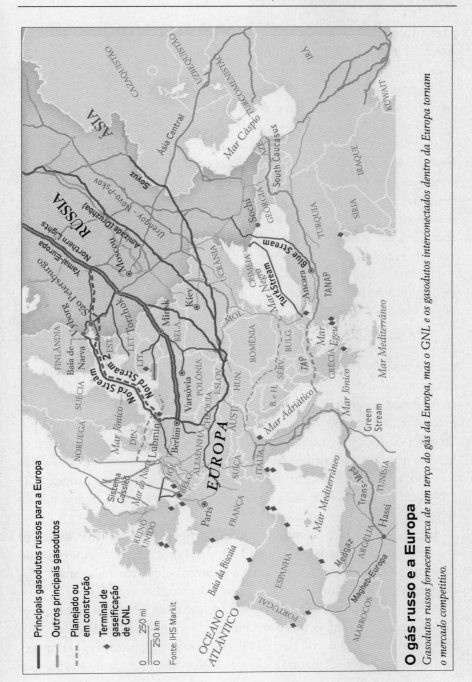

O gás russo e a Europa

Gasodutos russos fornecem cerca de um terço do gás da Europa, mas o GNL e os gasodutos interconectados dentro da Europa tornam o mercado competitivo.

112 O mapa da Rússia

para a Europa. Na mesma época, no entanto, nas águas rasas de Lubmin, Alemanha, tubos estavam sendo posicionados para os primeiros 9 km dos mais de 1.300 km do gasoduto subaquático.[7]

Um ano e meio depois, em dezembro de 2019, o duto de 11 bilhões de dólares estava a poucas semanas da sua finalização. Em 9 de dezembro, Putin foi a Paris para reunir-se com a chanceler alemã, Angela Merkel, com o presidente francês, Emmanuel Macron, e com Volodymyr Zelensky, o novo presidente da Ucrânia. Zelensky ganhara fama na Ucrânia com a comédia *Sluha Narodu* (**Слуга народу**, "Servo do Povo"), programa de tevê no qual interpretava um professor de história que é eleito presidente do país sem querer. Agora Zelensky era o presidente de fato, eleito com 73% dos votos em abril de 2019. Zelensky descreveu esse primeiro encontro com Putin como "um empate, por ora".

Uma semana depois, em 17 de dezembro, o Senado dos EUA aprovou um projeto de lei de defesa multibilionário que incluía sanções contra o Nord Stream 2.

Três dias depois, em 20 de dezembro, para a surpresa de muitos, espalhou-se a notícia de que a Rússia e a Ucrânia haviam concluído um acordo que resolvia sua batalha acirrada e aparentemente eterna em torno do gás natural. Mais do que um "empate", foi o acordo com o qual a Ucrânia só poderia ter sonhado: a Rússia prometia cinco anos de volumes de gás natural para a Europa através da Ucrânia, o que garantiria um determinado nível de receitas com as tarifas de trânsito. Ainda mais surpreendente foi que a Rússia concordou em pagar 3 bilhões de dólares à Ucrânia, referentes a uma indenização devida pela Gazprom em um processo de arbitragem. A soma equivalia a aproximadamente um ano de receitas de trânsito de gás natural para Kiev.

Algumas horas depois que russos e ucranianos finalmente resolveram seu conflito de longa data, Donald Trump, na Base Aérea de Andrews, no estado de Maryland, enquanto estava a caminho da Flórida, assinara a lei de defesa que impunha sanções ao gasoduto Nord Stream 2.

Apenas uma empresa era sancionada, a firma suíça dona da embarcação de lançamento de linhas, na época a única do mundo equipada para o projeto. A embarcação parou de trabalhar quase imediatamente; a empresa não tinha opção. A Alemanha e a União Europeia declararam-se ultrajadas

Capítulo 14   Resistência   **113**

pelo que consideravam um exemplo de extraterritorialidade e de intervenção americana ilegal nos assuntos internos da Europa. "É um projeto muito importante", afirmou a chanceler Merkel. "Foi legitimado pela nova lei da Europa. Precisamos executá-lo." A Gazprom, da sua parte, respondeu que ela própria terminaria de instalar a tubulação. Mas não imediatamente. A empresa já havia comprado um navio de lançamento de linhas por precaução, mas demoraria muitos meses para prepará-lo corretamente para o projeto. Haveria novos processos judiciais e ameaças de novas sanções. Enquanto isso, no fundo do Mar Báltico, o Nord Stream 2 estava em estado de animação suspensa, quase acabado, mas ainda incompleto.[8]

INDEPENDENTEMENTE DA ROTA DO GASODUTO, A EUROPA PRECISARIA importar mais gás natural para compensar a queda dos seus próprios suprimentos. O campo de gás de Groningen, descoberto no norte da Holanda em 1959, era a maior fonte doméstica de gás natural dentro da Europa e alicerçara o sistema de gás europeu original. Groningen ainda é um dos 10 maiores campos de gás do mundo, mas seus dias estão contados. Devido à sua geologia diferenciada, a produção ao longo de muitos anos levou à subsidência e ao afundamento da camada superficial do solo, o que provocou tremores e terremotos, criando rachaduras e outros danos às residências. O governo holandês impôs amplas restrições à produção e provavelmente forçará o encerramento das operações até 2022.

Nada disso afetaria as novas descobertas no *offshore* holandês, mas ainda significaria que a Europa perderia aquela que fora a sua maior fonte de gás natural interna. O continente precisará importar mais. Parte virá do Azerbaijão, por meio de um novo sistema de dutos, que se estende até a Itália. Talvez outra parte venha de Israel e do Chipre. O GNL atenderá outra parte. Mas o gás russo, seja qual for a sua rota, também se beneficiará do declínio da produção doméstica.

Mas a preocupação com possíveis vantagens políticas conquistadas pela Rússia em decorrência das exportações de gás natural não reconhece o quanto os mercados de gás europeus e mundiais mudaram. O mercado de gás natural na Europa se transformou em um mercado de verdade, com compradores e vendedores; não é mais um sistema baseado em contratos de longo prazo inflexíveis. E o GNL hoje é uma indústria verdadeiramente global, ca-

114   O mapa da Rússia

paz de "elevar de fato a diversidade dos suprimentos da Europa e, logo, fortalecer bastante a sua segurança energética", como declarou a União Europeia.[9]

A Europa Ocidental já contava com diversos terminais para receber o GNL, gaseificá-lo e injetá-lo no sistema de gasodutos europeu. A Europa Oriental, não. O primeiro país a remediar a situação foi a Lituânia, que dependia completamente do gás russo e pagava preços maiores do que os pagos por outros países. Os lituanos inauguraram o seu primeiro terminal receptor em 2014. Na cerimônia, a presidente do país descreveu as instalações como "fornecimento garantido de energia e nossa independência econômica" e completou que a Rússia "não poderia mais exercer pressão política" pela manipulação dos preços do gás. Para garantir que ninguém conseguiria ignorar essa ideia, o terminal foi batizado de "Independência". O ministro da Energia lituano tentou ser um pouco mais diplomático. "Os russos são muito boa gente, mas é difícil negociar com eles", afirmou. "Construímos um pequeno terminal de GNL para fortalecer nossa posição quando negociamos com ele. E funcionou. A Gazprom reduziu seu preço." Um ano depois, a Polônia, até então totalmente dependente do gás russo, abriu um terminal de importação de GNL muito maior.[10]

Hoje, a Europa possui mais de 30 terminais receptores para GNL, que podem ser ampliados em pouco tempo. Os terminais também estão integrados a uma rede global cada vez mais densa. Mundialmente, mais de 40 países importam GNL atualmente, em comparação com apenas 11 em 2000. Os países exportadores, por sua vez, aumentaram de 12 para 20. A demanda global por GNL, em 2019, era quase quatro vezes maior do que em 2000, e espera-se que a capacidade de liquefação aumente em outros 30% na próxima meia década. Moléculas de metano de um número crescente de países competem umas com as outras por clientes de todo o mundo.

Os compradores europeus hoje têm opções no novo mercado global competitivo. Eles montam carteiras de gás natural de gasodutos e GNL que se adaptam às suas necessidades, fundamentos econômicos e cálculos de risco. Enquanto a guerra continuar na Ucrânia, a política alimentará um debate rancoroso sobre o gás na Europa. Mas, com o continente integrado a um mercado global, o risco político está se esvaindo dos suprimentos de gás europeus.

A Ucrânia não depende mais diretamente do gás russo. O país importa moléculas, que podem ou não ser russas, através da Eslováquia, da Hungria e da Polônia. Além disso, a produção nacional abastece cerca de dois terços da demanda total, e essa parcela pode crescer ainda mais, pois a Ucrânia tem talvez os maiores recursos de gás natural entre os países da Europa. Cerca de 80% da produção atual é gerada pela estatal de gás do país. A segunda maior entre as privadas é uma empresa chamada Burisma, que representa apenas 5% da produção nacional ucraniana, mas conquistou uma fama desproporcional fora do setor de energia. Era a Burisma que Donald Trump queria ver investigada na Ucrânia, pois Hunter Biden, filho do ex-vice-presidente Joe Biden, era membro do seu conselho. Foi esse famoso *quid pro quo*, a tentativa de associar a provisão de ajuda americana a uma investigação da empresa e de suas ligações com Biden, que serviu de base para o pedido de *impeachment* de Trump em 2019.[11]

UM NOVO E SURPREENDENTE CONCORRENTE ENTROU NO RAMO DE GNL para competir com a Gazprom dentro da própria Rússia. Desde 2009, o país exporta GNL do seu Extremo Oriente a partir da Ilha de Sakhalin, ao norte do Japão. Sim, enormes volumes de gás natural foram descobertos nas penínsulas de Yamal e Gydan, acima do Círculo Ártico. As reservas na parte sul da Península de Yamal estão ou podem ser conectadas por gasodutos para exportação. Mas imaginava-se que as enormes reservas na parte norte congelada de Yamal jamais seriam desenvolvidas, pois encontram-se em uma região remota, e o alto custo envolvido deixaria o gás permanentemente "encalhado".

Mas nem todos pensavam assim. Leonid Mikhelson, CEO da independente russa Novatek, estava decidido a desenvolver a capacidade de exportação de GNL no norte da Península de Yamal. Os principais habitantes dessa região pouco populosa eram alguns milhares de nenets, um povo parcialmente nômade que migra com seus rebanhos de renas, suplementados pela caça de ursos populares. Na língua dos nenets, "Yamal" significa "o fim da terra", e é literalmente isso que é a parte norte remota da península: uma terra sem árvores, vasta, inóspita, que desponta para o gelo denso do Oceano Ártico e sobrepõe-se ao *permafrost*. A região fica tão ao norte que é completamente coberta

116 O mapa da Rússia

pela escuridão durante o inverno e banhada por um sol polar perpétuo durante o verão.

A região na qual se pretende que o GNL de Yamal opere fica a cerca de 500 km do Polo Norte. Muitas vezes, é impossível alcançá-la por terra, e helicópteros são forçados a dar meia volta em razão do vento, da névoa ou das nevascas. As temperaturas caem abaixo de –40°C durante o inverno. Para levar a indústria de GNL a essa região ultrafria, foi preciso desenvolver uma série de técnicas de construção e equipamentos especiais. Além disso, praticamente não havia infraestrutura. A um custo de 30 bilhões de dólares, foi preciso construir toda uma nova cidade portuária, chamada Sabetta. E isso sem falar dos enormes campos de gelo oceânico. Além de navios quebra-gelo nucleares, foi preciso projetar e construir 15 novos navios-metaneiros, capazes de navegar pelas águas geladas do Ártico, a um custo de 320 milhões de dólares cada. Uma vantagem do projeto, no entanto, é que o frio extremo facilita o processo de refrigeração do gás em comparação com o clima quente do Golfo Pérsico, então as unidades produzem mais gás do que a sua capacidade máxima declarada oficial.

O desafio do projeto já era considerável, mas tornou-se ainda maior em 2014, quando as sanções ligadas à Ucrânia cortaram o acesso da Novatek ao sistema financeiro ocidental. Para sobreviver, o projeto de GNL de 27 bilhões de dólares precisaria de uma nova injeção de capital, e rápido. Os chineses ofereceram um empréstimo de 12 bilhões de dólares e tornaram-se parceiros do projeto, junto com a gigante francesa Total, que havia entrado antes deles. Historicamente, os russos relutavam em permitir que os chineses adquirissem participações em ativos *upstream*, mas agora não havia outra opção.

A decisão de seguir em frente com o projeto em 2013 fora recebida com muitas dúvidas e ceticismo, tanto na Rússia quanto pela indústria de GNL internacional. Em dezembro de 2017, no entanto, a primeira carga de GNL estava pronta para zarpar do novo porto de Sabetta. A cerimônia de inauguração foi realizada em um dia gelado. Vestindo um parka, Putin disse: "boas pessoas" e "bons profissionais" haviam "me alertado (…) 'Não faça isso'". Ele olhou seriamente para as 400 pessoas reunidas para a cerimônia. "Os motivos que citavam eram muito sérios." Apesar do ceticismo extremo, ele completou, "aqueles que começaram este projeto assumiram o risco". "Não é um

Capítulo 14 Resistência **117**

evento importante apenas para o setor de energia do nosso país", continuou, mas também para "o desenvolvimento da Rota do Mar do Norte e do Ártico". "Tudo está interconectado e garante o futuro da Rússia", completou.[12]

A primeira carga foi vendida no mercado *spot* e foi parar em um terminal britânico, onde foi adquirida por outra empresa. De lá, tornou-se parte de uma carga levada às pressas para Boston, onde aqueceria a Nova Inglaterra durante um período de frio inesperado. A chegada de moléculas russas no porto de Boston causou consternação e ultraje. Um senador americano declarou que aquelas moléculas, embora não fossem mais de propriedade russa e estivessem misturadas com moléculas de outros países, "solapavam objetivos de política externa mais amplos em relação à Rússia". Mas a empresa de serviços públicos locais não tinha escolha e precisou comprar o que estava disponível, pois as temperaturas congelantes ameaçavam o aquecimento da região. "Durante a onda de frio", afirmou a empresa, "o GNL foi absolutamente vital para atender às necessidades dos nossos clientes".[13]

Massachusetts está situada próxima aos enormes volumes de gás natural barato do xisto Marcellus, que teriam permitido que evitasse as moléculas russas. Ambientalistas e políticos regionais trabalharam incessantemente para bloquear a construção de um novo duto a partir da Pensilvânia, entretanto.

Em agosto de 2018, a primeira carga de GNL de Yamal foi mandada para a China, seguindo para o leste pela costa do Ártico, através do gelo da Rota do Mar do Norte. O GNL de Yamal chegara dentro do prazo e do orçamento. O jornal *Financial Times* também observou outro aspecto importante do projeto: "Nenhum outro empreendimento ilustra melhor a resiliência da Rússia ante as sanções internacionais".[14]

A rota do metaneiro também delineou um caminho que veio a ser conhecido pela sigla NSR, de Northern Sea Route (Rota do Mar do Norte). O fato ainda cumpre um objetivo importante para a Rússia: o de abrir uma rota de trânsito entre a Europa e a Ásia através do Oceano Ártico. A rota foi facilitada pelo recuo do gelo ártico, embora a variabilidade seja maior do que muitos reconhecem. Por exemplo, em setembro de 2014, a extensão do gelo era 50% maior do que fora em setembro de 2012. A rota reduz a distância entre Xangai e Roterdã em cerca de 30% e, no processo,

118 O mapa da Rússia

evita as restrições do Canal de Suez e do Estreito de Malaca. A abertura foi bem recebida pelo Japão, pela Coreia do Sul e especialmente pela China, que, ao descrever-se como um "Estado próximo ao Ártico", usa o nome diferenciado de "Rota da Seda Polar" para esse caminho.[15]

Em termos gerais, no entanto, a Rota do Mar do Norte ainda é complementar, dados os desafios representados pelo gelo e pelo clima. Há um custo para o uso de quebra-gelo, por exemplo. Mas ela é crucial para o GNL de Yamal, desenvolvido para a Ásia e capaz de levar GNL até a China em apenas 20 dias.

Mas a Europa também é um mercado. Isso permite vislumbrar que o gás russo, venha ele através da Ucrânia ou pelo Nord Stream 2, enfrentará um novo concorrente na Europa: o GNL russo. Os projetos de GNL para o gás natural do Ártico russo deixam claro que a Rússia se tornará o quarto pilar dos suprimentos de GNL na década de 2020, ao lado de Estados Unidos, Catar e Austrália. Os projetos no Ártico darão à Rússia a mesma vantagem que o Catar conquistou no início do século — a flexibilidade, como Putin colocou, para ir "a leste" ou "a oeste". E o GNL de Yamal, diz Putin, "é mais uma confirmação do *status* da Rússia como uma das maiores potências energéticas do mundo".[16]

O desenvolvimento do GNL do Ártico também aponta para uma mudança geopolítica importante, com impacto em nível mundial: a *povorot na vostok*, ou "guinada para o Oriente" da Rússia.

Capítulo 15

GUINADA PARA O ORIENTE

Em maio de 2014, Vladimir Putin chegou a Xangai acompanhado de um séquito de ministros e empresários e foi recebido em sua visita oficial pelo presidente Xi Jinping. A "guinada para o Oriente" da Rússia tornara-se mais urgente. Apenas dois anos antes, a Rússia anexara a Crimeia, e agora estava iniciando uma guerra no sudeste da Ucrânia. A União Europeia e os Estados Unidos responderam com seu pacote inicial de sanções, e as relações entre os dois blocos se deterioravam rapidamente. A chanceler Merkel, que poucos anos antes falara sobre a "parceria segura e confiável" com a Rússia, agora a acusava de violar "princípios básicos" e a lei internacional. Putin, ela alfinetou, estava "vivendo no seu próprio mundo".

O que Xangai demonstraria era que, no mundo de Putin, a topografia da Ásia era ainda mais vultuosa. A reunião deixaria claro para o mundo o quanto a energia e a estratégia estavam interligadas.

Xangai em maio de 2014 foi o sétimo encontro de Putin com Xi em 14 meses, mas dessa vez foi diferente. Nas palavras de um comentarista russo, "as antigas fantasias de integração com o Ocidente" haviam morrido perante "as tentativas do Ocidente de organizar o seu isolamento internacional". A China oferecia uma alternativa. "Compartilhamos das mesmas prioridades em escala global e regional", afirmou Putin. A Rússia e a China estavam unidas em oposição ao que chamavam de "unipolaridade" e sistema internacional "hegemônico" dos EUA, e à promoção da democracia e da mudança de regime, apoiadas por ativistas e organizações não governamentais (ONGs). Em vez disso, os dois países defendiam a multipolaridade e, acima de tudo, a "soberania absoluta" — especialmente a própria.[1]

O primeiro item da pauta era um acordo enorme sobre gás natural. As negociações arrastavam-se havia uma década, mas finalizá-las tornara-se prioridade. A China estava decidida a usar mais gás natural para alimentar a sua economia em expansão e aliviar a poluição sufocante. A Rússia precisava diversificar-se para reduzir a sua dependência dos clientes europeus e ancorar seu futuro em um mercado com enorme apetite por petróleo e gás natural. A China também era mais compatível com a Rússia em estratégia e economia, incluindo o "consenso de Beijing" do capitalismo dirigido pelo Estado.

Tudo isso reforçou a guinada. Um artigo sobre o conceito russo de política externa declarava que o país precisava se adaptar a uma situação na qual o "poder global" estava deslocando-se "para a região da Ásia-Pacífico" e correr para tornar-se "parte integral dessa zona geopolítica que se desenvolve rapidamente". Também ficava bastante claro que a guinada se direcionava para um país específico, a China. Quando lhe perguntaram uma vez se estava colocando "ovos demais no cesto da China", Putin respondeu que "temos ovos o suficiente, mas não há tantos cestos assim nos quais podemos colocá-los".[2]

Entre 2006 e 2013, o consumo de gás chinês triplicou. Apesar de décadas de negociação, entretanto, o "grande acordo" sobre gás ainda estava atolado em uma questão: o preço. Moscou queria preços proporcionais ao que cobrava dos europeus, indexados ao petróleo (que ainda estava em alta), enquanto Beijing queria preços menores, alinhados com os preços de energia nacionais e competitivos com o carvão.

As negociações em Xangai eram difíceis e se arrastaram, mas nenhum dos lados podia se dar ao luxo de abandoná-las sem fechar um acordo. As negociações finais foram até as 4h da madrugada. No final do mesmo dia, o grande acordo foi anunciado, avaliado em 400 bilhões de dólares

Capítulo 15   Guinada para o Oriente   **121**

durante um período de 30 anos. O contrato tornaria a China o segundo maior mercado para o gás russo, atrás da Alemanha. Os chineses também financiaram um novo gasoduto gigante, de mais de 2 mil km, ao custo de 45 bilhões de dólares, chamado "Força da Sibéria". "Será o maior projeto de construção do mundo nos próximos quatro anos, sem exagero", Putin anunciou após a assinatura. "Nossos amigos chineses são negociadores difíceis", completou com certa consternação. Mas o acordo mandou a mensagem de que, no futuro, a Rússia não dependeria tanto da Europa para vender gás natural.[3]

Esses acordos e o local onde foram assinados transmitiram uma mensagem geopolítica sobre a relação estratégica emergente entre China e Rússia. Foi algo que demorou a ocorrer. A China e a União Soviética haviam sido grandes rivais pela liderança do mundo comunista e pela vanguarda do movimento revolucionário global. Mao Zedong não media palavras quando se tratava dos seus sentimentos em relação aos soviéticos. "São renegados e patifes", ele afirmou. "Escravos e cúmplices do imperialismo, falsos aliados e duas caras." Em 1969, a rivalidade levou a uma guerra na fronteira entre os dois países no Extremo Oriente.[4]

Na década de 1990, após o colapso da União Soviética, os russos ficaram apreensivos com a expansão chinesa no Extremo Oriente russo, uma região pouco povoada. Após tomar posse, no entanto, Putin deu nova ênfase à China e à Ásia. À medida que o país se afastava do Ocidente, Putin encontrou um parceiro receptivo em Beijing. A primeira parada de Xi Jinping na sua primeira viagem oficial ao estrangeiro como presidente, em 2013, foi em Moscou. A China tornou-se o maior parceiro comercial da Rússia. Os respectivos papéis dos dois países eram bastante claros. A China forneceria produtos industrializados, bens de consumo e recursos financeiros; a Rússia, petróleo, gás natural, carvão e outras *commodities* — e alinhamento geopolítico.

Putin chamou a China de "nosso parceiro estratégico mais importante". Xi respondeu no mesmo nível e disse que os dois países eram os "parceiros estratégicos mais confiáveis" um do outro. A parceria manifestou-se de muitas maneiras. Unidades navais russas participaram de exercícios navais chineses no Mar do Sul da China e Putin declarou que "um poder não regional" (ou seja, os Estados Unidos) deveria ficar de fora da disputa sobre o mar. Tropas chinesas marcharam na Praça Vermelha ao lado de soldados russos no 70º aniversário da vitória na Segunda Guerra Mundial na Europa, embora a China não tenha lutado no continente europeu. A Rússia vendeu à China caças Su-35 avançados e sistemas de defesa antiaérea S-400. No passado, o país se recusara a vender esses armamentos por temer que a China fosse aplicar engenharia reversa e duplicá-los. Após as sanções e com o aprofundamento das relações com a China, no entanto, essa preocupação foi deixada de lado. A expansão dos laços militares com a China era, segundo o ministro da Defesa russo, "uma prioridade absoluta".[5]

Era o tipo de relacionamento que Putin valorizava: de uma grande potência com outra. "É sempre uma questão de liderança global, não debates sobre alguma questão regional de segunda categoria", ele afirmou uma vez. "A competição ocorre entre potências mundiais. Essa é a lei. A questão é quais são as regras pelas quais essa competição se desenvolve." Moscou e Beijing basicamente concordavam sobre quais deveriam ser as regras.[6]

A guinada fica evidente em termos energéticos. Ela foi facilitada pela construção do oleoduto Sibéria-Pacífico (também conhecido como ESPO — Eastern Siberia-Pacific Ocean). Em 2005, apenas 5% das exportações de petróleo russas tinham a China como destino, número que subiu para quase 30% e permitiu que a Rússia superasse a Arábia Saudita como maior fornecedor chinês. Os 80 bilhões de dólares em pagamento adiantado da China para a Rosneft pelo abastecimento de petróleo a ser entregue nos 25 anos seguintes viabilizaram o comércio do petróleo.

Claramente, algumas questões podem atrapalhar essa parceria estratégica. A Rússia continua a temer que grandes quantidades de chineses atravessem a fronteira entre os dois países, contestada e controversa no passado, e preencham o espaço vazio do Extremo Oriente russo, uma região pouco povoada e economicamente estagnada. Estima-se que de 2 a 5 milhões de membros de etnias chinesas tenham imigrado, legal e ilegalmente, para o Extremo Oriente russo. Outros autores sugerem que foram muito menos. Seja qual for o número real, Putin avisou no passado que a população russa da região acabaria falando chinês se o declínio econômico do Oriente não fosse revertido.[7]

Na China, há quem chame parte do Extremo Oriente russo de "Manchúria Exterior", na medida em que a região foi transferida da China para

Capítulo 15   Guinada para o Oriente   **123**

a Rússia sob dois dos "tratados desiguais" do século XIX. No momento, a fronteira está firmemente estabelecida e os dois lados concordam sobre a sua demarcação.

Um exemplo público daquilo que Xi chamou de "novo nível de cooperação" entre os dois países foi a chamada "diplomacia da panqueca" durante um fórum econômico em Vladivostok, em setembro de 2018. Putin e seu convidado principal, Xi Jinping, fizeram um intervalo para vestir aventais azuis, preparar as panquecas russas conhecidas como *blinis*, cobri-las de caviar e brindar com copos de vodca.[8]

Enquanto isso, um jogo de guerra enorme ocorria no Extremo Oriente russo, o maior desde os exercícios soviéticos de 1981. Com duração de uma semana, o exercício foi uma simulação de uma guerra em larga escala e múltiplos frontes, incluindo tropas e caças da China.

Quase um ano depois, no verão de 2019, russos e chineses começaram a realizar patrulhas aéreas conjuntas no Pacífico. O novo acordo foi anunciado para o mundo quando uma patrulha conjunta invadiu a zona de identificação de defesa aérea da Coreia do Sul, o que levou os coreanos a enviar seus próprios caças para interceptá-las.

Tudo isso era uma mensagem clara de preparação para um possível conflito no futuro e de alinhamento geopolítico no presente.

Capítulo 16

O CORAÇÃO DA TERRA

Essa nova harmonia entre Rússia e China é ainda mais incrível quando consideramos os avanços chineses na Ásia Central. Na década de 1990, antes de a Ucrânia ocupar o centro das atenções, a Ásia Central e o Cáucaso foram as regiões nas quais a Rússia buscara vigorosamente reafirmar a sua primazia no espaço pós-soviético. O "estrangeiro próximo", como Moscou o chama, tornou-se o foco de uma disputa geopolítica — não com a China, e sim com os Estados Unidos. A Ásia Central, região que abrange os atuais Cazaquistão, Quirguistão, Tajiquistão, Turcomenistão e Uzbequistão, além do Azerbaijão, era o centro do continente eurasiático, que Halford Mackinder, um dos pais da geopolítica moderna, em um discurso famoso para a Real Sociedade Geográfica em 1904, identificou como o "eixo geopolítico do mundo" — o *heartland*, a região central, o "coração da terra".[1]

Após o colapso da União Soviética, Moscou estava determinada a garantir que os países da Ásia Central permaneceriam parte da esfera privilegiada da Rússia, apesar da sua nova independência. Os Estados Unidos, insistiam alguns russos, haviam arquitetado o colapso da União Soviéti-

Capítulo 16   O CORAÇÃO DA TERRA   **125**

ca para construir um bando de Estados independentes que manteriam a Rússia fraca, e também para pôr as mãos no petróleo do Mar Cáspio. Para os Estados Unidos e a Europa, essas novas nações eram países independentes, que deveriam ter permissão para desenvolver suas próprias economias e identidades. Era assim que a vida deveria ser no mundo globalizado pós-Guerra Fria. Além do mais, se esses países fossem fracos e instáveis, poderiam cair de volta nas mãos dos russos ou se tornar presas fáceis para os vizinhos iranianos. Para alguns deles, o petróleo e o gás natural eram essenciais à sua independência. "Usamos o petróleo para o nosso objetivo principal", disse Ilham Aliyev, que se tornaria presidente do Azerbaijão, e esse objetivo era "tornar-se um país de verdade". Para tanto, seria preciso desenhar um novo mapa da infraestrutura. Nele, os dutos não fluiriam para o norte, em direção ao sistema russo, e sim de leste para oeste, até o Mar Negro, o que garantiria a sua independência.[2]

Havia outro motivo para o interesse ocidental. A Guerra do Golfo, em 1991, libertara o Kuwait, mas também gerara uma nova sensação de insegurança em relação à forte dependência do Oriente Médio. "Com sorte, a região do Cáspio nos salvará da dependência total do petróleo do Oriente Médio", declarou Bill Richardson, então secretário de Energia dos EUA. Washington não queria que o desenvolvimento do petróleo na região fosse prejudicado e impedido pela competição e oposição russa, ou pela retomada do controle por parte da Rússia. O vice-presidente Al Gore tornou-se um defensor dos oleodutos para o petróleo do Mar Cáspio. "A segurança dos recursos de petróleo e gás natural continua a ser do interesse dos Estados Unidos e dos seus aliados", explicou. "Hoje, as fronteiras da região na qual os interesses americanos estão concentrados expandiram-se para o Cáucaso, o Cazaquistão e a Sibéria."[3]

Foi a largada para a grande corrida dos dutos do Cáspio, uma disputa que se estendeu por uma década e jogou a Rússia contra os Estados Unidos e a Grã-Bretanha, além de envolver outros países. Os russos eram contrários a fluxos direcionados para o oeste. Após muitas invectivas, ameaças e politicagem, no entanto, os principais oleodutos em direção ao Ocidente foram iniciados. Um deles começa no Azerbaijão, logo ao sul de Baku, estende-se para o oeste por mais de 1.600 km, atravessa 1.500 rios, altas montanhas e terrenos delicados, vira para o sul na Turquia e

126 O mapa da Rússia

termina no porto mediterrâneo de Ceyhan. O Oleoduto Transcaspiano, que leva petróleo do Cazaquistão aos mercados mundiais, atravessa o sul da Rússia até o Mar Negro, onde petroleiros assumem o transporte através do Bósforo até o Mar Mediterrâneo e os mercados mundiais. Esse duto é a ligação essencial do Cazaquistão com o mundo.

Na primeira década do século XXI, ambos os dutos estavam em operação, ligando o Azerbaijão e o Cazaquistão aos mercados globais. A produção azerbaijana triplicou desde o fim da União Soviética e hoje representa cerca de 800 mil barris por dia. Mas a verdadeira potência do petróleo é o Cazaquistão, cuja produção saltou de 570 mil para 2 milhões de barris por dia. Juntos, os dois países hoje produzem mais petróleo do que a Noruega e a Grã-Bretanha no Mar do Norte. A produção aumentará ainda mais com o início das atividades no enorme campo de Kashagan, depois de muitos atrasos, assim como com a expansão de Tengiz, no Cazaquistão. O desenvolvimento do petróleo e do gás natural está financiando e sustentando a independência da região.

Mas os dutos também acabariam por estender-se na outra direção. Além dos dutos leste-oeste, também haveria dutos oeste-leste, ou seja, da Ásia Central para a China.

E ninguém entende melhor essa nova geopolítica emergente do que Nursultan Nazarbayev, líder do Cazaquistão desde que se tornou primeiro-secretário do Partido Comunista local, em 1989. Após a independência, em 1991, Nazarbayev virou presidente. Financiada pelas receitas do petróleo, a economia do Cazaquistão cresceu quase 700% entre 2000 e 2019. Nazarbayev é um mestre da arte de equilibrar as grandes potências — Rússia, China e Estados Unidos. Ele também busca o equilíbrio interno. A maior parte da população é de etnia cazaque, mas 25% são etnicamente russos e ucranianos, concentrados no norte do país. Nazarbayev também trabalha para manter o equilíbrio nacional, o que inclui estabelecer a nova capital no centro do país.

As ligações entre a China e o Cazaquistão são muito importantes para ambos os países. O Cazaquistão é rico em recursos naturais, e a China precisa deles. Com um território muito maior do que todos os países da Ásia Central juntos e uma extensa fronteira com a China, o país é um corredor importante para o comércio internacional chinês. Para o Caza-

Capítulo 16   O CORAÇÃO DA TERRA   **127**

quistão, o mercado chinês e os investimentos chineses serão fundamentais para determinar a sua prosperidade futura.

Em 2019, Nazarbayev tomou uma atitude sem precedentes no "espaço pós-soviético". Aos 78 anos, ele renunciou subitamente. Nazarbayev não queria que o seu "legado" fosse o tumulto de uma transição incerta. Além disso, ele continuaria a ser "o pai da nação", um papel que lembraria um pouco o de Lee Kuan Yew em Singapura, depois que este deixou o cargo de primeiro-ministro. O sucessor de Nazarbayev na presidência é Kassym-Jomart Tokayev, que foi primeiro-ministro e ministro das Relações Exteriores. Tokayev fala chinês.[4]

Os países da Ásia Central recebem o comércio e os investimentos chineses de braços abertos, pois reconhecem que Beijing não tem interesse algum em mexer com seus sistemas políticos autocráticos, não os critica, não critica suas eleições e não apoia ativistas dos direitos humanos. Os políticos desses países ainda podem trabalhar e negociar no idioma russo com o qual cresceram, mas a influência econômica chinesa tornou-se significativa. Contudo, o crescimento rápido da presença chinesa, e a dependência da China, também causa ansiedade na região. Entre a população, a influência chinesa causa desconfiança e ressentimentos, e o mesmo ocorre com questões como a aquisição chinesa de propriedades rurais. No nível dos governos, as autoridades preocupam-se com o equilíbrio entre Beijing e Moscou. O envolvimento contínuo da Rússia ajuda a impedir que esses países caiam totalmente nos braços da China. Questionado sobre esse desafio, um líder da Ásia Central não respondeu em palavras. Em vez disso, sorriu silenciosamente e apertou os braços com toda a força.

Os chineses tomam cuidado para indicar que não pretendem suplantar a posição "privilegiada" da Rússia na região. Ainda assim, enquanto aprofunda seus próprios laços com a China, Moscou vê a expansão chinesa com certa desconfiança. Independentemente da retórica utilizada, os investimentos chineses em energia e infraestrutura na região enfraquecem as bases da esfera privilegiada da Rússia e suplantam a influência russa. Por ora, entretanto, a Rússia se considera o principal beneficiário dos investimentos chineses e do comércio com a China — e, para além do campo econômico, a relação estratégica entre os dois países transformou-se em um fator importante no cenário internacional.

A RELAÇÃO ENTRE OS PRESIDENTES DA RÚSSIA E DA CHINA GANHOU UM caráter bastante pessoal. Xi foi o convidado de Putin no Fórum Econômico Internacional de São Petersburgo realizado em junho de 2019. Putin pediu desculpas por manter Xi acordado até tão tarde — até 4h da madrugada no horário chinês. "Mas conversamos sobre tudo", Putin explicou. "Nunca temos tempo suficiente", Xi completou. Duas semanas depois, em uma conferência no Tajiquistão, Putin surpreendeu o líder chinês com um presente de aniversário: uma caixa enorme do seu sorvete russo favorito. Agradecido, Xi sorriu e disse que Putin era seu "melhor amigo".[5]

Por mais ou menos profunda que seja a amizade entre os dois líderes, os respectivos interesses comerciais entre seus países são desproporcionais. Para a Rússia, o mercado chinês é crucial. A China hoje representa 11% das exportações totais da Rússia, o que apenas crescerá em termos de energia. Para a China, a Rússia é um fornecedor importante e confiável de energia importada, mas representa apenas 2% das exportações totais do país. A Rússia também é uma parte crítica da estratégia de diversificação energética de Beijing. O petróleo e o gás natural da Rússia reduzem a dependência do Oriente Médio e do transporte marítimo, que preocupa os chineses devido ao risco de interdição pela Marinha dos EUA.

Economicamente, no entanto, os Estados Unidos são muito mais importantes para a China do que a Rússia. Em 2018, antes das guerras comerciais e do coronavírus, a China exportou 35 bilhões de dólares em produtos para a Rússia, em comparação com 410 bilhões para os Estados Unidos. Quando sanções financeiras foram impostas pelas ações russas na Crimeia e na Ucrânia, os grandes bancos chineses as observaram. Os negócios na Rússia não compensariam perder o acesso ao sistema do dólar e aos mercados de capital internacionais. Essas transações foram deixadas nas mãos de um punhado de bancos especializados.

A guinada estava absolutamente em evidência no dia 2 de dezembro de 2019. Cinco anos e meio após a assinatura do megacontrato de gás natural em Xangai, os 3 mil km do gigante gasoduto Força da Sibéria estavam prontos para começar a transportar gás natural. Um sistema de teleconferência complexo ligou Vladimir Putin, em Sochi, e Xi Jinping, em Beijing, às salas de controle de cada lado da fronteira entre seus dois países para marcar a inauguração do gasoduto. Das suas respectivas salas de controle,

Capítulo 16 O CORAÇÃO DA TERRA **129**

Alexey Miller e Wang Yilin, CEO da Gazprom e presidente da China National Petroleum Company, respectivamente, pediram permissão para os seus presidentes, concedida imediatamente. Com isso, os técnicos abriram as válvulas, bem a tempo de abastecer a China para o inverno. "É um evento genuinamente histórico", Putin declarou quando o gás começou a fluir. "Não apenas para o mercado de energia global, mas, acima de tudo, para nós, a Rússia e a China."

Mas ainda pairava uma questão urgente sobre o futuro da Rússia. Quem sucederia Putin quando seu mandato terminasse, em 2024? Na primavera de 2020, a resposta ficou clara. Putin seria o sucessor de Putin. Uma nova alteração na constituição permitiria que continuasse na presidência até 2036 — praticamente pelo resto da vida. Dessa forma, Putin explicou ao parlamento russo, ele poderia continuar a atuar como "garantidor da segurança, da estabilidade doméstica e do desenvolvimento evolucionário do país". Isso era essencial, ele continuou, pois inimigos internos e externos estavam "esperando que cometêssemos um erro ou um deslize". A medida também permitiria que continuasse a guiar o desenvolvimento energético da Rússia e a fortificar a "guinada" para o Oriente. E esse último fato significaria, acima de tudo, um fortalecimento ainda maior da relação com a China, onde seu amigo Xi Jinping já fora eleito presidente vitalício.

Mas então o coronavírus começou a se espalhar pela Rússia. Pessoas adoeceram na fronteira com a China, no Extremo Oriente do país. A fronteira foi fechada. Os recursos para grandes "projetos nacionais" de longo prazo precisaram ser redirecionados para as necessidades imediatas de combate à pandemia. Em Moscou, a população foi instruída a ficar em casa.

Vinte e dois de abril de 2020 era a data marcada para um "referendo popular" que endossaria a mudança constitucional, mas o coronavírus forçou o seu adiamento para o final de junho. Nove de maio seria a grande comemoração do Dia da Vitória, o 75° aniversário da derrocada da Alemanha nazista e dos custos terríveis da Segunda Guerra Mundial. Moscou planejava um evento espetacular, mas a ideia também era comemorar o ressurgimento da Rússia, seu poderio, seus feitos militares... e o governante que presidira esse ressurgimento. Esse evento também precisou ser adiado, entretanto.[6]

O MÊS DE DEZEMBRO ANTERIOR FORA MARCADO PELA CERIMÔNIA DE inauguração do gasoduto Força da Sibéria e pela assinatura de Trump na lei que impunha sanções ao Nord Stream 2. A justaposição dos dois fatos destaca as mudanças nos mapas da geopolítica e da energia, tanto no Ocidente quanto no Oriente. A abertura da válvula do Força da Sibéria demonstrou o papel fundamental da energia na parceria estratégica entre a Rússia e a China. Não que a parceria entre os dois países se resuma a isso, é claro. Moscou e Beijing estão unidas por sua ênfase na "soberania absoluta", sua rejeição às normas e aos valores "universais" defendidos pelo Ocidente, sua dependência de economias dominadas pelo Estado e sua oposição ao que chamam de pretensa posição "hegemônica" e "unilateralismo" dos Estados Unidos. Mas a energia é uma parte importantíssima desse novo nexo geopolítico. Uma relação que antes se baseava em Marx e Lenin agora está embasada em petróleo e gás natural.

O MAPA DA CHINA

Capítulo 17

O "G2"

A pilha de "Gs", que não para de crescer, pode ser um pouco confusa. Para começar, existe o G7, a reunião anual dos maiores países industrializados. Por um tempo, ele foi o G8, antes de a Rússia ser expulsa, então voltou a ser G7. Há também o G20, "as grandes economias": o G7 e a União Europeia, mais os grandes mercados "emergentes", incluindo a China, a Índia, o Brasil e a Arábia Saudita. Alguns achavam que o G20 estava destinado a se tornar o "conselho de administração" da economia global, mas ele ainda está mais para um grupo de discussão e coordenação.

Para piorar ainda mais a confusão, há o "G2". Só que ele não existe; ao menos, não oficialmente. Mas ele é bastante real, no sentido de ser o agrupamento mais decisivo de todos. Ele decide mais sobre o futuro da economia mundial, e sobre o resto deste século, para a falar a verdade, do que qualquer outro grupo. O G2 é composto de apenas dois países, os Estados Unidos e a China, que juntos representam cerca de 40% do PIB mundial e 50% dos gastos militares. O G2 não é uma aliança ou um fórum para a tomada de decisões. Em vez disso, ele salienta a importância da relação entre os dois países, bem como sua nova rivalidade, e o impacto desta no mundo todo.

134 O mapa da China

Até pouco tempo, acreditava-se que os Estados Unidos e a China estariam cada vez mais ligados pela sua interdependência: cadeias logísticas integradas (iPhones projetados nos Estados Unidos, mas fabricados na China), comércio total de 738 bilhões de dólares em 2018 (antes da guerra comercial), 116 bilhões de dólares de investimento americano na China e 60 bilhões de investimento chinês nos EUA — além dos mais de 360 mil universitários chineses nos EUA, que contribuem com 13 bilhões de dólares para a economia americana.[1]

A interdependência foi impulsionada pela entrada da China na Organização Mundial do Comércio (OMC), em 2001, no que Bill Clinton chamou de "um dos eventos mais importantes da política externa" do seu governo. O objetivo era integrar a China, um país em crescimento rápido, ao sistema de mercado do comércio mundial. Nas palavras de Clinton, isso significaria que as ações chinesas "estariam sujeitas a regras e decisões aprovadas por 135 nações". A entrada abriria o mercado chinês aos negócios americanos e apoiaria o crescimento econômico global. A interdependência e o "engajamento" promoveriam uma convergência de interesses que reduziria os riscos de conflito. Podemos chamar a reunião desse conjunto de ideias de "consenso da OMC". Apesar das críticas da época, não parecia haver qualquer alternativa óbvia, dado o poderio econômico crescente da China.[2]

Mas o "consenso da OMC" desmoronou. O G2 está fraturado. O engajamento está sendo substituído pelo estranhamento: guerras econômicas, conflitos por questões de segurança e economia, conversas sobre o "desacoplamento" das duas economias, uma corrida armamentista e algo que mais e mais pessoas acreditam ser uma batalha pelos modelos econômicos e, mais ainda, por primazia durante o resto do século XXI. Tudo parecia apontar para o surgimento de uma nova guerra fria, ainda que de um tipo diferente daquela travada entre os Estados Unidos e a União Soviética. A disrupção e os terríveis custos humanos e econômicos gerados pela epidemia do coronavírus em 2020 levaram a um desacoplamento real, ainda que temporário, quando as viagens aéreas foram canceladas e o comércio internacional, restringido; irromperam recriminações e as hostilidades atingiram novos patamares.[3]

Isso significa que a China e os Estados Unidos dirigem-se para aquilo que Graham Allison, professor da Universidade de Harvard, chamou de "armadilha de Tucídides"? O conceito, cujo nome remonta ao historiador militar

George Mitchell, à esquerda, estava decidido a extrair gás natural de xisto. Diziam que era impossível, mas ele era teimoso. E sua empresa precisava de mais gás para abastecer Chicago.

Em 2016, um navio-petroleiro atravessou o Canal do Panamá ampliado com a primeira carga de gás natural liquefeito (GNL) dos Estados Unidos. As exportações de petróleo e gás natural tornaram-se parte importante das batalhas comerciais entre China e EUA.

A chinesa Yuhuang Chemical fez um investimento multibilionário na paróquia civil de St. James, Louisiana, EUA, devido ao gás natural barato. A empresa também comprou a antiga escola de ensino médio, o que permitiu que a paróquia construísse uma nova.

Em 2010, Mark Papa previu que o petróleo de xisto "viraria o jogo" na América do Norte. Na verdade, virou o jogo em nível global.

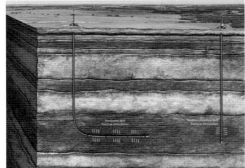

A Bacia do Permiano, no Oeste do Texas e Novo México, é hoje a segunda maior área produtora do mundo, impulsionando os Estados Unidos a tornarem-se o maior produtor de petróleo do mundo em 2018, à frente da Arábia Saudita e da Rússia. A perfuração horizontal acessa múltiplas zonas que contêm petróleo de xisto.

O presidente Donald Trump disse a Narendra Modi, primeiro-ministro da Índia, que esperava que o seu país comprasse mais GNL dos EUA. Mas, ele completou, estava "tentando aumentar um pouquinho o preço".

Com o preço da gasolina em alta em 2012, Barack Obama visitou um entroncamento de dutos em Cushing, Oklahoma, e declarou que sua administração "cortaria" a papelada para "completar" a construção do segmento sul do oleoduto Keystone, que deve partir do Canadá.

Em 2016 e 2017, manifestantes tentaram bloquear os últimos 400 m do duto Dakota Access, de 1.886 km, construído para levar o novo petróleo de Bakken, na Dakota do Norte, substituindo 740 vagões ferroviários por dia.

"Os tecnocratas nos enganaram", disse Andrés Manuel López Obrador, presidente do México, que limitou novos investimentos em energia no México e buscou restaurar a "soberania" da estatal de petróleo Pemex.

Uma família russa em choque assiste o presidente Mikhail Gorbachev anunciar o "obituário" da União Soviética em dezembro de 1991.

O "judoca" Vladimir Putin aplica seus golpes de judô tanto no tatame quanto no cenário mundial, aproveitando aberturas e pontos fracos para restaurar a Rússia ao posto de grande potência.

Em 2011, Angela Merkel, primeira-ministra da Alemanha, e o então presidente russo Dmitry Medvedev, centro, giram a válvula para abrir o primeiro duto Nord Stream, levando gás natural russo sob o Mar Báltico diretamente para a Alemanha. A União Europeia o classificou como um "projeto de energia prioritário".

Há décadas debate-se quanto poder político Moscou ganharia com as importações europeias de petróleo e gás natural da União Soviética e, agora, da Rússia, como mostra essa reportagem de 1961.

Em 2019, uma barcaça especializada instala tubulação sob o Mar Báltico para o controverso duto Nord Stream 2, que deve levar mais gás natural russo para a Alemanha. Sanções americanas forçaram a paralisação das obras pouco antes de serem completadas, criando tensões entre EUA e Alemanha.

Em 1564, em busca de um novo aliado na guerra contra a Polônia, o líder cossaco Bohdan Khmelnytsky jurou fidelidade ao czar de Muscovy. Narrativas rivais sobre esse evento são parte do conflito atual entre a Rússia e a Ucrânia.

Após enormes protestos populares na Ucrânia levarem à fuga do presidente pró-Rússia em 2014, "homenzinhos verdes" — forças paramilitares russas — apareceram repentinamente na Crimeia. A Rússia anexou a Crimeia, o que levou a sanções ocidentais e ao início de uma nova Guerra Fria.

O presidente ucraniano Volodymyr Zelensky encontra-se com Donald Trump em setembro de 2019, dois meses após uma ligação telefônica entre os dois provocar o processo de *impeachment* de Trump na Câmara dos Deputados dos EUA, seguido pela sua absolvição pelo Senado em 2020.

Volodymyr Zelensky interpretava um professor de escola que vira presidente na comédia "Servo do Povo" na televisão ucraniana antes de tornar-se presidente da Ucrânia de verdade — e, além da Rússia, ter que lidar com os Estados Unidos também.

Um cientista polar mostra a foto de uma bandeira russa de titânio plantada a 4 km de profundidade sob o Polo Norte. A bandeira simboliza a reivindicação da Rússia ao Oceano Ártico, incluindo a Rota do Mar do Norte repleta de gelo que é essencial ao transporte de GNL russo para a Ásia.

No "fim do mundo", em uma península remota do Ártico, o GNL de Yamal enfrentou forte ceticismo no seu desenvolvimento. A Rússia se tornará um dos maiores exportadores de GNL do mundo, capaz de atravessar o gelo para leste, em direção à Ásia, ou para a oeste, em direção à Europa.

A diplomacia de panquecas e a guinada da Rússia para o Oriente. O presidente russo Vladimir Putin explica como se faz blinis (panquecas russas) ao presidente chinês Xi Jinping em 2018. Ao mesmo tempo, as forças armadas da China participam dos jogos de guerra em larga escala da Rússia no Extremo Oriente.

O enorme gasoduto "Força da Sibéria" transporta gás natural russo para a China. Putin dá grande destaque ao projeto — ele literalmente assinou o duto — e chamou-o de "um evento genuinamente histórico" para a Rússia e a China.

Zheng He, o almirante chinês do século XV conhecido como o "Eunuco de Três Joias", comandava gigantescos "navios do tesouro" até a África. Expurgado da história após a sua morte, Zheng He hoje representa as reivindicações históricas do país ao Mar do Sul da China.

A Marinha Real Britânica derrota a China na Primeira Guerra do Ópio, 1839–1841, entregando o controle de Hong Kong à Grã-Bretanha e dando início ao que a China chama de "Século de Humilhação".

Em 1936, o geógrafo chinês Bei Meichu desenhou um mapa que representava o Mar do Sul da China como águas chinesas. "Amar a nação é a maior prioridade no aprendizado de geografia", ele afirmou. O mapa, que outro geógrafo descreveu como "gravado profundamente nos corações e mentes do povo chinês", é a base da atual linha das nove raias.

Logo após tornar-se secretário do Partido Comunista Chinês em 2012, Xi Jinping levou o Politburo à mostra sobre o "Século de Humilhação" do Museu Nacional. "Agora todos falam do sonho da China", ele afirmou.

Um engarrafamento em Beijing. Em 2019, 25 milhões de carros novos foram vendidos na China, em comparação com 17 milhões nos Estados Unidos. O consumo de petróleo chinês triplicou desde 2000; hoje, o país importa 75% do seu petróleo.

A China aterrou 13 km² no Mar do Sul da China e transformou a área em bases militares. A pista do Recife de Subi, nas Ilhas Spratly, tem 3.000 metros.

Um navio da Guarda Costeira chinesa (acima) vira seu canhão d'água contra um navio vietnamita em 2014, "a medida mais gentil que podemos tomar", em uma disputa por direitos de exploração de petróleo e gás natural no Mar do Sul da China, após o gigantesco navio chinês HD-981 (abaixo) começar perfurações exploratórias.

A "conteinerização" foi a melhor ideia que Malcolm "Ideia por Minuto" McLean jamais teve, "o avanço mais significativo no transporte de carga desde a transição dos barcos a vela para os navios a vapor". Ela costurou a economia global e permitiu que a China se transformasse na "oficina do mundo".

Um enorme navio porta-contêineres no porto de Xangai. Sete dos dez maiores portos de contêineres do mundo estão na China.

O presidente chinês Xi Jinping discursa para líderes de 40 países em um fórum sobre a Iniciativa "Cinturão e Rota" em Beijing, que tem meta estimada de 1,4 trilhão de dólares em investimentos em infraestrutura e energia em dezenas de países. A China "não tem intenção de interferir nos assuntos internos dos outros países", afirma Xi.

Khorgas era uma encruzilhada nas montanhas na Rota da Seda na Antiguidade. Hoje, na fronteira entre a China e o Cazaquistão, é um "porto terrestre" gigante para levar contêineres cheios de produtos da China para a Europa.

Em *Kung Fu Yoga*, apresentado no Festival Internacional de Cinema Rota da Seda, arqueólogos indianos e chineses se reúnem para buscar um tesouro antigo. A arqueóloga indiana diz que a cooperação entre os dois países estaria "alinhada com a política de Um Cinturão, Uma Rota". "Muito bem colocado", responde o arqueólogo chinês ao lado de seu professor, interpretado por Jackie Chan.

Capítulo 17   O "G2"   **135**

ateniense da Antiguidade, descreve o risco da guerra causada pela colisão entre uma potência "dominante" e uma "ascendente". Os muitos exemplos começam com a guerra entre a "dominante" Atenas e a "ascendente" Esparta, no século V a.C., narrada por Tucídides. A guerra estendeu-se por 30 anos e deixou as duas cidades-Estado devastadas. Outros estudos de caso incluem a corrida armamentista naval e a competição econômica entre a Grã-Bretanha e a Alemanha, que culminou na Primeira Guerra Mundial e deixou os vitoriosos e os derrotados em situação pior do que aquela em que se encontravam antes. A carnificina também criou as condições que levaram à Segunda Guerra Mundial. Nenhum desses casos históricos, obviamente, envolvia grandes arsenais de armas nucleares — ou guerra cibernética.

A validade da armadilha de Tucídides é alvo de debates, mas o conceito entrou no vocabulário da área. "Não existe isso de armadilha de Tucídides no mundo", Xi Jinping declarou em visita a Seattle. Mas também deu um aviso: "Se grandes países cometerem equívocos estratégicos várias e várias vezes, podem vir a criar essas armadilhas para si mesmos".[4]

Entre o colapso do comunismo soviético, em 1991, e a crise financeira global de 2008, os planos americanos para a administração da economia mundial tinham aceitação em geral. Mas o desastre de 2008 explodiu no coração da economia americana, ou, na visão dos chineses, "no cerne do mundo capitalista". O "modelo chinês", de uma economia administrada pelo Estado (e pelo partido), oferecia uma alternativa. Além disso, a China foi o motor que arrancou a economia mundial da crise, em 2009. A China não sentia mais a necessidade de buscar orientação ou modelos nos Estados Unidos. Na visão chinesa, a crise financeira foi "um divisor de águas na história das relações sino-americanas" e "forçou os Estados Unidos a tratar a China como igual". Após a crise financeira, um estrategista chinês publicou um livro intitulado *The China Dream: Great Power Thinking and Strategic Posture in the Post-America Era* ("O Sonho da China: Pensamento de Grande Potência e Postura Estratégica na Era Pós-Americana"), em que argumentava que o conflito com os Estados Unidos era inevitável. Foi um *best-seller* na China.[5]

Essa transição seria reforçada pelo reequilíbrio da economia mundial. A China tornou-se aquilo que a Grã-Bretanha foi durante a Revolução Industrial: a "oficina do mundo", o grande centro industrial. Alguns exemplos: hoje, a China é o maior produtor mundial de aço (quase 50%), alumínio e computadores, assim como das terras raras necessárias para veículos elétricos e turbinas eólicas. No período de 2011 a 2013, a China consumiu mais cimento do que os Estados Unidos durante todo o século XX. O país tem uma presença considerável no setor financeiro. A Administração Estatal de Câmbio tem reservas cambiais no total de 3 trilhões de dólares, cerca de um terço da dívida do governo americano.[6]

Beijing também busca deixar para trás uma economia baseada nas exportações; então, está se tornando rapidamente um país de consumidores. Em 2000, 1,9 milhão de automóveis foram vendidos na China e 17,3 milhões nos Estados Unidos. Em 2019, os números foram 25 milhões na China e 17 milhões nos Estados Unidos. O coronavírus deixou claro para todos o peso da China na economia mundial. Quando a epidemia do Sars começou, em 2002, a China representava apenas 4% do PIB mundial. Quando o coronavírus estourou em 2020, ela representava 16%, o que significa que o impacto econômico da doença reverberaria por todo o mundo mesmo antes de o vírus paralisar quase todo o resto do planeta.[7]

Quando o PIB é medido pelas taxas de câmbio, a economia americana ainda é maior do que a chinesa. De acordo com a outra medida fundamental do PIB, a paridade do poder de compra (PPC), a China já possui a maior economia do mundo. Por esse indicador, o país superou os Estados Unidos em 2014 (gostaria de observar que a economia alemã superou a britânica em 1910, quatro anos antes do início da Primeira Guerra Mundial). Mas é preciso adicionar uma dose de realismo à nossa análise do crescimento futuro da China: a demografia, consequência da política do filho único e de transformações sociais no país. "Nenhum país jamais envelheceu tão rápido", observou o demógrafo Nicholas Eberstadt. Durante as duas próximas décadas, o número de idosos aumentará radicalmente, enquanto a população economicamente ativa, que determina o crescimento do país, sofrerá um declínio igualmente radical. Outros desafios no horizonte chinês incluem a escala da dívida interna e a estrutura da economia.[8]

Quando se trata de petróleo, a diferença entre os dois países é enorme. A China importa 75% do seu petróleo, o que Beijing considera uma vulnerabilidade crítica e um dos fatores determinantes da sua política estratégica. Os Estados Unidos costumavam ter as mesmas preocupações quando seus níveis de importação eram altos. Graças ao xisto, no entanto, a situação mudou.

Sem dúvida alguma, a rivalidade entre os dois países está evidente nas suas capacidades militares. "Nossas forças armadas sempre lutaram com muito espírito", Xi declarou em visita a uma divisão famosa por combater as forças americanas durante a Guerra da Coreia. "No passado, tínhamos mais espírito do que aço. Agora temos bastante equipamento." E também têm dinheiro. Nas duas últimas décadas, os gastos militares chineses sextuplicaram. Os últimos dados comparativos indicam um orçamento de 240 bilhões de dólares, em comparação com os 634 bilhões dos EUA. Os países em terceiro e quarto lugar na lista, a Arábia Saudita e a Rússia, os dois com cerca de 65 bilhões de dólares, estão bastante distantes de ambos. As forças armadas chinesas, nas palavras de uma avaliação da Rand Corporation, "transformaram-se de uma força grande, mas antiquada, em uma moderna e capaz". O país "reduziu a diferença" entre ele e os Estados Unidos. Um fator crucial é que tem a "vantagem da proximidade nos cenários de conflito mais plausíveis, e a vantagem geográfica provavelmente neutralizará muitos dos pontos fortes das forças armadas dos EUA". A China também focou o desenvolvimento de uma "ampla variedade de mísseis, defesas aéreas e capacidades eletrônicas" que poderiam neutralizar capacidades americanas, desde navios a satélites.[9]

Os Estados Unidos não ficaram parados. Em resposta às capacidades emergentes do que hoje é chamado de um competidor "grande potência/nível de par", as forças armadas americanas estão executando uma transição significativa em termos de foco, estratégia e armas. Os fuzileiros navais, por exemplo, estão passando por uma transformação que, nas palavras do seu novo desenho de força, se afasta de duas décadas de combate em terra contra "extremistas violentos no Oriente Médio". Em vez disso, a corporação quer se tornar uma força expedicionária naval de alta agilidade, capaz de mover-se rapidamente e de forma dispersa, saltando de uma ilha para a outra no Pacífico, de modo a neutralizar uma marinha chinesa com capacidade de atacar ativos militares americanos tradicionais.[10]

A preponderância chinesa na Ásia continua a aumentar. No início de 2017, poucos dias após tomar posse, o presidente Donald Trump tirou os Estados Unidos da Parceria Transpacífica, que abrangia 12 países da região do Oceano Pacífico (embora excluísse especificamente a China). O novo bloco teria representado 40% do comércio mundial, reafirmado

138 O mapa da China

o compromisso americano com a Ásia e dado às outras nações asiáticas uma forma de contrabalançar o campo magnético poderoso exercido pela economia chinesa. Para esses países, a parceria seria tanto política quanto econômica. Na Ásia, a decisão de Trump foi interpretada como uma retirada da região — e como uma oportunidade para a China de preencher o vácuo. Na verdade, um comentarista chinês chamou a retirada de "um grande presente" para Beijing. Sem esse contrapeso no seu caminho, a China promoveu negociações dos seus próprios acordos comerciais com países asiáticos — excluindo os Estados Unidos.[11]

Xi demonstrou o novo *status* chinês de grande potência quando recebeu os líderes de 29 países em um fórum em Beijing. Ele deixou claro que a China, ao contrário dos Estados Unidos, não daria sermões sobre direitos humanos e não apoiaria ativistas pró-democracia. "Não temos intenção de interferir nos assuntos internos de outros países, de exportar nosso próprio sistema social (...) ou impor nossa própria vontade", declarou. Sua mensagem foi recebida de forma calorosa pelos líderes atraídos a Beijing pela possibilidade de benesses econômicas chinesas.[12]

A rivalidade do G2 fica mais evidente em duas arenas. Uma, o Mar do Sul da China, literalmente envolve mapas geográficos. A outra, chamada de "Cinturão e Rota", representa um esforço para redesenhar o mapa da economia global. A energia está profundamente interligada a ambas.

Existem outros pontos de risco, a começar pela questão mais fundamental de todas: Taiwan. Para os chineses, Taiwan não é um país independente e não deve avançar em direção à independência. Beijing afirma explicitamente que usaria força militar e, se necessário, entraria em guerra para impedir que isso acontecesse. Outro ponto de risco é o conjunto de minúsculas ilhas desabitadas, com localização estratégica, a nordeste de Taiwan, reivindicadas tanto pela China quanto pelo Japão. A Coreia do Norte e seu programa de mísseis e armas nucleares são foco de muita preocupação. Contudo, é o Mar do Sul da China que representa aquele que já foi descrito como "o maior ponto de tensão" direta entre os Estados Unidos e a China. Ou, nas palavras do almirante James Stavridis, ex-comandante supremo da Otan: "O Mar do Sul da China é o mais perigoso confronto em potencial entre os Estados Unidos e a China".[13]

Capítulo 18

"TERRITÓRIO PERIGOSO"

Em abril de 1933, o capitão francês Georges Meesemaecker zarpou de Saigon, na colônia francesa do Vietnã, e dirigiu-se para o Mar do Sul da China. Na época, os principais navegadores daquele mar eram os pescadores. Para o comércio mundial, essa região era irrelevante. A missão de Meesemaecker era estender a soberania do desgastado Império Francês na Indochina até seus limites mais remotos. Para tanto, o capitão estabeleceria a "posse" de um grupo de "feições terrestres", no Mar do Sul da China, chamado de Ilhas Spratly, em homenagem ao capitão britânico que as avistou em 1843.[1]

Em termos de ilha, não há nada de impressionante nas Spratlys: "caprichos da geologia, sujeirinhas de mosca no mapa, mal se erguem acima da água". Em combinação com a perigosa infinidade de rochas ocultas, recifes e baixios escondidos sob as ondas, elas criam inúmeros riscos para os marinheiros. Durante dois séculos, a área foi marcada nas cartas náuticas como "área de perigo". Mesmo hoje, as instruções marítimas do governo dos EUA aconselham que "evitar a área de perigo é a única garantia de segurança do marinheiro". Por mais sujeirinha de mosca que sejam, as Spratlys ocupam um território crucial no mapa. As ilhas estendem-se por mais

140 O mapa da China

de 400 mil km², uma área do tamanho dos estados de Michigan, Iowa e Illinois juntos, a centenas de quilômetros do Vietnã e ligeiramente mais perto das Filipinas. As ilhas estão mais ou menos no centro da rota marítima mais importante do mundo na atualidade, o Mar do Sul da China.

A flotilha que recebeu a grande missão imperial em 1933 era composta de apenas três barcos: uma canhoneira, um arrastão e um navio hidrográfico. O objetivo da missão era "impedir que uma potência estrangeira reivindicasse soberania". Os franceses estavam preocupados com os chineses, mas mais ainda com o Japão expansionista. A França temia que os japoneses estivessem tentando "penetrar em águas dominadas por europeus". Os franceses declaram que a sua reivindicação estava blindada, embasada na reivindicação de soberania do reino vietnamita de Aname, um século antes.[2]

Aproveitando o bom tempo, a expedição de Meesemaecker visitou as nove ilhotas e repetiu o mesmo ritual em cada uma delas. Uma proclamação de soberania foi assinada pelos capitães dos navios e colocada em uma garrafa, que então foi inserida em um marco fronteiriço cravado no chão. A bandeira francesa também foi hasteada em cada uma das ilhas, e então soou um trompete. Foram cenas solitárias, momentos que pontuaram o silêncio do mar vazio.[3]

Hoje, há uma disputa crescente pela soberania no Mar do Sul da China. Questiona-se quem controla as Spratlys, assim como outro grupo de ilhas mais próximo da China e do Vietnã, as Paracels, e outras minúsculas "feições terrestres" que mal se erguem acima das ondas, ou mesmo do próprio mar. A batalha gira em torno de uma série de questões críticas: recursos de petróleo e gás natural, tanto conhecidos quanto supostos; uma parte substancial dos recursos pesqueiros do mundo; controle das rotas marítimas mais importantes do mundo e, possivelmente, do comércio que as atravessa. Também é uma questão de identidade nacional, de transição no equilíbrio estratégico e de novas relações da China com os países vizinhos e com os Estados Unidos. E, mais especificamente, é uma questão de navios de guerra poderem ou não atravessar livremente as suas águas. Com tudo isso, vem o risco de conflitos armados, sejam eles intencionais ou acidentais.

O Mar do Sul da China, descrito como "a rota marítima mais crítica do mundo", estende-se do Oceano Índico até a Ásia e o Oceano Pacífico. O mar banha a Indonésia, a Malásia, Brunei, as Filipinas, o Vietnã, a China e

Taiwan. Singapura fica logo além dos seus limites. Por suas águas passam 3,5 trilhões de dólares do comércio mundial — dois terços do comércio marítimo chinês, mais de 30% do japonês e 30% do comércio mundial total. Os fluxos incluem 15 milhões de barris de petróleo por dia, quase tanto quanto atravessa o Estreito de Hormuz, além de um terço do GNL mundial. Oitenta por cento das importações de petróleo chinesas atravessam a região. Suas águas são cruciais para a segurança alimentar. Dez por cento da pesca mundial vem da região, incluindo 40% do atum. O Mar do Sul da China fornece boa parte dos frutos do mar consumidos na China, o maior consumidor de peixe do mundo, e no Sudeste Asiático. Sugere-se até que "o valor e a importância dos estoques pesqueiros do Mar do Sul da China" transformam "os peixes em uma *commodity* estratégica". Os conflitos em torno das zonas de pesca também agitam a opinião pública nos países costeiros.

Essas águas também são repletas de risco. "Uma única ação irresponsável ou instigação de conflito poderia levar à interrupção desses enormes fluxos comerciais", alertou o primeiro-ministro do Vietnã, "com consequências imprevisíveis para o mundo todo, e não apenas para as economias regionais".[4]

Em comparação, em 1933, a missão de Meesemaecker estava distante do centro de conflito global. Seu objetivo era muito mais simples: tentar consolidar a posição francesa na região. Mas as notícias demoravam a chegar naquela época. Foi apenas no final do ano que o Ministério das Relações Exteriores da China ficou sabendo da missão. E não gostou. Após algumas semanas de reflexão, o conselho militar do país alertou: "Precisamos esfriar os ânimos com os franceses". O motivo? "Nossa marinha é fraca e as nove ilhas não são úteis para nós hoje."[5]

Outros, no entanto, estavam longe de conseguir relaxar, pois a integridade territorial chinesa era um grito de guerra que inflamava os nacionalistas ultrajados com aquele que veio a ser chamado de "incidente das nove ilhotas". Os nacionalistas já estavam mobilizados pela "humilhação" dos "tratados desiguais" com países estrangeiros, começando pelo Tratado de Nanquim, de 1842, após a Primeira Guerra do Ópio. O tratado obrigou a China derrotada a arrendar Hong Kong para a Grã-Bretanha e conceder "extraterritorialidade", o que significava que cidadãos britânicos estariam sujeitos à lei britânica, e não à chinesa. Uma série de "tratados desiguais" subsequentes, durante o século XIX, deu às nações europeias, incluindo a Rússia e o Japão, direitos legais extraterritoriais e direitos comerciais preferenciais nas cidades costeiras chinesas, além de controle político em áreas de concessão predefinidas. Tudo isso minou a soberania chinesa e sinalizou a fraqueza do país. O ápice da "humilhação" ocorreu em 1919, quando o Tratado de Versalhes entregou a concessão alemã de Shandung ao Japão. Foi o estopim de manifestações estudantis em Beijing, em 4 de maio de 1919, um marco do nacionalismo chinês moderno que viria a ser chamado de Movimento de Quatro de Maio.

A República da China, fundada em 1912, deveria modernizar o país e recuperar a sua soberania. Nas duas décadas seguintes, entretanto, a China degenerou-se e transformou-se em um país fragmentado. Chiang Kai-shek, líder dos nacionalistas e herdeiro da República da China, lutava contra déspotas militares regionais e comunistas. Em 1931, o Japão invadiu e dominou a Manchúria, onde estava localizada uma parcela significativa da indústria chinesa, e atravessou a Grande Muralha.

Face a esse tumulto e à dissolução crescente, qualquer redução adicional da autoridade chinesa, por mais distante que fosse, deixava os chineses ofendidos e assustados. Sem poderio naval para se contrapor ao avanço francês, no entanto, "o governo chinês", como escreve um historiador, buscou guerreiros de outro tipo: "seus cartógrafos".[6]

Diversos mapas promulgados entre 1933 e 1935 reivindicavam a soberania chinesa no Mar do Sul da China, estendendo-se quase 1.600 km a partir do continente, com nomes chineses para as diversas ilhas (nas palavras de um documento governamental recente) "revisados e aprovados". Na vanguarda do combate cartográfico estava Bai Meichu, um dos mais influentes e respeitados geógrafos da China. Além das longitudes e latitudes, a paixão nacionalista também inspirava seu trabalho. "Amar a nação é a maior prioridade no aprendizado de geografia", afirmou, "enquanto construir a nação é a utilidade do aprendizado de geografia". Para enfatizar a ideia e educar o país, em 1930 Bai já havia produzido um "Mapa da Humilhação Nacional Chinesa". Uma das suas metas era "ajudar o povo comum a ser patriótico".

Em 1936, Bai desenhou um mapa para o seu *New China Construction Atlas*. O mapa incluía uma linha em forma de U — ou em forma de "língua de vaca", como também é chamada — que serpenteava pelas costas ao longo do Mar do Sul da China, quase até as Índias Orientais Holandesas (atual

Indonésia). Tudo dentro daquela linha pertencia à China, segundo Bai. Em uma anotação do mapa, ele escreve que o Mar do Sul da China era "a moradia dos pescadores chineses. Sua soberania, é claro, pertencia à China".[7]

Quase nove décadas depois, o mapa de Bai Meichu está no centro do conflito atual em torno do Mar do Sul da China.

Após a Segunda Guerra Mundial, em 1947 e 1948, o governo nacionalista, baseando-se diretamente no mapa de Bai Meichu, promulgou um novo mapa, indicando que a China controlava as Ilhas Spratly e Paracel, estendendo-se até o Baixio James, perto da costa do que hoje é a Malásia. Essa delineação, segundo o pronunciamento oficial da época, era seguida pelos "departamentos governamentais, escolas e editoras antes da guerra antijaponesa, e também estava registrada nos arquivos do Ministério do Interior. Assim, deve permanecer inalterada".[8]

Na época, a China estava mergulhada em uma disputa monumental entre os nacionalistas de Chiang Kai-shek e os comunistas liderados por Mao Zedong. Os comunistas saíram vitoriosos. No final da tarde de 1º de outubro de 1949, do alto da Porta da Paz Celestial, Mao proclamou a República Popular da China. "O povo chinês está de pé", declarou. A China, nas palavras de Mao, "não seria mais uma nação sujeita a insultos e humilhação". Chiang Kai-shek fugiu para Taiwan com seus seguidores nacionalistas, além de muitos outros que escapavam do avanço comunista. Nas décadas subsequentes, Taiwan prosperou e transformou-se em uma fonte de investimentos importante na República Popular, embora o risco de uma reunificação forçada sempre pairasse sobre o país.[9]

No continente, o novo governo comunista adotou o mapa de Bai Meichu, delineando suas reivindicações no Mar do Sul da China. Hoje, o mapa chinês — e sua visão da história — continua a ser conhecido como mapa das nove raias. Em 2013, um geógrafo chinês proeminente declarou que o mapa de Bai Meichu "está gravado profundamente nos corações e mentes do povo chinês". Gerações de chineses aprendem no primário que o extremo sul do país fica em Zeng Ansha, também chamado de Baixio James, um recife subaquático a cerca de 80 km da costa da Malásia. Se voar pela Air China e abrir a revista de bordo, você verá a longa "língua de vaca" da linha das nove raias impressa em uma linha escura no mapa do Mar do Sul da China, estendendo-se até a Malásia e a Indonésia.

Capítulo 19

AS TRÊS PERGUNTAS

A disputa pelo Mar do Sul da China envolve ilhas e "águas territoriais" e gira em torno de três questões.

Primeiro, quem é o dono das minúsculas "feições terrestres" que despontam das suas águas? Essa questão é importante porque a jurisdição sobre as águas vem das "feições terrestres". É uma questão de soberania que afeta principalmente as relações entre a China e as nações do Sudeste Asiático. A China diz que a sua reivindicação de soberania se baseia na história, como explicitou sucintamente em um artigo de dezembro de 2014: "A China tem soberania incontestável sobre as ilhas do Mar do Sul e sobre as águas adjacentes. As atividades chinesas no Mar do Sul da China remontam há mais de 2 mil anos. A China foi o primeiro país a descobrir, batizar, explorar e extrair os recursos do Mar do Sul da China e o primeiro a exercer continuamente poder de soberania sobre eles. Nas décadas de 1930 e 1940, o Japão invadiu ilegalmente parte das ilhas do Mar do Sul da China. Ao final da Segunda Guerra Mundial, o governo chinês voltou a exercer a soberania sobre as ilhas do Mar do Sul da China".[1]

Capítulo 19 As três perguntas **145**

Outras nações contestam a reivindicação de soberania chinesa e defendem que, por muitos séculos, mercadores árabes e do Sudeste Asiático dominaram o comércio na região. Além disso, outros países e juristas defendem que "direitos históricos" são vagos e ambíguos demais para servirem de base para a soberania. O Vietnã, as Filipinas, a Malásia, Brunei e Taiwan disputam diversas reivindicações chinesas e fazem as suas próprias por diferentes partes do Mar do Sul da China.

Nenhuma dessas ilhas contestadas representa grande coisa. O território somado de todas elas não ultrapassa três vezes o do Central Park, na Cidade de Nova York. Para complicar ainda mais a questão, não há consenso sobre se algumas das "feições terrestres" no mar contam como ilhas para a lei internacional ou se são apenas "rochas que não podem sustentar habitação humana ou vida econômica por conta própria". Além disso, "ilhas artificiais, instalações e estruturas não possuem o *status* de ilha" e, logo, não têm direito legal às águas ao seu redor. Ainda assim, elas tornam-se fatos.[2]

E é isso que está acontecendo no Mar do Sul da China, onde a China está dragando milhões de toneladas de rochas e areia para construir ilhas artificiais sobre uma série de recifes de coral. As novas ilhas serão "fatos na água" — e bases militares que oferecerão ancoragem para navios, receberão baterias de mísseis e contarão com pistas de voo para os bombardeiros estratégicos chineses. Tanto a Malásia quanto Taiwan realizaram atividades de aterramento no Mar do Sul da China, mas as áreas envolvidas eram minúsculas. Nada se compara à velocidade e à escala com que os projetos chineses estão avançando — o aterramento já abrange uma área de 13 km². Essas ilhas permitiriam que a China mantivesse patrulhas aéreas contínuas sobre o Mar do Sul da China. Isso, por sua vez, permitiria que o país implementasse uma zona de identificação de defesa aérea sobre a região — que inevitavelmente seria questionada.[3]

A segunda questão é se o Mar do Sul da China em si (ou seja, a água) constitui águas internacionais, alto-mar ou parte do território nacional chinês. É uma questão que preocupa os países da região, cujo comércio internacional atravessa essas águas, bem como as empresas de transporte marítimo e as marinhas do mundo. O mapa das nove raias afirma que 90% de todo o Mar do Sul da China são águas territoriais da China? O mapa original de 1947-1948 descreve-se como "O Mapa das Ilhas Chinesas do Mar do Sul da China". Mais recentemente, um porta-voz do Ministério das Relações Exteriores da China declarou que "a China tem soberania incontestável sobre o Mar do Sul da China", assim como sobre as ilhas, e juristas chineses afirmam que o país tem "autoridade sobre o Mar do Sul da China".

Muitas nações baseiam suas reivindicações marítimas na Convenção das Nações Unidas sobre o Direito do Mar de 1982, que envolveu negociações com mais de 150 países durante 14 anos. A afirmação chinesa de que a linha das nove raias é uma fronteira nacional que abrange o próprio mar não se baseia nessa convenção, e sim, segundo Beijing, em uma "reivindicação histórica" com "base na lei internacional, incluindo o direito consuetudinário de descoberta, ocupação e posse histórica". Outras nações respondem que a lei internacional "não reconhece a história como base para a jurisdição marítima". De acordo com esse ponto de vista, para afirmar a sua posição, a China teria que ter exercido soberania efetiva sobre o Mar do Sul da China durante um período longo e contínuo, de uma maneira "conhecida por todos". Alguns diriam que a China poderá fazer essa reivindicação se estabelecer e manter uma posição firme nos próximos anos.[4]

A terceira questão envolve as ZEEs, ou zonas econômicas exclusivas. O conceito de ZEE é uma parte estabelecida da Convenção sobre o Direito do Mar. A ZEE é diferente das águas territoriais, que se estendem até 12 milhas náuticas (22 km) da costa. A ZEE estende-se até 200 milhas náuticas (370 km) da costa. Para a maioria dos países, a ZEE inclui apenas direitos "econômicos": os peixes nas águas e o petróleo, o gás natural e os minerais no leito do mar. Os chineses afirmam que as ZEEs também dão ao país controle sobre quem atravessa essas águas. Isso coloca os Estados Unidos e a China em conflito direto. A questão principal, absolutamente no cerne da disputa, afirma o advogado internacional Robert Beckman, não é a "liberdade de navegação" em si, mas a "liberdade de atividades militares em alto-mar".[5]

Os Estados Unidos afirmaram diversas vezes que não pretendem tomar partido nas disputas no Mar do Sul da China e desejam apenas uma solução pacífica, de acordo com a Convenção da Organização das Nações Unidas (ONU). Os chineses dizem que essa posição é hipócrita, pois, devido à oposição no Senado, os EUA nunca assinaram a convenção. Mas, na questão da "liberdade de navegação", os Estados Unidos têm uma posição firme. Para o país, a liberdade dos mares e a abertura da navegação são fundamentais para a lei dos mares — incluindo a "liberdade de atividades militares em alto-mar". É com base nesse conceito que a Marinha dos EUA opera ao redor do mundo.

A China, no entanto, afirma que as marinhas estrangeiras devem pedir a sua permissão antes de entrar na ZEE chinesa, seja ela a ZEE no Mar do Sul da China ou aquela diretamente na costa da China continental. De acordo com a posição americana, geralmente aceita pela maioria dos países, a Marinha dos EUA pode, por exemplo, operar logo além do limite de 12 milhas náuticas de Xangai sem pedir "por favor" para o governo chinês. Beijing rejeita essa premissa, embora, ironicamente, ela desse à China o direito de fazer exatamente a mesma coisa a 12 milhas náuticas de San Diego, na Califórnia.

Em 2012, a 200 km da costa das Filipinas, a China assumiu o controle do Baixio Scarborough (em homenagem ao barco a vela britânico que naufragou na região em 1784) e cortou o acesso dos navios filipinos.

As Filipinas praticamente não têm forças armadas próprias com as quais pudessem responder. Assim, o país recorreu à única arma à sua disposição: a Convenção das Nações Unidas sobre o Direito do Mar. O país abriu um processo para questionar a linha das nove raias no tribunal internacional de Haia. O Vietnã associou-se à reivindicação. Em 2016, o tribunal deu seu veredito, dando ganho de causa total para as Filipinas. As reivindicações históricas e legais da linha das nove raias foram rejeitadas. A China denunciou a decisão e deixou claro que não a reconheceria nem aceitaria as "reivindicações ilegais" filipinas. A decisão não mudou nada.[6]

Neste momento, parece não haver uma maneira de resolver as diferenças entre os diversos países. O abismo entre eles é grande demais. Por exemplo, o Vietnã, com base nos mesmos argumentos utilizados anteriormente pela administração colonial francesa, diz que seus direitos remontam a 1816, quando o reino vietnamita reivindicou soberania sobre as Spratlys. Os chineses respondem que a reivindicação não é válida porque o Vietnã da época era um Estado "tributário" do Império Chinês, não um país independente, então não estava em posição de ter soberania sobre

148 O mapa da China

nada. A disputa em torno do Mar do Sul da China transformou-se no que Robert Beckman, cuja especialidade é o direito marítimo no Sudeste Asiático, chama de "o jogo dos mapas". "Os mapas contam tudo", afirma.

O mapa das nove raias pode ser o ponto de partida e o documento que define todo o jogo, mas não é o único mapa. Na sala de audiências do juiz Antonio Carpio, da Suprema Corte das Filipinas, na Rua Padre Faura, em Manila, há um mapa publicado por um jesuíta em 1734. Nele, o Baixio Scarborough é identificado com a palavra tagalogue *panacot*, que significa "ameaça" ou "perigo". Isso importa porque tagalogue é o principal idioma nativo das Filipinas.[7]

Em 2014, o Vietnã organizou a sua própria exposição de mapas para apoiar as suas reivindicações ao que chama de Mar Oriental. Naquele mesmo ano, outro jogador entrou (ou melhor, reentrou) no "jogo dos mapas": Taiwan. A linha das nove raias, afinal, era fruto dos nacionalistas. Taiwan decidiu colocar alguns dos seus mapas originais em exposição. Os mapas taiwaneses são consistentes com a linha das nove raias da República Popular da China. De acordo com Ma Ying-jeou, presidente de Taiwan, os mapas demonstram que o governo nacionalista reivindicava com o seu mapa tracejado, em 1947, as ilhas no Mar do Sul da China, mas não todas as águas.

O presidente Ma acrescentou um apelo: que todas as nações interessadas resolvam suas diferenças de forma pacífica. Se não, alertou, dois trens rumariam para um grande estrago. Ou, para usar uma metáfora mais adequada, duas marinhas estariam em rota de colisão.[8]

Capítulo 20

"CONTAR COM A SABEDORIA DAS GERAÇÕES FUTURAS"

Nas décadas anteriores, crises relacionadas ao Mar do Sul da China diminuíram à medida que os países da região se concentraram no crescimento econômico. Isso valeu especialmente para a China, com seu crescimento anual de 10% ou mais e o que chamaria de "ascensão pacífica". E a paz era um elemento de primeira necessidade para permitir esse crescimento e para a expansão do papel chinês na economia global.

Suas experiências pessoais ensinaram a Deng Xiaoping os custos da guerra e da turbulência social. Líder supremo durante duas décadas, Deng arquitetou a transição chinesa na direção dos mercados e sua integração com a economia mundial. Antes um dos membros mais importantes do círculo de Mao Zedong, Deng foi expurgado duas vezes. Isso lhe deu bastante tempo — primeiro durante os anos de exílio, como operário em uma fábrica de tratores; depois sob prisão domiciliar nos últimos anos da vida de Mao — para refletir sobre o que dera errado na revolução. Deng testemunhou o enorme e trágico custo dos grandes esquemas de Mao, além do gigantesco desperdício que causavam, e sofreu pessoalmente sob o jugo da

150 O mapa da China

Revolução Cultural. Seu filho foi atirado de uma janela por jovens e fanáticos Guardas Vermelhos durante a Revolução Cultural, sofreu paralisia permanente e ficou preso em uma cadeira de rodas. Deng era, por natureza, um homem prático, focado em solucionar problemas. Nos seus tempos de estudante na França, quando atuava como propagandista comunista, também administrara um restaurante chinês. No fim da vida, disse que nunca lera O *Capital*, de Karl Marx, do começo ao fim por falta de tempo.[1]

Embora supostamente tenha dito aos vietnamitas que as ilhas do Mar do Sul da China "pertencem à China desde a Antiguidade", Deng também apresentou uma estratégia para lidar com a questão: "Esta geração não é sábia o suficiente para resolver uma questão tão difícil. Uma ideia seria contar com a sabedoria das gerações seguintes para resolvê-la" (ele disse o mesmo em relação ao Mar da China Oriental). A mensagem de Deng é que seria melhor que todos seguissem com suas vidas, expandissem suas economias e elevassem suas rendas. Em 2002, a China e a Asean (Associação das Nações do Sudeste Asiático, um grupo com 10 membros) delinearam um código de conduta que indicava o caminho para uma solução pragmática.[2]

A abordagem de Deng, a chamada "ambiguidade em todas as frentes", funcionou mais ou menos — até 2009. Em março daquele ano, forças navais e aéreas e barcos de pesca da China interceptaram um navio da Marinha dos EUA, o USS Impeccable, que acompanhava operações navais chinesas a cerca de 140 km da Ilha de Hainan. Houve uma disputa em torno do conceito de ZEE. Tudo ocorreu longe das 12 milhas náuticas que delimitam as águas territoriais da China, mas ainda dentro da sua ZEE. Para os Estados Unidos, eram águas abertas; para a China, uma área sob soberania chinesa. As belonaves chinesas ordenaram que a Impeccable partisse. Em dado momento, a Impeccable executou uma parada de emergência para evitar uma colisão.

Dois meses depois, em maio de 2009, em resposta a uma disputa com o Vietnã e a Malásia devido ao mar, a China apresentou uma nota verbal à ONU declarando sua "soberania incontestável sobre as ilhas do Mar do Sul e sobre as águas adjacentes". Uma parte especialmente significativa da nota foi uma frase curta entre parênteses, mas com uma importância que nada tinha de parentética: "ver mapa em anexo". Era o mapa da linha das nove raias, baseado no mapa de Bai Meichu de 1936. O mapa fora apre-

Capítulo 20　"Contar com a sabedoria das gerações futuras"　**151**

Mar do Sul da China
A China reivindica a maior parte do Mar do Sul da China com o seu mapa das nove raias, o que gera tensão com os países do Sudeste Asiático e com os Estados Unidos.

152 O mapa da China

sentado oficialmente como um documento legal, um momento crítico no "jogo dos mapas".

Em junho de 2009, quase exatamente um mês depois, um submarino nuclear chinês colidiu com um sonar rebocado pelo USS John S. McCain (em homenagem ao pai do senador). O navio americano participava de exercícios navais com seis países do Sudeste Asiático. Uma nova era de conflito tinha início no Mar do Sul da China.[3]

Em julho de 2010, os países da Asean realizavam seu 17º fórum regional, desta vez em Hanói, presidido pelo Vietnã. Alguns meses antes, autoridades e estrategistas chineses tinham descrito o Mar do Sul da China como de "interesse fundamental". São palavras muito significativas, igualmente empregadas em questões tão importantes quanto Tibete e Taiwan, e poderiam ser interpretadas como uma provocação. A expressão "interesse fundamental" gerou resistência dos Estados Unidos e fez soar alarmes nos países do Sudeste Asiático. Antes da conferência, vários deles, incluindo o Vietnã, insistiram para que os Estados Unidos fizessem uma declaração contundente sobre o tema durante a reunião em Hanói. E era exatamente o que a secretária de Estado Hillary Clinton pretendia fazer.

Em seu discurso, Clinton declarou que os Estados Unidos não tomavam partido em questões específicas de soberania e que o impasse deveria ser resolvido de forma multilateral, preservando o "acesso irrestrito" ao Mar do Sul da China. "Os Estados Unidos, como todas as nações", Clinton disse, "tem um interesse nacional na liberdade de navegação, no acesso livre às áreas marítimas comuns da Ásia e no respeito pelo Direito internacional no Mar do Sul da China". "Interesse nacional" fora uma "expressão escolhida com muito cuidado", ela explicaria mais tarde, uma réplica ao "interesse fundamental" que emanava de Beijing.

Quando Clinton terminou seu discurso, o ministro das Relações Exteriores chinês, Yang Jiechi, estava "lívido", como a própria Clinton observou. Ele pediu um recesso de uma hora e então voltou, ainda furioso.

O pronunciamento de Clinton, Yang declarou em inglês, fora "praticamente um ataque contra a China". Olhando diretamente para Clinton, ele alertou contra "interferência externa". Ninguém estava "ameaçando a paz e a estabilidade da região". Os Estados Unidos, ele parecia dizer, estavam conspirando contra a China. Yang então fixou o olhar no ministro das

Relações Exteriores de Singapura. "A China é um país grande e os outros são países pequenos", acrescentou.

Yang então voltou seu olhar diretamente para o ministro das Relações Exteriores vietnamita, que presidia a reunião: "Nós, socialistas, devemos ficar juntos".

O ministro vietnamita nada disse. Todos ficaram em silêncio. Após alguma reflexão, o ministro das Relações Exteriores formulou uma resposta diplomática. "Está na hora do almoço", anunciou. "Vamos almoçar."

Mas a impressão deixada foi a justaposição chocante de "interesses" — os "interesses fundamentais" da China *versus* os "interesses nacionais" dos Estados Unidos.[4]

Capítulo 21

O PAPEL DA HISTÓRIA

O conflito em torno do Mar do Sul da China é uma questão complexa. Como observou Tommy Koh, o diplomata singapurense que liderou as negociações da Convenção das Nações Unidas sobre o Direito do Mar, "o Mar do Sul da China é uma questão de lei, poder e recursos, e de história". O confronto é, de fato, histórico.[1]

Um símbolo de tais reivindicações é o almirante Zheng He, também conhecido como o "eunuco de três joias". Zheng He foi o almirante supremo entre os diversos eunucos que comandavam as enormes frotas chinesas durante o século XV. Seus navios transportavam grande variedade de produtos chineses, assim como os armamentos mais avançados da época: armas de fogo, balas de canhão e foguetes. Eram os enormes "navios do tesouro", com até 10 vezes o tamanho do navio que, quase um século depois, levaria Cristóvão Colombo ao Novo Mundo.

A primeira viagem de Zheng He, em 1405, partiu com uma armada de 317 navios, dos quais 60 eram navios do tesouro. Zheng He comandou seis outras viagens, cada uma das quais durou dois ou três anos. Algumas visitaram a Península Arábica e chegaram à costa leste da África. No cami-

Capítulo 21   O papel da história   **155**

nho, a frota realizava trocas com os nativos. A armada também projetava o poderio chinês; nas palavras de Zheng He, "tornando evidente o poder transformador da virtude imperial". As frotas de Zheng He levaram para a China, além de uma ampla variedade de tesouros e produtos, governantes e embaixadores para prestar homenagem e pagar tributos ao imperador em pessoa.

Em 1433, Zheng He faleceu, durante uma viagem de volta. A grande Marinha chinesa não sobreviveu por muito tempo. Os burocratas confucionistas, os grandes rivais dos eunucos, argumentaram que as frotas desperdiçavam o dinheiro necessário para resistir à expansão dos mongóis. Eles queriam destruir a marinha porque esta era considerada a base do poder dos eunucos. Viagens ao estrangeiro foram proibidas. Por fim, a gigantesca frota oceânica chinesa foi incendiada. O eunuco de três joias e suas viagens, assim como o seu legado, foram apagados da história.[2]

No período moderno, entretanto, Zheng He foi ressuscitado como o grande símbolo das relações comerciais da China com o Sudeste Asiático e o Sul da Ásia, além de "a figura marítima mais imponente da história chinesa". O almirante foi popularizado com uma minissérie de grande sucesso na televisão chinesa. No 600° aniversário da primeira viagem de Zheng He, um museu de 50 milhões de dólares dedicado a ele foi inaugurado em Nanjing. Ao lado do museu, encontra-se uma estátua enorme do almirante, mais alta do que o próprio edifício, prova da importância duradoura de Zheng He para as reivindicações históricas do Mar do Sul da China.[3]

Além de exigências econômicas e outras ambições que ajudam a moldar a estratégia marítima chinesa, Beijing também tem outra motivação bem definida: a ilha de Taiwan. Em 1996, temendo que o candidato que liderava a eleição presidencial taiwanesa levasse o país na direção de uma declaração de "independência", Beijing testou mísseis e usou armas reais nas águas próximas a Taiwan, o que na prática bloqueou os portos ocidentais da ilha. Em resposta, o presidente Bill Clinton enviou dois grupos de ataque de porta-aviões para o Estreito de Taiwan, entre a ilha e a China continental, supostamente para evitar o "mau tempo". A crise passou, mas a lição para Beijing foi clara: a importância do poder marítimo. O resultado foi uma determinação redobrada de construir uma marinha poderosa para garantir que uma situação como aquela jamais se repetisse.[4]

156 O mapa da China

Em uma manhã limpa de domingo no final de agosto de 2014, uma equipe naval chinesa reuniu-se no porto de Weihai. Os marinheiros não estavam lá para comemorar uma vitória, o motivo usual para esse tipo de encontro, e sim para celebrar a derrota da China na primeira guerra sino-japonesa, de 1894-1895, que incluiu a destruição da frota chinesa em Weihai. O resultado foi que o Japão assumiu o controle da Coreia e de Taiwan, e a própria Weihai foi colocada sob controle britânico — um capítulo particularmente humilhante no "Século de Humilhação".

Naquela manhã, crisântemos brancos e rosas vermelhas foram espalhados sobre as águas, em sinal de luto pelas baixas chinesas na batalha por Weihai. A figura mais importante a discursar naquela ocasião foi o almirante Wu Shengli, então comandante da Marinha do Exército Popular de Libertação.

"A ascensão das grandes nações é também a ascensão das grandes potências marítimas", disse Wu. "A história nos lembra que nenhum país prospera sem poder naval." O Século de Humilhação, declarou, fora o resultado de poderio naval insuficiente, como demonstrara a derrota um século antes. "Realizar a cerimônia nas águas da batalha ancestral é uma forma de lembrar a parte trágica da história", continuou. Mas hoje "o mar não é obstáculo; a história da humilhação nacional ficou para trás e jamais voltará".[5]

Em busca de analogias para as possíveis consequências da competição naval sino-americana, voltamos ao maior exemplo da armadilha de Tucídides no século XX: a corrida naval anglo-germânica que antecedeu a Primeira Guerra Mundial e as consequências trágicas e monumentais que esse conflito provocou. A corrida armamentista naval foi a competição geoestratégica que definiu os anos anteriores à Primeira Guerra. O tema era obsessão de Londres e Berlim, alimentando suspeitas sobre as intenções de cada lado. Os programas aceleravam um ao outro, o que convencia a todos de que uma guerra era cada vez mais inevitável.

A analogia é tão preocupante que Henry Kissinger encerra *Sobre a China* com um epílogo intitulado "A história se repete?", dedicado apenas a essa questão. Ainda assim, Kissinger conclui, com certa inquietação, que "analogias históricas são, por natureza, inexatas".[6]

Capítulo 22

ÓLEO E ÁGUA?

Para a China, o termo "importações" inclui do minério de ferro brasileiro à soja de Iowa e aos componentes eletrônicos vietnamitas que serão montados em produtos no país e vendidos para o resto do mundo. Mas importações também significam energia, pois este é o alicerce do crescimento econômico extraordinário do país. A energia alimenta a plataforma industrial global que serve de "oficina do mundo". O crescimento da renda na China significa mais construção, mais infraestrutura, mais carros, mais viagens aéreas e cada vez mais uso de energia. Em 2009, a China superou os Estados Unidos e tornou-se o maior consumidor de energia do mundo; hoje, o país representa quase 25% do consumo de energia mundial. A demanda chinesa continuará a crescer, mas a um ritmo que vai desacelerar à medida que os serviços e o consumo interno conquistarem uma participação maior na economia do país.

Apesar do crescimento da energia nuclear e das fontes renováveis, 85% da energia chinesa atual vêm dos combustíveis fósseis. A estrutura da economia energética chinesa é diferente da europeia e da norte-americana; ela depende bastante do carvão, que representa quase 60% da sua energia total, em

158 O mapa da China

comparação com apenas 11% nos Estados Unidos. O petróleo é a principal fonte de energia americana da atualidade, com 37%. Na China, ele é responsável pela metade desse valor, 20%. O gás natural, embora este número esteja crescendo rapidamente, representa apenas 6% da demanda total, em comparação com 32% nos Estados Unidos. As importações de carvão chinesas variam, mas o carvão é basicamente uma fonte interna garantida. Isso não vale para o petróleo ou para o gás natural, o que torna a geopolítica da energia uma prioridade para Beijing.

A indústria do petróleo chinesa moderna tem menos de 60 anos. Para o governo comunista de Mao, o corte do abastecimento de petróleo durante a Guerra da Coreia, no início da década de 1950, e a rivalidade posterior com o "irmão mais velho" soviético tornaram a "autossuficiência" em petróleo uma prioridade absoluta. Isso tornou-se possível em 1959, com a descoberta de um campo de petróleo gigante na Manchúria, chamado Daqing, que significa "grande celebração". Na década de 1980, a indústria do petróleo nacional atendia às necessidades do país e produzia um superávit para exportação, vendido principalmente para o Japão.[1]

Mas o crescimento econômico acelerou a procura interna por petróleo, que acabou superando a produção nacional. Em 1993, a China cruzou uma linha histórica, um fato que moldaria as suas perspectivas até hoje. O país transformou-se em um importador de petróleo e, desde então, é cada vez mais dependente de importações.

Na década de 2000, alarmes dispararam em Beijing. Temia-se que o mundo estivesse ficando sem petróleo e que a máquina de crescimento econômico fraquejasse. Havia apreensão quanto à possibilidade de uma competição violenta por suprimentos limitados, especialmente com os Estados Unidos. Medos semelhantes assolavam Washington naquela época.

Na década e meia após a sua entrada na OMC, em 2001, o consumo de petróleo chinês aumentou duas vezes e meia. Atualmente, o país é o oitavo maior produtor de petróleo do mundo, com 3,8 milhões de barris por dia, mas sua demanda cresceu muito mais do que a oferta doméstica. O país transformou-se no maior importador de petróleo do mundo: no início de 2020, era responsável por 75% da demanda total.

Além dos volumes de petróleo, a sua origem também causava preocupação. A China é o maior cliente do petróleo que flui do Golfo Pérsico e

Capítulo 22 Óleo e água? **159**

atravessa o Estreito de Hormuz. O Mar do Sul da China é a autoestrada para as importações de petróleo. A maior parte delas, vindas do Oriente Médio ou da África, atravessam o Estreito de Malaca, que serve de entrada para o Mar do Sul da China.

Foi o que levou o então presidente Hu Jintao a alertar, no final de 2003, sobre o que chamou de "dilema de Malaca", ou seja, os riscos criados pela dependência do estreito. "Certas potências", ele avisou, poderiam interromper a linha de abastecimento de petróleo da China. Hu soou o aviso alguns meses após a invasão americana do Iraque. Beijing tinha dificuldade de acreditar que a invasão pudesse ser motivada por um conceito tão abstrato quanto "democracia". O motivo tinha que ser algo concreto, e isso tinha que significar petróleo. Se os Estados Unidos estavam preocupados o suficiente com o acesso ao petróleo para invadir o Iraque, então a China certamente deveria se preocupar também. Logo, o controle do Mar do Sul da China ganhou nova prioridade, tanto pela sua importância como rota de trânsito quanto pelos recursos que podem estar sob o seu leito.[2]

Cerca de metade dos navios-petroleiros do mundo atravessam o Mar do Sul da China. Além de rumar para a China, eles também se dirigem ao Japão e à Coreia do Sul. Para os dois últimos, o risco de interrupção do abastecimento viria de ações chinesas. Para a China, no entanto, existe apenas uma "certa potência": os Estados Unidos, e especialmente a Marinha dos EUA. Os estrategistas chineses concentram-se em um cenário de crise em potencial: Taiwan ameaça lutar pela independência, a China reage com força. Os Estados Unidos, por sua vez, cortam o abastecimento de petróleo pelo Mar do Sul da China. O que aconteceria depois? Uma escalada imprevisível? Essa é, então, parte da justificativa estratégica de Beijing para o mapa das nove raias e a sua reivindicação de soberania sobre as águas da região.

E agora a rota marítima também serve de autoestrada para o gás natural, não apenas para o petróleo. Tradicionalmente, o gás natural é um elemento menor no *mix* energético chinês, mas o produto tem ganhado importância.

No inverno de dezembro de 2017, os dias em Beijing foram inesperadamente limpos, cristalinos, de céu azulado, ainda que muito frios, com um vento gelado que fazia arder o rosto. A poluição atmosférica característica do inverno, capaz de ofuscar o Sol e as montanhas ao norte com nuvens de *smog*, queimar os olhos e tornar a respiração dolorida, desaparecera. A poluição atmosférica é um problema de saúde e para o PIB da China. Além disso, é uma questão social e política de grande importância, e o governo prometeu atender à demanda pública por ar limpo no país. Essa promessa levou à demolição física de equipamentos termelétricos antigos (movidos a carvão) no nordeste, de onde os ventos de inverno transportam a poluição até Beijing. Mas o inverno foi mais frio do que o esperado, o que deixou a região com escassez de energia, e hospitais e outras instalações sem aquecimento. A situação transformou-se em uma crise nacional. A única solução foi importar mais gás natural, o que provocou um salto nos preços globais de GNL. O resultado foi que, além da falta de aquecimento em meio ao frio congelante, o inverno também teve falta de gás natural.[3]

Beijing tem agido de modo a garantir que isso não se repita. A China produz gás natural e está desenvolvendo o gás de xisto. O país importa gás natural da Ásia Central por um gasoduto e agora, obviamente, da Rússia também, pelo gasoduto Força da Sibéria. Atualmente, metade das importações de gás da China vem na forma de GNL. A China logo será a maior importadora de GNL. Mas o GNL ainda precisa chegar ao país e, para isso, parte dele atravessa o Mar do Sul da China em navios-metaneiros.

Mas e quanto à possibilidade de existir petróleo e gás natural nas profundezas do Mar do Sul da China?

Em 2 de maio de 2014, uma flotilha de rebocadores de alta potência levou um enorme navio-sonda chinês até águas localizadas cerca de 220 km a leste do Vietnã e 330 km ao sul da ilha chinesa de Hainan. O HD-981 era uma maravilha tecnológica em termos de escala e capacidade: 40 andares de altura, construído em 2011 ao custo de 1 bilhão de dólares, capaz de perfurar 10 mil pés (3 km) sob o leito do mar. A sonda foi acompanhada por até 80 outros navios chineses, além de aeronaves. Os vietnamitas, surpresos, denunciaram a chegada do HD-981 e enviaram mais de 30 dos seus próprios navios para questionar o direito dele de estar naquelas águas, também reivindicadas pelo Vietnã. A China retrucou que as águas eram parte do seu "território inerente".

A área ao redor do navio-sonda transformou-se no cenário de um jogo mortal de pega-pega, com dezenas de navios chineses e vietnamitas

Capítulo 22 Óleo e água? **161**

chocando-se um contra o outro. Pelo menos uma embarcação vietnamita afundou. Os chineses utilizaram poderosos canhões de água para rechaçar os vietnamitas, medidas descritas por Beijing como "as mais delicadas que podemos adotar quando tentamos afastar o outro lado". Protestos irromperam nas ruas do Vietnã, fábricas chinesas (e taiwanesas) foram incendiadas e diversos cidadãos chineses foram mortos. Até 7 mil chineses tiveram que ser evacuados às pressas.

Em meados de julho, dois meses e meio após a sua chegada, o HD-981 partiu abruptamente, no meio da noite. Foi a vez da internet chinesa de irromper em fervor nacionalista e criticar o governo por "ceder" à pressão americana. As autoridades rejeitaram a acusação, afirmando que o HD-981 completara a sua missão e estava apressando-se para evitar a temporada de tufões. Chineses e vietnamitas ficaram suficientemente abalados para, no final de 2014, ambos os países jurarem evitar a "diplomacia do megafone", que, no seu eufemismo, pode "provocar volatilidade na opinião pública".

O impasse do HD-981 foi um dos mais visíveis em uma série de confrontos por exploração de petróleo e gás natural e direitos de pesca que continuam a irromper no Mar do Sul da China. Em julho de 2019, a russa Rosneft, em parceria com a estatal petrolífera vietnamita, realizava perfurações em uma região que o Vietnã descreve como sua ZEE quando diversos navios chineses apareceram abruptamente e começaram a ir e voltar nas mesmas águas. Os chineses insistiam que as águas disputadas eram parte da sua ZEE. Nguyen Phu Trong, presidente do Vietnã, pediu moderação, mas declarou que o país "nunca comprometeria" a sua soberania. O ministro da Defesa chinês respondeu: "Não permitiremos que nos tirem um único centímetro do território que nos foi deixado por nossos antepassados". Em outubro, os navios chineses foram embora, mas apenas após a Rosneft e sua parceira vietnamita terminarem as perfurações.[4]

Mas o potencial do Mar do Sul da China estará mesmo à altura das expectativas? A produção atual no Mar do Sul da China em si é de cerca de 900 mil barris por dia, menos de 1% do consumo mundial em 2019. E quanto ao futuro? As estimativas mais elevadas vêm de uma fonte chinesa, que estima reservas de 125 bilhões de barris ainda por descobrir, aproximadamente na mesma escala que as do Iraque e do Kuwait. Outras proje-

162 O mapa da China

ções são muito menores. O Departamento de Informações sobre Energia dos EUA estima cerca de 12 bilhões de barris de petróleo não descobertos, o que corresponde a estimativas de empresas petrolíferas internacionais.

Também se acredita que as descobertas mais prováveis serão feitas mais próximas ao litoral, e apenas um quinto delas ocorrerá em águas contestadas. Estima-se que a área mais central e controversa do Mar do Sul da China tenha as piores perspectivas, dada a pequena espessura dos sedimentos e a pressão insuficiente. Além disso, as profundidades consideráveis e a falta de infraestrutura aumentariam significativamente o custo de desenvolver quaisquer recursos descobertos na região. Seja como for, acredita-se que a maior parte das descobertas será de gás natural, não de petróleo.

Obviamente, como disse um explorador independente americano no início do século XX, "só o dr. Broca sabe com certeza". A continuidade das explorações esclareceria melhor os recursos reais. Com base no que se sabe até o momento, novas descobertas seriam significativas para os países em torno do Mar do Sul da China e para as empresas envolvidas, mas não para o equilíbrio do petróleo em nível global. As descobertas de gás natural podem ser maiores, mas teriam custo mais elevado e teriam de competir com os fluxos crescentes de GNL e dos gasodutos.

Para Beijing, como afirmou Lee Hsien Loong, primeiro-ministro de Singapura, o Mar do Sul da China e o Estreito de Malaca "devem ser mantidos abertos para proteger a segurança energética da China". O que realmente conta para a segurança energética chinesa não são os recursos não comprovados que podem estar sob o leito do mar, muito abaixo das rotas marítimas, e sim as rotas em si e os navios que as percorrem.[5]

Capítulo 23

OS NOVOS NAVIOS DO TESOURO DA CHINA

A disputa do Mar do Sul da China também envolve o comércio em si. O crescimento econômico extraordinário da China foi o resultado de muitos fatores. Ele não teria acontecido, entretanto, sem uma revolução que nasceu no porto americano de Newark, Nova Jersey, uma revolução no transporte de carga que alterou o mapa do comércio global e transformou a economia mundial — e a China.

A revolução foi instigada por um indivíduo praticamente desconhecido na China, assim como no resto do mundo, um empreendedor de uma cidadezinha da Carolina do Norte que costumava se chamar Shoe Heel. Mas Malcolm McLean, também conhecido como "Ideia por Minuto" McLean, foi uma das personalidades mais impactantes na história do transporte.

A partir de uma pequena transportadora que se transformou em um grande empreendimento, McLean daria início à revolução dos contêineres no transporte de carga mundial, que estabeleceu os alicerces da economia global da atualidade. Não há nada de romântico nem de chamativo em um contêiner; é uma caixa de aço que pode ter 6,1 ou 12,2 m de compri-

164 O mapa da China

mento e 2,6 ou 2,75 m de altura. Como escreve um autor, ele "não tem motor, nem rodas, nem velas; não fascina os apaixonados por navios, trens e aviões, ou por marinheiros ou pilotos". É só uma caixa de metal. Contudo, ao reduzir os custos de transporte a uma fração do que eram, acelerar o carregamento e o descarregamento de navios e facilitar o movimento de contêineres entre navios e entre trens e caminhões, essa inovação eliminou a distância da equação econômica. No processo, transformou a indústria em um negócio global, não mais local ou regional. Sem "essa inovação prosaica", como escreveu o teórico da administração Peter Drucker, "a expansão tremenda do comércio mundial — o crescimento mais rápido de qualquer atividade econômica importante já registrado — teria sido impossível".[1]

McLean nunca entrara em um navio. Ele só queria reduzir os custos e economizar alguns dólares enquanto levava seus caminhões da costa leste até o Texas. A ideia lhe ocorreu quando estava sentado no seu caminhão assistindo aos estivadores "transportarem laboriosamente a carga de peça em peça". À medida que sua frustração se acumulava, começou a se perguntar: por que simplesmente não levantar toda a carroceria de uma vez só e transportá-la de navio por distâncias maiores?

Em 26 de abril de 1956, guindastes no porto de Newark, Nova Jersey, ergueram 58 carrocerias de caminhão, menos suas rodas e cabines, e as colocaram em um navio de carga da Segunda Guerra Mundial com destino para o Texas. "Estamos convencidos de que encontramos uma maneira de combinar a economia do transporte marítimo com a rapidez e a flexibilidade do transporte terrestre", McLean anunciou. Foi o começo de tudo. No início da década seguinte, os contêineres transformaram-se em um negócio de verdade, com McLean e sua empresa na liderança. Agora, os carregamentos não precisavam mais ser divididos em caixas e sacos e levados por hordas de estivadores, um processo que se estendia por vários e vários dias no porto e aumentava os custos significativamente. Em vez disso, com a carga acondicionada em contêineres, ela poderia ser erguida por guindastes, com o operador em uma cabine no alto, e transportada entre a costa e o navio. O mundo dos estivadores, representado poucos anos antes no filme *Sindicato de Ladrões* (1954), estava prestes a desaparecer.

Capítulo 23   Os novos navios do tesouro da China   **165**

Em 1965, os primeiros navios porta-contêineres regulares começaram a operar entre os Estados Unidos e a Europa. Mas McLean estava de olho na Ásia, a começar pelo abastecimento das tropas americanas no Vietnã. Ele lançou a conteinerização no Oceano Pacífico.

Seu próximo passo foi desviar os navios que voltavam do Vietnã, agora sem carga, para o Japão, onde recolheriam contêineres cheios de produtos baratos para os consumidores americanos. As fábricas dos "tigres asiáticos" (Coreia do Sul, Taiwan, Hong Kong e Singapura) seguiram seu exemplo. Foi a disseminação dessa inovação, e as redes e sistemas que a implementaram, que integrou o Leste da Ásia à economia mundial.[2]

Em 1980, ano em que Deng Xiaoping começou suas reformas, McLean deu início ao primeiro serviço de contêineres para a China. Dois anos mais tarde, a estatal China Ocean Shipping Company lançou um serviço de contêineres para a costa oeste dos Estados Unidos. O crescimento econômico acelerado da China não teria sido possível sem frotas de navios porta-contêineres para transportar seus produtos para os mercados globais a baixos custos adicionais. Isso se aplica tanto aos bens fabricados na China quanto às cadeias logísticas das quais se tornou o eixo principal.

Sete dos 10 maiores portos de contêineres são chineses (Xangai é o maior), e a China representa mais de 40% do transporte mundial de contêineres. O comércio internacional, por sua vez, é responsável por quase 40% do PIB do país, o que significa que o fluxo de exportações, assim como o influxo de petróleo e outras *commodities*, é essencial para o crescimento econômico chinês. Mais do que isso, é crítico para os alicerces da sua estabilidade política e social. A conteinerização transformou-se na espinha dorsal do comércio global. Contudo, as verdadeiras dimensões da dependência chinesa e mundial da conteinerização, e as cadeias logísticas que dela dependem, só se tornaram evidentes quando o coronavírus paralisou temporariamente boa parte do comércio mundial, em 2020.

McLean faleceu em 2001. No dia do seu funeral, a indústria de transporte de carga o homenageou: ao redor do mundo, navios porta-contêineres tocaram seus apitos em reconhecimento ao homem que tanto trabalhara para costurar a economia global. No seu obituário, o *Journal of Commerce* chamou a conteinerização de "o avanço mais significativo no transporte de carga desde a transição dos barcos a vela para os navios a vapor".[3]

Para a China, os navios porta-contêineres são os "navios do tesouro" do século XXI, os verdadeiros descendentes da grande frota de Zheng He do século XV. São as naves que levaram a economia chinesa à sua posição atual na economia global e no comércio mundial.

Capítulo 24

O TESTE DE PRUDÊNCIA

O Mar do Sul da China pode ser uma questão de petróleo e gás natural e de fluxos comerciais. Nas palavras do Instituto Internacional de Estudos Estratégicos (IISS — International Institute for Strategic Studies), no entanto, "disputas marítimas no Mar do Sul da China são, no fundo, uma questão de política de poder". Do ponto de vista estratégico, essa é uma das questões mais controversas entre a China e os Estados Unidos. Os porta-vozes chineses frequentemente afirmam que os Estados Unidos buscam "conter" e "cercar" uma China "ascendente". Para os Estados Unidos, trata-se de uma questão de liberdade dos mares e de relações com os países do Sudeste Asiático. Desde a Segunda Guerra Mundial, os Estados Unidos são o garantidor da abertura das rotas marítimas que servem de base para a estabilidade global e para a economia mundial de 90 trilhões de dólares. E foi nessas rotas abertas que a China prosperou.[1]

A relação do G2, entre "potência ascendente" e "potência dominante", torna-se mais complexa à medida que o equilíbrio entre os dois países varia e que as economias do resto da Ásia se integram com a da China. Como observou um diplomata singapurense: "A China será uma presença

168 O mapa da China

cada vez maior em todas as nossas vidas econômicas. A China está criando novas realidades, construindo uma rede de interesses econômicos — comércio, investimentos, infraestrutura — que se estende do Sudoeste ao Sudeste Asiático, formando uma esfera econômica unificada".[2]

XI JINPING PERTENCE A UMA NOVA GERAÇÃO – É O PRIMEIRO LÍDER chinês nascido após a Segunda Guerra Mundial. Seu pai, um veterano da revolução, alcançou o posto de vice-primeiro-ministro antes de ser expurgado e preso. Nas palavras de um livro preparado pela editora chinesa Foreign Language Press, depois que o pai de Xi foi "injustiçado e caiu em desgraça, Xi passou por tempos difíceis. Durante a Revolução Cultural, sofreu humilhação pública e fome, ficou sem teto e foi até detido". Xi foi mandado como "jovem educado" para o interior, onde trabalhou por sete anos. Durante um período, morava em uma caverna e dormia em "camas de barro", depois foi para um campo de trabalho. "A vida era difícil", Xi conta. A experiência também o endureceu. Após a Revolução Cultural, Xi matriculou-se na universidade e depois foi promovido para cargos no governo e no partido. Em 2007, tornou-se membro do *politburo* e emergiu como futuro líder do país. Para Xi, o Partido Comunista é supremo e central, o princípio organizador máximo da ascensão chinesa, e sua disciplina e controle são essenciais.[3]

Em novembro de 2012, dias após tornar-se líder do partido, Xi levou o novo *politburo* para uma breve excursão. O grupo atravessou a Praça da Paz Celestial e visitou o Museu Nacional da China, onde passou pelos inúmeros tesouros dos 5 mil anos de história chinesa e parou em uma exposição chamada "A estrada do rejuvenescimento". A exposição apresentava o sofrimento e a humilhação da China nas mãos dos imperialistas e a sua trajetória de recuperação sob a liderança do Partido Comunista.

"Agora todos falam do sonho da China", ele disse em frente à exposição. "Creio que realizar o grande renascimento do povo chinês é o maior sonho da nação chinesa nos tempos modernos."[4]

Em 2013, Xi também se tornou presidente da China. Desde então, ele deu início ao que foi chamado de "terceira revolução" da China, após as de Mao e Deng. O objetivo é uma nova era de modernização para elevar a economia na cadeia de valor e criar uma "sociedade razoavelmente próspera". Xi reafirmou a primazia do Partido Comunista e o papel dominante do Estado na economia, começou uma campanha anticorrupção maciça, promoveu um papel de grande potência mais assertivo para a China no cenário mundial, elevou a marinha e a força aérea e controlou a internet. Em 2018, o Congresso Nacional do Povo o transformou em presidente vitalício, o que rompeu com a tradição pós-Deng de limitar os mandatos dos presidentes. O congresso também elevou o "pensamento de Xi Jinping" ao mesmo nível do "pensamento de Mao Zedong" e do "pensamento de Deng Xiaoping".

Xi, por sua vez, declarou que a China está "firme e altiva" e evocou um "poderoso vento leste" que levaria o país adiante. E, com uma mensagem dirigida, segundo ele, àqueles "que estão acostumados a ameaçar os outros", claramente referindo-se ao Mar do Sul da China, declarou que "é absolutamente impossível separar um único centímetro de território do nosso grande país". Essa determinação seria sustentada, segundo Xi, por uma política de rearmamento contínua com o intuito de criar "forças armadas de classe mundial" e aquilo que chamou de um "sistema de combate moderno com características chinesas distintas".[5]

Incidentes e colisões evitadas por pouco continuam a ocorrer no Mar do Sul da China entre navios chineses e a Marinha dos EUA em "patrulhas de liberdade de navegação", incluindo uma em outubro de 2019, quando um destróier chinês ficou a menos de 45 metros de um americano, o que o forçou a "pisar no freio". Outros países (Japão, Austrália e europeus) realizam patrulhas semelhantes nas mesmas águas. O perigoso jogo dos mapas também ocorre no espaço aéreo acima do Mar do Sul da China. Em uma ocasião, dois jatos chineses chegaram a 15 metros de uma aeronave americana. Em outra, o rádio de um avião de vigilância americano crepitou com seis avisos diferentes enquanto sobrevoava as Ilhas Spratly (que os chineses chamam de Ilhas Nansha).

"Aeronave militar americana", as forças armadas chinesas anunciaram. "A China tem soberania sobre as Ilhas Nansha e águas adjacentes. Parta imediatamente e mantenha-se afastada para evitar mal-entendidos".

"Sou uma aeronave naval dos Estados Unidos, soberanamente imune, conduzindo atividades militares legais além do espaço aéreo nacional de qualquer Estado costeiro", respondeu o piloto americano, lendo de um

170 O mapa da China

cartão no qual o linguajar fora escolhido com muito cuidado. "No exercício dos direitos garantidos pelo Direito internacional, opero com o devido respeito pelos direitos e deveres de todos os Estados."

Pouco depois, o veículo chinês *Global Times* publicou um elogio aos pilotos chineses por terem defendido o território da China.[6]

Em resposta à competição crescente, os Estados Unidos apresentaram seu novo mapa de toda a região. Mike Pompeo, o secretário de Estado, chamou-o de "mapa do Indo-Pacífico", o que coloca a Índia firmemente na posição de principal contrapeso à China na região. "Não se enganem", disse Pompeo, "o Indo-Pacífico, que se estende da costa oeste dos Estados Unidos à costa oeste da China, é uma região importantíssima para a política externa americana" e "grande parte do futuro econômico internacional dos Estados Unidos". Pompeo também completou que os EUA "se oporão a qualquer país" que busque "dominar o Indo-Pacífico".

Em apoio a essas ideias, o orçamento de defesa americano de 2019 identificou o que chama de "atividades militares e coercivas" chinesas no Mar do Sul da China como uma das principais prioridades do Pentágono e um dos maiores motivos para o aumento dos gastos militares.[7]

A DISPUTA PELO MAR DO SUL DA CHINA E A RIVALIDADE SINO-AMERICANA criam dilemas para os países que compõem a Associação das Nações do Sudeste Asiático (Asean). A associação foi fundada em 1974, quando a Guerra do Vietnã terminava. "Foi um período muito sombrio", lembra o embaixador singapurense Tommy Koh. Com os Estados Unidos prestes a se retirar do Vietnã, havia um medo generalizado de que toda a região sofresse uma revolução comunista. Mas nada disso aconteceu, e hoje o Vietnã comunista está se integrando à economia de mercado global. Ao contrário da União Europeia, os 10 países que compõem a Asean têm sistemas políticos radicalmente diferentes. Ainda assim, com 600 milhões de pessoas, eles estão formando uma comunidade econômica cada vez mais integrada.[8]*

---

*Os 10 países-membros da Asean são Brunei, Camboja, Indonésia, Laos, Malásia, Mianmar, Filipinas, Singapura, Tailândia e Vietnã.

Os países continuam a enfrentar desafios de balanceamento e, então, rebalanceamento. "O Sudeste Asiático está integrado com os Estados Unidos em termos de segurança, mas com a China em termos econômicos", afirmou Chan Heng Chee, ex-embaixador singapurense nos EUA. Além disso, a mensagem chinesa, repetida constantemente para os outros países em torno do Mar do Sul da China, é: "Nós somos uma realidade geográfica. A aliança americana é um conceito geopolítico".[9]

Os países da Asean estão cada vez mais integrados com a China em termos de comércio internacional. Em 2005, o comércio americano com a Asean era 50% maior do que o chinês. Hoje, os números se inverteram: o comércio da Asean com a China é 50% maior do que aquele com os Estados Unidos. Ao mesmo tempo, entretanto, esses países buscam fortalecer suas relações de segurança com os Estados Unidos, considerados "o único contrapeso realista", de modo a garantir a sua própria independência de ação na região.[10]

A expansão armamentista chinesa levou outros países da região (a Asean, além do Japão e da Austrália) a gastar somas cada vez maiores em armas. Como observou Kevin Rudd, ex-primeiro-ministro da Austrália: "Está claríssimo que há um aumento do arsenal militar e naval em toda a região da Ásia-Pacífico. É uma realidade". Alguns países da Asean têm uma preocupação diferente — como formulou um estrategista singapurense, eles se preocupam que "os Estados Unidos estejam distraídos, incapazes de focar questões geoestratégicas". Existe outro tipo de risco. Como questionou outro observador, as nações do Sudeste Asiático, a China e os Estados Unidos não seriam reféns do risco de "comportamentos agressivos" por parte de comandantes individuais "que saiam do controle" e "que poderiam provocar consequências terríveis"?[11]

A China é uma grande beneficiária da economia mundial aberta e do fluxo livre do comércio pelos oceanos mundiais defendido pelos Estados Unidos. O país alcançará muito mais facilmente seus objetivos de crescimento em um mundo estável e pacífico do que em um cenário dividido por confrontos e perturbado por conflitos.

Algumas medidas poderiam reduzir os riscos no Mar do Sul da China. Os países da Asean e a China estão negociando um código de conduta para reduzir as tensões na região. Uma das questões controversas, no en-

172 O mapa da China

tanto, é a proposta da China que lhe daria poder de veto se outros países desejassem conduzir exercícios militares com os Estados Unidos.

Um diálogo muito mais consistente entre as instituições militares e maior transparência em relação aos programas poderiam ajudar a atenuar a crescente "desconfiança estratégica" e a incerteza sobre a questão crítica, embora muitas vezes nebulosa, das intenções. Um passo nessa direção foi dado com duas medidas de formação de confiança. Em 2014, os Estados Unidos e a China concordaram em alertar um ao outro sobre grandes exercícios militares na região e adotaram "regras de comportamento" para gerenciar encontros navais e aéreos. Acalmar os ânimos do nacionalismo populista nos países ao redor do mar daria aos governos mais flexibilidade para resolver as suas diferenças. Esclarecer o tratamento das "feições terrestres" e seus "direitos" nas águas adjacentes a elas seria importante. Outra questão, uma das mais incômodas, é um entendimento sobre o *status* legal das ZEEs.

Ou talvez o melhor que possamos esperar seja "a ambiguidade mútua assegurada" (MAA — *mutually assured ambiguity*), um trocadilho com a MAD (destruição mútua assegurada) do impasse nuclear entre EUA e URSS durante a Guerra Fria. Mas buscar resolver as questões em um sistema multilateral, com um papel crítico para a Asean, ajudaria a modular a crença de que o Mar do Sul da China é fundamentalmente um impasse entre a China e os Estados Unidos.[12]

Em termos de energia, o conflito entre as nações poderia ser atenuado pelo reconhecimento de que as águas do Mar do Sul da China provavelmente não serão outro Golfo Pérsico em termos de suprimentos, e de que a sua contribuição mais importante para a segurança energética é garantir a passagem de navios-petroleiros pelas suas águas.

Para o Japão e a Coreia do Sul, que também dependem bastante do Mar do Sul da China para o transporte das suas importações e exportações, o controle chinês seria considerado uma enorme ameaça em potencial. Como expressou, com grande simplicidade, Yoriko Kawaguchi, ex-ministra das Relações Exteriores japonesa, "rotas marítimas são importantes para o Japão".

Os dois países ficariam cada vez mais assustados, nas palavras de um almirante japonês aposentado, com a "ambição unilateral da China de mo-

Capítulo 24   O teste de prudência   **173**

nopolizar todo o Mar do Sul da China" e obter "controle sobre a maioria das rotas marítimas de comunicação" e "das cordas salva-vidas" do Japão e da Coreia. Contudo, ambos estão cada vez mais interconectados com a China. As exportações japonesas para a China são aproximadamente iguais àquelas para os Estados Unidos, cerca de 20% das exportações totais em ambos os casos. A Coreia é ainda mais dependente: 27% das suas exportações vão para a China, contra 12% para os Estados Unidos.[13]

Entre o G2, a interdependência é ampla: a General Motors vende mais automóveis na China do que nos Estados Unidos. Antes da guerra comercial de Trump, até 60% das exportações de soja americanas iam para a China, e a Apple vendia 40 bilhões de dólares em iPhones por ano. Também se esperava que a China se tornasse o maior mercado para o GNL americano.

Mas não faltam questões econômicas polêmicas entre os dois países: direitos de propriedade intelectual e roubo; a exigência de que empresas americanas formem *joint ventures* para atuar na China; subsídios ocultos; invasões digitais. E, sim, guerras comerciais.

QUANDO SE TORNOU PRESIDENTE, DONALD TRUMP MUDOU O JOGO. Na visão do seu governo, a China não seria mais um parceiro econômico, ainda que complicado. Agora, além de rival estratégico, a China é um adversário econômico. O consenso da OMC ficou para trás. Trump chamou o acordo da OMC de 2001 de "o maior roubo de empregos da história". Depois da posse, declarou que "guerras comerciais são boas e fáceis de vencer", embora sem indicar quais tinha em mente. As da década de 1930 não foram boas nem fáceis de vencer, e terminaram mal para todos os envolvidos.[14]

A guerra comercial é parte de uma mudança radical na abordagem geral dos Estados Unidos. A estratégia de segurança nacional do governo Trump foi uma ruptura com a posição dos cinco presidentes anteriores. Esses presidentes e seus governos não hesitavam em criticar a China em uma série de questões importantes, mas sempre buscavam enfatizar o "engajamento" e o potencial positivo: "relação cooperativa" (Reagan); trabalhar juntos para contribuir para a "estabilidade regional e equilíbrio global" (George Bush); "engajamento mais amplo" (Clinton); "relação construtiva com uma China em mudança" e *stakeholder* responsável" (George W. Bush); "aprofundar nossa cooperação" (Obama).[15]

A estratégia de segurança nacional do governo Trump abandona o "engajamento" e o consenso da OMC. A China é vista como um rival geopolítico profundamente ameaçador, o maior entre todos os "adversários" dos EUA. É uma potência "revisionista" (ao lado da Rússia) que busca "moldar um mundo antitético aos nossos interesses e valores".[16] O Departamento de Defesa, por sua vez, em sua estratégia de defesa nacional, declarou que "a China é um competidor estratégico que usa táticas econômicas predatórias para intimidar os países vizinhos enquanto militariza partes do Mar do Sul da China".[17]

Esse linguajar destaca uma mudança fundamental, de duas décadas de "guerra ao terror" para uma nova era estratégica: rivalidade com a Rússia, e uma muito maior com a China. Nas palavras de Mark Esper, secretário de Defesa: "China, número 1; Rússia, número 2". Agora, considerava-se que a China buscava "deslocar" os Estados Unidos da sua posição global e desenvolvia as capacidades para tanto. De acordo com essa visão de mundo, os Estados Unidos haviam passado duas décadas cegos e distraídos, mergulhados em negação após a entrada da China na OMC, em 2001. "Se eu fosse um estrategista chinês", declarou uma alta autoridade do Pentágono, "a única coisa da qual me arrependeria é de que não mantive os Estados Unidos dormindo por mais tempo".[18]

Em um discurso em outubro de 2018, o vice-presidente Mike Pence explicou melhor a nova perspectiva. A China, segundo Pence, "arquitetara o roubo em larga escala de tecnologia americana" e construíra "um Estado de vigilância sem precedentes" e "um sistema orwelliano". O país busca "a erosão das vantagens militares americanas" e quer "expulsar os Estados Unidos da América do Pacífico Ocidental". Mas, Pence continuou, "não seremos intimidados". Washington é profundamente dividida e repleta de conflitos partidários, mas as declarações de Pence refletem ideias que se tornaram o consenso entre os dois partidos, como ficaria evidente na campanha presidencial de 2020.[19]

A China respondeu com o seu próprio livro branco, "A Defesa Nacional Chinesa na Nova Era". Embora mais moderado em algumas seções — o documento fala sobre áreas de cooperação entre China e Estados Unidos, incluindo suas respectivas forças armadas —, ele também define uma "nova era" baseada em "competição estratégica" entre as grandes potências. Na

Capítulo 24   O teste de prudência   **175**

versão chinesa, a culpa é do "crescente hegemonismo, política de poder e unilateralismo" dos EUA. Os Estados Unidos, afirma o livro branco, buscam "superioridade militar absoluta" e "minaram a segurança estratégica global". A Ásia-Pacífico "tornou-se o foco de intensa competição entre os países" por causa de "países de fora da região" (ou seja, os EUA) que "entram ilegalmente nas águas territoriais da China e nas águas e no espaço aéreo próximos às ilhas e recifes chineses, solapando a segurança nacional chinesa". A China, declara o documento, resistiria a todas as ameaças à sua posição.

O livro branco, então, culpa "forças externas" (mais uma vez, os Estados Unidos) por inflamar o movimento pela independência de Taiwan. Para deixar ainda mais claro o que já era praticamente transparente, o coronel sênior Wu Qian, ao apresentar o livro branco em Beijing, disse que, em caso de movimentos no sentido da independência de Taiwan, o Exército Popular de Libertação estava "pronto para entrar em guerra".[20]

Juntos, o livro branco chinês e os dois relatórios americanos, como observou gravemente um analista, soam "um alerta claro da rivalidade estratégica crescente entre uma superpotência existente e uma emergente", rivalidade essa "que moldará o futuro da China e dos Estados Unidos pelas próximas décadas". Entre as instituições de segurança nacional de ambos os países, cada lado concentra-se no outro e enxerga-o como o inimigo do futuro.[21]

O rancor em torno do coronavírus e suas origens em Wuhan piorou as relações entre os países. E em maio de 2020, após meses de protestos em Hong Kong, alguns dos quais violentos, Beijing impôs leis e sistemas de segurança à semiautônoma Hong Kong. A China estava revogando o conceito de "um país, dois sistemas", o princípio dominante desde que os britânicos entregaram Hong Kong a ela em 1997. Beijing declarou que era uma questão puramente "interna". A reação internacional foi forte. Por coincidência, quase exatamente ao mesmo tempo, a Casa Branca publicou uma nova estratégia para a China. "Beijing busca transformar a ordem internacional para alinhá-la com (...) os interesses e a ideologia" do Partido Comunista, afirma o documento. Em resposta, o governo americano adotava "uma abordagem competitiva" que inclui "tolerância a maiores atritos bilaterais". O atrito continuaria a aumentar.

176 O mapa da China

POR TRÁS DA GUERRA COMERCIAL, HÁ UMA PREOCUPAÇÃO MAIS PRO-
funda com "tecnologias futuras". A corrida armamentista algorítmica de
alta tecnologia já está sendo disputada, liderada pela competição por proeminência no campo da inteligência artificial.

A estratégia "Made in China" 2025, anunciada por Beijing em 2017,
pretende transformar a China em líder em 10 setores de alta tecnologia.
Os chineses observam que a sua renda *per capita* é cerca de apenas um
sexto da americana e que o país precisa subir na cadeia de valor para
evitar a estagnação da "armadilha da renda média". O objetivo é alcançar
os Estados Unidos. Em seu discurso, Pence respondeu que "o Partido Comunista" da China poderia acabar "controlando 90% das indústrias mais
avançadas do mundo", o que lhe permitiria "conquistar o alto comando da
economia do século XXI".[22]

A batalha da tecnologia já está sendo travada no campo da conectividade 5G, e mais especificamente em torno da chinesa Huawei. Maior
empresa de telecomunicações do mundo, na vanguarda do 5G (tecnologia
de quinta geração para redes móveis), a Huawei tornou-se uma das grandes campeãs nacionais chinesas, símbolo do seu poderio tecnológico e
comercial. Washington defende que a tecnologia da Huawei dá *backdoors*
à vigilância governamental chinesa e possibilita manipulações, e que a
empresa é ligada ao governo e ao Partido Comunista. O governo americano baniu a Huawei das redes de telecomunicações americanas e tenta
persuadir outros países a fazerem o mesmo. Na verdade, de uma forma
que lembra as marinhas da Grã-Bretanha e da Alemanha antes da Primeira Guerra Mundial, a tecnologia 5G da Huawei tornou-se um símbolo da
nova rivalidade.

Com o aumento das tensões, um alerta sobre os riscos da "animosidade
mútua e cálculos de soma zero" foi soado por Robert Zoellick, formu-
lador original do conceito da China como "*stakeholder* responsável" em
2005, quando era vice-secretário de Estado. Uma década e meia depois,
Zoellick observou que a palavra *stakeholder* era acompanhada de um
ponto de interrogação no título do seu discurso. Nada estava garantido. Mas, disse Zoellick, mesmo com todas as tensões evidentes, a China
tinha realmente se engajado, de múltiplas maneiras, no sistema internacional criado originalmente pelos Estados Unidos, pelo Japão e pela Eu-

Capítulo 24 O teste de prudência **177**

ropa Ocidental. Agora, no entanto, os Estados Unidos estavam forçando a China a "defender seu próprio sistema paralelo independente, com regras muito diferentes". E essas ações poderiam ter um alto custo, tanto econômica quanto politicamente.[23]

A interdependência econômica tem lastreado a rivalidade militar e estratégica, mas o lastro parece correr o risco de ser descartado no Mar do Sul da China, junto com a atitude mais cooperativa que o acompanhava. Essa nova instabilidade na relação econômica aumenta o risco de que um "acidente", confronto ou conflito não seja administrado e contido.

O fato óbvio é que nenhum dos dois países, China ou Estados Unidos, vai "sumir". As tensões estão crescendo, mas o G2 precisa coexistir no mesmo planeta. Embora a possibilidade de uma grande barganha seja pequena, a aplicação de soluções práticas, em combinação com a prudência, poderia ajudar a atenuar os riscos. Melhor isso do que ser forçado a tomar emprestado um conceito das cartas marítimas e aplicar a legenda "área de perigo" aos novos mapas geopolíticos do século XXI.

Capítulo 25

A CONSTRUÇÃO DO CINTURÃO E ROTA

Nursultan, ex-Astana, capital da república centro-asiática do Cazaquistão, é uma cidade parcialmente nova. Durante o período soviético, a parte antiga da cidade, castigada pelos invernos rigorosos e pelos ventos terríveis que sopram da Sibéria, tinha outro nome: Tselinogrado. A cidade não era nada até sua escolha para ser a nova capital do Cazaquistão independente.

Hoje, as partes novas da cidade constituem uma metrópole futurista e reluzente, com arranha-céus projetados por arquitetos de renome mundial, tudo graças ao aumento das receitas do petróleo obtidas pelo Cazaquistão desde a sua independência, em 1991. De todos os países da Ásia Central, nenhum se esforçou mais do que o Cazaquistão para se integrar à economia global. O país estabeleceu o Centro Financeiro Internacional de Astana, regido pelo direito comercial britânico, para tornar-se o centro financeiro da região. O Cazaquistão também tem petróleo, de longe as maiores reservas entre todas as repúblicas da Ásia Central, o que o torna a mais rica de todas.

Capítulo 25 A construção do Cinturão e Rota **179**

Em 2013, o presidente chinês Xi Jinping visitou a cidade para proferir um discurso importante na Universidade Nazarbayev. Como parte da sua missão de ligar o Cazaquistão ao resto do mundo, todas as aulas são ministradas em inglês na instituição. Em seu discurso, Xi revelou o novo mapa da China para a economia mundial: o "Cinturão e Rota", no qual a China, historicamente chamada de "Reino Médio", se tornaria o centro de uma economia mundial redesenhada. O programa ligaria a China a toda a Eurásia — os continentes da Europa e da Ásia, interpretados como uma única entidade gigante — por meio de infraestrutura, energia, investimentos, comunicação, política e cultura. Subsequentemente, a área identificada por Xi seria ampliada para incluir o Oriente Médio e a África. A China se tornaria o motor do desenvolvimento, o parceiro preferencial, o principal financista, o promotor e o grande estrategista.

Naquele dia, Xi recorreu a uma figura dos anais da história: Zhang Qian, que, no século II a.C., atuou como enviado especial da dinastia Han à Ásia Central. Após 10 anos como prisioneiro de uma tribo nômade, Zhang conseguiu voltar à China e informar o imperador sobre o potencial de comércio com o Oeste, uma região até então desconhecida. Mais de 2 mil anos depois, o presidente Xi recorreu a um linguajar poético, até místico. "Aqui neste lugar, quando relembro esse episódio da nossa história, quase consigo escutar os sinos dos camelos ecoando nas montanhas e enxergar os fios de fumaça pontuando o deserto".[1]

Os relatos de Zhang Qian marcaram o início do desenvolvimento de rotas comerciais para o Oeste, primeiro para a Ásia Central e a Pérsia, depois estendendo-se até o Império Romano. Essa rota comercial transcontinental não tinha um nome específico. Foi apenas em 1877 que passou a ser chamada de *Die Seidenstrasse* ("a Rota da Seda"), nome dado pelo barão Ferdinand von Richthoften, geólogo e geógrafo alemão enviado à China para prospectar oportunidades de mineração e uma possível rota ferroviária até a Europa. Ele escolheu o nome porque parte do comércio fora movido pela paixão dos romanos antigos pela seda chinesa. Aparentemente, essa paixão podia chegar a extremos, pois um senador romano criticou a seda por promover o adultério ao revelar os corpos femininos muito explicitamente.[2]

A Rota da Seda não era uma única estrada, e sim uma série de trilhas e caminhos ao redor do Deserto de Taclamacã. As rotas levavam, às

180 O mapa da China

vezes através de grandes perigos, de uma cidade-oásis até outra, e além de montanhas que pareciam intransponíveis. Durante milhares de anos, entretanto, a Rota da Seda funcionou como meio de transporte extraordinário para diversos produtos, de seda e especiarias a artigos de couro e instrumentos musicais, assim como para culturas, povos, religiões e vocabulários. Foi por essa rota que o papel chegou ao Ocidente, primeiramente em embalagens, só mais tarde como apetrecho para a escrita. E, no Cazaquistão de 2013, Xi descreveu o grandioso plano de Beijing como a "nova rota da seda".[3]

Um mês após o evento em Astana, Xi, discursando perante o Parlamento da Indonésia, apresentou a segunda parte da nova estratégia. Dessa vez, ele lembrou o espírito do eunuco de três joias, o almirante Zheng He, do século XV, cujas viagens haviam chegado à Indonésia antes de zarpar para os "mares ocidentais". Zheng He deixara "muitas histórias de trocas amigáveis", afirmou Xi, "muitas das quais são repetidas até hoje". E agora a China trabalharia com os países do Sudeste Asiático "para construir a rota da seda marítima do século XXI".[4]

Os chineses denominaram a proposta de "Iniciativa Cinturão e Rota" (Belt and Road Initiative), mas em chinês há uma ligeira nuance: "Estratégia de Cinturão e Rota". Na verdade, é tanto uma iniciativa quanto uma estratégia. Por uma questão de simplicidade, ela muitas vezes é simplesmente chamada de Cinturão e Rota ou ICR. O conceito passou a ser aplicado a projetos ao redor do mundo, então transformou-se em uma marca no país.[5]

DESDE O COLAPSO DA UNIÃO SOVIÉTICA, EM 1991, A ÁSIA CENTRAL AVANçou significativamente em termos de sistemas rodoviários, conexões ferroviárias e transporte aéreo. Contudo, os maiores investimentos internacionais foram destinados, de longe, a recursos de petróleo e gás natural e aos dutos que os transportam aos mercados mundiais.

À medida que as necessidades energéticas chinesas cresceram neste século, o acesso à energia da Ásia Central foi ganhando prioridade. O Turcomenistão, com sua abundância de gás natural, tornou-se o maior exportador de gás para a China. No Cazaquistão, empresas chinesas representam cerca de 20% da produção de petróleo do país. Um oleoduto de mais de

Capítulo 25 A construção do Cinturão e Rota **181**

2.200 km atravessa todo o Cazaquistão, estendendo-se das margens do Mar Cáspio, no oeste do país, até a China, o que torna o Cazaquistão uma fonte importante de diversificação para Beijing.

Além da energia, a China tinha um interesse de segurança bastante específico na Ásia Central. A enorme região de Xinjiang, no noroeste do país, faz fronteira com o Cazaquistão, o Quirguistão e o Tajiquistão, além do Afeganistão e do Paquistão. Fortalecer as relações com esses países vizinhos ajudaria a controlar o Movimento Islâmico do Turquestão Oriental, um grupo jihadista violento ligado a outros grupos extremistas da Ásia Central e do Oriente Médio e que fornece combatentes a essas organizações. A região de Xinjiang inclui a Bacia de Tarim, uma das principais fontes de petróleo e gás natural dentro do país. Lá, os uigures, povo turcomeno muçulmano, têm sido o grupo étnico dominante, ao lado de cazaques e outros grupos, entre eles muitos chineses han, hoje em dia. Em Xinjiang, os han representam pelo menos 40% da população; eram apenas 6% em 1949. Após uma série de ataques terroristas que deixaram dezenas de mortos, a repressão do governo chinês na região foi violenta. Beijing estabeleceu campos para uigures e outros muçulmanos, e pode estar retendo lá até 1 milhão de pessoas. As autoridades chinesas dizem que os campos são "centros de educação e treinamento". Os críticos pensam diferente: "encarceramento em massa" e doutrinação. Os campos transformaram-se no foco de controvérsias e provocaram uma onda de protestos internacionais.

Depois que a Câmara de Deputados dos EUA aprovou um projeto de lei que instituía sanções e restrições a transações com empresas chinesas envolvidas na região, o Ministério das Relações Exteriores em Beijing denunciou a lei. Segundo o ministério, a lei era uma interferência "grosseira" em "assuntos internos chineses", e a política do país era "combater a violência, o terrorismo e o separatismo" e "promover a desradicalização". Essa campanha, junto com o novo sistema de segurança de Beijing para Hong Kong e o rancor prolongado devido ao coronavírus, deixou as relações da China com os Estados Unidos e os outros países ocidentais ainda mais tensas.[6]

A Iniciativa Cinturão e Rota foca a energia, a infraestrutura e o transporte, com um investimento em potencial total estimado em cerca de 1,4 trilhão de dólares. É uma escala inédita na história humana e, ajustando pela

182 O mapa da China

inflação, pelo menos sete vezes maior do que o Plano Marshall, a iniciativa americana de reconstrução da Europa após a Segunda Guerra Mundial.[7]

Não são apenas produtos físicos que a China busca exportar para a Eurásia e para o resto do mundo; o país também quer vender seu próprio modelo econômico. Há décadas que o investimento em infraestrutura serve de motor para o crescimento econômico e o desenvolvimento do país, e a China pisa no acelerador quando esse crescimento parece estar enfraquecendo.

Um ímpeto inicial por trás da Iniciativa Cinturão e Rota foi a expectativa de que, após a crise financeira global, o crescimento econômico mundial seria mais lento. O desenvolvimento na Eurásia estimularia o crescimento, criaria mercados para as indústrias chinesas que sofriam com capacidade ociosa e apoiaria a geração de empregos na China e de oportunidades para as empresas chinesas.

TAMBÉM HÁ O ELEMENTO GEOPOLÍTICO. EM 2011, O GOVERNO OBAMA anunciou uma "guinada" para a Ásia. Para Washington, a mudança refletia o cansaço com a guerra, era uma tentativa de afastar-se do Oriente Médio e do Afeganistão, com as suas guerras aparentemente intermináveis e seus altos custos, e concentrar-se na parte mais dinâmica da economia mundial. A intenção da guinada era transmitir uma mensagem de garantias estratégicas para os países asiáticos (excluindo a China), a ideia de que os Estados Unidos estariam comprometidos com a região, não a cederiam para a predominância chinesa e, mais ainda, aumentariam o seu engajamento. Subsequentemente, a guinada passou a ser chamada de "rebalanceamento".[8]

Em Beijing, a guinada americana foi ridicularizada, chamada de "política impensada de rebalanceamento" e apresentada como uma estratégia americana para "conter" a China, aliená-la dos países vizinhos e impedir que assumisse o papel de predominância na Ásia que seria seu por direito. Em 2012, um artigo influente aconselhou o país a "marchar para o Oeste", se contrapor ao "rebalanceamento" americano em direção à Ásia e enfraquecer a competição com os Estados Unidos.[9]

O Oeste veio a significar "Cinturão", também chamado de "ponte terrestre eurasiática", que permitiria que a China expandisse sua força econômica, sua influência e sua relevância por toda a Ásia Central, Oriente

Médio e Rússia e alcançasse a Europa. Essas ligações por terra também compensariam um dos grandes medos estratégicos da China: a Marinha dos EUA e o "dilema de Malaca". Avançar para o Oeste, nas palavras de um general chinês, daria à China um "interior estratégico e espaço internacional".

A iniciativa marítima, chamada de "Rota", contorna o Sudeste Asiático e o Sul da Ásia, estende-se à África, passa pela Península Arábica, entra no Mediterrâneo e segue para a Europa. A rota é pontuada pelo que alguns autores chamam de "colar de pérolas", uma série de portos expandidos que promoverão o comércio chinês e oferecerão ancoragem para a Marinha chinesa.

A China levaria tecnologia, finanças e capacidade de trabalho em grande escala, além da habilidade de executar seus projetos rapidamente. O que o país não levaria consigo é o que os Estados Unidos e a Europa promovem: "democracia" e "liberdade", partidos de oposição e ONGs, e críticas às eleições e práticas políticas internas. O que o Ocidente chama de "valores universais", a China rejeita e chama de "valores ocidentais". Com a China no comando, a "mudança de regime" sairia de pauta, não haveria apoio para "revoluções coloridas", ninguém defenderia ativistas dos direitos humanos. Em vez disso, a China reconheceria e respeitaria a "soberania absoluta".[10]

Uma das ferramentas mais poderosas da China na busca do seu objetivo de "conectividade" é a sua capacidade de mobilizar capital em grande escala. Foi criado o Fundo da Rota da Seda, de propriedade chinesa, no total de mais de 60 bilhões de dólares. A China também estabeleceu um novo Banco Asiático de Investimento em Infraestrutura para financiar o desenvolvimento nesses corredores. A nova instituição reflete a insatisfação chinesa com aquilo que considera sua influência inadequada na "governança" do Banco Mundial, que não seria proporcional à sua posição na economia mundial, e com a tendência ao "politicamente correto" nos empréstimos do Banco Mundial (energia eólica e solar, mas não extração de petróleo e gás natural, e certamente nada de carvão). O governo Obama não hesitou em se opor à criação de uma nova instituição financeira internacional dominada pelos chineses. Para a decepção de Washington, a Grã-Bretanha foi o primeiro país europeu a participar, correndo à frente de Luxemburgo. Outros aliados americanos de longa data também se juntaram rapidamente ao projeto chinês. Tudo isso deixou apenas os Estados Unidos e o Japão de fora. Não há

184 O mapa da China

dúvida alguma sobre quem lidera o Banco Asiático: a China subscreveu 32% do capital e detém 30% dos direitos de voto. Ao mesmo tempo, no entanto, o maior beneficiário dos seus empréstimos até o momento foi a Índia.

Além de tornar-se o princípio organizador da política externa e econômica chinesa, a Iniciativa Cinturão e Rota também se transformou em um dos pilares do discurso político, acadêmico e popular no país. O número de artigos acadêmicos chineses que tratam sobre a ICR foi de 492, em 2014, para 8.400, em 2015. A China, o maior mercado de cinema mundial, criou o Festival Internacional de Cinema Rota da Seda para reunir profissionais de cinema dos mais diversos países, incentivar coproduções e destacar filmes que celebram os valores da ICR. Em um filme chamado O *Vendedor Chinês*, um vendedor de telefones celulares chinês usa sua esperteza para superar os rivais europeus em uma batalha acirrada por um contrato no Norte da África. Em *Kung Fu Yoga*, arqueólogos chineses e indianos se juntam para procurar um tesouro milenar.

"Poderíamos aumentar a cooperação em pesquisa arqueológica entre China e Índia", proclama o personagem indiano. "Também estaria alinhada com a política de Um Cinturão, Uma Rota."

"Muito bem colocado", responde o personagem chinês.[11]

QUANTOS PAÍSES SÃO CANDIDATOS À INICIATIVA CINTURÃO E ROTA? Muitos números são debatidos — até 131. Mas as autoridades chinesas fazem questão de dizer que não existe um número específico. Em vez disso, como afirmou uma delas, a Cinturão e Rota "não é um conceito geográfico. Trata-se de desenvolvimento, de projetos estrategicamente importantes que são financeiramente corretos". Os países da Europa Central e Oriental, alguns deles membros da União Europeia, se alinharam à iniciativa, assim como Itália e Grécia. Atualmente, uma empresa chinesa detém o controle acionário de Piraeus, o porto de Atenas. O presidente do Panamá perguntou a Xi Jinping se o país poderia ser parte da ICR. Com certeza, Xi respondeu. A "conectividade" é fundamental para a iniciativa, e o Canal do Panamá é uma fonte importante de "conectividade" para a economia mundial. A China é o segundo maior usuário do canal. Uma empresa chinesa adquiriu as maiores instalações portuárias do canal, enquanto outra

Capítulo 25 A construção do Cinturão e Rota **185**

propôs um projeto de ferrovia de alta velocidade de 4,1 bilhões de dólares para o país. A China finalmente esclareceu o número de países que poderiam participar da Cinturão e Rota: ele está aberto a "todas as nações". Contudo, os países "centrais" seriam limitados a um número muito menor, o de signatários de "parcerias estratégicas abrangentes" com a China.[12]

Khorgas, uma antiga encruzilhada através das montanhas da Rota da Seda da Antiguidade, hoje possui um gigantesco "porto terrestre" na fronteira entre a China e o Cazaquistão, um grande centro de transporte e eixo ferroviário que acelera o envio de contêineres da China para a Europa. Um serviço ferroviário regular leva contêineres cheios de produtos chineses para a Europa em cerca de metade do tempo de um navio porta-contêineres, ainda que a um custo maior. O primeiro serviço de transporte de carga até o Oriente Médio chegou a Teerã em 2016. A China está liderando um projeto de ferrovia de alta velocidade de 6 bilhões de dólares através das montanhas do Laos, que a ligará a sete países e, em alguns pontos, exigirá a presença de dezenas de milhares de trabalhadores chineses. O país investiu em inúmeros projetos de energia. A China está promovendo a venda dos seus trens-bala a ligará sua tecnologia para linhas de transmissão de ultra-alta tensão, que a Companhia Nacional da Rede Elétrica da China desenvolveu para transmitir com mais eficiência a eletricidade gerada no Oeste do país por longas distâncias. Depois que os Estados Unidos abandonaram o aeroporto no Quirguistão (uma república da Ásia Central), usado para abastecer as tropas aliadas no Afeganistão, os chineses apresentaram uma proposta de reforma bilionária para a estrutura.[13]

MAS ELABORAR UMA GRANDE ESTRATÉGIA E IMPLEMENTÁ-LA NO MUNDO real são duas coisas muito diferentes. As instituições financeiras chinesas não querem repetir a experiência da política de *Going Out*, da década de 2000, quando empresas chinesas pagaram caro por ativos estrangeiros. "Nosso desempenho avaliará nossas decisões", observou uma autoridade. "Além de estrategicamente importantes, os projetos também precisarão ser financeiramente corretos." Muitos acordos tiveram negociações complexas e demoraram mais do que o esperado, e alguns foram rescindidos ou deram errado. Nos países recipientes, os decisores debatem entre si sobre aquilo de que estão abrindo mão, consideram se não estariam ce-

186　O mapa da China

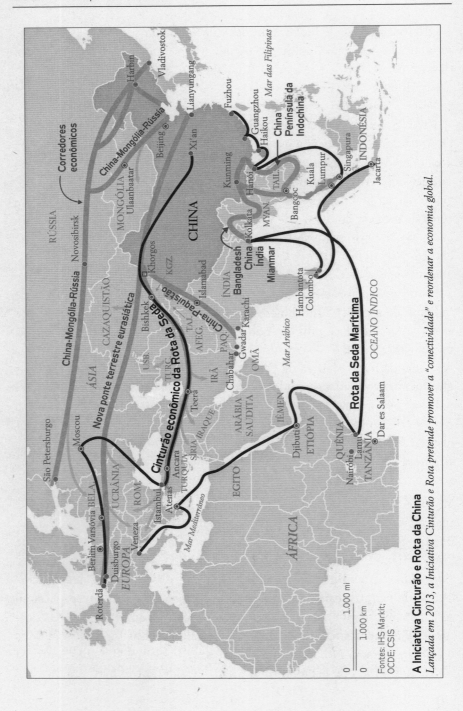

A Iniciativa Cinturão e Rota da China
Lançada em 2013, a Iniciativa Cinturão e Rota pretende promover a "conectividade" e reordenar a economia global.

Fontes: IHS Markit; OCDE; CSIS

Capítulo 25   A construção do Cinturão e Rota   **187**

dendo parte da sua economia para a China e imaginam que críticas enfrentarão internamente no futuro se realizarem um projeto — ou não o realizarem.[14]

O maior projeto até o momento é, por larga margem, o Corredor Econômico China-Paquistão, de 62 bilhões de dólares. Quase 70% do valor é destinado a investimentos relacionados a eletricidade. O resto vai para autoestradas, gasodutos, oleodutos e, em particular, um porto em grande escala na cidade costeira de Gwadar, com localização estratégica a caminho do Golfo Pérsico e do Canal de Suez. Suposto marco para a Rota da Seda marítima, o porto seria um paradouro conveniente para a Marinha chinesa. Gwadar não está ligada à China apenas pelo mar. A grande custo e com dificuldades extraordinárias, incluindo atravessar os mais de 4.600 m do Passo Khunjerab, a fronteira mais alta do mundo, foi construído um sistema rodoviário moderno para transportar bens entre a China e Gwadar. Como observou com mordacidade o *South China Morning Post*, jornal de Hong Kong, o sistema de porto e rodovias de Gwadar oferece "uma rota de transporte de carga alternativa ao Estreito de Malaca, frequentemente patrulhado pelos Estados Unidos".[15]

O investimento chinês no setor energético está aumentando os suprimentos de eletricidade, uma necessidade urgente em países com escassez energética, o que ajuda a indústria e as exportações paquistanesas. Ao mesmo tempo, devido aos custos de importar produtos chineses para os projetos, a conta das importações do Paquistão foi às alturas. O país atrasou o pagamento dos empréstimos chineses e seu índice de endividamento está aumentando rapidamente. O Paquistão foi forçado a recorrer ao Fundo Monetário Internacional (FMI) em 2019, seu 12º pacote de resgate desde o final da década de 1980. E, devido ao papel significativo dos Estados Unidos no FMI, isso envolve Washington com a ICR. "Não há justificativa para os dólares de contribuintes do FMI — e (...) dólares dos contribuintes americanos que são parte desse financiamento", declarou Mike Pompeo, secretário de Estado dos EUA, "serem usados para salvar os credores chineses, ou a própria China".[16]

Isso nos leva ao que Christine Lagarde, diretora-geral do FMI e atual presidente do Banco Central Europeu, chamou diplomaticamente de risco de "aumento problemático da dívida". Os críticos chamam a situação de "armadilha da dívida". Segundo eles, ela pode dar vantagens políticas e econômicas à China. Quando os outros países não conseguem pagar suas dívidas, entidades chinesas podem assumir o controle. O estudo de caso número um é o porto de Hambantota, no Sri Lanka, para o qual a China emprestou 1,1 bilhão de dólares. O porto recebe pouco tráfego e nunca teve chance alguma de obter receitas suficientes para pagar os empréstimos. Assim, em troca do cancelamento da dívida, uma estatal chinesa assumiu um contrato de arrendamento de 99 anos. Mas o governo do Sri Lanka, sob forte pressão indiana, conseguiu extrair dos chineses a promessa de que Hambantota, com sua localização estratégica no Oceano Índico, não seria usado para fins militares.[17]

Um dos desafios mais explícitos à questão do endividamento veio de Mohammad Mahathir, primeiro-ministro de longa data da Malásia, que voltou ao cargo em 2018. Em viagem à China, ele anunciou abruptamente o cancelamento de contratos com Beijing para a construção de dutos e ferrovias no valor de 23 bilhões de dólares. Aos 93 anos, Mahathir não hesitou em falar o que pensava e alertou seus anfitriões contra "uma nova versão do colonialismo". A Malásia, explicou, não poderia sustentar aquela dívida. "Creio que a própria China não deseja ver a Malásia tornar-se um país falido."

Alguns dias depois, no entanto, o Ministério das Relações Exteriores da Malásia apressou-se em esclarecer que o país permanecia absolutamente comprometido com a participação na Iniciativa Cinturão e Rota. Após um corte de 30% no custo do projeto ferroviário, o próprio Mahathir anunciou seu apoio à iniciativa, embora tenha aproveitado a conferência sobre a ICR de 2019, em Beijing, para defender veementemente a "liberdade de passagem" no Mar do Sul da China.[18]

Em resposta às críticas sobre o endividamento, e às preocupações de Beijing com o pagamento das dívidas, Xi apresentou um "sistema de sustentabilidade da dívida". O objetivo seria impedir que os devedores caíssem na armadilha da dívida. O conceito foi codificado pelo Ministério das Finanças como "ferramenta de política".[19] Um ano depois, entretanto, o impacto econômico devastador da crise do coronavírus em muitos países fez do endividamento um problema muito maior para todos.

Capítulo 25   A construção do Cinturão e Rota   **189**

MUITOS PAÍSES QUEREM OS INVESTIMENTOS, QUEREM GARANTIR QUE serão parte dessa nova economia global e não querem ficar de fora da "globalização 2.0" comandada pela China. Ao mesmo tempo, no entanto, querem garantir a própria independência de ação e buscarão usar o engajamento com a Rússia e os Estados Unidos para equilibrar a presença chinesa crescente. Os Estados Unidos continuam a ser, afinal, a economia mais importante do mundo, e são muito relevantes em termos de segurança.

Mas muitos países acreditam que os Estados Unidos estão dando um passo para trás, são cada vez menos previsíveis e deixaram de ser um aliado confiável, o que torna o engajamento com a China mais atraente. Como observou uma autoridade chinesa, "a retração dos Estados Unidos está nos ajudando".

Mas a mobilização maciça de capital para a Iniciativa Cinturão e Rota energizou Washington. Quando Donald Trump subiu ao poder, uma das instituições na lista de cortes era a Corporação de Investimento Privado Internacional (OPIC — Overseas Private Investment Corporation), uma agência que fornece seguro contra risco político para reduzir o risco de investimentos no estrangeiro para empresas americanas. Mas a OPIC foi combinada com outra agência do governo dos EUA e transformada na Corporação Financeira dos Estados Unidos para o Desenvolvimento Internacional (DFC — U.S. International Development Finance Corporation), com o objetivo principal de promover investimentos em infraestrutura global. Projeta-se que a DFC terá capacidade para até 60 bilhões de dólares em empréstimos, o que, por acaso, corresponde ao Fundo da Rota da Seda chinês.

A Rússia, por ora, está disposta a permitir a intersecção da sua União Econômica Eurasiática com a ICR. A Rússia não tem recursos para se tornar uma fonte de financiamento em nível global, e o próprio país precisa de investimentos estrangeiros; obviamente, isso se encaixa com a sua guinada para o Oriente e o alinhamento com a China na questão da "soberania absoluta". Ao mesmo tempo, no entanto, a Rússia continua a encarar a Ásia Central como a sua esfera de influência e, em algum momento, certamente não verá com bons olhos a entrada desses países, na prática, na esfera chinesa.

O país da região que mais se preocupa com a Iniciativa Cinturão e Rota é o outro gigante emergente, a Índia. Sua economia tem cerca de um terço do tamanho da chinesa. Contudo, a Índia também está "em ascensão" e se integra com a economia mundial, com interesses de segurança regionais crescentes. O país interpreta a ICR como uma fonte de dominação chinesa, possivelmente levando ao que descreve como o "cerco" do país, e se preocupa com as atividades navais chinesas na região. "A conectividade em si não pode superar ou minar a soberania das outras nações", afirmou o primeiro-ministro Narendra Modi. A Índia e a China estão em conflito devido aos seus mapas. Ambas têm reivindicações territoriais no "teto do mundo", o Himalaia, e os países já até entraram em guerra por causa delas.

A Índia revelou a sua própria política de "agir no Leste". Como escreveu um estudioso do tema, uma parte significativa da motivação indiana nesse sentido é a "desconfiança profunda" da Iniciativa Cinturão e Rota, que o país considera "um projeto estratégico criado com fins de ganhos políticos ou de segurança". Agir no Leste tem quatro objetivos: "garantir" o Oceano Índico; aprofundar as relações com o Sudeste Asiático; fortalecer as parcerias estratégicas com os Estados Unidos, o Japão e a Austrália; e "administrar as diferenças" com a China. Embora a Índia seja citada como parte de um dos corredores da ICR, e Xi e Modi tenham adotado o espírito da "Chennai Connect" após sua reunião naquela cidade na Baía de Bengala, a rivalidade entre os dois países parece inevitável. A competição entre eles já é evidente nos exercícios navais e na militarização crescente do Oceano Índico.[20]

Por ora, no entanto, a China oferece o melhor acordo à disposição para muitos países. Quando analisam de onde virão os investimentos em infraestrutura e energia, desejando garantir o seu lugar no novo mapa da economia global, muitos países estão concluindo que pode ser vantajoso ligar-se a uma China ascendente e engajada, não aos Estados Unidos, que, para muitos, parecem cada vez mais recuar e cada vez menos constantes.

OS MAPAS DO ORIENTE MÉDIO

Capítulo 26

LINHAS NA AREIA

No verão de 2014, um vídeo foi publicado na internet. Na fronteira entre a Síria e o Iraque, o vídeo mostrava um militante de um grupo jihadista até então praticamente desconhecido bater seus pés na areia. Atrás dele havia cabanas abandonadas, pontilhadas com buracos de bala, que protegiam a fronteira entre os dois países. O militante dizia que estava batendo os pés para indicar que o Isis estava eliminando a linha "Sykes-Picot" entre o Iraque e a Síria.

A linha Sykes-Picot, segundo ele, estava finalmente morta. "Não reconhecemos a fronteira e nunca vamos reconhecê-la." Suas palavras eram acompanhadas por imagens de postos de fronteira sendo explodidos. "Destruiremos todas as fronteiras", declarou.

O vídeo foi publicado após sete meses de confronto. Em janeiro de 2014, esse grupo, o Estado Islâmico do Iraque e da Síria (Isis — Islamic State in Iraq and Syria), partiu do leste da Síria e atravessou a fronteira com o oeste do Iraque. Seu avanço, em picapes e veículos militares capturados, foi feroz, varrendo as forças iraquianas e milícias em seu caminho.

O Isis capturou uma cidade após a outra e cometeu atrocidades a cada passo em seu caminho.

Em junho, o ataque do Isis foi finalmente interrompido, nos portões de Bagdá. Isso não impediu a organização de proclamar que era o novo califado. No auge, seu território abrangia um terço do Iraque e, se incluirmos a área que dominava na Síria, representava mais de três vezes o tamanho de Israel e do Líbano juntos — e mais de metade do tamanho da Grã--Bretanha. No total, cerca de 8 milhões de pessoas estavam sob o domínio do grupo.

"Isso vai além de um simples grupo terrorista", afirmou o secretário de Defesa dos EUA. "Está além de qualquer coisa que já tenhamos visto."[1]

A ambição do Isis era substituir as fronteiras e os Estados-nações por um califado, um império baseado na autoridade do Islã e nas restrições do século VII, não em soberania nacional. Esse califado enfrentaria o mundo em uma *jihad* global.

A ofensiva do Isis era o mais novo ataque ao mapa do Oriente Médio desenhado um século antes, um sistema ao qual os nomes Sykes e Picot estão inextricavelmente ligados. O Isis provocou uma nova crise em uma região que sofre turbulências há um século, decorrência da guerra e do colapso de um império, da competição entre grandes potências, do nacionalismo árabe, do fervor religioso, de conflitos ideológicos, de ambições dinásticas, de sonhos imperiais, de intervenções americanas, de um Estado judaico e da competição por petróleo. O palco desses acontecimentos era uma região crítica para a energia mundial (e, logo, para a economia global), e eles tinham lugar em um período no qual o confronto entre a Arábia Saudita e o Irã tornara-se fundamental para o futuro da região.

Tudo isso ocorria em um momento em que o futuro da energia era menos claro, e sujeito a disputas crescentes. Os países e a região, tão dependentes do petróleo, poderiam continuar a basear-se nele no futuro? O petróleo teria, no próximo século, o mesmo poder sobre a geopolítica e a economia mundial que teve no passado?

Mas quem foram Sykes e Picot?

EM DEZEMBRO DE 1915, EM LONDRES, UM OBSERVADOR ATENTO TALVEZ tivesse avistado um jovem inglês que saía discretamente da embaixada

Capítulo 26   Linhas na areia   **195**

francesa todos os dias, sem exceção. Mas não havia nada de discreto na sua missão: desenhar um mapa para o Oriente Médio, mapa esse que substituiria o do Império Otomano, prestes a se esfacelar; um mapa de "esferas" coloniais que, no seu devido tempo, se transformariam em Estados-nações, com definições modernas de soberania.

A Primeira Guerra Mundial catapultou Mark Sykes, autor de livros de viagem e membro do parlamento pelo Partido Conservador, ao posto de maior especialista em questões do Oriente Médio do governo britânico. Sykes era obcecado pela região desde criança, quando seu pai o levara em uma viagem pelo Império Otomano. Após Oxford, ele viajara a esmo pela região, e suas viagens serviram de base para uma série de livros. O último, publicado logo antes da guerra, chamava-se *The Caliph's Last Heritage* ("A Última Herança do Califa"). Para alguns, dada a sua obsessão pela região, Sykes era o "Mulá Maluco". A Primeira Guerra Mundial o levou de volta a Londres, onde suas credenciais o qualificaram como especialista em políticas para o Oriente Médio, com um papel crítico no processo de desenhar o novo mapa da região.

Sua função era ir à embaixada francesa e reunir-se em segredo com François Georges-Picot, um graduado diplomata francês que uma vez foi descrito como alguém que parecia "nunca ter sido jovem". Picot vinha de uma família identificada com as ambições imperiais francesas e fora cônsul-geral em Beirute. Apesar das suas diferenças, Sykes e Picot estavam unidos na crença de que algo precisava ser feito para substituir o Império Otomano, formado 500 anos antes.[2]

Em sua extensão máxima, os otomanos governavam quase todo o Oriente Médio e o Norte da África, e o império estendia-se até o sudeste da Europa. Havia regiões, mas não nações, sob o império. Muito antes da eclosão da Primeira Guerra Mundial, o Império Otomano já estava em decadência, com suas finanças em ruínas. No início da guerra, os otomanos se aliaram com a Alemanha e o Império Austro-Húngaro contra a Grã-Bretanha, a França e o Império Russo. Os britânicos e os franceses estavam decididos, nas palavras de Mark Sykes, a garantir que o Império Otomano turco "deixasse de existir". Mas o que o substituiria?

Para a Grã-Bretanha, a importância do Oriente Médio estava na sua posição estratégica nas rotas para a Índia, incluindo o Canal de Suez. Além disso, o sultão otomano, na sua posição de califa, o líder espiritual dos muçulmanos e protetor do Islã, havia convocado uma *jihad* (uma guerra santa) contra os britânicos, que, por sua vez, estavam assustados com o possível impacto sobre os súditos muçulmanos do Império Britânico na Índia e no protetorado do Egito. As ambições francesas eram mais comerciais, mas ainda envoltas em um misto de religião, história, *mission historique* e determinação de "colher os frutos de sete séculos de empreitadas francesas" que remontavam às Cruzadas (embora, como observou uma autoridade inglesa, "os cruzados tivessem sido derrotados, e as Cruzadas, fracassado").[3]

EM DEZEMBRO DE 1915, SYKES FOI CHAMADO PARA UMA REUNIÃO NO gabinete do primeiro-ministro Herbert Asquith a fim de debater os planos da Grã-Bretanha para o futuro do Oriente Médio. O próprio Asquith tinha sérias dúvidas sobre assumir responsabilidade pela Mesopotâmia (denominação dada à área que hoje corresponde ao Iraque, mais ou menos) e "enfrentar um emaranhado de questões administrativas (...) com um vespeiro de tribos árabes". Mas agora todos concordavam com o que Sykes estava propondo — nada menos do que desenhar uma "linha na areia" para o Oriente Médio no pós-guerra e estabelecer novas esferas de influência sob controle direto dos europeus.

Logo em seguida, Sykes começou as suas visitas secretas à embaixada francesa, para se reunir com Georges-Picot. Em 3 de janeiro de 1916, os dois lados chegaram a um acordo. A "linha na areia" estendia-se de Haifa, na costa do Mediterrâneo, até Kirkuk, próximo à fronteira com a Pérsia. A região ao norte da linha estaria sob a proteção francesa; a região ao sul, sob a britânica. O mapa não se resumia a isso, entretanto. Na "área azul", a França exerceria controle direto; na "área vermelha", a Grã-Bretanha faria o mesmo. Sykes e Georges-Picot discutiram acaloradamente sobre uma questão: a Palestina e o controle da Terra Santa. Por fim, concordaram que a Grã-Bretanha receberia dois portos (Haifa e Acre) e uma faixa de território para uma ferrovia que se conectaria com a Mesopotâmia. O restante da Palestina seria colocado sob uma forma não determinada de administração internacional. O Império Russo, aliado na guerra, entrou no acordo a fim de satisfazer suas próprias ambições territoriais no norte do Império Otomano.[4]

Capítulo 26 Linhas na areia 197

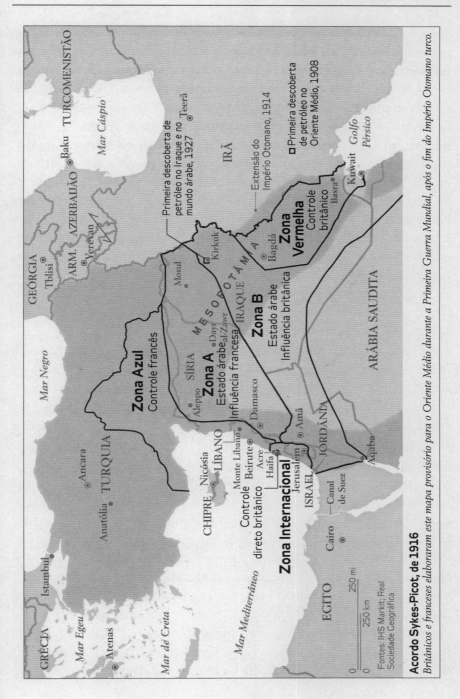

Acordo Sykes-Picot, de 1916
Britânicos e franceses elaboraram este mapa provisório para o Oriente Médio durante a Primeira Guerra Mundial, após o fim do Império Otomano turco.

198 Os mapas do Oriente Médio

O Acordo Sykes-Picot pode ser importante na memória histórica, mas poucos entendem que os dois homens não desenharam seu mapa em uma folha em branco. Seu esforço embasou-se em mapas anteriores — os mapas do Império Otomano turco e dos *vilayets*, como eram chamadas as províncias, estabelecidos em 1864. Os três *vilayets* orientais (o atual Iraque) baseavam-se em Bagdá, Mosul e Basra. Os *vilayets* de Aleppo, Damasco e Dayr al-Zawr correspondiam à Síria moderna. Beirute era um *vilayet*, e o Monte Líbano era uma unidade autônoma. Jerusalém e o território ao seu redor constituíam um distrito independente, sob autoridade direta de Istambul. O Hejaz, a Arábia ocidental incluindo Meca e Medina, era um *vilayet*; o Iêmen também, nos momentos duvidosos em que realmente estava sob controle otomano. Não houve um esforço, como escreveu um estudioso do período, de "desenhar as fronteiras das províncias de acordo com linhas étnicas". Foi sobre o mapa poliglota dos otomanos que Sykes e Picot desenharam suas próprias linhas, também sem considerar as divisões étnicas da região.[5]

Mas esse não era o único plano para o Oriente Médio no pós-guerra. Algumas autoridades britânicas no Oriente Médio promoviam a ideia de uma "revolta" árabe. Sua esperança era de que isso reuniria as populações árabes contra os seus governantes turcos. Os britânicos encontraram um líder para a revolta no carismático príncipe Faiçal. O príncipe era filho de Hussein, o xerife (guardião) de Meca e emir de Hejaz, o oeste da Península Arábica. Por ser descendente direto de Maomé, Hussein tinha uma autoridade única. Ele também tinha um número de telefone memorável: Meca 1.

O príncipe Faiçal tinha um defensor específico, um jovem inglês que fora ao Oriente Médio originalmente para trabalhar com arqueologia: T. E. Lawrence, que viria a ser conhecido pelo apelido de Lawrence da Arábia. Com o início da guerra, Lawrence tornou-se um oficial de inteligência britânico com base no Cairo. Dois dos seus irmãos foram mortos na frente ocidental, na Europa. "Os dois eram mais jovens do que eu", escreveu. "E não parece certo, de alguma forma, que eu continue a viver pacificamente no Cairo." Não foi o que aconteceu. Lawrence foi consumido pela paixão de provocar a revolta árabe. Ele organizou ataques de guerrilha ao sistema ferroviário turco e garantiu que Faiçal e seus cavaleiros árabes estivessem na vanguarda quando as forças aliadas tomassem Damasco dos turcos.[6]

Capítulo 26   Linhas na areia   **199**

A cartografia complicou-se ainda mais em novembro de 1917, quando Balfour, o secretário das Relações Exteriores, enviou uma carta pública ao barão Lionel Rothschild, na qual declarava que a Grã-Bretanha "[encarava] favoravelmente o estabelecimento, na Palestina, de um lar nacional para o povo judeu, e empregará todos os seus esforços no sentido de facilitar a realização desse objetivo, entendendo-se claramente que nada será feito que possa atentar contra os direitos civis e religiosos das coletividades não judaicas existentes na Palestina".

Mas como esse plano seria implementado? No final de maio de 1918, um viajante improvável subiu a bordo de um pequeno navio a vapor que ia de Suez a Aqaba, no nordeste do Mar Vermelho, então seguiu deserto adentro de carro, de camelo e a pé, até chegar a um vale. Lá, ele encontrou o príncipe Faiçal, filho do xerife de Meca, acampado com suas forças. O viajante era Chaim Weizmann, um judeu nascido na Rússia que obtivera seu doutorado em química na Suíça. Weizmann conquistara renome na Grã-Bretanha durante a Primeira Guerra Mundial por descobertas químicas que facilitaram a produção de explosivos. Era também um líder do movimento sionista e um dos principais promotores da Declaração de Balfour.

"Um homem muito honesto", Weizmann diria posteriormente sobre Faiçal. "Belo como uma pintura." Em duas reuniões subsequentes, Faiçal defendeu a afinidade entre os "primos de sangue (...) os dois ramos principais da família semítica, os árabes e os judeus". Os dois homens pareciam concordar com o estabelecimento de uma "pátria" na Palestina com base na Declaração de Balfour e na imigração judaica. Mas Faiçal acrescentou que qualquer acordo partiria da premissa da "independência das terras árabes" e da união dos "árabes, por fim, em uma única nação" sob os hachemitas, como a família do xerife Hussein e do príncipe Faiçal era conhecida. Mas isso certamente não era uma possibilidade no processo de paz do pós-guerra.[7]

Outro fator complicaria ainda mais a situação. Em 1908, após sete anos de dificuldades e decepções, o petróleo fora descoberto pela primeira vez no Oriente Médio, em uma parte remota do Irã. A Primeira Guerra Mundial estava demonstrando a importância crítica do petróleo. Além de servir como combustível para navios de guerra, o produto também era usado em

200 Os mapas do Oriente Médio

invenções recentes que haviam se tornado veículos de guerra: caminhões, motocicletas, tanques e aviões. O petróleo e o motor de combustão interna redefiniram rapidamente a mobilidade e a arte da guerra. Tudo isso transformaria o petróleo na *commodity* estratégica mais importante do mundo.

Nos últimos meses da guerra, um relatório secreto sobre a situação do petróleo no Império Britânico observou que a Grã-Bretanha dependia dos Estados Unidos para obter a maior parte do seu petróleo. Para que continuasse a ser o poder naval dominante, a Grã-Bretanha não poderia depender de um país cujo presidente, Woodrow Wilson, se opunha implacavelmente ao próprio conceito de império. Assim, seria preciso "obter o controle indisputado da maior quantidade de petróleo que pudermos". Isso significava "a Pérsia e a Mesopotâmia". A Grã-Bretanha já controlava o petróleo persa, então concluiu que garantir "os valiosos campos de petróleo da Mesopotâmia" e um suprimento independente do produto antes da "próxima guerra" era um "objetivo de guerra fundamental".[8]

COM O COLAPSO DE QUATRO IMPÉRIOS (ALEMÃO, RUSSO, AUSTRO--húngaro e otomano) em decorrência da guerra, os mapas da Europa e do Oriente Médio precisariam ser redesenhados. Essa foi a missão da Conferência de Paz de Versalhes, que se reuniu nos arredores de Paris em 1919.

Ninguém esperava envolver-se mais com a negociação do futuro do Oriente Médio do que o especialista britânico na região, o "Mulá Maluco". Quando chegou a Paris, no entanto, Mark Sykes já estava desesperadamente doente, "envenenado", como dizia, por algo que contraíra em Aleppo. Sykes estava muito magro e subsistia praticamente de leite enlatado. Ainda assim, estava decidido a moldar o Oriente Médio no pós--guerra. Apenas uma semana após o início da conferência, enfraquecido ainda mais pela gripe espanhola, Mark Sykes faleceu no seu quarto no Hotel Lotti.[9]

Boa parte do Acordo Sykes-Picot foi confirmado antes mesmo de a conferência começar. Mas não tudo. Sykes-Picot alocara Mosul, a capital do *vilayet* do mesmo nome, com uma grande população curda, à esfera francesa. Em Versalhes, no entanto, após o que foi descrito como uma "briga de cachorros", os britânicos conseguiram tomar o controle da região e adicioná-la à própria esfera. O principal motivo para isso foi a expectativa de que, como escreveu um britânico, "o maior campo de petróleo do mundo se estendesse até Mosul e além dela".

O Tratado de Versalhes criou a Liga das Nações e estabeleceu quatro "mandatos", uma espécie de meio-termo entre, de um lado, colônias e esferas de influência, e do outro, a ideia de "autodeterminação" do presidente Woodrow Wilson. Os poderes "mandatários" guiariam seus tutelados no sentido da independência futura.[10]

A cartografia iniciada por Sykes e Picot continuou com o Tratado de Sèvres, em 1920, e se concluiu com o Tratado de Lausanne, em 1923. Ambos baseavam-se nas linhas desenhadas em Sykes-Picot, com alguns ajustes significativos. A Turquia perdeu os territórios arabófonos. A França teria mandato sobre a Síria árabe e o Líbano, um novo país com população de maioria cristã maronita. A "Mesopotâmia" seria um mandato britânico, e a Arábia ficaria sob influência britânica. A Palestina também seria um mandato britânico. A Grã-Bretanha seria responsável pela criação de um "lar nacional" para o povo judeu na Palestina. A parte do mandato a leste do Rio Jordão se tornaria a Transjordânia, uma área árabe separada, com o seu próprio governo local. Na Turquia, um general brilhante de nome Mustafa Kemal, posteriormente chamado de Atatürk ("o pai dos turcos"), derrubou o que restara do regime otomano e substituiu-o por uma república secular modernizadora. Kemal garantiu a soberania turca sobre a Anatólia e recuperou o interior de Aleppo, na Síria, o que deixou a cidade próxima à fronteira com a Turquia.

Assim foi desenhado o mapa do Oriente Médio, o resultado de negociações que tiveram início em 1915 e só foram terminar em 1923. Entre todos esses diversos passos, no entanto, "Sykes-Picot" seria o símbolo duradouro de como os Estados-nações da região foram criados. Também seria, por mais de um século, o alvo e o grito de guerra daqueles que pretendiam derrubar a ordem que o mapa ajudara a estabelecer.

As autoridades britânicas estavam decididas a unificar os três *vilayets* ou províncias orientais do Império Otomano em um único país sob o seu mandato. Chamado inicialmente de "Mesopotâmia", esse país é o Iraque. Ele incluía os curdos em Mosul e no norte, os sunitas em Bagdá e no centro e oeste, e os xiitas em Basra e no sul. O problema é que esses três grupos não tinham uma identidade em comum. Basra esta-

202 Os mapas do Oriente Médio

va orientada para o Golfo e o sul, em direção à Índia; as conexões de Bagdá eram voltadas para a Pérsia, no leste; e Mosul voltava-se para a Turquia e a Síria, no oeste. As divisões não paravam por aí. A população incluía curdos; cristãos assírios (também chamados de "nestorianos") que haviam fugido da Turquia; judeus (o maior grupo étnico de Bagdá); yazidis, concentrados em torno do Monte Sinjar; e turcomanos, persas, armênios, caldeus e sabeus. Os árabes, obviamente, eram a maioria, mas também estavam divididos entre os xiitas, muito mais numerosos, e a minoria sunita.

Os britânicos decidiram que a solução para o problema irritante de unificar o país seria instalar um rei. Seu candidato foi o príncipe Faiçal, líder da revolta árabe e filho do xerife de Meca. Faiçal estava disponível e recém-desempregado, pois os franceses haviam acabado de dispensá-lo do posto de rei da Síria, onde governara apenas brevemente. Sua ascensão ao novo trono em Bagdá foi aprovada em plebiscito por incríveis 96% dos votos, o que é ainda mais incrível quando consideramos o altíssimo nível de analfabetismo no país. Faiçal foi coroado em 23 de agosto de 1921, ao som de *God Save the King*, escolhida às pressas porque o país ainda não possuía sequer seu próprio hino.[11]

Seis anos depois, em 1927, outro evento marcante ocorreu: a descoberta de petróleo no nordeste do Iraque. "Não mais nos retorceremos sob os comentários cínicos daqueles que apostavam que poderiam beber todo o petróleo que se encontraria no Iraque", disse um dos engenheiros do projeto. "De agora em diante, estamos no mapa de verdade." Embora o petróleo tivesse sido descoberto quase duas décadas antes no Irã, essa foi a primeira descoberta nas regiões de maioria árabe do Oriente Médio.

O mandato do Iraque terminou em 1932 e o país tornou-se independente, concretizando o grande objetivo de Faiçal. Este, no entanto, não teve oportunidade de saborear a soberania nacional, pois morreu apenas um ano depois. Faiçal deixou um testamento melancólico sobre o futuro do seu país. "Creio que não há um povo iraquiano dentro do Iraque", escreveu. "Há apenas grupos diversos, sem sentimentos patrióticos." Após a sua morte, os golpes e complôs militares tornaram-se endêmicos na vida política do país. O fim do mandato francês na Síria demorou mais e foi mais tumultuado; o país só se tornou completamente independente em 1946.[12]

Dois anos depois, em maio de 1948, de acordo com a resolução da Organização das Nações Unidas que determinava a formação de dois Estados na Palestina, e na esteira do Holocausto, Israel declarou sua independência. Cinco nações árabes imediatamente entraram em guerra com o país, mas esta terminou em vitória israelense, o que estabeleceu um Estado judaico no Oriente Médio. Em toda a região, a derrota árabe tornou-se uma fonte duradoura de raiva. Também foi um evento transformacional para um oficial egípcio que lutara na guerra: Gamal Abdel Nasser crescera um nacionalista egípcio, mas agora era um nacionalista árabe. Quatro anos depois, em 1952, Nasser liderou o golpe que derrubou o corpulento rei Farouk e acabou com a influência britânica que dominava o país.

NASSER FOI O PRIMEIRO LÍDER PÓS-1945 A TENTAR DERRUBAR OS MAPAS criados com o final da Primeira Guerra Mundial e, nas suas palavras, eliminar os "arames farpados" que "demarcavam as fronteiras que separavam e isolavam os países". Em vez disso, ele buscava unir seus povos em uma única "nação árabe". Sua nacionalização do Canal de Suez, em 1956, e o sucesso em resistir à invasão subsequente da Grã-Bretanha, da França e de Israel o transformou no "herói" pelo qual, como havia declarado alguns anos antes, o Oriente Médio estava à espera. Promovendo sua forma específica de nacionalismo árabe militante, Nasser atacou o sistema que emergira após a Primeira Guerra Mundial. Seus alvos, amplificados pela poderosa rádio Voz dos Árabes, eram os Estados Unidos, a Grã-Bretanha, Israel e as monarquias árabes "feudais" e "reacionárias", especialmente a Arábia Saudita e o Kuwait. O petróleo do Oriente Médio, declarou, era uma das principais "fontes" de poder para a "nação árabe". Derrubar as monarquias ricas em petróleo lhe daria esse poder.[13]

A nova ordem de Nasser parecia estar se concretizando quando oficiais militares juraram "lealdade" a ele e subiram ao poder após um golpe na Síria, o que levou a uma "fusão" entre os dois países em 1958. Com isso, a Síria e o Egito deveriam formar um único país, a República Árabe Unida. Em 1961, entretanto, outro grupo de oficiais tomou o poder em Damasco e imediatamente retirou a Síria do novo "Estado". No ano seguinte, Nasser enviou tropas para intervir na guerra civil do Iêmen, esperando uma vitória rápida que estenderia o seu alcance. Em vez disso, o Egito acabou envolvido em uma longa batalha contra guerrilhas monarquistas e em uma guerra por procuração com a Arábia Saudita. O Irã juntou-se à Arábia Saudita para apoiar as guerrilhas que resistiam às forças egípcias, e um dos resultados dessa decisão foi o estabelecimento da Associação da Amizade Árabe-Iraniana, com escritórios em Teerã e Riad. Nasser chamaria o Iêmen de seu "Vietnã", um atoleiro político que piorou as mazelas econômicas do país, cuja economia já sofria com péssima administração.

Em 1967, Nasser declarou que "todo o nosso povo está preparado para a guerra", cujo objetivo seria "a destruição total de Israel". Mas os israelenses atacaram primeiro. A derrota egípcia na Guerra Árabe-Israelense de 1967, que incluiu a perda da Península do Sinai para Israel, foi um grande golpe para a posição e o prestígio de Nasser. Sua grande ambição de apagar "Syker-Picot" e redesenhar o mapa do Oriente Médio não dera em nada. Nasser foi forçado a enfrentar a ignomínia de ter de ser resgatado financeiramente pelas monarquias saudita e kuwaitiana, que tanto desprezava. Com diabetes grave, Nasser morreu prematuramente em 1970, aos 52 anos.[14]

Capítulo 27

A REVOLUÇÃO IRANIANA

A atual batalha entre a Arábia Saudita, o maior produtor de petróleo da Opep, e o Irã, um dos maiores, é uma disputa por predominância em todo o mapa do Oriente Médio. É uma batalha moldada pelo conflito de religiões, ideologias e interesses nacionais e pela busca de primazia. O petróleo é essencial para essa batalha, e os impactos dela têm escala global.

O desprezo mútuo entre o Irã e a Arábia Saudita não é exatamente silencioso. O aiatolá Ali Khamenei, atual líder supremo do Irã, chama a família real saudita de "ídolos pecaminosos de arrogância e colonialismo", "idiotas", "vacas leiteiras para os americanos" e "assassinos sem coração".[1] O príncipe herdeiro Mohammed bin Salman, conhecido pela sigla MBS, por sua vez, descreve Khamenei como "o Hitler do Oriente Médio (...) tentando conquistar o mundo". "Se analisa algum problema no Oriente Médio, você sempre encontra o Irã no meio", completa MBS.[2]

As raízes religiosas da disputa remontam ao século VII e à batalha subsequente à morte do profeta Maomé. Quem seria seu sucessor: Abu Bakr, seu sogro, ou Ali, seu primo e genro? Os sunitas são os seguidores de Abu Bakr, que se tornou o primeiro califa. Mas sua legitimidade era, e ainda é, contestada pelos xiitas, "o partido de Ali". Cada grupo vê o outro como herege.

Para todos os muçulmanos, é claro, sejam sunitas ou xiitas, Medina e Meca, na Arábia Saudita, são cidades sagradas. Os xiitas são a maioria no Irã teocrático, no Iraque e no Bahrein. Também são uma presença significativa no leste da Arábia Saudita, na Síria (onde os alauitas que governam o país são considerados um ramo dos xiitas), no Líbano, no Azerbaijão, no Paquistão e na Índia. Os houthis do Iêmen hoje são considerados uma seita ligada ao xiismo, mas esse nem sempre foi o caso.[3]

Na década de 1960, o Irã xiita, sob o xá Mohammad Pahlavi, estava aliado com a Arábia Saudita sunita na sua oposição a inimigos em comum: o avanço soviético na região, os baathistas, o socialismo árabe e, em especial, como já observamos, Nasser e sua campanha pan-árabe. Mas no início da década de 1970, quando os britânicos decidiram que não podiam mais se dar ao luxo de manter uma presença militar no Golfo, o xá, com forte apoio de Washington, deu um passo na direção de transformar-se em potência regional. O Irã seria a polícia do Golfo. Para os sauditas, ele era um "megalomaníaco".[4]

O xá defendia uma modernização acelerada e o crescimento econômico rápido. A enxurrada de petrodólares que acompanhou a quadruplicação do preço do petróleo após a Guerra do Yom Kippur, em 1973, permitiu que ele acelerasse o processo ainda mais — e gastasse fortunas em armamentos.

A riqueza petrolífera pode ter sido o motor do crescimento, mas também transformou o Irã em um estudo de caso da maldição dos recursos naturais. O resultado foi uma inflação galopante, a multiplicação de favelas, despesas improdutivas e desperdícios e a corrupção generalizada, todos fatores que levaram a uma vasta desorganização social, a qual alimentou o descontentamento crescente e a oposição em todo o espectro político e social do país.

O inimigo mais ferrenho do xá era o aiatolá Ruhollah Khomeini, um clérigo xiita austero, monomaníaco, estrito e de devoção intensa, implacável na sua resistência e na sua vontade de destruir todos aqueles que se pusessem no caminho de uma república islâmica governada pelo clero. Do exílio, Khomeini conclamava uma revolução islâmica. Greves e protestos cada vez maiores, marcados por violência crescente, mergulharam

Capítulo 27   A Revolução Iraniana   **207**

o país no caos. Em janeiro de 1979, com o seu regime desmoronando, o xá deixou o Irã. Duas semanas depois, aos 77 anos, o aiatolá Khomeini voltou do exílio e foi recebido por uma multidão agitada. Logo em seguida, Khomeini proclamou-se "líder supremo da revolução".

Os críticos do xá não hesitaram em adotar Khomeini. No *New York Times*, um professor proeminente da Universidade de Princeton declarou aos quatro ventos que Khomeini ofereceria "um modelo de governança humanitária para um país de Terceiro Mundo do qual precisamos desesperadamente". Khomeini e seus seguidores trabalharam para consolidar o seu poder. Centenas foram fuzilados em poucos meses no telhado do QG de Khomeini, em 1979. Em novembro, após o xá ser admitido nos Estados Unidos para tratamento de câncer, uma turba de jovens fanáticos iranianos, "de acordo com a linha do imã", invadiram a embaixada americana. Eles mantiveram 52 diplomatas americanos como reféns, em condições degradantes, durante 444 dias. Khomeini e seus aliados usaram o sequestro como oportunidade de assumir o controle total.

O aiatolá introduziu uma nova constituição, que serve de base para o poder político no Irã até hoje. O documento consagra o *velayet-e-faqih*, "a tutela do jurista islâmico", e o poder supremo das autoridades religiosas, sendo que Khomeini, na posição de jurista-chefe, ou líder supremo, teria a última palavra. Como sua autoridade é derivada de Alá, suas ordens são inquestionáveis. O líder supremo controla o Conselho dos Guardiões, que decide quem pode concorrer a cargos eletivos e aprova, ou não, as leis votadas pelo parlamento. O líder também controla a guarda revolucionária, força importante na região, a mídia e o judiciário. O presidente eleito é subordinado ao líder supremo. Sob essa nova constituição, a autoridade do aiatolá Kohmeini praticamente não tinha limites. Sua legitimidade, segundo o aiatolá, vinha do profeta, de Deus e do seu profundo conhecimento sobre direito islâmico. Em suma, como escreveu um estudioso, "Khomeini obteve poderes constitucionais inimagináveis sob os xás".[5]

Ainda que as campanhas presidenciais iranianas, e as mudanças que podem sinalizar, chamem a atenção mundial, essa ordem constitucional — de uma república islâmica sob o controle das partes mais conservadoras do clero xiita — continua a alicerçar o modo como o Irã é governado. O controle da economia sob o regime teocrático é muito maior do que foi no regime do xá, tanto diretamente quanto por meio de "fundações" e da guarda revolucionária, e assim funciona hoje a economia iraniana.

A Revolução Iraniana sacudiu a ordem geopolítica regional e consolidou as falhas profundas que recortam a região até hoje. A nova constituição de Khomeini deixou absolutamente claro que a revolução não seria apenas para o Irã, pois seu objetivo seria formar "uma comunidade mundial única". O próprio Khomeini declarou que "o Irã é o ponto de partida". O objetivo seria destruir "todos os regimes opressores e criminosos". Para tanto, o aiatolá proclamou que o Irã deveria "exportar a revolução para outros países e rejeitar a ideia de contê-la dentro das nossas fronteiras".[6]

Os principais alvos de Khomeini incluíam a Arábia Saudita; o presidente egípcio Anwar Sadat, que teve a audácia de firmar um acordo de paz com Israel, em 1979; o "Pequeno Satã", Israel; e "a Grande Arrogância", os Estados Unidos.

A Revolução Iraniana aprofundaria ainda mais o envolvimento dos Estados Unidos com o Oriente Médio, moldaria a política externa americana até os dias de hoje e teria efeitos profundos e abrangentes na região em si.

Capítulo 28

GUERRAS NO GOLFO

Mas não foi apenas a Revolução Iraniana que levou os Estados Unidos para o Golfo. Na véspera de Natal de 1979, a União Soviética invadiu o Afeganistão. Em um ataque de paranoia coletiva, a URSS acreditava erroneamente que o líder comunista local estava em negociações secretas com os Estados Unidos. Em Washington, a invasão foi um choque imenso. A União Soviética fazia o primeiro envio de forças militares em larga escala além dos limites do bloco comunista desde a Segunda Guerra Mundial. Com o xá fora do poder e o sistema de segurança do Golfo beirando o caos, o Irã não era mais o policial regional determinado a resistir aos avanços soviéticos. Assim, o Afeganistão era o possível primeiro passo para uma campanha soviética em direção ao Golfo e ao controle do petróleo do Oriente Médio.[1]

Em janeiro de 1980, o presidente Jimmy Carter disse aos seus assessores que precisava "pregar um sermão. Então, informamos os países do Golfo Pérsico que vamos marcar presença se os soviéticos invadirem, e azar de quem ficar para trás". No discurso sobre o Estado da União perante o Congresso, Carter declarou que "a invasão soviética do Afeganistão pode

210 Os mapas do Oriente Médio

representar a ameaça mais grave à paz desde a Segunda Guerra Mundial". Sua resposta foi a Doutrina Carter, baseada no que os presidentes americanos afirmavam desde os tempos de Harry Truman.[2]

"Uma tentativa por parte de qualquer força externa de controlar a região do Golfo Pérsico será considerada um ataque aos interesses vitais dos Estados Unidos da América", Carter afirmou. "E tal ataque será repelido por quaisquer meios que se façam necessários, inclusive pelo uso da força militar." Os Estados Unidos haviam assumido o papel de segurança direto, com a incumbência de proteger o Golfo e o petróleo, que a Grã-Bretanha abandonara menos de uma década antes. Para Moscou, a invasão seria muito mais cara do que o Kremlin jamais poderia ter imaginado, pois ajudaria a acelerar o processo que levaria ao colapso da União Soviética. A invasão também daria origem a um novo jihadismo, cujo impacto reverberaria ao redor do mundo, alcançaria o cerne do mundo árabe e colocaria toda a região em crise.

NO IRAQUE, SADDAM HUSSEIN CONSOLIDARA O PODER COM BRUTALI-dade, destruíra todos os potenciais rivais, reais e imaginários, e buscava o manto de líder do mundo árabe. Os povos árabes eram "uma nação", afirmou, invocando a ideologia baathista do seu regime. Seu objetivo era remoldar o Oriente Médio. Em fevereiro de 1980, um relatório da seção de interesses americanos em Bagdá (os EUA não tinham embaixada no país na época) descreveu o ditador como "um egoísta de enormes proporções. Totalmente acostumado a adulação, obediência, propaganda aduladora, devoção subserviente e servilidade, ele recebe os gritos de alegria das massas com um sorriso frio e distante e a mão real erguida". Trabalhar para Saddam no alto escalão era aterrador. "Ele o olhava nos olhos, como que para controlá-lo", conta um dos seus oficiais. "Num momento era extremamente afetuoso; no seguinte, extremamente hostil e cruel." A predileção de Saddam por gravar tudo em vídeo, até as reuniões com seus assessores mais graduados, criou um verdadeiro tesouro de documentação. Recuperados após a invasão do Iraque em 2003, os vídeos nos oferecem a voz de Saddam no seu círculo interno e um retrato extraordinário do seu cinismo e das suas decisões desastrosas.[3]

O petróleo criou o Saddam que conhecemos. O aumento do preço do petróleo após a guerra de 1973 gerou lucros enormes para o Iraque, o que financiou a economia de comando e controle e a criação de projetos de industrialização em larga escala. Acima de tudo, a receita do petróleo pagou pela modernização e pela vasta expansão das forças armadas. Contudo, a Revolução Iraniana de 1979 e o surgimento de um Estado xiita representavam uma ameaça imediata para o regime baathista em Bagdá. Saddam e seus asseclas pertenciam à minoria sunita que governava o Iraque. Apesar da repressão brutal, os xiitas majoritários estavam ficando agitados, e grupos de resistência secretos começavam a se organizar.

O ódio ardente de Saddam por Khomeini e seus "turbantes satânicos", como os chamava, era correspondido pelo aiatolá, que considerava os baathistas uma minoria sunita secular que oprimia a maioria xiita. Saddam, de acordo com Khomeini, não era apenas o "Pequeno Satã", era também "um porco", e o regime baathista, uma "blasfêmia contra o Islã".

Tudo que Saddam ouvia dos seus serviços de inteligência confirmava a grande oportunidade à sua frente: o Irã estava se fragmentando, diziam seus relatórios, despedaçado pelo conflito interno, "mergulhando em um estado de caos, criminalidade e desrespeito à lei", com um "aumento na desintegração e no desmantelamento das forças iranianas".[4]

Saddam imaginara uma guerra limitada, com uma vitória rápida que geraria grandes benefícios a um baixo custo. Ele conquistaria a província arabófona do Cuzistão (parte da qual era conhecida historicamente como Arabistão), com 90% das reservas de petróleo iranianas, libertá-la-ia do "jugo persa" e acrescentaria suas riquezas ao arsenal econômico daquela que seria a sua nova superpotência árabe. O plano era solapar a posição de Khomeini e acabar com a ameaça ao seu próprio regime. A guerra o consagraria como líder do mundo árabe. "Temos que enfiar seus narizes na lama", Saddam afirmou sobre os iranianos, em uma reunião com seus altos oficiais, em 16 de setembro de 1980. "A única forma de isso acontecer é por meios militares".[5]

Em 22 de setembro de 1980, o Iraque começou a batalha com o que deveriam ser ataques aéreos para destruir a aviação iraniana. Em vez disso, Saddam acabou preso em um impasse longo e sangrento, a mais longa guerra de grande porte do século XX. Os iranianos foram reforçados pelo surgimento de uma nova força no campo de batalha, a Pasdaran, ou guarda revolucionária. Inicialmente uma milícia mal treinada, a guarda era composta de guerreiros fanáticos dedicados à revolução de Khomeini. As forças de Saddam usaram o que ele chamava de "munição especial" — armas químicas. Mas sua busca pelo "átomo árabe" (suas palavras) foi atrasada e forçada a trabalhar nas sombras quando caças israelenses destruíram o reator Osirik, que produziria combustível para uma arma nuclear. Durante a guerra, tanto o Irã quanto o Iraque sofreram com o colapso do preço do petróleo, em 1986, e as quedas nas suas respectivas produções e exportações. Mas o Iraque tinha "banqueiros". O país recebeu dezenas de bilhões de dólares em empréstimos da Arábia Saudita e do Kuwait. O Irã, por outro lado, não tinha banqueiros, e estava ficando sem dinheiro. Em 1988, membros do alto escalão do regime islâmico convenceram Khomeini de que o Irã seria derrotado. Ele aceitou um cessar-fogo negociado pela ONU, mas descreveu a decisão como "mais dolorosa e letal para mim do que beber um cálice de veneno".[6] A guerra custara meio milhão de vidas, além de outro milhão de feridos.

A Arábia Saudita, apesar do seu antagonismo a Saddam e ao regime baathista em Bagdá, apoiara o Iraque com armas e dinheiro durante a guerra. Bagdá era considerada uma muralha contra uma ameaça que parecia maior e mais imediata — o Irã revolucionário. A hostilidade entre Teerã e Riad nunca desaparecera. O Irã patrocinou a criação de uma nova organização terrorista, o Hezbollah Al Hijaz, com a intenção de derrubar a monarquia saudita ou, no mínimo, facilitar a instabilidade e a secessão da região leste da Arábia Saudita. Os iranianos lançaram ataques dentro do país, inclusive a instalações da indústria petrolífera e alvos militares, e contra diplomatas sauditas no exterior.

"Não sei onde isso vai terminar", disse o rei Fahd, da Arábia Saudita, em 1988. "O Irã prejudicou suas relações conosco e também com seus vizinhos e com todo o mundo. (...) O Irã tentou diversas vezes minar a segurança na região do Golfo, na Península Arábica e no mundo. E o que o Irã ganhou com isso? O Irã não ganhou nada." Mas o rei também completou que "não podemos mudar a realidade geográfica do Irã, e o Irã não pode mudar a nossa realidade geográfica".[7]

Capítulo 28   Guerras no Golfo   **213**

NO VERÃO DE 1990, O FIM DA GUERRA ENTRE O IRÃ E O IRAQUE TINHA menos de dois anos, mas Saddam estava mais uma vez decidido a redesenhar as fronteiras da região. Na madrugada de 2 de agosto, o Iraque invadiu um dos seus próprios banqueiros, o Kuwait, um país riquíssimo em petróleo. Completar a conquista demorou menos de dois dias. O regime de Saddam avançou rapidamente na sua tentativa de obliterar o Kuwait do mapa, aquilo que um manual militar iraquiano chamava de "iraquização do Kuwait". A campanha foi implementada com um reino de terror e pilhagem. O meio-irmão de Saddam, atuando como chefe de segurança no Kuwait, o informou sobre o processo: "Depois que completamos os interrogatórios, os tratamos com severidade, muita severidade, então os matamos e enterramos".[8]

Imediatamente após a invasão, em agosto de 1990, as forças iraquianas começaram a se concentrar na fronteira entre o Kuwait e a Arábia Saudita. O Iraque pretendia enviar seu exército para a Arábia Saudita e capturar os campos de petróleo sauditas, que representavam 25% das reservas provadas mundiais? "Eles veem a chance de conquistar uma parcela importante" do petróleo mundial, a primeira-ministra britânica Margaret Thatcher disse ao presidente George Bush. "Perder o petróleo saudita é um golpe que não podemos aceitar."[9]

Com o Kuwait, Saddam controlava quase 20% das reservas provadas de petróleo do mundo. Se avançasse mais e conquistasse o petróleo saudita, controlaria 45%. Mesmo sem a Arábia Saudita, dominaria o Golfo Pérsico, com seus dois terços das reservas de petróleo mundiais. Em suma, ele poderia se tornar o árbitro do petróleo mundial.

Saddam poderia alcançar o objetivo que escapara de Nasser: ser o líder da "nação árabe", apagar as fronteiras que remontavam a Sykes-Picot, e aos otomanos antes deles, e dominar o mapa do Oriente Médio. Sua ambição de criar uma superpotência árabe se basearia em armas e petróleo, e no dinheiro e na influência global que esse petróleo poderia gerar. Tudo isso alteraria a política global de um modo que ninguém esperava no mundo pós-Guerra Fria. Era isso que estava em jogo para Saddam. Da mesma forma, esses fatores criaram uma justificativa irresistível para que George Bush e James Baker, seu secretário de Estado, montassem uma coalizão pós-Guerra Fria de 34 nações para se opor a Saddam. O mundo nunca vira nada igual.

214 Os mapas do Oriente Médio

A guerra teve início em janeiro de 1991, com o bombardeio constante do Iraque, que teve um impacto devastador. A certa altura, o país lançou um apelo urgente em busca de soldados iraquianos com "experiência em pastoreio de camelos", com a ideia de que caravanas de camelos teriam menor probabilidade de serem atacadas do ar do que comboios de caminhões. Em 24 de fevereiro, a enorme coalizão deu início às operações em terra, que duraram apenas 100 horas. O Iraque era uma nação derrotada.[10]

A expectativa geral da coalizão era de que, com a derrota, o exército derrubaria Saddam, mas o ditador manteve seu poder absoluto no país.

Derrubar Saddam diretamente nunca fora parte dos planos de guerra da coalizão. Escrevendo em 1998, sete anos após a guerra, Bush e seu conselheiro de segurança nacional, Brent Scowcroft, explicaram os motivos para a coalizão não ter seguido em frente. "Na tentativa de eliminar Saddam (...) teríamos sido forçados a ocupar Bagdá e, na prática, governar o Iraque. Se tivéssemos invadido, é possível que os Estados Unidos ainda fossem a força de ocupação em um território terrivelmente hostil."

A coalizão conquistara seus objetivos. O Iraque foi expulso do Kuwait e suas forças armadas, humilhadas; o Kuwait foi liberado e o mapa do Golfo, restaurado ao que era. O Iraque foi cercado, contido por uma rede de sanções e restrições. E Saddam foi derrotado.

No Iraque, a história foi contada de forma diferente. Na descrição dos eventos publicada pela guarda republicana, os americanos e o resto da coalizão estavam prestes a "cair na armadilha" de uma batalha direta e sangrenta com as tropas iraquianas entrincheiradas. "Com a iminência garantida de vastas perdas de vidas e equipamentos", George Bush, de acordo com essa narrativa, concluíra que "um cessar-fogo era a única saída".

Alguns dias após o cessar-fogo, Saddam disse ao seu estado-maior: "As maiores potências científicas, tecnológicas e militares (...) se reuniram contra nós e não tiveram sucesso, apesar do que aconteceu. Não ousaram atacar Bagdá". A "mãe de todas as batalhas", ele proclamou, fora uma grande vitória para o Iraque e para o seu regime.[11]

APÓS A GUERRA DO GOLFO, OS GOVERNOS OCIDENTAIS CONTINUARAM convictos de que Saddam estava determinado a adquirir armas de destruição em massa (ADM). Nas palavras do inspetor-chefe de armas da ONU, "Saddam era viciado em armas de destruição em massa".[12]

O presidente George W. Bush tomou posse em janeiro de 2001, oito anos após a derrota eleitoral de seu pai para Bill Clinton. Em 11 de setembro de 2001, agentes da Al Qaeda sequestraram aviões civis e atacaram o World Trade Center, em Nova York, e o Pentágono, nos arredores de Washington, causando a morte de 2.977 pessoas. Os Estados Unidos responderam com a "guerra ao terror", a começar por um contra-ataque ao regime do Talibã no Afeganistão, que acolhia a Al Qaeda. Alguns membros do governo de George W. Bush defendiam que o próximo passo seria derrubar Saddam e completar, na sua visão, os negócios inacabados de 1991, quando a coalizão parou antes de entrar em Bagdá. Alguns defendiam que o Iraque era aliado da Al Qaeda, embora a ideia fosse seriamente contestada por muitos outros, que diziam que não havia relação entre os baathistas seculares e a Al Qaeda fundamentalista. Também estava claro que o regime de sanções e a contenção do Iraque estavam se enfraquecendo.

O foco voltou-se cada vez mais para as armas de destruição em massa. Acreditava-se que Saddam teria planos para um novo programa de ADM. Era a opinião do governo anterior de Bill Clinton. Essa crença era apoiada pela descoberta, após a guerra de 1991, de que o Iraque estava a menos de 18 meses de desenvolver uma arma nuclear. Se Saddam tivesse esperado até 1994 ou 1995 para invadir o Iraque, estaria em uma posição muito mais forte para dissuadir ou resistir à coalizão que invadiu seu país em 1991. É possível que o resultado da guerra fosse muito diferente.

Também é preciso considerar o choque do 11 de Setembro, a determinação de demonstrar o poderio americano renovado e garantir que um novo ataque, muito mais terrível, não acontecesse. Em vez de dissuasão ou contenção, o governo Bush adotou uma política de "preempção". Pois, como afirmou o presidente, "se esperarmos que as ameaças se materializem completamente, teremos esperado demais".[13]

Em 20 de março de 2003, a Guerra do Iraque teve início com um bombardeio aéreo espetacular conhecido como "Choque e Pavor" (*Shock and Awe*). Ao final da primeira semana de abril, a resistência iraquiana estava em colapso e Saddam emitia ordens delirantes para unidades que não existiam mais. Em 9 de abril, a "coalizão dos dispostos", liderada pelos

Estados Unidos, conseguiu o que não acontecera 12 anos antes: a captura de Bagdá.

O que deveria ter sido uma guerra curta transformou-se em um longo e árduo conflito. A guerra correspondera à proposta em termos de efeito, mas o planejamento para o pós-guerra, não. As políticas implementadas posteriormente foram improvisadas, contraditórias e inadequadas para a realidade do país.

A política de "desbaathificação", um nome escolhido intencionalmente para ecoar a desnazificação da Alemanha após a Segunda Guerra Mundial, pretendia remover o alto escalão do sistema baathista. Em vez disso, foi aplicada mais profundamente na sociedade, alcançando até os professores de escola. Muitos dos funcionários públicos que administravam os ministérios e a economia estatizada perderam seus empregos, assim como muitas outras pessoas que faziam o país funcionar no dia a dia.

A ordem que dissolveu as forças armadas iraquianas derrubava as políticas americanas anteriores, incluindo a guerra psicológica antes da invasão, que prometera aos soldados iraquianos que seriam atendidos se não lutassem, além dos planos de usar muitos dos soldados para a reconstrução e para a manutenção da ordem. Um dos generais americanos discursava para 600 oficiais iraquianos de alta patente sobre quais seriam as suas funções na reconstrução das forças armadas iraquianas quando veio a notícia de que todos haviam sido demitidos. Até mesmo o plano de dar 20 dólares a cada oficial para adquirir suprimentos de emergência para as suas famílias foi cancelado. No total, mais de 600 mil soldados e outros oficiais das forças de segurança foram mandados para casa sem indenização, pensão ou perspectivas, apenas com suas armas, seu ressentimento e sua fúria para alimentar a resistência. Meses depois, um sistema de pagamento para ex-soldados finalmente foi estabelecido. "A desmobilização do exército iraquiano, em vez da sua despolitização, transformou o grupo de homens mais competente do país em nossos adversários", escreveu James Mattis, general dos fuzileiros navais e posteriormente secretário de Defesa dos EUA. A decisão de dissolver o exército, um oficial americano no Iraque afirmaria posteriormente, foi o momento em que "arrebatamos a derrota das garras da vitória e criamos uma insurgência".[14]

Nove meses após a invasão, um soldado do exército americano levantou um tapete no meio de um pomar, revelando um pedaço de isopor. Ele estava prestes a atirar uma granada no buraco embaixo do isopor quando Saddam Hussein saiu de dentro, desgrenhado, com uma barba suja e emaranhada. O homem que pretendera se transformar na figura dominante da região, o "herói" do Oriente Médio e rei do petróleo, se escondera em um buraco que mal passava de uma toca de coelho, protegido por algumas armas e acompanhado de uma maleta com 750 mil dólares em notas de cem.[15]

As armas de destruição em massa que haviam servido de justificativa para a guerra nunca foram encontradas. Saddam realmente captara a mensagem da guerra anterior e cancelara as operações de ADM, ainda que, aparentemente, tenha mantido a opção de um "reinício rápido" caso as sanções fossem levantadas. Ele poderia ter aniquilado toda a justificativa para a guerra se tivesse deixado claro que não tinha ADM naquele momento. Contudo, essa medida teria comunicado a sua falibilidade à população iraquiana. Havia um motivo ainda mais importante para preservar a ambiguidade em torno das suas ADM: dissuasão. E quem pretendia dissuadir? Para o seu interrogador do FBI após a guerra, Saddam resumiu tudo em uma palavra: Irã.[16]

Posteriormente, Saddam foi condenado por crimes contra a humanidade e executado.

Capítulo 29

UMA GUERRA FRIA REGIONAL

Não era para Mohammad Khatami vencer. Entre os clérigos iranianos, Khatami era considerado um moderado e um reformista, mas sem muita base política. Tão profunda era a insatisfação com a vida sob o líder supremo Ali Khamenei, sucessor do aiatolá Khomeini, no entanto, e tão significativas as mudanças demográficas (70% da população tinha menos de 30 anos), que o azarão da eleição presidencial iraniana de 1997 venceu o candidato do *establishment* religioso conservador.

Khatami propunha liberalizar a sociedade, reduzir os controles islâmicos estritos, promover o Estado de direito e reformar a economia. Chocados, os clérigos conservadores em torno do aiatolá Khamenei e seus aliados na guarda revolucionária começaram a trabalhar imediatamente para atrapalhar o programa de reforma doméstica de Khatami e solapar a posição do próprio presidente.

Khatami teve mais sucesso na política externa. Ele propôs um "diálogo de civilizações" para tirar o Irã do seu isolamento. Houve até uma tentativa de aproximação com os Estados Unidos, mas Teerã e Washington estavam sempre fora de sintonia política e nunca conseguiram defi-

Capítulo 29   Uma guerra fria regional   **219**

nir pontos em comum. Da perspectiva de Washington, qualquer acomodação teria de lidar com o atentado com um caminhão-bomba a Khobar Towers, no leste da Arábia Saudita. O atentado, que matou 19 militares americanos e deixou outros 372 feridos, foi arquitetado pela guarda revolucionária iraniana.[1]

Além disso, na tentativa de avançar na direção de uma *détente* com Washington, Khatami entrava no que a linha-dura islâmica considerava uma zona proibida. O aiatolá Ali Khamenei, o líder supremo do país, fora um dos principais membros do círculo interno de Khomeini durante a Revolução Iraniana e liderara a guarda revolucionária no início da guerra Irã-Iraque, antes de tornar-se presidente do país. Para ele, o antiamericanismo era uma necessidade absoluta para a sobrevivência do regime, alicerce para a ideologia e a legitimidade da república islâmica.[2]

Apesar da oposição interna, Khatami trabalhou para melhorar as relações com a Arábia Saudita, auxiliado pelo fato de que Saddam ainda estava no poder e era considerado um inimigo em comum pelos dois países. O Irã e a Arábia Saudita assinaram um acordo de cooperação amplo. Em 1999, o próprio Khatami visitou Riad; em 2001, os dois países adotaram um acordo de segurança limitado, mas negociado detalhadamente, que conclamava à não interferência nos assuntos internos um do outro.

Essa reaproximação, entre 1998 e 2001, deu origem a declarações sobre colaboração que são chocantes à luz do antagonismo observado na atualidade. O príncipe Nayef bin Saud, ministro do Interior da Arábia Saudita, declarou que a assinatura do acordo marcava "um passo importante para a segurança de nossos dois países. Consideramos que a segurança da Arábia Saudita é a segurança do Irã e que a segurança do Irã é a nossa segurança". O embaixador iraniano na Arábia Saudita foi além. "As capacidades dos mísseis do Irã estão à disposição do Reino da Arábia Saudita", afirmou. "Nossas relações com a Arábia Saudita chegaram a um estágio histórico em que completamos um ao outro."[3]

Mas havia um elemento imutável: a suspeita mútua, baseada na incompatibilidade fundamental dos dois governos e dois sistemas, um alimentado pelo zelo revolucionário e o outro, pelo *status quo*, um xiita e o outro sunita. A reaproximação afundou com a intervenção iraniana no Líbano. Com a queda de Saddam, em 2003, os dois países não enfrentavam mais a

220 Os mapas do Oriente Médio

ameaça de um inimigo em comum. Após a guerra, o Iraque mergulhou em uma guerra civil entre sunitas e xiitas que colocou o Irã e a Arábia Saudita em rota de colisão, ainda mais quando consideramos o esforço iraniano de reafirmar sua hegemonia sobre o Iraque. Na Arábia Saudita, o rei Abdullah disse que o Irã não era "um vizinho que se quer encontrar", e sim "um vizinho que se quer evitar". "O objetivo do Irã é causar problemas", completou.[4]

EM 2002, OS ESTADOS UNIDOS E OUTROS GOVERNOS FICARAM CHOCA-dos ao descobrir que o Irã possuía programas secretos de desenvolvimento de armas nucleares. Khatami reconheceu que a busca de "diálogos" e normalização estava em perigo e suspendeu os programas.

Sua decisão desencadeou uma enxurrada de denúncias da linha-dura. "Aqueles que lideram as conversas estão aterrorizados e, antes mesmo de sentar para conversar, recuam 500 km", declarou um deles, Mahmoud Ahmadinejad, que concorria à presidência e seria sucessor de Khatami.

O fim da *détente* saudita-iraniana e o início de uma nova rivalidade remonta à vitória de Ahmadinejad na eleição presidencial de 2005. Com doutorado em engenharia de trânsito, Ahmadinejad fora prefeito de Teerã. Ele era também veterano da guarda revolucionária e jurara colocar o Irã de volta na sua trajetória revolucionária e retomar o papel de "poder preeminente na região". Não haveria "diálogo de civilizações" nem concessões para os Estados Unidos. O 11 de Setembro? Uma tramoia sionista. O Holocausto? Não aconteceu. Israel seria "apagado das páginas do tempo". O apocalipse final seria recebido de braços abertos, pois traria de volta o Imã Oculto.[5]

Após subir ao poder, Ahmadinejad reiniciou e expandiu o programa nuclear e de mísseis balísticos, usando uma série de subterfúgios para contornar as sanções da ONU. As centrífugas trabalharam a toda velocidade para enriquecer quantidades crescentes de combustível de urânio, potencialmente de qualidade militar. Os sauditas, junto com outros vizinhos árabes e com os israelenses, não tinham dúvidas de que o Irã pretendia desenvolver armas nucleares e buscava dominar a região. O rei Abdullah insistiu que os Estados Unidos deveriam agir contra o Irã e "cortar a cabeça da cobra".[6]

Capítulo 29 Uma guerra fria regional **221**

Nos anos de 2011 e 2012, dois conjuntos de sanções e restrições foram elaborados pelo "P5+1", os membros permanentes do Conselho de Segurança da ONU mais a Alemanha. Juntas, essas sanções atuariam como os cabeçotes de um torno, espremendo a economia iraniana de um modo jamais visto antes.

Um conjunto pretendia excluir o Irã do sistema financeiro global. Os Estados Unidos puniriam qualquer banco que trabalhasse com os bancos iranianos, impondo enormes multas e outras punições, e excluindo-os do sistema financeiro global baseado no dólar. As sanções financeiras teriam um impacto muito maior do que se esperava inicialmente.

O outro cabeçote do torno seriam as sanções sobre o petróleo iraniano. Essa medida atingiria o cerne da economia iraniana. O país produzia cerca de 4 milhões de barris por dia e exportava 2,5 milhões. A economia iraniana era mais diversificada do que as dos países árabes produtores de petróleo no outro lado do Golfo, mas o petróleo ainda era o seu elemento mais importante, além de ser responsável por 65% do orçamento da república. Outras sanções ocidentais proibiam a importação europeia de petróleo iraniano, a venda de seguros para navios-petroleiros iranianos e investimentos de empresas internacionais na indústria petrolífera do país.

Mas então vinha o trabalho dificílimo de convencer os grandes importadores asiáticos, a China e a Índia, a reduzir suas importações do Irã. A mensagem para ambos era que eliminar a compra de petróleo iraniano seria muito menos disruptivo do que uma possível guerra no Oriente Médio motivada pelo programa nuclear iraniano. Além disso, eles corriam o risco de sofrer sanções financeiras. Carlos Pascual, enviado de energia do Departamento de Estado dos EUA, esforçou-se para demonstrar às maiores refinarias de petróleo indianas que seria possível diversificar as suas fontes de abastecimento, reduzir significativamente suas importações do Irã e, logo, evitar o risco de serem boicotadas no sistema financeiro internacional. A China, por sua vez, baseou em "segurança nacional" a sua decisão de reduzir as importações do Irã e concentrar o que sobrara em um único comprador, que não estava conectado ao sistema financeiro internacional e, logo, estaria isolado das sanções americanas.[7]

No total, as exportações iranianas caíram de 2,5 milhões de barris por dia para, em seu menor nível, 1,1 milhão. A pressão sobre o país não parou

222 Os mapas do Oriente Médio

por aí. Mesmo o pagamento por esse 1,1 milhão não ia para o Irã. Em vez disso, o dinheiro ia para contas-garantia — o total depositado acabou ultrapassando 100 bilhões de dólares. A perda da renda, em combinação com a redução da atividade econômica, derrubou toda a economia iraniana.

Muitos, incluindo os próprios iranianos, imaginavam que as sanções ao petróleo dariam errado, pois os países consumidores precisariam do petróleo iraniano para evitar a escassez e o aumento dos preços. O que não viram no horizonte, entretanto, foi o aumento rápido da produção de petróleo de xisto nos EUA. Ao mesmo tempo, a Arábia Saudita e os outros países produtores de petróleo do Golfo aumentaram as suas exportações. O mercado global avançava na direção do superávit de oferta.

No verão de 2012, diplomatas americanos fizeram uma visita discreta a Omã, na ponta da Península Arábica. Omã era o único país árabe que mantinha um diálogo com o Irã. Na capital, Mascate, os americanos se reuniram com membros do médio escalão de Teerã. As conversas terminaram no que um dos americanos chamou de "um muro de tijolos". Ainda assim, era significativo que a reunião secreta tivesse chegado a acontecer.[8]

NO ANO SEGUINTE, UMA MUDANÇA DE GOVERNO EM TEERÃ ABRIU UMA nova fase do processo. Assim como em 1997, um candidato reformista (ou pragmático, pelo menos) mais uma vez derrotara o candidato do *establishment* conservador em uma eleição presidencial iraniana. E, mais uma vez, o candidato — Hassan Rouhani, desta vez — surfara para a vitória em uma maré de insatisfação geral, motivada pela recessão profunda na qual as sanções e o isolamento haviam mergulhado o país.

O próprio Rouhani não era estranho ao poder. Ele estudara no exterior, na Glasgow Caledonian University, na Escócia, onde completou seu doutorado sobre a "flexibilidade da lei sharia". Durante 16 anos, comandou o Conselho de Segurança Nacional do Irã. Mas Rouhani também deixou clara a sua posição durante a campanha de 2013. "É bom que as centrífugas operem", afirmou, "mas também é importante que a economia e que as engrenagens da indústria girem". Na presidência, reconheceu que seu governo estava herdando as "piores condições" na economia e que estava prestes a ficar sem dinheiro. Para o Irã conseguir escapar das garras da sanção, seria preciso chegar a algum acordo.[9]

Capítulo 29 Uma guerra fria regional **223**

Começaram, então, negociações secretas em uma mansão de praia remota no interior do Omã, com o lado americano liderado por William Burns, vice-secretário de Estado. Um elemento incrível dessas negociações, assim como das subsequentes, era a quantidade de iranianos do alto escalão que haviam feito pós-graduação nos Estados Unidos ou na Grã-Bretanha e se beneficiado das oportunidades educacionais criadas pelo xá que tanto desprezavam. Quando as negociações secretas vieram a público, Arábia Saudita, Emirados Árabes Unidos e Israel ficaram horrorizados em descobrir que seu grande aliado estava se reunindo em segredo com seu maior inimigo, sem lhes dar qualquer sinal ou mesmo uma única pista. Foi preciso uma rodada subsequente de negociações para convencer todos os membros do P5+1.[10]

Em janeiro de 2014, foi anunciado um acordo nuclear provisório, o "Plano de Ação Conjunto". Dada a complexidade das barganhas políticas e dos detalhes técnicos, o plano foi seguido por mais um ano e meio de negociações frustrantes e cansativas. O lado americano era liderado por John Kerry, secretário de Estado. Ernest Moniz, físico do MIT e secretário de Energia, foi recrutado com poucos dias de antecedência para oferecer o conhecimento técnico especializado em energia nuclear que seria crucial nas negociações prolongadas. Em dado momento, Obama realizou uma conversa telefônica inesperada de 15 minutos com Rouhani enquanto este era levado da Assembleia Geral da ONU ao aeroporto. A ligação terminou com Rouhani desejando a Obama, em inglês, *have a good day* ("tenha um bom dia").

Por fim, em agosto de 2015, o acordo foi finalizado. Basicamente, ele acionava um gigantesco botão de *pause* nuclear. Durante 10 anos, a capacidade do Irã de enriquecer combustível nuclear e desenvolver potenciais nucleares seria restrita. O acordo também dispunha sobre "inspeções invasivas", com o objetivo de garantir um ano de sobreaviso caso o Irã tentasse "escapar" e reiniciar seu programa armamentista. O núcleo do reator nuclear de Arak seria preenchido com concreto para garantir que não fosse reiniciado. As sanções financeiras e ao petróleo, por sua vez, seriam levantadas. Teerã assumiria o controle dos mais de 100 bilhões de dólares em contas-garantia advindos das exportações de petróleo. O país também receberia 50 bilhões de dólares em ativos congelados no Ocidente, que remontavam ao sequestro da embaixada em 1979. Era dinheiro do qual o país precisava desesperadamente.[11]

Apesar da forte oposição, tanto em Washington quanto em Teerã, o acordo entrou em vigor em janeiro de 2016. O Irã começou a acelerar suas exportações e, ao mesmo tempo, recuperar os bilhões de dólares retidos fora do país.[12]

O QUE ACONTECERIA APÓS 10 ANOS? O OCIDENTE TORCIA PARA QUE A passagem do tempo e a transição entre as gerações acalmassem os ânimos do governo, reduzindo o zelo revolucionário e as ambições hegemônicas e favorecendo a integração com a comunidade local. Os defensores do acordo também contavam com a disposição segundo a qual, caso o Irã desrespeitasse os termos do acordo, as sanções "engatilhadas" seriam reimpostas imediatamente. Para os críticos, entretanto, 10 anos não seria tempo suficiente; o Irã não era confiável, continuava a desenvolver mísseis balísticos, ainda tinha planos agressivos para a região e, mais cedo ou mais tarde, inevitavelmente tentaria trapacear e violar o acordo. A essa altura, o consenso internacional para conter o programa iraniano teria evaporado. As sanções "engatilhadas" seriam de festim.

Donald Trump, tanto antes quanto depois de eleito, denunciou o acordo nuclear diversas vezes, chamando-o de "o pior negócio do mundo". Em 2018, rejeitando apelos pessoais por parte da chanceler alemã, Angela Merkel, e do presidente francês, Emmanuel Macron, que viajaram a Washington para tentar convencê-lo do contrário, Trump anunciou que os Estados Unidos estavam se retirando do acordo. Isso significava que o país voltaria a impor as sanções ao Irã.[13]

Se a expectativa do governo Obama nas negociações do acordo nuclear era o que poderíamos chamar de "suavização do regime", de um jeito ou de outro, o que o governo Trump buscava em Teerã era uma mudança de regime — mudança no modo como operava, na sua própria natureza ou em quem detinha o poder. Em novembro de 2018, os EUA impuseram sanções unilaterais ao Irã, incluindo novas restrições à compra de petróleo iraniano. "O petróleo está na linha de frente do confronto e da resistência", Rouhani declarou. Os outros signatários do P5 argumentaram vigorosamente contra a retirada americana, mas suas empresas e bancos não

Capítulo 29 Uma guerra fria regional **225**

tiveram escolha e seguiram as sanções. Se não o fizessem, seriam excluídos do sistema financeiro americano e estariam sujeitos a punições por parte do governo dos EUA.[14]

UM DOS PRINCIPAIS ARGUMENTOS DOS CRÍTICOS DO ACORDO ERA QUE ele não resolvia a intervenção iraniana na região. Entre todas as disputas locais e nacionais, muitos dos conflitos do Oriente Médio hoje se encaixam no que já foi classificado como uma nova "guerra fria" regional, o confronto entre o Irã e a Arábia Saudita em todo o Oriente Médio. O Irã declara que exporta sua revolução e apoia o "partido da resistência" contra os Estados Unidos, Israel e as monarquias árabes, o que protege a revolução islâmica internamente. A força motriz por trás dessa atitude é a Força Quds ("Jerusalém"), o braço estrangeiro da guarda revolucionária iraniana. Para os sauditas e outros países árabes do Golfo, o Irã busca estabelecer sua hegemonia sobre a região e fundar um "novo império persa". É só olhar para o mapa, dizem. O alcance da Força Quds em cada país é parte de uma estratégia para cercar e derrubar a Arábia Saudita e os Emirados Árabes.

O Líbano, situado na costa do Mediterrâneo, no extremo oeste do Oriente Médio, tornou-se o primeiro campo de batalha para a exportação da revolução iraniana, muito antes da invasão do Iraque. O país foi criado pelo exercício cartográfico após a Primeira Guerra Mundial, com uma pequena maioria de cristãos maronitas e uma ordem política baseada na divisão de poder entre cristãos e muçulmanos. A política libanesa é marcada desde então pela turbulência, com um padrão crônico de assassinatos de primeiros-ministros e presidentes. O país também serviu de campo de testes para os terroristas suicidas modernos, incluindo um ataque que matou 241 militares americanos e outro que destruiu a embaixada americana em Beirute. A organização político-militar Hezbollah ("partido de Deus") foi criada pelo Irã a partir das comunidades xiitas libanesas. Seus milicianos foram treinados pela guarda revolucionária iraniana; seu desenvolvimento, supervisionado por clérigos e soldados do Irã; boa parte do seu dinheiro e armas, incluindo foguetes e mísseis, vem do Irã. O Hezbollah transformou-se na força dominante da política libanesa, mantém redes na África e na América do Sul, e conta com uma força de combate formidável, atuante no Líbano e em outras partes do Oriente Médio, para apoiar os objetivos iranianos. Em 2018, o Hezbollah tornou-se o maior partido no parlamento libanês. Em 2020, uma coalizão dominada pelo Hezbollah assumiu o governo. O Líbano foi o primeiro grande sucesso regional do Irã.[15]

Capítulo 30

A DISPUTA PELO IRAQUE

O Iraque estava na mira de Teerã desde a Revolução Iraniana. Sua população de maioria xiita e o fluxo religioso entre os dois países tornavam o Iraque um alvo óbvio para a exportação da revolução. Saddam era uma pedra no caminho, entretanto.

O que aconteceu após a guerra de 2003 e a queda do regime de Saddam foi uma batalha por poder e recursos e um turbilhão de vingança. Milícias sunitas e xiitas e políticos mergulharam em uma disputa mortal por poder e pelos espólios de guerra. A situação finalmente deu ao Irã a abertura pela qual tanto ansiava no Iraque, em conjunto com os políticos e as milícias xiitas. O Irã pretendia manter o Iraque fragmentado e sob o seu controle e garantir a dominação xiita. A ideia era fazer do Iraque uma plataforma de exportação da revolução e de confronto com os países árabes do Golfo e a Arábia Saudita sunita.

O Irã dispunha de muitas ferramentas na busca de seus objetivos no Iraque: religião e comércio, propinas e subsídios para líderes políticos e tribais, intimidações e ameaças, violência e assassinatos. Mas o instrumento mais importante era a Força Quds da guarda revolucionária iraniana, com seus próprios soldados e com as milícias xiitas iraquianas. Mas a campanha iraniana enfrentava o poderio americano, reforçado pela escalada militar de 2007-2008 para combater a insurgência sunita. Em 2011, no entanto, a queda da violência e a incapacidade de negociar um acordo de equilíbrio de forças com o governo iraquiano levaram à retirada da maior parte das forças americanas.

Após a retirada, o primeiro-ministro Nouri al-Maliki, membro do partido xiita Dawa, deu início a uma ascensão despótica. Maliki centralizou o poder, inflamou as tensões sectárias, aliou-se com milícias pró-Irã e passou a ser visto como um "ponta de lança do Irã" no Iraque. O rei Abdullah não aceitou reunir-se com ele. "É um agente iraniano", declarou o rei saudita.[1]

Maliki acabou com a colaboração entre sunitas e xiitas. Os oficiais militares e outras autoridades sunitas foram demitidos abruptamente, sem salários ou aposentadoria, ou mandados para a prisão. As forças armadas americanas haviam colaborado com o Despertar Sunita e poderiam ter protegido seus membros, mas agora estavam de partida. "Foi meu dever e minha honra trabalhar com os americanos na posição de líder tribal na luta contra o terrorismo", afirmou um xeque sunita. "Mas agora parece que fomos abandonados. Fomos deixados no meio da estrada."[2]

Para Teerã, o Iraque era o elemento fundamental do que chamaria de "eixo de resistência". No centro do eixo, estava Qassem Soleimani, que comandara a Força Quds durante duas décadas. Soleimani era o arquiteto e o implementador do eixo de resistência.

Com pouco mais de 20 anos de idade, Soleimani trabalhava no departamento municipal de saneamento quando Saddam Hussein invadiu o Irã, em 1980. Enviado para o que deveria ser uma breve missão de levar água às tropas no *front*, nunca mais voltou. A guerra transformou-se na sua vocação. Soleimani chamaria o campo de batalha de "outro tipo de paraíso".[3]

Sob o seu comando, a Força Quds transformou-se em uma máquina altamente organizada e eficiente, tanto em batalhas convencionais quanto em ataques contra forças mais poderosas. Em todas as suas ações, Soleimani era movido pela sua dedicação à República Islâmica e à Revolução Iraniana.

Após a invasão americana do Iraque em 2003, Soleimani passou a supervisionar a guerra contra as forças da coalizão. Seu instrumento mais

Capítulo 30   A disputa pelo Iraque   **229**

importante eram as milícias xiitas patrocinadas e controladas pelo Irã —
e, mais especificamente, pelo próprio Soleimani. O Irã recrutava combatentes, treinava-os em acampamentos secretos no Irã e no Líbano e os
doutrinava na ideologia iraniana e nas glórias do martírio. O país financiava milícias e fornecia inteligência e armas letais, incluindo veículos de
guerra e artefatos explosivos improvisados capazes de perfurar a blinda-
gem de tanques e Humvees. Essas armas seriam responsáveis pelas mortes
de muitos americanos e outros membros da coalizão.[4]

O PETRÓLEO SERIA FUNDAMENTAL PARA O FUTURO DO IRAQUE, ASSIM
como fora no passado, mas a produção entrara em colapso, fruto de falta
de investimentos, má administração e sanções antes da guerra. A situação
piorou ainda mais com os saques, a insegurança e os ataques de insurgen-
tes no pós-guerra. Foi apenas em 2009 que a produção anual iraquiana
finalmente voltou aos níveis de 2001.

E 2009 também foi o ano, seis anos após a invasão, em que o Iraque finalmente conseguiu organizar uma licitação. O processo atrairia empresas
estrangeiras com o capital e as tecnologias de que precisava desesperadamente para revitalizar seus gigantescos campos de petróleo, que sofriam
com a falta de investimento e desenvolvimento. Cerca de 15 empresas
acabaram formando um consórcio nos 10 campos existentes.

Um editorial do *New York Times* mencionou suspeitas de que obter o
controle do petróleo iraquiano fora o verdadeiro motivo da invasão americana. Mas essas "suspeitas" foram contraditas pelo que aconteceu de fato.
Das 15 empresas, apenas duas eram americanas. As outras vinham da Malásia, da China, da Coreia do Sul, da Rússia, da Noruega, da Turquia, da
França, da Grã-Bretanha e da Holanda. O Iraque precisava dessas empresas. O petróleo não é apenas o cerne da economia iraquiana. Em termos
econômicos, o Iraque *é* o petróleo, que representa mais de 90% das receitas
do governo, mais de 99% das exportações e quase 60% do PIB total. O
Banco Mundial descreve o Iraque como "líder mundial em termos de dependência do petróleo".[5]

Saddam bloqueara o desenvolvimento do petróleo na região curda. Após
a sua derrubada, entretanto, a região semiautônoma conquistou o direito
de desenvolver seus recursos petrolíferos. Mas os recursos de fato existiam?

230 Os mapas do Oriente Médio

Os curdos reconheceram que precisariam ser altamente competitivos, dada a falta de desenvolvimento e de conhecimento sobre a geologia da região, para atraírem investimentos estrangeiros. Em 2016, cerca de 27 empresas estavam ativas no Curdistão, a maioria delas independente. Perfurações nas montanhas fraturadas revelaram uma geologia difícil. Ainda assim, entre 2008 e 2016, a produção curda cresceu para mais de 300 mil barris por dia, significativa para uma região que praticamente não produzia petróleo antes de 2003.

O conflito entre Bagdá e Erbil, a capital do Curdistão, pelo controle do petróleo e das receitas era constante. Um dos motivos era a ambiguidade da constituição adotada em 2005. Isso criou problemas para a ligação com o oleoduto existente no norte do país, controlado por Bagdá. Em 2013, foi completado um novo oleoduto curdo até a fronteira turca, o que deu ao Curdistão sua própria rota direta até a Turquia e o mercado mundial. A rota não estaria sob o controle de Bagdá, mas dependia da boa vontade turca.

A produção total do Iraque, incluindo a do Curdistão, continuou a se recuperar. O aumento da produção em um período de alta dos preços gerou receitas das quais o país precisava desesperadamente. O volume produzido saltou de quase 18 bilhões de dólares, em 2004, para mais de 89 bilhões, no início de 2014.[6]

NO VERÃO DE 2014, MALIKI, COM SUA SANHA PELO PODER, PERDEU O cargo de primeiro-ministro. Seu substituto foi Haider al-Abadi, que entrara no partido Dawa aos 15 anos. Dois de seus irmãos foram executados pelo regime de Saddam. Abadi passou anos exilado na Inglaterra, onde obteve seu doutorado em engenharia elétrica e administrava uma empresa de engenharia que, entre outras coisas, gerenciava os elevadores no edifício que sedia a BBC World Service. Após subir ao poder, Abadi modulou as políticas antissunitas truculentas de Maliki, incluiu sunitas no seu governo, buscou estabelecer um pouco de controle estatal sobre as milícias e começou a formular políticas para ressuscitar a economia iraquiana e combater a corrupção. Não havia dúvida alguma de que o Irã ainda era dominante no país. Ainda assim, as relações com os Estados Unidos melhoraram, e Abadi buscou dialogar com seus vizinhos árabes sunitas. Estes podiam lhe oferecer algo que o Irã não podia: ajuda para reanimar a economia do Iraque.

Capítulo 30 A disputa pelo Iraque **231**

As esperanças para a estabilização do Iraque logo foram derrubadas por mais uma crise, dessa vez no mercado de petróleo. O colapso do preço do petróleo, que teve início em novembro de 2014, custou caro ao Iraque. As receitas anuais de Bagdá caíram 50% entre 2013 e 2016.

Abadi queria que as forças armadas americanas voltassem ao Iraque, em coalizão com outros países. Ele queria poderio aéreo e soldados para, acima de tudo, ajudá-lo a derrotar o Isis e recuperar o país. Mas essas forças trariam outro benefício: ajudariam a compensar a "pressão iraniana insuportável sobre o seu governo".[7]

O Irã penetrou completamente nas estruturas políticas e de segurança iraquianas, sendo Soleimani o maestro que orquestrou todo o plano. Em 2019, o vazamento de 700 telegramas da inteligência iraniana forneceu evidências de uma densa rede de agentes e espiões, facilitada por subornos e intimidação. Nas palavras de um iraniano, "temos uma boa quantidade de aliados entre os líderes iraquianos nos quais podemos confiar de olhos fechados". As diversas milícias xiitas, agora designadas Forças de Mobilização Popular (FMPs), estão integradas ao aparato de segurança iraquiano. Cerca de metade delas está sob o controle da Força Quds. Para fortalecer ainda mais a sua posição no futuro, o Irã busca transformar essas milícias em organizações políticas e sociais, seguindo o modelo do Hezbollah. O Irã também garantiu benefícios financeiros associados ao seu papel no Iraque, incluindo contratos para a exploração de petróleo.[8]

Apesar dos sucessos de Abadi, incluindo a luta contra o Isis, sua posição era prejudicada pela corrupção endêmica e pelo colapso dos serviços sociais. Em Basra, centro de 80% da produção iraquiana e capital econômica do país, manifestações irromperam, em 2018, pela carência de investimentos e empregos e pela falta de água e eletricidade, que tornava a vida insuportável no calor de 46°C do verão iraquiano — situação que piorou ainda mais quando o Irã cortou a eletricidade que transmitia para a região sul do Iraque. Os protestos se espalharam para outras cidades no sul do país e tornaram-se violentos, incluindo manifestações sem precedentes como o incêndio de escritórios oficiais iranianos e de instalações pertencentes aos partidos xiitas. Em coro, os manifestantes acompanhavam o fogo aos gritos de "queimem os partidos iranianos".[9]

232 Os mapas do Oriente Médio

O grande aiatolá iraquiano Ali al-Sistani, que servia de guia para milhões de iraquianos, lamentou as condições "miseráveis" em Basra e defendeu a escolha de uma nova liderança. Abadi perdeu o cargo de primeiro-ministro. Demorou quase meio ano para que um novo governo fosse formado. A batalha em torno do novo governo foi difícil, mas foi também a quarta transição de poder no Iraque desde o fim do governo de Saddam Hussein. Esse governo também não durou. Em 2019, os manifestantes voltaram às ruas para protestar contra o desemprego, a corrupção e a falta de serviços sociais. O controle iraniano tornou-se um dos grandes alvos dos manifestantes xiitas iraquianos. O consulado iraniano na cidade santa xiita de Najaf foi incendiado. Dezenas de manifestantes foram mortos a bala, talvez centenas. O governo caiu. Demorou outro meio ano para a formação de um novo. Na primavera de 2020, o Iraque parecia à beira do colapso. Em maio de 2020, foi confirmado um novo primeiro-ministro, Mustafa al Kadhimi, ex-diretor de inteligência e, antes disso, jornalista e diretor de uma fundação dedicada a registrar os crimes do regime de Saddam. "A segurança, a estabilidade e o florescimento do Iraque é o nosso caminho", afirmou. Tudo indicava que seria um caminho muito difícil. Além do confronto entre os Estados Unidos e o Irã, o novo governo precisaria lidar com a crise do coronavírus, o ressurgimento de ataques por militantes do Isis e a evaporação de boa parte das receitas do petróleo, das quais o orçamento do país tanto depende.

Ainda assim, em um grau bastante considerável, o Irã alcançou seus objetivos. O Iraque é tanto um Estado fraco quanto uma peça central no eixo de resistência.

Capítulo 31

O ARCO DO CONFRONTO

O movimento contra os fracassos sistemáticos dos regimes árabes irrompeu na Tunísia depois que um jovem vendedor de frutas desesperado se imolou em público. Manifestações crescentes, alimentadas pelas redes sociais, forçaram o corrupto e autoritário ditador Zine el Abidine Ben Ali a fugir do país, em janeiro de 2011, após 23 anos no poder.

Nos meses seguintes, em todo o Norte da África e o Oriente Médio, manifestações em massa, estimuladas pelas mídias sociais e pela televisão via satélite, foram às ruas e ocuparam as praças. Esses movimentos, e as mudanças de governo que provocaram, ganharam o nome de Primavera Árabe, um momento de otimismo e expectativas de uma nova era que evocava as palavras pronunciadas por William Wordsworth no início da Revolução Francesa: "Felicidade era estar vivo naquela aurora". Mas não demorou nada para a aurora da felicidade escurecer. A Primavera Árabe se transformou em algo que poderia ser chamado de Inverno Árabe.

NO FINAL DE JANEIRO DE 2011, AS MANIFESTAÇÕES TRANSBORDARAM da Praça Tahrir, no Cairo, e chegaram a reunir mais de 1 milhão de pessoas. Apesar das diferenças políticas, seu objetivo em comum era derrubar Hosni Mubarak, de 82 anos, presidente do Egito durante três décadas. Conectados pelo Facebook e pelo Twitter, capturados pelas câmeras de televisão, os manifestantes logo passaram a ser vistos ao redor do mundo como a vanguarda de uma nova geração. A polícia sumiu. Criminosos contratados, atacando de camelos e cavalos, não conseguiram expulsá-los.

Mubarak fora um aliado constante, crucial para a paz com Israel e para a coalizão que travou a Guerra do Golfo em 1991 (George Bush chamou-o de "meu sábio amigo"), e depois para a campanha contra a Al Qaeda. Os assessores mais graduados do presidente Barack Obama (a secretária de Estado, Hillary Clinton, o secretário da Defesa, Robert Gates, e o vice-presidente, Joe Biden) insistiram que o país deveria ter cautela e não se juntar de forma impensada ao movimento para derrubar Mubarak. Gates era membro do Conselho de Segurança Nacional em 1979, quando, na sua opinião, os Estados Unidos passaram uma rasteira no xá, na expectativa de uma revolução democrática no Irã. O resultado foi a ascensão do aiatolá Khomeini, diplomatas americanos mantidos em cativeiro por 444 dias e o surgimento da República Islâmica, uma nação implacavelmente hostil.

Os assessores menos graduados do presidente discordavam vigorosamente. Levados pela agitação da Primavera Árabe, eles sentiam afinidade com a geração do Facebook e do Twitter. Confiantes no poder e na persuasão da oratória de Obama, insistiram que o presidente não deveria hesitar em escantear Mubarak. Seu conselho para Obama era que ele deveria ficar "no lado certo da história".

"Mas como alguém vai saber qual é o lado 'certo' ou 'errado' da história", Gates escreveu posteriormente, "quando praticamente todas as revoluções, iniciadas com esperança e idealismo, culminam em repressão e derramamento de sangue? O que vem após Mubarak?"[1]

A secretária Hillary Clinton despachou Frank Wisner, um diplomata de carreira aposentado e ex-embaixador no Egito, para falar com Mubarak, no Cairo. A mensagem de Wisner era clara: era o momento de dar início a uma transição ordeira. Logo depois, Mubarak pronunciou-se na televisão e prometeu "uma transição pacífica de poder". Ele fez, nas palavras de Gates, "exatamente o que a administração Obama pediu".

Mas isso não era mais suficiente. Obama ligou para Mubarak e disse que a mudança deveria começar "agora". E o que significava "agora"? Na manhã seguinte, 2 de fevereiro, o porta-voz de Obama deu a resposta. "'Agora' começou ontem".[2]

Nove dias depois, Mubarak renunciou. Enviado ao Egito, William Burns, vice-secretário de Defesa, transmitiu a seguinte mensagem: "A notícia não tão boa é que as expectativas são irrealisticamente altas". Nas eleições organizadas às pressas naquele mesmo ano, a Irmandade Muçulmana era o único grupo organizado; Mohamed Morsi, seu candidato, saiu vitorioso, ainda que por uma margem pequena. Morsi agiu rápido para colocar a Irmandade Muçulmana permanentemente no poder. Rápido demais, como se descobriu. Em 2013, no segundo aniversário da queda de Mubarak, multidões ainda maiores lotaram a Praça Tahrir para protestar contra a tomada do poder por Morsi. Os protestos conseguiram derrubá-lo. Seu sucessor foi Abdel Fattah el-Sisi, ex-chefe do estado-maior. O "lado certo da história" fora fugidio.

A queda de Hosni Mubarak teve um impacto dramático no equilíbrio de poder da região. "Nossos aliados no Oriente Médio", Robert Gates diria mais tarde, "se perguntavam se os protestos ou tumultos nas suas capitais fariam com que os Estados Unidos os abandonassem também". O que os árabes do Golfo interpretaram como a falta de confiabilidade dos Estados Unidos em um momento de crise intensificou a sua sensação de vulnerabilidade diante da crescente influência iraniana na região.[3]

A LÍBIA É UM IMPORTANTE EXPORTADOR DE PETRÓLEO, MAS DE segunda ordem. Após os acontecimentos da Praça Tahrir, no Egito, protestos irromperam na Líbia contra a ditadura do volátil Muammar Gadhafi, que ficara 42 anos no poder. As manifestações logo se transformaram em uma guerra civil. Em 2003, Gadhafi havia "saído do frio", encerrado seu isolamento internacional e abandonado suas armas de destruição em massa. Em 2011, no entanto, enquanto ele se preparava para lançar o que todos imaginavam ser um ataque sangrento contra a oposição, na cidade de Benghazi, a Liga Árabe implorou por ajuda e as forças aéreas dos EUA e da Europa, operando sob a autoridade da ONU e da Otan, vieram em socorro dos rebeldes. Nesse caso, afirmou um assessor de Obama, os Estados Unidos estavam "liderando da retaguarda".

236 Os mapas do Oriente Médio

Essa guerra civil teve um impacto imediato no mercado de petróleo. Toda a produção da Líbia foi interrompida durante algum tempo, e os preços dispararam para 130 dólares por barril. Em outubro de 2011, Gadhafi estava fugindo. Tentando proteger-se de ataques aéreos, o ex-ditador escondeu-se em um tubo de drenagem e foi morto. Seu regime acabara.

O governo altamente personalista de Gadhafi não deixou uma instituição de pé. Havia armas para todos os lados e a guerra civil se transformou em um conflito de gangues e milícias enquanto o Isis se estabelecia na costa do Mediterrâneo. Enormes quantidades de armas líbias inundaram a África Subsaariana. A produção de petróleo continuou prejudicada, pois as milícias lutavam pelo controle dos campos de petróleo, dos terminais e das receitas que geravam. Em 11 de setembro de 2012, no décimo primeiro aniversário do atentado às Torres Gêmeas, o embaixador dos EUA na Líbia, Chris Stevens, foi assassinado, junto com outro funcionário americano, durante um ataque ao complexo diplomático dos EUA em Benghazi. Dois outros americanos foram mortos no dia seguinte, em atentado a um edifício da CIA na vizinhança.

A Líbia podia ainda existir nos mapas, mas não era mais um Estado-nação funcional.[4]

A PRIMAVERA ÁRABE TAMBÉM TRANSFORMOU A RIVALIDADE ENTRE a Arábia Saudita e o Irã em um confronto direto — de forma mais imediata no Bahrein, a monarquia insular próxima à província oriental da Arábia Saudita. A segurança do petróleo estava em jogo nesse conflito. Entre 60 e 70% da população muçulmana bareinita é xiita. Durante a Primavera Árabe, manifestantes xiitas, motivados pela sua experiência de discriminação política e econômica endêmica, foram às ruas para protestar contra a família real sunita e o *establishment* sunita do país.

O Bahrein pode ser pequeno, mas é um elo crítico no impasse entre o Irã e a Arábia Saudita. O país está ligado à Arábia Saudita por uma ponte de 25 km. Mais do que isso, representa uma ponte em potencial para o Irã estender a sua influência à costa leste do Golfo.

O Bahrein é um produtor menor de petróleo. Antes da ascensão de Abu Dhabi, Dubai e Qatar, era o centro comercial e financeiro do Golfo. Em 1995, após a Guerra do Golfo, a Quinta Frota dos EUA, coloca-

Capítulo 31 O arco do confronto **237**

da na reserva após a Segunda Guerra Mundial, foi reativada e sediada no Bahrein, para servir de base para a segurança do Golfo. A população xiita do Bahrein segue os centros religiosos no Irã e no Iraque. O Irã, por sua vez, afirma que o Bahrein, embora no outro lado do Golfo, é uma "província perdida" — reivindicação feita tanto pelo xá quanto pela República Islâmica. Em 1981, dois anos depois que Khomeini subiu ao poder, o Irã esteve por trás de um golpe de Estado malsucedido. Em 1996, outro golpe no Bahrein foi evitado. Apesar de a família Al Khalifa governar o Bahrein desde 1783, o Irã voltou a reivindicar o reino em 2007. Qassem Soleimani, líder da Força Quds, declarou que o Bahrein era uma "província iraniana que foi separada do Irã pelo colonialismo".[5]

Muitos dos jovens xiitas protestavam nas ruas contra o desemprego, a falta de moradia e a discriminação, mas um pequeno grupo pretendia derrubar o governo. Os Estados Unidos entraram rapidamente em cena para negociar um novo contrato social, no qual os xiitas teriam mais poder e influência. Do ponto de vista de Washington, a resposta do governo do Bahrein às manifestações fora severa e obtusa, assim como o tratamento que dava aos cidadãos xiitas. Mas o acordo apresentado era inaceitável para os outros membros do Conselho de Cooperação do Golfo, especialmente os Emirados Árabes Unidos, e mais ainda para a Arábia Saudita. Em vez disso, os dois países enviaram soldados e policiais pela ponte que liga a ilha à Arábia Saudita, onde deveriam acabar com os protestos e restaurar a ordem.

Para os sauditas, o Bahrein era de suma importância. A ilha fica a cerca de 65 km de Ghawar, o maior campo de petróleo da Arábia Saudita; a 80 km de Ras Tanura, o terminal gigante de exportações de petróleo, o maior do mundo; e a menos de 50 km da sede da Saudi Aramco, em Dhahran. Além disso, os xiitas são maioria no leste da Arábia Saudita, região adjacente ao Bahrein. A possibilidade de uma ascendência xiita no Bahrein, e sua subordinação à política iraniana, seria uma ameaça direta ao reino saudita.

Desde a Primavera Árabe de 2011, parte da oposição xiita no Bahrein foi integrada ao "eixo de resistência" iraniano, e o Irã aumentou o apoio à insurgência no país. Dezenas de jovens xiitas do Bahrein foram treina-

238 Os mapas do Oriente Médio

dos em fabricação de bombas e táticas militares nos campos da guarda revolucionária no Irã; pelo Hezbollah no Líbano; e por milícias xiitas no Iraque. Os ataques à polícia e a autoridades de segurança continuam, assim como o uso crescente de artefatos explosivos improvisados e bombas perfurantes. Em 2017, o oleoduto entre a Arábia Saudita e a refinaria no Bahrein, uma das principais fontes de receitas para o país, explodiu. A pressão continua. Qassem Soleimani profetizou que um "levante sangrento" no Bahrein levará à "derrubada do regime".[6]

BASHAR AL-ASSAD, O DITADOR DA SÍRIA, ESTAVA CONFIANTE. NA VERDA-de, estava tão confiante, no final de janeiro de 2011, que, enquanto o povo lotava a Praça Tahrir, no Egito, para exigir a renúncia de Mubarak, recebeu dois jornalistas americanos em Damasco. Assad garantiu que nada como aquilo aconteceria na Síria. Havia uma "nova era" no Oriente Médio, afirmou. "Se você não enxergava a necessidade de reforma antes do que aconteceu no Egito e na Tunísia, é tarde demais para qualquer reforma." A Síria, completou, seria poupada desse problema. "A Síria é estável."

"Por quê? Porque é preciso estar ligado muito de perto às crenças do povo. Essa é a questão fundamental."[7]

Sua confiança seria testada mais cedo do que imaginava.

Seu pai, Hafez al-Assad, subira ao poder com um golpe, em 1970. Sob o seu comando, a Síria veio a ser considerada o mais rejeicionista e mais militante entre os vizinhos de Israel. Hafez Assad enfrentava muitas ameaças, que iam de Israel e do regime baathista iraquiano rival, nas suas fronteiras, a possíveis golpes internos. Mas o maior perigo era o inimigo islâmico crescendo dentro da sua população de maioria sunita.

Hafez Assad era um alauita, membro de uma seita xiita que representava cerca de 20% da população do país. Apesar da sua pequena representatividade, os alauitas dominavam o governo, as forças armadas, as forças de segurança e, cada vez mais, a economia. Assad enfrentava qualquer desafio ao controle alauita com força extrema e avassaladora. O regime governava com um estado de vigilância policial implacável, mantido por, no mínimo, 15 agências de inteligência. Além das suas próprias fronteiras, Assad usava assassinatos e força militar para fazer valer a sua influência no Líbano, que considerava uma parte da Síria roubada

Capítulo 31 O arco do confronto **239**

pelos "imperialistas" em seus exercícios cartográficos durante e após a Primeira Guerra Mundial.

Hafez Assad também tomou uma decisão muito importante. Ele transformou a Síria em aliada da União Soviética. Uma segunda aliança, que, assim como a soviética, seria crítica para a sobrevivência do regime décadas depois, foi firmada com o aiatolá Khomeini e o Irã revolucionário. A medida foi fortalecida por um *fatwa* politicamente conveniente do líder do Conselho Supremo Xiita do Líbano, que decretou que os alauitas, apesar das diferenças de prática e doutrina, pertenciam ao Islã xiita. A Síria seria o campo de preparação através do qual os "voluntários" iranianos passariam a caminho do Hezbollah no Líbano.[8] Após a queda de Saddam, o cinturão xiita abrangeria o Irã, o Iraque e a Síria, até chegar ao Hezbollah xiita no Líbano. As alianças com o Irã e a União Soviética foram um apoio essencial para o regime. Em termos de economia, o petróleo também foi fundamental para manter os Assad no poder.

EM 1947, APÓS UMA SÉRIE DE INSUCESSOS, A IRAQ PETROLEUM Company anunciou que deixaria a Síria. O país, segundo a empresa, não tinha potencial para a exploração comercial do petróleo. O presidente do país na época, desesperado pelas receitas que o petróleo poderia gerar, instruiu o embaixador sírio na ONU a vasculhar os Estados Unidos e encontrar um descendente de sírios que entendesse alguma coisa de petróleo. Foi assim que os membros da delegação síria na Organização das Nações Unidas foram parar, em 1948, na cidadezinha de Benton, no sul do Illinois. Eles estavam lá atrás de um certo James Menhall, que emigrara da Síria para os Estados Unidos décadas antes. Menhall havia patenteado diversas plataformas de perfuração portáteis e desenvolvido alguns poços que produziam petróleo nos pequenos campos do Illinois e do Kentucky. Era o homem que estavam procurando.

Devido à instabilidade política na Síria, entretanto, demorou oito anos para que começassem as perfurações. O trabalho começou na primavera de 1956 e, em menos de meio ano, Menhall descobriu petróleo em nível comercial. Infelizmente, a Síria logo em seguida fundiu-se com o Egito para formar a República Árabe Unida, sob o comando de Nasser. A concessão de Menhall foi cancelada e ele não foi indenizado.

240 Os mapas do Oriente Médio

Ainda assim, Menhall estabelecera as bases para a futura indústria petrolífera síria. A produção nunca colocou o país entre os maiores do mundo, mas era de suma importância para o regime de Assad. Até 2010, a receita do petróleo representava cerca de 25% do orçamento total da Síria.[9]

NOS PRIMEIROS ANOS APÓS SUCEDER SEU PAI, EM 2000, BASHAR ASSAD relaxou a mão de ferro com a qual ele governara o país. O compromisso com o socialismo árabe deu lugar à ideia de uma economia de mercado social mais aberta. Bashar permitiu o acesso à internet e até legalizou os telefones celulares. A economia foi fortalecida pelo influxo da classe média e dos recursos financeiros que fugiam do Iraque. Os sírios da diáspora internacional voltaram ao país e compraram propriedades em Damasco.

Bashar fora um optometrista em Londres. Quando seu irmão mais velho morreu, em um acidente de automóvel, Bashar foi chamado de volta a Damasco para se tornar o herdeiro. Após tomar posse em 2000, foi confirmado no cargo por 99,7% dos votos na eleição presidencial. Bashar parecia a personificação de uma nova modernidade, assim como Asma, sua esposa, filha de um cardiologista sírio sunita de Londres. Asma trabalhava em um banco de investimentos e pretendia estudar na Harvard Business School quando mudou seus planos para se casar com Bashar. Ela parecia representar a nova era de "mente aberta" da qual seu novo marido gostava de falar. Uma revista de moda americana chegou a publicar um perfil de Asma em suas páginas.[10]

Mas as reformas econômicas foram limitadas, e o sistema de segurança e vigilância repressivo instalado pelo pai de Assad continuou firme.

Alguns dias após a declaração confiante de Assad de que o tumulto no resto do mundo árabe jamais chegaria à Síria, um bando de estudantes adolescentes em uma cidade chamada Daraa picharam "O povo quer a queda do regime" no muro da sua escola. A polícia secreta local prendeu e espancou os meninos. Os cidadãos inconformados foram às ruas para protestar. Uma onda de manifestações varreu o país.

Para Assad, foi o fim da reforma. A sobrevivência do regime estava em jogo. Ele jurou destruir os "terroristas". Em maio de 2011, os tanques foram às ruas para esmagar os protestos.

Capítulo 31 O arco do confronto **241**

As manifestações se transformaram em um levante. O mundo agora tinha a internet, os telefones celulares e o YouTube, tinha mensagens de SMS e canais de tevê árabes via satélite. E era também um mundo em que jihadistas islâmicos com recursos financeiros eram mobilizados em forças de combate violentas, brutais e altamente motivadas.

O exército expandiu a sua campanha, mas oficiais dissidentes desertaram e formaram o Exército Livre da Síria (ELS), que se tornou uma coalizão de grupos rebeldes com laços fracos entre si. Foi o último passo para transformar o levante em uma guerra civil de verdade. O número de desertores cresceu, passando a incluir o ex-primeiro-ministro de Assad e até o general responsável por processar os desertores. Em agosto de 2014, o presidente Obama opinou sobre a situação: "Pelo bem do povo sírio, é chegado o momento de o presidente Assad renunciar".[11]

ASSAD NÃO IA A LUGAR ALGUM. AO MESMO TEMPO, ISLAMISTAS RADICAIS tornavam-se uma força cada vez maior no país. Um grupo declarou-se a Al Qaeda na Síria. Alguns dos rebeldes se juntaram às milícias islamistas, que tinham mais recursos financeiros e armas melhores.

O caos crescente na Síria envolveu outros *players* regionais. A guarda revolucionária iraniana, milícias iranianas e o Hezbollah xiita libanês logo estavam lutando na Síria ao lado dos próprios soldados de Assad. No outro lado do conflito, países sunitas, incluindo a Arábia Saudita e a Turquia, desejavam vê-lo fora do poder e começaram a enviar dinheiro e armas para os grupos rebeldes. Indivíduos do Golfo, determinados a acelerar a queda do regime alauita de Assad, ligado aos xiitas, fizeram doações generosas para grupos islamistas.[12]

A natureza altamente sectária do regime de Assad jogou os alauitas sírios, que apoiavam o regime, contra os sunitas sírios. Os cristãos do país, enquanto isso, temendo o que aconteceria se os jihadistas sunitas prevalecessem e eles fossem colocados sob um regime islamista e a lei da sharia, se aliaram ao governo Assad. Os curdos sírios organizaram suas próprias forças e transformaram os seus cantões, ao longo da fronteira com a Turquia, em uma região autônoma. Os curdos seriam aliados naturais das forças anti-Assad. Para a Turquia, no entanto, os curdos eram anátemas. O motivo era a sua suposta relação com o Partido dos Trabalhadores do Curdistão, que

242 Os mapas do Oriente Médio

resistia a Ancara dentro da própria Turquia. O resultado foi que a Turquia voltou suas armas e aviões contra os curdos sírios e os islamistas radicais.

O número de refugiados e deslocados resultante da guerra civil foi enorme, e muitos começaram a chegar à Turquia, ao Líbano e à Jordânia. O presidente Obama alertou que o uso de armas químicas por parte do governo Assad seria uma espécie de "linha vermelha", provocando uma resposta militar americana. Em agosto de 2013, vazou a notícia de que as forças de Assad haviam utilizado gás venenoso em um subúrbio rebelde de Damasco e matado até 1.400 pessoas. Foi um momento decisivo. Os Estados Unidos estiveram a algumas horas de lançar um ataque. "Nosso dedo estava no gatilho", diria posteriormente o general Martin Dempsey, chefe do estado-maior conjunto dos EUA.[13]

Obama tomou a decisão contrária. Sua conclusão foi de que o poderio aéreo seria insuficiente e ineficaz. Além disso, Obama queria a autorização do Congresso, mas não tinha como conquistá-la. Ele fora eleito para encerrar as duas guerras dos Estados Unidos, no Iraque e no Afeganistão, e odiava a ideia de cair em uma terceira, sem um caminho claro para o sucesso. Ataques aéreos na Líbia haviam ajudado a remover Gadhafi, mas deixaram o caos em seu lugar. Obama também demonstrava que, como diria mais tarde, havia rompido com o "manual" de respostas militares criado pelo "*establishment* da política externa". Além disso, ele temia que um ataque aéreo não eliminasse todas as armas químicas, o que permitiria a Assad proclamar que havia "conseguido desafiar os Estados Unidos".[14]

Um presidente americano já dissera que o uso de armas químicas era uma linha vermelha, mas não agira quando esta foi cruzada. Esse fato, somado à queda de Mubarak, fez com que os líderes dos outros países questionassem a credibilidade dos Estados Unidos e a confiabilidade da sua aliança.

E, então, o desafio das armas químicas foi resolvido de maneira súbita, mas inesperada. Vladimir Putin, presidente da Rússia, que já apoiava Assad, entrou em cena e negociou um acordo para entregar (supostamente) todas as armas químicas de Assad à comunidade internacional. Uma autoridade americana descreveu a jogada como uma "reviravolta chocante". A medida ajudou a Rússia a sair do isolamento forçado em que havia caído após a Crimeia e a guerra no leste da Ucrânia.[15]

A Síria não era mais um país, era uma série de campos de batalha e fortalezas cujas fronteiras mudavam constantemente. Em 2015, o regime de Assad estava na defensiva. Em setembro daquele ano, no entanto, a Rússia declarou que faria operações militares na Síria em apoio a Assad. Foi uma nova reviravolta. A Rússia tornou-se uma figura importante na Síria, internacionalizou completamente o conflito e deixou de ser apenas uma potência "regional", como Obama declarara com desprezo. Seria impossível resolver o conflito na Síria sem a Rússia.

A essa altura, milhares de combatentes da Força Quds estavam ativos na Síria, e Soleimani voava com frequência para orientar a luta pessoalmente. O Irã também reunira dezenas de milhares de combatentes do Hezbollah libanês e de milícias iraquianas, homens com experiência de combate na guerra contra os americanos, além de xiitas afegãos e paquistaneses.[16]

Assad, reforçado pelos iranianos e pelos russos, partiu para a ofensiva. Ficou evidente que, apesar do acordo negociado por Putin, nem todas as armas químicas haviam sido removidas, pois as forças de Assad voltaram a utilizá-las contra redutos rebeldes. O presidente Donald Trump respondeu com ataques aéreos. O primeiro, em 2017, atingiu um campo de pouso que foi reparado rapidamente. Em 2018, novos ataques, coordenados com franceses e britânicos, tiveram como alvo instalações relacionadas a armas químicas, mas foram coreografados de modo a não atingir os militares russos nas proximidades.

As tropas americanas no nordeste do país trabalharam lado a lado com os curdos sírios e as forças democráticas sírias para derrotar o Isis no campo de batalha. Em outubro de 2019, no entanto, após uma ligação telefônica com o presidente Erdoğan, da Turquia, o presidente Trump anunciou abruptamente a retirada das forças americanas. A decisão facilitou a entrada das forças armadas turcas no norte da Síria, que expulsaram os curdos sírios, aliados dos americanos, e estabeleceram uma "zona de segurança" dentro do país. Putin enviou tropas russas para ajudar a "garantir a segurança" da região. Por ordem de Trump, as forças armadas americanas bateram em retirada às pressas. Houve uma exceção, no entanto: os americanos se reagruparam para proteger os campos de petróleo sírios, ainda que não estivesse claro se a intenção era rechaçar novos ataques após o ressurgimento do Isis ou mantê-los fora das mãos do governo Assad.

244 Os mapas do Oriente Médio

DE 22 MILHÕES DE SÍRIOS, ESTIMA-SE QUE MEIO MILHÃO TENHA MOR-
rido na guerra civil, mais de 6 milhões estejam deslocados internamente
e 5 milhões sejam refugiados em outros países, o que totaliza mais de
metade da população. Os efeitos da guerra reverberaram além das fronteiras do Oriente Médio. O fluxo de refugiados da Síria (e outros países)
para a Europa — 1 milhão apenas para a Alemanha — transformou a
política europeia, estimulou um novo populismo nacionalista de direita,
ajudou a alimentar os sentimentos antieuropeus na Grã-Bretanha, que
redundaram em sua saída da União Europeia, e continua a criar tensão
dentro da própria UE.[17]

Com o sucesso dos seus planos no país, o Irã pretende garantir a sua
ponte terrestre através do Iraque e do sul da Síria até o Líbano. A rota
facilita o transporte de combatentes, equipamentos e armas, incluindo
mísseis e foguetes, além da construção de fábricas de armas secretas no
caminho. Para enfatizar os seus objetivos, o Irã publicou um vídeo que
mostrava Soleimani, o comandante da Força Quds, atravessando a fronteira entre o Iraque e a Síria a pé. Sua mensagem era clara: "unir as comunidades xiitas de ambos os países". Com as pegadas da sua bota, Soleimani
demarcava a ponte terrestre.

NAS RUAS DE SANAA, CAPITAL DO IÊMEN, A PRIMAVERA ÁRABE TAMBÉM
provocou manifestações maciças em 2011. Nesse país, localizado no extremo sudoeste da Península Arábica, entretanto, demorou quase um ano
até que outro "presidente", Ali Abdullah Saleh, fosse finalmente derrubado,
após 33 anos no poder. O resultado seria uma guerra civil, tribal e religiosa.
O Iêmen também se tornaria palco de uma guerra por procuração entre, de
um lado, a Arábia Saudita e os Emirados Árabes Unidos, e do outro, o Irã.

Saleh governava o Iêmen do Norte em 1990, quando este fundiu-se
com o Iêmen do Sul marxista para formar um único país. Mas o Iêmen
unido não era tanto uma nação quanto uma amálgama turbulenta de tribos, administrada por Saleh com um misto de patronagem, força e sua
habilidade cínica de jogar um grupo contra o outro — o que chamava de
"dançar nas cabeças das cobras".

O Iêmen chegara tarde ao petróleo, mas descobertas elevaram a sua
produção a um pico de quase 460 mil barris por dia. O petróleo gerou um

Capítulo 31   O arco do confronto   **245**

fluxo de receitas do qual o país, o mais pobre do Oriente Médio, precisava desesperadamente. Um projeto de GNL, iniciado em 2009 com uma série de contratos de 20 anos, também produziu receitas para o país.

No início da década de 2000, uma filial da Al Qaeda estabeleceu um reduto na parte sul do país. O ataque ao destróier americano *USS Cole*, no porto iemenita de Aden, em 2000, seguido pelo ataque muito mais importante do 11 de Setembro, levou tropas americanas para o país. O alvo eram os jihadistas, principalmente com *drones* e caças, mas também com forças especiais. Em 2009, as filiais da Al Qaeda na Arábia Saudita e no Iêmen se fundiram para formar a Al Qaeda na Península Arábica (AQPA). Centrada no Iêmen, a AQPA seria considerada uma das filiais mais perigosas da Al Qaeda, com fabricantes de bombas habilidosos que procuravam maneiras de derrubar aviões de carga e de passageiros dos EUA e da Europa. Em resposta à crescente ameaça jihadista, o Iêmen recebeu muita ajuda externa americana, além do apoio da Arábia Saudita, sua vizinha ao norte.[18]

Saleh tinha suas próprias batalhas para lutar, especialmente com um grupo rebelde chamado Ansar Allah ("apoiadores de Deus"), cuja base ficava entre as tribos zaydis, nas montanhas acidentadas do noroeste do país (parte das quais entram no extremo sul da Arábia Saudita). Os zaydis representam cerca de 40% da população muçulmana do Iêmen e são considerados próximos aos xiitas, embora com doutrinas que divergem das iranianas e têm algumas afinidades com as sunitas.

O Ansar Allah surgiu na década de 1990. Seu fundador, Hussein al--Houthi, acusava Saleh de ser a personificação viva do "governante injusto", uma figura da teologia zaydi. Houthi realizou sua educação religiosa no Irã e no Sudão e voltara ao Iêmen para montar uma milícia zaydi. Sua intenção era liderar a rebelião contra Saleh em nome da devoção religiosa e da luta contra a corrupção, e resistir à invasão do proselitismo fundamentalista dos vizinhos sauditas. Seu sermão de 2002, "Um Grito na Cara do Arrogante", refletia a retórica do Irã revolucionário. O Hezbollah serviu de modelo para a nova milícia Ansar Allah. Houthi estudou os vídeos de Hassan Nasrallah, líder do Hezbollah, e comemorava como "as palavras poderosas de Nasrallah" estavam "sacudindo Israel". O grito de guerra da milícia Ansar Allah era uma passagem do sermão de Houthi, adaptado do "Morte à América" iraniano: "Deus é Grande! Morte aos EUA! Morte a

246 Os mapas do Oriente Médio

Israel! Malditos sejam os judeus! E vitória para o Islã!". Os houthis começaram a transitar entre o Líbano e o Irã.[19]

Houthi foi morto pelas forças de Saleh em 2004. Depois disso, seus seguidores fervorosos adotaram seu nome — os houthis. Eles também receberam apoio do Irã e do Hezbollah. Com a Primavera Árabe e a derrubada de Saleh, em 2012, os houthis partiram para a ofensiva. Não demorou para conquistarem um novo aliado, entretanto: ninguém menos do que seu ex-inimigo, o ex-ditador Ali Abdullah Saleh. Saleh decidiu que colaborar com os houthis seria a sua melhor oportunidade de voltar ao poder. Em setembro de 2014, fortalecidos pelas forças de Saleh e auxiliados por assessores do Hezbollah, os houthis capturaram Sanaa, a capital do Iêmen. Imediatamente, o grupo estabeleceu uma ponte aérea entre Sanaa e Teerã. Tendo conquistado a capital, os houthis avançaram em direção a Aden, o porto mais importante no caminho para o Mar Arábico.[20]

O avanço houthi em direção a Aden disparou alarmes na Arábia Saudita, pois uma conquista houthi do Iêmen consolidaria um aliado iraniano na fronteira de mais de 1.400 km entre os dois países. A fronteira sempre fora porosa, mal definida e difícil de regular. Para Riad, o espectro de um aliado iraniano militarizado, com uma posição sólida na sua fronteira sul, elevava o perigo existencial de um cerco iraniano da Arábia Saudita e dos emirados árabes do Golfo.

Os iranianos defendiam os houthis. Um representante do aiatolá Khamenei declarou que a captura de Sanaa era "uma vitória" para Teerã, e completou, jubilante, que Teerã agora completava quatro capitais árabes: Bagdá, Beirute, Damasco e Sanaa. Hassan Nasrallah mandou sua própria mensagem em nome do Hezbollah: "O eixo da resistência triunfa na Síria e triunfa no Iraque, e resiste bravamente no Iêmen, onde também vencerá, se Deus quiser".[21]

Uma vitória houthi representava uma ameaça direta ao petróleo. O Iêmen comanda o lado leste de Bab al-Mandeb, o estreito na ponta do Mar Vermelho, que tem menos de 30 km de largura na sua parte mais estreita. É o gargalo que liga o Oceano Índico ao Canal de Suez e ao Mediterrâneo. Por ele, passam quase 5 milhões de barris de petróleo do Oriente Médio por dia, além de boa parte do comércio mundial como um todo. A vulnerabilidade do estreito a uma potência hostil seria um risco significativo para expor-

Capítulo 31 O arco do confronto 247

tadores de petróleo, como a Arábia Saudita e os EAU, assim como para o Egito, que depende do canal para uma boa parcela das suas receitas, e para o comércio mundial. Em uma demonstração dos perigos envolvidos, um míssil houthi acertou um navio-petroleiro saudita que atravessava o estreito.[22]

Em março de 2015, com os houthis prestes a conquistar Aden, a Arábia Saudita e os EAU lançaram a Operação Tempestade Decisiva, com forças terrestres e aéreas e um bloqueio marítimo. Para Riad, foi a primeira grande decisão política tomada pelo rei Salman, que ascendera ao trono em janeiro, e mais ainda por seu filho Mohammed bin Salman, que já havia sido indicado para o cargo de ministro da Defesa.

Imaginava-se que a operação terminaria em semanas, talvez meses, mas transformou-se em uma guerra prolongada. O conflito matou inúmeros civis; deslocou milhões de pessoas; colocou um número ainda maior em risco de fome; interrompeu serviços básicos, como saneamento e eletricidade, assim como o sistema de saúde; e precipitou epidemias de cólera e difteria. E, então, ainda veio a covid-19. A Organização das Nações Unidas descreve a soma geral como uma grave crise humanitária.[23]

A campanha aérea liderada pela Arábia Saudita foi criticada pela morte de civis em ataques indiscriminados, crítica estendida aos Estados Unidos, que fornecem munição aos sauditas. Da sua parte, os houthis são um exemplo de brutalidade e repressão no Iêmen. Eles ampliaram a guerra com o lançamento de mísseis Burkan e *drones* para a Arábia Saudita, a maioria dos quais foi destruída pelas defesas antiaéreas sauditas. As fontes dos mísseis Burkan e *drones* são o Irã e o Hezbollah.

Em 2017, Saleh procurou os sauditas para "virar a página" e, talvez, mudar de lado novamente. Ele acusou os houthis de serem fantoches dos iranianos. Tentou fugir. Em uma barreira na estrada, foi interpelado por uma milícia houthi e morto a tiros.

Apesar dos esforços de mediação da ONU e das tentativas intermitentes de instituir um cessar-fogo, o Iêmen transformou-se no que alguns comentaristas chamam de "nação em caos". Não é mais um país funcional, mas uma "entidade nominal que existe apenas como linhas no mapa e um conceito nas matérias de jornal e *briefings* de formuladores de políticas"; uma série de miniestados, cada um com seu próprio governante, "em diversos níveis de guerra uns com os outros".[24]

248 Os mapas do Oriente Médio

A guerra em si transformara-se em um impasse. A oposição no Senado americano contra a campanha saudita e o apoio militar dos EUA para a Arábia Saudita continuava a crescer. Os benefícios do conflito eram enormes para os iranianos, que, nas palavras de um estudioso, obtinham "um retorno fenomenalmente alto sobre o seu investimento". Enquanto os sauditas gastavam bilhões com a guerra, o custo para o Irã podia ser medido em dezenas de milhões. Em 2019, os EAU anunciaram a sua saída da coalizão.[25]

O Iêmen é o protótipo de uma nação em caos. Por sua localização estratégica, o país também se tornou um campo de batalha crítico na grande rivalidade entre a Arábia Saudita e o Irã no Oriente Médio moderno. "De agora em diante, não podemos falar sobre o exército sírio, o Hezbollah, o exército iemenita, o exército iraquiano e o exército iraniano", o canal de televisão do Hezbollah anunciou. "Devemos falar sobre um único eixo de resistência que opera em todos os palcos." Mas foi Qassem Soleimani quem resumiu a estratégia iraniana e o motivo para toda a região ter se tornado um arco de confronto. Em um comício que comemorava o aniversário da Revolução Iraniana, Soleimani declarou: "Estamos testemunhando a exportação da Revolução Iraniana para toda a região, do Bahrein e do Iraque para a Síria, o Iêmen e o Norte da África".[26]

Capítulo 32

A ASCENSÃO DO "MEDITERRÂNEO ORIENTAL"

O Irã busca estabelecer uma posição militar permanente na fronteira norte de Israel, que, com o Hezbollah no Líbano, daria ao país uma capacidade muito maior de confrontar o Estado judaico. Mas essa é uma das medidas mais explosivas que o Irã poderia adotar, pois ela torna mais provável (ou inevitável) uma escalada no conflito com Israel. Em resposta aos foguetes direcionados ao norte do país, as forças armadas israelenses atacaram a infraestrutura da Quds, na Síria, e interceptaram e destruíram carregamentos de armas iranianas destinados ao Hezbollah.

O Irã também fortaleceu o eixo de resistência na fronteira sul de Israel, com seu apoio ao Hamas, o grupo militante da Irmandade Muçulmana que governa Gaza. O Hamas é sunita, mas aliou-se ao Irã xiita em oposição a Israel, com base na premissa de que o inimigo do meu inimigo é meu aliado.

Um objetivo iraniano importante é, nas palavras de um dos comandantes seniores da guarda revolucionária, "estender nossa fronteira de segurança ao leste do Mediterrâneo". Seria um risco imediato para a nova e importante área de produção de hidrocarbonetos que se abre nas águas

250 Os mapas do Oriente Médio

do Mediterrâneo Oriental. Esses recursos criam oportunidades inespera-
das para países do Oriente Médio que, até então, não tinham acesso a eles,
mas também geram um novo mar de conflitos.

EM 1999, FOI DESCOBERTO UM CAMPO DE GÁS NATURAL PERTO DO
litoral sul de Israel. Era pequeno, mas, ainda assim, representava o primeiro golpe na dependência israelense de hidrocarbonetos importados, uma
fonte de muita vulnerabilidade e ansiedade para o país. Em 2008, Israel
começou a importar gás do Egito por meio de um gasoduto que atravessa
a Península do Sinai.

Em geral, no entanto, o leste do Mediterrâneo era considerado um mar
morto em termos de reservas significativas de petróleo e gás natural. Em
2009, no entanto, uma independente americana, a Noble Energy, ao lado
de parceiros israelenses, descobriu Tamar, um campo de gás de classe
mundial a 80 km do litoral norte do país. Utilizando supercomputadores
para analisar dados e com a ajuda do corpo docente de universidades de
Tel Aviv e Haifa, geólogos identificaram uma estrutura muito maior e
mais promissora do que se imaginara possível. Isso levou à descoberta de
outro campo de gás, este a 130 km do litoral israelense. Era um campo
gigante, uma das maiores descobertas da década em todo o mundo, e recebeu o nome extremamente apropriado de "Leviatã".

Essas descobertas chegaram bem a tempo. Com a Primavera Árabe e a
queda de Hosni Mubarak, o duto que transportava gás do Egito até Israel
através do Sinai foi sabotado diversas vezes; em 2012, o governo egípcio
comandado pela Irmandade Muçulmana cancelou o acordo.[1]

Por mais propício que tenha sido o momento dessas descobertas para
a segurança energética de Israel, seu desenvolvimento foi colocado em
risco quando o governo israelense, tendo prometido não alterar a situação tributária, descumpriu sua palavra e fez exatamente isso. A disputa
resultante bloqueou todo o projeto de desenvolvimento e colocou o seu
futuro em dúvida. O campo tornou-se um tema polêmico na política
israelense, provocando manifestações de grupos que afirmavam que o
país não receberia o suficiente das receitas futuras. Mas esse debate ocorria em uma bolha doméstica, isolada das realidades competitivas e das
dificuldades de investimento do setor de gás natural global. Para com-

Capítulo 32   A ascensão do "Mediterrâneo Oriental"   **251**

plicar ainda mais a questão, uma comissão do governo recomendou que o retorno financeiro para as empresas fosse ajustado negativamente e tratado como um título de dívida praticamente sem risco, o que não seria adequado para um projeto com muitos riscos geológicos, geopolíticos e comerciais. A seguir, as autoridades antitruste, adotando princípios teóricos que não correspondiam a um mercado de gás natural pequeno e incipiente como o de Israel, seguraram mais um pouco o desenvolvimento do projeto. Após cinco anos sem nenhum avanço, parecia que a enorme oportunidade de obter gás natural estava em uma situação pior do que um impasse. Estava morta e afundada.

Em 2015, Eli Groner assumiu a diretoria-geral do gabinete do primeiro-ministro. Sua experiência anterior como ministro da Economia na embaixada israelense em Washington abrira seus olhos para a importância geopolítica da energia e do potencial de Leviatã. Groner, então, leu um novo livro sobre a energia mundial, que descrevia o mercado global de gás natural e o seu crescimento. A leitura deixou claro para Groner que, se o impasse continuasse, os muitos projetos de gás natural em desenvolvimento ao redor do mundo levariam Israel a perder a oportunidade de se tornar um exportador do produto.

Antes de assumir o cargo, Groner levantou a questão de Leviatã com Benjamin Netanyahu. A primeira pergunta do primeiro-ministro foi: "Você sabe quanto custa proteger aqueles campos?". Groner respondeu: "O motivo para custar tanto é que são incrivelmente valiosos".

No seu primeiro dia no gabinete, Groner anunciou que a sua prioridade número um seria "tirar o gás da água". Além de gerar receitas significativas para o governo, essa poderia ser uma das iniciativas mais importantes para o futuro da economia israelense. Para um país quase totalmente dependente de importações de energia, seria uma medida revolucionária, garantiria a segurança de Israel e alteraria as suas relações com os países vizinhos, talvez até com países mais distantes. Se o projeto não fosse em frente, o maior perdedor seria Israel — incapaz de monetizar o gás de forma significativa e menos segura.

Netanyahu colocou seu capital político para funcionar. O impasse terminou. Leviatã seguiu em frente.

Hoje, 60% da energia de Israel é gerada a partir do gás natural do próprio país, não de petróleo e carvão importados. Por meio de empresas privadas, Israel já exporta gás para a Autoridade Palestina e para a Jordânia. O país tem o potencial de se transformar em um exportador internacional, seja com o GNL ou por meio de um duto subaquático para a Europa. Seria uma reviravolta incrível para um país que se preocupava tanto com a vulnerabilidade resultante da dependência de importações.

A Noble descobriu outro grande campo de gás, o Afrodite, nas águas da República do Chipre, a 30 km a noroeste de Leviatã. Em 2012, a Eni, a grande petrolífera italiana, usando um dos maiores supercomputadores do mundo, descobriu o enorme campo Zohr em águas egípcias, a cerca de 160 km a oeste de Leviatã. O campo começou a produzir em tempo recorde, o que garantiu a autossuficiência egípcia em gás natural. Hoje, a região como um todo é conhecida como Bacia do Mediterrâneo Oriental.

Descobertas trazem novas oportunidades, mas também novas vulnerabilidades. Nas palavras de Eitan Aizenberg, o octogenário geólogo israelense que primeiro "enxergou" Leviatã, "devemos estar sempre cientes dos riscos que nos aguardam".[2]

Os riscos mais imediatos estão evidentes no norte daquela região estreita. O sucesso em águas israelenses foi observado de perto em Beirute, o que levou a rodadas de licenciamento no *offshore* libanês. Mas essas rodadas foram atrapalhadas, como seria de esperar, pelas disputas entre os dois países sobre a linha de demarcação apropriada das suas fronteiras marítimas.

A posição iraniana no Líbano, diretamente e por meio do Hezbollah, permite ao país participar do desenvolvimento do petróleo e do gás natural no Mediterrâneo. Além disso, o Irã tem uma nova base para desafiar Israel — em relação à segurança dos seus campos *offshore*, hoje reconhecidos como um grande ativo nacional. "Prometo que, em uma questão de horas", declarou Hassan Nasrallah, o líder do Hezbollah, as plataformas "cessarão suas operações" caso ocorra um conflito. Para enfatizar esse ponto, o Hezbollah publicou um vídeo com um alvo sobreposto a uma plataforma israelense. Um dia após a ameaça de Nasrallah, o Egito, que agora precisava de gás natural, anunciou um acordo de 15 bilhões de dólares para adquirir gás dos campos *offshore* israelenses. O *timing* foi coincidên-

Capítulo 32 A ascensão do "Mediterrâneo Oriental" **253**

cia, mas ainda mandou a mensagem de que Israel não era o único país interessado na segurança dessas plataformas.[3]

Em resposta à ameaça Irã-Hezbollah, Israel investe pesado na segurança das plataformas, incluindo a adaptação do seu sistema de defesa antiaérea para a interceptação dos mísseis terra-mar russos e chineses fornecidos ao Hezbollah e ao Hamas.

No último dia de 2019, começou a produção no gigantesco Leviatã. Israel logo passou a exportar parte do seu novo gás natural para o Egito, invertendo o duto do Sinai que costumava levar gás egípcio para os israelenses. Como o Egito tornou-se autossuficiente em gás natural, o gás israelense ajudará na reativação das instalações de liquefação abandonadas do país e o colocará de volta no ramo de exportação de GNL. "A Europa é o nosso cliente", afirmou Tarek el-Molla, ministro da Energia egípcio. "Temos uma solução pronta. Temos a infraestrutura."

O que Yuval Steinitz, o ministro da Energia israelense, afirmou — "já descobrimos muito mais do que podemos consumir" — não se aplica apenas ao seu país. Grécia, Israel e Chipre assinaram um contrato para a construção de um gasoduto subaquático de 1.900 km que transportaria gás do Mediterrâneo Oriental até a Grécia e, então, à Itália. A Turquia denunciou imediatamente o projeto, afirmando que o gasoduto atravessaria as águas do país. Para enfatizar a sua afirmação, navios de guerra turcos foram enviados para acompanhar os navios-sondas em águas que o Chipre reivindica como sua zona econômica exclusiva.

As descobertas no Mediterrâneo Oriental "nos pegaram totalmente de surpresa", explica Steinitz. Não é mais surpresa. Hoje, ninguém mais considera a região um mar morto em termos de recursos. Em vez disso, o Mediterrâneo Oriental é um novo e dinâmico elemento na indústria da energia global e na geopolítica, e está mudando o mapa de ambos. A região pode se tornar um fornecedor de gás natural para a Europa e, com o GNL, para os mercados mundiais. Mas a sua política indica que continuará a ser um mar de conflitos.[4]

Capítulo 33

"A RESPOSTA"

Isis nasceu após um século de história, que começou com a rejeição islâmica ao Estado-nação, sendo alimentado pela reação ao colapso do Império Otomano, à dominação europeia, ao mundo secular, à cultura moderna, à imposição de fronteiras após a Primeira Guerra Mundial e a líderes odiados.

Na década de 1920, a cidade egípcia de Ismailia, às margens do Canal de Suez, era um retrato da dominação britânica. Ismailia era um enclave colonial e uma cidade operária, sede de uma base da força aérea britânica e quartel-general operacional da Suez Canal Company, proprietária do canal.

Hasan al-Banna, professor profundamente devotado à causa muçulmana, começou a pregar nas mesquitas e nos cafés da região. Em 1928, conta, meia dúzia de trabalhadores o procuraram para reclamar da "humilhação e restrição" imposta pela dona do canal, de serem "meros paus-mandados dos estrangeiros". Os trabalhadores pediram que ele oferecesse a orientação do Islã.

"Somos irmãos a serviço do Islã", Banna respondeu. "Assim, somos os 'Irmãos Muçulmanos'." Essa nova sociedade, segundo ele, salvaria muçul-

Capítulo 33   "A resposta"   **255**

manos que haviam "sido atacados" pela "exploração" e "agressão imperialista" e por forças que "destroem suas crenças religiosas". "A resposta é o Islã", afirmou, "um conceito abrangente que regula todos os aspectos da vida". Sua grande ambição seria o restabelecimento do califado, que levaria ao "domínio do mundo". O conceito de "califado" também se transformou no antídoto para a ideia de Estado-nação.[1]

A Irmandade Muçulmana cresceu rapidamente, o que a colocou na mira do governo egípcio. A Irmandade estabeleceu um "aparato secreto", em 1943, para executar operações clandestinas, incluindo assassinatos. Em 1949, logo após o assassinato do primeiro-ministro egípcio, o próprio al-Banna foi morto, provavelmente em retaliação. A essa altura, a Irmandade já havia encontrado novos propósitos. Um era a oposição fervorosa ao Estado de Israel, criado em 1948. O outro era resistir àquela que consideravam a ameaça secular suprema do pós-guerra: os Estados Unidos.

No ano em que al-Banna foi morto, Sayyid Qutb, um funcionário público e ensaísta egípcio, estava nos Estados Unidos, com uma bolsa de estudos. Na sua chegada, Qutb fora dominado pelo medo de não conseguir resistir à "tentação pecaminosa" que certamente o aguardava no país. O que mais o assustou foi a sexualidade desenfreada que enxergava na vida nos EUA e o quanto as mulheres americanas eram provocantes. Qutb desprezava os americanos, chamando-os de "uma manada iludida e imprudente, que conhece apenas luxúria e dinheiro".[2]

Após voltar para o Egito, em 1950, Qutb tornou-se um dos líderes da Irmandade e, graças aos seus escritos, um dos mais visíveis. Qutb injetou uma nova militância na organização, incluindo o uso da violência em busca dos seus objetivos.

No início, a Irmandade Muçulmana foi uma espécie de aliada do golpe militar de 1952, que levou os "oficiais livres", liderados pelo coronel Gamal Abdel Nasser, ao poder. Na verdade, Nasser ofereceu uma série de cargos a Qutb. À medida que Nasser abraçava um nacionalismo mais secular e o socialismo árabe, e consolidava seu próprio poder, a relação entre os dois transformou-se em uma rivalidade implacável.

Em 1954, um membro da Irmandade tentou assassinar Nasser. A organização foi banida. Qutb, acusado de pertencer ao "aparato secreto" da

256 Os mapas do Oriente Médio

Irmandade, foi preso. Na cadeia, Qutb escreveu uma série de comentários que enviou em segredo para os seus seguidores. Esses textos seriam publicados sob o título de Os Marcos (Ma'alim fi al-Tariq).

Qutb defendia que o mundo moderno havia retrocedido ao período de barbarismo e ignorância pré-islâmico, isto é, anterior ao profeta. Os muçulmanos seculares, ou mesmo aqueles que não seguiam as sanções mais estritas do Islã, estariam sujeitos à takfir, ou excomunhão, o que significa que poderiam ser mortos livremente. O que faltava era uma "vanguarda determinada" para restaurar o Islã por meio de uma guerra santa violenta e, "por fim, liderar o Islã rumo ao domínio mundial, que é o seu destino". "Escrevi Os Marcos para essa vanguarda", completou.

Qutb foi libertado em 1964, então preso novamente pelo seu papel em outra trama e executado em 1966. No entanto, como escreveu Lawrence Wright, suas palavras "ecoariam nos ouvidos de gerações de jovens muçulmanos que buscavam o seu papel na história".[3]

UMA DÉCADA E MEIA MAIS CEDO, EM 20 DE NOVEMBRO DE 1979, 16 DIAS antes de os americanos serem sequestrados em Teerã, foram ouvidos tiros durante as orações da alvorada na Grande Mesquita de Meca, o local mais sagrado do Islã. Um fanático barbado e cabeludo arrancou o microfone das mãos do imã que comandava as orações e começou a gritar ordens. Os gritos vinham de Juhayman al-Uteybi, um pregador itinerante fundamentalista.

Juhayman formara uma rede de ex-membros da guarda nacional e estudantes islâmicos da Universidade de Medina. Membros egípcios da Irmandade Muçulmana eram influentes na instituição, incluindo o irmão mais novo de Sayyid Qutb. O movimento de Juhayman expandira-se sob o olhar benevolente de alguns clérigos conservadores mais graduados. Seus seguidores foram energizados pelo caos físico e social que acompanhara a inundação de petrodólares, após a crise de 1973, e a integração do país à economia mundial. Entre 1974 e 1978, o PIB saudita quase dobrou. A indústria da construção ia de vento em popa, transformando as cidades. Grandes fortunas eram criadas, a educação expandia-se rapidamente, os sauditas matriculavam-se em universidades no exterior, tecnocratas formulavam planos quinquenais — e cada vez mais ocidentais iam ao reino para trabalhar.

Os seguidores de Juhayman adotaram as ideias que ele apresentara em uma série de epístolas. Nelas, o governo saudita era condenado por sua heresia e corrupção, por solapar o Islã, por permitir que as mulheres fossem educadas e até mesmo que elas aparecessem na televisão, por permitir "embaixadas cristãs" em terras muçulmanas e, em uma grande transgressão, por vender petróleo para os americanos.

Centenas dos seus militantes, possivelmente até 500 deles, infiltraram-se na gigantesca Grande Mesquita com seus armamentos. Demorou mais de duas semanas e custou muitas vidas para que os militantes fossem expulsos da mesquita e então mortos ou capturados. O atentado à Grande Mesquita já foi descrito como "a primeira operação em larga escala por um movimento jihadista internacional nos tempos modernos".[4]

O atentado de Juhayman pode ter fracassado, mas também foi um sucesso. O evento criou um grito de guerra que uniu os jovens islamistas, enquanto suas epístolas se disseminaram e os influenciaram.

A essa altura, já havia uma ampla rede jihadista estabelecida no Egito. Anwar Sadat, que havia tentado atrair o apoio dos islamistas quando subiu ao poder, em oposição aos nasseritas, se virara contra eles. Sua esposa chegara a defender publicamente o direito das mulheres de se divorciarem dos seus maridos. Além disso, Sadat cometera seu pecado transcendental — o acordo de paz com Israel — e, em troca, Israel devolvera o Sinai, capturado na guerra de 1967. Em 6 de outubro de 1981, três soldados que pertenciam ao grupo al-Jihad saltaram de um jipe durante um desfile militar, lançaram granadas e começaram a atirar. Sadat foi morto. O líder do ataque foi um tenente de 23 anos apresentado aos escritos de Juhayman pelo irmão, que estivera em Meca durante o atentado à Grande Mesquita. Durante o interrogatório, o tenente afirmou que os textos o haviam colocado no "caminho do martírio".[5] Eles descreviam o caminho do jihadismo.

Os movimentos islamistas no Oriente Médio abrangem organizações bastante diferentes entre si. A mais proeminente e influente é a Irmandade Muçulmana egípcia, que tem "afiliados, descendentes e ramificações" em dezenas de países. É uma organização hierárquica cujos membros sobem de nível diversas vezes até, após anos de participação, tornarem-se irmãos plenos. Como escreveu um estudioso, "as

258 Os mapas do Oriente Médio

preocupações políticas dos grupos islamistas devem competir com as atividades educacionais e religiosas. Milhões de pessoas dependem da sua vasta infraestrutura social", incluindo organizações de saúde que compensam os serviços inadequados oferecidos pelos governos. Mas a religião e uma sociedade baseada no Islã são "o alicerce sobre o qual todo o resto é construído", com o compromisso de derrubar os Estados-nações existentes na região e realizar o objetivo final de "um Estado islâmico global". A meta não é, entretanto, buscar um retorno ao século VII ou adotar o jihadismo de Qutb. Mas outras organizações certamente discordam.[6]

EM DEZEMBRO DE 1979, UMA SEMANA APÓS A CAPTURA DE JUHAYMAN em Meca, as forças armadas soviéticas atravessaram pontes flutuantes sobre o rio Amu Darya e começaram a sua invasão do Afeganistão. A campanha rápida imaginada pelos soviéticos transformou-se em uma guerra longa e desgastante. Seus exércitos descobriram que enfrentavam um inimigo feroz e implacável nos *mujahidin*, guerreiros muçulmanos que os Estados Unidos e a Arábia Saudita viriam a apoiar com armas e dinheiro.

Entre os seus apoiadores estava Osama bin Laden, o 17º filho de um imigrante iemenita analfabeto que havia se transformado no maior empreiteiro da Arábia Saudita e construíra boa parte da infraestrutura moderna do país. A vocação de Osama bin Laden, no entanto, não era a construção civil, mas a resistência islâmica à invasão soviética do Afeganistão, e então o jihadismo e o terror. Para ele, os Estados Unidos eram o grande inimigo.

Seu principal colaborador era Ayman al-Zawahiri, o médico que fundara o grupo al-Jihad no Egito. Zawahiri acreditava que a *jihad* afegã seria a maneira de "preparar os *mujahidin* muçulmanos para travar a aguardada batalha contra a superpotência que tem domínio exclusivo sobre o globo, a saber, os Estados Unidos". Zawahiri também refinou os argumentos de seu herói Sayyid Qutb sobre *takfir*, ou seja, de que os muçulmanos que não seguiam suas regras estritas ou que cooperavam com as instituições democráticas eram apóstatas por definição e, logo, mereciam ser mortos. Zawahiri promoveu os atentados suicidas, embora o suicídio seja proibido pelo Alcorão.[7]

Em 1995, bin Laden declarou que o rei da Arábia Saudita era um infiel, em um gesto de ruptura irrevogável com a sua terra natal. No ano seguinte, diante da presença contínua de tropas americanas na Arábia Saudita, publicou a "Declaração de Guerra aos Americanos que Ocupam a Terra dos Dois Locais Sagrados". Além das fronteiras da Arábia Saudita, ninguém notou a catilinária saída de uma caverna afegã.

No início de 1998, diversos grupos jihadistas fundiram-se em uma única organização, a Al Qaeda (o nome significa "A Base"). Seu líder era Osama bin Laden; o segundo em comando, Zawahiri. O objetivo seria travar guerra "contra todos os interesses americanos ao redor do mundo".

Sua guerra começou em 7 de agosto de 1998, quando, com 11 minutos de diferença entre si, terroristas suicidas detonaram explosões maciças nas embaixadas americanas no Quênia e na Tanzânia. No primeiro país, 210 morreram e 4 mil ficaram feridos. Dois anos depois, o destróier de mísseis guiados *USS Cole* sofreu um atentado a bomba em um porto iemenita. E então veio a catástrofe do 11 de setembro de 2001, em que três aviões civis sequestrados destruíram as torres gêmeas do World Trade Center e parte do Pentágono. O único motivo para o Capitólio ter sido poupado é que o quarto avião decolou com uma hora de atraso do Aeroporto de Newark: os passageiros a bordo da aeronave descobriram o que acontecera e conseguiram forçar a queda do avião em um campo da Pensilvânia, muito antes de chegar à capital dos EUA.

Os Estados Unidos responderam com a "guerra ao terror". A primeira frente foi o Afeganistão, contra a Al Qaeda e o governo do Talibã que a protegia. Os membros da Al Qaeda foram perseguidos impiedosamente. Mas demorou uma década, até 2011, para que bin Laden finalmente fosse morto, em uma mansão a cerca de 50 km de Islamabad, capital do Paquistão, onde se escondera durante vários anos. Ayman al-Zawahiri, seu segundo em comando, foi alçado à liderança.

O petróleo era um elemento crítico no manual da Al Qaeda, uma estratégia para atacar os governos árabes, os Estados Unidos e a economia mundial. Bin Laden conclamou ataques ao petróleo para elevar o preço do produto e "fazer os EUA sangrarem profusamente, a ponto de irem à falência". Uma publicação jihadista apresentou "As Leis do Ataque a Interesses Relacionados ao Petróleo e uma Análise das Leis Relativas ao *Jihad* Econômico".[8]

260 Os mapas do Oriente Médio

Em 2013, jihadistas invadiram a usina de gás natural em Amenas, no sul da Argélia, onde 700 funcionários foram feitos de reféns. Quarenta morreram. Uma publicação da Al Qaeda promoveu os ataques à indústria do petróleo em um artigo intitulado "Sobre o Ataque ao Calcanhar de Aquiles das Economias Ocidentais" e proclamou que ataques a instalações de energia eram executados "pelo bem da mensagem divina". Um estudo tabulou 97 ataques ao setor de energia em sete países do Oriente Médio e do Norte da África entre 2001 e 2016.[9]

A AL QAEDA PRODUZIU UMA FILIAL, A AL QAEDA NO IRAQUE. SUAS práticas eram tão brutais que até mesmo Ayman al-Zawahiri, proponente da doutrina de *takfir*, que justificava a morte de muçulmanos "ímpios", criticou os excessos sanguinolentos no modo como matava muçulmanos. A Al Qaeda no Iraque assumiu um novo nome, "Estado Islâmico no Iraque", com a missão de varrer os últimos cem anos do mapa e substituí-los por um califado que não reconheceria fronteiras e ignoraria todos os mapas.

O caos da guerra civil síria deu ao Estado Islâmico um novo teatro de operações. A organização trocou seu nome para Estado Islâmico do Iraque e da Síria (Isis, na sigla em inglês). Alguns a chamam de Isil, Estado Islâmico do Iraque e do Levante. No mundo muçulmano e na Europa, as pessoas preferem chamá-la pelo termo depreciativo "Daesh". No início, o Isis era apenas um entre diversos grupos islâmicos que lutavam uns com os outros e contra o governo da Síria e seus aliados iranianos e do Hezbollah. Mas o Isis se destacou por sua organização, suas capacidades, seu fervor e sua violência. Segundo ele, os outros rebeldes islâmicos, incluindo a Al Qaeda, eram apóstatas que deveriam ser mortos "onde quer que os encontrem".[10]

O Isis capturou Raqqa, no centro-norte da Síria, um ponto de trânsito entre o Iraque e a Síria, e transformou-a na sua "capital". A organização estabeleceu uma série de departamentos para governar a cidade e demonstrou que, além de lutar e matar, também sabia administrar serviços, inclusive o recebimento de impostos.

O Isis também mostrou como seria a vida sob o seu califado. A *hisbah*, polícia religiosa, rondava as ruas em busca das menores infrações às quais impor os castigos mais severos. A música foi proibida imediatamente, e os

Capítulo 33 "A resposta" **261**

homens eram obrigados a comparecer cinco vezes por dia à mesquita para orar. Eram castigados se suas barbas não fossem longas o suficiente; as mulheres, se suas *abayas* revelassem a menor pista sobre a sua forma. Por transgressões grandes ou pequenas, ou até por suspeita, os homens eram levados à Praça Naim. Lá, regras medievais eram invocadas e os prisioneiros eram executados com extrema brutalidade.

Durante todo o ano de 2013, o Isis executou uma série de assassinatos no Iraque e eliminou líderes-chave que poderiam ter comandado a oposição contra o grupo. Em janeiro de 2014, ainda praticamente desconhecido, o grupo cruzou a fronteira entre a Síria e o Iraque e varreu as cidades de Ramadi e Fallujah. As duas vitórias não dispararam muitos alarmes, mas o Isis começou aí a sua corrida Iraque adentro.

Em abril de 2014, um líder do Isis instou seus combatentes a "não pararem até a cruz ser removida, o porco ser morto. Marchem e redesenhem o mapa". Naquele mesmo mês, quando a *blitzkrieg* jihadista atingiu a província de Anbar, um xeique tribal lamentou: "O inferno chegou a estas vilas e cidades". Em 6 de junho, o Isis lançou uma ofensiva violenta sobre Mosul, a terceira maior cidade do Iraque. O contingente muito maior do exército iraquiano, já aterrorizado pelos vídeos de militantes do Isis decapitando soldados, entrou em colapso. Em cinco dias, o Isis controlava toda a Mosul. Os armamentos abandonados, desfilados em vídeos para a internet, aumentaram significativamente o prestígio e o arsenal da organização. O mesmo ocorreu com as centenas de milhões de dólares que confiscou dos bancos da cidade.[11]

Alguns remanescentes do exército de Saddam juntaram-se ao avanço do Isis, assim como alguns membros de tribos sunitas. Os segundos haviam formado os "Filhos do Iraque" e se aliado às forças armadas americanas para resistir à insurgência durante o "Despertar Sunita". Agora, no entanto, seu compromisso fora traído. O governo xiita do primeiro-ministro Maliki parara de pagar os Filhos do Iraque. Em vez disso, as tribos sunitas estavam sob o ataque de milícias xiitas e das forças do governo central; seus membros eram presos, sequestrados ou simplesmente mortos. Para eles, Maliki era uma marionete iraniana, enquanto o Isis era visto, ao menos inicialmente, como um "líder na batalha contra os persas", nas palavras de um líder tribal sunita.[12]

262 Os mapas do Oriente Médio

Quando o Isis se aproximou dos portões de Bagdá, a cidade foi dominada pelo pânico e pela confusão. Atentados coordenados com carros-bomba intensificaram a sensação de fim iminente. Dentro da embaixada americana na Zona Verde de Bagdá, diplomatas incendiaram documentos e se prepararam para serem evacuados. Parecia apenas uma questão de tempo até os jihadistas capturarem e saquearem a cidade. O Isis anunciou que, após Bagdá, seus próximos alvos seriam as cidades santas xiitas de Najaf e Karbala. Isso significava que os grandes campos de petróleo iraquianos no Sul estariam em risco. As petrolíferas internacionais apressaram-se para planejar a evacuação das suas equipes. O preço do petróleo foi às alturas. Foi apenas o número crescente de milícias xiitas, combinadas e coordenadas com a Força Quds de Soleimani, que impediu o Isis de tomar Bagdá. Em julho, o preço do petróleo começou a baixar.[13]

Mas as consequências da ofensiva foram chocantes. Com o avanço militar fanático, mas ainda organizado, o Isis redesenhara o mapa do coração do Oriente Médio, ao menos temporariamente. A organização agora controlava um território contíguo que se estendia do centro-norte da Síria até Mosul, no Iraque, quase a mesma distância entre Londres e Edimburgo, e tinha até 8 milhões de pessoas sob a sua autoridade.

NO INÍCIO DE JULHO DE 2014, EXATAMENTE UM MÊS APÓS O COMEÇO do ataque a Mosul, uma figura barbada, de vestes e turbante pretos, subiu lentamente a plataforma na Grande Mesquita de Mosul, um edifício construído 800 anos antes. O homem se chamava Ibrahim Awad al-Badri, mas ele adotara o nome de Abu Bakr al-Baghdadi.

Baghdadi completara o seu bacharelado em estudos corânicos e tinha um doutorado em jurisprudência islâmica, com foco em recitação corânica medieval. Após a invasão das "terras muçulmanas" pelos Estados Unidos e seus aliados em 2003, ele passou a atuar em grupos de resistência islâmica. Em 2004, essas atividades o levaram a Camp Bucca, uma prisão superlotada administrada pelos americanos que veio a ser apelidada de "universidade *jihad*". A prisão servia de fórum para formar redes entre jihadistas e ex-militares e oficiais de inteligência baathistas. Libertado após 10 meses, al-Baghdadi tornou-se o maior especialista em lei sharia da Al Qaeda no Iraque. Seus deveres incluíam apresentar justificativas teológicas medievais para atos horrendos de terrorismo. Em 2010, era o líder do Estado Islâmico, como o grupo passou a ser conhecido. A liderança ainda incluía ex-oficiais do exército de Saddam, que traziam consigo experiência, organização e estratégia — além de amargura e uma sede de vingança insaciável.

Da plataforma naquele dia de julho de 2014, em Mosul, al-Baghdadi proclamou um novo califado. Ao contrário de um Estado-nação, o califado não tem fronteiras definidas. Ele é o reino dos fiéis muçulmanos, a ser protegido e expandido pela força das armas — a *jihad*. Nas palavras de um dos principais comandantes de Baghdadi, o objetivo era a criação de um Estado islâmico "que não reconhece fronteiras", que derrotaria os infiéis e apóstatas e estenderia seu poder além do mundo islâmico atual. "Vocês conquistarão Roma e serão os donos do mundo", al-Baghdadi disse aos jihadistas reunidos em Mosul.

Esse objetivo ia muito além das suas capacidades, mas suas conquistas rápidas significavam que ele, na prática, conquistara um Estado. Além disso, se estabelecera como a organização terrorista mais rica da história do mundo. Em dado momento, o Isis ganhava até 1 bilhão de dólares por ano.[14]

O petróleo foi uma parte importante disso, pois o território do Isis lhe deu controle sobre a maior parcela da produção síria, assim como de uma pequena fatia da produção iraquiana. Embora a produção tenha diminuído, a organização administrou uma operação semiprofissional que gerava receitas.

Parte do petróleo do Isis foi vendido dentro do seu reino ou, apesar da inimizade entre os dois, para o regime de Assad. Mas uma parcela significativa foi transportada para fora do país e contrabandeada em caminhões, principalmente para a Turquia. Além do petróleo, o resto das receitas do Isis vinha de impostos, pedágios, roubo, extorsão, desapropriações e saque de antiguidades, além de doações de simpatizantes nos países do Golfo. Tudo isso deu ao Isis um poderio financeiro inédito em grupos terroristas. As receitas permitiram que o Isis pagasse a seus combatentes salários maiores do que receberiam de grupos concorrentes ou como empregados em suas cidades de origem.

Sua propaganda política e o domínio extraordinário das mídias sociais, que se tornaram uma ferramenta de recrutamento poderosa, deram alcance global ao Isis. Os vídeos dinâmicos, com produção de alta qualidade, eram direcionados a jovens muçulmanos insatisfeitos com a vida. Além do mundo árabe e da Ásia Central, o público-alvo também incluía o resto da Ásia e, em especial, as comunidades imigrantes islâmicas na Europa e na América do Norte. Em "Não Há Vida sem *Jihad*", um recruta do Isis no País de Gales declara: "Não vemos fronteiras". Em outro, um recruta da Escócia proclama: "Vivendo no Ocidente, você sente o coração deprimido (...) a cura para a depressão é a *jihad*". O próximo vídeo foi "O Fim de Sykes-Picot", que comemorou a eliminação da fronteira entre o Iraque e a Síria. Os vídeos eram acompanhados por imagens aterrorizantes de decapitações e execuções, e de jihadistas triunfando em batalha. O recrutamento do Isis, tanto no mundo muçulmano quanto na Europa, disparou. Estima-se que a sua legião estrangeira chegou a ter mais de 30 mil combatentes, oriundos de metade dos países do mundo.

O Isis continuou a expandir seu território na Síria. No Iraque, o grupo capturou a área habitada pelos yazidis, que seguem a sua própria religião ancestral. Os yazidis que tinham como fugir, fugiram; entre os que foram deixados, os homens foram mortos, e as mulheres e meninas, escravizadas sexualmente, com justificativas tiradas de textos medievais.

Foi quando o Isis rumava em direção a Erbil, a capital da região semiautônoma do Curdistão, que os Estados Unidos finalmente mudaram a sua estratégia e deram início aos primeiros ataques aéreos às forças da organização.

O território físico que o Isis dominou até 2017 lhe deu um prestígio com o qual a Al Qaeda não conseguia competir. Outros grupos jihadistas juraram fidelidade ao Isis, incluindo o Boko Haram nigeriano. O ramo do Isis na Líbia parece ter sido uma exportação direta do Iraque. A facção do Isis no Sinai reivindicou responsabilidade pela derrubada de um avião comercial que levava turistas russos. Os jihadistas levaram a guerra de volta à Europa, com atentados terroristas no continente que incluíram uma noite de horrores em Paris, em novembro de 2015, e uma manhã de horrores no Aeroporto de Bruxelas, em março de 2016. "Lobos solitários", alguns radicalizados *on-line*, outros controlados pela Síria, executaram atentados na Europa, nos Estados Unidos e no Canadá. Entre 2014 e 2016, o Isis e organizações afiliadas praticaram mais de 150 atentados no Iraque, na Síria, no Egito e na Líbia.[15]

No final de 2015, os Estados Unidos começaram a enviar tropas de operações especiais ao Iraque para apoiar os combatentes iraquianos e curdos contra o Isis. As milícias xiitas, muitas delas controladas pelo Irã, eram uma parte significativa das forças iraquianas. Alguns meses depois, as tropas iraquianas conseguiram retomar o controle de Ramadi e Fallujah. Foram necessários nove meses de muita luta em bairros de alta densidade até o governo iraquiano poder anunciar a libertação de Mosul. Entre as ruínas, estava a Grande Mesquita do século XII, onde al-Baghdadi anunciara o califado três anos e meio antes.

Em março de 2019, o Isis perdeu o seu último território, no leste da Síria. O califado deixou de existir, mas não o Isis. A organização voltou a ser um grupo guerrilheiro, usando o terror como arma mais uma vez no Iraque, no Afeganistão e em todo o mundo. Em meados de setembro de 2019, al-Baghdadi reapareceu com uma mensagem de áudio que pretendia inflamar o seu movimento. A América, segundo ele, "fora esmagada e humilhada".[16]

A essa altura, as forças americanas, auxiliadas pelos seus aliados curdos da Síria e pela inteligência iraquiana, fechavam o cerco a Baghdadi. Em uma madrugada de outubro de 2019, oito helicópteros com comandos da Delta Force, das forças especiais do Exército dos EUA, decolaram de uma base no Curdistão iraquiano. Os helicópteros voaram baixo sob territórios dominados pelas forças turcas e russas. Após pouco mais de uma hora, pousaram em um complexo na região sem lei no noroeste da Síria. Lá, abrigado pelo líder de uma facção da Al Qaeda, estava al-Baghdadi, além de outros combatentes do Isis. Os comandos usaram explosivos para abrir um rombo na lateral do complexo e derrotaram os combatentes do Isis. Baghdadi fugiu por um túnel, levando membros da sua família consigo. Mas o túnel não tinha saída. Perseguido por um cão da Delta Force, al-Baghdadi detonou seu colete suicida. Foi o fim. Algumas horas depois, bombardeiros reduziram o complexo a nada.[17]

Mas, não foi o fim do Isis. Estimava-se ainda haver entre 15 e 20 mil combatentes da organização, outros 10 mil em prisões improvisadas, além de seguidores e filiais ao redor do mundo.

Mas em um aspecto significativo, o impacto do Isis desaparecera muito antes. Em 2014, seu avanço relâmpago através do Iraque induzira pânico no mercado de petróleo e levara o preço às alturas. O impacto no preço do petróleo foi transitório, no entanto.

Capítulo 34

CHOQUE DO PETRÓLEO

Durante três anos, de 2011 a 2013, o preço do petróleo ficou surpreendentemente estável em pouco mais de 100 dólares por barril. Embora esse valor estivesse quase cinco vezes acima do nível de 10 anos antes, o mundo se acostumara a ele. Era chamado de "o novo normal" e servia de base para orçamentos nacionais e para o financiamento de projetos particulares. Quando se descobriu que não era tão normal assim, o mundo do petróleo foi sacudido, países foram abalados pelo choque e a crise do preço produziu novos alinhamentos geopolíticos.

Mas a surpresa era que o preço tivesse se mantido tão firme durante aqueles três anos, apesar das perturbações e da instabilidade do abastecimento global. O motivo foi um equilíbrio produzido por coincidência: a produção americana estava aumentando em função do petróleo de xisto. Esses ganhos, contudo, eram compensados por perdas de suprimentos e interrupções em outros locais: na Líbia, onde o presidente da estatal petrolífera nacional afirmou que o país "praticamente se desintegrara"; e na Nigéria, onde militantes executavam atentados contra os oleodutos. Na Venezuela, o regime estabelecido por Hugo Chávez, com o seu lema de "socialismo do século XXI", se tornaria um grande desastre econômico e humanitário sob Chávez e seu sucessor, Nicolás Maduro, e a produção de petróleo entrou em queda livre. As sanções impostas ao Irã para se contrapor ao programa nuclear reduziram significativamente as suas exportações. Tudo isso foi compensado pelo aumento da produção de petróleo de xisto nos Estados Unidos — por algum tempo.

Na verdade, havia uma preocupação crescente com a possibilidade de escassez no final da primavera de 2014. O petróleo poderia não ser suficiente para acompanhar o crescimento da demanda. Naquele momento, o Isis avançava rapidamente pelo Iraque, o que colocava ainda mais barris em risco. "Violência no Iraque acende pavio de aumento de preço do petróleo", informou a manchete do jornal inglês *Financial Times*.[1]

Mas naquele verão de 2014 os países árabes do Golfo começaram a captar sinais desconcertantes do mercado. Por algum motivo desconhecido, não conseguiam vender todo o seu petróleo na Ásia.

OS SINAIS, EMBORA DIFÍCEIS DE LER NA ÉPOCA, INDICAVAM UMA REVOlução no mercado mundial de petróleo e na economia global. Foi nesse momento que a era BRIC começou a dar lugar à era do xisto. Os fatos mais dinâmicos na indústria do petróleo mundial não estavam mais no lado da demanda, nas economias de mercado emergentes, e sim no lado da oferta, no território do petróleo americano.

No início de setembro de 2014, o petróleo caiu para pouco menos de 100 dólares por barril — 99,51, para ser preciso. Em meados de outubro, o preço atingiu 84 dólares. Diversas forças estavam se combinando rapidamente para solapar toda uma estrutura que havia se ancorado à ideia do barril de 100 dólares.

Em parte, a questão era a demanda. O crescimento econômico global fora mais fraco do que o esperado, o que significou uma desaceleração na demanda por petróleo. O fator mais importante foi a desaceleração chinesa. No verão de 2014, um grupo de economistas reuniu-se para discutir o futuro do país. Alguns sugeriram que a China deveria considerar a possibilidade de não se chamar mais de país de "alto crescimento" e dar preferência à expressão "crescimento médio". Mas isso seria ir longe demais. Em vez disso, o grupo chegou a um meio-termo: país de "crescimento médio-alto". Ao mesmo tempo, a produção de petróleo aumentava em diversos países — Canadá, Rússia, Brasil e Iraque. O aumento do xisto nos Estados Unidos, no entanto, era o fator dominante por larga margem. Em meados de novembro, o preço já havia caído para 77 dólares.

Como acontecera muitas vezes em períodos de tensão no mercado de petróleo, todos os olhos se voltaram para a Opep. Mas ela não era mais a Opep do passado. A Venezuela, um dos patriarcas da Opep, afundava cada vez mais no seu colapso econômico autoinduzido. O povo venezuelano não conseguia mais comprar seus remédios, mulheres grávidas atravessavam a fronteira para dar à luz na Colômbia e os hospitais do país estavam totalmente desabastecidos.

A rivalidade entre o Irã e a Arábia Saudita endurecera ainda mais. O acordo nuclear com o Irã foi um choque para os produtores de petróleo árabes, pois significava que o petróleo iraniano sancionado voltaria aos mercados mundiais. Os países árabes do Golfo se assustaram ainda mais quando o presidente Obama afirmou que, com o acordo nuclear, o Irã poderia ser "uma potência regional de muito sucesso" e, depois, que "o Irã será e deveria ser uma potência regional". Além disso, dezenas de bilhões de dólares advindos da venda de petróleo iraniano que estavam em contas-garantia seriam liberados. Isso daria ao Irã recursos adicionais para destinar ao que os outros países interpretavam como o seu projeto de dominação do Oriente Médio.

Os únicos membros da Opep que tinham a capacidade de reduzir a produção para fortalecer o mercado e elevar os preços eram a Arábia Saudita, Abu Dhabi e o Kuwait. Mas o maior beneficiário da alta dos preços seria o Irã, e ajudar o Irã era a última coisa que todos os três queriam. Durante décadas, fora axiomático que a turbulência e as tensões geopolíticas levariam a aumentos no preço do petróleo. Agora, via-se o contrário: a geopolítica estava derrubando o preço do petróleo. A rivalidade entre Riad e Teerã impossibilitava o fechamento de um acordo para interromper o colapso dos preços que parecia estar em andamento.

Os sauditas tinham outro motivo para não querer cortar a produção. Em meados da década de 1980, durante um período de alta oferta, os sauditas aprenderam a lição: se cortarem a produção e os outros não fizerem o mesmo, o resultado será a perda de participação de mercado — e de muito dinheiro.

Tudo isso estava na mente da delegação saudita que viajou a Viena para a conferência da Opep em novembro de 2014, em especial o crescimento sem precedentes do xisto americano. "Produtores de fora da Opep", declarou Ali Al-Naimi, ministro do Petróleo saudita, "precisam sentar-se à mesa". Isso significaria trazer para as negociações o maior produtor de petróleo do mundo naquele momento: a Rússia.

A vida do próprio Naimi reflete a transformação da Arábia Saudita. Em seus primeiros anos, Naimi era um *bedu* ("morador do deserto"). Ele morava em uma tenda, viajava pelo deserto e ajudava a cuidar dos bodes dos quais dependia a vida nômade da sua família. Em 1947, com cerca de 12 anos, foi contratado como *office boy* na Aramco. Durante o pós-guerra, a Aramco formou uma *joint venture* com empresas americanas para se expandir. Alguns anos depois, Naimi foi enviado aos Estados Unidos para estudar geologia, primeiro na Universidade Lehigh, na Pensilvânia, depois em Stanford. De volta à Arábia Saudita, foi promovido diversas vezes até se tornar o primeiro presidente saudita da empresa, em 1983 (após sua nacionalização pelo governo). Doze anos depois, foi escolhido ministro do Petróleo. Naimi tornou-se próximo do rei Abdullah, que dependia da sua sabedoria e confiou a ele a administração da política de petróleo da Arábia Saudita.

Naimi chegou a Viena alguns dias antes da conferência de novembro de 2014, para uma reunião com dois produtores importantes de fora da Opep, os mexicanos e os russos. O encontro fora organizado por Rafael Ramírez, ministro venezuelano. Para evitar os olhos atentos da mídia, Naimi e seus assessores entraram no Park Hyatt Hotel pela doca de carga que levava à cozinha do hotel e subiram pelo elevador de serviço.

Na sala de reunião, o ministro mexicano Pedro Joaquín Coldwell explicou que o seu país não poderia reduzir a produção, por motivos técnicos e porque estava começando uma campanha para atrair investimentos estrangeiros e rejuvenescer a indústria mexicana. A ordem de reduzir a produção mandaria uma péssima mensagem. Os russos, nas pessoas de Igor Sechin, CEO da Rosneft, e Alexander Novak, ministro da Energia, explicaram que a Rússia também não poderia fazer cortes. Supostamente, os motivos seriam "fatores climáticos, logísticos e tecnológicos".

Era evidente para Naimi que nenhum dos outros países tinha a intenção de reduzir a produção. Estavam tentando, concluiu, pressionar a Arábia Saudita a mais uma vez "sair do nada e diminuir drasticamente a produção".

"Parece que ninguém pode fazer cortes", Naimi disse. "Então acho que a reunião está encerrada." Ele levantou-se, recolheu seus papéis e apertou as mãos dos colegas. "Obrigado", completou, seco.

E Naimi foi embora. Todos na sala ficaram atônitos. Demorou um instante para os outros perceberem o que acabara de acontecer. Os assessores de Naimi reuniram seus papéis às pressas e correram atrás dele.

Na subsequente reunião de ministros da Opep, realizada em 26 de novembro de 2014, Naimi apresentou a posição de Riad. Se a Arábia Saudita ou a Opep, como entidade, reduzisse a sua produção sem a participação significativa de países de fora da Opep, "estaríamos sacrificando receitas e participação de mercado". O problema era que havia "novos produtores demais".

Naquele dia, os ministros da Opep chegaram a uma decisão histórica, a saber: não tomariam uma decisão. Em vez de tentar estabilizar o mercado, deixariam que este se resolvesse sozinho; os exportadores teriam liberdade de produzir tanto quanto pudessem. O mercado "se estabilizaria sozinho", disse Naimi. Mas completou: "mais cedo ou mais tarde".[2]

NAS SEMANAS SEGUINTES, O PETRÓLEO CONTINUOU A INUNDAR O mercado, e, em meados de janeiro, o colapso do preço o reduzira a menos de metade do que fora cinco meses antes. A revista *The Economist* capturou a nova guerra do petróleo com uma capa que representava "Xeques *versus* Xisto". Nos Estados Unidos, os produtores de xisto, muitos dos quais haviam incorrido em altos níveis de endividamento para financiar seus programas de perfuração, sofreram um baque forte. "Produtores de xisto amargam queda do petróleo", afirmou uma manchete. Quase cem empresas foram à falência e o resto cortou seus orçamentos. Muitos trabalhadores foram demitidos.[3]

Alguns imaginavam que o mercado certamente se estabilizaria, pois, acreditava-se, os produtores de petróleo de xisto tinham alto custo. Quase todos desistiriam quando se alcançasse o patamar de 70 dólares. "Todos os

Capítulo 34 Choque do petróleo **271**

estudos que vimos diziam que o ponto de equilíbrio para o xisto era 70 dólares por barril", um decisor do alto escalão de um dos países do Golfo lembraria. Mas acontece que o custo do xisto não era tão alto. Os produtores americanos tornaram-se muito mais eficientes e focados; continuaram a aprender sobre as rochas e a inovar no processo de perfuração e completamento de poços. Além disso, com as empresas reduzindo radicalmente suas despesas, o custo da tecnologia e dos serviços dos quais dependiam para perfurar seus poços caiu. O choque de oferta estava se intensificando.[4]

O surgimento do xisto forçou a indústria do petróleo a aprender um novo vocabulário: "ciclo curto" *versus* "ciclo longo". O ciclo curto era, obviamente, o xisto. Podia-se tomar a decisão de perfurar e, em menos de meio ano, o poço produziria petróleo. A perfuração em si foi reduzida a meros cinco ou seis dias. Um único poço, que teria custado 15 milhões de dólares um ano ou dois antes, poderia custar apenas 7 milhões agora. Obviamente, devido às altas taxas de esgotamento do xisto, o produtor precisava perfurar novos poços continuamente.

Essa situação contrastava com o ciclo longo: um projeto de GNL ou de petróleo *offshore* poderia demorar de cinco a 10 anos para se iniciar, mas, então, produziria por muitos anos. Em vez de 7 milhões de dólares, um projeto *offshore* custaria 700 milhões ou 7 bilhões... ou muito mais. Os projetos de ciclo longo foram lançados ou planejados durante a era dos BRIC, com a confiança de que 100 dólares por barril era o "novo normal". Com o colapso dos preços, novos projetos de ciclo longo estavam sendo adiados, atrasados ou simplesmente cancelados. Os preços baixos continuaram durante todo o ano de 2015.

AO NÃO TOMAR UMA DECISÃO, A OPEP CEDEU O CONTROLE AO QUE poderíamos chamar de "investidores *swing*", ou seja, os mercados financeiros, como fundos de investimento, corretores e outros agentes financeiros que lidam com "barris de papel". Os "ânimos" entre esses investidores (se estavam otimistas ou pessimistas com relação aos preços e ao mercado) determinariam se adotariam posições "compradas" ou "vendidas" em contratos de futuros. Suas decisões acumuladas, por sua vez, intensificariam as oscilações de preço em uma direção ou outra. Naquele momento, predominava um forte pessimismo quanto aos preços, que caíram abaixo de

30 dólares e pareciam destinados a 25 dólares por barril. Alguns bancos de investimento alertaram que o petróleo poderia cair abaixo de 20 dólares.

"O mercado de petróleo é muito maior do que a Opep", Naimi afirmou em fevereiro de 2016, mas outros países não haviam demonstrado "apetite algum por dividir o fardo". Por consequência, continuou, "deixamos o mercado definir a maneira mais eficiente de balancear a oferta e a demanda. Foi, e é, um caso simples de deixar o mercado funcionar".[5]

Bijan Zanganeh, ministro do Petróleo iraniano, exigiu que os outros países do Golfo cortassem a sua produção enquanto o Irã recuperava, nas suas palavras, "nossa participação perdida do mercado". Os países árabes do Golfo se recusaram terminantemente a reduzir a própria produção para abrir espaço para mais petróleo iraniano. "Forneceremos petróleo a quem quer que nos procure", respondeu o príncipe Abdulaziz bin Salman, vice-ministro do Petróleo saudita na época.

A maioria dos exportadores de petróleo estava em situação extremamente frágil. A Nigéria, com 175 milhões de habitantes, dependia do petróleo para 70% do seu orçamento. Na Rússia, o fundo soberano se esvaía rapidamente. A Arábia Saudita tinha um déficit no orçamento e acelerava os saques das suas enormes reservas cambiais. No Iraque, a receita do petróleo entrara em colapso. Em 2015, a Venezuela ficou desesperada e sugeriu aos outros países da Opep que organizassem uma "campanha ambientalista dentro dos EUA" contra o xisto.

A mensagem de Naimi sobre "não enfrentar tudo sozinho" finalmente fora captada. A Arábia Saudita e a Rússia trabalhavam em um acordo para estabilizar a produção. Em abril de 2016, ministros do Petróleo que representavam cerca de metade da produção mundial convergiram no Sheraton Hotel de Doha, capital do Qatar. Os ministros tinham praticamente concluído um plano para congelar a produção e mantê-la estável. A ideia era conter os estoques, que não paravam de crescer, e ganhar tempo para se recuperar.

Mas um país chamava a atenção pela sua ausência: o Irã. Decidido a acelerar a sua produção, o país nunca concordaria em participar de um congelamento.

Ainda assim, Naimi alcançou o objetivo no qual insistia desde 2014: que os russos concordassem com algum tipo de restrição à produção. À noite, no entanto, ele recebeu uma ligação da Arábia Saudita. A mensagem para Naimi era clara: não haveria acordo sem o Irã. E o Irã claramente não participaria. O acordo foi cancelado.

Em Doha, os outros ficaram chocados com essa reviravolta após todo aquele esforço. Mas os fatos não mentiam. Havia uma nova ordem na Arábia Saudita. Naimi não estava mais no comando da política de petróleo saudita.

Alguns dias depois, o rei Salman anunciou uma mudança no gabinete. Naimi, até então o homem mais poderoso do petróleo mundial, fora substituído. O novo ministro era Khalid al-Falih, formado pela Universidade A&M do Texas e CEO da Saudi Aramco por sete anos. Durante esse período, ele promovera a "internacionalização" da empresa e a expandira para setores *downstream*, dentro e fora da Arábia Saudita, de modo a conquistar mercados em países consumidores. Falih também atuara como ministro da Saúde para enfrentar a Mers, epidemia de um vírus respiratório que criara uma emergência médica nacional. A missão durou apenas um ano, até Falih ser levado de volta ao petróleo, agora no comando de um superministério ampliado que, além do petróleo, incluía indústria, eletricidade, água e minerais. Juntos, esses setores representavam cerca de 60% da economia do país.

Enquanto isso, o preço do petróleo fazia o que os preços fazem — reequilibrava o mercado, reduzindo a diferença entre oferta e demanda. O colapso dos preços estava desacelerando o desenvolvimento de novos suprimentos. Os preços baixos também estimulavam a demanda. Em 2015, o crescimento do consumo mundial de petróleo foi mais do que o dobro do nível de 2014. Com a gasolina mais barata, a venda de SUVs e caminhonetes nos Estados Unidos foi de menos de 50% do total dos veículos, em 2012, para 60%, em 2015.

SEM UM ACORDO À VISTA, O DESESPERO ENTRE OS PAÍSES EXPORTAdores de petróleo não parava de crescer. No início de setembro de 2016, em paralelo com a reunião do G20 na cidade chinesa de Hangzhou, Vladimir Putin reuniu-se com o então vice-príncipe herdeiro Mohammed bin Salman. Os dois concordaram que "nenhuma política de petróleo estável pode ser implementada sem o envolvimento da Rússia e da Arábia Saudita". O vice-príncipe herdeiro completou que a Arábia Saudita reconhecia que a Rússia era "um *player* mundial importante" e "uma grande potência", uma réplica poderosa ao desprezo de Barack Obama quando

274 Os mapas do Oriente Médio

chamou a Rússia de mera potência regional. Da sua parte, Putin deixou claro que buscava uma relação que se estenderia além do petróleo e incluiria "cooperação (...) no sentido mais amplo da palavra".[6]

No final de setembro, o Fórum Internacional de Energia, composto por 72 países que representam 90% da demanda e da oferta de petróleo, reuniu-se em Argel para um diálogo ministerial. O ministro russo Alexander Novak sinalizou que o seu país consideraria aceitar um acordo. Antes, no entanto, os países da Opep precisariam chegar ao seu próprio acordo.

Nas horas seguintes, os ministros da Opep se reuniram sozinhos. Ninguém podia sair da sala. O resultado foi a base de um acordo. O chamado "Acordo de Argel" tomou o mercado de surpresa, pois propunha um corte de 1 milhão de barris por dia na produção total. "A Opep tomou uma decisão excepcional hoje", declarou Bijan Zanganeh, ministro do Petróleo do Irã. "Após dois anos e meio, chegou a um consenso."

Como explicou o príncipe Mohammed bin Salman, "as receitas do petróleo são o principal fator e o principal motivo para o acordo sobre o petróleo".[7]

Outro fator que facilitou o acordo foi que a Opep finalmente tinha um secretário-geral permanente, posto vago desde 2012 pela discórdia entre os membros. O novo secretário-geral era o nigeriano Mohammad Sanusi Barkindo, ex-diretor da petrolífera estatal da Nigéria. Barkindo sabia formar consenso, viajava de uma capital para a outra, sempre discreto, escutando com cuidado, solucionando problemas e tentando resolver diferenças. A diferença mais difícil ainda era aquela entre a Arábia Saudita e o Irã, pois a discordância sobre a política de petróleo era apenas um elemento da sua rivalidade geopolítica. Quando ia de Riad a Teerã, Barkindo precisava fazer escala em um terceiro país.

No final da conferência da Opep de novembro de 2016, Barkindo declarou: "por mais improvável que seja, chegamos a decisões históricas". A Opep adotou formalmente, mais ou menos, o Acordo de Argel. O Irã foi resolvido com um truque verbal. Uma cota de produção alta foi alocada oficialmente ao país, mas, na prática, ela não importava, pois os outros países sabiam que o Irã não estaria em condições de atingi-la tão cedo.[8]

Duas semanas depois, a Opep e um grupo de 11 países de fora da organização, liderados pela Rússia, reuniram-se em Viena e fecharam um

Capítulo 34   Choque do petróleo   **275**

acordo revolucionário. A redução de 1,2 milhão de barris por dia da Opep seria acompanhada por um corte adicional de 558 mil barris de fora da Opep, dos quais 300 mil viriam da Rússia. Os 10 outros países de fora da Opep, que iam do Cazaquistão e do Azerbaijão a Omã e ao México, cortariam o resto. O novo sistema foi chamado de vários nomes, incluindo "Opep+" e "Aliança de Viena".

Obviamente, esse agrupamento de países de fora da Opep não incluía outros grandes produtores: Estados Unidos, Canadá, Grã-Bretanha, Brasil, Noruega, China e Austrália. Mas isso era menos importante, pois a produção americana havia caído após o recuo nos investimentos das empresas nacionais atingidas em cheio pela queda dos preços.

Assim como o preço do petróleo desabara após a reunião de novembro de 2014, ele se recuperou depois das reuniões de novembro e dezembro de 2016.

A OPEP+ TAMBÉM AJUDOU A GERAR UM REORDENAMENTO GEOPOLÍTICO: a nova relação entre Moscou e Riad. No início da década de 1990, após o colapso da União Soviética, perguntaram a Naimi o que ele achava da Rússia. "Penso nela como um concorrente", respondeu. Mas agora o petróleo, antes uma fonte de rivalidade, reunira os dois países. Uma visita oficial do rei Salman a Moscou, em outubro de 2017, demonstrou uma relação que ia além do petróleo. O rei foi acompanhado de uma comitiva de 1.500 pessoas, e a delegação lotou os três principais hotéis em torno da Praça Vermelha. O trânsito e a segurança eram tão intensos que a única forma prática de se locomover na área, apesar das chuvas particularmente fortes, era a pé. Durante a visita, foi assinada uma série de acordos que iam muito além da cooperação em energia, incluindo investimentos, cooperação militar, venda de armamentos e compartilhamento de tecnologia. O rei também recebeu um diploma honorário do Instituto Estatal de Relações Internacionais de Moscou. Na conferência, perguntaram a uma alta autoridade saudita a respeito dos efeitos dessa relação sobre a parceria de longa data entre Riad e Washington. A Arábia Saudita precisa cuidar dos próprios interesses nacionais, foi a resposta.

"Se continuarmos a trabalhar da maneira como estamos trabalhando", Putin disse ao ministro da Energia saudita alguns meses depois, "iremos de rivais a parceiros". Diante de uma avalanche de sanções ocidentais e cada vez mais isolada do Ocidente, Moscou recebeu de braços abertos a parceria com a Arábia Saudita, o aliado mais importante dos EUA no mundo árabe. A parceria consolidou o retorno da Rússia ao Oriente Médio e sua influência crescente. O país era um *player* — ou, como um saudita o chamou, "um *player* mundial". A Rússia era a única potência capaz de dialogar entre as diversas divisões, com Israel, Arábia Saudita, EAU, Síria, Irã, Hezbollah e Hamas.[9]

Riad, da sua parte, poderia usar a nova relação com a Rússia para fortalecer a sua própria posição internacional e criar uma apólice de seguro contra os problemas que tinha com os americanos do governo Obama. Além disso, a nova relação com a Rússia poderia ajudar a Arábia Saudita na sua rivalidade com o Irã.

A recuperação do mercado de petróleo também foi facilitada pela implosão prolongada da Venezuela e pelo colapso da sua produção de petróleo. No final da década de 1990, a Venezuela atingira 3,3 milhões de barris por dia. No final de 2019, o país produzia apenas 600 mil barris por dia, metade do nível de um único estado americano, Dakota do Norte. A queda foi o resultado da má administração da economia por parte do regime de Chávez e Maduro. Além de impor uma ditadura, o regime, na prática, travava uma guerra econômica contra o próprio país, gerando colapso da economia, endividamento gigantesco, politização da gestão econômica, escassez permanente, corrupção endêmica, desvio maciço de recursos do governo e empobrecimento da população. A inflação se dirigia a uma taxa de inimagináveis 1.000.000% ao ano.

A Venezuela tem as maiores reservas de petróleo comprovadas do mundo, maiores até que as da Arábia Saudita, mas "mais pesadas" e de produção mais dispendiosa. Mas a indústria do petróleo venezuelana estava sedenta de investimentos, os administradores competentes tiveram de fugir do país, a estatal petrolífera não tinha dinheiro para pagar pelos serviços e tecnologias de que precisava e o governo Maduro entregara o controle do setor aos militares. Quase 5 milhões de refugiados miseráveis e famintos, desesperados para escapar da violência, fugiram do país, a maioria deles a pé.

NO FINAL DA PRIMAVERA DE 2018, OS PREÇOS GLOBAIS HAVIAM VOLTADO a 80 dólares por barril. Mas um novo fator emergiu nos mercados de petróleo: o presidente Donald J. Trump.

Em 20 de abril de 2018, representantes de alguns membros da Aliança de Viena se reuniram em Jidá, na Arábia Saudita, para analisar as tendências de produção. Durante a reunião, um *tweet* saltou no celular de um dos participantes. Chocado, ele passou o telefone para os colegas, que ficaram igualmente atônitos. O presidente Trump, aparentemente após assistir a uma matéria da Fox News sobre a alta do preço da gasolina nos Estados Unidos, tuitara o seguinte: "Parece que a Opep está aprontando demais. Preços do petróleo estão artificialmente muito altos! Não é bom e não aceitaremos". Os especialistas em torno da mesa de reunião em Jidá ficaram em choque. O presidente dos Estados Unidos estava negociando com a Opep pelo Twitter.[10]

Trump tinha um longo histórico de denúncias contra a Opep. O problema mais urgente era uma matéria que a gasolina estava ficando mais cara, o que poderia ter impacto no resultado das eleições legislativas de novembro de 2018. Taticamente, também era uma mensagem para os países árabes do Golfo aumentarem a sua produção e compensarem a queda das exportações iranianas no horizonte, pois o governo americano estava decidido a reimpor as sanções ao Irã sem provocar uma alta nos preços.

Um mês depois, no final de junho de 2018, no mesmo dia em que os países da Opep se reuniam em Viena, Trump voltou a tuitar: "Espero que a Opep aumente a produção significativamente. Os preços precisam continuar baixos!".[11] Mas a mensagem não vinha apenas dos Estados Unidos. A Índia importa 85% do seu petróleo, e preços altos sufocariam o seu crescimento econômico. Em um seminário no Palácio Hofburg, em Viena, na véspera da conferência da Opep, Dharmendra Pradhan, ministro do Petróleo, Gás Natural e Aço da Índia, descreveu a "dor" que o preço do petróleo infligia ao seu país. A China mandou a mesma mensagem. Até o governo russo sentia a pressão dos consumidores, e de outros setores econômicos, criada pelos preços altos. Moscou também estava muito descontente com a ideia de renunciar à sua participação de mercado para o xisto americano.

No início de outubro de 2018, o barril de petróleo atingiu 86 dólares; além disso, alguns analistas previam que o petróleo poderia voltar à casa dos 100 dólares. O preço deu um salto com a expectativa de que os Estados Unidos tentariam impor uma proibição total às exportações de

278 Os mapas do Oriente Médio

petróleo do Irã. Para compensar a queda esperada na produção iraniana, a Arábia Saudita aumentou significativamente a sua própria produção.

As sanções entrariam em vigor em 4 de novembro, dois dias antes das eleições legislativas de 2018 nos Estados Unidos. Quando foram anunciadas, surpresa: em vez de "zero exportações imediatamente", o governo concedeu a oito países, que representavam 85% das vendas iranianas, "isenções de redução significativa". Ou seja, eles poderiam importar um pouco de petróleo iraniano, sem penalizações. "Eu poderia ter levado o petróleo do Irã a zero imediatamente, mas isso teria causado um choque no mercado", Trump explicou. "Não quero aumentar o preço do petróleo", completou.[12]

EM 2018, NA VENEZUELA, MADURO CONQUISTOU UM SEGUNDO MAN- dato presidencial de seis anos. As fraudes na eleição foram denunciadas mundialmente, e os resultados, rejeitados por diversos países. A Assembleia Nacional, que Maduro tentara escantear, declarou que sua posse, em janeiro de 2019, era ilegal e inconstitucional. O presidente da Assembleia, um engenheiro de 35 anos denominado Juan Guaidó, chamou Maduro de "usurpador" e apresentou-se como presidente interino, como especificado pela constituição. Diversos países da América Latina, além dos Estados Unidos e do Canadá, reconheceram que Guaidó era o presidente legítimo. A Venezuela passou a ter dois presidentes.[13]

Mas Maduro, apoiado por forças de segurança cubanas, controlava dois ativos importantes: a indústria do petróleo e as forças armadas. Os Estados Unidos proibiram as importações de petróleo do país sul-americano, que representavam cerca de metade das exportações totais da Venezuela. O impasse prosseguiu na Venezuela, onde a economia e a qualidade de vida continuavam a se deteriorar. Os apagões se tornaram frequentes, e o cotidiano, ainda mais insuportável. A Venezuela, antes uma potência mundial do petróleo, havia se tornado irrelevante no mercado mundial.

NA PRIMAVERA DE 2019, O GOVERNO TRUMP NÃO ANUNCIOU NENHU- ma dispensa para importadores de petróleo iraniano. A nova política era de zero exportações. O Irã, que antes exportava 2,5 milhões de barris por dia, logo viu sua produção cair para algumas centenas de milhares, que precisavam ser negociados por escambo ou contrabandeados. Também foram impostas sanções à exportação de outros produtos.

As sanções estavam estrangulando a economia iraniana. Em resposta, o Irã aumentou o enriquecimento de urânio, que fora limitado sob o acordo nuclear. Os países do Golfo apoiavam o isolamento do Irã, mas também se preocupavam com o que o país faria se continuasse acuado. Em maio de 2019, os Estados Unidos enviaram uma força-tarefa de porta-aviões para o Golfo. "Rota de colisão", declarou a capa da revista *The Economist*. "A América, o Irã e a ameaça da guerra."[14]

Mas outro tipo de guerra já estava em andamento: a guerra comercial entre os Estados Unidos e a China, que estava piorando. Os Estados Unidos impunham tarifas a produtos chineses; a China fazia o mesmo com os produtos americanos, entre eles petróleo e GNL. A guerra comercial estava desgastando o crescimento econômico global, o que, por sua vez, reduzia a demanda por petróleo. E isso derrubou o preço do petróleo mais uma vez.

ÀS 3H45 DE 14 DE SETEMBRO DE 2019, EXPLOSÕES ABALARAM A escuridão e incêndios irromperam em duas instalações na província oriental da Arábia Saudita, instalações essas que eram críticas para o processamento do petróleo produzido no país. Acreditando tratar-se de acidente, bombeiros correram para apagar as chamas. Não era acidente, no entanto, mas ataques de *drones* e mísseis de cruzeiro. Uma das instalações era Abqaiq, enorme complexo industrial de tubulações e unidades de processamento. É o equipamento mais crítico de toda a indústria petrolífera mundial, pois processa e purifica a maior parte do petróleo bruto saudita enviado para as refinarias nacionais ou exportado. A segunda unidade era Khurais, outra grande processadora de petróleo.

Foi o instante em que anos de "cenários" se transformaram em realidade, e jogos de guerra, em atos de guerra. Os ataques demonstraram a vulnerabilidade física da vasta infraestrutura de petróleo à margem do Golfo Pérsico. Eles derrubaram um fluxo diário de 5,7 milhões de barris de petróleo — em termos absolutos, a maior perturbação da história do setor. Na segunda-feira seguinte, o preço do petróleo deu um salto.

Os houthis do Iêmen imediatamente reivindicaram a responsabilidade pelos ataques, descrevendo-os como vingança pela campanha de

280 Os mapas do Oriente Médio

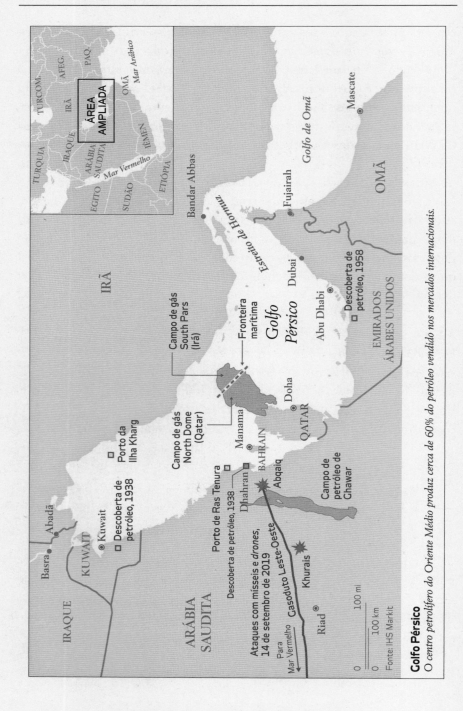

Golfo Pérsico
O centro petrolífero do Oriente Médio produz cerca de 60% do petróleo vendido nos mercados internacionais.

bombardeios saudita no país. O Irã negou responsabilidade, com ares do que poderíamos chamar de "negação implausível". A habilidade envolvida na coordenação, a precisão dos alvos e a execução dos ataques, a uma distância de 1.200 km do Iêmen, sugeriam fortemente que o Irã os arquitetara como parte de uma escalada de investidas contra o sistema do petróleo em resposta à estratégia americana de banir totalmente as exportações de petróleo iranianas. As evidências indicavam que o ataque partira do norte, de bases no próprio Irã ou, logo ao lado, de uma área controlada pelos xiitas no Iraque.[15]

Mas um certo grau de ambiguidade por parte dos sauditas era útil. Sem isso, haveria pressão para retaliar, o que criaria o risco de uma nova escalada e de mais destruição na infraestrutura de petróleo e de dessalinização da região.

Nos anos anteriores, um ataque tão devastador no centro da indústria do petróleo mundial teria disseminado pânico pelos mercados globais e causado uma espiral de aumento de preços. O incrível foi que os preços aumentaram, mas não muito, e logo voltaram ao patamar anterior ao ataque. Parte do motivo foi que os sauditas se apressaram para esclarecer que recorreriam a estoques e reduziriam o abastecimento das suas refinarias internas de modo a manter os níveis de exportação. Os sauditas também agiram rápido para consertar as instalações. Além disso, o nível dos estoques globais era alto.

O que também fez diferença foi o reequilíbrio do mercado de petróleo mundial, causado pelo crescimento contínuo do petróleo americano. O xisto fez mais do que reconfigurar o mercado de petróleo, ele reconfigurou também a psicologia do mercado mundial ao estabelecer um novo senso de segurança.

MAS A REGIÃO CONTINUOU TUMULTUADA. DURANTE MESES, MANIFES-
tantes iraquianos furiosos continuaram a protestar contra o colapso dos serviços sociais, a falta de empregos, a corrupção e a influência ubíqua do Irã. As exportações de petróleo do Iraque começaram a ser prejudicadas.

No final de dezembro de 2019, foguetes disparados pelo Kataib Hezbollah, uma milícia dominada pelo Irã, mataram um terceirizado americano e feriram militares dos EUA em uma base militar no Iraque. Em resposta, os Estados Unidos lançaram ataques aéreos que mataram duas dúzias de militantes. Os membros da milícia e seus apoiadores entraram facilmente na Zona Verde protegida de Bagdá e contra-atacaram a embaixada americana, um espetáculo transmitido ao vivo por redes de televisão de todo o mundo. Um dos telespectadores era o presidente Donald Trump.

Na noite de 2 de janeiro de 2020, o líder da Força Quds, Qassem Soleimani, entrou em um avião civil, em Damasco, com destino a Bagdá. No dia anterior, ele se encontrara com o líder do Hezbollah em Beirute, o que demonstrava sua presença constante em toda a região. Ele também travava uma espécie de guerra, via Twitter e Instagram, com Donald Trump. Soleimani chamara Trump de "apostador" em 2018, e agora tinha uma mensagem para o presidente: "Você sabe como somos poderosos na guerra assimétrica. Venha, estamos à sua espera".[16] Mas agora eram os americanos que o aguardavam.

Aos 45 minutos de 3 de janeiro, enquanto voltava do Aeroporto Internacional de Bagdá, mísseis de um *drone* americano atingiram o seu veículo e mataram Soleimani. Os mísseis também mataram o comandante do Kataib Hezbollah, que liderara as milícias que combateram o Isis e era um grande aliado de Soleimani. A resposta no Irã foi enorme; Soleimani passara de comandante nas sombras a celebridade e herói nacional, mesmo para os críticos do regime. Chamando a Força Quds de "guerreiros sem fronteiras", o aiatolá Khamenei prometeu vingança. Para o Isis, ainda na defensiva, a morte de Soleimani fora um grande avanço; seu adversário mais formidável na região se fora. A revolta entre os xiitas iraquianos foi intensa, e os protestos contra o Irã foram silenciados por algum tempo. Alguns dias depois, no entanto, a guarda revolucionária disparou mísseis que derrubaram um avião civil que decolara de Teerã. Cento e setenta e seis pessoas morreram, principalmente iranianos e canadenses. De uma hora para a outra, as ruas do Irã ficaram lotadas de manifestantes protestando contra o regime.[17]

A morte de Soleimani não provocou uma espiral no preço do petróleo. Em vez disso, os preços desabaram nas semanas seguintes. A epidemia do novo coronavírus, que emergira da cidade chinesa de Wuhan, paralisaria a China, responsável por 40% do crescimento mundial total do consumo de petróleo desde 2003. Agora a demanda estava em queda, no entanto, pois

Capítulo 34   Choque do petróleo   **283**

os chineses se trancaram em casa, o trânsito desapareceu e as companhias aéreas cancelaram seus voos para o país. A volatilidade dominava o mercado de petróleo em 2020, mas de maneiras que ninguém havia esperado e com um impacto que ninguém jamais imaginara.

A essa altura, o colapso dos preços de 2014-2015 que acompanhara a era do xisto já havia ajudado a provocar mudanças significativas no mais importante exportador de petróleo.

Capítulo 35

CORRIDA PARA O FUTURO

O enorme Ritz-Carlton Hotel de Riad, a capital da Arábia Saudita, foi construído originalmente para hospedar membros da realeza e convertido em um centro de hospitalidade comercial de luxo em 2011. Em outubro de 2017, o hotel recebeu uma conferência sobre investimentos futuristas com 3.500 convidados, incluindo as principais figuras do setor financeiro e empresarial da Arábia Saudita e de todo o mundo, além de diversos robôs simpáticos e de uma vigorosa dieta de realidade virtual.

A peça central do evento foi uma plenária com a presença de Mohammed bin Salman, o príncipe herdeiro da Arábia Saudita. Não foi o tipo de painel que os sauditas estavam acostumados a assistir. Para começar, no passado, os príncipes herdeiros simplesmente não participavam de painéis. Além disso, a moderadora era uma âncora da tevê americana, que não usava o *hijab* preto normalmente obrigatório para as mulheres que aparecem em público.

Ainda mais digno de nota do que o próprio painel foi o que o príncipe herdeiro disse. "A era que começou em 1979 acabou", ele anunciou. Dali

Capítulo 35   Corrida para o futuro   **285**

em diante, a Arábia Saudita seria o lar do "Islã moderado". Para sublinhar a ideia, ele declarou também: "Destruiremos os extremistas".

A fim de enfatizar as mudanças no horizonte para os jovens sauditas que assistiam ao painel na internet, ele sacou o que parecia um BlackBerry "velho" (cerca de 2005) e um iPhone de última geração. A diferença entre os dois, disse ele, seria a mudança da Arábia Saudita. A imagem viralizou.

Mas também haveria limites claros. Em dado momento, um dos painelistas, o bilionário da tecnologia japonês Masayoshi Son, ficou muito animado com o "sonho" dos planos para Neom, a nova cidade futurista de meio trilhão de dólares, cheia de robôs que executariam as mais diversas tarefas e até iriam às compras para os moradores. Son exclamou que Neom seria nada menos que uma "nova Meca".

Foi demais. "Não, não, não", o príncipe herdeiro tomou o microfone. "Só existe uma Meca."

Mas a mudança geral era inegável. De repente, a Arábia Saudita, tradicionalmente lenta nas mudanças, estava sendo turbinada para o futuro. Restrições sociais impostas no final da década de 1970 e no início da de 1980, consideradas imutáveis, seriam removidas.

A descontinuidade com o passado era incrível, até chocante. Havia mais mudanças por vir, no entanto, como seria demonstrado pouco mais de uma semana depois. O primeiro-ministro do Líbano apareceu de repente em Riad e anunciou abruptamente que estava renunciando ao cargo para protestar contra o domínio da política libanesa pelo Hezbollah, um grupo financiado pelo Irã (embora tenha retirado a sua renúncia um mês depois). Os houthis do Iêmen, apoiados pelo Irã, lançaram mísseis contra o aeroporto internacional de Riad. O atentado foi interceptado por uma barragem de mísseis Patriot, com explosões que sacudiram a metrópole.

Um choque ainda maior, mas de um tipo diferente, reverberou pelo reino quando, naquela mesma noite, mais de 200 pessoas — membros da família real, líderes empresariais e do governo, ministros e ex-ministros — foram presas, acusadas de corrupção, naquele mesmo Ritz-Carlton, agora transformado em prisão. Alguns dos presos haviam participado da conferência sobre investimentos na semana anterior e apertado as mãos de visitantes estrangeiros. Durante os próximos meses, o governo saudita declararia que mais de 100 bilhões de dólares obtidos ilicitamente foram recuperados dos presos.[1]

A detenção demonstrava quem estava no comando. O poder na Arábia Saudita costumava ser compartilhado por um colegiado dos filhos idosos do rei Abdul Aziz, também chamado de Ibn Saud, o fundador do reino. Agora ele estava concentrado nas mãos de um dos filhos, o atual rei Salman, e de Mohammed, seu filho.

MOHAMMED BIN SALMAN, CONHECIDO COMO MBS, NÃO FAZIA PARTE da linha de sucessão. Seu pai, Salman bin Abdulaziz, nascido em 1935, era um dos cerca de 40 filhos que sobrevivera a Abdul Aziz. Salman foi o governador de Riad durante quase meio século, período no qual a cidade crescera de 200 mil para mais de 5 milhões de habitantes. Salman tornou-se ministro da Defesa e depois príncipe herdeiro. Em janeiro de 2015, o rei Abdullah morreu, aos 91 anos, e Salman ascendeu ao trono.

Mohammed, nascido em 1985, era um dos filhos mais jovens de Salman. Ele conta que aprendeu inglês assistindo a filmes americanos quando criança. Na juventude, seu pai lhe dava um livro de história para ler por semana e então o testava sobre o que aprendera.[2]

Uma lição que certamente absorveu foi sobre o poder, como consolidá-lo e como exercê-lo. Ele fora um investidor privado. Participara do departamento jurídico que assessorava o gabinete, no qual resistira ao modo tradicional de funcionamento. Depois, foi trabalhar para o pai, ainda governador de Riad na época. Quando o pai foi promovido a príncipe herdeiro, MBS comandava a sua corte.

Quando Salman subiu ao trono, em 2015, Mohammed, praticamente um desconhecido, foi catapultado ao posto de vice-príncipe herdeiro, com apenas 29 anos, e logo assumiu poderes adicionais, sendo escolhido ministro da Defesa, líder do conselho supremo da economia e do conselho supremo da indústria do petróleo. MBS supervisionou o início daquela que seria uma guerra prolongada contra os rebeldes houthis no Iêmen. Em junho de 2017, MBS suplantou seu primo Mohammed bin Nayef e tornou-se príncipe herdeiro. Ex-ministro do Interior, bin Nayef liderara a campanha contra o extremismo desde o início da década anterior e era conhecido em Washington. Agora MBS era o próximo na linha de sucessão, com o potencial de reinar por muito tempo após o seu pai, quando este viesse a falecer. E o Ministério do Interior, responsável pela segurança interna, também estava nas suas mãos.

Com relação à economia, MBS promulgou o Visão 2030, que promete muito mais do que reformas. É uma transformação total da Arábia Saudita, que deixaria de ser uma economia extremamente dependente do petróleo e, logo, vulnerável aos ciclos de expansão e contração desse mercado para se transformar em uma economia diversificada, mais competitiva, mais empreendedora e mais tecnológica.

Ao proclamar uma nova era na Arábia Saudita, o príncipe herdeiro tenta agradar aquela que considera a sua base: os 70% dos sauditas com 35 anos ou menos, ligados em mídias sociais. Para eles, sem mudanças, não haverá empregos suficientes, o que os deixará descontentes e suscetíveis ao extremismo ou à alienação.

Um elemento central dos desafios enfrentados pela Arábia Saudita é a sua dependência da exportação de petróleo. "Jamais permitiremos que nosso país fique à mercê da volatilidade dos preços de *commodities* ou de mercados externos", diz MBS. Mas ele também declara que a Arábia Saudita é "viciada em petróleo". Para explicar suas novas políticas, ele recorre à história e ao seu avô. "O rei Abdul Aziz e os homens que trabalhavam com ele estabeleceram o reino sem depender do petróleo, governaram este Estado sem petróleo e viveram neste Estado sem petróleo."[3]

Sem dúvida alguma, é verdade. Mas foi o petróleo, junto com Meca e o Islã, que transformou a Arábia Saudita no que é hoje.

EM 1933, A STANDARD OIL DA CALIFÓRNIA (SOCAL, ATUAL CHEVRON) conquistou o direito de explorar petróleo na Arábia Saudita. Em 4 de março de 1938, um telegrama foi despachado da Arábia Saudita para a sede da Socal, em San Francisco. A mensagem informava que em um teste no leste do país, em um poço chamado Damman nº 7, a uma profundidade de 4.694 pés (1.430 m), o petróleo fluíra a uma taxa de 1.585 barris por dia. A descoberta de petróleo na Arábia Saudita causou um grande alívio em San Francisco, pois, após várias perfurações frustrantes durante os anos da Grande Depressão, a empresa havia considerado desistir com-

288 Os mapas do Oriente Médio

pletamente. Não mais. Ainda assim, a reação inicial em San Francisco foi de cautela. "Segundo o ditado, 'uma andorinha não faz verão'", observou um executivo. "Mas estou animado e acho que, neste caso, um poço fará um campo de petróleo."

Meses depois, a empresa teve confiança suficiente para despachar seu representante para uma reunião com o rei Abdul Aziz, em Riad. O petróleo, ele informou ao rei, fora encontrado "em quantidades comerciais". A declaração pareceu "uma surpresa absoluta" para o monarca. "Fico contente, muito contente", ele respondeu. "Parte do meu pessoal dizia que o petróleo nunca seria encontrado em grandes quantidades no meu país, outros diziam que a sua empresa havia descoberto petróleo, mas não admitia. Mas sempre soube que estavam errados."

O rei também ficou "muito orgulhoso" ao ser informado de que a Arábia Saudita se tornara o 22º maior produtor de petróleo do mundo, com o potencial de avançar ainda mais. A notícia foi particularmente bem-vinda, pois o reino passava por dificuldades financeiras que representavam uma ameaça grave a tudo que havia construído em décadas de trabalho.[4]

A partir de 1901, Abdul Aziz e seu pequeno bando de seguidores haviam montado em camelos e entrado no deserto, a partir do seu exílio no emirado vizinho do Kuwait. Seu objetivo era restaurar a dinastia saudita que governara aquela parte da Península Arábica duas vezes no passado, nos séculos XVIII e XIX. No quarto de século seguinte, Abdul Aziz atravessaria a Arábia Saudita diversas vezes, aliado com guerreiros terríveis chamados de ikhwan. Estes eram seguidores fanáticos de uma forma estrita do Islã que remontava a um clérigo do século XVIII chamado Muhammad ibn Abd al-Wahhab, que buscara purificar o Islã, levá-lo de volta às raízes e eliminar seus hereges e suas influências estrangeiras. O Islã de al-Wahhab tornou-se a fé do novo Estado, essencial para a integração das diferentes tribos ao reino saudita restabelecido.

Em 1932, o Reino de Hijaz e Nadj mudou seu nome para Arábia Saudita. Nesse momento, as finanças do reino estavam em uma situação desesperadora, pelo colapso do número de peregrinos a Meca, sua principal fonte de receitas. Assim, a descoberta do petróleo em 1938 (coincidentemente, menos de duas semanas após a descoberta do petróleo no Kuwait, vizinho da Arábia Saudita) foi mais do que um grande alívio para o rei. Na

Capítulo 35   Corrida para o futuro   **289**

década de 1950, após a Segunda Guerra Mundial, a produção de petróleo começou a crescer e o dinheiro, a entrar. Mas a era da riqueza petrolífera só começou de verdade quando a crise do petróleo de 1973 quadruplicou os preços. Com menos de 8 milhões de habitantes na época, a Arábia Saudita tornou-se um país riquíssimo.

E É AQUI QUE A REFERÊNCIA DO PRÍNCIPE HERDEIRO À "ERA QUE COMEçou em 1979" torna-se tão importante, pois esse foi o ano em que o reino saudita foi subitamente desafiado. O atentado de fanáticos religiosos à Grande Mesquita, em Meca, e as semanas de batalha que se seguiram chocaram a liderança do reino e abalaram a sua confiança. A Casa de Saud era a guardiã e protetora da Grande Mesquita; a relação da família com o Islã era fundamental para a sua identidade.

A outra grande ameaça veio do Irã, agora governado pelo regime teocrático militante do aiatolá Khomeini. O aiatolá defendia a destruição das monarquias árabes, especialmente a da Arábia Saudita — "o principal agente do Grande Satã" (os Estados Unidos). Ao mesmo tempo que a Grande Mesquita era atacada, protestos de xiitas ocorriam no leste do país, alimentados por reclamações locais e insuflados pelas transmissões da Voz da República Islâmica do Irã.

Em resposta ao desafio à sua autoridade islâmica, a Arábia Saudita tornou-se mais religiosa, reafirmando o papel do Islã fundamentalista como o elemento que unia toda a nação — o que os estrangeiros chamam de *wahabismo*, embora Riad rejeite o termo de forma consistente. O clero conservador tornou-se mais dominante e determinado. A polícia religiosa patrulhava as ruas, punindo mulheres com vestes impróprias e casais não casados que estivessem de mãos dadas. As mulheres foram segregadas dos homens, com suas decisões, educação e viagens controladas por "guardiões". As imagens de mulheres foram proibidas nos jornais. Os cinemas, denunciados como fontes de "depravação", foram fechados. O sistema educacional inclinou-se ainda mais para o Islã e a instrução religiosa.

Além de defensiva, como forma de apoiar o Estado saudita, a mudança também foi ofensiva. Como observado, a Arábia Saudita aliou-se aos Estados Unidos para financiar os *mujahidin*, os guerreiros religiosos que lutavam contra os soviéticos no Afeganistão. Além disso, o país projetou sua rivalidade com o Irã xiita ao redor do mundo. O governo gastou dezenas de bilhões de dólares em educação religiosa e proselitismo. A Arábia Saudita financiou imãs, mesquitas, centros islâmicos e diversas escolas e faculdades islâmicas em todo o mundo. Com o passar do tempo, no entanto, o dinheiro que o reino gastou na promoção do Islã fundamentalista no estrangeiro também passou a promover o extremismo e o jihadismo.

O enorme influxo de petrodólares criou a economia de bem-estar social que define a Arábia Saudita até hoje. Muito dinheiro foi gasto para transformar o que MBS chamou de "uma terra de cabanas de barro" em uma nova infraestrutura moderna: casas, edifícios de escritórios, hotéis, escolas, universidades, rodovias, aeroportos. A população saudita cresceu e urbanizou-se rapidamente. As taxas de alfabetização saltaram de meros 10% para mais de 80%. O dinheiro farto financiou um novo contrato social entre o governo e a população, no qual o governo atuaria como mecanismo para coletar e redistribuir a riqueza petrolífera. A Arábia Saudita transformou-se no que já foi chamado de "uma nação de benefícios".[5]

O sistema funcionava bem enquanto a receita do petróleo continuava a entrar. Mas o colapso do preço do petróleo em 2014 demonstrou a vulnerabilidade de um *petroestado*. As receitas sauditas com as exportações de petróleo caíram de 321 bilhões de dólares, em 2013, para 136 bilhões, em 2016. O orçamento, assim como todas as despesas com as quais o país se comprometera, estava calcado em um petróleo a 100 dólares por barril, não a 45 ou 35. Além disso, a partir de março de 2015, o financiamento da guerra no Iêmen criou outra fonte de despesas.

Foi nesse contexto que começou o trabalho de preparar um futuro diferente para a Arábia Saudita, afastando-a da dependência da exportação de petróleo e produtos petroquímicos e de seus respectivos ciclos de mercado. O objetivo é desenvolver uma economia mais diversificada, competitiva, empreendedora, inovadora, tecnológica e integrada à economia global. Uma missão urgente é criar empregos para os jovens e interessá-los no futuro da sociedade saudita, o que combateria o radicalismo e a oposição ao governo. A transformação da Arábia Saudita

Capítulo 35   Corrida para o futuro   **291**

também a fortaleceria contra o Irã, seu rival regional. Mas a linha de largada mostra que a distância a ser percorrida é enorme. "O petróleo representa diretamente mais de 40% do PIB", observou o Fundo Monetário Internacional antes do coronavírus, e "atividades não petrolíferas são altamente dependentes de despesas governamentais financiadas por receitas advindas do petróleo".[6]

Diversificar a economia para afastá-la do petróleo é uma grande proteção contra o risco existencial para um país cujo futuro depende tanto desse produto. Os colapsos anteriores no preço do petróleo estimularam conversas sobre diversificação, mas esses períodos raramente levavam a questionamentos sobre o futuro do petróleo no longo prazo. Todos entendiam que a demanda certamente continuaria a aumentar por muitos anos. Hoje, essa certeza sumiu.

O colapso que começou em 2014 coincidiu com um novo debate global sobre a trajetória futura da demanda por petróleo, representada pela expressão "pico de demanda". O consumo de petróleo se estabilizará e decairá mais cedo do que todos antecipavam, deixando reservas sem valor "encalhadas" no solo? O debate foi acelerado por políticas de combate à mudança climática e maior eficiência no transporte, e também pelo renascimento, após um século em coma, de um veículo que não precisa de petróleo: o carro elétrico.

A Arábia Saudita pode ter as maiores reservas de petróleo convencional e continuar como o produtor de menor custo, garantindo uma vantagem competitiva no longo prazo. Ainda assim, hoje o país está diante da possibilidade de um "mundo que se afasta do petróleo". Além disso, o petróleo do Oriente Médio pode ter a vantagem do baixo custo, mas enfrenta uma concorrência mais intensa, inclusive do petróleo de xisto americano.

Tudo isso preparou a cena para o governo saudita, sob o rei Salman, acelerar as reformas sociais que haviam começado de maneira muito mais cautelosa sob o rei Abdullah. O príncipe herdeiro anunciou planos para um enorme complexo esportivo e parque temático no país, para que as famílias sauditas não precisassem mais passar as férias em Dubai. A ideia era que os sauditas ficassem no país e não gastassem seu dinheiro no exterior. Em 2017, o grande mufti (o clérigo mais graduado do reino), em seu popular programa semanal na tevê saudita, intitulado *Com o Grande Mufti*, ainda denunciava *shows* de música e cinemas, proibidos pelo Islã por "corromperem as morais e os valores" e por serem "causa para a mistura entre os dois gêneros". Ainda assim, artistas locais e internacionais começaram a fazer *shows* pelo país, e o governo deu o sinal verde para o retorno dos cinemas. O primeiro cinema foi inaugurado em Riad em abril de 2018, com uma sessão lotada do megassucesso *Pantera Negra*. A recém-criada Autoridade Geral para o Entretenimento revelou planos de gastar 64 bilhões de dólares em uma década para criar uma indústria nacional do entretenimento moderna, capaz de oferecer aos jovens alternativas aos *shoppings* e mesquitas, e criar empregos no processo.[7]

Mas a reforma social mais visível de todas foi o fim da proibição das mulheres motoristas, instituída décadas antes. Em 1990, cinco mulheres foram ao supermercado, disseram aos seus motoristas para saírem dos seus respectivos carros, sentaram elas mesmas ao volante e dispararam. Em resposta, o grande mufti da época emitiu um *fatwa* que declarava a direção feminina "uma fonte de vícios inegáveis".[8]

O fim da proibição, em junho de 2018, eliminou o fardo de ser o último país do mundo a proibir as mulheres de dirigir. A decisão também teve um propósito econômico importante: oferecer a mobilidade que permitiria que mulheres entrassem para a força de trabalho, o que aumentaria a produtividade e o crescimento econômico. Algumas semanas após o fim da proibição, no entanto, várias mulheres ativistas, incluindo algumas que haviam participado do protesto original em 1990, foram sumariamente presas. Quando o ministro das Relações Exteriores do Canadá criticou as prisões em um tuíte (uma das mulheres presas tinha família no Canadá), a Arábia Saudita rompeu relações diplomáticas com o país e chamou de volta 7 mil sauditas que estudavam em universidades canadenses. Na época da redação deste livro, algumas das mulheres permaneciam na prisão.[9]

O afrouxamento das restrições sociais e religiosas do período pós-1979 veio acompanhado do esforço de promover uma identidade mais baseada no nacionalismo e no Estado saudita. Em 2005, o rei Abdullah instituiu um feriado nacional para marcar a fundação do reino saudita, apesar das críticas de figuras religiosas que se opunham a um feriado não islâmico. Sob o rei Salman e MBS, o feriado foi ampliado para dois dias, iluminado por um enorme *show* de fogos de artifícios e centenas de *drones* que sobrevoam Riad e Jidá no formato da bandeira do país. Esse é o novo nacionalismo que embasa o programa Visão 2030.

O VISÃO 2030 DA ARÁBIA SAUDITA NÃO FOI O PRIMEIRO DO TIPO NA vizinhança. Na década anterior, Abu Dhabi marcou o passo para a diversificação com o estabelecimento de outro programa chamado Visão 2030.

Abu Dhabi é um dos sete emirados que compõem os Emirados Árabes Unidos (EAU), formado em 1971, quando os britânicos retiraram suas forças militares do Golfo. Dubai e Abu Dhabi são os dois emirados mais conhecidos. Dubai é o centro comercial da região, uma cidade global para a economia mundial globalizada. Abu Dhabi, o maior dos emirados, também é, graças ao petróleo, o mais rico dos sete. A localização dos EAU junto ao mar, e sua participação histórica nas redes comerciais regionais anteriores ao petróleo, costuma ser citada para explicar por que o país é mais aberto e integrado com o mundo. Os EAU também podem ser um dos pouquíssimos países do mundo, talvez o único, a contar com um ministro da Tolerância no gabinete.

Abu Dhabi chegou tarde ao mundo do petróleo, descoberto apenas em 1958. Em 1967, o emirado ainda era, nas palavras de uma das pessoas que trabalharam no seu primeiro plano quinquenal, um "vilarejo em desenvolvimento" que "não tinha estradas, não tinha eletricidade" e possuía "só uma escola". Hoje, é uma cidade moderna, ampla, com edifícios de escritórios e um sistema complexo de rodovias, incluindo uma estrada costeira que acompanha o desenho do Golfo Pérsico. Em termos de petróleo, Abu Dhabi tem capacidade para produzir 4 milhões de barris por dia, com a intenção de elevá-la para 5 milhões, o que o transformaria no segundo maior produtor da Opep. Ao mesmo tempo, a estatal petrolífera Adnoc está adotando uma estratégia diferenciada de privatização; em vez de vendê-la, o governo está formando parcerias com empresas internacionais em diversos segmentos do seu negócio.

O xeque Zayed al Nahyan, que governara Abu Dhabi desde 1966 e fundara os Emirados Árabes Unidos em 1971, alertava que o emirado não poderia depender do petróleo para sempre. Com isso em mente, o xeque fundou a ADIA (Abu Dhabi Investment Authority), considerado o segundo maior fundo soberano da atualidade, com ativos de mais de 800 bilhões de dólares, segundo estimativas públicas. Seu filho, Mohammed bin Zayed, que se tornou o príncipe herdeiro em 2004, catalisou o projeto de ampliar a economia. "Em 50 anos, quando talvez tenhamos o último barril de petróleo", declarou, "quando ele for mandado para o exterior, ficaremos tristes? Se estamos investindo nos setores certos hoje, posso lhe dizer que comemoraremos". Uma iniciativa foi o Mubadala, um segundo fundo soberano, com cerca de 230 bilhões de dólares em ativos, focado na construção e no investimento em empresas em Abu Dhabi e no exterior. Uma delas, a Strata, produz componentes de ponta para a Boeing e a Airbus em Abu Dhabi. Outra é uma parceria com a Cleveland Clinic em um centro médico regional de grande porte no emirado. Outra iniciativa é a Masdar, estabelecida para diversificar a energia além do petróleo e do gás natural. A Masdar tem um papel importante na energia solar e eólica em nível local e global, além de ser um centro de inovação e tecnologia no setor.

A terceira grande iniciativa foi o próprio programa Visão 2030, lançado em 2007, que apresentou a estratégia geral. A mensagem era que o país precisava diversificar a sua base de receitas, atualizar e aprimorar habilidades profissionais, criar empregos e aumentar a participação das mulheres na economia. Os resultados viriam mais rápido do que o esperado. Duas décadas atrás, quase todo o PIB vinha do petróleo. Hoje, cerca de 60% do PIB não está relacionado ao petróleo. As exportações não petrolíferas subiram de meros 13% do total, em 2010, para 57%, em 2018. A diversificação foi facilitada pelo clima de investimentos, por políticas consistentes e pela cultura de negócios, apoiada pela eletricidade barata que suporta as atividades industriais e por uma localização que permitiu que o país se transformasse em centro comercial. A soma desses fatores é um manual para a diversificação econômica nacional, ou, ao menos, um manual que deu certo para Abu Dhabi.[10]

OS OBJETIVOS DO PROGRAMA VISÃO 2030 SAUDITA VÃO ALÉM DA DIVER-sificação econômica. A ideia é uma transformação nacional. Seus 13 programas de realização da visão estendem-se da economia e das finanças à qualidade de vida e ao "enriquecimento do caráter nacional". O programa de transformação nacional, em sua forma inicial, tinha 178 objetivos, 371 indicadores para monitorar o progresso e 543 iniciativas.

Capítulo 35 Corrida para o futuro **295**

"Temos planos de desenvolvimento quinquenais desde o início da década de 1970", declarou uma autoridade do país. "Todos tinham os mesmos objetivos: diversificar a economia, cultivar o setor privado e depender menos do petróleo. Construímos uma infraestrutura enorme, expandimos a educação e o setor de saúde. Mas ainda não conseguimos alcançar os três objetivos básicos: ainda dependemos do petróleo, o setor privado depende do governo e não conseguimos diversificar. Agora estamos reformando tudo ao mesmo tempo: a sociedade, a economia, a burocracia. É uma necessidade absoluta. Veja a nossa demografia."

O objetivo do Visão 2030, integrado em um programa de comunicação contínuo, é servir de mapa para a transformação da Arábia Saudita. A contribuição do setor privado para o PIB está em crescimento. O investimento estrangeiro deve aumentar significativamente. A Arábia Saudita e a Rússia são o terceiro e o quarto países que mais gastam em defesa, com valores próximos um do outro, superados apenas pelos Estados Unidos e pela China. A Arábia Saudita também é o maior comprador de armas americanas desde 2011. Uma meta ambiciosa é estabelecer uma indústria de defesa para "concentrar" 50% das despesas com equipamentos militares. O país reduziu os subsídios para água e eletricidade ao mesmo tempo que criou "contas cidadãs" a fim de distribuir dinheiro para sauditas de baixa renda e compensar as contas de água e luz mais altas.[11]

Outro objetivo importante é expandir consideravelmente as exportações não petrolíferas, incluindo serviços e o que MBS chama de "a enorme estratégia de turismo". O Visão 2030 quer ir além do *Hajj* (a peregrinação a Meca) para aumentar radicalmente o número de "turistas religiosos". Novos *resorts* na costa do Mar Vermelho pretendem atrair um número crescente de "turistas não religiosos". Em vez do processo trabalhoso de solicitar um visto com antecedência, afirma MBS, turistas não religiosos poderão "reservar um quarto em um hotel ou apartamento" e receber seu visto na chegada ao aeroporto, ou até mesmo *on-line*. O plano tem múltiplas outras metas: melhorar o acesso à moradia e à saúde, criar 6 milhões de novos empregos, aumentar a participação feminina na força de trabalho (já há mais mulheres do que homens nas universidades) e, em especial, "cortar a cansativa burocracia".[12]

Uma das maiores prioridades é gerar empregos para os sauditas no setor privado, que deve depender menos do dinheiro do governo. Mas nada

296 Os mapas do Oriente Médio

demonstra mais claramente as dificuldades envolvidas do que a estrutura do emprego no país. Para os sauditas, há empregos, mas majoritariamente no setor público. No setor privado, os empregos normalmente pagam menos e são menos desejados. As vagas tendem a ser preenchidas por "trabalhadores convidados" com vistos temporários, geralmente muçulmanos de países como Paquistão, Índia, Bangladesh, Egito e Filipinas. Esses trabalhadores não têm como obter cidadania, nem seus filhos, mesmo que tenham nascido em solo saudita.

O resultado é uma mão de obra em dois níveis. Para cada dois sauditas, que somam cerca de 20 milhões, há um estrangeiro no país, o que totaliza cerca de 10 milhões deles. Mas as proporções se invertem na força de trabalho. Cerca de 4,5 milhões de sauditas estão empregados, 70% deles pelo governo. Em contraste, o dobro do número de estrangeiros, mais de 8 milhões, trabalham no setor privado, a maioria com salários menores.[13]

Ironicamente, um requisito está por trás de todo o programa econômico: para financiar o Visão 2030 e a diversificação que distanciaria o país do petróleo, a Arábia Saudita precisa de muito mais dinheiro do petróleo. O país está tentando fazer em pouco mais de uma década o que as economias do milagre do Leste Asiático precisaram de duas décadas ou mais para realizar.[14] Pessoas e recursos precisam ser mobilizados. O sistema de valores precisa deixar de se basear em direitos e subsídios e fundamentar-se em desempenho, competição e execução, e depender muito menos da tomada de decisões do governo. A velocidade e as escolhas são assustadoras. O próprio conceito de tempo precisa mudar e tornar-se menos elástico e mais disciplinado. A aceitação do público e o apoio firme dos jovens são cruciais, assim como a proteção contra possíveis turbulências, incluindo a resistência dos setores mais tradicionais da sociedade, uma possível consequência da transição. E também podemos supor que os islamistas farão de tudo para desestabilizar e perturbar o processo.

Tudo isso é possível nesse cronograma apertado? "Mesmo que apenas 50% sejam realizados, será ótimo", responde um saudita que atuou em um cargo sênior sob o rei Abdullah. Mesmo a essa velocidade, a reforma ainda representaria outra transformação para a Arábia Saudita, comparável àquela ocorrida após a década de 1970.

Capítulo 35   Corrida para o futuro   **297**

MAS A BUSCA DA REFORMA, E O NOVO ENGAJAMENTO DA ARÁBIA Saudita com a economia mundial, enfrentou um obstáculo inesperado após um acontecimento em Istambul. O jornalista Jamal Khashoggi, ex-editor de um jornal saudita e porta-voz extraoficial de alguns membros da família real saudita, mudara-se para os Estados Unidos em 2017. Khashoggi passara a colaborar com o jornal *Washington Post*, no qual suas colunas de opinião criticavam a governança e a repressão a dissidentes no mundo árabe.

Em 2 de outubro de 2018, Khashoggi entrou no consulado saudita em Istambul para resolver pendências burocráticas e poder casar-se novamente. Ele nunca saiu. O jornalista foi assassinado brutalmente dentro do próprio consulado, na Turquia, por um esquadrão de 15 homens vindos de Riad. Os assassinos não contavam com o fato de que os serviços de inteligência turcos estavam gravando o crime. Os detalhes do ocorrido vazaram a conta-gotas.

Por que o governo do presidente Recep Tayyip Erdoğan divulgou os detalhes dessa forma? Foi pura fúria com a ideia de que um esquadrão de 15 assassinos tomaria um voo para Istambul, ignoraria completamente a soberania turca e mataria um jornalista que tinha relações cordiais com o governo turco? Ou o objetivo seria restringir e solapar o príncipe herdeiro, que, na visão dos turcos, buscava se tornar a figura dominante na região, e usar a oportunidade para reafirmar o papel regional da Turquia de "continuação dos otomanos", nas palavras de Erdoğan? O "acúmulo da história e a localização geográfica" da Turquia, segundo o presidente turco, significam que ela é "o único país que pode liderar o mundo muçulmano". Ou o conflito entre Ancara e Riad era apenas uma batalha na guerra entre, de um lado, a Irmandade Muçulmana e o Islã político, e do outro, as dinastias do Golfo e seu aliado egípcio?[15]

O programa de reformas continuaria após o caso Khashoggi, mas sem a mesma animação e aclamação internacional. A Alemanha anunciou que deixaria de vender armas para a Arábia Saudita. Senadores americanos que haviam elogiado MBS, chamando-o de reformista e modernizador, passaram a criticar tanto ele quanto a Arábia Saudita. O mesmo ocorreu na mídia internacional. O Congresso dos EUA aprovou uma resolução conjunta para encerrar o apoio militar americano à Arábia Saudita na guerra do Iêmen. Donald Trump resistiu a essas críticas e reafirmou o apoio do seu governo a MBS e à Arábia Saudita.

AS RELAÇÕES COM OS ESTADOS UNIDOS JÁ ESTAVAM COMPLICADAS em outra frente. Em maio de 2017, na sua primeira viagem oficial após tomar posse, Donald Trump foi à Arábia Saudita, onde ele e o rei Salman foram anfitriões de uma conferência com os líderes dos países árabes e muçulmanos. Juntos, os dois também inauguraram um centro antiterrorismo ao qual os outros Estados árabes do Golfo se uniram. O grupo incluía o Qatar, um pequeno emirado exportador de gás natural adjacente à Arábia Saudita. Mas havia tensões entre o Qatar e os outros países do Golfo, e ela estava aumentando.

Duas semanas depois, em 5 de junho de 2017, a Arábia Saudita e os Emirados Árabes Unidos subitamente romperam relações diplomáticas com o Qatar e anunciaram um bloqueio naval e um embargo. As linhas telefônicas foram cortadas. Populações receberam a ordem de voltar para casa. O Bahrein e o Egito se juntaram aos dois países nessa campanha. Os sauditas e os emiráticos afirmaram que o Qatar continuava a financiar e abrigar extremistas islâmicos e flertava com o Irã. Mas as maiores críticas estavam interconectadas: seu suposto apoio à Irmandade Muçulmana e a outros islamistas e seus esforços para minar os países vizinhos por meio da sua rede de televisão, a Al Jazeera, utilizada tanto como plataforma para imãs extremistas quanto para divulgar um jornalismo crítico e agressivo.

O impasse persistiu. O Qatar é um país riquíssimo, e logo conseguiu substituir os alimentos que normalmente receberia da Arábia Saudita, incluindo o transporte aéreo de milhares de vacas. A Turquia, para fortalecer o seu papel regional e a sua vocação otomana, imediatamente enviou milhares de tropas ao Qatar e estabeleceu uma base no país, o que enfureceu a Arábia Saudita e os Emirados. Ainda mais enfurecedora é a relação do Qatar com o Irã. Como explica um catari, "o Irã é um vizinho e precisamos tratá-lo assim". A importação de alimentos do Irã disparou, e o país abriu o seu espaço aéreo para o Qatar, que perdera o acesso aos céus dos seus vizinhos árabes. Como as receitas do gás natural são muito mais importantes para o Qatar do que as do petróleo, o país abandonou a Opep, alegando que a organização era dominada pelos sauditas.

Capítulo 35   Corrida para o futuro   **299**

O Qatar tem três cartas valiosas nesse impasse. A primeira é a escala e importância global das suas exportações de GNL. A segunda é a sua riqueza. O fundo de soberano de 350 bilhões de dólares do país investiu estrategicamente no mundo todo, incluindo uma participação de 25% na controladora da British Air. E a terceira tem um valor muito especial: sua relação estratégica com os Estados Unidos. O Qatar sedia uma grande base da Força Aérea dos EUA, onde trabalham 10 mil pessoas. É uma base crucial, como afirmou um general da Força Aérea, "devido à sua localização tremendamente estratégica, bem no centro de tudo". Também é o quartel-general avançado do Comando Central dos EUA. É um impasse que os Estados Unidos gostariam *muito* de ver resolvido.[16]

NA FRENTE ECONÔMICA, A SITUAÇÃO ERA MUITO DIFERENTE. NA PRIMAvera de 2019, a Saudi Aramco lançou uma oferta de títulos de 10 bilhões de dólares para ajudar a financiar a aquisição da Sabic, uma empresa petroquímica com controle acionário estatal. A comunidade financeira internacional respondeu com entusiasmo. A demanda foi muitíssimo maior do que a oferta — cerca de 10 vezes maior, na verdade. E a oferta revelou uma informação bastante significativa: a Saudi Aramco era a empresa mais lucrativa do mundo.

O sucesso da oferta de títulos reanimou o interesse em algo que teria sido considerado inimaginável alguns anos antes: uma oferta pública inicial (IPO — initial public offering) da Saudi Aramco. Em janeiro de 2016, MBS apresentara uma prévia chocante. Em uma entrevista para a revista *The Economist*, lhe perguntaram: "O senhor consegue imaginar a venda de ações da Saudi Aramco?".

"É algo que está em avaliação", ele respondeu. "Pessoalmente, me entusiasma."[17]

As comunidades globais do petróleo e das finanças ficaram atônitas. Até a declaração do príncipe, essa possibilidade era considerada absolutamente nula. Também foi um choque para os sauditas, pois a Aramco é altamente identificada e fundamental para a Arábia Saudita. Com o valor de 2 trilhões de dólares sugerido pelo príncipe, a magnitude de uma possível privatização da Aramco superaria todas as IPOs da história e poderia mudar a dinâmica da indústria do petróleo mundial.

300 Os mapas do Oriente Médio

A Saudi Aramco é o motor da economia saudita e uma das instituições mais importantes do país. De propriedade 100% estatal desde que o país completou a sua nacionalização, na década de 1980, a Aramco é a maior petrolífera do mundo. Tudo o que faz é em escala gigante. Com engenheiros e cientistas formados por universidades americanas, britânicas e do resto do mundo, é consenso que a empresa está na vanguarda tecnológica do setor. A Aramco está entre as 10 petrolíferas mundiais que mais recebem novas patentes. Seus programas de investimento adotam perspectivas de 20 a 25 anos. Posicionada sobre reservas comprovadas de 261,5 bilhões de barris de petróleo bruto, a Aramco continuará a produzir petróleo muito depois que os poços das outras secarem.

Mas uma IPO mudaria muita coisa. Com ações negociadas na bolsa, seus gestores precisariam apresentar relatórios trimestrais para os investidores. A Saudi Aramco não seria mais apenas uma EPN (empresa petrolífera nacional) representando o Estado saudita. Seria também um ativo financeiro. "O petróleo deve ser tratado como um investimento, nada mais, nada menos", declarou o príncipe herdeiro. Entre os que duvidavam dessa ruptura radical, afirmou, alguns eram "próximos à abordagem socialista comunista, em que tudo é de propriedade do Estado, até as padarias".[18]

Mas por que a ideia de uma IPO da Aramco era tão chocante? Afinal, as IPOs de partes de estatais e as privatizações totais ou parciais são um elemento importante da economia global há mais de três décadas. Contudo, nenhuma outra empresa é tão identificada com um país e tem um papel tão grande nele quanto a Aramco na Arábia Saudita.

Preparar uma empresa desse tamanho para a privatização seria um projeto complexo e levaria alguns anos. Um sistema completamente novo de controles financeiros internos, contabilidade e relações econômicas precisaria ser implementado. Muitas questões teriam de ser respondidas, incluindo aquelas relacionadas a dividendos, impostos e governança. E havia uma questão fundamental para os investidores: em um mundo de volatilidade no preço do petróleo, qual seria o valor avaliado? Quanto a empresa valeria de fato?

Os resultados da IPO seriam destinados ao Fundo de Investimento Público (PIF — Public Investment Fund), o fundo soberano do país. E isso,

Capítulo 35 Corrida para o futuro **301**

por sua vez, seria parte de uma estratégia maior de transformar o PIF no maior fundo soberano do mundo.

Riad poderia estudar os fundos soberanos da vizinha Abu Dhabi. Ou o fundo soberano norueguês, com ativos de mais de 1 trilhão de dólares. Mas a Arábia Saudita normalmente produz três vezes mais petróleo do que Abu Dhabi e cinco vezes mais do que a Noruega. Assim, de acordo com o príncipe herdeiro, a Arábia Saudita deveria ter um fundo soberano "maior do que o maior fundo da Terra". O dinheiro do PIF, por sua vez, ajudaria a lançar o programa Visão 2030 e transformar a Arábia Saudita. MBS queria criar um fundo soberano que seria, nas suas palavras, "uma potência de investimento global". O PIF com certeza pode oferecer ao reino fontes de receitas não petrolíferas, mas substituir as receitas do petróleo é um desafio monumental, como o FMI observou.[19]

Onde a IPO seria realizada? Em Nova York ou Londres? Ou em Tóquio, Hong Kong ou Singapura? A escolha foi tema de muitos boatos e especulações. A oferta finalmente foi lançada, em 11 de dezembro de 2019, na terra natal da empresa, na bolsa de valores de Riad, muito menor do que as outras. Apenas 1,5% da empresa foi ofertado. Ainda assim, o processo culminou em 29,4 bilhões de dólares, superando o valor da chinesa Alibaba na sua estreia na bolsa e conquistando o título de maior IPO da história. As ações dispararam e o valor total da Aramco atingiu 2 trilhões de dólares no segundo dia das negociações, o que a tornou a empresa mais valiosa do mundo. Desde então, o valor das ações tem flutuado com o preço do petróleo.

A TRANSFORMAÇÃO ECONÔMICA BEM-SUCEDIDA DA ARÁBIA SAUDITA reescreveria o contrato social do país e daria uma nova forma ao rei. O colapso dos preços, em 2020, acompanhando a pandemia do coronavírus, provocou uma limitação geral dos recursos, incluindo aqueles destinados à implementação do programa Visão 2030. Em última análise, o seu impacto, seja ele qual for, impactará toda a região. O potencial das mudanças é enorme para a Arábia Saudita e para o Oriente Médio como um todo, assim como para a geopolítica e para a economia mundial. E não para por aí.

Na sala de estar de uma mansão às margens do Golfo Pérsico, o governante de um país vizinho refletia sobre a necessidade de reforma na

Arábia Saudita. "O que está em jogo", declarou enquanto as sombras da noite recobriam o deserto ao redor, "não é o que todos acham. Não se trata do petróleo nem do território e da geografia da Arábia Saudita. É quem controla Meca e Medina, dado o que isso significa para os muçulmanos de todo o mundo".

Capítulo 36

A PESTE

Em outubro de 2019, Vladimir Putin foi a Riad em visita oficial, retribuindo visita do rei Salman a Moscou dois anos antes. A limusine do presidente russo foi escoltada até a cidade pela cavalaria de guardas em seus uniformes elegantes, portando as bandeiras dos dois países. Sabendo que os membros da família real praticam a falcoaria, Putin trouxe de presente um raro falcão-gerifalte, o maior de todos os falcões. O rei adorou. A viagem foi uma oportunidade para cerimônias de assinatura de acordos na casa de bilhões de dólares, e também para confirmar que a nova relação estratégica entre os dois países estava alçando voo. Mas a ideia seria testada mais cedo do que o esperado, e de uma maneira que ninguém imaginara.

Dois meses depois, em dezembro de 2019, uma nova e misteriosa doença respiratória foi detectada na cidade chinesa de Wuhan. Os médicos enxergavam uma semelhança com a epidemia de Sars que começara em 2002. Um deles disse que a "estirpe exata do vírus" ainda não fora identificada, mas alertou os colegas para que redobrassem os cuidados quando atendessem pacientes. Levou outras três semanas até ficar evi-

304 Os mapas do Oriente Médio

dente que o novo vírus se disseminava de forma exponencial, em Wuhan e no resto da província de Hubei. O nome oficial do vírus era Sars-CoV-2, e o da doença que causava, covid-19; logo ele passou a ser chamado de "novo coronavírus", pois havia muitos outros coronavírus, incluindo um responsável pelo resfriado.

No final de janeiro, a epidemia havia estourado e o governo chinês impôs um *lockdown* em Wuhan e outras cidades, colocando as pessoas em quarentena nas próprias casas. As consequências foram enormes para a economia e para o setor de energia. Se as pessoas não dirigiam nem voavam, não usavam combustíveis. O consumo chinês desabou. Quando a epidemia de Sars começou em 2002, a China representava apenas 4% da economia mundial, e o impacto no mercado de petróleo foi minúsculo. Agora a China representava 16%, e o impacto foi global. Além de ser o segundo maior consumidor de petróleo do mundo, a China também representava metade do crescimento total na demanda pelo produto. Com a paralisação da economia chinesa, o consumo mundial de petróleo despencou vertiginosamente, em níveis inéditos na história — uma queda de 8 milhões de barris por dia no primeiro trimestre de 2020.

FOI ESSE DECLÍNIO QUE PRECIPITOU UMA REUNIÃO DA OPEP+ (A OPEP e seus parceiros, 23 países no total) em Viena na primeira semana de março. O objetivo era enfrentar uma queda do consumo que estava se tornando, de longe, a maior de toda a história.

Os países que se reuniam em Viena sabiam que a situação era ruim, mas não sabiam quão ruim ou quanto ainda poderia piorar. A essa altura, no entanto, o interesse em comum forjado nos últimos anos pelos dois líderes do grupo, a Arábia Saudita e a Rússia, estava desmoronando. O orçamento russo baseava-se em 42 dólares por barril, o saudita em 65 dólares por barril; de acordo com o FMI, a Arábia Saudita precisava de 80 dólares por barril ou mais para equilibrar as suas contas. Além disso, os russos haviam interpretado o acordo de 2016 da Opep+ como uma situação conveniente temporária; os sauditas queriam torná-lo permanente e integrar os russos ao sistema.

O príncipe Abdulaziz bin Salman, ministro da Energia saudita, buscou novos cortes na produção, mais profundos, e depois insistiu em aprofun-

Capítulo 36   A peste   **305**

dá-los ainda mais. O ministro da Energia russo, Alexander Novak, resistiu com a mesma intensidade. Novak queria estender o acordo existente e não adotar cortes adicionais nas próximas semanas para observar o impacto do avanço do coronavírus. Na manhã de 6 de março, Novak voou de Moscou para Viena e foi à sede da Opep, onde se reuniu em particular com Abdulaziz, em uma pequena sala, no quinto andar. Os dois não entraram em sintonia. Os ministros desceram ao térreo para a reunião conjunta oficial de ministros da Opep e de fora da Opep com expressões frias em seus rostos. Era um impasse. A reunião foi encerrada sem um acordo.

"Todos vamos nos arrepender deste dia", o saudita Abdulaziz declarou na saída. Questionado sobre o que a Arábia Saudita faria, sua resposta foi "vamos mantê-los na dúvida". Os países da Opep "não consideraram outras variantes", afirmou Novak, o ministro russo. E agora, completou, como não haviam chegado a um acordo, todos os países teriam liberdade para produzir tanto quanto quisessem. Uma tentativa de acalmar os ânimos veio de Suhail al Mazrouei, ministro do Petróleo dos Emirados Árabes Unidos. "Precisam de mais tempo para refletir", segundo ele. Mas a Opep+ implodira.

O fracasso em Viena chocou o mercado de petróleo global e reverberou nos mercados financeiros. A Arábia Saudita não perdeu tempo para acabar com a "dúvida" e anunciou que mergulharia de cabeça, aumentando a produção de 9,7 para 12,3 milhões de barris por dia no mês seguinte. "Aumentar a produção quando a demanda está em queda", afirmou Novak, que é economista por formação, "é irracional do ponto de vista da teoria econômica". A capacidade de produção adicional da Rússia estava muito longe desse nível, mas o país disse que aumentaria o nível tanto quanto pudesse.[1]

A harmonia que remontava a 2016 desapareceu, substituída por uma guerra de preços e uma batalha por participação de mercado. Os pretensos parceiros voltaram a ser ferozes competidores. Em Moscou, aqueles que se opunham a um acordo para restringir a produção ficaram felizes com a ruptura. "Se abrir mão de uma fatia do mercado, nunca vai recuperá-la", disse Igor Sechin, CEO da Rosneft e maior crítico russo da Opep+ desde o início. Quem se opunha a qualquer acordo, a exemplo de Sechin, odiava especialmente ceder parte do mercado para os Estados Unidos. Durante os quatro anos em que a Rússia participou do acordo e restringiu sua pro-

306 Os mapas do Oriente Médio

dução, os Estados Unidos aumentaram a sua produção em 60%, o que catapultou o país ao topo do *ranking*. Além dos mercados, o xisto americano era considerado uma "ameaça estratégica". A abundância de petróleo e gás natural de xisto era vista como uma ferramenta da política externa americana, permitindo ao país impor sanções ao setor energético russo, como aconteceu poucos meses antes, para forçar a interrupção da obra do gasoduto Nord Stream 2, tão perto de ser finalizado. Sua expectativa era que o xisto americano sofresse diante de uma guerra de preços em razão de seus maiores custos e da necessidade de perfuração constante, em comparação com o petróleo convencional da Rússia e da Arábia Saudita.[2]

MAS O QUE NINGUÉM ENTENDIA, NO COMEÇO DE MARÇO, ERA QUE ESSA batalha por participação de mercado era travada em um mercado que encolhia rapidamente devido ao vírus. A epidemia na China estava se transformando em uma pandemia global.

Dezesseis anos antes, em 2004, o Conselho Nacional de Inteligência, uma organização de pesquisa da comunidade de inteligência americana, publicara um relatório intitulado *Mapping the Global Future* ("Mapeando o Futuro Global"), que apresentava cenários para o ano 2020. Um deles imaginava uma pandemia em 2020. O texto era estranhamente profético, até nos detalhes:

> É apenas uma questão de tempo até uma nova pandemia, como a de influenza de 1918-1919, que se estima ter matado 20 milhões de pessoas em todo o mundo. Uma pandemia dessa natureza, nas megacidades do mundo em desenvolvimento (…) seria devastadora, e poderia espalhar-se rapidamente por todo o planeta. A globalização seria colocada em risco se as mortes chegassem aos milhões, em diversos grandes países, e a disseminação da doença interrompesse as viagens e o comércio internacional por períodos prolongados, levando os governos a despender recursos vultuosos.

Em 2015, Bill Gates, que dedicava boa parte das suas energias à filantropia na área da saúde, alertou que havia um "grande risco de uma catástrofe global" devido a um "vírus altamente infeccioso". "Não estamos prontos para a próxima epidemia", continuou, apesar de os custos de preparação serem

Capítulo 36 A peste **307**

"bastante modestos, em comparação com os danos em potencial". Em termos mais gerais, excetuando os profissionais que lidam com doenças infecciosas, é possível que tenhamos nos tornado complacentes após o relativo sucesso e o número limitado de indivíduos afetados pela Sars (8.098 doentes, 774 mortos), pela Mers (síndrome respiratória do Oriente Médio) (2.494 casos, 858 mortes) e pelo surto de ebola em 2014-2016 (11.325 mortes).[3]

Foi apenas no início de março que ficou evidente que o novo coronavírus era muito mais transmissível. Em 6 de março, no dia em que a reunião da Opep+ se encerrou, 101 mil pessoas haviam contraído covid-19 no mundo todo, e mais casos emergiam na Europa e nos Estados Unidos. A política de não apertar mais mãos se transformava em "distanciamento social". Escritórios esvaziaram-se, empresas paralisaram suas operações, escolas e restaurantes fecharam as portas, conferências foram canceladas, aeroportos ficaram às moscas, viagens pararam e a população foi informada de que deveria ficar em casa. A queda sem precedentes na demanda por petróleo durante os três primeiros meses do ano, de 8 milhões de barris por dia, não seria nada em comparação com o que aconteceria nos meses seguintes.

A guerra do petróleo logo se acirrou. O rei Salman tentou conversar com o presidente Putin por telefone, sem sucesso. Os russos explicaram que não tinham a intenção de desrespeitá-lo, mas que Putin ficara preso em uma reunião de seis horas com o presidente turco, Recep Tayyip Erdoğan, sobre o conflito na Síria.[4]

Em março, a China estava começando a retomada, mas outros países estavam se fechando rapidamente. Em cidades do mundo todo, as ruas ficaram praticamente vazias. A Terra parecia um planeta diferente no final de março, em comparação ao início do mês.

Foi quando o consumo realmente entrou em colapso. Jamais na história a demanda sofrera uma queda tão grande e tão rápida. Assim como muitos outros setores da economia mundial, o setor de petróleo e gás natural entrou em uma crise profunda. Nos Estados Unidos, as petrolíferas implementaram cortes rápidos nos orçamentos, mas o mercado foi ainda mais rápido. No final de março, o preço, que estava em 63 dólares menos de três anos antes, caiu para 14 dólares por barril. Parte do petróleo era vendido por ainda menos; e no Canadá, onde o acesso ao mercado era restrito, alguns barris eram vendidos por menos de 10 dólares. "A situação

308 Os mapas do Oriente Médio

é catastrófica", afirmou um funcionário graduado do governo americano. "E está piorando."

Ironicamente, o pico da produção nos EUA, 13 milhões de barris por dia, ocorreu em fevereiro de 2020. Em março, no entanto, estava claro que, com as sondas de perfuração desativadas e os orçamentos cortados, a produção americana diminuiria. Os apuros da indústria do petróleo e os empregos destruídos no setor foram um revés significativo para a economia americana. O Dallas Federal Reserve, parte do banco central americano, alertou que o colapso dos preços havia "enfraquecido a economia americana" e reduzido os investimentos em geral, e não apenas no setor de energia. Também foi um choque para o mercado de dívida, para os mercados financeiros como um todo e para a região industrial do Meio-Oeste, grande fornecedora de equipamentos para a indústria de petróleo e gás natural.

Nos Estados Unidos, o consumo de gasolina caiu cerca de 50%; na Europa, 65%. E nada poderia ser feito para enfrentar o colapso da demanda até que os governos dos EUA e da Europa cancelassem seus *lockdowns*. Com a doença ainda em expansão, isso não aconteceria tão cedo. Em 16 de março, o número de casos no mundo todo atingiu 181 mil; nos Estados Unidos, 6 mil. Naquele mesmo dia, 13 senadores americanos de estados produtores de petróleo e gás natural, incluindo o presidente da Comissão de Serviços Armados, escreveram uma carta para o príncipe herdeiro Mohammed bin Salman na qual expressavam a sua decepção com a política saudita de "reduzir os preços de petróleo bruto e aumentar a produção". Alguns dias depois, com o petróleo chegando a 14 dólares por barril, vários deles enviaram uma segunda carta, na qual alertavam que "seria difícil preservar" a relação de defesa entre os EUA e a Arábia Saudita se "dificuldades" continuassem a ser "infligidas intencionalmente" aos produtores de petróleo e gás natural dos Estados Unidos.

Nove dos senadores participaram de uma ligação telefônica com a embaixadora saudita Reema bint Bandar Al Saud, prima do príncipe herdeiro, que estudara em uma universidade americana quando seu pai atuou como embaixador no país. Os senadores não pouparam palavras: a Arábia Saudita estava travando uma "guerra econômica" contra os Estados Unidos. A embaixadora saudita insistiu que o problema era a Rússia e a recusa em aceitar a proposta saudita em Viena. Os senadores resistiram. "Gostaria de

Capítulo 36   A peste   **309**

explicar-lhe a matemática no Senado", disse um senador, referindo-se aos votos acerca da relação militar americana com a Arábia Saudita. Os signatários da carta eram apoiadores importantes da relação militar dos EUA com o reino. Se a guerra de preços continuasse, seu apoio evaporaria.[5]

"SEMPRE DEFENDI A PESSOA QUE DIRIGE O CARRO E ENCHE O TANQUE de gasolina", afirmou o presidente Trump em 19 de março. Alguns dias depois, no entanto, declarou: "Nunca imaginei que diria que talvez seja preciso aumentar o preço do petróleo, pois está baixo demais". A gasolina barata não adiantava muito para os motoristas, que não podiam sair de casa. Agora era uma questão de segurança nacional e de garantir que uma indústria estratégica não seria, nas palavras de Trump, "aniquilada". Sem isso, a aclamada "dominância energética" que o governo Trump defendera, e que possibilitara a flexibilidade na política externa americana, desapareceria. E, em um ano de eleições presidenciais, também havia a questão da política. O Texas tem 38 votos no colégio eleitoral, atrás apenas da Califórnia, e quase tantos quanto Pensilvânia e Illinois juntos.

Trump começou a fazer aquilo que fizera durante toda a sua carreira: pegou o telefone, dessa vez alternando-se entre o rei Salman, MBS, Vladimir Putin e outros líderes. O negociador estava em busca de um grande acordo. Dadas as "diferenças irreconciliáveis" que haviam levado à ruptura entre russos e sauditas em Viena, o processo se assemelhava a uma mediação de divórcio. Ao longo de duas semanas, Trump conversou mais com Putin do que durante todo o ano anterior. Em 1º de abril, a produção saudita aumentou para 12 milhões de barris por dia. Algumas das ligações eram bastante diretas. Os 13 senadores foram mencionados. Após uma dessas ligações, Trump tuitou: "Acabo de falar com meu amigo MBS da Arábia Saudita, que falou com o presidente Putin da Rússia. Espero e torço para que cortem a produção em 10 milhões de barris, talvez significativamente mais". Logo em seguida, aumentou a aposta para 15 milhões.[6]

Dada a guerra do petróleo e o rancor, os números do presidente foram recebidos com ceticismo. Mas as engrenagens estavam girando. A Arábia Saudita pediu uma reunião urgente dos produtores, "para avaliar o pedido de Donald Trump, presidente dos Estados Unidos". Em 3 de abril, Putin

310 Os mapas do Oriente Médio

afirmou durante uma videoconferência que a Rússia, a Arábia Saudita e os Estados Unidos estavam "todos interessados em (...) ações coordenadas [conjuntas] para garantir a estabilidade do mercado no longo prazo". Putin afirmou que o colapso dos preços fora causado pelo coronavírus, mas fez questão de acrescentar que também pelas "tentativas dos nossos parceiros sauditas de eliminar os concorrentes que produzem o chamado petróleo de xisto".[7]

Mas como seria possível chegar a um acordo? Russos e sauditas defendiam que, se cortassem a sua produção, os Estados Unidos deveriam fazer o mesmo. Em outros países, o governo nacional pode baixar uma ordem e reduzir a produção, mas o presidente não tem essa autoridade no sistema americano. Os estados individuais regulam a produção dentro das suas fronteiras. Foram necessárias explicações sobre o sistema federal americano para comunicar essa ideia, mas o governo enfatizou que os fundamentos econômicos e o mercado (os baixos preços) garantiriam os cortes nos Estados Unidos. O petróleo de xisto segue o ciclo curto. Isso significa que pode se expandir rapidamente, mas também, se as perfurações não continuam, se contrair rapidamente. Dados os preços naquele momento, não haveria muito dinheiro de sobra para novas perfurações.

Os fundamentos do mercado já estavam forçando todos os lados a bater em retirada na guerra do petróleo. Seria impossível vencer a batalha por participação de mercado no momento em que a demanda por petróleo desaparecia. Os países estavam elevando a sua produção, mas não conseguiam vender todos os barris. Os compradores estavam em greve. O petróleo não tinha como ir aos consumidores, mas ainda precisava ir para algum lugar, e a resposta era tanques de armazenamento. A capacidade de armazenamento estava sendo consumida rapidamente no mundo todo, e não apenas em terra. Em vez de transportar petróleo, os navios-petroleiros oceânicos disponíveis foram arrendados como tanques de armazenamento flutuantes. "Os fundamentos da oferta e da demanda são horripilantes", declarou Mohammad Barkindo, secretário-geral da Opep. E o tempo estava se esgotando. No final de abril, ou no máximo em maio, o mundo ficaria sem o último mililitro de armazenamento disponível. E, quando isso acontecesse, os preços desabariam. Em algumas partes do mundo, onde não havia mais capacidade de armazenamento disponível,

Capítulo 36   A peste   **311**

os produtores poderiam enfrentar até uma possibilidade que sempre parecera inimaginável: "preços negativos". Eles teriam de pagar os clientes para levarem o seu petróleo embora.[8]

Um colapso dessa magnitude teria desferido um golpe terrível contra as economias de todos os países exportadores. O financiamento do programa Visão 2030 saudita seria afetado, assim como o orçamento russo, exatamente enquanto Vladimir Putin promovia uma revisão constitucional que lhe permitiria ficar na presidência até 2036.

"Eu odiava a Opep", disse Trump, mas agora ele precisava da ajuda da organização para fechar um acordo. Os dias seguintes testemunharam um turbilhão de ligações telefônicas e teleconferências entre a Opep e a Opep+. Obviamente, os Estados Unidos não pertenciam a nenhuma das duas, mas o país é membro do G20, assim como outros produtores, Canadá e Brasil entre eles, e grandes importadores, como a Alemanha e o Japão, que também queriam estabilidade. O G20 era útil porque reunia outros países de grande porte na discussão e, mais especificamente, porque colocava os Estados Unidos e a Rússia no mesmo fórum. Além disso, a Arábia Saudita presidia o G20 em 2020 e, logo, tinha muito interesse no seu sucesso. Um acordo começava a tomar forma nessa nova configuração multifacetada. E era claro quem estava por trás dele. Os três grandes: Rússia, Arábia Saudita e, em especial, Estados Unidos.

Em 10 de abril, os ministros de Energia do G20 se reuniram. "Precisamos estabilizar os mercados de energia mundiais", declarou Dan Brouillette, secretário de Energia dos EUA. "É o momento de todas as nações analisarem seriamente o que cada uma pode fazer para corrigir o desequilíbrio entre oferta e demanda." A essa altura, todas as peças estavam mais ou menos alinhadas para um grande acordo. O problema é que um membro da Opep+ estava recalcitrante. O presidente mexicano López Obrador não queria saber do acordo. Ele tinha a sua própria política; estava comprometido com o aumento da produção da Pemex, a estatal mexicana — mesmo que a produção estivesse, na realidade, em queda. Após mais telefonemas no meio da noite, chegou-se a um entendimento com o México. A seguir, uma *conference call* com Trump, Putin e o rei Salman fechou o acordo.

A Opep+ concordou com uma redução de 9,7 milhões de barris por dia, sendo que a Rússia e a Arábia Saudita contribuiriam com 2,5 milhões

312 Os mapas do Oriente Médio

de barris cada. Agora haveria paridade absoluta para as duas, uma base de 11 milhões de barris por dia para cada uma, que cairia para 8,5 milhões. Os outros 21 membros da Opep+ concordaram com seus próprios cortes. Os principais produtores de fora da Opep que não pertenciam à Opep+ (Brasil, Canadá e Noruega) fizeram o mesmo. Mas essas reduções incluiriam quedas causadas pelos fundamentos econômicos, que já estavam em andamento.

O acordo em si foi histórico, tanto pelo número de participantes quanto pela sua enorme complexidade. Foi a maior redução na história do petróleo. Nada parecido jamais acontecera no mundo do petróleo, e certamente não com os Estados Unidos no centro dele.[9]

Após o fechamento do acordo, o príncipe Abdulaziz descreveu a guerra do petróleo como "um desvio infeliz" em relação à política saudita. "Fomos obrigados", explicou, "pelo desejo de capturar parte das receitas *versus* nada fazer". E a "mediação" de Washington ajudara, pois resolvera a ruptura com a Rússia, ao menos naquele momento. "Ainda não precisamos de advogados de divórcio", o príncipe disse, aliviado.[10]

O ACORDO SINALIZARA UMA NOVA ORDEM INTERNACIONAL PARA O petróleo. Em vez de ser moldada pela Opep e por países de fora da Opep, ela seria definida pelos Estados Unidos, pela Arábia Saudita e pela Rússia. O mercado não ficaria parado; o planeta seria diferente após o coronavírus; a política, os preços e as personalidades mudariam nos meses e anos seguintes. Mas a simples escala dos seus recursos, e a posição radicalmente diferente dos Estados Unidos, garantia que esses três países teriam, por bem ou por mal, papéis dominantes no processo de definir a nova ordem do petróleo.

O acordo foi histórico, mas insuficiente quando comparado com o colapso cada vez mais vertiginoso da demanda: 27 milhões de barris em abril, mais de um quarto da demanda mundial total. Após o acordo, os preços ficaram entre 15 e 20 dólares por barril e, em locais onde não era possível armazenar ou transportar o petróleo, caíram muito mais do que isso. O mundo estava ficando sem capacidade de armazenamento. Devido a uma anomalia no modo como o mercado de futuros funcionava, o preço caiu para um centavo e, em 20 de abril, "negativou". Isso significava que

Capítulo 36   A peste   **313**

um investidor financeiro que vendesse um contrato de futuros, obrigado a entregar fisicamente o petróleo que não tinha onde armazenar, teria de pagar um comprador para aceitar o petróleo naquele dia. Também foi um momento histórico, o menor preço já registrado para um barril de petróleo: 37,63 dólares negativos. Mas esse não era o preço no campo de petróleo, apenas uma irregularidade isolada nos mercados financeiros, uma aberração de um contrato de futuros.[11]

Enquanto isso, a calamidade global continuava. Em 1º de maio, os casos de coronavírus no mundo superaram 3,2 milhões, com mais de 1 milhão nos EUA, onde mais de 25 milhões de pessoas perderam seus empregos em um período de cinco semanas. O FMI, que no início do ano previra um crescimento global de sólidos 3,4%, anunciou que o mundo já havia entrado na pior recessão desde a Grande Depressão.

Primeiro de maio também foi o dia em que o mega-acordo do petróleo, o acordo da Opep+, entrou em vigor; e a Arábia Saudita, a Rússia e os outros produtores começaram a reduzir rapidamente a sua produção. Ao mesmo tempo, a força bruta dos fundamentos econômicos estava levando as empresas a contrair a sua produção ou fechar poços. Por que vender petróleo por menos do que custa para produzir, supondo que seria possível encontrar um comprador ou armazenamento, quando você poderia, na prática, guardá-lo no solo e esperar os preços se recuperarem? As maiores reduções causadas pelo mercado foram, de longe, as americanas, seguidas pelas do Canadá. Em maio, a combinação global dos cortes da Opep+ e das reduções causadas pelo mercado retirou 13 milhões de barris de petróleo bruto por dia do mercado mundial. As grandes empresas petrolíferas *upstream* americanas cortaram as despesas planejadas pela metade, o que significa que muitos poços a menos seriam perfurados nos meses seguintes, garantindo que a produção americana se reduziria significativamente durante o ano seguinte. Os Estados Unidos continuariam a ser um dos três grandes, mas não tão grandes.

No início de junho, o número de casos de coronavírus em todo o mundo ultrapassou os 6 milhões, mais que o dobro do mês anterior, mas as trevas econômicas começavam a retroceder. A China, o primeiro país a instituir um *lockdown*, foi o primeiro a se abrir, e os negócios praticamente voltaram ao normal. Os países europeus tinham níveis variados de atividade econômica, e a reabertura americana seguia em estágios, ainda que com variação considerável entre os estados. Com as economias voltando a trabalhar, a demanda por petróleo aumentava. O consumo na China quase voltara aos níveis pré-crise, e as ruas de Beijing, Xangai e Chongqing voltaram a se engarrafar, pois quem tinha essa opção preferia dirigir seu próprio veículo e evitar o transporte público. O consumo de gasolina nos Estados Unidos, que havia caído pela metade no início de abril, voltou a crescer. Tudo isso puxou os preços do petróleo para cima de novo. Os novos patamares teriam sido considerados cenários de baixo preço até pouco tempo atrás, mas agora eram um alívio.

Com os preços em alta, a Opep+ manter-se-ia unida e os cortes seriam respeitados? Um elemento crucial seria a recuperação da relação entre Arábia Saudita e Rússia. Também importante seria a velocidade com a qual os produtores americanos, que haviam fechado seus poços, dariam meia-volta e os reabririam, o que poderia criar um aumento da demanda e desferir outro golpe contra os preços. O mesmo poderia ser dito do baixo crescimento econômico ou de uma recessão persistente — ou do ressurgimento do vírus.

E havia muitas dúvidas sobre o que ainda estava por vir. Após a crise, alguns acreditavam que os ciclos do mercado tinham acabado e que, mesmo com a recuperação econômica, os preços do petróleo continuariam baixos por algum tempo. Outros viam o contrário, que era mais provável que o corte dos investimentos em nova produção se combinasse com a recuperação do crescimento econômico para espremer o equilíbrio entre oferta e demanda e causar uma disparada nos preços. E alguns tinham uma ideia completamente diferente. Eles buscavam uma "recuperação verde", e nela os governos aproveitariam a crise para reorientar o seu *mix* energético, reduzir o consumo de petróleo e gás natural e acelerar a transição que enxergavam no horizonte.

O MAPA DO FUTURO

Capítulo 37

A CARGA ELÉTRICA

O almoço em um restaurante de frutos do mar, em Los Angeles, em 2003, não ia bem. Dois engenheiros, J. B. Straubel e Harold Rosen, estavam apresentando uma proposta para Elon Musk. Empreendedor de determinação inabalável, Musk era conhecido por ser um dos membros originais da "máfia do PayPal", que lançara o sistema de pagamentos *on-line*, e posteriormente ter fundado a SpaceX, que pretendia entrar no transporte espacial com custos menores do que os do governo e abrir o caminho interplanetário para viagens a Marte. Os engenheiros estavam propondo a Musk algo que funcionaria a uma altitude menor: um avião elétrico.

"Não vai funcionar", interrompeu Musk. "Tenho zero interesse."

A resposta foi um silêncio constrangedor. Todos voltaram a atenção aos seus pratos. Então, Straubel pensou "e por que não?". Ele poderia contar a Musk sobre a sua obsessão, o carro elétrico.

"É incrível como as baterias de lítio mudaram o que os carros elétricos conseguem fazer", disse Straubel. Ele explicou sua ideia de "encadear umas 10 mil células de bateria de *laptop* e enfiá-las em um carro".[1]

318 O mapa do futuro

Musk ficou animado, muito mais do que qualquer outra pessoa para quem Straubel contara a sua ideia antes.

Na época, exceto para um grupelho de fanáticos, um carro elétrico era uma ideia fantasiosa. Havia um amplo consenso de que o transporte era o único mercado no qual o petróleo estava firmemente arraigado — mais especificamente, nos automóveis.

Mas isso era o passado. Hoje, os veículos elétricos (VEs) são uma questão existencial para a indústria automobilística mundial, que está acelerando para garantir o próprio futuro. O mesmo vale para a indústria do petróleo, que, pela primeira vez em um século, enfrenta um sério concorrente potencial entre automóveis e caminhonetes, que representam 35% de toda a demanda por petróleo (só os carros são 20%). A potência que leva as pessoas aonde querem ainda emanará dos poços de petróleo? Ou virá das linhas de transmissão? A resposta afetará o modo como bilhões de pessoas se deslocam e terá um impacto profundo na geopolítica, nos empregos, nas economias nacionais e na economia global, assim como nos enormes fluxos de dinheiro envolvidos. As políticas climáticas, mais do que qualquer outro fator, são a força motriz por trás da adoção dos veículos elétricos. Os carros geram cerca de 6% das emissões de CO_2 relacionadas à energia. Em 2003, no entanto, o clima não era o motivo por trás daquele almoço. A conversa era sobre carros elétricos por si mesmos.

O almoço com Musk certamente terminou muito mais positivo do que começou. Musk até pagou a conta. E, algumas semanas depois, após mais algumas reuniões, ele assinou um cheque maior — para lançar o empreendimento.

Straubel elaborava a ideia havia muito tempo. "Adoro baterias, adoro eletrônica de potência e motores", conta. Aos 13 anos, construiu uma espécie de carrinho de golfe elétrico turbinado. Na Universidade de Stanford, inventou sua própria graduação: engenharia de sistemas de energia. Era o único aluno do curso. Após a faculdade, brincou com diversas ideias para carros elétricos e movidos a energia solar.

Agora, com o apoio de Musk, Straubel tinha sua grande chance. Do ecossistema do Vale do Silício, Straubel montou sua equipe. Por maior que fosse a sua paixão, no entanto, o empreendimento não parecia racional. Nenhuma nova montadora fora fundada nos Estados Unidos desde 1925.

Capítulo 37   A carga elétrica   **319**

Contudo, os defensores dos veículos elétricos movidos a bateria tinham uma longa linhagem na qual se apoiar. Em 1900, os carros elétricos eram muito mais comuns do que os carros a gasolina na cidade de Nova York. Não havia maior defensor do carro elétrico do que o grande inventor Thomas Edison, que investiu muito do próprio dinheiro, além da sua reputação e dos seus esforços, para aperfeiçoar um veículo elétrico.

Mas duas coisas mataram a primeira geração de carros elétricos. Uma foi o Modelo T, de Henry Ford, e a produção da linha de montagem. A outra, menos conhecida, foi o sistema de ignição elétrica, inventado para a Cadillac por Charles Kettering em 1911, depois que uma pessoa morreu acionando a manivela do carro. A invenção de Kettering eliminou a necessidade de que alguém parasse na frente do carro para acionar a manivela. Nos anos subsequentes, os carros elétricos foram desaparecendo aos poucos.

O início da era moderna dos carros elétricos ocorreu na década de 1990, na Califórnia. O motivo foi o *smog*. O Conselho de Recursos Aéreos da Califórnia (Carb, do inglês California Air Resources Board) é uma agência reguladora pouco conhecida, mas com impacto mundial, pelo tamanho do mercado de automóveis do estado e porque os padrões de emissões do Carb são seguidos por vários outros estados americanos. Na década de 1990, para reduzir o *smog*, o Carb passou a exigir que um determinado número de automóveis vendidos no estado fossem "veículos zero emissões" (VZEs). A única maneira de cumprir esse requisito seria com eletricidade ou hidrogênio. As regulamentações geraram muita controvérsia, até porque esse tipo de veículo não existia.

A General Motors até tentou. A empresa gastou 1 bilhão de dólares para desenvolver o EV1, um carro de dois lugares. Lançado em 1996, o veículo não era exatamente irresistível. Devido ao seu formato, ele foi apelidado de "ovo sobre rodas" (*egg on wheels*), e seu alcance era limitado. Para além de um punhado de fãs e colecionadores, o EV1 não ganhou força no mercado e acabou no ferro-velho. A bateria simplesmente não era boa o suficiente. Além disso, quantas pessoas iam querer um carro que não usava gasolina quando o preço do combustível na época custava apenas 1,30 dólar por galão?

Poucos anos depois, no entanto, um grupo de *geeks* no norte da Califórnia tentou reinventar o carro elétrico. Sua empresa foi batizada de Tesla,

320 O mapa do futuro

em homenagem a Nikola Tesla, pioneiro da eletricidade. O objetivo era desenvolver uma "marca *cool*" de alto desempenho, algo que as pessoas ficassem entusiasmadas de dirigir. Nada de ovos sobre rodas.

Apesar dos enormes obstáculos, o projeto Tesla tinha diversos pontos a seu favor. Um era o avanço das baterias que usam o elemento lítio. A bateria de íon de lítio foi inventada em um laboratório da Exxon, em meados da década de 1970, durante um período em que se imaginava que o mundo ficaria sem petróleo e que a Exxon precisaria encontrar outra maneira de permanecer no ramo da mobilidade. Mas, então, os preços colapsaram, a oferta superou a demanda no mercado e o incentivo desapareceu. A bateria foi melhorada nos anos seguintes e, no início da década de 1990, a Sony passou a vender as baterias, que se tornaram a fonte de energia de *laptops* e celulares. "Tivemos essa ideia maluca de usar o que, na época, eram basicamente baterias de celular para alimentar um carro", lembra Straubel. Mas a bateria de lítio tinha densidade energética quatro vezes maior do que a da bateria de chumbo-ácido convencional. A ideia da Tesla era combinar milhares dessas células em uma única bateria. A essa altura, as portas já se haviam aberto para o uso da eletricidade nos automóveis, dada a aceitação dos híbridos, que combinavam um motor elétrico com um a gasolina e expandiam o rendimento dos automóveis.[2]

Enquanto isso, crescia o interesse por "tecnologia limpa" e por fontes renováveis entre os fundos de capital de risco no Vale do Silício, em resposta às preocupações crescentes com mudança climática e à crença de que seria possível ganhar muito dinheiro com elas. Tudo isso facilitou o investimento na Tesla. O aumento rápido dos preços do petróleo, naquela época, reforçou os medos do "pico do petróleo", a ideia de que ele se esgotaria, o que tornava o transporte não movido a gasolina cada vez mais interessante.

E as políticas governamentais (incentivos, subsídios e regulamentações sobre economia de combustível e emissões) foram de suma importância. Na Califórnia, o Carb elevou as metas para veículos zero emissões e, com o clima ganhando força na pauta, introduziu limites às emissões de CO_2. Se não conseguissem atingir as metas, as montadoras teriam de comprar créditos daquelas que conseguissem, o que significava que empresas tradicionais acabariam tendo de pagar um dízimo para a Tesla. Com o au-

Capítulo 37   A carga elétrica   **321**

mento do preço da gasolina, o governo federal ofereceu créditos fiscais aos consumidores que comprassem carros elétricos e instalassem carregadores. Diversos estados americanos fizeram o mesmo.

Ironicamente, a *start-up* também se beneficiou do fato de não ser levada muito a sério. "Havia se passado quase uma década desde que a ideia fora analisada e recebido um 'não funciona'", explica Straubel. "Colocaram viseiras e se esqueceram do assunto. Isso criou uma janela de oportunidade enorme para nós."

Mesmo assim, no início, manter a Tesla parecia impraticável. Muitas vezes, a empresa esteve a poucos meses de ficar sem caixa. "Tínhamos que continuar trabalhando até a beira do abismo, atingir as metas e demonstrar coisas que convencessem as pessoas a nos dar dinheiro suficiente", diz Straubel. Rixas e conflitos pessoais dentro da Tesla aumentavam ainda mais o estresse.

Descapitalizados, descobriram que poderiam reduzir o custo de resolver os inúmeros problemas de projeto se os simulassem e testassem em computadores. Algumas coisas, no entanto, precisavam ser feitas no mundo real. A empresa não podia pagar por um centro de testes de impacto multimilionário. Mas precisava testar a segurança das baterias. "Percebemos que poderíamos simular o impacto se as jogássemos de uma determinada altura", explica Straubel. Assim, alugaram um guindaste e soltaram as baterias do alto. "Era um jeito muito improvisado e barato de fazer a coisa funcionar", lembra Straubel. "Estávamos inovando a um ritmo incrível, com uma equipe minúscula e pouquíssimos recursos." Todo sistema precisava ser reprojetado mais de uma vez.[3]

O mundo finalmente descobriu o que a Tesla estava aprontando quando os protótipos do Roadster foram revelados, em 2006: dois carros esportivos sensacionais, um vermelho e o outro preto. "Até hoje, todos os carros elétricos foram um lixo", disse Musk. Mas era apenas publicidade. Os primeiros carros só foram entregues de fato em 2008. O Tesla Roadster era um carro esportivo arrojado, capaz de acelerar de 0 a 100 em menos de quatro segundos. Logo se tornou um ícone. Ainda que fosse uma "edição limitada", o Roadster demonstrava que a bateria de íon de lítio funcionaria em um automóvel. "Eu basicamente disse 'ei, espere um instante'", lembra Robert Luz, então vice-presidente da GM. "Aceitei as explicações de todo mundo para não fazermos isso. Mas aqui está uma *start-up* da Califórnia" que estava conseguindo. A Tesla, acrescentou, era "o pé de cabra que ajudou a acabar com o engarrafamento".[4]

Com preço inicial de 109 mil dólares, o Roadster não era exatamente um carro popular. E não era o único novo veículo elétrico. Em 2010, a Chevrolet lançou o Volt, um híbrido *plug-in*, e a Nissan apresentou o Leaf, um carro totalmente elétrico. As vendas foram decepcionantes, entretanto.

A Tesla deu um salto em 2012, com o sedã Model S, que partia de cerca de 65 mil dólares. A *Motor Trend* o escolheu como "carro do ano". Uma honraria ainda maior foi que praticamente todas as grandes montadoras compraram um Model S para desmontá-lo e entender como funcionava.

Sem dúvida alguma, o ano de 2012 foi enorme para Musk. Além do Model S, havia também a SpaceX. Seu foguete Falcon completara uma manobra bem-sucedida de acoplamento com a Estação Espacial Internacional, entregara a carga e retornara com outra. Eram grandes feitos industriais, resultado da incrível força de vontade e determinação de Musk. "Minha motivação é meio desconectada da esperança, do entusiasmo ou de qualquer outra coisa", ele disse uma vez. "Simplesmente dou tudo de mim, sejam quais forem as circunstâncias. É preciso seguir em frente e fazer acontecer."[5]

Mas o Model S era caro — certamente não era um carro popular. O próximo a chegar às estradas, em 2013, foi o Model 3. Voltado para o mercado de massa, o Model 3 custava 35 mil dólares. Até 2016, a Renault-Nissan vendera meio milhão de carros elétricos, três vezes mais do que a Tesla, mas apenas um terço do que a empresa previra. A essa altura, no entanto, a Tesla e a Renault-Nissan não eram mais estranhos solitários. Na verdade, a via de acesso da mobilidade elétrica estava começando a ficar congestionada, com novos veículos e com a promessa de inúmeros outros.

Foi em meados da década de 2000 que a GM, na época sob o comando do CEO Rick Wagoner, voltou a trabalhar nos VEs e lançou o Volt. Com a proximidade da crise financeira de 2008, entretanto, o horizonte econômico ficava cada vez mais nublado, lançando muitas sombras, até sobre o humor. Em meio a uma reunião, Wagoner brincou com um visitante dizendo que costumavam dar um carro de presente aos palestrantes, mas agora só podiam pagar por uma caneta. Era uma bela caneta, pelo menos.

Capítulo 37   A carga elétrica   **323**

E, então, veio a fúria da crise financeira global: fábricas fechadas, demissões em massa, falências e o pacote gigante do governo americano. Daniel Akerson, sucessor de Wagoner no posto de CEO, enfrentava o desafio formidável de ressuscitar a empresa. "Tínhamos um peso nas costas e precisávamos de resultados", explica. Isso não deixava muito tempo de sobra para reinventar o negócio.[6]

Em 2013, no entanto, a General Motors comprometeu-se com o desenvolvimento de um carro elétrico totalmente novo, o Bolt. O maior desafio do Bolt seria o seu coração, a bateria. As baterias podem ser particularmente sensíveis a variações de temperatura, e as projeções são submetidas a simulações intensas, que vão desde −65 a +85°C. O objetivo seria reduzir os custos das baterias para que o Bolt fosse competitivo no mercado de massa. Além disso, a bateria tinha que oferecer a importantíssima "autonomia de 200 milhas" (320 km) em uma única carga, que se tornara o parâmetro para acalmar a "ansiedade de autonomia" (ou "ansiedade de alcance") dos consumidores, ou seja, o medo de ficar sem bateria longe de um carregador.

A pessoa encarregada do desenvolvimento de produtos global da GM na época era uma mulher, Mary Barra, a primeira a ocupar o cargo. E o Bolt era a sua prioridade número um.

Barra era uma rebelde interna. Seu pai trabalhara na fabricação de matrizes em uma fábrica da GM. O pai era, segundo Barra, um "fanático por carros", assim como ela. Na infância, ela visitava a fábrica acompanhada por ele, dava passeios pela área de produção, fascinada. Quando ele levava um novo modelo para casa, era "um evento na vizinhança", lembra. Ela e as outras crianças reviravam o automóvel e se revezavam para passear nele. Quando os novos modelos eram lançados no outono, Barra corria para a concessionária, onde assistia a chegada de veículos reluzentes. Não havia dúvida alguma de que trabalharia na indústria automobilística.

Barra começou seus estudos no instituto técnico da GM ("Eu amava ciência e matemática") e então matriculou-se na Stanford Graduate School of Business. Dentro da empresa, foi promovida: de gerente de fábrica a diretora de recursos humanos, até finalmente se tornar diretora de desenvolvimento de produtos global. Entregar o Bolt seria a sua responsabilidade. Em um ponto de decisão crucial, sua equipe apresentou duas opções para a importantíssima bateria: em um cronograma, o carro teria

324 O mapa do futuro

autonomia para percorrer uma determinada distância com uma única carga. Ou poderiam dobrar o alcance, mas demoraria mais.

"Vamos dobrar o alcance", Barra respondeu, e então completou: "Mas dentro do prazo original".

Junto com o resto da equipe, a diretora de veículos elétricos ficou atônita. "Nunca vou esquecer da cara que fez", lembra Barra.[7]

Depois que todos se recuperaram, no entanto, a equipe executou a ordem e o Bolt chegou aos *showrooms* em dezembro de 2016, sete meses antes da Tesla, com um modelo de preço mais acessível e autonomia de 320 km com uma única carga.

Mas foi apenas depois que Barra se tornou CEO da GM que a empresa precisou enfrentar aquilo que cada vez mais pessoas consideravam a revolução da mobilidade. Boa parte dos esforços nos anos seguintes foi dedicada a lidar com as tendências externas que moldariam o setor: políticas públicas e regulamentações, clima e meio ambiente, novas demandas e necessidades dos clientes, novos modelos de negócios, inundação de tecnologias novas e convergentes, para não falar do desafio emergente vindo do Vale do Silício. E "era só o começo", Barra lembraria posteriormente. Até 2023, Barra prometia que a GM teria ao menos 20 modelos elétricos no mercado.[8]

NESSA ÉPOCA, COMEÇOU UM EVENTO OBSCURO QUE SE TRANSFORMAria em uma reviravolta gigantesca para a indústria automobilística global, e em um grande acelerador para os veículos elétricos. Na Europa, os motoristas tradicionalmente compravam mais veículos a diesel do que a gasolina, principalmente pela economia de combustível e pela menor tributação, muito importante em uma região onde os preços na bomba podem ser o triplo dos valores pagos nos Estados Unidos. Nos EUA, entretanto, veículos a diesel são raros, acompanhados de uma má reputação em termos de desempenho, resquício da década de 1970. Por volta de 2005, no entanto, a Volkswagen, maior proponente da tecnologia a diesel do mundo, decidiu promover a venda de carros a diesel "limpo" nos EUA, com um novo tipo de motor. Uma década depois, a empresa avançara significativamente com a venda de veículos a diesel no país.

Em 2013, pesquisadores de um centro de combustíveis e emissões da Universidade da Virgínia Ocidental (WVU, na sigla em inglês), na cida-

Capítulo 37 A carga elétrica **325**

de de Morgantown, alugaram dois carros da Volkswagen para testar as suas emissões de óxidos de nitrogênio (NOx) em condições reais na estrada. O trabalho foi financiado por um contrato de pesquisa minúsculo, cerca de 50 mil dólares, de um grupo de "transporte limpo" europeu, suplementado por outros 20 mil dólares de fontes diversas. Os óxidos de nitrogênio causam o *smog* e, quando reagem com outros produtos químicos no ar, criam particulados e ozônio, que afetam o sistema respiratório. Os pesquisadores da WVU dirigiram os veículos da VW por cerca de 4 mil km e descobriram que produziam muito mais emissões de NOx do que fora registrado em testes de laboratório. Confusos, perceberam que a empresa havia utilizado *software* especial para demonstrar, em condições de laboratório, que as emissões eram menores e, logo, de acordo com as regulamentações. Na estrada, o *software* era desativado e os veículos não cumpriam as regras.

O *software* foi instalado para resolver um problema. A empresa não conseguia desenvolver um motor a diesel pequeno capaz de combinar economia de combustível e emissões de CO_2 menores com baixas emissões de óxidos de nitrogênio. Os carros a diesel maiores tinham espaço para acomodar tecnologias alternativas e mais baratas de redução de emissões. Para os veículos menores, entretanto, era preciso escolher: menos emissões de NOx *versus* maior economia de combustível e menos emissões de CO_2.

A revolução chocou os pesquisadores da WVU. Afinal, como diriam posteriormente, eram "fãs de diesel" e acreditavam que a "tecnologia do diesel limpo é real e está disponível". Em 2014, apresentaram suas conclusões durante uma conferência em San Diego. Como lembra Daniel Carder, líder do grupo, isso "meio que mexeu em um vespeiro".[9]

A Carb e a Agência de Proteção Ambiental dos EUA, tendo validado a pesquisa da WVU, entraram na disputa, assim como o Departamento de Justiça dos EUA. O resultado veio a ser conhecido pelo nome de "Dieselgate", com inúmeras consequências. O CEO da Volkswagen caiu. Alguns executivos da empresa foram presos. A empresa teve que pagar multas, indenizações e custos de remediação no total de mais de 30 bilhões de dólares.[10]

O Dieselgate alimentou a guinada de 180° nas ideias sobre o diesel e o transporte urbano em andamento na Europa, onde os carros a diesel são populares. Contudo, as opiniões antidiesel eram uma forte ameaça à indústria automobilística alemã, um elemento importante da economia do país. A chanceler alemã Angela Merkel reclamou da "demonização" dos carros a diesel. O diesel, segundo ela, era essencial para combater a mudança climática, dadas as emissões de CO_2 menores e a maior eficiência de combustível. Merkel convocou "conferências do diesel" para tentar combater a proibição aos carros a diesel em zonas urbanas. Não adiantou. As cidades europeias, preocupadas com os maiores níveis de emissões de óxidos de nitrogênio, começaram a limitar o uso de diesel. Para muitas, o objetivo é uma proibição total no futuro. A ideia se integrou a um movimento maior que pretende banir todos os automóveis das ruas dos centros das cidades. O ministro da Ecologia francês declarou que a bicicleta era "a rainhazinha do desconfinamento" pós-quarentena da covid-19.[11]

EM 2015, HERBERT DIESS FOI RECRUTADO DA BMW PARA LIDERAR O grupo de automóveis da Volkswagen com uma nova missão. Uma das suas primeiras perguntas foi: "Qual é a estratégia de carro elétrico da Volkswagen?". A dúvida ia além do conflito diesel *versus* gasolina e se aproximava de um questionamento que afetaria todas as montadoras europeias. E a pergunta era urgente.

Naquele ano, após muitos anos de debate, a União Europeia adotou novos padrões que exigiam uma redução drástica nas emissões de CO_2 dos automóveis vendidos no continente, calculadas com base na média de toda a frota. As normas entrariam em vigor em 2020 e 2021. "A única maneira de atingir essa meta será com veículos de emissão zero", explicou um alto executivo de uma grande empresa europeia. Não atender aos novos padrões poderia custar às montadoras europeias até 40 bilhões de dólares em multas. Dado o tempo de ciclo de meia década para lançar modelos totalmente novos, as regras significavam uma guinada imediata na direção dos VEs.

Com as novas regulamentações cada vez mais próximas, as montadoras europeias corriam para anunciar planos de veículos elétricos, com a Volkswagen na vanguarda. A empresa enfrenta um "novo mundo", declarou Diess, atualmente CEO de todo o grupo Volkswagen, e essa é uma

Mark Sykes (esquerda), o "Mulá Maluco", era o especialista em Oriente Médio da Grã-Bretanha durante a Primeira Guerra Mundial. Ele e o diplomata francês François Georges-Picot (direita) desenharam um mapa para o Oriente Médio do pós-guerra após o colapso do Império Otomano. Controverso desde então, o mapa serviu de base para o sistema de estados nacionais moderno da região.

Um jihadista do Isis, em um vídeo de propaganda de 2014, declara "quebramos Sykes-Picot" enquanto uma escavadeira apaga a fronteira entre o Iraque e a Síria. O secretário de defesa dos EUA afirmou que o ataque relâmpago do Isis no Iraque estava "além de qualquer coisa que já tenhamos visto".

Em 1918, o químico e líder sionista Chaim Weizmann (esquerda) viajou para o Deserto da Arábia e reuniu-se com o príncipe Faiçal (direita), filho do xerife de Meca, para discutir uma "pátria" judaica na Palestina e uma "nação" árabe. Faiçal era "belo como um quadro", afirmou Weizmann.

T. E. Lawrence foi ao Oriente Médio em 1910 para trabalhar como arqueólogo. Como oficial de inteligência britânico durante a Primeira Guerra Mundial, ajudou a organizar a Revolta Árabe contra os seus governantes otomanos e transformou-se em "Lawrence da Arábia."

Hasan al-Banna, um professor egípcio, fundou a Irmandade Muçulmana em 1928 para resgatar muçulmanos da "exploração" e da "humilhação". "A resposta é o Islã", ele dizia.

Preso em uma cadeia egípcia, Sayyid Qutb, líder militante da Irmandade Muçulmana, escreveu Os Marcos, que defendia uma "guerra santa violenta" e influenciou gerações de jihadistas.

Em julho de 2014, na Grande Mesquita de Mosul, no Iraque, o líder do Isis Abu Bakr al-Baghdadi proclamou um novo califado, com ele próprio como califa. "Vocês conquistarão Roma e serão os donos do mundo", ele declarou para seus seguidores.

John Kerry, secretário de Estado dos EUA, conversa com Mohammad Zarif (doutor pela Universidade de Denver), ministro das Relações Exteriores do Irã, durante negociações relativas ao programa nuclear iraniano em 2015. A conversa é observada pelo secretário de Energia dos EUA, Ernest Moniz, à esquerda, e por Ali Akbar Salehi (doutor pelo MIT), diretor da agência de energia atômica do Irã, à direita.

O general Qassem Soleimani, comandante da Força Quds ("Jerusalém"), o braço internacional da Guarda Revolucionária Iraniana, controlava a cena nos bastidores no Iraque e comandava o "eixo de resistência" em todo o Oriente Médio. O campo de batalha, segundo ele, era "outro tipo de paraíso". Ele foi morto por um drone americano em 2020.

Militantes houthis no Iêmen comemoram o lançamento de um míssil balístico contra a Arábia Saudita. A guerra civil iemenita levou a uma enorme crise humanitária.

O aumento na produção de petróleo de xisto nos EUA, o maior e mais rápido jamais registrado na história da extração de petróleo, criou um superávit global que preparou a cena para o colapso do preço do petróleo em 2014–15. Os produtores americanos e os países exportadores de petróleo foram os mais atingidos.

A incapacidade dos países da Opep e de fora dela de concordar em cortes na produção levou ao colapso do preço em 2014–15. "Deixamos para o mercado", disse Ali Al-Naimi, ministro do petróleo saudita.

Ali Khamenei, líder supremo do Irã, abraça Bashar al-Assad, da Síria, em Teerã. A Guarda Revolucionária Iraniana e as milícias xiitas garantiram a sobrevivência do regime de Assad na guerra civil da Síria. Mais de metade da população do país foi morta, deslocada internamente ou fugiu do país.

Mísseis iranianos e drones atingiram refinarias sauditas em Abqaiq e Khurais em setembro de 2019, o que causou a maior perturbação da história nos suprimentos mundiais de petróleo. O pânico no mercado de petróleo durou pouquíssimo, entretanto, pois a Saudi Aramco efetuou reparos nas instalações rapidamente. Além disso, o petróleo de xisto americano transformara a psicologia do mercado de petróleo.

O gigantesco campo Leviatã, em Israel, começou a produzir gás natural no final de 2019, marcando a ascensão do "Mediterrâneo Oriental" como nova província energética e possível exportador para a Europa. O campo é fundamental para acabar com a dependência quase total de Israel de energia importada.

O rei Abdul Aziz ficou felicíssimo ao ser informado da descoberta de petróleo na Arábia Saudita em 1938, o que tornou o país o 22º maior produtor de petróleo do mundo. Alguns insistiam que petróleo "nunca seria encontrado", disse o rei. "Mas sempre soube que estavam errados."

"A era de 1979 acabou", disse Mohammed bin Salman, príncipe herdeiro da Arábia Saudita, em 2017. Ele lançou o ambicioso programa Visão 2030 para modernizar o país e reduzir a sua dependência do petróleo. Na imagem, ele está sentado sob uma foto do seu avô, o rei Abdul Aziz.

Salman, rei da Arábia Saudita, examina um falcão-gerifalte, o maior de todos os falcões, presente do presidente russo Vladimir Putin em sua visita oficial ao país em 2019.

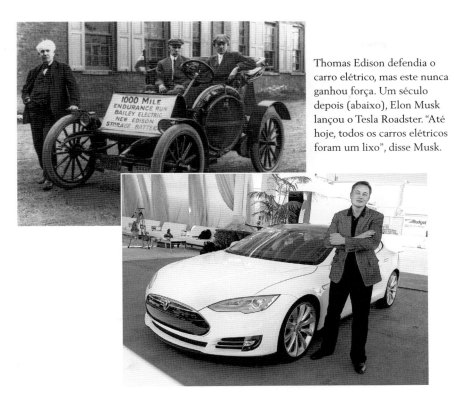

Thomas Edison defendia o carro elétrico, mas este nunca ganhou força. Um século depois (abaixo), Elon Musk lançou o Tesla Roadster. "Até hoje, todos os carros elétricos foram um lixo", disse Musk.

Enviado ao campo para realizar trabalhos manuais durante a Revolução Cultural chinesa na década de 1960, Wan Gang desmontava motores de tratores. Anos mais tarde, no cargo de ministro da ciência e tecnologia, ele aproveitou a "janela estratégica" para o carro elétrico. Hoje, metade do mercado global para carros elétricos está na China.

"As pessoas ainda precisarão se deslocar fisicamente do Ponto A ao Ponto B", afirma Mary Barra, presidente e CEO da General Motors. "Mas terão múltiplas maneiras de fazer isso." Seu objetivo é "zero emissões, zero colisões e zero congestionamento".

Sebastian Thrun e sua equipe comemoram a vitória de "Stanley", seu Volkswagen autônomo que percorreu 212 km de deserto no estado do Nevada durante o 2005 Grand Challenge. "É a primeira vez na história", afirma Thrun, "em que a máquina tomou todas as decisões".

Garrett Camp e Travis Kalanick subiram a Torre Eiffel durante uma nevasca em Paris e tiveram a ideia de um "táxi melhor" — uma empresa de transporte de passageiros por aplicativos baseada no *smartphone*. A ideia daria origem à Uber.

Bill Ford, presidente executivo da Ford Motor Company, ao lado de um Modelo T construído por seu bisavô, no centésimo aniversário da empresa. "Gostaria de ver a Ford durar mais cem anos", diz ele. "Vocês viverão em um mundo onde teremos motores de combustão interna, híbridos *plug-in* e elétricos puros. Com o tempo, haverá uma transição."

Uma viagem ao Tibete, atravessando uma elevação de 4,6 km, convenceu Jean Liu de que tomara a decisão certa ao deixar os bancos de investimentos e juntar-se à *start-up* DiDi. Hoje, ela é presidente da DiDi (o som de buzina em chinês), o maior serviço de transporte de passageiros por aplicativos do mundo.

Um momento crucial para a primeira "transição energética" ocorreu em 1709, quando Abraham Darby, um metalúrgico do vilarejo inglês de Coalbrookdale, substituiu madeira por carvão na produção de ferro e "abriu o caminho para a Revolução Industrial".

O Acordo Climático de Paris, anunciado com muitos aplausos em dezembro de 2015, pretende impedir que as temperaturas se elevem mais de dois graus acima dos níveis pré-industriais. Agora, a energia e o clima se dividem em duas eras: "Antes de Paris" e "Depois de Paris".

A deputada Alexandria Ocasio-Cortez e o senador Ed Markey lançam o "Green New Deal" em 2019, que usaria "investimentos federais maciços" para eliminar o petróleo, gás natural e carvão e transformar os Estados Unidos em um país livre de carbono até 2030.

Em agosto de 2018, Greta Thunberg, então com 15 anos, faltou aula para protestar contra o que acontecia com o clima. Em pouco mais de um ano, ela se transformou em um fenômeno climático global, com milhões de seguidores no Twitter, um discurso na Conferência das Nações Unidas sobre as Mudanças Climáticas e foi escolhida como Pessoa do Ano da revista *Time*.

A tecnologia fotovoltaica "é meio mágica" afirma Martin Green, pioneiro nas pesquisas sobre energia solar. "Os raios do sol simplesmente incidem sobre esse material inerte e você extrai eletricidade direto dele."

Painéis solares são instalados em um edifício de escritórios na China. Os custos da energia solar despencaram extraordinários 85% durante uma década e a sua utilização teve crescimento explosivo. A China representa metade do mercado global.

Trabalhadores montam células solares em uma fábrica na China, que fornece 70% das células solares do mundo.

Quase 3 bilhões de pessoas não têm acesso à energia comercial. Em vez disso, dependem de coletar lenha e resíduos agrícolas e animais para cozinhar e se manter aquecidos. Segundo a Organização Mundial da Saúde, a poluição do ar em ambientes internos é "o maior risco ambiental à saúde do mundo na atualidade".

Offshore é a nova fronteira para a energia eólica. Aqui, um navio de abastecimento faz manutenção em uma das 150 turbinas do Gemini Wind Park, que abrange 67 km² da costa da Holanda.

Mohammad Barkindo (esquerda), secretário-geral da Opep, com o príncipe Abdulaziz bin Salman, ministro do petróleo da Arábia Saudita, e Alexander Novak, ministro da energia da Rússia, os dois líderes da "Opep+". O novo grupo se desfez, mas então se reuniu para a maior redução na produção de petróleo da história em abril de 2020, agenciada pelos Estados Unidos.

Membros da Câmara de Deputados dos EUA vestindo máscaras, incluindo Nancy Pelosi, presidente da Câmara (centro), voltaram ao Capitólio durante a pandemia de 2020 para votar um pacote de auxílio financeiro no valor de 484 bilhões de dólares.

Horas após sua posse, Joe Biden assinou uma ordem executiva cumprindo "o compromisso que assumi de voltar ao Acordo climático de Paris" — deixando claro que o clima será um dos pilares de sua administração.

"nova era" para a VW.[12] A empresa anunciou que lançaria ao menos 75 veículos totalmente elétricos até 2028. "O futuro pertence ao motor elétrico", afirmou Diess. "Sem VEs, não temos como vencer a batalha contra a mudança climática." Diess também prometeu que a empresa teria "neutralidade de carbono em toda a sua cadeia logística".

A Volvo foi notícia por ser "a primeira grande montadora a anunciar a morte do motor de combustão interna". Mas não foi exatamente isso que a empresa anunciou. Embora os veículos elétricos estivessem crescendo dentro da empresa, ela também trabalharia com híbridos, "híbridos leves" e "híbridos *plug-in*", além de continuar a produzir os modelos atuais com motores convencionais. A Volvo pertence à Geely, uma grande montadora chinesa, o que a posiciona para a nova competição dos veículos elétricos no maior mercado de automóveis do mundo.[13]

Montadoras de todo o mundo continuam a anunciar novidades. Até mesmo a Toyota, profundamente comprometida com os híbridos e as células de combustível, disse que lançaria seu próprio VE. "À medida que leis e regulamentações entram em vigor em países como China e EUA, as montadoras não terão escolha e precisarão lançar veículos elétricos, ou correrão o risco de ir à falência", explica Takeshi Uchiyamada, presidente da Toyota. Tudo isso apesar de a Toyota estar "cética de que haveria uma transição rápida para veículos elétricos puros, dadas as questões relativas à conveniência do usuário", completou. Nos Estados Unidos, a Ford anunciou que gastaria 11,5 bilhões de dólares na produção de veículos elétricos até 2022. "Os veículos elétricos fazem sentido", declarou Bill Ford, presidente-executivo da Ford. "Estamos fazendo apostas pesadas nisso."

E a lista não para. "Foram tantos anúncios que estou esperando a minha mãe anunciar um também", disse Elon Musk. Ele podia se dar ao luxo de fazer piada. Em 2017, em termos de avaliação na bolsa de valores, a Tesla, que produzia apenas 100 mil carros, superou a General Motors, que naquele ano vendera 9,6 milhões de veículos no mundo todo.[14]

Um ano depois, no entanto, a Tesla enfrentou outro período de turbulência. A produção do Model 3 estava muito mais lenta do que o esperado. O próprio Musk trabalhava 120 horas por semana e dormia na fábrica da Tesla, enquanto o Model 3 enfrentava o que ele chamou de "inferno

328 O mapa do futuro

de produção". E então Musk tuitou: "Considerando fechar capital da Tesla em $420. Financiamento garantido". As ações da Tesla subiram, então caíram. A Comissão de Valores Mobiliários dos Estados Unidos (SEC — Securities and Exchange Commission) iniciou uma investigação que levou a uma multa de 20 milhões de dólares, e Musk teve de deixar a presidência da Tesla e concordar que os advogados da empresa pré-aprovassem tuítes "significativos". No final do ano, entretanto, a Tesla estava de volta às manchetes, apresentando o seu novo *cybertruck*, uma caminhonete elétrica de estilo militar, comparável ao Ford F-150, a picape mais vendida dos EUA. Em julho de 2020, a capitalização de mercado da Tesla era o triplo da capitalização *somada* da General Motors e da Ford.[15]

O carro elétrico difere em muitos sentidos de um veículo com motor de combustão interna. Os veículos elétricos têm uma tela que mostra a carga disponível e quanta eletricidade estão usando. Têm muitas peças a menos. Têm um forte apelo ambiental, embora usem eletricidade gerada pela queima de carvão em alguns lugares. Há quem diga que isso transforma esses VEs em EEVs, sigla em inglês para "veículos com emissões em todos os outros lugares" (*emissions elsewhere vehicles*). São tentadores para os adeptos iniciais das novas tecnologias. O carro elétrico acelera mais rapidamente. Ele também substitui a bomba de gasolina por um plugue, embora carregar a sua bateria demore muito mais do que encher um tanque. No final das contas, entretanto, ainda é um carro, e a experiência é basicamente a mesma.

Em 2019, os VEs representavam menos de 3% das vendas de novos veículos nos Estados Unidos. Cerca de 189 códigos postais, 0,2% dos 43 mil do país, representam 25% das vendas de VEs, e todos estão na Califórnia. O principal fator por trás dos VEs é a política do governo, como acontece em todo o mundo. Carlos Tavares, executivo-chefe da nova montadora que combina Peugeot, Fiat e Chrysler, resumiu a questão sucintamente: "A ascensão do veículo elétrico depende bastante dos subsídios e do apoio que os governos conseguirão oferecer a essa tecnologia".[16]

O país com a maior penetração de veículos elétricos puros e híbridos *plug-in* é a Noruega, com 45% das vendas de veículos em 2019, e não há dúvida alguma de que o apoio do governo é importante no país. Os subsídios são tão grandes que, aliados às preferências especiais na estrada, é preciso se perguntar por que alguém *não* compraria um carro elétrico na

Noruega. Alguns noruegueses especulam sobre os motivos psicológicos, dado o fato de que a Noruega é um país riquíssimo, pois produz petróleo e gás natural e possui o maior fundo soberano do mundo, financiado pelas receitas do petróleo e do gás natural. Outro motivo é que praticamente toda a eletricidade da Noruega é gerada por usinas hidrelétricas de baixo custo. Uma terceira explicação, bastante simples, foi dada por uma autoridade norueguesa: "Temos dinheiro".

Nos Estados Unidos, o incentivo mais significativo é um crédito fiscal federal que pode chegar a 7.500 dólares, dependendo do tamanho da bateria, para os primeiros 200 mil VEs vendidos por uma empresa. Por que 7.500? "Não achamos que 5 mil dólares sejam suficientes e não achamos que poderíamos conseguir 10 mil", explica um funcionário do Senado. "Então decidimos tentar 7.500." Alguns estados e cidades oferecem seus próprios incentivos, que vão desde créditos fiscais adicionais a acesso exclusivo a pistas para veículos com alta ocupação, além de estacionamento gratuito. Como parte do pacote fiscal lançado em resposta à crise financeira de 2008, o governo Obama emprestou 465 milhões de dólares à Tesla e 1,2 bilhão à Nissan para o desenvolvimento de carros elétricos.[17]

Há outro fator poderoso por trás da adoção dos VEs. No seu acordo judicial com o estado da Califórnia, a VW concordou em gastar 800 milhões de dólares na infraestrutura de veículos elétricos do estado e promover a "conscientização" sobre VEs por meio de "programas de *marketing* e educação pública", sendo que o Carb aprovaria cada programa. O acordo com o estado também obriga a Volkswagen a gastar outro 1,2 bilhão de dólares fora do estado para promover os veículos elétricos. O acordo da VW ajuda a pagar pela instalação de pontos de recarga em todo o país.[18]

EM 2009, A CHINA SUPEROU OS ESTADOS UNIDOS COMO O MAIOR mercado automobilístico do mundo, e a diferença continua a crescer. Beijing está decidida a garantir que um de cada cinco novos veículos vendidos na China até 2025 seja um "veículo de nova energia" (NEV — *new energy vehicle*). A China tem o seu próprio campeão na área dos veículos elétricos: Wan Gang. Uma das figuras mais relevantes da indústria automobilística global, em termos de impacto no avanço dos VEs, Wan está no mesmo patamar que Elon Musk.

330 O mapa do futuro

Durante a Revolução Cultural, no final da década de 1960, Wan foi exilado no interior. Para aliviar as condições árduas e o tédio, passava horas no galpão dos tratores, fascinado pelo seu motor. Ele o desmontava e remontava. Após a Revolução Cultural, matriculou-se na universidade e, mais tarde, obteve seu doutorado em engenharia na Alemanha. Permaneceu no país para trabalhar na Audi antes de voltar à China. No ano 2000, foi convidado a apresentar uma proposta para o Conselho de Estado da China, proposta essa que tratava do desenvolvimento de nova energia limpa para automóveis como ponto de partida para o salto adiante da indústria automobilística da China.

Primeiro como diretor do "Projeto de Veículo Elétrico Crítico" e depois como ministro da Ciência e Tecnologia, Wan liderou a busca da China por um VE. "Haverá uma janela estratégica para o desenvolvimento de veículos elétricos", declarou. "Precisamos agir."

E a China agiu. Hoje, mais de cem modelos de EVs fabricados na China estão à venda no país. O desenvolvimento de veículos elétricos cumpre três objetivos importantes para Beijing. O primeiro é reduzir a poluição atmosférica no país, muitas vezes sufocante (embora os ganhos sejam compensados em parte pela porcentagem da eletricidade produzida pela queima de carvão). O segundo é que os carros elétricos promovam a segurança energética. "A demanda chinesa por petróleo aumenta a cada dia", Wan alertou. Com o crescimento rápido da frota de automóveis na China, Beijing conta com os veículos elétricos para atenuar o crescimento constante das importações de petróleo.[19]

O terceiro objetivo é a competitividade. A China chegou tarde à produção de automóveis e teria dificuldade para alcançar os outros países e se tornar um competidor relevante no mercado global de automóveis convencionais. Mas o carro elétrico é um jogo novo, e não existem *players* estabelecidos no ramo. O crescimento rápido da indústria nacional de VE criaria empregos internamente e a plataforma necessária para transformar o país em um grande exportador e uma força na indústria automobilística global. A China já fabrica quase três quartos das baterias de lítio do mundo. O carro elétrico também se encaixa em uma visão maior de uma rede de transporte elétrico dentro do país: trens elétricos de alta velocidade que ligariam cidades nas quais as pessoas andam em carros elétricos, ônibus elétricos ou bicicletas elétricas. Até o final de 2017, mais de 50% da frota de ônibus urbanos do país já era composta de veículos elétricos.[20]

O programa Veículos de Nova Energia é uma das prioridades estratégicas industriais de Beijing. O país está passando de um modelo "centrado no consumidor" (subsídios para compradores) para um "centrado no produtor", que estabelece quotas para os fabricantes. Isso significa que uma parcela crescente da produção total das montadoras deve ser de VEs. A China também oferece um incentivo enorme. Nas suas megacidades superlotadas, o único jeito de emplacar um carro é ganhar em uma loteria. Em Beijing, a probabilidade de ganhar uma placa para um automóvel a combustível é minúscula, de apenas 1 em 907. Mesmo que ganhe, o vencedor deve pagar uma tarifa, que pode ser bastante significativa, de até 13 mil dólares. Mas há uma grande exceção: quem compra o carro elétrico não precisa participar da loteria e recebe a placa automaticamente (embora ainda possa haver um período de espera), sem ter que gastar nada para emplacar o seu automóvel.[21]

Em 2019, quase 1 milhão de VEs foram vendidos na China, 4% das vendas de novos veículos no país e mais de metade dos VEs vendidos no mundo todo.[22]

NA ÍNDIA, TAMBÉM HÁ BASTANTE ENTUSIASMO EM TORNO DE UMA maior eletrificação, o que abrange os onipresentes veículos de duas e três rodas, tanto quanto os de quatro. Hoje, os VEs de produção indiana são poucos, mas a intenção é expandir a capacidade de fabricação no setor e usar os veículos elétricos como oportunidade para a produção interna de alto valor agregado.

Os VEs também se tornaram um tema polêmico. Nitin Gadkari, o ministro dos Transportes, declarou que "forçaria" as montadoras a fabricar veículos elétricos. Sua motivação era, nas suas palavras, "cristalina": a poluição urbana e o fardo econômico de importar 85% do petróleo consumido no país.[23]

Outros, no entanto, questionam como um país assolado pela falta de energia elétrica constante, que sofre com horas de blecautes sucessivos e depende do carvão para a maior parte da sua energia, conseguiria fazer a transição para VEs. Em resposta ao clamor por veículos elétricos na Índia,

332 O mapa do futuro

o ministro do Petróleo, Dharmendra Pradhan, chamou o entusiasmo pelos carros elétricos de "moda" e comparou-o com a agitação gerada por Alia Bhatt, uma jovem e sensual atriz de Bollywood.

Do ponto de vista da indústria automobilística indiana, as políticas do governo são cruciais para determinar o que acontecerá. "A menos que sejam obrigadas a mudar, as pessoas provavelmente continuarão a usar veículos a diesel", diz Ajit Jindal, vice-presidente de engenharia e diretor de veículos elétricos da Tata Motors. "É preciso que haja algum tipo de determinação." Desde então, a Índia adotou uma visão mais moderada. A nova abordagem é promover VEs para segmentos específicos, como ônibus e táxis, e para substituir os riquixás movidos a combustível ou por força humana. Mais recentemente, o foco passou dos VEs para o GNV (gás natural veicular) como forma de reduzir a poluição urbana, e também para os biocombustíveis, que podem ser produzidos a partir de resíduos agrícolas.[24]

Na Grã-Bretanha, em meio às negociações prolongadas e dolorosas em torno do Brexit (a saída da União Europeia), o governo do Partido Conservador propôs a proibição da venda de novos automóveis a gasolina ou a diesel até 2040, apesar de que o país pode não ter a capacidade geradora necessária para atender à demanda por eletricidade e de que o programa de governo do próprio partido é contrário a novos parques eólicos em terra. Em 2020, o governo anunciou que estava considerando acelerar a proibição e adiantá-la para 2035. Na França, o governo prometeu uma nova "verdadeira revolução" e afirma que pretende instituir uma proibição semelhante àquela que impede a venda de novos carros a gasolina ou diesel após 2040.[25]

MAS COM QUE RAPIDEZ OS VEÍCULOS ELÉTRICOS PENETRARÃO NA FROTA automotiva global? Em 2019, eles representavam menos de 3% do total das vendas de novos carros no mundo todo. Mas as ambições são altas. Os VEs dominarão as vendas nas próximas décadas? Ou continuarão a ser apenas uma pequena fração delas?

"Os consumidores comparam os veículos elétricos com outras opções com motores a combustível, como diesel e gasolina", explicou uma alta autoridade na área automobilística do governo japonês. "Eles têm duas opções. Ou o governo proíbe veículos não elétricos após determinado

Capítulo 37 A carga elétrica **333**

período, ou a proposta de valor do veículo elétrico precisa ser extremamente atraente para os consumidores. É uma questão tanto de segurança quanto de preço."[26]

No momento, as vendas ainda são impulsionadas, em grande parte, por políticas governamentais (regulamentações e subsídios) e pela resposta cada vez mais decidida das montadoras a essas políticas. Mas os custos estão criando dificuldades para os governos na hora de oferecer subsídios a um mercado de massa para veículos elétricos. Seria caro demais. Contudo, trabalha-se com a ideia de que os incentivos atuais seriam suficientes para promover avanços técnicos e criar escala, o que reduziria os custos. Ainda assim, os dados da Dinamarca, da Holanda e de Hong Kong (e, em 2019, da China) indicam que, quando os subsídios são retirados, as vendas de VEs despencam abruptamente. Para a recuperação pós-coronavírus, entretanto, alguns governos pretendem estender os incentivos e promover os VEs como uma medida de "recuperação verde" para apoiar a indústria automobilística.[27]

Há dois obstáculos críticos para a adoção em massa. O primeiro é a bateria em si. "Nada impacta tanto o negócio de veículos elétricos quanto o custo das baterias", declara alguém que entende do assunto: J. B. Straubel, da Tesla. Se analisarmos apenas os custos operacionais, o custo por quilômetro de dirigir um carro movido a eletricidade é menor do que o custo de dirigir um a gasolina. Contudo, armazenar a energia é muito mais caro. Em um carro com motor de combustão interna, a energia fica armazenada no tanque de gasolina. No VE, fica na bateria. Os custos das baterias caíram significativamente entre 2015 e 2019, em mais de 50%, e chegaram a cerca de 180 dólares por quilowatt-hora. A queda resulta, em grande parte, dos avanços nos projetos, da maior escala de produção e de reduções de peso. Ainda assim, uma bateria com capacidade de carga para 320 km ou mais custa cerca de 11 mil dólares, um valor alto e que ainda não é competitivo sem subsídios. Acredita-se que um valor de 100 dólares por quilowatt-hora tornaria a bateria competitiva com o motor de combustão interna. Um estudo recente do MIT sobre mobilidade sugere que essa diferença não será resolvida antes de 2030.[28]

Muito se debate o quanto esses custos ainda podem diminuir sem grandes avanços técnicos. Uma opção seria a maior escala de produção, e novas

334 O mapa do futuro

fábricas são construídas a velocidades impressionantes. Mas também há preocupações no que diz respeito à cadeia logística de alguns materiais de baterias, o que cria incerteza em torno dos custos futuros. Em um cenário agressivo, a demanda por lítio para VEs aumentaria 1.800% até 2030 e representaria cerca de 85% da demanda mundial total. A demanda por cobalto, outro elemento essencial para baterias, aumentaria 1.400%. Mais de 50% do cobalto mundial vem de Katanga, uma província da República Democrática do Congo. No geral, o desempenho exigido das baterias significa que esses materiais precisarão atender a especificações de alto nível bastante estritas, o que pode levar a mais gargalos na cadeia logística. A China já tem uma posição crítica nesses setores.[29] Ao mesmo tempo, o potencial de escala do mercado estimula pesquisas centradas em aprimorar e desenvolver novas tecnologias de baterias.[30]

O carro elétrico elimina a necessidade de visitar o posto de gasolina, mas ainda exige recarga, e o segundo grande obstáculo é o tempo de recarga e a disponibilidade dos carregadores. Ainda demora muito para carregar um carro, mesmo que o uso de carregadores super-rápidos (que são significativamente mais caros) possa reduzir o tempo para algo entre 10 e 15 minutos. A disponibilidade dos carregadores precisará ser muito mais ampla, na casa dos milhões. Alguém precisará pagar por eles e, em última análise, será preciso desenvolver um modelo de negócios padronizado. E precisaremos tomar decisões para atender pessoas que moram em edifícios de apartamentos e que estacionam na rua.

MUITAS PREVISÕES FORAM FEITAS PARA O CARRO ELÉTRICO NOS ÚLTImos anos. Algumas foram bastante otimistas em relação ao que de fato aconteceu, e ao que acontecerá.[31] O carro elétrico pode atrair compradores por ser novidade, por ser *cool* ou por conferir *status*; porque comunica uma mensagem sobre mudança climática, ou valores, ou marca; ou, ainda, pela qualidade do veículo e pelo fato de ir de 0 a 100 em quatro segundos. Ou pode ser que os compradores recebam incentivos financeiros ou regulatórios dos seus governos. Mas não está claro em quais aspectos sua utilidade seria superior à do carro a gasolina. O carro elétrico ainda é um carro.

O que determinará a velocidade da adoção? A eletrificação "ainda precisa ser motivada pela demanda dos consumidores, e não sabemos como ela será", afirmou Bill Ford, da Ford Motor Company. "Será uma transição. (...) Vocês viverão em um mundo onde teremos motores de combustão interna, híbridos *plug-in* e elétricos puros. Com o tempo, haverá uma transição."[32]

As previsões variam bastante entre si. Um grande banco de investimentos previu que os veículos elétricos representariam entre 10 e 90% das vendas de novos carros em 2050, dependendo de regulamentações e do "desenvolvimento tecnológico". Os governos certamente terão um papel importante, talvez até decisivo. Eles podem exigir que uma parcela cada vez maior dos novos carros vendidos seja de veículos elétricos ou que atendam a metas de redução de emissões de carbono cada vez mais estritas. As montadoras terão de cumprir as exigências ou enfrentar penas cada vez maiores. Governos ou consumidores absorveriam o custo adicional até o preço das baterias diminuir. Os governos podem continuar a forçar a redução das emissões dos carros a gasolina e o aumento da sua eficiência; ambas as medidas elevariam o seu custo e, logo, tornariam os VEs economicamente mais atraentes. Os governos também poderiam ajustar a sua legislação tributária para favorecer os veículos elétricos em relação aos carros a gasolina.

Por ora, essa é uma história de "carro *versus* carro", gasolina *versus* eletricidade. Mas uma nova revolução pode estar no horizonte.

Capítulo 38

A CHEGADA DO ROBÔ

Victorville, uma cidadezinha do sul da Califórnia, no extremo oeste do Deserto de Mojave, foi fundada no século XIX, como um entreposto que oferecia água e suprimentos para quem atravessava o deserto. Nas últimas décadas, a paisagem do planalto desértico e o bom tempo transformaram a cidade em uma locação popular para a indústria do cinema, incluindo o suspense de ficção científica em 3D *A Ameaça Veio do Espaço*. Em 2007, Victorville foi palco de uma cena incomum, que poderia ter saído de algum novo *thriller* futurista. Veículos zumbis, sem ninguém ao volante, cruzavam as ruas de uma base abandonada da Força Aérea, desviavam de obstáculos, trocavam de pista, estacionavam, detinham-se em placas de "Pare", faziam curvas e evitavam colisões.

Mas esses zumbis não vieram do espaço, e dessa vez o produtor não era um estúdio de Hollywood. Os carros eram um projeto da Darpa, a Agência de Projetos de Pesquisa Avançada para Defesa do Departamento de Defesa dos EUA. No Iraque e no Afeganistão, soldados americanos eram mortos e feridos dentro de seus tanques e caminhões por dispositivos explosivos improvisados. Em resposta, o Departamento de Defesa estava decidido a desenvolver veículos que não precisariam de motoristas, que viriam a ser chamados de veículos autônomos. E é por isso que esses veículos zumbis cruzavam as ruas de uma base abandonada da Força Aérea no deserto da Califórnia.

Mas, assim como ocorreu com os carros elétricos, essa não era a primeira tentativa de criar veículos autônomos. Em 1925, um engenheiro chamado Francis Houdina tentou demonstrar o funcionamento de seu "carro-fantasma", sem motorista, nas ruas da cidade de Nova York, controlando-o pelo rádio de um carro imediatamente atrás dele. Infelizmente, o experimento saiu um pouco do controle. Como o *New York Times* narra em uma matéria intitulada "Carro controlado por rádio atropela escolta", o veículo autônomo "ziguezagueara pela Broadway, contornara Columbus Circle e descera a Quinta Avenida em direção ao sul". O carro quase bateu em duas caminhonetes e numa carroça de leiteiro, colidiu com um carro cheio de fotógrafos e por pouco não acertou um caminhão de bombeiros, na Rua 43. Décadas depois, nos anos 1950, o Departamento de Estradas de Nebraska experimentou veículos autônomos que seriam guiados por circuitos elétricos embutidos na estrada. Nas décadas de 1980 e 1990, grupos de pesquisa nos Estados Unidos e na Europa investigaram conceitos de autonomia para melhorar a segurança nas estradas. Nada disso deu resultado.[1]

A Darpa foi fundada em 1958, em resposta ao Sputnik, que marcou a vitória soviética na corrida para colocar o primeiro satélite no espaço. Sua missão seria garantir que os Estados Unidos, dali em diante, seriam "o iniciador e não a vítima de surpresas tecnológicas estratégicas". Trabalhando com universidades e empresas, a Darpa financiava pesquisa de ponta em "tecnologias revolucionárias para a segurança nacional". Seu histórico extraordinário abrange desde computação avançada a bombardeiros Stealth e sistemas de GPS. No início do século XXI, a Darpa decidiu oferecer prêmios para incentivar o espírito competitivo e acelerar o desenvolvimento de "veículos de solo autônomos". Mas o primeiro grande teste, realizado em 2004, foi um fracasso. Em um evento denominado Grande Desafio, o máximo que qualquer veículo conseguiu percorrer foram 12 km, de um percurso de mais de 220 km no deserto acidentado da fronteira entre os estados de Nevada e da Califórnia. Mas esse fracasso também foi um sucesso. "A primeira competição criou uma comunidade de inova-

338   O mapa do futuro

dores, engenheiros, estudantes, programadores, pilotos *off-road*, mecânicos de quintal, inventores e sonhadores", declarou uma autoridade da Darpa. "As ideias novas que trouxeram foram como uma fagulha."[2]

Os avanços em aprendizado de máquina e na tecnologia ficaram evidentes já no ano seguinte, no Grande Desafio de 2005. Este ocorreu em um percurso de 211 km, no sul de Nevada. Quase 200 equipes se inscreveram. Cinco conseguiram completar todo o percurso. Desde o primeiro momento, entretanto, ficou evidente que havia dois concorrentes principais: a Universidade Carnegie Mellon (CMU, na sigla em inglês), de Pittsburgh, e a equipe de Stanford, da Califórnia. Havia uma certa rivalidade entre elas.

A equipe da CMU era liderada por William "Red" Whittaker, diretor do centro de robótica da universidade e uma lenda na área. Décadas antes, logo após o acidente na usina nuclear de Three Mile Island, na Pensilvânia, ninguém sabia o que estava acontecendo dentro do edifício de contenção, inundado com água radioativa e detritos nucleares. Nenhum ser humano ousava entrar. Era perigoso demais. Whittaker, que acabara de completar o seu doutorado, projetou robôs especiais que conseguiriam entrar no edifício, analisar o que estava acontecendo, mandar informações de volta e ajudar com a limpeza. Whittaker dedicou a vida aos robôs. Além de inventar e construir mais de 60 robôs, ele criou uma disciplina de pesquisa chamada "robótica de campo", sobre robôs que se movem e realizam tarefas em terrenos difíceis.

A equipe de Stanford era liderada por Sebastian Thrun, cientista da computação com formação na Alemanha e ex-colega de Whittaker na CMU, onde ficou até ser atraído pela universidade californiana para comandar o seu laboratório de inteligência artificial. Quando ainda era aluno de pós-graduação na Alemanha, Thrun e seus colegas projetaram robôs para guiar visitas a museus. Thrun seria pioneiro no campo da "robótica probabilística", que utiliza estatística para lidar com as incertezas que os robôs enfrentam no mundo real. Seu objetivo era criar um veículo com "a inteligência necessária para tomar todas as decisões no caminho". Segundo Thrun, seu interesse por veículos autônomos surgiu porque tinha "curiosidade sobre a inteligência humana". Ele também explicou uma vez que a sua "paixão por carros que se dirigem sozinhos" era consequência dos engarrafamentos. "Sinto que já perdi um ano ou dois da minha vida só no trânsito", explica. A busca de Thrun por um veículo autônomo que torna-

Capítulo 38   A chegada do robô   **339**

ria os carros mais seguros também tinha uma dimensão pessoal, pois seu melhor amigo morreu em um acidente de trânsito, aos 18 anos.[3]

A Carnegie Mellon entrara na competição com dois veículos corpulentos de estilo militar. A equipe da CMU passou 28 dias realizando escaneamento a *laser* da rota no Deserto do Mojave para criar um modelo de computador da topografia. A resposta de Stanford foi o "Stanley", uma SUV de médio porte da Volkswagen. Para o desespero de Whittaker, Stanley chegou primeiro, completando o percurso 6 horas, 53 minutos e 11 segundos antes da Carnegie Mellon.

Foi um momento crítico. "É a primeira vez na história que a máquina tomou todas as decisões", declarou Thrun após a corrida. Thrun ficou tão exausto com a intensidade da competição que caiu no sono durante uma entrevista com a CNN.[4]

A equipe de Stanford ganhou o prêmio de 2 milhões de dólares. E não foi a única vitória daquele dia. Como Thrun afirmaria mais tarde, o Grande Desafio "mudou a minha vida. Havia um Sebastian Thrun antes e outro depois". Um dos espectadores da corrida foi Larry Page, cofundador da Google. Após a corrida, disfarçado com óculos de sol e chapéu, Page abordou Thrun. Ele queria muito "entender o que estava acontecendo", Thrun diria. "Larry acreditava nessa tecnologia há muito mais tempo do que eu imaginava." Na verdade, Page até brincara com a ideia de fazer seu doutorado sobre veículos autônomos.

Algum tempo depois, Thrun recebeu um *e-mail* de Page, no qual este contava de problemas com um robô que construíra para participar de reuniões na Google sem estar fisicamente presente. O robô não estava funcionando. Thrun o encontrou em um estacionamento. Page abriu o porta-malas do carro e tirou o robô para Thrun examinar. Thrun montou uma equipe imediatamente para consertar o robô.[5]

A corrida decisiva aconteceria dois anos depois, no Grande Desafio de 2007, na base deserta da Força Aérea em Victorville, Califórnia. Uma coisa era andar por um deserto vazio, mas um veículo autônomo seria capaz de navegar nas ruas de uma cidade americana, mesmo sendo essa uma cidade-fantasma?

Onze equipes entraram na competição de 2007, que mais uma vez resumiu-se a Carnegie Mellon *versus* Stanford. A equipe de Stanford vol-

340 O mapa do futuro

tou com um Volkswagen, agora apelidado de "Junior", em honra a Leland Stanford Jr., em cuja homenagem a universidade recebera o seu nome. Thrun pertencia à equipe de Stanford, mas a essa altura já trabalhava na Google. O veículo da CMU foi um Chevy Tahoe chamado "Boss", em homenagem a Charles "Boss" Kettering, da General Motors, que inventara a ignição elétrica em 1911 e comandara as pesquisas na GM durante mais de um quarto de século.

O nome do lendário diretor de pesquisa da General Motors não era invocado por coincidência, pois a GM era parceira da CMU dessa vez. A montadora e a universidade haviam colaborado em pesquisas sobre tecnologias avançadas durante muitos anos. A relação fora cultivada por Larry Burns, diretor de pesquisa e desenvolvimento e de estratégia da GM. Burns estava preocupado com o futuro da empresa, especialmente com o que poderia tornar o automóvel obsoleto. Uma vez, Rick Wagoner, então CEO da GM, começou a conversar com Burns sobre o fato de que muitos setores haviam mudado nos últimos cem anos, mas o modelo básico da indústria automobilística ainda era o mesmo desde o Modelo T de Henry Ford: "movido a gasolina, com motor de combustão interna, rolando sobre quatro rodas".

"Como vai ser o carro dos próximos cem anos?", Wagoner perguntou a Burns. "Se o automóvel fosse inventado hoje, qual seria a sua forma?"

Burns refletiu que "realmente não havia ocorrido qualquer inovação disruptiva naquele período". E continuou a pensar. "Isso vale para pouquíssimos setores." Os carros autônomos poderiam ser uma parte importante da resposta à pergunta de Wagoner, desde que funcionassem.

Burns também se incomodava com o que considerava "a questão de sustentabilidade mais importante enfrentada pelos automóveis": não a energia ou as emissões, e sim uma epidemia que mata 1,2 milhão de pessoas por ano, em todo o mundo: os acidentes de automóvel. Os veículos autônomos poderiam praticamente eliminar as colisões. Foi um dos principais motivos para Burns ligar a GM a Whittaker e ao grupo de robótica na Carnegie Mellon.[6]

E no terceiro Grande Desafio, realizado na base aérea abandonada de Victorville, a Carnegie Mellon venceu — com uma margem de 20 minutos.

Capítulo 38 A chegada do robô **341**

"Naquele dia, em 2007", Whittaker diria posteriormente, "conceitos que existiam há anos saíram do laboratório e invadiram o mundo real". A vitória justificava décadas de trabalho.[7]

A CORRIDA EM VICTORVILLE CHAMOU A ATENÇÃO DAS GRANDES montadoras, mas naquele momento elas tinham uma preocupação mais imediata: a própria sobrevivência. Era o início da crise financeira. As montadoras estavam sem dinheiro e entravam no abismo da falência. Muita coisa foi jogada fora, incluindo, na GM, o programa de pesquisa conjunta com a Carnegie Mellon.

Mas outras empresas, no Vale do Silício, no outro lado do país, tinham dinheiro de sobra. A Google já estava trabalhando em veículos autônomos, com Sebastian Thrun na liderança. O projeto da Google (Projeto Chauffeur) ficava sediado em um edifício separado. "Ninguém na Google fazia ideia de que existíamos, durante um ano e meio", conta Thrun. Como parte do seu trabalho em veículos autônomos, o projeto colocou câmeras 360° nos tetos de automóveis. Isso gerou a ideia do Google Street View, com a sua meta ambiciosa de fotografar todas as ruas do mundo.

Em 2010, com um *post* no *blog* oficial escrito por Sebastian Thrun, em que declarava "desenvolvemos tecnologia para carros que se dirigem sozinhos", a Google foi a público com a notícia chocante de que estava trabalhando no carro autônomo. "Nossos carros automatizados" haviam acabado de dirigir do Vale do Silício, no norte da Califórnia, "até nosso escritório em Santa Monica e então até a Hollywood Boulevard", Thrun contou. Os carros também haviam "atravessado a Golden Gate Bridge" e "até dado a volta no Lago Tahoe", totalizando 225 mil km de direção automatizada. Os operadores ficavam ao volante apenas por precaução, mas a interação fundamental ocorria pela ligação informacional entre os veículos e os poderosíssimos *data centers* da empresa.[8]

A notícia se espalhou. A Google, com sua escala e suas capacidades, ligara o seu nome à viabilidade do carro autônomo. E a Google não estava sozinha, nem de perto. A essa altura, inúmeras outras empresas de tecnologia e empreendedores estavam entrando na arena dos veículos autônomos, incentivados por avanços tecnológicos e pelas quedas dos custos. "Antes de 2000, não havia como criar algo interessante", lembra

Thrun. "Os sensores não estavam lá, os computadores não estavam lá e o mapeamento não estava lá. Um radar era uma máquina de 200 milhões de dólares no alto de uma colina".[9]

Mesmo com todos os competidores e as visões concorrentes, há algum consenso sobre os parâmetros que definem um carro autônomo. A Sociedade de Engenheiros Automotivos (SAE — Society of Automotive Engineers) classifica os carros por nível de automação. Os primeiros níveis vão do nível 0, "sem automação", até o nível 3, que tem controle de cruzeiro e um piloto automático que usa o acelerador sob a supervisão do motorista. O nível 4 é a "automação alta", capaz de dirigir e monitorar o ambiente sem supervisão humana, mas apenas dentro de uma "geocerca", que poderia ser o *campus* de uma universidade, o centro de uma cidade ou o uso de *pods* para ir do Terminal 5 do Aeroporto de Heathrow, em Londres, até o estacionamento corporativo. O nível 5 é a "automação completa", capaz de executar todas as tarefas de direção, em todas as condições. Chegar ao nível 5 exige a implementação e a melhoria contínua de uma série de capacidades complexas.[10]

Para ter uma ideia do que isso envolve, comece pelo "sensoriamento", que por sua vez depende de diversas tecnologias. O Lidar usa *lasers* para detectar objetos e transmitir essa informação à velocidade da luz. O Lidar é apoiado pelo radar, que usa ondas de rádio, de menor capacidade, mas alta confiabilidade, mesmo com tempo ruim. As câmeras de *surround view* trabalham constantemente para capturar imagens digitais, identificadas em alta velocidade por algoritmos de visão de máquina. Os veículos também usam ultrassom, além de infravermelho para capturar imagens térmicas, mais GPS para localização e sistemas de navegação inercial. Tudo isso é potencializado por mapas tridimensionais com precisão de centímetros, pré-instalados no veículo. Atualmente, não há consenso sobre qual seria a combinação ideal dessas tecnologias, quais padrões deveriam ser impostos ou quem fornecerá todos os ingredientes.

E isso é apenas o começo. Os dados dos sensores precisam ser processados constantemente, com a tomada e execução instantânea de decisões, o que exige um cérebro poderosíssimo, uma capacidade computacional exponencialmente mais poderosa do que a dos carros de hoje. O *software* é o segredo; nessa área, os avanços rápidos em inteligência artificial e apren-

Capítulo 38   A chegada do robô   **343**

dizado de máquina para reconhecimento de imagens impulsionaram os carros autônomos muito mais rapidamente do que se esperava alguns anos atrás. O computador precisa trabalhar à velocidade da luz a fim de processar as enormes quantidades de dados geradas pelos sensores para identificar uma placa de "Pare" ou um cachorro e frear imediatamente. Esse computador poderoso também precisa administrar as unidades de sistemas eletrônicos que controlam a frenagem e a direção e garantir que o carro desviará de pedestres distraídos que atravessam a rua sem tirar os olhos dos seus *smartphones*. É preciso desenvolver a telemática entre o computador do veículo e outros sistemas para lidar com atualizações de *software* e novas informações. A velocidade à qual essas informações e atualizações se propagam dependerá do acesso à internet de alta velocidade e da disponibilidade da tecnologia 5G de comunicação sem fio.[11]

E, então, chegamos à questão do interior dos veículos autônomos: serão escritórios sobre rodas? Centros de comunicação? Salas de estar? Centros de entretenimento 360°? Um fator que obviamente não pode ser ignorado é a interface usuário-máquina, ou seja, a capacidade do computador de se comunicar com os passageiros do veículo (e mantê-los tranquilos). Na verdade, a barreira psicológica pode ser grande: qual seria a disposição, e até a capacidade, das pessoas de "relaxarem" e deixarem o controle totalmente nas mãos de um robô?

O que temos hoje é uma corrida frenética, e o número de participantes não para de crescer. Cada vez mais elementos de automação são agregados aos automóveis, mas, em termos de escala, provavelmente não o suficiente para alcançar o cálice sagrado dos níveis 4 e 5. No momento, estima-se que toda a tecnologia necessária para a autonomia plena acrescentaria 50 mil dólares ao custo do automóvel. Contudo, a escala e a convergência das tecnologias e o início da produção na primeira metade da década de 2020 significam que o custo adicional de um veículo 100% autônomo em relação a um convencional pode cair para algo entre 8 mil e 10 mil dólares. Essa, ao menos, é a premissa com que todos trabalham.

Diversos outros obstáculos precisarão ser resolvidos. É preciso garantir a confiabilidade. O que acontece se o veículo vai para o destino errado? Ou se há obras ou um acidente na estrada? Ou se o mau tempo causa um defeito? Ou se o carro precisa decidir se atropelará um pedestre ou sofrerá uma

344 O mapa do futuro

colisão? Como as pessoas estão entregando o controle para uma máquina, a confiança nesses veículos autônomos significa que precisarão funcionar com níveis de desempenho muito superiores aos dos veículos dirigidos por seres humanos. Os testes de carros autônomos já somam milhões de quilômetros, mas seres humanos dirigem cerca de 13 bilhões de quilômetros por dia nos Estados Unidos. Haverá grupos *hackeando* o *software* de dezenas de milhares de veículos para criar caos? Em resposta, além da ênfase óbvia em cibersegurança, testa-se discretamente o conceito de "degradação graciosa" em caso de *hackeamento*, uma espécie de transição gradual até um nível mínimo de funcionalidade que permitiria que o motorista assumisse o comando. Obviamente, isso pressupõe que ainda precisaríamos aprender a dirigir na era da autonomia, e até tirar carteira de motorista. E como assumir o controle de um carro sem volante, sem acelerador e sem pedal, no qual tudo que você pode fazer é conversar com o computador?

E quanto aos seguros? Atualmente, os motoristas têm seguro porque têm responsabilidade pessoal. Mas acidentes com carros autônomos serão uma questão de responsabilidade do fabricante? E quem é responsável, a montadora, o fornecedor do *software* ou o proprietário do veículo? A propósito, quem é o dono de todos os dados que o carro gera sobre os seus ocupantes, seus interesses, suas tendências e seus destinos? E seja quem for o dono dos dados, quem terá acesso a eles, e para que fins?

Em suma, a possibilidade de veículos autônomos já está criando uma série de grandes dores de cabeça regulatórias. Diversas questões precisarão ser resolvidas por agências reguladoras e legisladores, incluindo quem serão os reguladores e quem será o "dono" de cada parte desse quebra-cabeça. Ainda há disputas sobre segurança e privacidade, bem como sobre o papel do governo federal em relação aos estados americanos. Enquanto isso, dentro do governo federal, diversas agências (chegam a 38) estão tentando descobrir quais serão suas funções na regulação de diferentes características dos veículos autônomos, como segurança, privacidade e conectividade, enquanto cerca de 30 estados já sancionaram leis relacionadas a eles. O resultado mais provável será uma combinação de regulamentações federais e estaduais.[12]

Também precisamos levar em conta os impactos sociais. Há quem imagine que os caminhões de entrega se tornarão autônomos, com comboios de veículos enormes nas rodovias (o chamado *platooning*; literalmente,

Capítulo 38 A chegada do robô **345**

formação de pelotões), talvez com um motorista no primeiro caminhão e os outros todos autônomos. Isso significaria que uma parcela significativa dos atuais 3,5 milhões de caminhoneiros americanos precisaria procurar outro emprego. Por fim, há o enigma do "período intermediário": como uma tribo insurgente de carros autônomos se integra ao fluxo de trânsito maciço existente, composto de automóveis com motoristas?

Um caminho provável é que os carros avançarão incrementalmente na direção da autonomia, com a introdução gradual de cada vez mais partes do sistema de autonomia, como tecnologias anticolisão e de gerenciamento da aceleração. Isso cria outra preocupação. Os motoristas não estarão ainda mais distraídos e entretidos por outras coisas, como trocar mensagens nos seus celulares, quando a sua atenção for súbita e urgentemente necessária em veículos parcialmente autônomos?

A corrida continua a se acirrar em busca do maior desafio de todos: o veículo autônomo comercialmente viável. Os *players* vão desde as grandes montadoras às grandes empresas de tecnologia do Vale do Silício e às *start-ups* financiadas por capital de risco. Em algum momento, haverá um grande afunilamento e o estabelecimento de normas e padrões. Até então, muitas tecnologias concorrentes buscarão garantir o seu próprio espaço no mercado. "Com carros diferentes operando com algoritmos diferentes, será interessante assistir à interação social entre eles. Vão ser bem-educados e dizer 'pode passar'? Ou vão cortar uns aos outros?", questionou a CEO de uma *start-up*. "Será IA *versus* IA, mas, em última análise, é um problema em nível de sociedade que precisa ser resolvido", completou.[13]

Há quem já esteja avançando sobre fronteiras ainda mais distantes. Sebastian Thrun é cofundador da Udacity, uma empresa de educação tecnológica *on-line*, e depois, ao lado de Larry Page, da Google, criou a Kitty Hawk, com o objetivo de oferecer táxis voadores autônomos. Thrun acredita que conseguirão se antecipar aos serviços de táxi terrestre autônomo.

Os avanços tecnológicos necessários para os carros autônomos ainda têm muitos obstáculos a superar. Contudo, existe um elemento crítico que poderia se combinar com os veículos autônomos para criar um mundo de mobilidade totalmente novo e diferente: a capacidade já onipresente de usar o *smartphone* para chamar um carro. Em suma, o transporte de passageiros por aplicativos.

Capítulo 39

CHAMANDO O FUTURO

No verão de 2008, um engenheiro de *software* canadense chamado Garrett Camp, farto do caótico serviço de táxi, estava parado em uma rua de San Francisco. Camp estava atrasado para um encontro, mas não conseguia chamar um táxi. Nas mãos, tinha o seu iPhone novinho. Foi então que percebeu que o aparelho poderia substituir a prática de parar nas esquinas e depender de teletáxis sobrecarregados e imprevisíveis. E talvez o aparelho pudesse lhe oferecer uma vida social melhor. A Apple lançara o iPhone um ano antes, mas foi apenas em 2008 que permitiu aplicativos de fora da empresa e inaugurou a App Store. Por que, Camp pensou, não substituir o braço esticado na esquina por um botão no seu iPhone e deixar um algoritmo conectar passageiros e motoristas? "Na época", Camp diria posteriormente, "estava pensando em um 'táxi melhor'". Em 8 de agosto de 2008, Camp registrou o endereço www.ubercab.com.

Camp não imaginava transformar o transporte e questionar todo um negócio e um modo de vida baseado na propriedade individual de veículos. A meta inicial era muito mais modesta. O primeiro *pitch book* chamava a "UberCab" de um "serviço de automóveis da nova geração" com o objetivo de melhorar os táxis. "A chamada digital pode tornar a chamada de veículos nas ruas desnecessária." Em vez disso, um "aplicativo móvel combinaria cliente e motorista". Seria um serviço "apenas para membros — clientela respeitável", combinados com motoristas em Mercedes e outros carros de luxo pertencentes à UberCab. Os "casos de uso" variavam de "viagens de e para restaurantes, bares e *shows*" a "transporte de idosos".

A perspectiva otimista era "líder de mercado" e "receita de 1 bilhão de dólares". A perspectiva realista, 5% do negócio de táxis nas cinco maiores cidades americanas e 20-30 milhões de dólares de lucro. A pior perspectiva? "Continuar a ser um serviço de 10 carros e cem clientes" em San Francisco, oferecendo uma maneira de "poupar tempo para executivos com base em San Francisco". E o próximo passo? "Comprar três carros" e "levantar alguns milhões de dólares".[1]

Em uma noite de dezembro daquele ano, Camp estava em Paris com Travis Kalanick quando a cidade-luz foi assolada por uma grande nevasca. Bares e bistrôs fecharam as portas e até os taxistas voltaram para casa. Sem nada para fazer, Camp e Kalanick caminharam até a Torre Eiffel. No alto da estrutura, os dois passaram duas horas conversando sobre a sua ideia para o transporte de passageiros por aplicativos, o algoritmo que substituiria o braço esticado.

APÓS ABANDONAR A FACULDADE ANOS ANTES, KALANICK FUNDOU UMA *start-up* que fracassou e outra que teve sucesso modesto. Com os milhões que ganhou na segunda, tornara-se um investidor-anjo de pequeno porte e personalidade irreverente no mundinho de tecnologia de San Francisco. No alto da Torre Eiffel, admirando o silêncio de Paris sob o seu manto nevado, Camp e Kalanick conversaram sobre essa ideia de Uber, que a experiência dos dois naquela noite tornara ainda mais irresistível. Ao contrário do que constava no *pitch book*, Kalanick defendeu que a empresa não deveria ser dona dos veículos. Ela deveria ter baixos níveis de capital, um atravessador do século XXI, sem investimento preso a automóveis físicos. Deveria ser um facilitador, que conecta motoristas e passageiros e fica com uma parte da tarifa. "Você não precisa comprar carros", disse Kalanick.

O Uber chegou às estradas em maio de 2010, oferecendo limusines e carros com motoristas. O *slogan* da empresa era "o motorista particular de todo mundo". Kalanick foi contratado para ser o CEO, em 2010. Um mês

348 O mapa do futuro

antes, a empresa totalizara 427 viagens. No primeiro dia de trabalho de Kalanick, um representante do departamento de transporte local apareceu no seu escritório com uma carta exigindo o fim das suas operações, pois era uma empresa de táxi não autorizada. A reação de Kalanick foi tirar a palavra *cab* (táxi) do nome da empresa e ignorar a ordem. Durante o ano seguinte, a Uber ganhou força em San Francisco, lançou-se em Nova York e então foi a Londres. Mas o que oferecia era acesso a limusines e carros de luxo, com motoristas profissionais. Ainda era "o motorista particular de todo mundo".[2]

Tudo isso mudou abruptamente em 2012. Um concorrente apareceu do nada com uma ideia muito diferente. Logan Green, que crescera em Los Angeles, sempre ficara horrorizado com o congestionamento quase constante de automóveis ocupados apenas pelo motorista nas estradas da cidade. Durante uma viagem ao Zimbábue, observou os micro-ônibus locais que recolhiam os passageiros que os interpelavam pelo caminho. Foi a semente da ideia. Ele voltou à Universidade da Califórnia em Santa Barbara e começou um serviço de caronas compartilhadas para alunos que voltavam para casa. O serviço foi batizado com o nome inusitado de Zimride, em homenagem à sua visita recente ao Zimbábue. Em Nova York, um *post* de Green no Facebook chamou a atenção de um jovem analista de Wall Street chamado, por uma incrível coincidência, John Zimmer. O nome do novo serviço chamou a sua atenção, embora não houvesse relação entre eles. Talvez fosse o destino. Zimmer estudara hotelaria e via o transporte como uma espécie de problema de "ocupação hoteleira". Os hotéis buscam índices de ocupação de 80 a 90%; os automóveis pessoais são "ocupados" (ou seja, usados) apenas de 5 a 10% do tempo. Um sistema de transporte mais eficiente elevaria a "taxa de ocupação" dos automóveis a patamares muito superiores.

Green e Zimmer se acertaram e começaram a oferecer viagens curtas, em San Francisco, em 2012. O novo empreendimento foi batizado de Lyft. Qualquer um poderia ser motorista. Em contraste com o mercado de luxo do "motorista particular" dos primeiros momentos da Uber, os motoristas do Lyft recebiam bigodes rosas para colocar na frente dos seus carros. Simpatia e "soquinhos" eram o estilo do Lyft, um contraste consciente com a imitação de limusine da Uber. A Uber não perdeu tempo em responder e lançou seu próprio serviço com motoristas comuns. "Escolhemos competir", Kalanick escreveu em um *blog*.[3]

E a Uber competiu com unhas e dentes. Seu novo modelo de negócios era o UberX, que adotava o modelo da Lyft e cadastrava motoristas não profissionais, que poderiam trabalhar tanto quanto quisessem, para mais ou para menos. Seriam terceirizados, não funcionários. Em outras palavras, é um modelo BYOC (*bring your own car* — "traga o seu próprio carro"). Os motoristas da Uber, 60% dos quais têm outros empregos, se tornaram os principais exemplos de um fenômeno que ganhou o nome de *gig economy* ("economia dos bicos"). Ambas, Uber e Lyft, também lançaram versões modernas dos serviços de compartilhamento de caronas que combinam passageiros em locais próximos que desejam transporte até destinos vizinhos.

A Uber e a Lyft seguiram em frente, lançando seus serviços em uma cidade após a outra. Os clientes, muitos dos quais eram jovens de menos de 30 anos no início, foram conquistados. Na sua busca por expansão, a Uber entrou em guerra com taxistas, proprietários e agência reguladoras de transporte locais, todos os quais eram contrários a uma empresa de táxi não regulamentada. A empresa chamou a sua abordagem de "confronto baseado em princípios". Outros chamavam de agressão pura e simples. A Uber não pedia permissão para entrar em uma cidade, ela simplesmente aparecia e começava a demonstrar o valor que oferecia. Perante o contra-ataque inevitável, a Uber mobilizava motoristas e passageiros para bombardear reguladores e políticos com *e-mails* e telefonemas.

Em Londres, milhares de motoristas dos táxis pretos, que haviam levado anos para dominar "o conhecimento" sobre as ruas labirínticas da cidade, interditaram ruas em protesto e paralisaram partes da região central. Na França, milhares de taxistas furiosos (que pagavam até 270 mil dólares pelo direito de aceitar passageiros) fizeram o mesmo, interditando os caminhos que levavam aos aeroportos e às estações ferroviárias; em alguns casos, também incendiaram pneus nas ruas. Em 2017, reguladores de Londres proibiram a Uber com base na ideia de que a sua operação não atendia aos critérios de "adequação" devido à sua incapacidade de atender aos requisitos de "segurança pública" e porque estava usando um *software* especial para fugir dos reguladores. A Uber recorreu e, em junho de 2018, conquistou uma licença provisória para trabalhar em Londres, revogada em 2019.

350 O mapa do futuro

Depois que o transporte de passageiros por aplicativos decolou, o número de veículos usados nesses serviços em Nova York chegou à casa de 70 mil, muito mais do que os 20 mil táxis amarelos da cidade. Devido aos congestionamentos alucinantes e à diminuição da renda dos motoristas ("carros demais, motoristas demais"), a cidade estabeleceu um teto para o número de veículos de aluguel que permitiria. Os taxistas continuam na defensiva. Ao contrário dos motoristas da Uber, os taxistas da cidade de Nova York precisam fazer aulas de direção, estudar na "escola do táxi" e fazer um exame médico. Se querem ser donos dos seus táxis, também precisam contrair dívidas para pagar pelo "medalhão".

A BUSCA PELO "TÁXI MELHOR" NÃO SE LIMITAVA AOS ESTADOS UNIDOS. Cheng Wei, engenheiro da gigante de tecnologia chinesa Alibaba, perdera vários voos na China por não conseguir chamar um táxi a tempo. Cansado disso, em 2012 ele fundou a DiDi, que significa "bip-bip" em chinês. Com o nome de DiDi Chuxing após uma fusão, ela tornou-se a maior empresa de transporte de passageiros por aplicativos do mundo.[4]

A necessidade de um "táxi melhor" também ficou dolorosamente óbvia para uma banqueira chamada Jean Liu quando acabou presa em uma esquina de Beijing com três crianças irritadas, sob uma chuva torrencial, sem conseguir chamar um táxi. Liu crescera na tecnologia (seu pai fundara a Lenovo, que comprou o negócio de PCs da IBM e atualmente é a maior fabricante de PCs do mundo) e tinha feito pós-graduação em ciências da computação em Harvard. Após 12 anos na Goldman Sachs, Liu estava bastante adiantada na carreira e prestes a tornar-se sócia da empresa. Suas próprias frustrações com os táxis de Beijing animaram o seu interesse pela participação da Goldman no financiamento da DiDi, mas o banco americano perdeu para capitalistas de risco chineses que agiram mais rápido para fechar o acordo. Desanimada, Liu reuniu-se com Cheng para um almoço. Mas ela tinha outra ideia.

"Se não quer o nosso dinheiro, por que não vou trabalhar para vocês?", perguntou. Cheng gostou da ideia. "O que foi que eu fiz?", Liu pensaria mais tarde. "Esta não é a minha jornada profissional."

Para resolver a questão, e para testar a química entre os dois, ela e Cheng decidiram realizar o que chamaram de uma viagem. A dupla pe-

Capítulo 39   Chamando o futuro   **351**

gou a estrada e foi de Beijing a Lhasa, a capital do Tibete. Com quatro pessoas (Liu e três homens) espremidas no carro, a viagem de quase 2.600 km foi mais árdua do que esperavam.

Em dado momento, durante uma tempestade em que não se enxergava nada na estrada, o motorista começou a ter febre. Era um problema grave, pois nem Liu nem Cheng tinham carteira de motorista, ou sequer sabiam dirigir, mas conseguiram seguir em frente. O momento mais difícil ocorreu quando atravessaram o enorme Planalto Tibetano, uma área pouco povoada no oeste da China. A 5 mil metros de altitude, os três passageiros do sexo masculino passaram mal, ficaram sem fôlego e respiravam com dificuldade. Foi preciso levá-los urgentemente ao hospital local para receber oxigênio. Em comparação com os homens, Liu ficou bem. Foi o momento em que disse para si mesma: "eu consigo fazer isso".[5]

Liu juntou-se a Cheng em 2014. Dois anos depois, a Uber partiu para o ataque na China, buscando derrubar a DiDi na sua terra natal. Após gastar 2 bilhões de dólares, a Uber se rendeu. Na saída, entretanto, recebeu ações da DiDi como prêmio de consolação. A DiDi transportava 27 milhões de pessoas por dia na China (e sua subsidiária brasileira, outros 3 milhões). Seus serviços vão além do transporte de passageiros, estendendo-se a serviços de táxi melhorado, compartilhamento de bicicletas, limusine e entrega de alimentos.

O mercado chinês é muito bom para os serviços de transporte de passageiros por aplicativos. O país tem apenas cerca de 160 automóveis por mil habitantes, em comparação com 867 nos Estados Unidos. A propriedade de automóveis enfrenta uma série de obstáculos na China. Como observado, em Xangai, para responder ao congestionamento urbano, o custo de uma licença para um carro convencional muitas vezes é maior que o do próprio carro. Mesmo que a pessoa possua um automóvel, estacionar é dificílimo em cidades que não foram construídas para os carros. Tudo isso potencializa ainda mais o negócio de transporte de passageiros por aplicativos na China.

Com atuação em mais de 400 cidades chinesas, a DiDi gera enormes quantidades de dados de transporte, que, com os seus algoritmos, permitem que trabalhe com os governos para melhorar o trânsito e reduzir os congestionamentos. A operação nessa escala também significa que enfrenta proble-

352 O mapa do futuro

mas de segurança do passageiro. Hoje, a DiDi exige que os motoristas façam cursos e sejam aprovados em um exame detalhado. O monitoramento das viagens foi ampliado. A empresa está aplicando inteligência artificial e aprendizado de máquina para moldar o seu negócio para o futuro. "A indústria do transporte será transformada", afirma Liu. Ou já foi. Quanto à DiDi, a avaliação da empresa era de 700 milhões de dólares em 2014, quando Liu e a Goldman perderam a chance de investir, e saltara para 62 bilhões em 2019.

EM APENAS MEIA DÉCADA, COM SEU JEITO AGRESSIVO, KALANICK REDE-finira o transporte em nível global. Nas palavras do *New York Times*, Kalanick "construíra a Uber à própria imagem". Mas, à medida que a empresa crescia e ganhava visibilidade, a imagem de Kalanick tornava-se mais problemática. Em vez de apenas enérgica, também era considera incendiária e disruptiva. Em 2017, os problemas não paravam de se acumular. A empresa foi acusada de sexismo e assédio. Suas relações com os motoristas eram caracterizadas pela irritação e pelo desgaste. A Google processou-a por roubo de propriedade intelectual em relação aos seus carros autônomos. A Uber também foi acusada de usar *software* de maneira secreta e ilegal para enganar agências regulatórias e solapar a Lyft. Em junho de 2017, a empresa contratou Eric Holder, ex-procurador geral dos EUA, que recomendou 47 ações para melhorar a cultura do "local de trabalho" da Uber. Uma semana depois, cinco dos maiores investidores da Uber enviaram uma carta a Kalanick, então em viagem a Chicago. A mensagem era simples. Estava demitido. Seu substituto seria Dara Khosrowshahi, ex--CEO da Expedia, uma empresa de viagens *on-line*.[6]

A essa altura, o setor de transporte de passageiros por aplicativos já estava estabelecido; só a Uber tinha 2 milhões de motoristas no mundo todo, e a própria palavra "uber" se transformara em verbo em inglês. O crescimento desse tipo de serviço fora exponencial. Apenas em San Francisco, a receita da Uber estava na casa dos bilhões, em comparação com menos de 200 milhões para os táxis. Em 2017, a Uber operava em 540 cidades do mundo; a Lyft, em 290 cidades americanas. Nos Estados Unidos, a Uber tinha cerca de 70% do transporte de passageiros por aplicativos e a Lyft, 30%. Internacionalmente, além da DiDi, surgiram também outros *players* importantes, incluindo a Gett, na Europa, e a Ola, na Índia. No

Capítulo 39   Chamando o futuro   **353**

total, é possível que o transporte de passageiros por aplicativos venha a ser um setor enorme da economia.

Mas ele ainda enfrenta um desafio importante: provar que pode gerar lucro. Em maio de 2019, a Uber abriu o seu capital com uma avaliação de 82 bilhões de dólares. Mas os custos da empresa eram maiores do que as suas receitas. A oferta pública inicial deixou evidente que a empresa estava perdendo dinheiro — bilhões de dólares, na verdade. Meio ano após a IPO, a avaliação havia caído para 47 bilhões de dólares, ainda bastante para uma empresa que sequer existia uma década antes, mas não exatamente ótimo para quem investira na IPO. A capitalização de mercado da Lyft sofrera uma queda semelhante, de 24 bilhões de dólares na IPO para cerca de 14 bilhões.

O transporte de passageiros por aplicativos em escala maciça pode sacudir o modelo centenário de vender e prestar serviços para automóveis movidos a combustíveis à base de petróleo para uso pessoal. O modelo tradicional pode dar lugar a um modelo de negócios totalmente novo, até a um novo estilo de vida, a "mobilidade como serviço" (MaaS — *mobility as a service*). Em vez de comprar um carro, guardá-lo na garagem, dirigir até o trabalho, deixá-lo no estacionamento e assim por diante, o que significaria usá-lo apenas entre 5 e 10% do dia, as pessoas simplesmente não teriam um carro e comprariam mobilidade quando precisassem.

Mas o coronavírus e o distanciamento social desferiram um golpe inesperado nesses serviços. As pessoas ainda vão querer compartilhar veículos? Ou preferirão ser donas da própria mobilidade? Em junho de 2020, menos de três meses após a reabertura da China, a DiDi voltara a 70% do seu nível pré-crise. Mas a resposta no resto do mundo só ficará clara após a crise.

Capítulo 40

AUTO-TECH

Haverá muitas mudanças na indústria automobilística e na do petróleo se o futuro não incluir ter um carro ("mobilidade como produto"), e sim chamar um veículo ("mobilidade como serviço").

Para começar, o que o avanço rápido do transporte de passageiros por aplicativos faz com a propriedade de automóveis particulares? É uma questão crítica para a indústria automobilística e para os 7,5 milhões de americanos que trabalham nela e a apoiam, bem como para dezenas de milhões de pessoas no mundo todo. Já há uma tendência preexistente: nos Estados Unidos, o percentual das pessoas com carteira de motorista entre os 16 e 44 anos de idade tem diminuído continuamente desde o início da década de 1980, especialmente entre os mais jovens. Em 1983, 92% das pessoas com 20 a 24 anos tinham carteira de motorista; em 2018, a proporção caíra para 80%.[1]

Um motivo para esse declínio é que ter um carro é menos urgente do que já foi em termos de definir identidade, *status* e maioridade. Não é mais um símbolo emocional de liberdade e autonomia. O mundo digital e as mídias sociais criam essa plataforma hoje em dia, e o automóvel se tornou uma ferramenta mais utilitária, não uma expressão de aspirações,

Capítulo 40   *Auto-tech*   **355**

de conquistas e do "eu". Não é mais o veículo clássico da chegada à vida adulta, com o qual os jovens se libertam dos pais e do lar. No passado, os automóveis tinham um papel fundamental na vida romântica. Estima-se que houve uma época em que 40% das propostas de casamento nos EUA ocorriam em automóveis. Hoje, um terço dos casamentos decorre de encontros *on-line* e aplicativos de namoro.

O segundo motivo é o custo. A compra de um automóvel prende o capital e envolve custos anuais adicionais significativos em termos de combustível, estacionamento, seguro e consertos. Os jovens endividados com o financiamento estudantil ou com empregos precários da chamada *gig economy* podem não querer o fardo adicional de um veículo.

Considere os fundamentos econômicos. Digamos que, em média, dirija-se 20 mil km por ano nos Estados Unidos. Ter um carro custaria cerca de 7 mil dólares por ano, incluindo o custo proporcional da propriedade, o combustível e outras despesas operacionais. Dada a viagem média nos aplicativos de transporte de passageiros, 7 mil dólares equivaleriam a 600 viagens por ano, ou 12 por semana. Seriam quase duas por dia. Obviamente, no outro lado da conta, é preciso considerar que viagens de Uber ou Lyft não têm valor de revenda, ao contrário do que ocorre com os carros usados. E não há o sentimento de orgulho que vem de ter o próprio carro.

É possível, é claro, que as carteiras de motorista e compras de automóveis estejam sendo atrasadas, não evitadas. À medida que envelhece e sua renda aumenta, a geração com menos de 30 anos hoje vai entrar no mercado em busca de automóveis. As pessoas casam mais tarde e têm filhos mais tarde, mas ainda casam e têm filhos, e se mudam para os subúrbios, onde compram utilitários esportivos, levam os filhos de um lado para o outro e dirigem mais. Além disso, muitas podem preferir ser "donas" da própria mobilidade. Outro fator importante: o transporte de passageiros por aplicativos não significa necessariamente andar menos. Pelo contrário, pode significar um aumento na distância percorrida por pessoa, pois a acessibilidade e a conveniência estimulam a maior utilização de veículos — menos pessoas andam de ônibus e metrô e mais utilizam automóveis individuais, ainda que outra pessoa esteja na direção.

O automóvel, assim como o petróleo, é um negócio global. Assim, não é apenas o que acontece nos Estados Unidos, ou na Europa, ou no Japão,

356 O mapa do futuro

que conta. Apesar dos enormes esforços chineses no sentido de controlar os congestionamentos, ter um automóvel continua a ser uma ambição importante. E temos de considerar o outro gigante também: a Índia. Há 48 milhões de carros na Índia, em comparação com 240 milhões na China, apesar de as populações terem dimensões semelhantes. Mas a Índia também é um mercado emergente enorme, os jovens representam uma parcela muito maior da população indiana do que da chinesa e o sistema rodoviário do país é muito menos desenvolvido. Contudo, o crescimento econômico elevará as rendas e financiará novas obras de infraestrutura. Então, centenas de milhões de jovens indianos acabarão tendo um impacto enorme nas indústrias globais do petróleo e dos automóveis.

A "TRÍADE" (A CONVERGÊNCIA DE VEÍCULOS ELÉTRICOS, TRANSPORTE de passageiros por aplicativos e veículos autônomos) não é garantida. Os carros elétricos ainda precisarão de muito tempo para se igualar aos automóveis a gasolina em termos de participação na frota. As pessoas podem preferir continuar a ser donas dos próprios carros e dirigir elas mesmas. Os veículos autônomos em grande escala ainda estão longe de se provar.

Ainda assim, a nova convergência está prefigurada na velocidade alucinante dos eventos no mercado: parcerias, aquisições e investimentos. Os *players* incluem a Apple e a Google, novas empresas de transporte de passageiros por aplicativos, empresas de tecnologia tradicionais, *start-ups* financiadas por capital de risco, universidades e, claro, montadoras que buscam garantir o seu protagonismo no futuro.[2]

Na visão de Larry Burns, as montadoras tradicionais acordaram meia década atrasadas para a revolução da mobilidade. "As montadoras fazem *hardware*", afirma. "Projetam volantes e faróis e maçanetas, e são muito boas em juntar tudo no mesmo edifício, ao mesmo tempo, para montar um automóvel que vai funcionar no calor e no frio, dia e noite, por centenas de milhares de quilômetros. Mas a questão da direção autônoma é fundamentalmente um problema de *software* e de mapeamento. Exige muita programação, que não é um ponto forte das montadoras. O motivo para a indústria automobilística ter sido lenta é que não tinha um entendimento de tecnologia impregnado nos ossos, ou toda a capacidade necessária em termos de computadores e *big data*."[3]

Outro fator importante é que as montadoras estão sujeitas a regulamentações estritas e podem ser penalizadas com multas enormes e ser acionadas em processos coletivos. Além disso, devido à natureza do produto, são empresas cuidadosas, cautelosas e avessas ao risco.

"Alguns anos atrás, escrevia-se muitos artigos dizendo 'ei, as empresas de tecnologia vão vencer nisso, os *players* de antigamente vão perder, fim de história'", lembra Bill Ford. "Mas não é tão simples. A arquitetura do veículo tem que casar com o cérebro, o sistema de direção autônoma, de um jeito que funcione. Se não iterar em um aspecto, não tem como iterar no outro. E então há um problema de correspondência. É preciso ter ambos trabalhando juntos."[4]

O turbilhão de conexões demonstra não apenas a urgência de estar pronto para esse novo mundo, mas também a complexidade envolvida. "É uma questão de vida ou morte", explica Akio Toyoda, executivo-chefe da Toyota.[5] A Toyota criou uma parceria bilionária com o MIT e Stanford para pesquisa em autonomia e investe na Uber. A Google transformou o seu grupo de veículos autônomos na Waymo, uma subsidiária independente da Alphabet, a controladora da Google. A Waymo, por sua vez, estabeleceu uma parceria com a Lyft e lançou um serviço de táxi sem motorista na região de Phoenix, Arizona. A Ford gastou 1 bilhão de dólares para adquirir a Argo AI, uma empresa de inteligência artificial, além de uma série de outros investimentos. A Apple investiu 1 bilhão de dólares na chinesa DiDi. A Audi, a Daimler e a BMW gastaram 3,1 bilhões de dólares na aquisição de capacidade de mapeamento da Nokia. A General Motors investiu 500 milhões de dólares na Lyft. A GM também teria comprado a Cruise Automation, uma *start-up* de apenas três anos, por 1 bilhão de dólares.

Não apenas a tecnologia, mas também a escala de investimentos está forçando diferentes competidores a formar parcerias. A Ford uniu-se à Volkswagen no desenvolvimento de veículos autônomos e elétricos. "Ambos chegamos à mesma conclusão", conta Bill Ford. "O mundo em que estamos entrando é enorme. O mercado potencial é enorme, mas as exigências de capital também são imensas. E por maiores que sejam os nossos balanços, empresa nenhuma consegue fazer isso sozinha."[6]

A economia é um motivo consistente para a convergência de veículos autônomos com o transporte de passageiros por aplicativos. Para essas empresas, o maior custo é o motorista. Elimine os motoristas e o custo do serviço de mobilidade cai. Obviamente, a necessidade de comprar automóveis compensa parcialmente a vantagem de não ter de pagar pelos motoristas humanos do modelo BYOC (que traziam seus próprios carros). Por outro lado, o fato de que os veículos autônomos estão na estrada durante a maior parte do dia, e da noite, aumenta ainda mais a vantagem para as empresas de aplicativos. Carros autônomos não precisam nem da pausa para o cafezinho, quanto mais para dormir.

É aqui que o carro elétrico ganha força. Um carro elétrico pode custar mais, mas os seus custos operacionais serão menores, porque o custo da eletricidade por quilômetro rodado será menor do que o da gasolina (a menos que os motores de combustão interna tornem-se muito mais eficientes). Assim, no caso de uma frota de veículos gigantesca, que passa a maior parte do tempo na estrada, o carro elétrico é mais atraente. Além disso, o problema da recarga pode ser resolvido por uma central de carregamento.

"As pessoas ainda precisarão se deslocar fisicamente do ponto A ao ponto B", afirma Mary Barra, da GM. "Mas terão múltiplas maneiras de fazer isso." Seu objetivo final é "um mundo com zero emissões, zero colisões e zero congestionamento". E, na sua opinião, isso significa um mundo de veículos elétricos autônomos. Mas, assim como para outras empresas, esse é um desafio imenso para a GM, que vende milhões e milhões de veículos por ano, no mundo inteiro, praticamente todos movidos a combustíveis derivados do petróleo e guiados por um motorista sentado ao volante.[7]

As grandes montadoras mundiais fortalecerão suas defesas para proteger suas posições na nova mobilidade — e garantir a própria sobrevivência. Para montadoras em países como a Índia e a China, pode ser o caminho para extravasarem suas fronteiras nacionais e transformarem-se em competidoras globais.

Mas as gigantes da tecnologia, na sua busca pelo próximo mercado trilionário, poderão usar o seu domínio do *software* e das plataformas e as fortunas acumuladas para se tornarem dominantes — não necessariamente na fabricação, mas em todo o setor. Não esqueçamos que a Apple não fabrica os próprios telefones.

É aqui que um novo tipo de empresa pode surgir, a *auto-tech*. Seriam empresas integradas verticalmente ou estrategicamente aliadas, abrangendo fabricação de veículos, gestão de frotas e aplicativos de transporte, com base nas próprias plataformas. As organizações dominariam a coordenação de múltiplas capacidades: fabricação, gerenciamento de dados, cadeia logística, aprendizado de máquina, integração entre *software* e sistemas e prestação de "mobilidade como serviço" de alta qualidade para clientes de todo o mundo.

Ainda não está claro em que momento o benefício de novos modelos tecnológicos e de negócios vai ofuscar o modelo do automóvel pessoal a gasolina, que domina há tanto tempo. A grande maioria dos automóveis ainda é comprada para uso pessoal. As empresas tradicionais ainda estão na ativa. E o império pode contra-atacar — os motores de combustão interna podem se tornar muito mais eficientes.

O mundo dos automóveis, e dos fornecedores de combustível, transformou-se na arena para um novo tipo de competição. Não se trata mais apenas de vender carros para consumidores para uso pessoal. Não é mais apenas um jogo de montadora *versus* montadora, bandeira *versus* bandeira nos postos de gasolina. A competição agora é multidimensional. Carros a gasolina *versus* elétricos. Propriedade pessoal de automóveis *versus* serviços de mobilidade. E carros operados por seres humanos *versus* carros autônomos robóticos. O resultado é uma batalha entre tecnologias e modelos de negócios e uma luta por participação de mercado. As mudanças acontecem, mas não da noite para o dia. Apesar de tudo isso, o fato é que a eletricidade está avançando. O petróleo não é mais o rei inquestionável do transporte automotivo. No futuro próximo, entretanto, sua palavra ainda será lei em quase todo o mundo do transporte.

A NOVA MOBILIDADE CAUSARIA DISRUPÇÕES SIGNIFICATIVAS. A TRANsição da "mobilidade como produto" para a "mobilidade como serviço" resultaria em uma queda significativa nas compras de novos automóveis por indivíduos, substituídas pelas compras de frotas. Como os carros não seriam usados apenas 5% do tempo, e sim de 70 a 80% do tempo, os números das vendas de frotas não compensariam as perdas de vendas para indivíduos. As cadeias logísticas tradicionais da indústria automobilística, que envolvem milhares de empresas no mundo todo, seriam sacudidas pela inovação e pela tecnologia, incluindo robótica e impressão 3D, e não pelas guerras comerciais.

A mobilidade como serviço produz valor para os usuários, mas, se incluir veículos autônomos, terá um impacto devastador na força de trabalho. Taxistas, motoristas de aplicativos como Uber, Lyft e DiDi, funcionários de postos de gasolina e concessionárias, operários de montadoras e trabalhadores dos sistemas de transporte público perderiam passageiros — os empregos perdidos podem somar números incríveis. Que novos empregos encontrarão? E será que encontrarão algum? A quem culparão pelas suas profissões perdidas? O que acontece com as suas aposentadorias? Um sinal do que vem pelo horizonte é o caso dos taxistas que compraram "medalhões", ou seja, licenças para operar. Tradicionalmente, esses profissionais vendiam seus medalhões por um preço maior quando paravam de dirigir, o que ajudava a sustentá-los depois de aposentados. Mas agora o preço dos medalhões caiu abaixo do que haviam pago e esses taxistas não têm dinheiro para a sua aposentadoria.

Para a indústria automobilística global em si, o futuro causa perplexidade. O paradigma sobre o qual se baseia é a premissa de crescimento nos mercados emergentes e substituição nos mercados maduros. O horizonte de planejamento típico para um novo modelo é de cinco a sete anos, mas o futuro está avançando mais rápido do que isso.

Henry Ford, mais do que qualquer um, criou o modelo de negócios atual da indústria automobilística. Como Ford disse, se tivesse perguntado aos clientes da época o que queriam, teriam respondido "um cavalo mais rápido".

Esse modelo de negócios durou mais de um século. "Foi um bom tempo", reflete o bisneto Bill Ford. Mas agora "tudo" no modelo de negócios "está mudando. O modelo de propriedade está mudando, o sistema de propulsão do veículo está mudando. Nosso negócio enfrenta disrupção até o último detalhe".

"Algumas coisas estão bastante claras", completa. "Número um, há um forte movimento no sentido da eletrificação. Número dois, a direção autônoma vai acontecer, apesar de podermos debater o cronograma. O que não está claro, no entanto, são os negócios secundários que se desenvolverão em torno desse novo mundo. Estes ainda estão na fase experimental e de 'o que aconteceria se...'."

"Quero que a Ford exista por mais cem anos. Mas não estamos no tipo de ramo em que é possível mudar de direção da noite para o dia. Quanto mais certeza tivermos, melhor a vida. Infelizmente, neste momento, parece que estamos em um mundo com pouquíssimas certezas."[8]

As montadoras questionarão o que produzir, a que ritmo trabalhar e o que financiar. Precisarão lidar com políticas que restringem e elevam o custo dos automóveis com motores de combustão interna ao mesmo tempo que subsidiam VEs ou definem quotas para eles. Mas, quando as vendas de veículos elétricos atingirem níveis altos, a simples escala dos subsídios forçará os governos a reduzi-los, especialmente após o endividamento gigantesco devido ao coronavírus? E as empresas precisam se preocupar com o efeito que isso terá no apetite esperado dos consumidores por VEs. Por ora, no entanto, a "demanda" por VEs vem principalmente dos governos, não dos consumidores, e as políticas desses governos estão sempre em mutação, moldadas por preocupações com o clima, a poluição urbana e o congestionamento.

Haverá uma mescla de fabricação de automóveis com gestão de frotas, aplicativos de transporte de passageiros e plataformas de *software*. O resultado poderá assumir muitas formas diferentes, mas uma possibilidade é o surgimento de uma nova espécie de empresa: gigantes da mobilidade que representam o mundo revolucionário da *auto-tech*.

O MAPA DO CLIMA

Capítulo 41

TRANSIÇÃO ENERGÉTICA

Mapear a trajetória até um mundo com menos emissões de carbono é um desafio das próximas décadas. A mudança climática causada pelos seres humanos é um tema importante há quatro décadas. Contudo, a mobilização da opinião pública em relação ao clima é mais recente. Ela não é determinada por estudos, e sim pelo foco cada vez mais intenso em eventos ao redor do mundo: incêndios florestais, secas, chuvas torrenciais, inundações costeiras, ondas de calor, derretimento de calotas de gelo e furacões.

O medo em torno do clima é o grande motivador para a "transição energética". A expressão disseminou-se rapidamente — é possível que sejam as duas palavras mais usadas nas conversas sobre o futuro da energia. Sua meta é limitar o aumento da temperatura a menos de 2°C (ou 1,5°C) acima dos níveis pré-industriais, mas não há consenso claro além disso. Será uma transição para um sistema de "energia de baixo carbono", ou seja, na qual as emissões de CO_2 oriundas das atividades humanas diminuem com o tempo? Ou será uma "descarbonização profunda", na qual as emissões diminuem muito mais rápido? Ou será ainda um sistema de "energia neutra de carbono", sem emissões relacionadas a atividades humanas? Ou um sistema de "neutrali-

366 O mapa do clima

dade de carbono", no qual as emissões são canceladas por mecanismos que absorvem o carbono? Com certeza não há consenso sobre a rapidez da transição, nem sobre o resultado dessa transição nas próximas décadas, sobre o seu custo ou sobre como tudo isso se transformará em realidade.

Transições energéticas não são novidade. Elas acontecem há muito tempo e evoluem com o tempo. As transições energéticas anteriores foram motivadas, principalmente, por considerações tecnológicas, econômicas e ambientais, assim como por facilidade e conveniência. A atual tem mais elementos de política, ativismo e políticas públicas.

A primeira transição energética começou na Grã-Bretanha, no século XIII, com a substituição da madeira pelo carvão. O crescimento populacional e a destruição das florestas tornaram a madeira um produto caro e escasso, e o carvão passou a ser utilizado para aquecimento em Londres, apesar do fedor e da fumaça. A necessidade de carvão para aquecimento tornou-se mais urgente durante os séculos da Pequena Era Glacial na Europa. Era tão frio que o Rio Tâmisa congelava; conta-se que a rainha Elizabeth I dava passeios sobre o gelo. A vantagem do carvão era o seu preço e a sua disponibilidade, não o desempenho superior ou diferenciado.

A primeira transição energética, quando o carvão se transformou em um combustível industrial diferenciado, superior à madeira, pode ter sua data definida como janeiro de 1709. Naquele mês, Abraham Darby, metalúrgico e empreendedor *quaker* da Inglaterra, trabalhando no seu alto-forno em Coalbrookdale, descobriu uma maneira de remover as impurezas do carvão e transformá-lo em coque, uma versão do carvão com maior teor de carbono. O coque substituiu o carvão vegetal, feito de madeira parcialmente queimada, que era o combustível padrão para a fundição. Darby estava crente de que "uma maneira mais eficaz de produção de ferro pode ser possível". Ele foi ridicularizado. "Muitos duvidam de mim e me chamam de temerário", ele disse. Mas seu método funcionou.[1]

Embora tenha levado algumas décadas para se disseminar, a inovação de Darby reduziu o custo da fundição de ferro, o que tornou o metal muito disponível para usos industriais e acelerou a Revolução Industrial. O carvão era o combustível do motor a vapor de Thomas Newcomen, desenvolvido em torno da mesma época que a inovação de Darby, para bombear água das minas de carvão, e do motor muito mais aprimorado de James Watt. A máquina de Watt foi lançada comercialmente em 1776, o mesmo ano do início da Revolução Americana e da publicação de *A Riqueza das Nações*, de Adam Smith. Foi um momento decisivo na Revolução Industrial. Como observa o estudioso da energia Vaclav Smil, no entanto, "mesmo com o surgimento das máquinas industriais, o século XIX não foi movido a carvão. Foi movido a madeira, carvão vegetal e resíduos agrícolas". Foi apenas em 1900 que o carvão passou a suprir metade da demanda de energia mundial. O petróleo foi descoberto no noroeste da Pensilvânia, em 1859, mas levou mais de um século, até a década de 1960, para superar o carvão e transformar-se na fonte de energia número um do mundo. Ainda assim, nada disso representou o fim do carvão, pois o seu consumo continua a crescer. Quanto ao gás natural, o consumo global aumentou 60% desde o ano 2000.[2]

O DEBATE GLOBAL SOBRE A MUDANÇA CLIMÁTICA ESTÁ ESTRUTURADO em torno dos relatórios periódicos do Painel Intergovernamental sobre Mudanças Climáticas (IPCC — Intergovernmental Panel on Climate Change), sob os auspícios da Organização das Nações Unidas. O IPCC é uma rede autônoma de cientistas e pesquisadores que emite relatórios periódicos, sempre elevando o nível de alerta em relação ao anterior. O primeiro, de 1990, declarou que a Terra estava se aquecendo e que o aquecimento era "geralmente consistente com as previsões dos modelos climáticos" em relação ao "aquecimento do efeito estufa causado pelo homem". Mas as mudanças, acrescentava, também eram consistentes com a "variabilidade climática natural". Em 2007, no seu quarto relatório, o IPCC foi muito mais categórico: era "muito provável" que a humanidade fosse responsável pela mudança climática. O relatório em si não era igualmente categórico em todas as dimensões, em comparação com o resumo para os formuladores de políticas. "Ainda há significativas incertezas sobre como as nuvens responderiam à mudança climática global", afirmava.

Naquele mesmo ano, o Prêmio Nobel da Paz foi concedido a Al Gore, o ex-vice-presidente dos Estados Unidos que se tornara líder no ativismo climático e que declarara que o mundo enfrentava uma "emergência planetária". Gore dividiu o prêmio com o IPCC, representado por Rajendra Pachauri, seu presidente durante 13 anos. Pouco depois, ele disse à conferência da CERAWeek em Houston que o alerta do IPCC "não se baseia

368 O mapa do clima

em teorias nem suposições. Baseia-se na análise de dados concretos que, hoje, são tão numerosos e esmagadores que não deixam margem a dúvidas". Posteriormente, diria também que "a proteção do Planeta Terra" é "minha religião".[3]

O quinto relatório do IPCC, divulgado em 2014, foi o mais chocante de todos. "A influência humana sobre o sistema do clima está clara" e "as emissões de gases do efeito estufa são as maiores da história. Mudanças climáticas recentes tiveram impacto amplo sobre os sistemas humanos e naturais. O aquecimento do sistema climático é incontestável e, desde a década de 1950, muitas das mudanças observadas não têm precedentes nos períodos anteriores ao longo de décadas a milênios". Alguns críticos questionaram aspectos do relatório do IPCC — a discordância entre dezenas de modelos diferentes, as observações sobre as frequências dos furacões e a velocidade da elevação do nível do mar, o entendimento sobre retroalimentação e a subestimação da variabilidade natural. Mas estavam claramente em minoria.[4]

O relatório do IPCC de 2014 foi um prólogo para o que aconteceria em Paris um ano depois, um evento que daria uma nova importância à expressão "transição energética" e a colocaria no centro do debate global.

A CONFERÊNCIA DO CLIMA DE PARIS, TAMBÉM CHAMADA DE COP 21 da ONU, reuniu-se em Le Bourget, um subúrbio ao norte da capital francesa, no final de novembro de 2015. Apenas duas semanas antes, a cidade fora assolada por um atentado de jihadistas do Isis que deixara 130 mortos e centenas de feridos. Assim, medidas de segurança extremas foram adotadas quando 50 mil pessoas chegaram à capital francesa para debater políticas climáticas.

Após o caos da COP 20, realizada em Copenhague seis anos antes, os organizadores estavam determinados a garantir que o encontro seria decisivo. Na época, a então secretária de Estado dos EUA, Hillary Clinton, descreveu o evento na Dinamarca como "a pior reunião" da qual participara "desde o grêmio estudantil na oitava série".

A fórmula essencial para evitar outra "Copenhague" fora definida, na verdade, um ano antes, em 2014, no Grande Salão do Povo, na Praça da Paz Celestial de Beijing. Os Estados Unidos e a China, que juntos são responsáveis por mais de um terço do total das emissões de gases do efeito

Capítulo 41 Transição energética 369

estufa, haviam sido adversários em questões climáticas até então. A China e os outros países em desenvolvimento questionavam por que deveriam restringir o seu próprio uso de energia e, logo, o próprio desenvolvimento para "pagar" por todas as emissões que os países desenvolvidos haviam lançado na atmosfera durante um século. Em novembro de 2014, no entanto, Barack Obama e Xi Jinping ficaram lado a lado no Grande Salão do Povo e anunciaram o compromisso conjunto de que seus dois países adotariam novas medidas significativas no sentido de reduzir as emissões. Mas seus respectivos compromissos tinham cronogramas diferentes. Obama prometeu que os Estados Unidos reduziriam as suas emissões de CO_2 em mais de 25% até 2025, em comparação com os níveis de 2005, uma queda facilitada significativamente pelo uso de gás natural na geração de energia. As emissões de carbono da China poderiam continuar a aumentar, e atingiriam seu máximo apenas em 2030.[5]

No total, representantes de 195 países e da União Europeia, acompanhados em diversos momentos pelos líderes de 150 nações, participaram da Conferência de Paris, que começou em 30 de novembro de 2015 e envolveu quase duas semanas de debates e discussões.

Logo após as 19h de 12 de dezembro, depois de um atraso inexplicado que deixou a plateia nervosa, o ministro das Relações Exteriores francês, Laurent Fabius, apareceu para anunciar um acordo final. A plateia irrompeu em gritos de alegria, aplausos retumbantes, ovações, assobios, abraços, até choros. O secretário-geral da ONU disse que era "um momento realmente histórico". "Não há plano B", declarou.

O que eles assinaram não era um tratado, e sim um pacto de adoção de medidas com a intenção de impedir que as temperaturas se elevassem 2°C acima dos níveis pré-industriais neste século — e esperava-se garantir que a elevação ficasse abaixo de 1,5°C. Cada país deveria formular a sua própria contribuição, no que viria a ser conhecido por NDCs (de *nationally determined contribution*), com base em sua situação, suas leis, suas regulamentações, sua vontade e seu humor. As NDCs seriam voluntárias, não vinculantes. "Não vinculante" era um aspecto crucial para Barack Obama, pois um tratado precisaria ser apresentado ao Senado dos EUA, onde nunca obteria os votos necessários para ser ratificado. Embora não fossem obrigatórias, as NDCs teriam o poder de uma política declaratória e a força irresistível do consenso global. Os países desenvolvidos prometeram 100 bilhões de dólares em ajuda externa para auxiliar os países em desenvolvimento a atingir as suas metas climáticas. "Não se deixem enganar", Obama declarou. "Isso nos dá a melhor chance de salvar o único planeta que temos."

O acordo entrou em "vigor" um ano após a conferência, em 4 de novembro de 2016. Contudo, Donald Trump foi eleito presidente quatro dias depois. Sua opinião sobre o acordo era radicalmente diferente. Segundo Trump, o pacto "dá a burocratas estrangeiros controle sobre quanta energia usamos na nossa terra, no nosso país". Trump chamou a mudança climática de uma "farsa" chinesa. Na primavera de 2017, Trump anunciou no Twitter que estava começando o processo de retirar os Estados Unidos do acordo.[6]

APESAR DA DECLARAÇÃO DE TRUMP, QUE AINDA LEVARIA TRÊS ANOS para ser implementada segundo os termos do acordo, "Paris" mudou o debate global. O momento para discutir incertezas sobre aspectos da mudança climática (elevação do nível do mar, intensidade de furacões, modelos climáticos) ficara no passado. O assunto agora era o planeta que não parava de se aquecer. A política do clima podia ser dividida em duas eras políticas distintas: "antes de Paris" e "depois de Paris".

O grau de "confiança" aumentou com cada versão do IPCC, mas o argumento básico manteve-se consistente. Para explicar a sua lógica, vamos usar dados anuais médios dos anos 2009 a 2018 (ver Figura 1): cerca de 210 gigatoneladas de carbono por ano são liberadas, em média, por processos naturais como a decomposição de plantas e a respiração de animais e seres humanos. Mas 9,5 gigatoneladas vêm de combustíveis fósseis e 1,5, do uso do solo. No total, 221 gigatoneladas são lançadas na atmosfera. Contudo, o ciclo anual natural captura apenas 215,7 gigatoneladas, absorvidas pela vegetação e pelo oceano. As 4,9 milhões de gigatoneladas residuais na atmosfera não são capturadas (também há um fator de desequilíbrio do balanço). Essas 4,9 milhões de gigatoneladas são apenas 2,2% do CO_2 capturado naturalmente. Pode parecer uma quantidade pequena a cada ano, mas ela se acumula naquela faixa de gases que chamamos de atmosfera terrestre. O vapor d'água é o gás do efeito estufa mais comum. Outros incluem o óxido nitroso e o metano. Alguns desses gases dissipam-se após um ano ou 10, mas outros duram muito mais. Alguns são mais

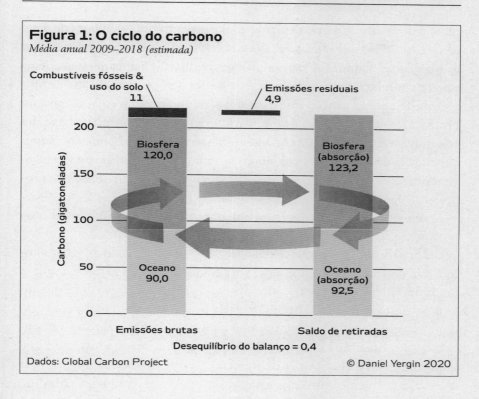

Figura 1: O ciclo do carbono
Média anual 2009–2018 (estimada)
Dados: Global Carbon Project © Daniel Yergin 2020

potentes do que o CO_2. Os gases do efeito estufa funcionam como uma espécie de escudo, uma "estufa" global em torno do planeta que retém o calor do Sol que seria irradiado de volta para o espaço. O resultado é um aquecimento maior do nosso planeta, o que dá origem ao nome "efeito estufa".[7]

À medida que o consenso climático se cristaliza, preocupações e fervores se intensificam, alimentados pelo medo de que um "ponto de virada" no futuro próximo leve à "mudança climática desgovernada". O vocabulário reflete esse temor crescente: "aquecimento global" e "mudança climática" foram substituídos por "crise climática", "emergência climática" e "catástrofe climática".

A ativista sueca Greta Thunberg tornou-se a voz dessa urgência quando começou suas "greves escolares pelo clima" em frente ao parlamento do país, em agosto de 2018. Sua mensagem é a de zero carbono. "A ex-

372 O mapa do clima

pansão de aeroportos", ela declarou ao parlamento britânico na primavera de 2019, "vai além do absurdo". Na Conferência das Nações Unidas sobre as Mudanças Climáticas em setembro, ela disse: "vocês roubaram meus sonhos e minha infância com suas palavras vazias". "Como ousam?", completou. Thunberg alertou que uma nova "extinção em massa" pairava no horizonte se o clima não fosse resolvido rapidamente. Pouco depois, foi coautora de um artigo que expandia suas ideias sobre as fontes do aquecimento global: "Sistemas colonialistas, racistas e patriarcais de opressão criaram e alimentaram (...) a crise climática". "Precisamos desmontar todos eles", completou.[8]

O sistema financeiro e os investimentos em energia se tornaram uma nova arena do debate sobre o clima. Quem soou o alerta foi Mark Carney, então presidente do Banco da Inglaterra, em 2015, semanas antes da conferência de Paris, em um discurso para a Lloyd's, a venerável seguradora londrina. O clima, segundo Carney, tornara-se "uma questão determinante para a estabilidade financeira" e criara um "risco sistêmico" para o sistema financeiro mundial, o que, no linguajar dos bancos centrais, remontava à crise financeira global de 2008. Carney alertou que investidores e seguradoras enfrentavam o risco crescente de que as reservas subterrâneas das empresas de petróleo e gás natural permanecessem "encalhadas" no solo, sem ter como chegar ao mercado. O motivo seria a redução gradual da demanda. Nas palavras de Carney, elas se tornariam "literalmente inqueimáveis" nos próximos 30 anos devido a políticas impostas para criar o "mundo de dois graus". Isso significa que o valor das empresas despencaria, talvez até a zero, o que deixaria os investidores com ações igualmente desvalorizadas. Carney defendeu uma "realocação geral" dos investimentos, que sairiam das empresas de energia tradicionais e financiariam a "descarbonização" das economias.

Em resposta, alguns críticos lembram que os investidores avaliam as reservas de petróleo e gás natural das empresas com base em 10 anos, não 30. Seja como for, a maior parte das reservas de petróleo e gás natural do mundo pertencem a governos nacionais, e não a acionistas na Grã--Bretanha e nos Estados Unidos.[9]

Desde então, o Conselho de Estabilidade Financeira, cujos membros são bancos centrais, concentrou-se em "demonstrações contábeis relacio-

Capítulo 41 Transição energética **373**

nadas ao clima" que exigem que as empresas divulguem como seus investimentos e estratégias se relacionam com os objetivos do mundo de dois graus.

Os fundos de pensão e outros investidores hoje pressionam as empresas de energia a explicar o futuro das suas estratégias e da sua rentabilidade sob as disposições do Acordo de Paris de 2015. Na sua "Carta aos CEOs" anual de 2020, Larry Fink, diretor da BlackRock, o maior fundo de investimento do mundo, declarou que "a mudança climática se tornou um fator definidor para o potencial de longo prazo das empresas" e que "no futuro próximo, e mais cedo do que a maioria espera, haverá uma realocação de capital significativa". A BlackRock, segundo ele, "colocará a sustentabilidade no centro da nossa abordagem de investimento" e exigirá que as empresas "divulguem riscos relacionados ao clima". Quando a BlackRock, que gerencia 7,5 trilhões de dólares em ativos, fala, as empresas escutam. Um exemplo da "realocação de capital" é o crescimento dos "títulos verdes", que financiam a infraestrutura relacionada à energia renovável. A emissão total desses títulos saltou de 50 bilhões de dólares, em 2015, para 257 bilhões, em 2019.

O desinvestimento, que é o movimento para convencer investidores a venderem suas ações das empresas de energia e os bancos a não emprestarem para elas, está ganhando força. Também há resistência. Segundo Bill Gates, fundador da Microsoft, que investe bilhões na busca de tecnologias revolucionárias na área de energia de baixo carbono, "o desinvestimento, até o momento, provavelmente reduziu as emissões em zero toneladas". A demanda dos consumidores ainda precisa ser atendida. As pessoas não têm um destino óbvio para o 1,4 bilhão de carros a gasolina do mundo, e elas ainda precisam de aquecedores e ar-condicionado para as suas casas e apartamentos. E há outros aspectos a considerar. Os dividendos da BP e da Shell financiam 20% das pensões da Grã-Bretanha.[10]

Em muitos *campi* universitários, o desinvestimento se tornou uma questão polêmica. Uma das grandes tradições do futebol americano é *The Game*, o jogo entre Yale e Harvard, disputado desde 1875. No intervalo do jogo de 2019, centenas de estudantes levaram a luta contra a mudança climática para o gramado. Os manifestantes invadiram o campo de repente e atrasaram o início da segunda metade da partida. Seus alvos eram os

374 O mapa do clima

departamentos de investimento de Harvard e Yale, que eles queriam que liquidassem os fundos destinados à energia. "A vida em Yale não pode continuar como sempre até Yale desinvestir", um aluno avisou.

O maior alvo da sua ira era David Swensen, o lendário diretor de investimentos de Yale, cujos retornos haviam, entre outras coisas, financiado as bolsas de muitos dos alunos. "Se parássemos de produzir combustíveis fósseis hoje, todos morreríamos", Swensen declarara recentemente. "Não teríamos comida. Não teríamos transporte. Não teríamos ar-condicionado. Não teríamos roupas." "O problema de verdade é o consumo", completou, e "todos nós somos consumidores". O reitor de outra grande universidade ficou surpreso quando foi informado de que o prejuízo financeiro de desinvestir em energia seria maior do que todo o orçamento de bolsas de graduação da sua instituição.[11]

A pressão também assume outras formas. Assembleias anuais de acionistas de bancos e empresas de energia foram interrompidas por acionistas que desceram de rapel do teto, e os inimigos dos hidrocarbonetos ampliaram seus esforços, tanto fisicamente quanto nos tribunais, no sentido de bloquear a construção de dutos e outros projetos. Em 2012, uma reunião em La Jolla, na Califórnia, propôs adotar uma estratégia de "tabaco". Em outras palavras, a ideia seria marcar as empresas de petróleo e gás natural como vendedores de um produto perigoso e viciante, assim como a indústria tabagista. A diferença, obviamente, é que o tabaco é um hábito, enquanto o petróleo e o gás natural permitem que a vida moderna exista.

É a estratégia implementada desde então. No espírito de La Jolla, o jornal britânico *The Guardian* anunciou que, na qualidade de ativista climático autodeclarado, não aceitaria mais anúncios de empresas de petróleo e gás natural. Contudo, acrescentou, se atendesse às demandas do Greenpeace e de outros "leitores" e rejeitasse anúncios de automóveis e empresas de viagem, sofreria um "baque financeiro grave" e seria forçado a demitir muitos dos seus jornalistas. Em compensação, o jornal prometeu que não usaria mais a expressão "crise climática" nas suas notícias. Todas as referências dali em diante seriam à "emergência climática".[12]

"Combater a mudança climática" se transformou em um movimento social amplo que, além de afetar políticas públicas e decisões de negócios, engaja cada vez mais pessoas nas suas vidas pessoais e no seu senso de

Capítulo 41 Transição energética **375**

responsabilidade. Na Grã-Bretanha, a Royal Shakespeare Company encerrou um presente de oito anos de uma petrolífera devido à "intensidade dos sentimentos" entre os jovens. Alguns indivíduos se tornaram veganos, desistindo da carne e dos laticínios, já que as vacas produzem metano. Invocando a "vergonha de voar" oriunda da Escandinávia, uma manchete do *New York Times* perguntava: "Você deveria se sentir culpado por voar?". A resposta parecia ser que sim caso o leitor voasse mais de seis vezes por ano. Essa dimensão pessoal se tornou tão importante que uma das grandes redes de televisão americanas convida "aqueles que se importam profundamente com o futuro do planeta" a visitar sua página de "confissões" e compartilhar histórias pessoais sobre como "não conseguiram impedir a mudança climática".[13]

Capítulo 42

GREEN DEALS

O clima transformou-se em política pública prioritária em diversas nações. Dos países do G20, 14 adotam ou anunciaram o plano de adotar mecanismos de precificação de carbono ou alguma forma de imposto sobre carbono. A Grã-Bretanha anunciou que se comprometerá legalmente com zerar as suas emissões de carbono até 2050. Duas dúzias de países prometem fazer o mesmo, embora a trajetória que seguirão não esteja clara para a maioria deles.

A Europa, mais do que qualquer outra região do planeta, está em busca de um mundo "depois de Paris". E, também mais do que qualquer outra, a Europa busca usar políticas governamentais para impulsionar essa transição energética. Com a declaração de que o clima é o "desafio mais urgente da Europa", Ursula von der Leyen, presidente da Comissão Europeia, prometeu transformar a Europa no "primeiro continente neutro em carbono do mundo". O diretor do Banco Europeu de Investimento foi além. Quando anunciou o fim do financiamento de projetos de gás natural até 2022, afirmou que "o clima é o item número um da pauta política da atualidade".

O *Green Deal* da União Europeia pretende transformar a neutralidade de carbono em uma meta vinculante para todo o continente até 2050. A expressão "neutralidade de carbono" exige mais explicações, pois será fundamental para o discurso no futuro. De acordo com o World Resources Institute, "neutralidade de carbono" não é o mesmo que "zero carbono". "Neutralidade" significa minimizar as "emissões causadas pelos seres humanos" até "o mais próximo possível de zero", com "quaisquer [emissões] remanescentes" compensadas pela "quantidade equivalente de remoção de carbono"; por exemplo, por "restauração das florestas" ou captura de carbono. Em outras palavras, é possível emitir carbono, mas uma quantidade igual de carbono deve ser capturada de alguma maneira. Hoje, a Europa é responsável por cerca de 12% das emissões de CO_2 causadas pela queima de carbono (ver Figura 2).

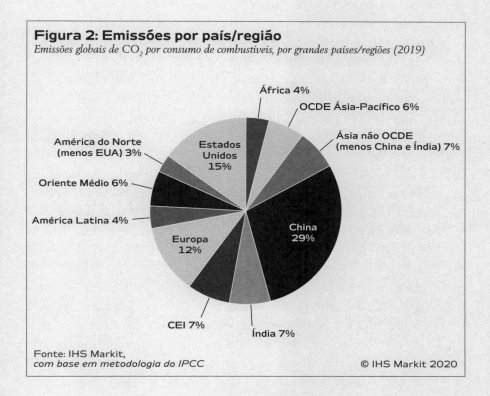

Figura 2: Emissões por país/região
Emissões globais de CO_2 por consumo de combustíveis, por grandes países/regiões (2019)

Fonte: IHS Markit, *com base em metodologia do IPCC*

© IHS Markit 2020

378 O mapa do clima

Uma ferramenta básica para a neutralidade de carbono europeia é o *Taxonomia*, um relatório de 66 páginas, sustentado por uma análise técnica de 593 páginas, da autoria de dezenas de "líderes intelectuais". O relatório avalia 67 atividades econômicas em termos de "respeito ao meio ambiente" e "sustentabilidade". Seu objetivo é direcionar fluxos de investimento. A UE exigirá que os gestores requeiram "conformidade com a *Taxonomia*" dos seus fundos de investimento. O relatório será usado para orientar novas regulamentações e programas de governo para "investimentos verdes". Embora o gás natural "muito limpo" possa ser aceitável, a maior parte do gás natural e toda a energia nuclear são consideradas problemáticas sob o *Taxonomia*, o carvão deve ser eliminado e todas as minas de carvão devem ser fechadas. Além disso, 6 mil empresas com mais de 500 funcionários na Europa precisarão identificar quais das suas atividades são ambientalmente sustentáveis. A UE também está considerando "impostos de fronteira" (ou seja, taxas alfandegárias) sobre produtos de países que não contam com programas de precificação do carbono equivalentes ao europeu. A medida certamente causará disputas com os parceiros comerciais da Europa.[1]

No geral, a UE estabeleceu a sua posição na vanguarda do "alto comando verde" da economia. O objetivo da Europa para 2050 é de tirar o fôlego: nada menos do que reformular as atividades econômicas, direcionar os investimentos e reconstruir a economia europeia nas próximas três décadas. O programa agregará poder à Comissão Europeia em termos de regulamentação de empresas e alocação de capital. Quanto ao motivo pelo qual essa deveria ser a "prioridade número um" da UE, nas palavras de von der Leyen, dados todos os outros problemas do grupo, incluindo o seu próprio futuro, um empresário europeu ligado à Comissão Europeia especula que os países também "estão buscando uma nova narrativa para a ambição europeia".

"Os custos da transição serão grandes", afirmou von der Leyen, "mas os custos da inação serão muito maiores". A UE estabeleceu um mecanismo de "transição justa" de 100 bilhões de euros para aliviar o impacto nos países que ainda dependem do carvão. No momento, entretanto, os custos da "neutralidade de carbono" não estão claros. Como explica um artigo do Peterson Institute for International Economics, "se a transição para uma economia com impacto neutro no clima melhorará ou prejudicará o crescimento é uma questão quantitativa. Infelizmente, não sabemos o sufi-

Capítulo 42   *Green deals*   **379**

ciente". Ao mesmo tempo que defende que a prosperidade depende, no longo prazo, da descarbonização, o artigo também afirma que, nos próximos 5 a 10 anos, "a descarbonização inevitavelmente reduzirá o potencial econômico".

O *Green Deal* foi turbinado por um pacote anticrise de 825 bilhões de dólares, anunciado por von der Leyen em maio de 2020. A apresentação descrevia "o *Green Deal* europeu como o pacote de recuperação da UE" e como a "estratégia de crescimento da Europa". Uma parcela significativa dos 825 bilhões era destinada a energia eólica e solar, "hidrogênio limpo", reformas de edifícios, "mobilidade limpa nas nossas cidades" e à instalação de 1 milhão de pontos de recarga para VEs.[2]

O objetivo geral, de neutralidade de carbono até 2050, é bastante ambicioso. A dificuldade fica mais evidente quando consideramos a estimativa de que, para que a Europa atinja a sua meta, as emissões *per capita* precisarão diminuir até o nível indiano. Contudo, a renda *per capita* na Índia é de 2 mil dólares por ano, em comparação com 38 mil dólares na Europa.

PARA ALGUMAS PESSOAS, O ANO 2050 ESTÁ MUITO DISTANTE E UMA transição de 30 anos seria demorada demais. Essa é a essência do *Green New Deal*, proposta apresentada nos degraus do Capitólio dos EUA pela esquerda do Partido Democrata, em 2019. A proposta é liderada pela deputada Alexandria Ocasio-Cortez, que decidiu concorrer ao Congresso após participar das manifestações contra o duto Dakota Access. O conteúdo da proposta está em sincronia com a plataforma do *Green New Deal* apresentada por Jill Stein, candidata do Partido Verde, na eleição presidencial de 2016.

A pauta divulgada logo antes do lançamento oficial do *Green New Deal* defendia que os Estados Unidos usassem 100% de energia limpa e renovável até 2030. O papel do setor privado seria secundário nesse projeto, pois "o governo está mais bem posicionado para ser a força motriz", mobilizando "investimentos federais maciços". Aparentemente, o programa paralisaria a atual frota aeronáutica, pois não existe uma alternativa em larga escala para o combustível de aviação. Entre as muitas propostas, agricultores e pecuaristas seriam forçados a trabalhar "livres de gases do efeito estufa", o que significaria eliminar todas as suas vacas, dadas as emissões

380 O mapa do clima

de metano dos bovinos. As propostas não relacionadas à energia incluíam empregos garantidos pelo governo. "O mundo vai acabar em 12 anos se não resolvermos a mudança climática", afirmou Ocasio-Cortez.

A pauta refletia o ponto de vista de alguns dos seus defensores, mas não todos. Alguns puxaram o freio logo antes do lançamento oficial do *Green New Deal*. O parceiro de Ocasio-Cortez no lançamento do programa, o senador Edward Markey, veterano de muitas décadas de batalhas legislativas, explicou que 100% não era uma previsão. Era uma "aspiração". No papel, a resolução era mais geral, conclamando uma "nova mobilização nacional, social, industrial e econômica" de 10 anos, "em uma escala inédita desde a Segunda Guerra Mundial e o *New Deal*", para gerar um *Green New Deal* e alcançar uma série de objetivos. Por exemplo, o programa "se contraporia a injustiças sistêmicas", mas o objetivo principal seria "atingir neutralidade de emissões de gases do efeito estufa" e que "100% da demanda de energia dos Estados Unidos" viesse de "fontes de energia limpas, renováveis e com emissões zero".[3]

Nos debates presidenciais americanos de 2012, nenhuma pergunta tratou sobre o clima. Nos debates de 2016, o clima recebeu um total de cinco minutos. Em 2020, a CNN realizou um encontro de sete horas com os candidatos sobre o tema. O clima tornou-se um item importante na pauta das primárias do Partido Democrata. Alguns candidatos defenderam a proibição do fraturamento hidráulico. As pesquisas indicam que o clima é um problema importante para os eleitores, especialmente na geração *millennial*.

Durante as primárias, os candidatos entraram em conflito devido aos seus planos de ação. O programa de 1,7 trilhão de dólares de Joe Biden e o de 4 trilhões de Elizabeth Warren eram minúsculos ao lado do programa de 16,3 trilhões de Bernie Sanders. A longa lista de iniciativas de Sanders incluía 35 bilhões para que as pessoas reflorestassem seus gramados ou os transformassem em "espaços produtores de alimentos", além de "garantir que os combustíveis fósseis permaneçam no solo" e proibir exportações e importações de petróleo. Sanders não explicava como seria possível banir as importações e exportações de petróleo junto com a produção nacional e ainda manter a sociedade e a economia funcionando. Também não mencionava o que aconteceria com os 12,3 milhões de empregos associados com a indústria de petróleo e gás natural nos Estados Unidos.

Ainda assim, para muitos, a determinação e o comprometimento em acelerar a transição energética estão presentes, e seus defensores acreditam profundamente nela. Mas haverá dinheiro para ela após os custos da crise do coronavírus e os trilhões de dólares, libras e euros em títulos de dívida emitidos para enfrentá-la?

Capítulo 43

O CENÁRIO DOS RECURSOS RENOVÁVEIS

Como será o cenário de energia em 20 anos? Ou em 30? Sim, será de "menos carbono". Mas do que esse sistema será composto? No momento, parece que o sistema energético nas próximas décadas continuará a ser um *mix*, como no passado, mas um *mix* em transição, diferente de um país para o outro, e certamente com menos carbono do que o atual.

A paisagem energética será pontuada por inúmeros painéis e turbinas eólicas. São as "renováveis modernas", em comparação com as energias renováveis tradicionais: hidrelétrica, madeira e biomassa. Esses serão alguns dos elementos mais importantes para atingirmos a meta climática de substituir a geração de eletricidade que produz CO_2 por fontes livres de carbono. A energia nuclear ainda é a maior fonte de energia zero carbono do mundo, mas a diferença em relação à eólica e à solar está diminuindo. Embora ambas sejam chamadas de renováveis "modernas", nenhuma das duas é exatamente nova. Ambas existem há cerca de meio século.

Capítulo 43 O cenário dos recursos renováveis **383**

A base teórica para os painéis solares da atualidade, os painéis fotovoltaicos (FVs), foi estabelecida por Albert Einstein em "Sobre a produção e transformação da luz", artigo de 1905. Como Einstein explicou, a luz que chega do Sol é composta de fótons, pacotes de energia que podem deslocar os elétrons em torno do núcleo de um átomo e criar uma corrente elétrica. Einstein recebeu o Prêmio Nobel da Física por esse artigo, sua "descoberta da lei do efeito fotelétrico", em 1922. Mas foi apenas em 1953 que o efeito fotovoltaico foi demonstrado no Bell Labs, em Nova Jersey.

A indústria solar moderna começou de fato em 1973, com o lançamento de dois projetos. Um era uma unidade da Exxon. O outro era comandado por Joseph Lindmayer e Peter Varadi, dois cientistas refugiados da Europa que haviam trabalhado no programa espacial americano. Outros empreendimentos surgiram nas décadas seguintes, criados principalmente por empresas petrolíferas que tentavam se proteger das incertezas do futuro da energia e por empresas de tecnologia japonesas instigadas pela falta alarmante de recursos naturais no arquipélago japonês. O apelo da energia solar é enorme desde então. Nas palavras do professor Martin Green, líder em pesquisa solar há décadas: "A tecnologia fotovoltaica em si é meio mágica. Os raios do Sol simplesmente incidem sobre esse material inerte e você extrai eletricidade direto dele". Durante muitos anos, no entanto, o mercado de FVs foi apenas um nicho para usos isolados da rede elétrica tradicional: levar eletricidade a casas isoladas, locais remotos ou, para a falar a verdade, plantações de marijuana que não queriam que suas contas de luz chamassem a atenção da polícia para seus negócios ilícitos. Muitas pessoas conheceram a energia solar pela calculadora de bolso.[1]

O que popularizou a energia solar foi o casamento da política ambiental alemã com a maestria industrial chinesa. A partir da década de 1990, a legislação tarifária de *feed-in* alemã exigia que as concessionárias de energia comprassem eletricidade de fontes renováveis a altos preços e dividissem os custos entre todas as contas de luz. A lei serviu de alicerce para uma transição mais ampla, a *energiewende* ("virada energética") alemã, que pretendia substituir a energia convencional por eólica e solar. Os subsídios generosos dessas tarifas aceleraram a implementação da energia renovável, ao mesmo tempo que fizeram subir os preços da energia elétrica residencial na União Europeia.

384 O mapa do clima

As empresas correram para atender à demanda grande e crescente por energia solar e eólica. Contudo, embora o mercado solar criado pela *energiewende* tenha nascido na Alemanha, os painéis poderiam vir de qualquer lugar. Com o tempo, a maioria deles viria do colosso solar chinês, que acabaria com os fabricantes alemães.

Até 2006, a China mal contava como um figurante na produção de fotovoltaicos. Foi então que empreendedores chineses, apoiados pelo governo central e por autoridades locais e regionais, na forma de terras, grandes empréstimos de baixo custo e outros subsídios, começaram um esforço substancial nesse sentido. A mudança coincidiu com o maior estímulo à energia solar na Espanha e na Itália, além de na Alemanha, alimentado por subsídios significativos. Em 2010, já havia 123 fabricantes de painéis solares na China.

Entre 2010 e 2018, a capacidade de fabricação de painéis solares na China quintuplicou, o que ia muito além da demanda global. A China fabricava muito mais painéis solares do que o mercado conseguiria absorver. Os preços despencaram. À medida que a sua participação de mercado aumentava, as empresas chinesas também sofriam com uma intensa pressão financeira. Algumas foram à falência. Em dois anos, o Banco de Desenvolvimento da China estendeu 47 bilhões em linhas de crédito para manter vivas empresas chinesas que davam prejuízo.

Para aliviar o excesso de capacidade e combater o desemprego, o governo chinês decidiu criar um mercado interno para os fabricantes de placas solares em apuros. O objetivo também seria atender a uma necessidade nacional crítica — reduzir a poluição sufocante das usinas termelétricas a carvão mais antigas e, ao mesmo tempo, continuar a atender à demanda por eletricidade crescente do país. Em 2013, a China superou a Alemanha e tornou-se o maior mercado para painéis solares instalados; em 2017, o país representava metade de todo o mercado global.[2]

Hoje, a China produz quase 70% dos painéis solares do mundo. Se somarmos as empresas chinesas que fabricam em outros países, a participação da China sobe para quase 80%. A China produz 70% das células solares fotovoltaicas que servem de base para os painéis. Em relação às pastilhas solares a partir das quais as células são produzidas, a participação chinesa é ainda maior, de quase 95%. Isso significa que, em termos de energia verde, a China já atingiu a meta do programa

Capítulo 43   O cenário dos recursos renováveis

"Made in China 2025" de ter um papel dominante nos novos setores do século XXI.

A vantagem competitiva irresistível da China é produto de muitos fatores: apoio do governo e financiamento de baixo custo, escala (fábricas muito maiores), reduções no preço do polissilício, foco em custos, proximidade às cadeias logísticas, padronização dos produtos e melhorias tecnológicas contínuas. Martin Green também aponta para outro fator. "Os atuais preços baixos dos fotovoltaicos", segundo ele, são também "o resultado de combinações fortuitas de eventos e personalidades", incluindo o fato de diversas lideranças de diferentes empresas chinesas terem trabalhado, em diversos momentos, com as suas equipes na Austrália. O custo dos painéis solares despencou incríveis 85% entre 2010 e 2019, uma queda causada principalmente pela produção chinesa, pela capacidade maciça e pelas melhorias tecnológicas. Assim como o advento do xisto, uma queda dessa magnitude nos preços está sendo revolucionária para o mundo da energia. Os custos de instalação totais também diminuíram significativamente, ainda que não na mesma proporção.[3]

A China também firmou uma posição decisiva nos elos iniciais da cadeia logística da energia solar. Hoje, o país produz quase 60% do polissilício, uma matéria-prima crítica para a indústria. O país também empreendeu um esforço significativo para ampliar a sua indústria nacional de equipamentos de FVs e reduzir a dependência de fornecedores ocidentais.

A ascensão da energia solar tem sido extraordinária. A capacidade instalada global em 2019 era de 642 gigawatts, 14 vezes o que fora pouco mais de uma década antes. Os painéis nos telhados podem ser mais visíveis, mas mais de metade da capacidade instalada total entre 2010 e 2019 foi em projetos em grande escala, ou seja, parques solares ligados à rede.

O crescimento global da capacidade foi alimentado principalmente por dois fatores. Um foi a enorme queda dos preços e o que a REN, uma organização que defende as fontes renováveis de energia, chama de "concorrência de preços mortal" resultante da capacidade excedente dos fabricantes de FVs chinesas. O outro é um sistema global crescente de incentivos, subsídios e mandatos em nível nacional, estadual e local que exige quantidades progressivas de energia renovável nos sistemas elétricos. A expansão

386 O mapa do clima

da capacidade de geração de eletricidade FV em 2019 foi maior do que o aumento dos combustíveis fósseis e da energia nuclear. Mas há um porém importante aqui: o "tempo de operação" é muito menor do que a "capacidade". Boa parte dos combustíveis fósseis e das usinas nucleares são a carga de base ou podem ser administrados para correlacionar-se com a demanda por eletricidade a cada momento. A energia solar é intermitente, dependendo principalmente da disponibilidade de luz solar, e a geração real pode acabar sendo igual a apenas cerca de 20% da capacidade.[4]

EMBORA A INDÚSTRIA EÓLICA MODERNA, ASSIM COMO A SOLAR, REMONTE à década de 1970, seu crescimento real ocorreu no século XXI. Em 2000, a capacidade eólica instalada mundial era de apenas 17 gigawatts. Em 2019, o número atingia 618 gigawatts. Mais de 40% da capacidade eólica instalada total está na Ásia, e três quartos dessa parcela estão na China.[5]

O crescimento é impulsionado por forças semelhantes àquelas que aceleraram a energia solar, a começar pela inovação tecnológica. Torres mais altas, hélices mais longas, novos materiais, *softwares* e controles mais sofisticados, modelos eólicos e previsão do tempo melhores — todos transformam mais vento em eletricidade. Embora 95% da capacidade eólica total esteja em terra, o setor está se aventurando no *offshore*, onde os ventos podem ser mais fortes e constantes, as torres podem ser maiores e os recursos eólicos têm o potencial de serem muito maiores, mas onde os desafios técnicos das ondas e do desgaste também são mais intensos. Até o momento, o desenvolvimento da energia eólica *offshore* se concentra na Europa, principalmente em torno do Mar do Norte, ainda que também esteja crescendo na costa da China e haja projetos em andamento na costa leste dos Estados Unidos.

A segunda força é composta dos incentivos e subsídios, assim como das normas legais em favor do uso de fontes de energia renovável na geração de eletricidade. A terceira é a queda dos custos, resultado do que a REN, ecoando seus comentários sobre energia solar, chama de "concorrência feroz no setor". Esse último fator aumentou a pressão sobre as empresas, o que levou a falências, reestruturações e fusões.

Assim como no caso da energia solar, a tão citada "capacidade" pode ser enganosa. Da mesma forma que a solar, a energia eólica é intermitente.

Ela depende de o vento soprar. Mas os fatores de capacidade estão aumentando com os avanços tecnológicos. Hoje, a média ponderada global é de cerca de 25%, embora seja maior com as novas turbinas.

A participação da energia eólica na geração de eletricidade é maior na Europa, onde representa quase 12% do suprimento total. A China tem cerca de 5%, os Estados Unidos, cerca de 7%. Nos Estados Unidos, o estado que mais gera eletricidade a partir do vento não é a Califórnia, como seria de imaginar, mas o Texas, com 15%. Se fosse um país independente, o Texas seria o sexto no mundo em termos de capacidade eólica instalada. Boa parte das turbinas eólicas do Texas estão no oeste do estado. A Bacia do Permiano, além de rica em petróleo e gás natural no subterrâneo, também abunda em recursos eólicos acima do solo.

O CRESCIMENTO ACELERADO DA ENERGIA SOLAR E EÓLICA ESTÁ REVO-lucionando o modo como o setor de energia elétrica opera há mais de um século e transformando a sua estratégia e a sua estrutura. "As pessoas entendem que precisamos de mais eólica, solar e hidrelétrica", afirmou o CEO de uma concessionária de energia europeia. "É um desafio fundamental para o modelo de todas as empresas de energia." O modelo tradicional de geração "central", baseado em carvão, gás natural e usinas nucleares, está sendo substituído pela geração "distribuída e intermitente", baseada em parques eólicos e painéis solares espalhados por toda uma região. Mas sistemas "distribuídos" criam desafios, especialmente em termos de estabilidade e confiabilidade da rede, que são uma missão fundamental das concessionárias de energia. "Com o avanço da geração distribuída, o monitoramento dos fluxos bidirecionais no sistema e a gestão de potenciais sobrecargas do circuito, será preciso adotar mais tecnologias em mecanismos de controle e armazenamento", explica Christopher Crane, CEO da concessionária americana Exelon e presidente do Edison Electric Institute.[6]

QUAL SERÁ A VELOCIDADE DESSA TRANSIÇÃO? E COMO SERÁ O MUNDO no outro lado dela? As previsões variam radicalmente. Nos cenários da IHS Markit, o consumo de eletricidade global terá crescido até 60% em 2040. As energias eólica e solar representarão de 24 a 36% da geração total a essa altura. Em ambos os casos, seria um aumento considerável

388 O mapa do clima

em relação aos atuais 7% globais. Os motivos para essa variância vêm dos fatores esperados: incertezas e pressupostos diversos sobre tecnologia, inovação, políticas públicas e fundamentos econômicos.

As energias eólica e solar, juntas, tiveram um crescimento radical, de 2% da geração de energia americana, em 2010, para 9%, em 2019, e continuarão a crescer rapidamente. Ainda assim, é muito improvável que toda a eletricidade americana venha de fontes renováveis até 2040. Não há tecnologia ou investimento para isso, a rede não suportaria a situação e não existe uma varinha de condão para obliterar a infraestrutura energética atual dos EUA e transformar o ambiente político e regulatório, ao mesmo tempo garantindo a confiabilidade do abastecimento para consumidores que dependem da eletricidade. A futura eletrificação da economia aumentará a demanda, o que significa que atingir 100% seria ainda mais improvável.[7]

Uma análise da situação global destaca a mesma questão. Mesmo a Dinamarca, que produz mais energia eólica do que consome, também depende da importação de eletricidade gerada por usinas nucleares suecas, hidrelétricas norueguesas e termelétricas a carvão alemãs para estabilizar o seu abastecimento de energia.

É preciso levar em conta a existência de enormes investimentos de capital realizados no passado, o investimento da indústria de energia elétrica em todo o mundo e os novos investimentos em andamento. Em 2011, após o acidente nuclear de Fukushima, no Japão, a Alemanha decidiu fechar seus 17 reatores nucleares até 2022. Entre 2011 e 2019, no entanto, a China adicionou 34 reatores nucleares novos, o dobro do número de reatores fechados na Alemanha. Alguns reatores nucleares foram fechados nos Estados Unidos pela dificuldade de concorrer com o gás natural barato, mas quase cem ainda estão em operação e geram 20% da eletricidade americana. Quanto ao gás natural, o crescimento da sua contribuição para a energia mundial total em 2018 foi mais do que o dobro do índice das fontes renováveis. Na soma geral, a transição energética é complexa e precisa de um pouco de perspectiva.

O MUNDO ESTÁ CADA VEZ MAIS ELETRIFICADO, MAS ISSO TAMBÉM aumenta a necessidade de um abastecimento confiável e previsível de eletricidade. Os pontos positivos das energias eólica e solar são óbvios. Uma vez que a capacidade está paga e instalada, não há o custo do combustível. Há custos, no entanto, de manutenção e de gestão da energia renovável, para o sistema como um todo. A variabilidade das energias eólica e solar (ou seja, a sua intermitência) cria alguns grandes desafios. O primeiro é como integrar quantidades grandes e flutuantes de energias eólica e solar a uma rede elétrica que geralmente opera com base na transmissão ordeira de eletricidade gerada em usinas convencionais, correlacionada com a demanda em um determinado horário, e que garante o abastecimento confiável para os consumidores. À medida que a quantidade de energias eólica e solar cresce, surge outro problema. Em seu livro sobre energia solar, em geral positivo sobre a tecnologia, Varun Sivaram alerta que "a maior penetração da energia solar pode tornar a rede menos confiável". "Muito mais energia solar está a caminho, trazendo consigo oscilações radicais na produção de energia, o que pode aumentar o risco de blecautes", completa. Sivaram também cita o risco econômico para o setor de energia solar, que chama de "deflação do valor". Quando a energia solar (ou a eólica) inunda a rede, essa maré cheia reduz os custos em direção a zero, o que diminui o retorno para os investidores e tem o potencial de minar os investimentos em infraestrutura solar (se não forem resgatados pelo governo).[8]

Em outras palavras, ao menos por ora, as energias solar e eólica não conseguem resolver tudo sozinhas. Elas precisam de parceiros. A geração por gás natural é um parceiro flexível para as energias solar e eólica. O gás produz menos carbono e menos emissões (com o controle de metano), e o seu uso para a geração de eletricidade pode ser ampliado ou reduzido para compensar as flutuações das energias eólica e solar.

A integração das fontes renováveis exigirá uma gestão cada vez mais complexa da rede. Ela também depende de resolver um segundo desafio: o armazenamento. O petróleo pode ser armazenado em tanques, o gás natural, em cavernas subterrâneas. No momento, entretanto, não existe algo equivalente para armazenar grandes quantidades de eletricidade por mais do que algumas horas, como seria necessário, observa Ernest Moniz, ex-secretário de Energia dos EUA. A única capacidade significativa existente vem do chamado "armazenamento por bombeamento", que é uma forma de energia hidrelétrica. Contudo, essa capacidade é muito pequena, e seu potencial de crescimento é limitado.[9]

Muitos esforços estão sendo dedicados à tentativa de desenvolver baterias de grande porte, economicamente capazes de armazenar grandes quantidades de eletricidade que poderiam ser transmitidas de maneira ordenada.

ATÉ POUCO TEMPO ATRÁS, AS ENERGIAS EÓLICA E SOLAR ERAM CHAmadas de "alternativas". Não é mais o caso. As duas se tornaram parte do sistema convencional e serão partes fundamentais da geração de energia elétrica no futuro. Mais de metade do investimento total em energia renovável, mais uma vez, concentrou-se na Ásia. A maior parte desse investimento ocorre na China, país que, por acaso, consome um quarto de toda a eletricidade gerada no mundo. E a sua economia em crescimento precisa de ainda mais capacidade de geração de energia elétrica. A China continua a expandir sua geração de energias solar e eólica, mas também adiciona três novas usinas termelétricas a carvão de alta eficiência a cada mês.

Capítulo 44

TECNOLOGIAS REVOLUCIONÁRIAS

"Não temos as tecnologias para avançar na transição energética até a neutralidade de carbono", afirma Ernest Moniz. Quais tecnologias acelerarão e moldarão a transição energética? Um estudo denominado *Advancing the Landscape of Clean Energy Innovation* ("Avançando a Paisagem da Inovação em Energia Limpa"), que liderei ao lado de Moniz, conduzido pela Gates Foundation e pela Breakthrough Energy Coalition, identificou 23 tecnologias com o "maior potencial revolucionário". Esse grupo se divide em diversas áreas: tecnologia de armazenamento e bateria para a intermitência que dificulta o uso de energia eólica e solar em larga escala, reatores avançados e uma nova geração de reatores de pequeno porte, que revitalizariam a energia nuclear zero carbono. Os Estados Unidos contam com mais de 60 projetos de pesquisa avançados em energia nuclear no setor privado.[1]

O hidrogênio "queimou a largada" quase duas décadas atrás, com o "carro da liberdade" e a "rodovia do hidrogênio", na Califórnia. Contudo, o hidrogênio voltou a chamar a atenção como substituto do gás natural para o aquecimento e para células de combustível que serviriam de alternativa aos

392 O mapa do clima

veículos elétricos. Não é mistério. O hidrogênio já é amplamente utilizado no refino de petróleo e na fabricação de fertilizantes. Embora seja o elemento mais comum do universo, o hidrogênio não existe de forma isolada, exceto em casos raros. Para derivá-lo, é preciso romper moléculas. Hoje, a maior parte do hidrogênio é produzida a partir de carvão e gás natural (uma molécula de gás natural típica contém um átomo de carbono e quatro de hidrogênio). O hidrogênio também pode ser produzido por eletrólise, aplicando-se uma corrente elétrica à água. E essa eletricidade pode vir de fontes renováveis; por exemplo, o excesso gerado pelas energias eólica e solar em determinados momentos. A ampliação da escala exigirá avanços tecnológicos, redução de custos e gastos com infraestrutura.[2]

O hidrogênio pode vir a representar 10% ou mais do *mix* energético no futuro. Na verdade, há quem acredite que o hidrogênio está hoje onde a energia renovável estava duas ou três décadas atrás em termos de desenvolvimento. Também chama a atenção o fato de que o hidrogênio parece não envolver questões geopolíticas. É possível que seja uma ferramenta para os países atingirem metas ambiciosas de descarbonização ou uma oportunidade para exportações, o que o transformaria em uma *commodity* negociada nos mercados globais.

Técnicas industriais avançadas, incluindo a impressão 3D, poderão ter grande impacto no uso de energia, pois reduzirão os custos de transporte. Novas tecnologias de construção poderão levar a edifícios com eficiência energética muito maior. A modernização da rede elétrica e as cidades inteligentes poderiam aplicar tecnologias digitais, aumentar a resiliência e criar fluxos bidirecionais entre clientes e fornecedores de energia.

Um elemento crítico será o gerenciamento em larga escala do próprio carbono. Alguns autores rejeitam a captura de carbono, pois querem um mundo em que as atividades humanas simplesmente não gerem emissões de carbono. Mas essa atitude não é realista, dado o que seria necessário para chegarmos a um mundo de "neutralidade de carbono". O IPCC, da ONU, aloca um papel importante à captura de carbono, assim como o faz a Agência Internacional de Energia.[3]

A captura de carbono é essencial para o funcionamento do sistema natural — os pulmões do mundo. O que as plantas fazem é absorver CO_2 da atmosfera, armazenar carbono no seu tronco (árvores) ou nas suas raízes

Capítulo 44 Tecnologias revolucionárias **393**

e liberar oxigênio para ser respirado pelos seres vivos. Os agricultores, com suas lavouras, estão no ramo da captura de carbono desde o início da agricultura, 12 mil anos atrás.

Cerca de uma década atrás, houve um súbito interesse por captura de CO_2 (especialmente de usinas termelétricas a carvão). O gás seria liquefeito por compressão, transportado por um duto e armazenado no subterrâneo. Alguns projetos foram iniciados, mas a técnica se mostrou cara e envolvia muita engenharia pesada; não conseguiu ganhar força.

O Acordo de Paris de 2015 deu novo impulso ao desenvolvimento da "captura e armazenamento de carbono" (CCS). Em torno da mesma época, a letra "U", de "uso", foi agregada à sigla, que agora é CCUS, ou "captura, utilização e armazenamento de carbono" (*carbon capture, use, and storage*). Isso significaria encontrar aplicações comerciais além de gaseificar refrigerantes. Após Paris, a Oil and Gas Climate Initiative, o grupo de 13 empresas de petróleo e gás natural mencionado anteriormente, estabeleceu um fundo de pesquisa de 1,3 bilhão de dólares para estudar tecnologias da transição energética com foco em CCUS. Outro ímpeto importante veio do governo americano, que sancionou a chamada "45Q". A lei cria um subsídio fiscal para tecnologias de CCUS, análogo aos créditos fiscais que foram cruciais para a comercialização das energias eólica e solar no país.

Hoje, a CCUS adota muitas formas. Por exemplo, o carbono capturado é usado na fabricação de produtos como aço e cimento. A captura direta do ar (tirar CO_2 do ar) parecia fantasiosa, mas a técnica tem avançado e as unidades existentes estão sendo ampliadas.

E, para fechar o círculo, voltamos às chamadas "soluções naturais", ou seja, florestas, lavouras e outras plantas. É possível que tenhamos subestimado a Mãe Natureza. O reflorestamento e as melhorias nas práticas de cultivo são parte da história. Também existem projetos de pesquisa que pretendem criar superplantas, com apetite maior pela absorção de CO_2.

O objetivo, segundo a Harnessing Plants Initiative do Salk Institute, é "treinar as plantas" para "aumentar o seu potencial de armazenamento de carbono". Em outras palavras, as plantas podem desempenhar um papel maior do que o esperado para reduzir a diferença entre produção e absorção de carbono e integrar-se ao repertório de CCUS. A expressão "volta à natureza" ganha um novo sentido.[4]

O avanço dessas tecnologias exigirá tempo e dinheiro. Até 2030, se não antes, sinais e cadências indicarão o ritmo do progresso em todas essas frentes, e em outras que podem ainda não ter a mesma visibilidade.

Capítulo 45

O QUE SIGNIFICA "TRANSIÇÃO ENERGÉTICA" NOS PAÍSES EM DESENVOLVIMENTO?

A expressão "transição energética" tem significados diferentes para nações diferentes, especialmente entre os países em desenvolvimento. Um bilhão de pessoas não têm acesso a eletricidade; 3 bilhões não têm acesso a combustíveis limpos para preparar seus alimentos. Em vez disso, queimam madeira, carvão vegetal, resíduos agrícolas ou esterco em ambientes fechados, o que prejudica a sua saúde. O resultado é uma perspectiva diferente. "Dizem que temos que avançar além do gás natural, dar um passo além", diz Timipre Sylva, ministro do Petróleo da Nigéria. "A realidade é que a África ainda não chegou à energia renovável. Temos que superar a questão da pobreza energética na África. Muitas e muitas coisas não são levadas em consideração em toda essa conversa sobre energia renovável e veículos elétricos."

O que Sylva e outros como ele consideram que não foi levado em conta é que 3 bilhões de pessoas, quase 40% da população mundial — que a Organização Mundial da Saúde (OMS) chama de "os 3 bilhões esquecidos"

396 O mapa do clima

—, estão sujeitas à poluição do ar em ambientes internos causada por esses combustíveis de baixa qualidade. Segundo a OMS, é "o maior risco ambiental à saúde do mundo na atualidade". Esse tipo de poluição mata cerca de 4 milhões de pessoas por ano e inflige uma série de males e doenças a muitas outras. Entre crianças, pode levar a problemas de desenvolvimento.[1]

A Índia, com quase 20% da população mundial (e que logo será o país mais populoso do mundo), é um estudo de caso dos desafios enfrentados pelos países em desenvolvimento. A Índia demonstra como a expressão "transição energética" pode ter significados diferentes para um país em desenvolvimento e um já desenvolvido. Para um país em que quase 300 milhões de pessoas sobrevivem com o equivalente a 1,25 dólar por dia, a pobreza e o crescimento econômico não podem ser separados da energia. Os problemas energéticos enfrentados pela Índia refletem, em um painel gigante, aqueles presentes em muitos outros países em desenvolvimento.

A expressão "transição energética" tem múltiplas dimensões na Índia. É uma transição da pobreza e do uso de madeira e resíduos para a energia comercial. Isso significa mais saúde e menos poluição, tanto nas cidades (a Índia tem sete das 10 cidades mais poluídas do mundo) quanto nas moradias rurais, onde os fogões *chulha* tradicionais enchem os ambientes com gases nocivos à saúde. E significa garantir que o país atingirá a taxa de crescimento necessária para tirar centenas de milhões de pessoas da miséria. Nas palavras do levantamento econômico publicado pelo governo indiano, "a energia é um elemento fundamental do processo de desenvolvimento de qualquer economia".[2]

O desenvolvimento da Índia terá um impacto global. À medida que a sua economia cresce e se integra à economia global, sua influência política e econômica no mundo também aumenta.

A Índia sofre com a inadequação da energia moderna há muito tempo. A energia não comercial, conhecida popularmente pelo nome de biomassa (madeira e resíduos agrícolas e animais), serve de combustível para mais de metade da população indiana. Em termos de energia comercial, a Índia depende do carvão para mais de metade da sua energia total e quase 75% da sua eletricidade. O petróleo representa cerca de 30% da energia do país, mas 85% dele é importado. Essa situação gera ansiedade quanto à segurança energética e cria vulnerabilidades para a balança de pagamentos, se

Capítulo 45 O que significa "transição energética" nos países em... **397**

transformando em crise quando o preço do petróleo vai às alturas. O gás natural é 6% da energia total, em comparação com uma média global de cerca de 25%. A energia renovável moderna é apenas 3% do total; a nuclear, só 1%.[3]

Quando Narendra Modi tornou-se primeiro-ministro, em 2014, seu governo precisou enfrentar uma série de questões energéticas que impediam o crescimento da Índia. O governo Modi focou a energia como fator essencial para o crescimento econômico. Em 2015, para acelerar a reforma energética, Modi foi a Nova Déli para o Urja Sangam, uma conferência de energia nacional, e apresentou uma série de princípios para orientar o desenvolvimento energético: acesso, eficiência, sustentabilidade, segurança energética e, adicionada posteriormente, justiça energética. Modi falou sobre ajustes nos "mecanismos institucionais" para torná-los mais sensíveis, flexíveis e abertos a soluções de mercado.

Implementar esses princípios não tem sido fácil. O processo envolve sistemas complexos, onerosos, sobrepostos e, muitas vezes, imobilizantes de regulamentação, para os quais "pressa" não parece ser um fator muito importante. O "*raj* das licenças" do controle governamental ainda era onipresente. O governo gerenciava os preços sem relação com a oferta e a demanda. Tudo isso levava a um abastecimento inadequado e à escassez.

Subsequentemente, Modi reuniu figuras do governo e do setor privado para debater maneiras de romper o impasse em torno da posição energética indiana. Alguns defenderam que o "mercado" era volátil demais, aberto demais à manipulação e que não merecia confiança; o governo precisaria manter o controle e gerenciar o mercado. Outros disseram que os tempos haviam mudado, que a Índia não alcançaria os seus objetivos de crescimento e redução da pobreza sem grandes reformas e uma abertura para os mercados e para o mundo. No final, Modi levantou os olhos das suas anotações e declarou simplesmente: "Precisamos de novas ideias".

Essas "novas ideias" defendem uma transição energética que abrange todo o espectro. "Nossas necessidades energéticas são enormes e robustas", afirma Dharmendra Pradhan, ministro do Petróleo, Gás Natural e Aço. "A Índia terá a sua própria transição energética. Misturar todas as fontes de energia exploráveis é a única maneira viável de avançar no nosso contexto."[4]

398 O mapa do clima

Em casas e vilarejos de todo o país, a fumaça dos fornos e fogões contêm monóxido de carbono, carbono negro e outros poluentes, o que cria problemas de saúde graves e generalizados. Em resposta, o governo lançou uma "revolução da chama azul", para distribuir botijões de propano, derivado do petróleo e do gás natural, para 80 milhões de famílias em zonas rurais usarem em suas cozinhas. O governo reformou os sistemas fiscal, regulatório e de preços para incentivar a produção e o investimento em petróleo e gás natural *upstream*, tanto por parte de empresas indianas quanto por multinacionais, e abriu novas áreas para a exploração. Nas palavras do ministro do Petróleo, Pradhan, o governo busca "criar uma economia baseada no gás". Cerca de 60 bilhões de dólares foram destinados à construção de um sistema de gás natural, com grandes gasodutos e distribuição urbana. Um dos focos é a substituição do diesel por gás natural veicular para carros e caminhonetes, com o objetivo de reduzir a poluição urbana.[5]

A Índia está se tornando um *player* importante no mercado global de GNL. O país está diversificando as suas fontes e se tornou um importador significativo de petróleo e GNL dos Estados Unidos. Isso deu uma nova e significativa dimensão às relações entre os dois países, concretizada pela interdependência produzida pela escala desse comércio, algo que ninguém teria imaginado uma década atrás, nem em Nova Déli, nem em Washington. Outra iniciativa envolve usar usinas locais para converter os resíduos agrícolas em biocombustíveis e biogás, que podem ser usados para alimentar sistemas de distribuição maiores.

E, com a mudança climática em mente, o governo Modi definiu uma série de metas ambiciosas para a energia renovável. O governo também impôs tarifas aos painéis solares, para tentar garantir que as empresas indianas conseguirão competir com os painéis baratos importados da China. "A Índia buscará a sua própria transição energética", resume Pradhan.

O que Pradhan também está destacando é o abismo que alguns enxergam no debate sobre a transição energética no mundo desenvolvido, que menospreza os desafios e o sofrimento humano nos países em desenvolvimento e repudia, com o nome de "energia suja", aquilo que muita gente no mundo em desenvolvimento diz ser a energia limpa de que precisam para vidas melhores e mais saudáveis.[6]

Capítulo 46

O NOVO *MIX*

Ler o mapa era mais simples antes do coronavírus. Era possível determinar direções e tendências, embora os leitores discordassem sobre a velocidade e a extensão delas, às vezes intensamente. Mas a pandemia levou a um repentino abismo no mapa, e o mundo ainda está aprendendo a contorná-lo. Já é possível enxergar um pouco da nova topografia. Algumas tendências permanecerão as mesmas, outras serão aceleradas, algumas mudarão de direção e algumas simplesmente seguirão até o final.

Partindo da premissa de que o coronavírus é uma crise finita, haja ou não ondas futuras de infecção, e de que a ciência e a medicina não demorarão a gerar respostas, o que vemos para o futuro da energia quando olhamos além do período de recuperação da economia global?

Nos próximos anos, as políticas de CO_2 e GEE levarão a mudanças contínuas nos modos como a energia é produzida, transportada e consumida; em estratégias e investimentos; em tecnologias e infraestrutura; e nas relações entre os países. A adaptabilidade das empresas tradicionais será testada. Novos concorrentes precisarão provar os seus modelos de negócios. Parcerias e competição caracterizarão as relações entre diferentes tipos de empresas. Preocupações com segurança energética se ampliarão e passarão a envolver as cadeias logísticas que sustentam indústrias de baixa intensidade de carbono e os minérios dos quais dependem as tecnologias de energia renovável. A mudança climática é global, mas as nações responderão de maneiras diferentes, dependendo das situações específicas. Os países desenvolvidos terão mais flexibilidade. Os países em desenvolvimento enfrentarão dificuldades para equilibrar baixas emissões de carbono com soluções de baixo custo para promover o crescimento econômico, especialmente no esteio da crise do coronavírus.

E as ambições esbarrarão em uma realidade inegável: o sistema energético atual, mais de 80% dele baseado em petróleo, gás natural e carvão, com um enorme investimento pregresso em infraestrutura e cadeias logísticas, precisará atender às necessidades energéticas durante o período de recuperação e colocar o crescimento econômico de volta nos eixos (ver Figura 3). A escala desse sistema é enorme e não tem como mudar da noite para o dia. Por ora, a transição energética foi, na verdade, "a fase de adição energética", segundo

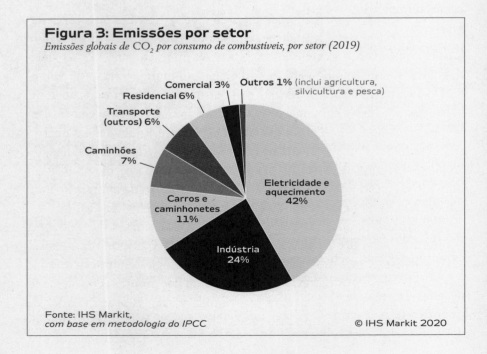

Figura 3: Emissões por setor
Emissões globais de CO_2 por consumo de combustíveis, por setor (2019)

Fonte: IHS Markit, com base em metodologia do IPCC
© IHS Markit 2020

Capítulo 46   O novo *mix*   **401**

o estrategista de energia Atul Arya.[1] A energia eólica e a solar têm aumentado, mas estão somando-se à convencional, também em crescimento.

Nos Estados Unidos, não se constroem novas termelétricas a carvão, e o número de usinas em operação está em queda. Em nível mundial, a situação é outra. A Ásia deve aumentar significativamente o seu consumo de carvão, com a construção de usinas termelétricas a carvão mais eficientes. O carvão pode ser uma parcela decrescente do total, mas ainda é importante para os dois países mais populosos do mundo, a China e a Índia, tanto para a geração de energia quanto para o emprego da mão de obra e a segurança energética.

Como observado, o carvão ainda representa quase 60% do abastecimento de energia total da China. "A China não vai abandonar o carvão", diz uma autoridade chinesa. "A China é diferente da Europa. É um país em desenvolvimento. Precisamos manter o nosso consumo, mas isso também significa fazer bom uso do carvão, de carvão mais limpo." O novo Plano Quinquenal (2021–2025) chinês reforça a ênfase no carvão para a segurança energética e conclama a "mineração de carvão verde e segura" e usinas termelétricas a carvão "limpas e eficientes".[2]

POUCO MAIS DE UMA DÉCADA ATRÁS, ALGUNS AUTORES PREVIRAM QUE o "pico do petróleo" — o "fim do petróleo" — estava se aproximando. Segundo eles, o mundo ficaria sem petróleo. Agora o argumento se inverteu para "pico de demanda": quando o consumo de petróleo atingirá o seu máximo e entrará em queda?

Desde que o petróleo jorrou do poço do Coronel Drake, em 1859, a demanda mundial aumentou continuamente, embora tenha havido quedas ocasionais por recessões, depressões e altas no preço. A grande exceção, é claro, foram os *lockdowns* impostos pelos governos que paralisaram boa parte da economia mundial em 2020, levando a um colapso inédito na demanda. Para fins de análise de tendência, entretanto, podemos usar 2019, ano em que o consumo global de petróleo era mais de 30% superior ao nível de 2000.

O consumo continua a crescer, mas o seu mapa mudou. Durante várias décadas, a demanda concentrava-se nos países industrializados da América do Norte, na Europa Ocidental, no Japão e na Austrália. A participação dos países em desenvolvimento era relativamente pequena.

402 O mapa do clima

Não mais. Desde 2013, o consumo de petróleo nos "mercados emergentes" e em outros países em desenvolvimento é maior do que nos países industrializados tradicionais. Entre 2000 e 2019, o consumo aumentou um pouco nos Estados Unidos, caiu um pouco na Europa e despencou no Japão senescente. Durante o mesmo período, quase todo o aumento na demanda por petróleo ocorreu nos países em desenvolvimento. Atualmente, a China é o segundo maior consumidor mundial, atrás apenas dos Estados Unidos; a Índia está em terceiro. E é nos mercados emergentes que o crescimento futuro continuará a ocorrer.

É claro que sempre houve o consenso de que a demanda global pararia de aumentar em algum momento. Mas imaginava-se que o "pico de demanda" era algo para o futuro distante. O motivo era simples: o aumento da população e da renda continuariam a intensificar a demanda. O número de automóveis aumentaria no mundo todo à medida que a propriedade de veículos particulares nos países em desenvolvimento alcançasse os índices do mundo desenvolvido.

Por ora, a diferença entre os dois grupos de países continua enorme. Em 2018, havia 867 carros para cada mil pessoas nos Estados Unidos e 520 para cada mil na União Europeia. Compare esses números com 339 na Rússia, 208 no Brasil, 160 na China e 37 na Índia. Em outras palavras, o número de automóveis do mundo aumentará significativamente com a renda, à medida que a população for dos atuais 7,8 bilhões de pessoas para 9,5 ou 10 bilhões.

Em Rivalidade, o cenário de planejamento da IHS Markit, a frota automotiva mundial cresce do seu nível atual de pouco mais de 1,4 bilhão e ultrapassa 2 bilhões de veículos até 2050. Desses 2 bilhões, cerca de 610 milhões serão elétricos, quase um terço do total. O giro da frota simplesmente não é rápido. As vendas anuais de novos carros representam apenas cerca de 6 a 7% da frota total. A maior parte da frota é composta de veículos que foram adquiridos nos últimos 12 anos; nos Estados Unidos, os carros permanecem na estrada por 11,8 anos, em média. Mas os VEs estão correndo atrás do prejuízo. Nesse cenário, cerca de 51% do total das vendas de carros novos será de VEs até 2050.[3]

É uma mudança substancial, mas não tão rápida quanto muita gente espera. Dadas as dificuldades econômicas e o desemprego causados pelas paralisações de 2020, as agências regulatórias poderão aliviar as exigências

Capítulo 46 O novo *mix* **403**

estritas de redução das emissões de carbono, que estimulam a transição para o carro elétrico. Na verdade, o mundo acabaria tendo quase o mesmo número de hoje de carros a gasolina nas estradas em 2050. Por outro lado, a eficiência de combustível será maior. As pessoas poderão até dirigir mais quilômetros em veículos a gasolina, mas a quantidade usada por quilômetro diminuirá. Essa variação, por sua vez, poderia reduzir o incentivo para abandonar os veículos a gasolina. Em um cenário mais radical, em torno da *auto-tech*, os números e tipos de carros mudarão mais rapidamente, em razão das regulações climáticas estritas e incentivos substanciais.

"O carro elétrico não vai ser o fim da era do petróleo", assegura Fatih Birol, diretor-executivo da Agência Internacional de Energia. Mesmo que todos os outros carros vendidos no mundo a partir de agora fossem elétricos, Birol explica, a demanda por petróleo ainda aumentaria. Os automóveis e caminhonetes (SUVs e picapes) representam 35% da demanda mundial por petróleo, sendo que apenas os carros correspondem a 20%. O resto do consumo de transporte é usado por caminhões, navios, trens e aviões. Espera-se que a frota global de aeronaves civis, embora mais eficiente, dobre até 2040. O crescimento desacelerado das viagens pode ter atrasado esse prazo em alguns anos, mas a demanda voltará; mais de 80% da população mundial jamais viajou de avião. A "vergonha de voar" pode ser uma moda social na Suécia, com 10 milhões de habitantes, mas a China, com 1,4 bilhão, constrói oito aeroportos novos a cada ano. Um dos problemas mais difíceis é encontrar alternativas para o combustível de aviação, além de biocombustíveis, cujos volumes são pequenos. E, mesmo que houvesse uma solução óbvia no horizonte, o impacto demoraria para se fazer sentir, dada a vida útil da frota existente e o tempo necessário para projetar novos aviões, certificá-los e integrá-los às frotas das companhias aéreas. Os caminhões, devido ao seu peso, precisam da densidade energética do petróleo para impulsionar suas cargas nas estradas, embora o GNL também seja usado para isso na China.[4]

O petróleo e o gás natural também são a matéria-prima para os produtos petroquímicos, dos quais são feitos os plásticos e muitos produtos químicos. Um movimento crescente concentra-se em limitar o uso de canudinhos plásticos e sacolas descartáveis, especialmente pela poluição do oceano e pelos resíduos trazidos pela maré que emporcalham as praias.

404 O mapa do clima.

Em Washington, D.C., a "polícia do canudinho" multa os restaurantes que usam canudinhos plásticos proibidos em segredo. A reciclabilidade, para substituir o plástico descartável, se tornou prioridade. O fenômeno é considerado parte da "economia circular", na qual os produtos são reutilizados, reciclados ou reproduzidos no final das suas vidas úteis, em vez de serem jogados em aterros sanitários.[5]

Mas, em linhas gerais, os resíduos plásticos não são um problema do mundo desenvolvido. Os Estados Unidos geram menos de 1% dos resíduos plásticos nos oceanos. Cerca de 90% da poluição plástica nos oceanos vem do despejo descontrolado de resíduos em 10 rios da Ásia e da África, o que, se gerenciado corretamente, reduziria drasticamente o problema. Sacolas plásticas e canudinhos podem ser o uso mais visível do plástico, mas representam menos de 2% do uso do material. Além disso, a crise do coronavírus demonstrou que as sacolas plásticas têm uma vantagem em termos de saúde, em relação às reutilizáveis.

A onipresença e a versatilidade do plástico também o transformam em uma das bases do mundo moderno. O plástico é usado em tudo. Por exemplo, para fabricar aviões mais leves (e, logo, com maior eficiência de combustível) e carros elétricos; em painéis automotivos e vidros de segurança; em lentes e para-brisas; em coletes à prova de balas; em tapetes, utensílios domésticos, meias-calças, roupas e sapatos; para embalar alimentos (em copinhos de iogurte, por exemplo) e mantê-los frescos (o que previne doenças). Os plásticos são usados no encanamento de água, o que elimina as tubulações de metal que enferrujam, e nos painéis solares, nas torres e hélices de turbinas eólicas e em telefones celulares.

O plástico também está integrado ao sistema de saúde. "Os derivados do petróleo são intrínsecos aos serviços de saúde moderna", nas palavras de um artigo da revista *American Journal of Public Health*. "Os plásticos são fundamentais para o modelo antisséptico da saúde moderna." Observe uma sala de cirurgia hospitalar: luvas, tubos, recipientes de líquidos intravenosos, instrumentos e ferramentas que colocam *stents* nos vasos sanguíneos de pacientes cardíacos. Além disso, "[99%] das matérias-primas e dos reagentes farmacêuticos são derivados de produtos petroquímicos". As máscaras N95, que se tornaram o emblema da epidemia de coronavírus, são feitas com produtos petroquímicos.[6]

Capítulo 46   O novo *mix*   **405**

A demanda por produtos petroquímicos aumenta mais rápido do que o crescimento do PIB, às vezes duas vezes mais rápido, e isso significa que o aumento da demanda nesse setor compensa o enfraquecimento em outros.

MAS ENTÃO QUANDO CHEGAREMOS AO PICO DA DEMANDA POR PETRÓleo? O cenário de Rivalidade, da IHS Markit, que serve de caso de planejamento, aponta para meados da década de 2030. No cenário alternativo Autonomia, o pico ocorre muito antes, devido a políticas governamentais fortes, à adoção mais rápida do carro elétrico e às consequências econômicas da crise do coronavírus de 2020. A resposta real será determinada pela concatenação de muitas forças, incluindo o que governos nacionais e municipais farão em termos de regulamentação e incentivos, crescimento econômico, disponibilidade de minérios, responsabilidade jurídica em torno dos veículos autônomos e da segurança dos sistemas de informação que os controlam, valores e estilos de vida da geração *millennial*, mídias sociais, aumento das viagens aéreas e do uso de produtos petroquímicos, conflitos geopolíticos e instabilidade social, *start-ups* que ainda não foram fundadas, novos avanços científicos e de engenharia e assim por diante. De suma importância serão as alterações nos hábitos de viagem e de ida e vinda do trabalho e da escola causadas pelas paralisações do coronavírus. Em suma, a lista é longa. O "pico" da demanda será seguido por um colapso? É mais provável que observemos um declínio gradual e estável. Em termos de números, o cenário de planejamento sugere que o consumo de 100 milhões de barris anterior ao coronavírus chegará a cerca de 113 milhões em 2050. Certamente não será o fim do petróleo. Mesmo em cenários nos quais as políticas climáticas se intensificam muito mais, o consumo de petróleo ainda cai apenas para 60 a 80 milhões de barris por dia em 2050.

Mas, então, qual será o futuro da indústria de petróleo e gás natural, um setor que soma 5 trilhões de dólares e fornece quase 60% da energia mundial? A indústria ainda precisará encontrar e desenvolver outros 3 a 5 bilhões de barris por ano apenas para compensar o declínio natural dos campos de petróleo, que ocorre após o campo estar em produção durante algum tempo. A Agência Internacional de Energia estima que será preciso investir mais de 20 trilhões de dólares em desenvolvimento de petróleo e gás natural nas próximas duas décadas.

As empresas de petróleo e gás natural estão se adaptando ao mundo "depois de Paris". As grandes multinacionais, em geral, concordam com alguma forma de precificação do carbono. Algumas preferem dizer que são "empresas de gás natural e petróleo", dada a ênfase crescente no gás natural como combustível abundante e com baixo teor de carbono. Com o gás natural, a empresa competirá cada vez mais para atender à geração de eletricidade, o que significa que seus concorrentes serão o carvão e a energia renovável. Projeta-se que o consumo mundial de gás natural crescerá duas vezes mais rápido do que o do petróleo. O segmento de GNL, que está costurando um mercado global único de gás, crescerá ainda mais rápido. Estima-se que a demanda por gás natural será 60% maior do que a atual até 2050.

Algumas organizações estão desenvolvendo a ambição de se tornarem "empresas de energia", ampliando sua área de atuação para incluir energia elétrica, serviços de energia e novas tecnologias. Seja qual for o nome, as maiores estão investindo mais em novas tecnologias, *start-ups* e "energia de baixo carbono" e fortalecendo a P&D interna. Os objetivos são múltiplos: ser mais eficientes, atender a pressões ambientais e exigências regulatórias e de investidores, "resolver" o carbono, participar de novas tecnologias e energias renováveis, desenvolver captura de carbono econômica, participar do futuro do transporte, integrar-se à economia digital, garantir a opcionalidade e preservar a sua "licença de operação". Com a "transição energética" em mente, estão investindo em baterias, recarga rápida para veículos elétricos, hidrogênio, parques eólicos, placas solares e até em fusão. Há uma ênfase redobrada em captura de carbono. Algumas adotaram a meta de neutralidade de carbono para 2050, que, aliada aos itens anteriores, entre outros fatores, envolverá maior eficiência energética, biocombustíveis e reflorestamento.

Durante os próximos anos, o mundo tentará recuperar o PIB de 90 trilhões de dólares e voltar ao caminho para os 100 trilhões, mas também se esforçará para ficar abaixo de 2 ou 1,5°C, e esse mundo ainda precisará de muita energia. Atingir essas metas e alterar as fontes de abastecimento exigirá o desenvolvimento de grandes novos sistemas. Muitos deles exigirão esca-

Capítulo 46   O novo *mix*   **407**

la e engenharia, além de habilidades técnicas e de gerenciamento de projetos, todos atributos que a indústria de petróleo e gás natural tem a oferecer.

Um dos maiores exemplos é o hidrogênio, que, como observado, tem o potencial de atender a 10% ou mais dos requisitos de energia totais e está conquistando o foco da indústria de petróleo e gás natural. Algumas empresas já atuam no ramo da energia eólica; algumas, acostumadas a construir e gerenciar plataformas de petróleo e gás natural *offshore* de grande porte e complexidade, estão entrando no negócio de geração de energia eólica *offshore*.

Se o futuro será de eletrificação crescente, até que ponto as empresas de petróleo e gás natural migrarão para a energia elétrica? Algumas já migraram. Os retornos financeiros serão um problema. A energia e os projetos de fontes renováveis ("geração e distribuição de baixo carbono") geralmente operam em mercados altamente regulamentados e geram taxas de retorno inferiores àquelas tradicionalmente obtidas por projetos de petróleo e gás natural. Como conciliar isso com a demanda dos investidores por retornos, que precisam atender às necessidades de aposentadorias e pensões, mas também criar uma carteira cada vez mais "verde" para os acionistas ativistas e investidores *millennials* interessados em "impacto"? Ao mesmo tempo, o ramo de eletricidade permite que as empresas participem de forma mais ampla da nova cadeia de valor da energia, aumenta a previsibilidade das receitas e compensa a volatilidade nos mercados de petróleo e gás natural, especialmente à luz do que aconteceu em 2020.

Com todas essas pressões em torno do clima, as empresas precisarão se concentrar em inovação e tecnologia e, ao mesmo tempo, na competitividade implacável, o que significa um foco constante em custos e eficiência. A concorrência será maior em diversas frentes: para atrair talento, adquirir fontes de petróleo e gás natural de baixo custo, desenvolver projetos, encontrar soluções de baixo carbono e inovar. Em última análise, essa competição determinará se o grande fornecedor de energia de hoje continuará a ter esse papel amanhã, sejam quais forem as formas de energia envolvidas.

O crescimento do xisto na última década o transformou em um segmento importante da economia americana como um todo. O setor é importante para a indústria do país. O gás de baixo custo beneficiou consumidores e negócios e estimulou centenas de bilhões de dólares em novos investimentos nos Estados Unidos. O xisto é um fator importante no desenvolvimento de um mercado de gás natural global competitivo. E, obviamente, o petróleo de xisto tornou-se o elemento mais dinâmico do mercado de petróleo mundial nos últimos anos.

Os Estados Unidos continuarão a ter gás natural em abundância, mas o crescimento caótico do petróleo de xisto parece ter terminado. O país continuará a ser um grande produtor e provavelmente recuperará parte do nível de produção perdido com a crise do coronavírus, mas não voltará ao auge de 13 milhões de barris por dia, alcançado em fevereiro de 2020, a menos que as circunstâncias mudem significativamente. A indústria do xisto já estava amadurecendo antes da crise do coronavírus, e as empresas reformulavam seus negócios para gerar retornos para os investidores. Esse processo teria se estendido por mais tempo, mas a crise o perturbou, e o acesso a capital e a reconstrução dos relacionamentos com investidores serão desafios críticos no futuro.

E quanto aos consumidores? São eles que usam os produtos, afinal. Como afirmou um executivo do setor de energia, se a sua empresa parasse de produzir petróleo amanhã, os padrões de consumo não mudariam em nada. As pessoas ainda dirigiriam seus carros e outra empresa as ajudaria a encher seus tanques. Sem um imposto sobre carbono, incentivos significativos ou tributação maior da gasolina, quantos consumidores estariam dispostos a pagar mais por energia verde — por exemplo, comprando um VE ou veículo com célula de combustível, ou escolhendo um plano de energia ambientalmente correto mais caro? Alguns, mas não todos. Em todo o mundo, comunidades em situação econômica mais precária poderiam enfrentar preços de energia mais elevados, o que faria os objetivos da energia verde confrontarem os da equidade.

O QUE AS MUDANÇAS NO MERCADO DE ENERGIA MUNDIAL SIGNIFICAM para os países exportadores de petróleo? Os mercados seguem ciclos, sempre seguiram. Os exportadores de petróleo enfrentarão volatilidade, embora o que aconteceu em 2020 tenha sido totalmente inesperado. Eles precisarão conviver com períodos de receitas baixas, o que significará austeridade e menor crescimento econômico, com maior risco de tumultos e instabilidade política.

Capítulo 46   O novo *mix*   **409**

A escala excessiva da indústria de petróleo nacional escanteia o empreendedorismo e os outros setores da economia em muitos países exportadores de petróleo, e pode promover o rentismo e a corrupção. Além disso, leva à supervalorização da moeda, o que prejudica negócios não relacionados ao petróleo. No futuro, mesmo com a recuperação dos preços, os países precisarão administrar as receitas do petróleo de maneira mais prudente, com o longo prazo em mente. Isso significa adotar orçamentos mais restritos e acumular um fundo soberano, capaz de investir fora do país e desenvolver fontes de receita independentes do petróleo, o que os ajudaria a diversificar a economia e se proteger contra variações no preço do petróleo e do gás natural.

Os países exportadores de petróleo também terão de concorrer com outros exportadores por novos investimentos de empresas que adotarão uma atitude seletiva, atenta aos custos e focada em "disciplina de capital". Isso levará os países a adaptarem os seus regimes fiscais e regulatórios para serem competitivos, atraentes, estáveis, previsíveis e transparentes.

A experiência mostra que é muito difícil diversificar e escapar da dependência excessiva. É preciso implementar uma ampla gama de mudanças: nas leis e regulamentações para empresas de pequeno e médio porte, no sistema educacional, no acesso a investimentos, nos mercados de trabalho, nos valores e na cultura da sociedade. Não são mudanças possíveis no curto prazo. Enquanto isso, o fluxo das receitas do petróleo gera uma contracorrente poderosa a favor do *status quo*.

À MEDIDA QUE CRESCEREM, A ENERGIA SOLAR E EÓLICA E OS VEs PRECI-sarão de "pás gigantes" para atender a uma crescente demanda por minerais e por terreno. Estima-se que uma turbina eólica em terra precise de 1.500 toneladas de ferro, 2.500 toneladas de concreto e 45 toneladas de plástico. Cerca de meio milhão de toneladas de matéria-prima precisam ser mineradas e processadas para fabricar a bateria de um carro elétrico.

O crescimento da energia renovável cria grandes oportunidades econômicas para os países exportadores de minerais, muitos dos quais estão localizados no Sul global. Essas nações enfrentarão problemas semelhantes aos dos países exportadores de petróleo. Elas precisarão garantir a existência de sistemas regulatórios, condições operacionais e práticas adequadas

410   O mapa do clima

de negócios. O crescimento da demanda por minerais também voltará um holofote ainda mais poderoso sobre os aspectos ambientais e trabalhistas da mineração e do processamento de minérios. Junto com a demanda, também crescerão as preocupações em torno do que poderíamos chamar de segurança mineral, ou seja, garantir cadeias logísticas confiáveis entre a mina e o consumidor.[7]

Em um mundo de competição entre grandes potências, fragmentação da globalização e reformulação das cadeias logísticas, a geopolítica será parte do novo *mix* energético, assim como é parte do atual.

Conclusão

O FUTURO EM DISRUPÇÃO

A onde nos leva esse novo mapa da energia e da geopolítica? O colapso do comunismo soviético, a transformação da China e a abertura da economia indiana — juntos, esses fatos trouxeram mais de 2,5 bilhões de pessoas para a economia mundial, o que criou conexões e oportunidades antes inimagináveis. O resultado foi o avanço na direção de uma ordem mundial mais colaborativa, baseada em uma economia global cada vez mais conectada, facilitada pela internet e pelo barateamento das comunicações, pelos avanços no transporte e pelos fluxos de capital, talentos e conhecimentos — e pessoas. Tudo isso está capturado pela palavra "globalização", e tudo foi alimentado pela energia.[1]

Mas agora a tendência tem o sentido inverso. O mundo rachou, com o ressurgimento do nacionalismo, do populismo e da desconfiança, com a competição entre grandes potências e com a ascensão da política da suspeita e do ressentimento. A globalização não vai desaparecer, mas está se tornando mais fragmentada e polêmica, o que dificulta ainda mais a já complicada busca de crescimento econômico.

Antes da crise do coronavírus, a economia global de 90 trilhões de dólares estava a caminho de ultrapassar os 100 trilhões em cinco anos. Ago-

412 Conclusão   O futuro em disrupção

ra, no entanto, é atormentada por vidas reviradas, tragédias, desemprego, pequenas empresas lutando pela sobrevivência, organizações sob pressão intensa, países empobrecidos, esperanças despedaçadas, governos no limite da capacidade de endividamento e perdas enormes de produtividade econômica. A economia global provavelmente precisará de dois a três anos para voltar aos 90 trilhões de dólares, e uma década para chegar aos 100 trilhões — pressupondo que vacinas e medicamentos contra o coronavírus não demorem a chegar.

A crise levará a mudanças de comportamento. Ao menos por algum tempo, veremos uma aversão à proximidade a grandes grupos, o que afetará viagens, eventos e as operações de empresas e instituições de ensino. Em se tratando de transporte, as pessoas poderão voltar a preferir a sua "própria" mobilidade, seu automóvel pessoal, em vez de adquirir serviços de mobilidade; durante alguns anos, muitas optarão por dirigir em vez de voar, quando possível. Também serão mais cautelosas no uso do transporte público. A tendência à digitalização em sua forma mais ampla — novas maneiras de trabalhar possibilitadas pelas tecnologias digitais, com o mundo físico substituído pelo virtual — acelerou-se subitamente. O trabalho não precisa ser concentrado em escritórios, empresas podem ser administradas de casa, jornais podem ser publicados com redações quase vazias; o tempo gasto indo e voltando do trabalho pode ser reduzido; reuniões de negócios podem ser substituídas por conexões digitais. Esses impactos durarão muito além dos *lockdowns*. Levou três anos após o 11 de Setembro e mais de sete anos após a crise financeira de 2008 para que as viagens aéreas nos Estados Unidos se recuperassem e voltassem aos patamares anteriores. A aceleração da inovação, especialmente em termos de inteligência artificial, aprendizado de máquina e automação, trará mudanças para todos os tipos de trabalho.

O papel do petróleo será questionado por essas mudanças no comportamento, no trabalho e no cotidiano. Ainda levará alguns anos, no mundo pós-vacina, para entendermos o seu impacto em viagens de negócios e turismo, na educação e no deslocamento para o trabalho, bem como para compreendermos se o "escritório do futuro" será também parte das nossas casas.

A crise também afetará a geopolítica, reforçando tendências já em andamento. Diante do nacionalismo e do protecionismo, o conflito entre

Conclusão O futuro em disrupção **413**

as nações se acentuará, a colaboração internacional será mais difícil e as fronteiras se fortalecerão. As instituições internacionais terão dificuldade para se firmar em uma comunidade global dividida. Os navios porta-contêineres ainda navegarão, mas a rede global de cadeias logísticas estará sob pressão, já que governos e empresas reavaliam a sua dependência delas, mais complexa do que muitos imaginavam, e dão mais ênfase à segurança, à resiliência e à "localização" — e à criação de empregos. A produção *just-in-time* e o gerenciamento de estoques abrirão espaço ao "só para garantir". A automação e a impressão 3D facilitarão esse rebalanceamento da economia mundial.

Nada deixa essas divisões mais claras do que o abismo entre os dois países dos quais depende a ordem mundial. Os Estados Unidos e a China não estão desacoplados. Apesar das suas diferenças crescentes, ligações extensas continuam a uni-los; os dois têm interesses mútuos e pontos em comum, incluindo fazer a economia global crescer e evitar conflitos. Mas os dois também se confrontam cada vez mais, e os laços que os unem estão sob tensão crescente, o que aprofunda a divisão entre eles. Para parafrasear Deng Xiaoping, o resultado pode ser "um planeta, dois sistemas" em relação a tecnologia, internet, finanças e relações comerciais. O "consenso da OMC" deu lugar à "competição entre grandes potências", à desconfiança crescente, à "rivalidade estratégica" e a uma corrida armamentista de alta tecnologia. A soma de tudo isso é uma nova guerra fria. Essa polarização e os riscos que a acompanham, incluindo a armadilha de Tucídides, serão um fator fundamental na política mundial nos próximos anos. Quanto mais arraigadas as posições, mais difícil será resolver os problemas específicos. O conflito atrapalhará o funcionamento da economia global e contribuirá para a sua fragmentação.

A disputa está criando impasses para muitos outros países que têm fortes laços com os Estados Unidos e a China, mas eles sofrerão pressão cada vez maior para se alinharem a um dos lados. Na guerra fria entre EUA e URSS, a União Soviética tinha um papel menor na economia global. Já a China está profundamente integrada e, pode-se dizer, é um dos pilares da economia mundial da atualidade. No verão de 2020, durante a escalada das tensões entre Estados Unidos e China, Lee Hsien Loong, primeiro-ministro de Singapura, alertou que as nações da região da Ásia-Pacífico

414 Conclusão   O futuro em disrupção

"devem evitar ficar presas no meio ou ser forçadas a escolhas ultrajantes". Como declarou uma alta autoridade de um dos países do G20, "quando os Estados Unidos e a China brigam, todo o resto do mundo sofre".[2]

A energia, especialmente o petróleo e o gás natural, continuará a ser uma parte essencial da geopolítica no mundo pós-coronavírus. A revolução do xisto alterou a economia americana e a posição dos Estados Unidos no mundo. A imensa escala dos três grandes (Estados Unidos, Rússia e Arábia Saudita) significa que a nova ordem do petróleo é dominada por eles. Na primavera de 2020, o colapso sem precedentes do mercado reuniu-os, mas seus interesses provavelmente voltarão a divergir à medida que o mercado e suas próprias posições se alterarem e que a mudança climática retornar ao centro do debate.

Para a Rússia, o petróleo e o gás natural continuarão a ser fundamentais na sua missão de reafirmar-se como grande potência, nas suas relações com a Europa, no conflito pela Ucrânia e no alinhamento com a China. A economia chinesa não crescerá com a mesma rapidez do passado, mas partirá de uma base econômica muito maior, e quantidades crescentes de energia serão necessárias para garantir esse desenvolvimento. É por isso que a energia é um elemento crucial para o país tanto no Mar do Sul da China, que alguns consideram um "acidente" esperando para acontecer, quanto na Iniciativa Cinturão e Rota e na busca pelo rebalanceamento da economia mundial. O petróleo, e mais recentemente o gás natural, obviamente continuarão fundamentais para o futuro do Oriente Médio, interferindo em perspectivas econômicas, rivalidades pela predominância regional, governança, demografia, estabilidade e nas relações da região com o resto do mundo. Ironicamente, no entanto, é exatamente esse protagonismo (e dependência) que cria o imperativo de tornar o petróleo e o gás natural menos críticos para o futuro da região.

OS RISCOS GEOPOLÍTICOS CONSTANTES (E, ÀS VEZES, INESPERADOS) QUE assolam o petróleo continuarão presentes, mas serão atenuados por diversos fatores. Mesmo que o número de veículos elétricos atual seja pequeno, o surgimento da eletricidade como concorrente no transporte e a possibilidade da *auto-tech* criam uma alternativa ao transporte baseado em petróleo e à sua dominância inquestionável. O impacto é intensificado à medida que as montadoras buscam cumprir as suas promessas de eletrificar suas novas frotas e os governos promovem a recuperação verde. A abundância liberada pela revolução do xisto na América do Norte, apoiada pelas areias betuminosas canadenses e pela nova produção em outras regiões, cria um "para-choque" significativo contra interrupções no abastecimento. Em geral, as energias solar e eólica competem com o gás natural e o carvão para gerar eletricidade, não com o petróleo no transporte. Contudo, a queda radical dos custos de ambas, assim como a sua escala, que cresce rapidamente, mexerá com o equilíbrio geral do *mix* energético à medida que o mundo se tornar mais elétrico. A crise do coronavírus demonstrou em que medida a digitalização se transformou em concorrente do transporte, usando elétrons para conectar as pessoas em vez de moléculas para movê-las.

Na verdade, todos esses fatores pertencem à próxima transição energética: o esforço de afastar-se do petróleo, do gás natural e do carvão, produtos de material orgânico soterrado milhões de anos atrás. A principal questão da atualidade não é a segurança energética, como em décadas anteriores, mas o clima e a mobilização em torno dessa pauta, especialmente entre os mais jovens. Para a China e a Índia, o mais importante é a poluição e a dependência das importações de petróleo e gás natural. Ao mesmo tempo, entretanto, para esses dois países — atualmente, o segundo e o terceiro maiores consumidores de energia do mundo —, garantir suprimentos de energia, incluindo petróleo e gás natural, é essencial para alimentar o crescimento econômico, elevar a renda das suas populações e reduzir a poluição.

A crise da covid-19 vai acelerar ou desacelerar a transição energética? Há quem defenda uma "recuperação verde", com as despesas do governo direcionadas para uma "infraestrutura favorável ao clima" e maior apoio financeiro para energias renováveis e veículos elétricos, além de maiores restrições a motores de combustão interna e regras para obrigar à "realocação de capital". Para os governos locais, a "recuperação verde" e o ar limpo passaram a justificar as restrições a carros com motores de combustão interna e automóveis em geral, o fechamento de determinadas ruas aos automóveis e a multiplicação das ciclovias e dos espaços exclusivos para pedestres.

416 Conclusão O futuro em disrupção

Mas a noção de uma transição energética completa e acelerada esbarra em obstáculos significativos, como a escala gigante do sistema energético que sustenta a economia mundial, a necessidade de confiabilidade, a demanda por recursos minerais para a energia renovável e a disrupção e os conflitos decorrentes de uma mudança acelerada. Além de tudo isso, temos o alto custo de uma transição rápida e a questão de quem pagaria por ela, dado o endividamento enorme incorrido pelos governos em 2020 para combater as consequências do coronavírus. No segundo trimestre de 2020, estimativas baseadas em uma análise da OCDE indicavam que seus membros, os países desenvolvidos, já haviam acumulado 17 trilhões de dólares em dívidas adicionais para lidar com a crise da covid-19.[3] Os ministros do Meio Ambiente podem dedicar todas as suas forças a acelerar a transição, mas terão de enfrentar os ministros da Economia, que se preocupam com orçamentos e déficits e com a necessidade primária de curar as feridas econômicas, promover a recuperação e levar as pessoas de volta ao trabalho. Em suma, nas próximas décadas, o suprimento de energia mundial virá de um sistema misto, caracterizado pela rivalidade e pela competição entre opções energéticas.

Nesse sistema, o petróleo continuará a ter uma posição proeminente como *commodity* global, sendo ainda o principal combustível que faz o mundo girar. Há quem simplesmente não queira escutar isso, mas é a realidade decorrente de todos os investimentos feitos, dos tempos de ciclo de novos investimentos e inovações, das cadeias logísticas, do seu papel central no transporte e da necessidade do plástico para o mundo moderno, que se estende às salas de cirurgia e ao modo como o mundo físico está organizado. Por consequência, o petróleo, ao lado do gás natural, que hoje também é uma *commodity* global, continuará a ter um papel importante na economia mundial; mais do que isso, será fundamental nos debates em torno do clima e do meio ambiente, nas estratégias das nações e nos conflitos entre elas.

A velocidade com que o *mix* energético mudará não será determinada, obviamente, apenas por políticas públicas e eleições. A tecnologia e a inovação, ingredientes das transições energéticas desde que Abraham Darby acendeu o seu alto-forno, em 1709, também serão importantes. Isso significa a capacidade de transformar ideias e invenções em tecnologias e

Conclusão O futuro em disrupção **417**

inovações e levá-las ao mercado. Não é algo que acontece rapidamente, pois a energia não é um *software*. Lembremos que a bateria de lítio foi inventada em meados da década de 1970, mas levou mais de três décadas para começar a deslocar carros na estrada. As indústrias modernas de placas fotovoltaicas e energia solar são do início da década de 1970, mas só começaram a ter escala após 2010. Contudo, o ritmo da inovação está acelerando, assim como o foco, em parte pela pauta climática e pelo apoio dos governos, em parte pelas decisões de investidores e em parte pela colaboração entre diferentes tipos de empresas e inovadores e pela convergência de tecnologias e capacidades, incluindo sistemas digitais, novos materiais, inteligência artificial, aprendizado de máquina, modelos de negócios e muito mais. O cronograma também dependerá dos talentos recrutados, dos recursos financeiros que apoiam esse trabalho, bem como de comprometimento, garra e criatividade. Esses fatores levarão às novas tecnologias, disruptivas ou não, que moldarão o novo mapa da energia e da geopolítica.

Ainda assim, o mapa não garante uma linha reta, pois perturbações, inevitavelmente e com alguma frequência, continuarão a redirecionar a trajetória. A revolução do xisto foi inesperada, assim como a crise financeira de 2008, a Primavera Árabe, o acidente nuclear de Fukushima, em 2011, o renascimento do carro elétrico, a queda violenta dos custos da energia solar, um vírus de morcego incrivelmente transmissível que levaria a uma pandemia e a uma era das trevas econômicas e as ondas de protestos que sacudiram a política americana em 2020.

Mas há disrupções que podemos antecipar, e até enxergar claramente, mesmo que não seja possível delinear a trajetória exata que nos levará do presente ao futuro. Os conflitos em torno do clima serão uma delas. Nesta era de tensões crescentes e de uma ordem global fragmentada, outra disrupção será o conflito entre as nações.

Epílogo

NEUTRALIDADE

Joe Biden não perdeu tempo. Poucas horas depois de sua cerimônia de posse como presidente dos Estados Unidos, em 20 de janeiro de 2021, Biden assinou uma ordem executiva que cumpriria, nas suas palavras, "o compromisso que firmei de que voltaríamos ao acordo do clima de Paris". Com isso, ninguém poderia duvidar de que o "clima" seria, como prometera, uma das maiores prioridades do seu governo. O ex-secretário de Estado John Kerry foi escolhido para ser o enviado presidencial especial para o clima dos EUA, com a missão de negociar a próxima fase de um pacto global; Gina McCarthy, ex-diretora da Agência de Proteção Ambiental, foi escolhida para liderar as políticas climáticas nacionais na Casa Branca; e todos os secretários do gabinete receberam uma missão relacionada ao clima.

O novo governo deixou claro quais seriam os seus objetivos: descarbonizar a eletricidade até 2035 e atingir a meta para os Estados Unidos até 2050: neutralidade de carbono. Outros países já estavam a bordo. Em 2019, a França, a Grã-Bretanha e a Comissão Europeia adotaram a meta de neutralidade de carbono, e o primeiro-ministro Boris Johnson prome-

420 Epílogo   Neutralidade

teu posteriormente que transformaria a Grã-Bretanha na "Arábia Saudita do vento". Na Ásia, a Coreia do Sul e o Japão adotaram metas para 2050. Mas o compromisso mais importante de todos, dada a escala das suas emissões, foi o chinês. Na Organização das Nações Unidas, em setembro de 2020, o presidente Xi Jinping anunciou que a China também daria "passos decisivos" na direção da neutralidade de carbono. Xi tinha um porém: a meta seria atingida até 2060. A China, que produz cerca de 30% do CO_2 antropogênico, precisaria de mais tempo para transformar a sua economia baseada em carvão.

As promessas se somam. Até a primavera de 2021, mais de 70% das emissões de CO_2 totais do mundo, e 80% do PIB mundial, estavam sob a promessa de neutralidade.

Para acelerar a descarbonização (e marcar o retorno dos Estados Unidos ao Acordo de Paris), em abril de 2021, Biden foi o anfitrião da Cúpula de Líderes sobre o Clima, um evento virtual durante o qual prometeu reduzir as emissões americanas em 50% ou mais até 2030, em comparação com o valor de referência de 2005. Seria um salto enorme em relação a 2019, quando as emissões caíram 13%, principalmente pela substituição do carvão por gás natural na geração de energia elétrica. Atingir essa meta exigiria, como o *New York Times* explicou, "uma reforma drástica da sociedade americana", que não seria possível apenas com o uso de "forças de mercado".[1] O objetivo exigiria intervenções governamentais extensas em toda a economia, com o uso de regulamentação, subsídios, incentivos, penalidades, direcionamento dos investimentos privados... e muito dinheiro do governo. Por exemplo, o governo propôs um pacote de infraestrutura de 2,3 trilhões de dólares no qual a soma alocada à promoção de veículos elétricos era 50% maior do que o total destinado a estradas, pontes, portos e vias fluviais. O presidente chinês Xi Jinping reiterou a sua meta para 2060 durante a cúpula, mas também resistiu às críticas às emissões da China. Segundo Xi, os países desenvolvidos tinham a responsabilidade de "aumentar as suas ações e ambições climáticas", o que compensaria as suas emissões durante as próprias industrializações.[2]

A "neutralidade de carbono" tornou-se a meta global para cumprir o objetivo de Paris de manter os aumentos de temperatura menos de 2°C (ou melhor, de 1,5°C) acima dos níveis pré-industriais. Desde o acordo de

Epílogo Neutralidade **421**

2015, "alinhamento com Paris" deixou de ser exclusividade dos governos. Organizações do setor financeiro, que representam dezenas de trilhões de dólares em ativos, acrescentaram o "risco climático" aos filtros que utilizam para tomar decisões sobre investimentos e empréstimos. Mais de 30 bancos centrais incluíram "clima" nas suas missões. A "divulgação climática", a ideia de demonstrar de que maneira as estratégias da empresa estão de acordo com o objetivo de Paris, tornou-se obrigatória em relatórios e demonstrações. Tudo isso põe o foco cada vez mais em Glasgow — a COP 26, a conferência climática sucessora de Paris 2015. O objetivo supremo de Glasgow é traduzir as ambições em "ação climática" (leis, regulamentações e investimentos) para reduzir as emissões, o que significa alcançar a neutralidade de carbono e fixar o 1,5°C, e não 2°C, como o parâmetro de referência.

Para acelerar a neutralidade de carbono global e proteger suas próprias indústrias, a União Europeia desenvolveu um "mecanismo de ajuste de carbono na fronteira". Basicamente, isso significa impor tarifas correspondentes a emissões de carbono sobre produtos oriundos de países que não têm a mesma "ambição" que a Europa, ou seja, que não têm os mesmos padrões estritos que a UE está impondo sobre as suas próprias empresas emissoras de carbono. A prática deve causar conflitos com os parceiros comerciais da Europa e ser questionada na Organização Mundial do Comércio.[3]

Uma diferença marcante entre a Europa e os Estados Unidos é o nível de consenso. Na maior parte da Europa, políticas climáticas consistentes são adotadas por membros de todo o espectro político. Nos Estados Unidos, por outro lado, ainda há uma divisão em torno de políticas, ciência e gastos do governo.[4]

A essa altura, o "quê" está claro em termos de transição energética: neutralidade de carbono. O que ainda não está certo é o "como", mais especificamente, como completar a jornada até a neutralidade de carbono em uma economia global que ainda depende de combustíveis fósseis para 80% da sua energia.[5] Essa será a grande questão na pauta global nos próximos anos.

As diferentes definições de transição energética complicam ainda mais a questão. Para alguns, a expressão significa não usar energia baseada em

422 Epílogo Neutralidade

carbono. Para outros, significa abatimentos, compensações e captura de carbono. Um país rico do norte da Europa tem muito mais flexibilidade (e riqueza) do que um país em desenvolvimento para atingir suas ambições. A Índia, com a sua população jovem e gigante, será cada vez mais um dos motores principais da economia global. Com centenas de milhões de indianos na pobreza, entretanto, o país necessariamente precisará buscar múltiplas alternativas para a transição energética, com metas bastante ambiciosas para energia eólica e solar. Mas também precisará investir em combustíveis comerciais para a preparação de alimentos nas zonas rurais, que substituiriam a madeira e os resíduos orgânicos, e na expansão do sistema de gás natural para reduzir a poluição. Como afirmou o primeiro-ministro Narendra Modi, é preciso "pensar lógica e ecologicamente".[6]

O SIMPLES FATO DE QUE TANTOS PAÍSES ADOTARAM VOLUNTARIAMENTE uma medida tão fundamental quanto a neutralidade de carbono é incrível. Que isso tenha ocorrido durante a covid-19, em meio a *lockdowns* onipresentes e à supressão das atividades econômicas, o torna mais incrível ainda. Mas então aconteceu algo ainda mais marcante. O tempo para desenvolver uma vacina encolheu dos tradicionais 5 a 10 anos para menos de um. "Se a ameaça era grande o suficiente, a velocidade era tudo que importava", afirmou Noubar Afeyan, cofundador da Moderna, que produziu uma das principais vacinas, em tempo recorde. A pandemia, completou, deu a necessária "permissão para pular" tecnologicamente as formas tradicionais de inovação.[7] À medida que as vacinas começaram a ser distribuídas, apesar do surgimento das variantes de coronavírus, o mundo preparou-se para uma forte recuperação econômica, que elevaria o PIB global de volta ao patamar pré-covid de 2019 e além.

Com a reabertura das economias, o colapso sem precedentes da demanda por petróleo do segundo trimestre de 2020, que reduzira os preços do petróleo ao negativo e forçara o colapso do setor em nível global, terminou. O acordo resultante da Opep+ e os cortes maciços na produção salvaram os preços do abismo. À medida que o potencial das vacinas se concretizou e as atividades econômicas foram retomadas, a demanda por petróleo aumentou, o que levou os preços de volta ao nível que permitiria novos investimentos em projetos de petróleo e gás natural.

Epílogo   Neutralidade   **423**

A indústria do xisto americana sofrera um baque particularmente forte, mas a recuperação dos preços a estabilizou e as empresas recorreram a fusões e à escala para reduzir os custos e garantir a competitividade. As empresas buscaram maneiras de cumprir a promessa de manter-se dentro do seu fluxo de caixa e gerar retornos para os investidores, então a segunda revolução do xisto também continuou. A produção de petróleo americana, que atingira o pico de 13 milhões de barris por dia em fevereiro de 2020, duas vezes e meia maior do que fora em 2008, caiu para cerca de 11 milhões de barris por dia no final do ano. Mesmo esse nível reduzido ainda tornava os EUA o maior produtor de petróleo do mundo.

Além disso, o ano se encerrou com um fato de grande importância, ainda que pouco notado. Pela primeira vez em 72 anos, desde que aquele navio com petróleo do Oriente Médio zarpou para os Estados Unidos, em 1948, os Estados Unidos tiveram independência energética (quando consideramos o saldo de energia). Em 2008, o país gastou quase 400 bilhões de dólares em importações de petróleo. Em 2020, esse número foi zero, o que significa que centenas de bilhões de dólares permaneceram na economia americana.

Mas, com o governo Biden tão focado no clima, o xisto não era considerado um ponto positivo para o país. Na verdade, Biden foi um dos poucos candidatos nas primárias do Partido Democrata que não queriam "banir o *fracking*". Durante a campanha, no outono de 2020, ele fez questão de afirmar: "Não vou banir o *fracking*. Repito, não vou banir o *fracking*". Biden fez essa declaração na Pensilvânia, estado benficiário da revolução do xisto. A proibição do fraturamento hidráulico, mesmo que o governo federal tivesse o poder de impô-la, afetaria a política de importação de petróleo, pois, não importa a fonte, quase todos os 280 milhões de carros do país ainda precisariam de gasolina para andar. Além disso, nos anos anteriores, na posição de ex-membro e ex-presidente da Comissão de Relações Exteriores do Senado, Biden alertara para os custos da dependência do petróleo importado.[8] O xisto foi a resposta à sua preocupação.

Após tomar posse, entretanto, Biden congelou os arrendamentos para exploração de petróleo e gás natural em terras federais até uma "revisão" dos impactos climáticos. O governo federal é um grande proprietário de terras nos Estados Unidos, incluindo 46% do território dos 11 estados do

424 Epílogo Neutralidade

Oeste e 61% do Alasca, mas a maior parte desse território não tem potencial para exploração de petróleo e de gás natural. O principal impacto do congelamento ocorreu na parte da Bacia do Permiano que fica no Novo México (cerca de um terço da receita do governo estadual vem do petróleo e do gás natural), no Alasca e no *offshore*; neste, são produzidos quase 2 milhões de barris por dia, o que equivale à produção da Nigéria.

OS EFEITOS DA PANDEMIA DE 2020 CONTINUARÃO A SER SENTIDOS PELA indústria global. O colapso dos preços forçou a adoção de cortes nos orçamentos e nos investimentos em novas fontes de abastecimento. Ao mesmo tempo, a indústria de petróleo e gás natural global precisa adaptar-se a um mundo que busca a neutralidade de carbono. Isso é comum à maioria das grandes empresas. Elas estão focando a redução das emissões de CO_2 e metano nas suas operações e dando ênfase redobrada a inovação, aplicações digitais, novas tecnologias e investimento em capital de risco. Em geral, continuam comprometidas com a expansão do GNL como combustível com menor teor de carbono para substituir o carvão na geração de eletricidade, principalmente na Ásia (muitas das grandes petrolíferas nacionais avançam nesse mesmo sentido).

Mas as estratégias das empresas diferem em aspectos cruciais. Algumas estão dobrando a aposta na eficiência das suas operações e desenvolvendo negócios de baixo carbono e de gerenciamento do carbono. Outras estão promovendo mudanças mais drásticas. Em resposta à regulamentação do governo, à pressão dos investidores e às demandas da "sociedade", essas empresas buscam implementar transições nas suas próprias identidades corporativas. Nessa transição, as IOCs (*international oil companies* — multinacionais do petróleo) estão se tornando IECs (*integrated energy companies* — empresas de energia integradas). Isso significa principalmente entrar no ramo da eletricidade de diversas maneiras diferentes: geração, negociação e até varejo, operação de turbinas eólicas e parques solares, propriedade de empresas de baterias e energia solar e de redes de estações de recarga para veículos elétricos. Algumas estão apostando na energia eólica *offshore*, aproveitando as capacidades desenvolvidas nas suas operações de petróleo e gás natural. Algumas dizem que pretendem se "responsabilizar" pelas emissões dos clientes e não apenas pelas próprias; por

Epílogo   Neutralidade   **425**

exemplo, as emissões dos escapamentos de automóveis e de usinas de energia, chamadas de emissões de "escopo 3". Embora os níveis projetados de investimento futuro em produção de petróleo e gás natural variem, as "empresas de energia integradas" reconhecem que precisarão das receitas do petróleo e do gás natural para financiar a migração em larga escala para eletricidade e novas tecnologias.

Um indivíduo com uma perspectiva especial sobre a entrada das petrolíferas no ramo da eletricidade é Ignacio Galán. Quando ele se tornou CEO da Iberdrola, em 2001, a empresa era uma concessionária de eletricidade espanhola que trabalhava com carvão, energia nuclear e energia hidrelétrica. Galán levou a empresa na direção da energia renovável, mais especificamente a eólica, em um momento em que esta ainda era relativamente cara e considerada marginal. Dado o seu compromisso com a energia eólica, o próprio Galán era visto em alguns círculos como uma espécie de Dom Quixote moderno, arremetendo contra moinhos de vento. "Poucos acreditavam que nossas ações faziam sentido", lembra. "Enfrentamos a oposição de muita gente." Hoje, no entanto, Galán sorri quando observa as petrolíferas entrando no ramo da eletricidade. A Iberdrola é uma gigante da energia renovável, com operações em quatro continentes. É a maior geradora de energia eólica do mundo, fora da China, em termos de capacidade e, por meio de suas subsidiárias americanas, a terceira maior geradora de energia eólica nos Estados Unidos. "Costumávamos considerar as petrolíferas nossas inimigas", afirma. "Agora estão se tornando nossas concorrentes e, às vezes, nossas parceiras."[9]

A queda radical dos custos da energia solar e eólica é uma das bases da neutralidade de carbono; essa queda foi de até 80% para a energia solar na última década e de mais de 50% para a eólica desde 2010. Os custos provavelmente cairão mais devido a economias de escala, maior eficiência e evolução tecnológica. Para muitas concessionárias, a energia eólica e a solar tornaram-se opções bastante competitivas; em alguns mercados, são as mais competitivas. Contudo, ambas ainda enfrentam o desafio da intermitência — as grandes oscilações na geração de energia quando o dia está ou não ensolarado e quando o vento sopra ou não sopra. Outro problema é a disponibilidade nos horários de pico de consumo, como no uso doméstico, muitas vezes em torno da hora do jantar. A nova fronteira da energia eólica

426 Epílogo Neutralidade

é o *offshore*, onde ventos mais fortes e estáveis poderiam aproximá-la da "carga de base", ou seja, torná-la mais consistente. Contudo, os custos ainda precisarão cair significativamente para que o *offshore* tenha escala global.

A NEUTRALIDADE DE CARBONO DEU NOVA ENERGIA, E REDOBROU A urgência, ao desenvolvimento de inovações em uma ampla variedade de tecnologias. Ao menos por ora, entretanto, três áreas tecnológicas se destacam na marcha em direção à neutralidade.

Uma é a captura de carbono. Como vimos no Capítulo 44, há um consenso de que a neutralidade de carbono exigirá, nas palavras do Painel Intergovernamental sobre Mudanças Climáticas da ONU, "emissões negativas", ou seja, "o uso da remoção de dióxido de carbono". As projeções gerais de oferta e demanda para as próximas décadas não funcionam sem ela. Todo cenário realista inclui o petróleo e o gás natural como componentes significativos do *mix* energético nas próximas três décadas. Um bilhão de automóveis com motores de combustão interna provavelmente ainda estarão nas estradas em 2050 — e se não um bilhão, então 750 milhões. O mundo ainda usará aço, cimento e fertilizante, cuja produção lança emissões.

Uma maneira de remover carbono seria ampliar os "pulmões do mundo", parte do equilíbrio de carbono natural do planeta Terra, usando as "soluções naturais" analisadas anteriormente neste livro. Para muitos, o primeiro item na lista seria o reflorestamento. Outra maneira seria usar engenharia, com captura e armazenamento de carbono (CCS — *carbon capture and storage*) para coletar o CO_2 emitido por instalações industriais e bombeá-lo para um local onde ficaria sequestrado no subterrâneo. No Texas, uma unidade de "captura direta do ar" (DAC — *direct air capture*) está sendo desenvolvida para retirar CO_2 diretamente do ar. E há estudos em andamento sobre como dar "uso" para o carbono capturado; por exemplo, na fabricação de cimento.

A segunda área é o hidrogênio, que ganhou protagonismo. O hidrogênio pode ser o elemento mais abundante do universo, e também o mais leve, mas quando se trata de energia, apesar dos picos de exaltação do passado (como vimos no Capítulo 44), seu papel foi apenas secundário. Isso mudou. Hoje, o hidrogênio é a nova estrela da transição energética. Ou a estrela em potencial, pelo menos.

Por ora, o hidrogênio tem um mercado importante, mas limitado, em aplicações industriais. Tem a maior densidade energética entre todos os combustíveis comuns: transformado em líquido, a partir do seu estado gasoso a uma temperatura de $-253°C$, é um dos principais combustíveis usados para lançar foguetes ao espaço. Hoje muitos pensam que o hidrogênio será um combustível essencial para chegarmos à neutralidade pois, junto com os combustíveis dele derivados, poderá fornecer a energia para os caminhões e para o transporte de carga. É possível que tenha um papel muito maior, substituindo o gás natural para aquecimento e como combustível industrial. O hidrogênio também pode ser uma maneira de armazenar eletricidade: a energia renovável poderia ser usada para produzir hidrogênio, que então seria usado como combustível nos momentos em que a energia eólica e a solar fossem menos produtivas. Alguns estudos da União Europeia projetam que até um quarto das necessidades energéticas da UE serão atendidas pelo hidrogênio até 2050. Chegar minimamente perto desse patamar seria um projeto gigantesco, em termos de escala.

A concretização dessa possibilidade esbarra em dois grandes obstáculos: o custo e os caminhos. E isso nos leva à questão da cor: o "hidrogênio cinza" é aquele produzido convencionalmente para servir, hoje, como combustível industrial, em geral a partir do gás natural ("hidrogênio marrom" se proveniente do carvão na China). Mas a produção de hidrogênio convencional resulta em emissões de dióxido de carbono. Para lidar com as emissões, será preciso utilizar captura de carbono. Quando acrescentamos a captura de carbono, o hidrogênio cinza é transmutado em "hidrogênio azul". A forma mais empolgante é o "hidrogênio verde", que seria produzido usando-se eletricidade para dividir uma molécula de água em moléculas de hidrogênio e de oxigênio. Esse hidrogênio seria "verde" com o uso de eletricidade gerada por usinas eólicas e solares. Atualmente, no entanto, o seu custo é maior que o do hidrogênio azul, e muito maior que o do hidrogênio cinza convencional. Ainda existe outra variante: o hidrogênio produzido com energia nuclear, chamado de "hidrogênio amarelo" ou "hidrogênio rosa". Também há outras cores, geradas por outros processos de produção.

A União Europeia lidera o movimento global em defesa do hidrogênio como combustível substituto, e estratégias e iniciativas de hidrogênio estão proliferando no continente. No mundo como um todo, países

428 Epílogo Neutralidade

e empresas com eletricidade de baixo custo abundante, existente ou potencial, estão começando a se acotovelar enquanto correm para se tornar exportadores de hidrogênio; há quem veja potencial para um comércio internacional de hidrogênio.

No momento, as expectativas para o hidrogênio são muito maiores do que a capacidade de produzi-lo e distribuí-lo em grandes volumes. Devido à grande escala envolvida e às capacidades de engenharia necessárias, e porque o setor de energia tem familiaridade com o material, o hidrogênio tornou-se foco de empresas de energia do mundo todo. Ele também interessa aos governos, que reconhecem precisar de um recurso com escala e que não sofra de intermitência. O resultado é a ampliação dos esforços e recursos destinados ao hidrogênio, com a esperança de elevar, até 2050, o elemento mais leve da Terra à função de peso-pesado no abastecimento de energia mundial.

A terceira área de tecnologia é a das baterias e armazenamento de eletricidade. O avanço na direção de veículos elétricos e o crescimento rápido de geração de energia renovável intermitente significam que aprimorar as baterias, assim como ampliar as cadeias logísticas envolvidas e a sua fabricação, está se transformando em prioridade estratégica.

A maior parte do crescimento virá dos automóveis, à medida que as montadoras se concentrarem nos veículos elétricos. A China, incentivada pelo governo, é o maior mercado de carros elétricos do mundo. A Califórnia proibiu a venda de carros a gasolina no estado após 2035, e a Grã-Bretanha tem 2030 como meta. Uma semana após o presidente Biden assinar a ordem executiva sobre mudança climática, Mary Barra, CEO da General Motors, anunciou que a empresa pretende abandonar a gasolina e produzir apenas carros elétricos a partir de 2035. A GM já tem o Bolt, e um Cadillac elétrico está a caminho. A Ford lançou uma versão elétrica da F-150, a picape mais vendida há quase meio século. Outras empresas estabelecem suas próprias metas. A Volvo promete produzir apenas veículos elétricos até 2030. A transição, segundo o CEO Håkan Samuelsson, baseia-se "na expectativa de que a legislação, aliada à expansão rápida da infraestrutura de recarga acessível e de alta qualidade, acelerará a aceitação de carros 100% elétricos". Um alto executivo da empresa acrescenta que "há alguns saltos de fé que precisam ser dados e algumas apostas que precisam ser feitas para que essa estrada seja viável".[10]

Epílogo   Neutralidade   **429**

O custo das baterias de íon de lítio caiu radicalmente nos últimos anos, com a ampliação da fabricação, mas melhorias contínuas em custo e tecnologia são cruciais para que os carros elétricos possam competir com os veículos a gasolina em termos de conveniência e custo, sem a necessidade de subsídios. Isso vale para a chamada combinação "híbrida" de energia renovável e armazenamento em baterias de mais longa duração, para competir com a geração de eletricidade convencional. Além de aprimorar as baterias atuais, o processo também envolverá o desenvolvimento de novas e diferentes tecnologias de bateria.

Um grande problema emergente no mundo das baterias é o seu descarte. O que fazer com a quantidade crescente de baterias, e os materiais tóxicos que contêm, quando chegarem ao fim das suas vidas úteis? Para resolver essa questão, será preciso construir e expandir rapidamente as usinas de reciclagem, pareadas com inovações para melhorar os custos e as taxas de recuperação. Além disso, regulamentações e políticas governamentais surgirão para ajudar a estabelecer uma cadeia de suprimentos circular.

ESSA ESCALA DE CRESCIMENTO ESTÁ GERANDO PREOCUPAÇÕES E PÂNICO na cadeia logística das baterias e, de forma mais geral, entre os produtores de minérios críticos e a geopolítica ao seu redor. A demanda por cobre e outros metais cruciais usados nas baterias de íon de lítio (por exemplo, níquel, manganês e cobalto), além da demanda pelo próprio lítio, aumentará rapidamente. A demanda por cobre também aumentará com a modernização e expansão dos sistemas de transmissão de energia elétrica. A capacidade de minerar e refinar os metais conseguirá acompanhá-la? Também há preocupações com a mineração e as condições de trabalho em alguns países, bem como com a concorrência de outros setores pela matéria-prima. E, considerando que se trata de materiais críticos, os países também competirão cada vez mais uns com os outros?

Um país já está na frente. A China não perdeu tempo para assumir a liderança em baterias. Hoje, o país conta com mais de 80% da capacidade global de fabricação de células de bateria. A combinação de crescimento rápido e dependência de importações da China levou o governo Biden a focar os "riscos na cadeia logística de baterias de alta capacidade, incluin-

430 Epílogo Neutralidade

do baterias de veículos elétricos", e promover a ampliação da capacidade de fabricação nos Estados Unidos como prioridade no país. Os velhos argumentos em prol da "segurança energética" foram substituídos pela defesa da "segurança das baterias". A União Europeia avança na mesma direção, com a Aliança Europeia para as Baterias. Em 2011, a UE identificou 14 "matérias-primas críticas". Em 2020, o número chegava a 30. No processo, a organização alertava que "o acesso a recursos é uma questão de segurança estratégica para a ambição europeia de concretizar o *Green Deal*". A UE observou que 95% das terras raras da Europa, necessárias para produzir carros elétricos e turbinas eólicas, vinham da China. Embora 60% do cobalto da Europa se origine de minas na República Democrática do Congo, mais de 80% do que o continente importa, de fato, é refinado na China. "A era de uma Europa conciliatória ou ingênua, que depende dos outros para cuidar dos seus interesses, chegou ao fim", declarou Thierry Breton, comissário da Indústria europeu.[11]

Depois que forças indianas e chinesas entraram em conflito no vale do Rio Galwan, nos Himalaias, em junho de 2020, o governo do primeiro-ministro Narendra Modi ampliou os seus esforços para reduzir a dependência indiana das cadeias logísticas chinesas. Modi foi além, pedindo que as multinacionais reorientassem as suas próprias cadeias logísticas e dessem preferência à Índia. "As cadeias logísticas globais não deveriam se basear apenas em custos", declarou. "Também deveriam se basear em confiança."[12]

A China, por sua vez, está trabalhando na reengenharia das suas próprias cadeias logísticas, parte da sua estratégia econômica de "dupla circulação". Em especial, o país lançou uma campanha para reduzir a sua dependência da alta tecnologia dos Estados Unidos e de outras importações críticas, na tentativa de se tornar mais autossuficiente.

Quando se trata dos minerais necessários para a transição energética, um megadesafio foi identificado pela AIE: a neutralidade até 2050 irá "turbinar a demanda por minerais críticos" à medida que o mundo passar de um "sistema energético com uso intensivo de combustível para um com uso intensivo de minerais". O resultado mais provável serão gargalos, escassez e aumentos súbitos de preço. Um VE usa seis vezes mais minerais do que um carro convencional; uma turbina eólica, nove vezes mais minerais do que uma usina a gás. A demanda por minerais irá às alturas: a de lítio aumentará até 4.300%; as de cobalto e de níquel, até 2.500%. Segundo a AIE, isso sugere que talvez enfrentemos grande escassez; normalmente, passam-se mais de 16 anos entre a descoberta e o início da produção de uma mina. Além disso, a concentração em termos de países produtores é muito maior para os minerais do que para o petróleo. Os três maiores produtores de petróleo do mundo são responsáveis por cerca de 30% da produção total de líquidos. Para o lítio, os três maiores controlam mais de 80% dos suprimentos; a China controla 60% da produção das terras raras necessárias para turbinas eólicas; a República Democrática do Congo, 70% do cobalto necessário para as baterias dos VEs.[13]

Essa intensa expansão na demanda por minerais envolverá um enorme crescimento em mineração, o que, como observa a AIE, aumentará significativamente as emissões, além de representar desafios ambientais e sociais. Estes incluirão aumento na demanda por água em regiões em que é escassa, ameaças à biodiversidade, impactos no uso do solo de comunidades locais e acúmulo de resíduos e subprodutos do processo de mineração. Além disso, mais de 1 milhão de crianças trabalham na mineração, muitas nas chamadas minas "artesanais", nome que não disfarça o fato de serem minas de subsistência em países em desenvolvimento, escavadas a mão e dependentes de trabalho manual árduo.

No geral, a busca da neutralidade de carbono até 2050 tem sofrido com uma espécie de "efeito chicote". No final de 2020, a AIE alertou que o investimento em petróleo e gás natural, incluindo novas explorações, havia caído demais, era inadequado e precisaria ser ampliado para evitar disrupções e uma crise na oferta. Menos de seis meses depois, entretanto, em maio de 2021, a mesma AIE voltou atrás. A agência pediu o fim de todos os novos investimentos em petróleo e gás natural "a partir de hoje", para atingir as metas de 2050.

Foi uma mudança chocante em relação ao seu posicionamento tradicional. No mesmo relatório, a AIE também defendeu o fim da geração de eletricidade em usinas de carvão até 2040, ou seja, dentro de apenas 19 anos, o que teria um impacto enorme na China, na Índia e em outros países asiáticos. Esse argumento recebeu muito menos atenção, dado o foco na reviravolta em relação ao petróleo e ao gás natural. A Austrália

432 Epílogo Neutralidade

e a Noruega discordaram rapidamente da nova posição da AIE, assim como o Japão, tradicionalmente um dos grandes defensores da agência. Uma alta autoridade japonesa expressou o dissenso de forma diplomática quando disse que tal política "não está necessariamente alinhada às políticas do governo japonês".[14]

O governo Biden recebeu de braços abertos o novo posicionamento da AIE. Biden emitiu uma nova ordem executiva quase imediatamente, propondo que as agências federais direcionassem o fluxo de parte dos investimentos de energia nos Estados Unidos. "O risco financeiro relacionado ao clima", declara a ordem, se tornaria um critério regulatório importante para avaliar empréstimos e investimentos, fossem eles realizados por bancos e outras instituições financeiras ou por fundos de pensão. As agências do governo também receberiam a missão de vasculhar e revelar riscos "ocultos" em investimentos em energia. O objetivo geral seria garantir que todos os empréstimos e investimentos estivessem de acordo com a meta de "atingir neutralidade nas emissões de gases do efeito estufa". "A pedra de toque é que o risco climático é um risco financeiro", explica uma autoridade do alto escalão do governo americano.[15]

OBVIAMENTE, HÁ MUITAS DÉCADAS AS CADEIAS LOGÍSTICAS DO petróleo e, às vezes, do gás natural estão profundamente entrelaçadas com a geopolítica. Mas eram casos especiais, em geral não se aplicando à densa rede de cadeias logísticas que passou a caracterizar o sistema global de comércio que emergiu com o fim da Guerra Fria e a subsequente entrada da China e da Índia na economia mundial, nas décadas de 1990 e 2000. As questões de cadeia logística dependiam principalmente de eficiência, custos e fundamentos econômicos, logística, barreiras comerciais, propriedade intelectual, tecnologia e a mais pura e simples coordenação. Entretanto, isso mudou quando a era do "consenso da OMC" deu lugar à era de competição entre grandes potências e rivalidade estratégica. O atual conflito geopolítico está emaranhado com uma ampla gama de cadeias logísticas e, em termos mais gerais, de comércio, desde *chips* de computador e equipamentos de telecomunicações até alimentos e produtos médicos. Vale também para as novas e enormes cadeias logísticas que estão evoluindo para a neutralidade de carbono.

O governo Biden busca mais ordem e estabilidade nas suas políticas em relação à China. Ao mesmo tempo que reconhece a ampla interdependência entre os dois países, no entanto, suas políticas se baseiam em uma visão que se tornou consenso, a saber, que a China é muito mais rival, até adversária, do que parceira, uma usurpadora da ordem internacional e não uma das principais partes interessadas na sua preservação.

Essa foi a mensagem da Orientação Estratégica de Segurança Nacional Interina de 2021, do governo Biden, que descreve a China como "o único concorrente com o potencial de combinar seu poderio econômico, diplomático, militar e tecnológico para organizar uma investida sustentada a um sistema internacional estável e aberto". O documento alerta também que a China, ao lado da Rússia, "investiu pesado em esforços para limitar os pontos fortes dos EUA e nos impedir de defender nossos interesses e aliados ao redor do mundo". Tony Blinken, secretário de Estado dos EUA, reforçou a mensagem quando declarou que a China "representa o desafio mais significativo aos Estados Unidos entre todos os Estados-nações do mundo".[16]

A Orientação Estratégica de Segurança Nacional de 2021 é radicalmente diferente da versão do governo Obama de 2015, seis anos antes, quando Joe Biden era vice-presidente e Tony Blinken, vice-secretário de Estado. "O escopo da nossa cooperação não tem precedentes", afirma o documento de 2015. "Os Estados Unidos saúdam o surgimento de uma China estável, pacífica e próspera" e a possibilidade de uma "relação construtiva com a China".[17] Mas essas palavras otimistas foram um dos últimos suspiros do consenso da OMC, redigidas imediatamente após o acordo de Beijing sobre o clima entre Xi e Obama, em 2014, e na expectativa da Conferência do Clima de Paris de 2015. A diferença entre os dois documentos de estratégia demonstra como o terreno das relações internacionais mudou abruptamente em apenas seis anos.

Muitos fatores levaram à alteração radical no ponto de vista de Washington. Na economia, foram práticas comerciais, propriedade intelectual e tecnologia. Estrategicamente, o Mar do Sul da China, a pressão sobre Taiwan e a expansão das forças armadas chinesas. Politicamente, a absorção de Hong Kong, o tratamento dos uigures e os controles mais estritos decorrentes da reafirmação da primazia do Partido Comunista.

434 Epílogo Neutralidade

Para desenvolver uma abordagem compartilhada em relação à China, Washington quer restaurar a aliança transatlântica, muito castigada durante a era Trump. Os EUA também estão fortalecendo o "Quad", o diálogo de segurança quadrilateral entre Estados Unidos, Índia, Japão e Austrália, o que já incluiu atividades como exercícios navais conjuntos na Baía de Bengala.

Os chineses responderam na mesma moeda. Políticos e estrategistas reclamaram dos esforços de Washington para formar uma coalizão no Indo-Pacífico, que se estenderia do Japão à Índia. Segundo Beijing, é uma estratégia de "cerco", uma tentativa de restringir a China, impedir o seu desenvolvimento econômico e frustrar a recuperação do seu devido lugar no mundo — um retorno, segundo os chineses, ao "Século de Humilhação". A mensagem chinesa é que a posição política e econômica dos Estados Unidos no mundo está em erosão, e os chineses resistem veementemente ao que chamam de interferência nos assuntos internos do país e ataques à sua soberania. Wang Yi, ministro das Relações Exteriores da China, denunciou a suposta "tentativa americana de suprimir a China e iniciar uma nova Guerra Fria".

Durante o Fórum Econômico Mundial, o presidente Xi usou um linguajar claramente direcionado aos Estados Unidos para alertar contra o "unilateralismo" e tentativas de "impor hierarquia à civilização humana, ou forçar a própria história, cultura e sistema social aos outros". Uma nova "Guerra Fria", ou "guerra comercial ou guerra tecnológica", ou ainda "desacoplamento, disrupção nos suprimentos ou sanções (...), levará o mundo à divisão ou até mesmo ao confronto", disse também. Xi fez questão de lembrar aos outros países o que está em jogo, economicamente, se desagradarem Beijing: acesso ao "grande mercado chinês e sua enorme demanda interna". Alguns meses depois, durante o Fórum de Boao, considerado a versão asiática de Davos, Xi acrescentou que "não devemos deixar (...) o unilateralismo adotado por certos países ditar o ritmo para o mundo todo". Perante um público interno no noroeste da China, Xi foi ainda mais explícito. "A maior fonte de caos no mundo atual são os Estados Unidos", teria afirmado. "Os Estados Unidos são a maior ameaça ao desenvolvimento e à segurança do nosso país."[18]

As tensões se refletem em uma vasta gama de relacionamentos, desde restrições a alunos e expulsões de membros da mídia por parte de ambos os países até manobras militares. Em 2021, quando o grupo de ataque da *USS Theodore Roosevelt* partiu em uma "operação de liberdade de navegação" no Mar do Sul da China, que os chineses reivindicam para si, bombardeiros e jatos chineses executaram um "ataque" falso ao grupo, a ponto de simular o lançamento de mísseis. E não foi algo que os chineses se esforçaram para disfarçar. É aqui que o mapa geopolítico se sobrepõe ao da energia. A rivalidade entre as grandes potências criará problemas para a economia mundial, incluindo a competição mais intensa por recursos e pressões adicionais a cadeias logísticas que estarão sob tensão crescente na busca pela neutralidade de carbono.

NO INÍCIO DO VERÃO DE 2020 NO ORIENTE MÉDIO, UM BOEING 787 Dreamliner aterrissou no Aeroporto Ben Gurion, em Israel, com suprimentos médicos para o combate à covid-19 destinados aos palestinos. Mas o avião também carregava consigo uma mensagem misteriosa, pois sua pintura trazia símbolos jamais vistos na história de Israel: o logotipo da Etihad, a companhia aérea nacional de Abu Dhabi, o maior dos emirados que compõem os EAU. Isso significava que algo quase inimaginável acabara de acontecer: um avião de um dos principais Estados árabes do Golfo Pérsico havia aterrissado em Israel.

O mistério foi resolvido abruptamente semanas depois, com uma declaração chocante: Israel e os EAU estavam prestes a assinar um tratado de paz e estabelecer relações diplomáticas. Os Acordos de Abraão, como vieram a ser conhecidos, receberam esse nome em homenagem ao patriarca bíblico das três grandes fés monoteístas do Oriente Médio. Os EAU seriam apenas o terceiro país da região a normalizar as relações com Israel, unindo-se ao Egito e à Jordânia. O evento derrubou décadas de expectativa de que qualquer abertura entre Israel e a maior parte do mundo árabe precisaria esperar a resolução do conflito Israel-Palestina. O novo acordo não ignorou essa questão, pois impede que Israel venha a anexar formalmente parte da Cisjordânia.

O tratado de paz representou uma reformulação profunda do mapa político do Oriente Médio. Na diplomacia, nada tão histórico acontecia desde que o presidente egípcio Anwar Sadat fora a Jerusalém, em 1977, e firmara a paz com Israel, dois anos depois. O Bahrein, o Marrocos e o Su-

436 Epílogo Neutralidade

dão não demoraram a seguir os EAU. O tratado Israel-EAU foi facilitado pelo governo Trump, mas também foi o resultado de muitos anos de trabalho. O caminho fora preparado em parte pelo fortalecimento da relação entre Egito e Israel, causado pelas descobertas de gás natural *offshore* e pela formação do Fórum de Gás Natural do Mediterrâneo Oriental, e em parte pelas exportações israelenses de gás natural barato para a Jordânia, o que ajudou a aliviar a pressão nas finanças jordanianas.

Um elemento que certamente reuniu EAU e Israel foi a sua oposição comum ao Irã: sua hostilidade eterna e sua ameaça crescente no Oriente Médio, tanto diretamente, pelo poderio crescente dos seus programas de mísseis e *drones*, quanto indiretamente, com suas milícias e aliados. Para Israel, essa é uma questão existencial, pois o Irã rejeita o seu direito de existir; já os EAU viam a implementação de uma estratégia de cerco por parte do Irã e de seus aliados. Uma data crítica para a nova relação foi o ano de 2015 e o acordo nuclear com o Irã, que suspendeu as sanções e foi interpretado como uma aproximação entre Washington e Teerã. Após o acordo, os dois países intensificaram a sua cooperação, inclusive na área de inteligência.

Mas o Irã não foi o único motivo para essa abertura. Israel e os EAU também convergiram nas preocupações com as tentativas turcas de reafirmar a sua influência e a sua vocação otomana em todo o Oriente Médio, além do seu aparente alinhamento com a Irmandade Muçulmana. Além disso, a relação com Israel abriria as portas para os emirados participarem de colaborações em projetos militares de alta tecnologia e ciberdefesa, necessidade que se tornou evidente com os ataques com *drones* à Arábia Saudita, executados pelos houthis e agentes iranianos.

A dimensão econômica também era significativa. Abrir as relações conectaria a economia israelense, inovadora, tecnológica e repleta de *start--ups*, com a de Abu Dhabi, que avança na mesma direção, e com a de Dubai, que já é um centro financeiro global. Os negócios decolaram quase imediatamente entre os dois países, tanto que o ministro da Economia dos EAU os chamou de "duas potências econômicas". Em menos de um ano, 15 voos diretos por dia levavam turistas de Israel para Dubai, negócios eram fechados e foi anunciada uma proposta de investimento por parte do fundo soberano de Abu Dhabi na indústria de gás natural *offshore* israelense.

Havia outro fator: os Estados Unidos. Melhor estar alinhado com e, logo, preparado para um possível governo do Partido Democrata, que provavelmente retomaria as negociações nucleares com o Irã. Isso levaria à suspensão parcial das sanções, o que encerraria o isolamento iraniano e fortaleceria a sua posição econômica e estratégica. Uma questão ainda mais profunda tem origem nos próprios Estados Unidos, a saber, a ascensão do petróleo de xisto. Se tiverem independência energética e não importarem mais petróleo, com o tempo, os EUA também se interessarão menos pelo Oriente Médio e pela segurança da região. É melhor para dois dos países mais fortes da região, tanto econômica quanto militarmente, que desenvolvam a sua própria arquitetura de segurança e se preparem para o dia em que os EUA decidirem afastar-se da questão — ou, como um senador democrata propôs, "redimensionarem" o seu compromisso com o Oriente Médio.

Nos últimos dias antes da posse de Joe Biden, mais um passo foi dado na região. A Arábia Saudita encerrou o bloqueio do Qatar, que por sua vez prometeu alinhar-se mais aos outros membros do Conselho de Cooperação do Golfo. O espaço aéreo saudita abriu-se para a Qatar Airways, o que significa que seus aviões não precisavam mais sobrevoar o Irã para decolar e aterrissar. A Arábia Saudita também permitiu que os aviões israelenses que levam turistas para Dubai sobrevoem o seu território, um possível sinal de mais mudanças no horizonte.

Mas algumas coisas não parecem mudar. Sete anos após a última batalha, uma guerra aérea feroz de 11 dias entre Israel e o Hamas irrompeu, na primavera de 2021. O Hamas, com o apoio do Irã, lançou 4 mil foguetes contra Israel. A maioria deles, mas não todos, foi interceptada pelo sistema de defesa antiaérea israelense. Israel respondeu com ataques aéreos para destruir as bases de lançamento dos mísseis e as grandes redes de túneis subterrâneos que servem de fortaleza militar para o Hamas. O conflito, que terminou com mais um cessar-fogo, sublinhou a persistência da instabilidade na região.

OS MAPAS GEOFÍSICOS MUDAM MUITO LENTAMENTE. JÁ OS MAPAS políticos, técnicos e econômicos podem mudar de uma hora para a outra, revelando novas topografias que apresentam múltiplos desafios e precisam ser atravessadas de forma consciente e cuidadosa. Esse é o terreno em que nos encontramos hoje. A busca da neutralidade de carbono em poucas décadas significará a reformulação da economia global, e tudo em um prazo apertadíssimo. Ela exigirá investimentos enormes, causará deslocamentos, aumentará o ônus financeiro dos governos e imporá custos pesados a parcelas da economia. Ao mesmo tempo, criará grandes novas oportunidades econômicas, abrirá fronteiras para tecnologia e inovação e estimulará o empreendedorismo e a criatividade. A neutralidade de carbono significa novas possibilidades de cooperação, mas também riscos de conflito. Ela gerará tensões entre os países desenvolvidos e em desenvolvimento, alterará o equilíbrio entre as nações e reordenará o jogo entre as empresas, incluindo algumas que ainda nem foram fundadas. Certamente haverá surpresas e acontecimentos inesperados. O surgimento desse novo mapa será fundamental para as economias e para as pessoas, para o futuro da ordem internacional e para as relações entre as nações durante um período tenso, marcado pela crescente competição entre grandes potências. De uma coisa podemos ter certeza: a transformação da mudança climática em um dos aspectos que definem o novo mapa está inaugurando uma nova era na relação entre a energia e as nações.

Notas

As fontes de dados deste livro incluem o Departamento de Informações sobre Energia dos EUA e sua *Monthly Energy Review*; a Agência Internacional de Energia; o Banco Mundial; o Fundo Monetário Internacional; os bancos de dados de energia, econômicos, automotivos e marítimos da IHS Markit; a *BP Statistical Review* e a *BP Statistical Review All Data*; a Opep; a Agência Internacional para as Energias Renováveis; a Eurostat; a OCDE; o Peterson Institute for International Economics; a Organização Mundial do Comércio; a ASEAN; a Organização das Nações Unidas; o International Institute for Strategic Studies; a Jane's; e o Johns Hopkins University Coronavirus Resource Center. Obs.: Os títulos dos artigos de periódicos foram encurtados para fins de economia de espaço.

O NOVO MAPA DOS ESTADOS UNIDOS

Capítulo 1: O homem do gás

1. Loren C. Steffy, *George P. Mitchell: Fracking, Sustainability, and an Unorthodox Quest to Save the Planet* (College Station: Texas A&M University Press, 2019), p. 174 ("floresta para morar"), p. 23; entrevista com Dan Steward; Gregory Zuckerman, *The Frackers: The Outrageous Inside Story of the New Billionaire Wildcatters* (New York: Portfolio/Penguin, 2013), p. 21; Dan Steward, *The Barnett Shale Play: Phoenix of the Fort Worth Basin* (Fort Worth: Fort Worth Geological Society, 2007); Russell Gold, *The Boom: How Fracking Ignited the American Energy Revolution and Changed the World* (New York: Simon & Schuster, 2014).
2. Entrevista com Dan Steward; Steward, *The Barnett Shale Play*; Gold, *The Boom*; Steffy, *George P. Mitchell*, p. 23 ("triste"); Roger Galatas, "Why George Mitchell Sold the Woodlands", *The Woodlands History*, dezembro de 2011 ("odiei").
3. Entrevista com Dan Steward; Steffy, *George P. Mitchell*, p. 254 (quarto de bilhão).
4. Entrevistas com Dan Steward, Nick Steinsberger e Larry Nichols.

440 Notas

5. *Balancing Natural Gas Policy: Fueling the Demands of a Growing Economy*, vol. 1 (Washington, D.C.: National Petroleum Council, setembro de 2003), p. 16; National Petroleum Council, Committee on Natural Gas, 3 de setembro de 2003, transcrição, pp. 30–31 ("é uma grande diferença").
6. Entrevista com Larry Nichols.
7. Russell Gold, "Natural Gas Costs Hurt US Firms", *Wall Street Journal*, 17 de fevereiro de 2004.
8. *Potential Supply of Natural Gas in the United States*, Report of the Potential Gas Committee (2011, 2019). Presidente Obama, Remarks on America's Energy Security, Georgetown University, 30 de março de 2011.

Capítulo 2: A "descoberta" do petróleo de xisto

1. Entrevista com Mark Papa; Lawrence C. Strauss, "The Accidental Oil Man", *Barron's*, 22 de outubro de 2011.
2. Entrevista com Mark Papa; Apresentação da EOG, 2010.
3. Entrevista com John Hess; *Time*, 1º de dezembro de 1952.
4. Entrevistas com Harold Hamm e John Hess; North Dakota Industrial Commission, Department of Mineral Resources, Annual Oil Production Statistics.
5. Cornell Lab of Ornithology, "All About Birds: Say's Phoebe"; Scott R. Loss, Tom Will e Peter P. Marra, "The Impact of Free-Ranging Domestic Cats on Wildlife of the United States", *Nature Communications* 4 (2013); Christopher Helman, "Judge Throws Out Criminal Case Against Oil Companies for Killing Birds at Drilling Sites", *Forbes*, 18 de janeiro de 2012; *United States v. Brigham Oil & Gas, L.P.*, 840 F. Supp. 2d 1202 (D.N.D. 2012); "Federal Court Holds That the Migratory Bird Treaty Act Does Not Apply to Lawful Activities That Result in the Incidental Taking of Protected Birds", Stoel Rives LLP, 30 de janeiro de 2012.
6. Edgar Wesley Owen, *Trek of the Oil Finders: A History of Exploration for Petroleum* (Tulsa: American Association of Petroleum Geologists, 1975), pp. 886, 890.
7. Jon Meacham, *Destiny and Power: The American Odyssey of George Herbert Walker Bush* (New York: Random House, 2016), p. 92.
8. Richard Nehring, "Hubbert's Unreliability", *Oil and Gas Journal*, 17 de abril de 2006; Leta Smith, Sang-Won Kim, Pete Stark e Rick Chamberlain, "The Shale Gale Goes Oily", IHS CERA, 2011.
9. Entrevista com Scott Sheffield; Pioneer Natural Resources, "Wolfcamp Horizontal Play", Apresentação do Conselho, 16 de novembro de 2011; *Pioneering Independent* (Irving: Pioneer Natural Resources, 2018), capítulos 8 e 9.

Capítulo 3: "Se tivessem me dito dez anos atrás": o renascimento da indústria

1. David Mitchell, "Change Is Coming", *New Orleans Advocate*, 23 de setembro de 2015.
2. Jason Thomas, "Commodities, and the Global Slowdown", Carlyle Group, janeiro de 2020; Mohsen Bonakdarpour, IHS Markit Economics; PricewaterhouseCoopers, *Impacts of the Natural Gas, Oil, and Petrochemical Industry on the U.S. Economy in 2018* (PWC, 2020).
3. Daniel Raimi, *The Fracking Debate: The Risks, Benefits and Uncertainties of the Shale Revolution* (New York: Columbia University Press, 2018); International Energy Agency, *Tracking Fuel Supply* (Paris: novembro de 2019); Oil and Gas Climate Initiative, "Keeping the Accelerator on Methane Reduction", Blog, abril de 2020, https://oilandgasclimateinitiative.com/keeping-the-accelerator-on-methane-reduction/.
4. IHS, *America's New Energy Future: The Unconventional Oil and Gas Revolution and the United States Economy*, vol. 1 (outubro de 2012); vol. 2 (dezembro de 2012); vol. 3 (setembro de 2013); Jeff Meyer, "Trade Savings: How the Shale Revolution Helped Moderate the Trade Deficit", IHS Markit Report, julho de 2020.

Notas **441**

5. American Chemistry Council, "Notes on Shale Gas, Manufacturing, and the Chemical Industry", fevereiro de 2020.
6. Daniel Fisher, "Shale Gas and Buffett's Billions Fuel Turnaround at Dow Chemical", *Forbes*, 15 de outubro de 2014 ("viramos bem rápido"); Zain Shauk, "Cheap Natural Gas Feeds Chemical Industry Boom", *Houston Chronicle*, 19 de abril de 2012; Alex MacDonald, "Voestalpine Bets Big on U.S. Shale-Gas Boom", *Market Watch*, 24 de maio de 2013.

Capítulo 4: O novo exportador de gás natural

1. Entrevista com Charif Souki.
2. *Journal of Commerce*, 3 de fevereiro de 1959.
3. Entrevista com Michael Smith.
4. Entrevista com Charif Souki; Gregory Zuckerman, *The Frackers: The Outrageous Inside Story of the New Billionaire Wildcatters* (New York: Portfolio/Penguin 2013), pp. 316–17.
5. Entrevista com Michael Smith.
6. Eliza Notides, "The US Department of Energy Speaks", *IHS CERA Alert*, 21 de maio de 2013; Departamento de Energia dos EUA, "Energy Department Authorizes Second Proposed Facility to Export Liquefied Natural Gas", 17 de maio de 2013; Christopher Smith, Testimony on the Effects of LNG Exports on US Foreign Policy, Committee on Oversight and Government Reform, U.S. House of Representatives, 30 de abril de 2014.
7. Steve Holland e David Brunnstrom, "Trump Urges India's Modi to Fix Deficit", Reuters, 26 de junho de 2017; afirmações do presidente Trump, presidente Moon, secretário do Comércio Ross e diretor do NEC Cohn em reunião bilateral, 30 de junho de 2017.
8. Entrevista com CEO de petrolífera.

Capítulo 5: Fechamento e abertura: México e Brasil

1. Entrevista.
2. Elizabeth Malkin, "To Halt Energy Slide", *New York Times*, 11 de abril de 2019; Jude Webster e Michael Stott, "Mexico: Lopez Obrador Makes a Big Bet", *Financial Times*, 3 de outubro de 2019 ("tecnocratas" e "soberania"); Sergio Chapa, "Mexico's New President Takes Nationalist Tone", *Houston Chronicle*, 21 de março de 2019 ("transformação").
3. Andres Schipani e Bryan Harris, "Can Brazil's Pension Reform Kick-Start the Economy?", *Financial Times*, 22 de outubro de 2019.

Capítulo 6: As batalhas dos dutos

1. Declarações do presidente Obama sobre energia produzida nos Estados Unidos, Cushing, Oklahoma, 22 de março de 2012; Jane Mayer, "Taking It to the Streets", *New Yorker*, 20 de novembro de 2011 ("fim do jogo"); Kevin Birn e Cathy Crawford, "The GHG Intensity of Canadian Oil Sands Production: A New Analysis", IHS Markit Canadian Oil Sands Dialogue, junho de 2020. Sobre alvarás para dutos, National Petroleum Council, *Dynamic Delivery: America's Evolving Oil and Natural Gas Transportation Infrastructure* (Washington, D.C., 2019).
2. Entrevista com Carlos Pascual.
3. "Keystone XL Pipeline Permit Determination", comunicado à imprensa, John Kerry, secretário de Estado, Washington, D.C., 6 de novembro de 2015, https://2009-2017.state.gov/secretary/remarks/2015/11/249249.htm; "Background Briefing on the Keystone XL Pipeline", briefing especial, Escritório do Porta-Voz, via teleconferência, 6 de novembro de 2015, https://2009-2017.state.gov/r/pa/prs/ps/2015/11/249266.htm.
4. Corpo de Engenheiros do Exército dos Estados Unidos, *Dakota Access Pipeline Environmental Statement*, 9 de dezembro de 2015; Dakota Access Pipeline, "Addressing Misconceptions About the Dakota Access Pipeline", https://daplpipelinefacts.com/The-Facts.html; Daryl

442 Notas

Own, "The Untold Story of the Dakota Access Pipeline", *LSU Journal of Energy and Resources* 6 (primavera de 2018).
5. Charlotte Alter, "Inside Alexandria Ocasio-Cortez's Unlikely Rise", *Time*, 21 de março de 2019; Earthjustice, "The Dakota Access Pipeline", https://earthjustice.org/cases/2016/the--dakota-access-pipeline; "Paying for Standing Rock", *Wall Street Journal*, 29 de setembro de 2017 ("bisões"); Blake Nicholson, "State, Feds Address Cleanup at Oil Pipeline Protest Camp", AP News, 15 de fevereiro de 2017.

Capítulo 7: A era do xisto

1. *Journal of Commerce*, 8 de julho de 1946; 9 de março e 12 de maio de 1948.
2. Daniel Yergin, *The Prize: The Epic Quest for Oil, Money & Power* (New York: Simon & Schuster, 2009), capítulos 28–31; IHS Energy, *US Crude Oil Export Decision: Assessing the Impact of the Export Ban and Free Trade on the US Economy* (Houston: 2014).
3. Lisa Murkowski, "Opening Remarks", CERAWeek 2015; Lisa Murkowski, John McCain e Bob Corker, "The U.S. Needs to End Its Ban on Crude Oil Exports", *Foreign Policy*, 14 de abril de 2015; Maroš Sefčovič, "A 21st Century Transatlantic Energy Compact", Peterson Institute for International Economics, Washington, D.C., 22 de outubro de 2015.
4. Daniel Yergin e Joseph Stanislaw, *The Commanding Heights: The Battle for the World Economy* (New York: Touchstone, 2002).
5. Maroš Sefčovič, "A 21st Century Transatlantic Energy Compact".

Capítulo 8: O rebalanceamento da geopolítica

1. Fórum Econômico Internacional de São Petersburgo, junho de 2013; Thomas Donilon, "Energy and American Power: Farewell to Declinism", *Foreign Affairs*, junho de 2013; Michael R. Pompeo, discurso na CERAWeek: "U.S. Foreign Policy in the New Age of Discovery", 12 de março de 2019. Sobre o impacto nas relações exteriores dos EUA, ver Meghan O'Sullivan, *Windfall: How the New Energy Abundance Upends Global Politics and Strengthens America's Power* (New York: Simon & Schuster, 2017), capítulos 5 e 6.
2. Bruce Jones, David Steve e Emily O'Brien, *Fueling a New Order? The New Geopolitical and Security Consequences of Energy* (Washington, D.C.: Brookings Institution, 2014), p. 12.
3. *Foreign Relations of the United States, 1950, vol. 5*, (Washington, D.C.: United States Government Printing Office, 1978) p. 1191.
4. Trade Partnership Worldwide, "Trade and American Jobs: The Impact of Trade on U.S. and State-Level Employment", fevereiro de 2019.
5. Carlos Pascual, "The New Geopolitics of Energy", Columbia Center on Global Economic Policy, setembro de 2015, pp. 14–15; Javier Blas, "Iran Sanctions Push Oil Price", *Financial Times*, 23 de janeiro de 2012; "Iran: EU Oil Sanctions", BBC, 23 de janeiro de 2012.
6. Christopher Alessi e Sarah McFarlane, "Europe Opens Up to Other Gas Suppliers", *Wall Street Journal*, 27 de setembro de 2018.
7. Entrevista (Coreia do Sul).
8. Entrevista.
9. Raoul LeBlanc, "The Impact of Financial Discipline on Crude Supply", IHS Markit, 23 de janeiro de 2020.

Notas **443**

O MAPA DA RÚSSIA

Capítulo 9: O grande projeto de Putin

1. Angela Stent, *The Limits of Partnership: U.S.-Russian Relations in the Twenty-First Century* (Princeton, NJ: Princeton University Press, 2014), p. 191 ("superpotência energética"); Oliver Stone, *The Putin Interviews: Oliver Stone Interviews Vladimir Putin* (New York: Hot Books, 2017), p. 149 ("elementos mais importantes").
2. Vagit Alekperov, *Oil of Russia: Past, Present and Future* (Minneapolis: East View Press, 2011), p. 98 ("celeiro"), p. 128.
3. Alekperov, *Oil of Russia*, pp. 173–74 ("crise do combustível").
4. Alekperov, *Oil of Russia*, p. 252.
5. Yegor Gaidar, "The Soviet Collapse: Grain and Oil", American Enterprise Institute, abril de 2007 ("cronograma").
6. Entrevista com Mikhail Gorbachev; Yegor Gaidar, *Collapse of an Empire: Lessons for Modern Russia* (Washington, DC: Brookings Institution Press, 2007), p. 165 ("não vai haver economia nacional").
7. Serhii Plokhy, *The Last Empire: The Final Days of the Soviet Union* (Londres: One World, 2014), pp. 303–10, 367, 377.
8. Entrevista com Yegor Gaidar (*"chudo"*). Sobre os "selvagens anos 90" e a indústria do petróleo russa, ver Thane Gustafson, *Wheel of Fortune: The Battle for Oil and Power in Russia* (Cambridge: Harvard University Press, 2012), capítulos 2–5.
9. Fiona Hill e Clifford G. Gaddy, *Mr. Putin: Operative in the Kremlin* (Washington, D.C.: Brookings Institution Press, 2015), pp. 107–15, 181–83; Angela Stent, *Putin's World: Russia Against the West and with the Rest* (New York: Twelve, 2019), p. 4 ("judoca"), pp. 83–86; Stent, *Limits of Partnership*, pp. 4, 85–86.
10. Entrevista.

Capítulo 10: Crises do gás natural

1. Paul R. Magosci, *A History of Ukraine: The Land and Its Peoples* (Toronto: University of Toronto Press, 2010), pp. 72–73; Serhii Plokhy, *The Gates of Europe: A History of Ukraine* (New York: Basic Books, 2015), p. 167.
2. Serhii Plokhy e M. E. Sarotte, "The Shoals of Illusion", *Foreign Affairs*, 22 de novembro de 2019 ("nasceu nuclear"); Steven Pifer, "The Budapest Memorandum and U.S. Obligations", Brookings Institution, 4 de dezembro de 2014.
3. Thane Gustafson, *The Bridge: Natural Gas in a Redivided Europe* (Cambridge, MA: Harvard University Press, 2020), capítulo 9.
4. Serhii Plokhy, *The Gates of Europe*, pp. 333–34; Angela Stent, *The Limits of Partnership: US-Russian Relations in the Twenty-First Century* (Princeton: Princeton University Press, 2014), capítulo 5; Samuel Charap e Timothy J. Colton, *Everyone Loses: The Ukraine Crisis and the Ruinous Contest for Post-Soviet Eurasia* (New York: Routledge, 2017), p. 89 ("ameaça direta").
5. Jonathan Stern, "The Russian-Ukrainian Gas Crisis of January 2006", *Oxford Institute for Energy Studies*, 16 de janeiro de 2006 ("um terço"); "Beginning of Meeting on Economic Issues", Kremlin, 8 de dezembro de 2005; http://en.kremlin.ru/events/president/transcripts/23321; Thane Gustafson e Matthew Sagers, "Gas Transit Through Ukraine: The Struggle for Ukraine's Crown Jewels", CERA, 2003.
6. Condoleezza Rice, Declarações no Café da Manhã dos Correspondentes do Departamento de Estado, 5 de janeiro de 2006; Jonathan Stern, "The Russian-Ukrainian Gas Crisis".
7. Simon Blakey e Thane Gustafson, "Russian-Ukrainian Gas: Why It's Different This Time", CERA, 2009 (Putin).

444 Notas

Capítulo 11: Conflitos por segurança energética

1. Thane Gustafson e Simon Blakey, "It's Not Over Till It's Over: The Russian-Ukrainian Gas Crisis in Perspective", CERA, 2009.
2. "Official Launch of Construction of Nord Stream", *press release*, 9 de abril de 2010 ("objetivos de longo prazo"); Thane Gustafson, *The Bridge: Natural Gas in a Redivided Europe* (Cambridge, MA: Harvard University Press, 2020), p. 372 ("prioritário"); Gerrit Wiesmann, "Russia-EU Gas Pipeline", *Financial Times*, 8 de novembro de 2011 ("tentação" e "exclusiva"); Isabel Gorst e Neil Buckley, "Russia Opens $10bn Nord Stream", *Financial Times*, 6 de setembro de 2011 ("civilizada").
3. European Commission, "Third Energy Package", https://ec.europa.eu/energy/en/topics/markets-and-consumers/market-legislation/third-energy-package.
4. Tribunal Federal de Auditoria da Alemanha, "2016 Report—Implementation of Energy Transition", 21 de dezembro de 2016, www.bundesrechnungshof.de/en/veroeffentlichungen/products/beratungsberichte/sammlung/2016-report-implementation-of-energy-transition.
5. Angela Stent, *From Embargo to Ostpolitik: The Political Economy of West German–Soviet Relations, 1955–1980* (Cambridge: Cambridge University Press, 1981), p. 69 ("nos afogar"); Edwin L. Dale, "Soviet Oil Feeds Dispute in the West", *New York Times*, 5 de junho de 1961; Raymond P. Brandt, "Oil a New Soviet Weapon in Economic and Political Offensive Against West", *St. Louis Post-Dispatch*, 4 de junho de 1961.
6. Charles Moore, *Margaret Thatcher: The Authorized Biography*, vol. 1, *From Grantham to the Falklands* (New York: Knopf, 2013), pp. 578–79 (Reagan).
7. Moore, *Margaret Thatcher*, p. 584; Gustafson, *The Bridge*, p. 160; George Shultz, *Turmoil and Triumph: Diplomacy, Power, and the Victory of the American Ideal* (New York: Charles Scribner's Sons, 1993), p. 140. ("ativo consumível"), p. 89.

Capítulo 12: Ucrânia e novas sanções

1. Edward J. Epstein, *How America Lost Its Secrets* (New York: Vintage, 2017), pp. 143–44 (Putin); Angela Stent, *The Limits of Partnership: US-Russian Relations in the Twenty-First Century* (Princeton: Princeton University Press, 2014) p. 270.
2. Stent, *The Limits of Partnership*, pp. 219, 270 ("postura atirada"), 293 ("potência regional").
3. Jeffrey Goldberg, "The Obama Doctrine", *Atlantic*, abril de 2016 ("fundamental"); James Marson, "Putin to the West", *Time*, 25 de maio de 2009 ("Grande Rússia").
4. Oliver Stone, *The Putin Interviews: Oliver Stone Interviews Vladimir Putin* (New York: Hot Books, 2017) p. 65 ("sinal").
5. Mark Kramer, "Why Did Russia Give Away Crimea", 19 de maio de 2014, Cold War International History Project e-Dossier No. 47; William Taubman, *Khrushchev: The Man and His Era* (New York: Norton, 2003), capítulos 9 e 10.
6. Jacob J. Lew, secretário do Tesouro dos EUA, "Evolution of Sanctions and Lessons for the Future", Carnegie Endowment for International Peace, Washington, D.C., 30 de março de 2016; Ministry of Justice and Security, Government of the Netherlands, "Decision on Prosecution MH17", Carta ao Parlamento, 19 de junho de 2019.
7. Lew, "Evolution of Sanctions"; Jacob Lew e Richard Nephew, "The Use and Misuse of Economic Statecraft", *Foreign Affairs*, novembro/dezembro de 2018.
8. U.S. Geological Survey, "Circum-Arctic Resource Appraisal: Estimates of Undiscovered Oil and Gas North of the Arctic Circle", 2008; "Russia Plants Flag Under N Pole", BBC News, 2 de agosto de 2007.
9. U.S. Energy Information Administration, *Technically Recoverable Shale Oil and Shale Gas Resources: An Assessment of 137 Shale Formations in 41 Countries Outside the United States,*

Notas **445**

junho de 2013, tabela 4, p. 8; Timothy Gardner, "Exxon Winds Down Drilling", Reuters, 19 de setembro de 2014; Jack Farchy, "Gazprom Neft Strives to Go It Alone", *Financial Times*, 3 de janeiro de 2017.

Capítulo 13: O petróleo e o Estado

1. Entrevista com Alexei Kudrin.
2. Fundo Monetário Internacional, "Russian Federation: 2019 Article IV Consultation Staff Report", agosto de 2019.

Capítulo 14: Resistência

1. Donald Tusk, "A United Europe Can End Russia's Energy Stranglehold", *Financial Times*, 21 de abril de 2014; Maroš Šefčovič. "Nord Stream II—Energy Union at the Crossroads", Bruxelas, 6 de abril de 2016; "Germany to Back Nord Stream 2 Despite Ukraine Tensions", EURACTIV.com com Reuters, 4 de dezembro de 2018 (projeto comercial); Thane Gustafson, *The Bridge: Natural Gas in a Redivided Europe*, (Cambridge: Harvard University Press, 2020), capítulo 12.
2. "Sally Yates and James Clapper Testify on Russian Election Interference", *Washington Post*, 8 de maio de 2017; Ben Smith's Blog, "Hillary: Putin 'Doesn't Have a Soul'", *Politico*, 6 de janeiro de 2008; Michael Crowley e Julia Ioffe, "Why Putin Hates Hillary", *Politico*, 25 de julho de 2016.
3. Polina Nikolskaya, "Russia's Largest Oil Producer Says New US Sanctions Are Going to Backfire", *Business Insider*, 3 de agosto de 2017.
4. Declaração do presidente Donald J. Trump na ocasião da assinatura da "Countering America's Adversaries Through Sanctions Act", 2 de agosto de 2017.
5. Gustafson, *The Bridge*, p. 411.
6. Elena Mazneva, Patrick Donahue e Anna Shiryaevskaya, "Germany, Austria Tell U.S. Not to Interfere", *Bloomberg*, 15 de junho de 2017 ("abastecimento energético" e "tentarem favorecer"); Alissa de Carbonnel e Vera Eckert, "EU Stalls Russian Gas Pipeline", Reuters, 21 de março de 2017.
7. Wolfgang Ischinger, "Why Europeans Oppose the Russian Sanctions Bill", *Wall Street Journal*, 17 de julho de 2017; Andrew Rettman, "Merkel: Nord Stream 2 Is 'Political'", *EUobserver*, 11 de abril de 2018; United States Senate Letter to Secretary of the Treasury Steven Mnuchin and Deputy Secretary of State John J. Sullivan, 15 de março de 2018; CNBC, 11de julho de 2018 ("totalmente controlada"); Steven Erlanger e Julie Hirschfeld Davis, "Trump vs. Merkel", *New York Times*, 11 de julho de 2018; Tom DiChristopher, "Behind Nord Stream 2", CNBC, 11 de julho de 2018; "Trump and Juncker Agree", CNBC, 25 de julho de 2018.
8. Roman Olearchyk e Henry Foy, "Zelensky Stands Firm", *Financial Times*, 10 de dezembro de 2019; Helen Maguire e Ulf Mauder, coletiva de imprensa Putin-Merkel, 11 de janeiro de 2020, http://en.kremlin.ru/events/president/transcripts/62565.
9. European Commission Fact Sheet, "Liquefied Natural Gas and Gas Storage Will Boost EU's Energy Security", 16 de fevereiro de 2016; Groningen, Field Summary Report, IHS Markit, fevereiro de 2020.
10. Andrius Sytas e Nerijus Adomaitis, "Lithuania Installs LNG Terminal to End Dependence on Russian Gas", *Daily Mail*, 27 de outubro de 2014.
11. Association of Gas Producers of Ukraine, http://agpu.org.ua/en/.
12. "Ceremony of First Tanker Loading", Kremlin, 8 de dezembro de 2017, http://en.kremlin.ru/events/president/transcripts/56338; Henry Foy, "Russia's LNG Ambitions", *Financial Times*, 27 de dezembro de 2017; Matthew Sagers, Dena Sholk, Anna Galtsova e Thane Gustafson, "Russia's New LNG Strategy", IHS Markit, abril de 2018.

446 Notas

13. Gregory Meyer, Ed Crooks, David Sheppard e Andrew Ward, "Gas from Russian Arctic to Warm Homes in Boston", *Financial Times*, 22 de janeiro de 2018; www.markey.senate.gov/news/press-releases/senator-markey-calls-for-greater-scrutiny-of-lng-shipments-from--russia-to-the-united-states.
14. Henry Foy, "Russia's Novatek Shows Resilience", *Financial Times*, 1º de agosto de 2018.
15. John Webb e Stanislav Yazynin, "Russia's Northern Sea Route", IHS Energy, abril de 2015.
16. Sagers et al., "Russia's New LNG Strategy"; Foy, "Russia's LNG Ambitions" ("confirmação").

Capítulo 15: Guinada para o Oriente

1. "Merkel Sees No End to EU Sanctions", Reuters, 19 de agosto de 2016; James Henderson e Tatiana Mitrova, "Energy Relations Between Russia and China: Playing Chess with the Dragon", Oxford Institute for Energy Studies, agosto de 2016; Sergei Karaganov, "Global Tendencies and Russian Policies", *Russia in Global Affairs*, 13 de fevereiro de 2016 ("fantasias"); "Press Statement Following Russian-Chinese Talks", Kremlin, 20 de maio de 2014, http://en.kremlin.ru/events/president/transcripts/21047; Angela Stent, *Putin's World: Russia Against the West and with the Rest* (New York: Twelve, 2019), p. 103 ("próprio mundo"); Angela Stent, *The Limits of Partnership: US-Russian Relations in the Twenty--First Century* (Princeton: Princeton University Press, 2014).
2. Bobo Lo, *Russia and the New World Disorder* (Londres: Chatham House, 2015), p. 133 ("guinada para o Oriente"); transcrição de conversa de Putin com Lionel Barber e Henry Foy, *Financial Times*, 27 de junho de 2019, https://www.ft.com/content/878d2344-98f0-11e9-9573-ee5cbb98ed36 ("ovos").
3. Brian Spegele, Wayne Ma e Gregory L. White, "Russia and China Agree", *Wall Street Journal*, 21 de maio de 2014; "Replies to Journalists' Questions Following a Visit to China", Kremlin, 21 de maio de 2014, http://en.kremlin.ru/events/president/news/21064.
4. Erica Downs, "China's Quest for Oil Self-Sufficiency in the 1960s", manuscrito inédito, 2001 ("patifes").
5. "Press Statements Following Russian-Chinese Talks", Kremlin, 8 de maio de 2015, http://en.kremlin.ru/events/president/transcripts/49433 ("parceiro estratégico mais importante"); Cheang Ming, "'Best Time in History' for China-Russia Relationship", CNBC, 4 de julho de 2017; "Putin: Outside Interference in South China Sea Dispute Will Do Only Harm", Reuters, 5 de setembro de 2016; Nikolai Novichkov e James Hardy, "Russia Ready to Supply 'Standard' Su-3s", *Jane's*, 25 de novembro de 2014; Alexander Gabuev, "China and Russia: Friends with Strategic Benefits", Carnegie, 7 de abril de 2017; "Russia-China Military Ties 'at All-Time High'", *RT*, 23 de novembro de 2016.
6. Oliver Stone, *The Putin Interviews: Oliver Stone Interviews Vladimir Putin* (New York: Hot Books, 2017), p. 90 ("liderança global").
7. Dragoș Tîrnoveanu, "Russia, China and the Far East Question", *The Diplomat*, 20 de janeiro de 2016.
8. "Pancake Diplomacy", *The Week*, 12 de setembro de 2018.

Capítulo 16: O coração da terra

1. Halford Mackinder, "The Geographical Pivot of History", *Geographical Journal* 23, no. 4 (abril de 1904), pp. 421–37.
2. Dan Morgan e David B. Ottaway, "Azerbaijan's Riches Alter the Chessboard", *Washington Post*, 4 de outubro de 1998 "objetivo principal" e "país de verdade".
3. Daniel Yergin, *The Quest: Energy, Security, and the Remaking of the Modern World* (New York: Penguin, 2011), capítulos 2 e 3; Amy Myers Jaffe e Robert A. Manning, "The Myth of the Caspian 'Great Game': The Real Geopolitics of Energy", *Survival* 40, no. 4 (inverno de 1998–99), p. 116 (Richardson).

Notas **447**

4. Georgi Gotev, "Kazakhstan's Transition", EURACTIV.com, 24 de abril de 2019.
5. "Plenary Session of St Petersburg International Economic Forum", Kremlin, 7 de junho de 2019, http://en.kremlin.ru/events/president/news/60707; Radina Gigova, "Xi Gets Russian Ice Cream from 'Best and Bosom Friend'", CNN, 17 de junho de 2019.
6. Cerimônia do duto Força da Sibéria, https://www.youtube.com/watch?v=vzafjfHkxPk Anna Galtsova, Jenny Yang e Sofia Galas, "Power of Siberia: Upcoming Debut to the China Gas Market", IHS Markit, 25 de novembro de 2019; Discurso de Putin, 10 de março de 2020: http://en.kremlin.ru/events/president/news/62964; *The Economist*, 10 de março de 2020.

O MAPA DA CHINA

Capítulo 17: O "G2"

1. Congressional Research Service, "U.S-China Investment Ties", 28 de agosto de 2019, e "U.S.-China Trade and Economic Relations", 29 de janeiro de 2020; NAFSA: Association of International Educators (universitários chineses).
2. Bill Clinton, *My Life* (New York: Vintage, 2005), p. 922; Bill Clinton, discurso, Johns Hokins SAIS, Washington, D.C., 9 de março de 2000.
3. Jacqueline Varas, "Trade Policy Under President Trump", American Action Forum, Insight, 13 de dezembro de 2016.
4. Graham Allison, *Destined for War: Can America and China Escape Thucydides's Trap?* (Boston: Houghton Mifflin Harcourt, 2017); "Xi Jinping's Speech on China-U.S. Relations in Seattle", *Beijing Review*, 23 de setembro de 2015.
5. O autor de *The China Dream*, o coronel Liu Mingfu, propõe "uma maratona de cem anos" na qual a China ganhará preeminência. O conceito deu o título para o livro influente de Michael Pillsbury, *The Hundred-Year Marathon: China's Secret Strategy to Replace America as the Global Superpower* (New York: St. Martin's Griffin, 2016. Ver também Michael Fabey, *Crashback: The Power Clash Between the U.S. and China in the Pacific* (New York: Scribner, 2017), p. 59; Minghao Zhao, "Is a New Cold War Inevitable? Chinese Perspectives on US--China Strategic Competition", *Chinese Journal of International Politics* 12, no. 3 (2019), p. 374 ("mundo capitalista" e "como igual").
6. Allison, *Destined for War*, p. 13.
7. IHS Markit AutoInsight.
8. Nicholas Eberstadt, "With Great Demographics Comes Great Power", *Foreign Affairs*, julho/agosto de 2019; Nicholas Eberstadt, "China's Demographic Outlook to 2040 and Its Implications", American Enterprise Institute, janeiro de 2019.
9. "Xi Wants High-Tech Fighting Force", *China Daily*, 1º de maio de 2018; "Military expenditure by country", SIPRI, 2019; "The U.S.-China Military Scorecard", RAND Corporation, 2015; Elbridge Colby, "How to Win America's Next War", *Foreign Policy*, 5 de maio de 2019 ("ampla variedade"); *Jane's*, "China's Advanced Weapons Systems", 12 de maio de 2018. O relatório cita um texto chinês, *The Science of Military Strategy*: "A guerra para a qual precisamos nos preparar (…) é uma guerra local de alta intensidade e em larga escala, vinda do mar" (p. 8).
10. Michael Gordon, "Marines Plan to Retool to Meet China Threat", *Wall Street Journal*, 22 de março de 2020; David H. Berger, *Force Design*, United States Marine Corps, março de 2020 ("grande potência/nível de par"), p. 2.
11. Evan Osnos, "Making China Great Again", *New Yorker*, 1º de janeiro de 2018.
12. "President Xi Jinping's Keynote Speech", *China Daily*, 14 de maio de 2017.
13. Entrevista com James Stavridis; Allison, *Destined for War*, p. 150 ("tensão"); Robert D. Kaplan, estudioso de geografia e geopolítica, descreve o Mar do Sul da China como "hoje o principal nó da política de poder global, crítico para a preservação do equilíbrio de poder

448 Notas

mundial". Robert D. Kaplan, *Asia's Cauldron: The South China Sea and the End of a Stable Pacific* (New York: Random House, 2015), p. 49.

Capítulo 18: "Território perigoso"

1. Centre des Archives Diplomatiques du Ministère de l'Europe et des Affaires Étrangères, 32 CPCOM/79, ASIE 1930–1940, CHINE, E 513-0 sd/e 749.
2. Monique Chemillier-Gendreau, *Sovereignty over the Paracel and Spratly Islands* (Cambridge, MA: Kluwer Law International, 2000), pp. 226–27 ("caprichos da geologia"); Clive Schofield e Ian Storey, *The South China Sea Dispute: Increasing Stakes and Rising Tension* (Washington, D.C.: Jamestown Foundation: 2009), p. 11 ("Área de Perigo"); David Hancox e Victor Prescott, *A Geographical Description of the Spratly Islands and an Account of Hydrographic Surveys Amongst Those Islands*, International Boundaries Research Unit, Maritime Briefing, vol. 1, no. 6 (1995), p. 38 ("garantia de segurança do marinheiro"); Stein Tonnesson, "The South China Sea in the Age of European Decline", *Modern Asian Studies* 40 (2006), pp. 1–57, 3 ("águas dominadas por europeus").
3. Centre des Archives Diplomatiques du Ministère de l'Europe et des Affaires Étrangères, 32 CPCOM/79, ASIE 1930–1940, CHINE, E 513-0 sd/e 749.
4. "How Much Trade Transits the South China Sea?", China Power, Project CSIS, 10 de outubro de 2019 (comércio mundial); Schofield e Storey, *South China Sea Dispute*, p. 9 (atum); Alan Dupont, "Maritime Disputes in the South China Sea: ASEAN's Dilemma", *Perspectives on the South China Sea*, ed. Murray Hiebert, Phuong Nguyen e Gregory Poling (Washington, D.C.: CSIS, 2014), p. 46 ("commodity estratégica"); Ian Storey, "Disputes in the South China Sea: Southeast Asia's Troubled Waters", *Politique Étrangère* 79, no. 3 (2014), p. 11 ("mundo todo").
5. Chemillier-Gendreau, *Sovereignty over the Paracel and Spratly*, pp. 205–6, 210–11 ("megalomania"); Bill Hayton, *The South China Sea: The Struggle for Power in Asia* (New Haven: Yale University Press, 2014), pp. 54–55 ("marinha é fraca").
6. Conselho de Estado, White Paper on South China Sea, julho de 2016, english.www.gov.cn/state_council/ministries/2016/07/13/content_281475392503075.htm ("9 Ilhotas"); Henry Kissinger, *On China* (New York: Penguin, 2011); Hayton, *The South China Sea*, p. 55 ("cartógrafos"). Sobre os "tratados desiguais", ver Denis Twitchett e John K. Fairbank, *The Cambridge History of China*, vol. 10, *Late Ch'ing, 1800–1911, Part 1* (Cambridge: Cambridge University Press, 1978), capítulo 5.
7. Conselho de Estado, White Paper on South China Sea, http://english.www.gov.cn/state_council/ministries/2016/07/13/content_281475392503075.htm ("revisados e aprovados"); Peter A. Dutton, "Through a Chinese Lens", *Proceedings of the U.S. Naval Institute* 136, no. 4 (abril de 2010), p. 25; Zou Keyuan, "The Chinese Traditional Maritime Boundary Line in the South China Sea and Its Legal Consequences for the Resolution of the Dispute over the Spratly Islands", *International Journal of Maritime and Coastal Law* 14, no. 1 (1999), p. 33; Hayton, *The South China Sea*, p. 56 ("Amar a nação"); William Callahan, "The Cartography of National Humiliation and the Emergence of China's Geobody", *Public Culture* vol. 21, edição 1, inverno de 2009, p. 154 ("povo comum"); "Spratlys—Spratly Islands (Nansha Islands) of China", www.spratlys.org/islands-names/1935.htm (cronologia dos mapas). Sobre Bai Meichu e o *Journal of Geographical Studies*, ver Pei-yin Lin e Weipin Tsai, *Print, Profit, and Perception: Ideas, Information and Knowledge in Chinese Societies, 1895–1949* (Leiden: Brill, 2014), pp. 105–11, e Brian Moloughney e Peter Zarrow, eds., *Transforming Society: The Making of a Modern Academic Discipline in Twentieth Century China* (Hong Kong: Chinese University of Hong Kong Press, 2011), pp. 310–17, 331–32 (ser patriótico).
8. Tonnesson, "The South China Sea in the Age of European Decline", p. 29.
9. Philip Short, *Mao: A Life* (New York: Henry Holt, 2000), pp. 418–420 ("está de pé"); Zheng Wang, "The Nine-Dashed Line: 'Engraved in our Hearts'", *The Diplomat*, 25 de agosto de 2014.

Capítulo 19: As três perguntas

1. Position Paper of the Government of the People's Republic of China on the Matter of Jurisdiction in the South Sea Arbitration Initiated by the Republic of the Philippines, 7 de dezembro de 2014.
2. Zhiguo Gao e Bing Bing Jia, "The Nine-Dash Line in the South China Sea: History, Status, and Implications", *American Journal of International Law* 107, no. 1 (janeiro de 2013), p. 101; Bill Hayton, *The South China Sea: The Struggle for Power in Asia* (New Haven Yale University Press, 2014), pp. 24–26; Florian Dupuy e Pierre-Marie Dupuy, "A Legal Analysis of China's Historic Rights Claim in the South China", *American Journal of International Law* 107, no. 1 (janeiro de 2013), pp. 124, 136–41; Robert Beckman, "The UN Convention of the Law of the Sea and the Maritime Disputes in the South China Sea", *American Journal of International Law* 107, no. 1 (janeiro de 2013), p. 143; Departamento de Estado dos EUA, "Limits in the Seas: Maritime Claims in the South China Sea", 5 de dezembro de 2014, p. 9.
3. Consulte a Asia Maritime Transparency Initiative da CSIS em Washington para informações e mapas do Mar do Sul da China: https://amti.csis.org e https://amti.csis.org/island-tracker/china/; David E. Sanger e Rick Gladstone, "Piling Sand in a Disputed Sea", *New York Times*, 8 de abril de 2015 ("fatos na água").
4. Departamento de Estado dos EUA, "Limits in the Seas", pp. 16, 19; Zhiguo Gao e Bing Bing Jia, "The Nine-Dash Line in the South China Sea", p. 102; Dupuy e Dupuy, "A Legal Analysis of China's Historic Rights Claim", p. 139.
5. Entrevista com Robert Beckman.
6. Jeff Himmelman, "A Game of Shark and Minnow", *New York Times Magazine*, 27 de outubro de 2013; Ben Blanchard, "Duterte Aligns Philippines", Reuters, 20 de outubro de 2016. A cronologia histórica chinesa encontra-se em Conselho de Estado, República Popular da China, "China Adheres to the Position of Settling Through Negotiation the Relevant Disputes Between China and the Philippines in the South China Sea", julho de 2016; Conselho de Estado, White Paper on South China Sea, julho de 2016, http://english.www.gov.cn/state_council/ministries/2016/07/13/content_281475392503075.htm (reivindicações ilegais).
7. Entrevistas com Robert Beckman e Antonio Carpio.
8. Shih Hsiu-Chuan, "Ma Addresses Nation's Role in S China Sea", *Taipei Times*, 2 de setembro de 2014; "Joining the Dashes", *The Economist*, 4 de outubro de 2014.

Capítulo 20: "Contar com a sabedoria das gerações futuras"

1. Ezra Vogel, *Deng Xiaoping and the Transformation of China* (Cambridge: Harvard University Press, 2013); Richard Baum, *Burying Mao: Chinese Politics in the Age of Deng Xiaoping* (Princeton: Princeton University Press, 1994); Daniel Yergin e Joseph Stanislaw, *The Commanding Heights: The Battle for the World Economy* (New York: Touchstone, 2002), p. 197.
2. Bill Hayton, *The South China Sea: The Struggle for Power in Asia* (New Haven: Yale University Press, 2014), pp. 28, 121 ("não é sábia o suficiente").
3. Carlyle A. Thayer, "Recent Developments in the South China Sea: Implications for Peace, Stability, and Cooperation in the Region", *South China Sea Studies*, 24 de março de 2011, p. 3; Departamento de Estado dos EUA, "Limits in the Seas"; Tran Truong Thuy e Le Thuy Trang, *Power, Law, and Maritime Order in the South China Sea* (Lanham: Lexington Books, 2015), pp. 103–15.
4. Entrevistas; Hillary Rodham Clinton, *Hard Choices* (New York: Simon & Schuster, 2014), p. 79; Edward Wong, "Chinese Military Seeks to Extend Its Naval Power", *New York Times*, 23 de julho de 2010.

450 Notas

Capítulo 21: O papel da história

1. Entrevista com Tommy Koh.
2. Louise Levathes, *When China Ruled the Seas: The Treasure Fleet of the Dragon Throne, 1405–1433* (New York: Oxford University Press, 1994), pp. 170, 88, 20; Geoff Wade, "The Zheng He Voyages: A Reassessment", *Journal of the Malaysian Branch of the Royal Asiatic Society* 78, no. 1 (2005), pp. 37–58; Valerie Hansen, *The Open Empire: A History of China to 1800* (New York: Norton, 2015), pp. 352–60.
3. Michael Fabey, *Crashback: The Power Clash Between the U.S. and China in the Pacific* (New York: Scribner, 2017), p. 65; Joseph Kahn, "China Has an Ancient Mariner to Tell You About", *New York Times*, 20 de julho de 2005.
4. Kurt Campbell, *The Pivot: The Future of American Statecraft in Asia* (New York: Twelve, 2016), pp. 185–87; Patrick E. Tyler, "China Warns U.S. to Keep Away from Taiwan Strait", *New York Times*, 18 de março de 1996.
5. Peng Yining, "Sea Change", *China Daily*, 24 de setembro de 2014; Jeremy Page, "As China Expands Its Navy", *Wall Street Journal*, 30 de março de 2015.
6. Henry Kissinger, *On China* (New York: Penguin, 2011), pp. 514–27.

Capítulo 22: Óleo e água?

1. H. C. Ling, *The Petroleum Industry of the People's Republic of China* (Palo Alto, CA: Hoover Institution Press, 1975).
2. *Far Eastern Economic Review*, fevereiro de 2004 ("Dilema de Malaca").
3. Xizhou Zhou, "Battle for the Blue Skies: How China's Anti-Smog Campaign Triggered a Natural Gas Crisis and a Switch to 'Clean Coal'", IHS Markit, 15 de março de 2018; Jenny Yang e Xiaomin Liu, "The Battle for the Blue Sky Continues", IHS Markit, 9 de julho de 2018.
4. "In High Seas, China Moves Unilaterally", *New York Times*, 8 de maio de 2014; John Ruwitch e Nguyen Phuong Ling, "Chinese Oil Rig Moved Away", Reuters, 16 de julho de 2014 ("ceder"); "China, Vietnam to Address Maritime Disputes Without Using 'Megaphone Diplomacy': Xinhua", Reuters, 27 de dezembro de 2014; Khanh Vu, "Chinese Ship Leaves Vietnam's Waters", Reuters, 24de outubro de 2019; Carl Thayer, "A Difficult Summer in the South China Sea", *The Diplomat*, novembro de 2019.
5. Dylan Mair e Rachel Calvert, "Energy Drivers for Offshore Cooperation", revisado em 2019, IHS Markit, inédito; U.S. Energy Information Administration, "South China Sea", 7 de fevereiro de 2013; U.S. EIA, "Contested Areas of South China Sea Likely Have Few Conventional Oil and Gas Resources", 3 de abril de 2013; Lee Hsien Loong, "The Endangered Asian Century", *Foreign Affairs*, julho-agosto de 2020, p. 59.

Capítulo 23: Os novos navios do tesouro da China

1. Arthur Donovan e Joseph Bonney, *The Box That Changed the World: Fifty Years of Container Shipping* (East Windsor: Commonwealth Business Media, 2006), p. 46 (mais impactantes); Marc Levinson, *The Box: How the Shipping Container Made the World Smaller and the World Economy Bigger* (Princeton: Princeton University Press, 2006), p. 15 ("não tem motor"); Peter Drucker, *Innovation and Entrepreneurship*, www.academia.edu/38623791/Innovation_and_entrepreneurship_-_Peter_F_Drucker, p. 31.
2. *Journal of Commerce*, 3 de junho de 2001; Donovan e Bonney, *The Box*, pp. 51–52 ("Estamos convencidos"), p. 97 (ladrões); Levinson, *The Box*, p. 165.
3. IHS Markit PIERS e IHS World Trade Service (portos de contêineres); *Journal of Commerce*, 3 de junho de 2001; Donovan e Bonney, *The Box*, p. 177.

Notas **451**

Capítulo 24: O teste de prudência

1. Sarah Raine e Christian Le Mière, *Regional Disorder: The South China Sea Dispute* (New York: Routledge, 2013), p. 167 ("política de poder").
2. Entrevista com Bilahari Kausikan.
3. Xi Jinping, "China-US Ties", *China Daily*, 24 de setembro de 2015. Xi Jinping, *The Governance of China* (Beijing: Foreign Language Press, 2014), pp. 479–80.
4. Xi Jinping, "Achieving Rejuvenation Is the Dream of the Chinese People", *Governance of China*, pp. 37–39; "Xi Pledges Great Renewal of Chinese Nation", *People's Daily*, 30 de novembro de 2012; Edward Wong, "Signals of a More Open Economy in China", *New York Times*, 9 de dezembro de 2012.
5. Elizabeth C. Economy, *The Third Revolution: Xi Jinping and the New Chinese State* (New York: Oxford University Press, 2018); Xi Jinping, Speech, at the National People's Congress, *China Daily*, 22 de março de 2018; "Xi Jinping Promises More Assertive Chinese Foreign Policy", *Financial Times*, 20 de março de 2018 ("vento leste").
6. "'Leave Immediately': US Navy Plane Warned over South China Sea", CNN, 24 de agosto de 2018, https://www.stltoday.com/news/world/leave-immediately-us-navy-plane-warned--over-south-china-sea/article_fcb06c65-9775-5f07-b3d9-bfa4cea0a28d.html.
7. Michael R. Pompeo, "America's Indo-Pacific Economic Vision", Declarações na U.S. Chamber of Commerce, Washington, D.C., 30 de julho de 2018; Joe Gould, "U.S. Senate Panel Sets Sights", *Defense News*, 6 de junho de 2018.
8. Entrevista com Tommy Koh.
9. Entrevista com Chan Heng Chee.
10. Entrevista; Adam P. Liff e G. John Ickenberry, "Racing Toward Tragedy?: China's Rise, Military Competition in the Asia Pacific, and the Security Dilemma", *International Security* 39, no. 2 (outono de 2014), p. 78.
11. Liff e Ickenberry, "Racing Toward Tragedy?". p. 72 (Rudd); entrevista com Peter Ho ("distraídos"); Council on Foreign Relations, "Conflict in the South China Sea: Contingency Planning Memorandum Update"; Entrevista (reféns).
12. *Defusing the South China Sea Disputes: A Regional Blueprint* (Washington, D.C.: CSIS, 2018); Raine e Le Mière, *Regional Disorder*, pp. 179–214; Bonnie Glaser, "A Step Forward in U.S.-China Military Ties: Two CBM Agreements", Asia Maritime Transparency Initiative, 11 de novembro de 2014.
13. Entrevista com Yoriko Kawaguchi; Yoji Koda, "Japan's Perspectives on U.S. Policy Toward the South China Sea", em *Perspectives on the South China Sea*, ed. Murray Hiebert, Phuong Nguyen e Gregory Poling (Washington, D.C.: CSIS, 2014), pp. 85–87; Ian Storey e Lin Cheng-yi, *The South China Sea Dispute: Navigating Diplomatic and Strategic Tensions* (Singapura: ISEAS, 2016), p. 5 (Abe).
14. Jacqueline Varas, "Trade Policy Under President Trump", American Action Forum, Insight, 13 de dezembro de 2016; Thomas Franck, "Trump Doubles Down: 'Trade Wars Are Good, and Easy to Win'", CNBC, 2 de março de 2018.
15. Kurt M. Campbell e Jake Sulivan, "Competition without Catastrophe: How America Can Both Challenge and Coexist with China", *Foreign Affairs*, setembro/outubro 2019; Michael D. Swaine, "Chinese Views on the U.S. National Security and National Defense Strategies", Carnegie Endowment for International Peace, 1º de maio de 2018 ("sem precedentes"); "China in U.S. National Security Strategy Reports, 1987–2017", USC U.S.-China Institute, 18 de dezembro de 2017, https://china.usc.edu/china-us-national-security-strategy-reports-1987-2017 (presidentes anteriores); Susan Thornton, "Is American Diplomacy with China Dead?", *Foreign Service Journal*, julho-agosto de 2019; David Shambaugh, "U.S.-China Rivalry in Southeast Asia", *International Security*, primavera de 2018, p. 88.
16. *National Security Strategy of the United States*, dezembro de 2017.

452 Notas

17. *Summary of the 2018 National Defense Strategy of the United States of America.*
18. "Remarks by Secretary Esper in a Joint Press Conference with Senior Afghan Officials and Resolute Support Mission Commander", https://www.defense.gov/Newsroom/Transcripts/Transcript/Article/1994448/remarks-by-secretary-esper-in-a-joint-press-conference-with--senior-afghan-offic/; Conversa ("dormindo").
19. "Vice President Pence on the Administration's Policy Toward China", Hudson Institute, Washington, D.C., 4 de outubro de 2018.
20. State Council, People's Republic of China, "China's National Defense in the New Era", julho de 2019, english.www.gov.cn/archive/whitepaper/201907/24/content_WS5d3941ddc6d08408f502283d.html; "China Warns of War in Case of Move Towards Taiwan Independence", CNBC, 23 de julho de 2019 (Wu Qian).
21. Anthony H. Cordesman, "China's New 2019 Defense White Paper", CSIS, 24 de julho de 2019; entrevista. entrevista; National Security Council, "White House Strategic Approach to the People's Republic", 26 de maio de 2020.
22. Elsa B. Kania, "Made in China 2025, Explained", *The Diplomat*, 1º de fevereiro de 2019; Pence, "Administration's Policy Toward China".
23. "Huawei Is at the Centre of Political Controversy", *The Economist*, 27 de abril de 2019; Robert Zoellick, "Can America and China Be Stakeholders?", 4 de dezembro de 2019 (Carnegie Endowment for International Peace); também, Robert Zoellick, "The China Challenge", *The National Interest*, fevereiro de 2020.

Capítulo 25: A construção do Cinturão e Rota

1. Xi Jinping, "Work Together to Build the Silk Road Economic Belt", em Xi Jinping, *The Governance of China* (Beijing: Foreign Language Press, 2014), pp. 315–19.
2. Craig Benjamin, *Empires of Ancient Eurasia: The First Silk Roads Era, 100 BCE–250 CE* (Cambridge: Cambridge University Press, 2018), p. 144; Valerie Hansen, *The Silk Road: A New History* (Oxford: Oxford University Press, 2012), pp. 5–8, plate 2 (von Richthofen e seu mapa).
3. Hansen, *The Silk Road*, pp. 14–16 (embalagens).
4. Xi Jinping, Discurso para o Parlamento da Indonésia, Jacarta, 2 de outubro de 2013.
5. Nadège Rolland, "China's Eurasian Century", National Bureau of Asian Research, 23 de maio de 2017, p. 51.
6. Ministério das Relações Exteriores, "Foreign Ministry Spokesperson Hua Chunying's Remarks on the U.S. House of Representatives Passing the Uyghur Human Rights Policy Act of 2019", 4 de dezembro de 2019; Jonathan D. Pollack e Jeffrey A. Bader, *Looking Before We Leap: Weighing the Risks of US-China Disengagement*, Brookings Foreign Policy Brief, julho de 2019; Lindsay Maizland; Lucy Hornsby, "Chinese Official Defends Mass Incarceration of Uighurs", *Financial Times*, 12 de março de 2019; Steven Lee Myers, "China Defends Crackdown on Muslims, and Criticizes *Times* Article", 18 de novembro de 2019 ("falso"); Sheena Chestnut Greitens, Myunhee Lee e Emir Yazici, "Counterterrorism and Preventative Repression: China's Changing Strategy on Xinjiang", *International Security*, inverno de 2019/2020, pp. 9–47.
7. Evan Osnos, "Making China Great Again", *New Yorker*, 8 de janeiro de 2018 (Plano Marshall).
8. Entrevista com Bilahari Kausikan; Kurt Campbell, *The Pivot: The Future of American Statecraft in Asia* (New York: Twelve, 2016), capítulo 1.
9. David F. Gordon, Haoyu Tong e Tabatha Anderson, "Beyond the Myths— Towards a Realistic Assessment of China's Belt and Road Initiative: The Development-Finance Dimension", International Institute of Strategic Studies, março de 2020, p. 7; Liff e Ickenberry, "Racing Toward Tragedy?", p. 58 ("impensada"), p. 53 (predominância).

Notas 453

10. Rolland, "China's Eurasian Century", p. 96 ("interior estratégico"), p. 46 ("valores ocidentais"); entrevista.
11. Erich Schwartzel, "China's Hollywood Challenge", *Wall Street Journal*, 28 de dezembro de 2017; Rolland, "China's Eurasian Century", p. 191; Asian Infrastructure Investment Bank, www.aiib.org/en/index.html.
12. Entrevista; "Panama President Cheers China's 'Belt and Road' Initiative", AP News, 2 de abril de 2019; IHS Markit, "Which Countries Are in China's Belt and Road Initiative?", maio de 2019.
13. Rolland, "China's Eurasian Century", pp. 84, 82, 87; Stefan Reidy, "The New Silk Road: What Should Shippers of Goods Expect from the New Era of Trans-Eurasian Freight Forwarding", Arviem, 3 de outubro de 2017.
14. Entrevista ("financeiramente corretos").
15. "China's Super Link to Gwadar Port", *South China Morning Post*, https://multimedia.scmp.com/news/china/article/One-Belt-One-Road/pakistan.html.
16. Jeremy Page e Saeed Shah, "China's Global Building Spree". *Wall Street Journal*, 22 de julho de 2018; Saeed Shah e Bill Spindle, "U.S. Seeks to Avoid a Pakistan Bailout", *Wall Street Journal*, 31 de julho de 2018 ("salvar os credores"); Fundo Monetário Internacional, "IMF Executive Board Approves US$6 Billion 39-Month EFF Arrangement for Pakistan", 3 de julho de 2019.
17. Christine Lagarde, "Belt and Road Initiative: Strategies to Deliver in the Next Phase", IMF--PBC Conference, Beijing, 17 de abril de 2018; Maria Abi-Habib, "How China Got Sri Lanka to Cough Up a Port", *New York Times*, 25 de junho de 2018; Matt Ferchen e Anarkale Perera, "Why Unsustainable Chinese Deals Are a Two-Way Street", Carnegie-Tsinghua Center for Global Policy, 23 de julho de 2018.
18. Amanda Erickson, "Malaysia Cancels Two Big Chinese Projects", *Washington Post*, 21 de agosto de 2018; Lucy Horby, "Mahathir Mohamad Warns Against 'New Colonialism'", *Financial Times*, 20 de agosto de 2018.
19. Ministério das Finanças, República Popular da China, "Debt Sustainability Framework for Participating Countries of the Belt and Road Initiative", 25 de abril de 2019; IHS Markit, "Changing Role of Chinese Lending", agosto de 2019; Gordon, Tong e Anderson, "Realistic Assessment of China's Belt and Road", pp. 11–15.
20. Asia Maritime Transparency Initiative, "Ports and Partnerships: Delhi Invests in Indian Ocean Leadership", https://amti.csis.org/ports-and-partnerships-delhi-invests-in-indian-ocean--leadership/; Harsh V. Pant, "India Challenges China's Belt-Road Intentions", Yale Global Online, 22 de junho de 2017; Dhruva Jaishankar, "Acting East: India in the Indo-Pacific", Brookings India, outubro de 2019, pp. 4, 11 ("desconfiança profunda").

OS MAPAS DO ORIENTE MÉDIO

Capítulo 26: Linhas na areia

1. Missy Ryan, "Islamic State Threat", Reuters, 21 de agosto de 2014.
2. Roger Adelson, *Mark Sykes: Portrait of an Amateur* (Londres: Jonathan Cape, 1975); Christopher Simon Sykes, *The Man Who Created the Middle East: A Story of Empire, Conflict, and the Sykes-Picot Agreement* (Londres: William Collins, 2017); James Barr, *A Line in the Sand: Britain, France, and the Struggle That Shaped the Middle East* (New York: Norton, 2012), pp. 7 ("Mulá Maluco"), p. 15 ("jovem").
3. David Fromkin, *A Peace to End All Peace: The Fall of the Ottoman Empire and the Creation of the Modern Middle East* (New York: Henry Holt, 2009), p. 149 ("deixar de existir"); Barr, *A Line in the Sand*, p. 13 ("ambições francesas"), p. 67 ("Cruzadas").

454 Notas

4. Fromkin, *A Peace to End All Peace*, p. 141 ("vespeiro"), pp. 103, 192; Sean McMeekin defende que deveríamos chamar o documento de Acordo Sazanov-Sykes-Picot devido ao papel de Sergei Sazanov, ministro das Relações Exteriores russo, na definição dos objetivos imperiais da Rússia para a partilha do Império Otomano. *The Ottoman Endgame: War, Revolution, and the Making of the Modern Middle East 1908–1923* (New York: Penguin, 2016), pp. 286–89.

5. Bruce Masters, *The Arabs of the Ottoman Empire, 1516–1918: A Social and Cultural History* (New York: Cambridge University Press, 2013), p. 181 ("linhas étnicas").

6. Scott Anderson, *Lawrence in Arabia: War, Deceit, Imperial Folly and the Making of the Modern Middle East* (Londres: Anchor Books, 2014), capítulo 7; Barr, *A Line in the Sand*, p. 18 (Mecca 1).

7. Declaração de Balfour, 2de novembro de 1917; Mark Tessler, *A History of the Israeli-Palestinian Conflict*, 2nd ed. (Bloomington: Indiana University Press, 2009), p. 153 ("Belo como um quadro"); Isaiah Friedman, *Palestine, a Twice-Promised Land* (Abingdon: Routledge, 2017), p. 220 ("primos de sangue"); Chaim Weizmann, *Trial and Error: Autobiography* (New York: Harper, 1949).

8. Barr, *A Line in the Sand*, p. 57 (relatório sobre petróleo); V. H. Rothwell, "Mesopotamia in British War Aims, 1914–1918", *The Historical Journal* 13, no. 2 (1970), pp. 289–90.

9. Adelson, *Mark Sykes*, pp. 294–95; Sykes, *The Man Who Created the Middle East*, pp. 324–30.

10. Margaret Macmillan, *Paris 1919: Six Months That Changed the World* (New York: Random House, 2003), p. 396 ("briga de cachorros", "maior campo de petróleo"), capítulos 8 e 27.

11. Macmillan, *Paris 1919*, pp. 397–98; Lady Bell, ed., *The Letters of Gertrude Bell* (Londres: Ernest Benn, 1927), p. 620 (hino).

12. Ali A. Allawi, *Faisal of Iraq* (New Haven: Yale University Press, 2014), p. 538.

13. Gamal Abdel Nasser, *Egypt's Liberation: The Philosophy of the Revolution* (Cairo, 1958); Said K. Aburish, *Nasser: The Last Arab* (Londres: Duckworth, 2004), p. 25 (derrota árabe); Anas Alahmed, "Voice of the Arabs Radio: Its Effects and Political Power During the Nasser Era (1953–1967)", 12 de março de 2011, https://papers.ssrn.com/sol3/papers.cfm?abstract_id=2047212.

14. Michael Oren, *Six Days of War: June 1967 and the Making of the Modern Middle East* (New York: Ballantine, 2003), p. 93; Jesse Ferris, *Nasser's Gamble: How Intervention in Yemen Caused the Six-Day War and the Decline of Egyptian Power* (Princeton Princeton University Press, 2013).

Capítulo 27: A Revolução Iraniana

1. Ray Takeyh, *Guardians of the Revolution: Iran and the World in the Age of the Ayatollahs* (Oxford: Oxford University Press, 2009), p. 133; "Iran's Supreme Leader Calls the Saudi Leaders 'Idiots'", DW, 28 de maio de 2017, www.dw.com/en/irans-supreme-leader-calls-the-saudi-leaders-idiots/a-39013367; Mensagem do Hajj do imã Khamenei, 2016.

2. Jeffrey Goldberg, "Saudi Crown Prince: Iran's Supreme Leader", *Atlantic*, 2 de abril de 2018; Entrevista de Mohammed bin Salman para *Time*, 5 de abril de 2018.

3. Albert Hourani, *A History of the Arab Peoples* (Londres: Faber & Faber, 2005), pp. 30–37; Ira M. Lapidus, *A History of Islamic Societies* (Cambridge: Cambridge University Press, 2014), pp. 66–69; Pew Research Center, Forum on Religion & Public Life, "Mapping the Global Muslim Population", outubro de 2009, "Muslims", 18 de dezembro de 2012.

4. William Shawcross, *The Shah's Last Ride* (New York: Simon & Schuster, 1988), p. 179 ("megalomaníaco").

5. Richard Falk, "Trusting Khomeini", *New York Times*, 16 de fevereiro de 1979 ("governança humanitária"); Ervand Abrahamian, *A History of Modern Iran* (Cambridge: Cambridge University Press, 2008), pp. 163–64 ("poderes constitucionais inimagináveis"); Kim Ghattas,

Black Wave: Saudi Arabia, Iran, and the Forty-Five Year Rivalry That Unraveled Culture, Religion, and Collective Memory in the Middle East (New York: Henry Holt, 2020), capítulos 1, 2 e 4 (sobre a ascensão de Khomeini ao poder).

6. Pierre Razoux, *The Iran-Iraq War* (Cambridge: Harvard University Press, 2015), p. 2; Suzanne Maloney, *Iran's Political Economy Since the Revolution* (Cambridge: Cambridge University Press, 2015), capítulo 4.

Capítulo 28: Guerras no Golfo

1. Steve Coll, *Ghost Wars: The Secret History of the CIA, Afghanistan, and bin Laden, from the Soviet Invasion to September 10, 2001* (New York: Penguin, 2005), capítulo 2.

2. Coll, *Ghost Wars*, capítulo 2; Stuart Eizenstat, *President Carter: The White House Years* (New York: St. Martin's Press, 2018), pp. 653–54 ("sermão" e doutrina).

3. "Saddam Hussein Talks to the FBI: Interviews and Conversations with 'High Value Detainee # 1,' Session 3, in 2004", National Security Archive Electronic Briefing Book No. 279, postado em 1º de julho de 2009; *Foreign Relations of the United States 1977–80*, Volume XVIII, no. 139; Pierre Razoux, *The Iran-Iraq War* (Cambridge: Harvard University Press, 2015), pp. 7–8 ("Num momento").

4. Williamson Murray e Kevin M. Woods, *The Iran-Iraq War* (Cambridge: Cambridge University Press, 2014), p. 36 ("turbantes satânicos"), p. 41 ("blasfêmia"), p. 45 ("caos"), p. 65 ("desintegração"); Pierre Razoux, *The Iran-Iraq War*, p. 3 ("pequeno Satã").

5. Murray e Woods, *The Iran-Iraq War*, p. 85 ("seus narizes").

6. Rodger W. Claire, *Raid on the Sun: Inside Israel's Secret Campaign That Denied Saddam the Bomb* (New York: Broadway Books, 2005); Razoux, *The Iran-Iraq War*, pp. 465–66 ("cálice de veneno").

7. Adel Al Toraifi, "Understanding the Role of State Identity in Foreign Policy Decision-making: The Rise of Saudi-Iranian Rapprochement (1997–2009)", tese de doutorado (London School of Economics, 2012), p. 149 ("prejudicou suas relações"), p. 154 ("realidade geográfica"); Bruce Riedel, *Kings and Presidents: Saudi Arabia and the United States Since FDR* (Washington, D.C.: Brookings Institution Press, 2018), p. 97.

8. Kevin M. Woods, *The Mother of All Battles: Saddam Hussein's Strategic Plan for the Persian Gulf Wars* (Annapolis: Naval Institute Press, 2008), p. 96 ("iraquização"), p. 197 ("muita severidade").

9. George H. W. Bush e Brent Scowcroft, *A World Transformed* (New York: Vintage, 1999), pp. 319–20.

10. Woods, *Mother of All Battles*, p. 186 ("camelos").

11. Bush e Scowcroft, *A World Transformed*, p. 489; Woods, *The Mother of All Battles*, pp. 243–45 ("maiores potências").

12. Micah Sifry e Christopher Cerf, *The Iraq War Reader: History, Documents, Opinions* (New York: Simon & Schuster, 2003), p. 618.

13. Sifry e Cerf, *The Iraq War Reader*, p. 269.

14. Strategic Studies Institute e U.S Army War College Press, *The U.S. Army in the Iraq War: Surge and Withdrawal 2003–2006*, vol. 1, pp. 140–44; Thomas E. Ricks, *Fiasco: The American Military Adventure in Iraq* (New York: Penguin, 2007), p. 163 ("arrebatamos a derrota"); Jim Mattis e Bing West, *Call Sign Chaos: Learning to Lead* (New York: Random House, 2019); Entrevista com Meghan O'Sullivan (pagamento para soldados).

15. Susan Sachs e Kirk Semple, "Ex-Leader, Found Hiding in Hole", *New York Times*, 14 de dezembro de 2003.

16. "Interviewing Saddam: FBI Agent Gets to the Truth", 8 de janeiro de 2008, https://archives.fbi.gov/archives/news/stories/2008/january/piro012808.

456 Notas

Capítulo 29: Uma Guerra Fria regional

1. Kenneth M. Pollack, *The Persian Puzzle: The Conflict Between Iran and America* (New York: Random House, 2004), pp. 282, 324 (arquitetado), capítulo 11; Bruce Riedel, *Kings and Presidents: Saudi Arabia and the United States Since FDR* (Washington, D.C.: Brookings Institution Press, 2018), pp. 122–25.
2. Karim Sadjadpour, *Reading Khamenei: The World View of Iran's Most Powerful Leader* (Washington, D.C.: Carnegie Endowment for International Peace, 2009).
3. Adel Al Toraifi, "Understanding the Role of State Identity in Foreign Policy Decision-Making", tese de doutorado, (London School of Economics, 2012), pp. 200, 218 ("nossa segurança"), 215 ("à disposição").
4. "U.S. Embassy Cables: Saudi King's Advice for Barack Obama", *Guardian*, 28 de novembro de 2010; Jay Solomon, *The Iran Wars* (New York: Random House, 2016).
5. Ray Takeyh, *Guardians of the Revolution: Iran and the World in the Age of the Ayatollahs* (Oxford: Oxford University Press, 2009), p. 248 ("500 quilômetros"), p. 161 ("poder pre-eminente"); Joshua Teitelbaum, *What Iranian Leaders Really Say About Doing Away with Israel: A Refutation of the Campaign to Excuse Ahmadinejad's Incitement to Genocide* (Jerusalém: Jerusalem Center for Public Affairs, 2008), p. 66.
6. Ross Colvin, "'Cut Off Head'", Reuters, 29 de novembro de 2010.
7. Entrevista com Carlos Pascual; Carlos Pascual, "The New Geopolitics of Energy", Center for Global Energy Policy, Columbia University, 2015; Richard Nephew, *The Art of Sanctions: A View from the Field* (New York: Columbia University Press, 2018), capítulo 7.
8. Solomon, *Iran Wars*, p. 246.
9. "Iran Nuclear Crisis: What Are the Sanctions?", BBC News, 30 de março de 2015 ("engrenagens da indústria"); Suzanne Maloney, *Iran's Political Economy Since the Revolution* (Cambridge: Cambridge University Press, 2015), p. 493 ("piores condições").
10. William Burns, *The Back Channel: A Memoir of American Diplomacy and the Case for Its Renewal* (New York: Random House, 2019), capítulo 9; Wendy R. Sherman, "How We Got the Iranian Deal", *Foreign Affairs*, setembro/outubro 2018.
11. Burns, *The Back Channel*, p. 375 ("um bom dia"), pp. 377–81.
12. David E. Sanger e William J. Broad, "Now the Hardest Part: Making the Iran Deal Work", *New York Times*, 17 de outubro de 2015.
13. "Viewpoint: How U.S. Can Reach New Iran Deal—After Trump", BBC News, 11 de novembro de 2018; Declarações do presidente Trump sobre o Plano de Ação Conjunto Global, 8 de maio de 2018.
14. "Rouhani: Iran Will Export Crude Oil", AP, 4 de setembro de 2018.
15. Vali Nasr, *The Shia Revival: How Conflicts Within Islam Will Shape the Future* (New York: Norton, 2016), pp. 114–15, 143; Jeffrey Feitman, "Hezbollah: Revolutionary Iran's Most Successful Export", Brookings Institution, 17 de janeiro de 2019; Kim Ghattas, *Black Wave: Saudi Arabia, Iran, and the Forty-Five Year Rivalry That Unraveled Culture, Religion, and Collective Memory in the Middle East* (New York: Henry Holt, 2020), capítulos 7 e 16 (Irã e a ascensão do Hezbollah).

Capítulo 30: A disputa pelo Iraque

1. Mohamad Bazzi, "King Salman's War", *Politico*, 25 de janeiro de 2015.
2. Joby Warrick, *Black Flags: The Rise of ISIS* (New York: Doubleday, 2015), p. 300 ("meio da estrada").
3. Dexter Filkins, "The Shadow Commander", *New Yorker*, 30 de setembro de 2013; Ali Alfoneh, "Brigadier General Qassem Soleimani: A Biography", AEI, no. 1 (janeiro de 2011); Ali Soufan, "Qassem Soleimani and Iran's Unique Regional Strategy", *CTC Sentinel* 11, no. 10 (novembro de 2018).

Notas **457**

4. Filkins, "The Shadow Commander."
5. "Iraq Oil Rush", *New York Times*, 22 de junho de 2008 ("suspeitas"); "Iraq— Systematic Country Diagnostic", Banco Mundial, fevereiro de 2017.
6. Entrevista com Dr. Ashti Hawrami; IHS Markit, "KRG and Iraq Could Reach Oil Export and Revenue Deal in December, According to Turkey", 4 de dezembro de 2013.
7. Renad Mansour e Faleh A. Jabar, "The Popular Mobilization Forces and Iraq's Future", Carnegie Endowment for International Peace, 28 de abril de 2017.
8. Tim Arango et al., "The Iran Cables", *New York Times*, 19 de novembro de 2019 ("olhos fechados", contratos para a exploração de petróleo); Strategic Studies Institute e U.S. Army War College Press, *The U.S. Army in the Iraq War*, vol. 2, *Surge and Withdrawal, 2007–2011* (2019), p. 639.
9. Mustafa Salim e Liz Sly, "Widespread Unrest Erupts in Southern Iraq Amid Acute Shortages of Water, Electricity", *Washington Post*, 14 de julho de 2018.

Capítulo 31: O arco do confronto

1. Robert Gates, *Duty: Memoirs of a Secretary at War* (New York: Knopf, 2014), p. 505; George H. W. Bush e Brent Scowcroft, *A World Transformed* (New York: Knopf, 1998), p. 341 ("meu sábio amigo").
2. Entrevista com Frank Wisner; Hillary Rodham Clinton, *Hard Choices* (New York: Simon & Schuster, 2014), p. 343 ("transição pacífica"); Gates, *Duty*, pp. 505–6 ("exatamente", "agora").
3. William Burns, *The Back Channel: A Memoir of American Diplomacy and the Case for Its Renewal* (New York: Random House, 2019), p. 466 ("expectativas"); Gates, *Duty*, p. 507 ("nossos aliados").
4. David D. Kirkpatrick e Steven Lee Myers, "Libya Attack Brings Challenges for U.S.", *New York Times*, 12 de setembro de 2012.
5. Allan R. Millett e Peter Maslowski, *For the Common Defense: A Military History of the United States from 1607 to 2012* (New York: Simon & Schuster, 1994), ("província perdida"); Souad Mekhennet e Joby Warrick, "U.S. Increasingly Sees Iran's Hand in the Arming of Bahraini Militants", *Washington Post*, 1° de abril de 2017 (Soleimani).
6. Michael Knights e Matthew Levitt, "The Evolution of Shia Insurgency in Bahrain", The Washington Institute, janeiro de 2018, p. 23.
7. "Interview with Syrian President Bashar al-Assad", *Wall Street Journal*, 31 de janeiro de 2011, Jay Solomon, *The Iran Wars* (New York: Random House, 2016), pp. 104–108.
8. Patrick Seale, *Asad: The Struggle for the Middle East* (Berkeley: University of California Press, 1988), p. 352 (*fatwa*); Moshe Ma'oz, *Asad: The Sphinx of Damascus* (New York: Grove Weidenfeld, 1988).
9. Nasser Menhall, Petitção para Assessor Jurídico, Departamento de Estado dos EUA, 30 de outubro de 2013.
10. James Bennet, "The Enigma of Damascus", *New York Times Magazine*, 10 de julho de 2005.
11. Barack Obama, "The Future of Syria", White House Blog, 18 de agosto de 2011.
12. C. J. Chivers e Eric Schmitt, "Saudis Step Up Help for Rebels in Syria with Croatian Arms", *New York Times*, 25 de fevereiro de 2013.
13. Martin Dempsey em "Obama at War", *Frontline*, PBS, temporada de 2015, episódio 10, transcrição, www.pbs.org/wgbh/frontline/film/obama-at-war/transcript/.
14. Susan Rice, *Tough Love: My Story of the Things Worth Fighting For* (New York: Simon & Schuster, 2019), pp. 362–69; Burns, *Back Channel*, pp. 328–30; Jeffrey Goldberg, "The Obama Doctrine", *Atlantic*, abril de 2016 ("manual").
15. Greg Jaffe, "The Problem with Obama's Account of the Syrian Red Line Incident", *Washington Post*, 4 de outubro de 2016 ("reviravolta chocante").

458 Notas

16. Mounir al-Rabih, "Hezbollah and Iran in Syria", The Washington Institute, 13 de novembro de 2017.
17. Sobre os curdos da Síria, ver os artigos de Robin Wright na revista *New Yorker*, 4 de abril e 20 de outubro de 2019; United Nations High Commissioner for Refugees (UNHCR)—Syria emergency, www.unhcr.org/en-us/syria-emergency.html.
18. Gregory D. Johnsen, *The Last Refuge: Yemen, Al-Qaeda, and America's War in Arabia* (New York: Norton, 2014), capítulo 17; Robert F. Worth, *A Rage for Order: The Middle East in Turmoil from Tahrir Square to ISIS* (New York: Farrar, Straus, and Giroux, 2016), capítulos 4 e 6.
19. Michael Knights, "The Houthi War Machine", *CTC Sentinel*, setembro de 2018, vol. 11, edição 8; Nicholas Niarchos, "How the U.S. Is Making the War in Yemen Worse", *New Yorker*, 15 de janeiro de 2018.
20. Gerald M. Feierstein, "Iran's Role in Yemen and Prospect for Peace", Middle East Institute, 6 de dezembro de 2018 (ponte aérea).
21. Peter Salisbury, "Yemen and the Saudi-Iranian 'Cold War'", Chatham House, fevereiro de 2015, pp. 8–9 ("uma vitória"); Sayed Hassan Nasrallah, "The Resistance Axis Triumphs, Israel Panics", Discurso, 18 de março de 2017 ("vitória decisiva").
22. Sami Aboudi e Stephanie Nebehay, "Saudi Oil Tanker Hit in Houthi Attack off Yemen—Coalition", Reuters, 3 de abril de 2018.
23. "How—and Why—to the End the War in Yemen", *The Economist*, 30 de novembro de 2017.
24. Peter Salisbury, "Yemen: National Chaos, Local Order", artigo acadêmico, Chatham House, dezembro de 2017, p. 45.
25. Salisbury em Niarchos, "How the U.S. Is Making the War in Yemen Worse".
26. Sam Dagher, "What Iran Is Really Up To in Syria". *The Atlantic*, 14 de fevereiro de 2018; Kambiz Foroohar e Ladane Nasseri, "Iran Wields Power from Syria to Gulf as Rise Alarms Sunni Rivals", *Bloomberg*, 18 de fevereiro de 2015.

Capítulo 32: A ascensão do "Mediterrâneo Oriental"

1. IHS Markit, "Israel: Oil & Gas Risk Commentary", agosto de 2019; IHS Markit, "Levantine Basin", Basin Insights Profile, 19 de outubro de 2016.
2. Entrevista com Eli Groner; Shoshanna Solomon, "Octogenarian Geologist", *Times of Israel*, 18 de abril de 2018.
3. "Hezbollah Issues Fresh Threat", *The Times of Israel*, 18 de fevereiro de 2018 ("cessarão suas operações"); Judah Ari Gross, "With High-Tech Warships", *The Times of Israel*, 5 de fevereiro de 2018.
4. Tarek el-Molla e Yuval Steinitz na CERAWeek 2019.

Capítulo 33: "A resposta"

1. Richard P. Mitchell, *The Society of the Muslim Brothers* (New York: Oxford University Press, 1993), pp. 2, 8–9 ("Somos irmãos"); Gudrun Krämer, *Hasan al-Banna* (Oxford: Oneworld, 2010), capítulo 2; Eric Trager, *Arab Fall: How the Muslim Brotherhood Won and Lost Egypt in 891 Days* (Washington, D.C.: Georgetown University Press, 2016), pp. 46–51.
2. Lawrence Wright, *The Looming Tower: Al Qaeda and the Road to 9/11* (New York: Vintage, 2011), pp. 9, 15.
3. Wright, *The Looming Tower*, pp. 34–35; Fawaz A. Gerges, *Making the Arab World: Nasser, Qutb, and the Clash That Shaped the Middle East* (Princeton: Princeton University Press, 2018), pp. 140–45, 223–32; John Calvert, *Sayyid Qutb and the Origins of Radical Islamism* (New York: Oxford, 2018), pp. 182–87.
4. Yaroslav Trofimov, *The Siege of Mecca: The Forgotten Uprising in Islam's Holiest Shrine and the Birth of al-Qaeda* (New York: Penguin, 2007), p. 7 ("tempos modernos"); Robert Lacey, *Inside the Kingdom: Kings, Clerics, Modernists, Terrorists, and the Struggle for Saudi Arabia* (New York: Penguin, 2010), capítulos 2 e 3.

Notas **459**

5. Trofimov, *The Siege of Mecca*, p. 248.
6. Shadi Hamid, *The Temptations of Power: Islamists & Illiberal Democracy in the New Middle East* (Oxford: Oxford University Press, 2015), pp. 14–15; Shadi Hamid, "Islamists and the Brotherhood", em *The Arab Awakening: America and the Transformation of the Middle East* (Washington, D.C.: Brookings Institution Press, 2011), pp. 31–34; Shadi Hamid, *Islamic Exceptionalism: How the Struggle over Islam is Reshaping the World* (New York: St. Martin's Press, 2016), p. 80 ("afiliados"); Eric Trager, *Arab Fall*, pp. 48–55; 94–95 ("um estado islâmico unificado, ou uma união islâmica global" e "um estado islâmico global"); Robert Worth, *A Rage for Order* (New York: Farrar, Straus, and Giroux, 2016), capítulo 5.
7. Wright, *The Looming Tower*, pp. 54–55, 211; Peter Bergen, *The Longest War: The Enduring Conflict Between America and Al-Qaeda* (New York: Free Press, 2011), capítulo 2; Steve Coll, *The Bin Ladens: An Arabian Family in the American Century* (New York: Penguin Press, 2008).
8. Thomas Hegghammer, *Jihad in Saudi Arabia: Violence and Pan-Islamism Since 1979* (Cambridge: Cambridge University Press, 2010).
9. Lukáš Tichý e Jan Eichler, "Terrorist Attacks on the Energy Sector: The Case of Al Qaeda and the Islamic State", *Studies in Conflict & Terrorism* 41, no. 6 (2018), pp. 455, 465; Lisa Marshall, "Terrorism and Friendship in Algeria", *Colorado School of Mines Magazine* 103, no. 2 (verão de 2013).
10. Charles Lister, *The Syrian Jihad: Al-Qaeda, the Islamic State and the Evolution of an Insurgency* (New York: Oxford University Press, 2015), p. 192 ("os encontrem").
11. Lister, *The Syrian Jihad*, p. 214; David Ignatius, "How Isis Spread in the Middle East", *Atlantic*, 29 de outubro de 2015.
12. Joby Warrick, *Black Flags: The Rise of ISIS* (New York: Doubleday, 2015), p. 299 ("persas").
13. Entrevistas.
14. Alissa J. Rubin, "Militant Leader", *New York Times*, 5 de julho de 2014; Warrick, *Black Flags*, pp. 304–305 ("Roma"); Liz Sly, "The Hidden Hand", *Washington Post*, 4 de abril de 2015; Hugh Kennedy, *Caliphate: The History of an Idea* (New York: Basic Books, 2016), pp. 63, 70; Damien McElroy, "Rome Will Be Conquered Next Says Leader of Islamic State", *Telegraph*, 1º de julho de 2014.
15. "Timeline: The Rise, Spread, and Fall of the Islamic State", Wilson Center, 28 de outubro de 2019.
16. "In Audio Recording, ISIS Leader Abu Bakr Al-Baghdadi Says Operations Underway, Urges 'Caliphate Soldiers' to Free Captives", MEMRI, 16 de setembro de 2019.
17. Briefing do Departamento de Defesa sobre ataque a Baghdadi, 30 de outubro de 2019, www.defense.gov/Newsroom/Transcripts/Transcript/Article/2004092/department-of-defense-press-briefing-by-assistant-to-the-secretary-of-defense-f/.

Capítulo 34: Choque do petróleo

1. Neil Hume e Anjli Raval, "Iraq Violence Lights Fuse to Oil Price Spike", *Financial Times*, 20 de junho de 2014.
2. Ali Al-Naimi, *Out of the Desert: My Journey from Nomadic Bedouin to the Heart of Global Oil* (New York: Portfolio/Penguin, 2016), pp. 286–88; Robert McNally, *Crude Volatility: The History and the Future of Boom-Bust Oil Prices* (New York: Columbia University Press, 2017), pp. 212–16; Raf Sanchez, "Barack Obama: Iran Could Be a 'Successful Power'", *Telegraph*, 29 de dezembro de 2014.
3. "Sheikhs v Shale", *The Economist*, 12 de dezembro de 2014; Asjylyn Loder, "Shale Producers Clobbered", *Bloomberg*, 10 de setembro de 2015.
4. Entrevista ("Todos os estudos que vimos").
5. Ali Al-Naimi, Discurso, CERAWeek, 23 de fevereiro de 2016; Al-Naimi, *Out of the Desert*; Daniel Yergin, "The Global Battle for Oil Market Share", *Wall Street Journal*, 15 de dezem-

460 Notas

bro de 2015; Wael Mahdi, "Saudi Prince Affirms Oil Strategy as Market Seen as 'Excellent'", *Bloomberg Business*, 28 de abril de 2015.

6. "Meeting with Deputy Crown Prince of Saudi Arabia Mohammad bin Salman Al Saud", 4 de setembro de 2016, http://en.kremlin.ru/events/president/news/52825.

7. Rania El Gamal, Alex Lawler e Vladimir Soldatkin, "OPEC Agrees Modest Oil Output Curbs in First Deal Since 2008", Reuters, 28 de setembro de 2016.

8. "OPEC's Sanusi Barkindo", Bloomberg TV, 1° de dezembro de 2016.

9. Jim Burkhard, Bhushan Bahree e Aaron Brady, "The New Math of Oil: The 'Inadvertent Swing Supplier'—the United States", IHS Markit Strategic Report, fevereiro de 2015; Vladimir Soldatkin e Oksana Kobzeva, "Russia Offers to Sell Gas", Reuters, 8 de dezembro de 2017 ("de rivais a parceiros").

10. Donald J. Trump, *tweet*, 20 de abril de 2018.

11. Donald J. Trump, *tweet*, 22 de junho de 2018.

12. "Trump Says He Wants to Go Slower on Sanctions", Reuters, 5 de novembro de 2018.

13. Ana Vanessa Herrero, "After U.S. Backs Juan Guaidó as Venezuela's Leader, Maduro Cuts Ties", *New York Times*, 23 de janeiro de 2019 ("usurpador").

14. *The Economist*, 11 de maio de 2019.

15. Rawan Shaif e Jeremy Binnie, "Attack on Saudi Oil Facilities Deepens Regional Malaise", *Jane's*, 9 de outubro de 2019.

16. Ali Soufan, "Qassem Soleimani and Iran's Unique Regional Strategy", *CTC Sentinel*, novembro de 2018.

17. Peter Baker et al., "7 Days in January", *New York Times*, 12 de janeiro de 2020; Parisa Hafezi, "Iran's Khamenei Stands by Guards", Reuters, 17 de janeiro de 2020.

Capítulo 35: Corrida para o futuro

1. Stephen Kalin e Katie Paul, "Saudi Arabia Says It Has Seized over $100 Billion in Corruption Purge", Reuters, 30 de janeiro de 2018.

2. "Saudi Arabia's Heir to the Throne Talks to 60 Minutes", CBS, 9 de março de 2018; "Full Transcript of Saudi Crown Prince's CBS Interview with Nora O'Donnell, Including Unaired Answers", Arabia5AM, 1° de outubro de 2019.

3. Samia Nakhoul, William Maclean e Marwa Rashad, "Saudi Prince Unveils Sweeping Plans", Reuters, 25 de abril de 2016 ("à mercê"); John Kemp, "Saudi Arabia Will Struggle to Kick Its Addiction", Reuters, 27 de abril de 2016.

4. W. H. Berg a R. W. Hanna, 14 de março de 1938, e W. J. Lenahan a L. N. Hamiton, "Declaration of Commercial Production", 30 de outubro de 1938, arquivos da Chevron; Telegrama para E.A. Skinner, 4 de março de 1938, arquivos da Saudi Aramco.

5. "Mohammed bin Salman Talks to *Time*", *Time*, 5 de abril de 2018 ("cabanas de barro").

6. Fundo Monetário Internacional, "Saudi Arabia: Selected Issues", Country Report 19/291, setembro de 2019, p. 4.

7. Ezzoubeir Jabrane, "Grand Mufti of Saudi Arabia: 'Concerts and Cinema Are Haram'", *Morocco World News*, 15 de janeiro de 2017; Kristin Smith Diwan, "Let Me Entertain You: Saudi Arabia's New Enthusiasm for Fun", Arab Gulf States Institute in Washington, 9 de março de 2018.

8. James Lemoyne, "Mideast Tensions; Ban on Driving by Women Reaffirmed by Saudis", *New York Times*, 15 de novembro de 1990; "Saudi Arabia—Fatwa on Women's Driving of Automobiles (Shaikh Abdel Aziz Bin Abdallah Bin Baz), 1990".

9. Kim Mackrael, Paul Vieira e Donna Abdulaziz, "Saudi Students Fret over Future After Order to Leave Canada", *Wall Street Journal*, 9 de agosto de 2018.

10. *The Abu Dhabi Economic Vision for 2030* (Abu Dhabi Economic Council for Development, 2008); Abu Dhabi Chamber e IHS Markit, *Biannual Abu Dhabi Economic Report*, dezembro

de, 2019; "Nearly 50 Years On, Adviser Remembers First Abu Dhabi Master Plan", *The National*, 14 de junho de 2016 ("vilarejo"); "Sheikh Mohammed bin Zayed's Inspirational Vision", *The National*, 10 de fevereiro de 2015; entrevistas.

11. Vision 2030, my.gov.sa.
12. "Full Transcript of Saudi Crown Prince's CBS Interview", Arabia5AM, 1º de outubro de 2019 ("reservar um quarto").
13. Fundo Monetário Internacional, "Saudi Arabia: Selected Issues", Country Report 19/291, setembro de 2019, p. 12 (empregos).
14. Sobre o "milagre" do Leste Asiático, ver Daniel Yergin e Joseph Stanislaw, *The Commanding Heights: The Battle for the World Economy* (New York: Touchstone, 2002), capítulos 6 e 7.
15. "Erdoğan Seeks to Expand Turkey's Influence in the Middle East Through Diplomacy—and Force", *The Conversation*, 17 de abril de 2018; "Erdoğan: Turkey Is the Only Country That Can Lead the Muslim World", *Yeni Şafak*, 15 de outubro de 2018.
16. Adam Taylor, "As America Tries to End 'Endless Wars,' America's Biggest Mideast Base is Getting Bigger", *Washington Post*, 21 de agosto de 2019. 2019 ("bem no centro").
17. "Interview with Muhammad bin Salman", *The Economist*, 6 de janeiro de 2016.
18. "Transcript: Muhammad bin Salman", *The Economist*, 6 de janeiro de 2016.
19. "Saudi Crown Prince Discusses Trump, Aramco, Arrests: Transcript", *Bloomberg*, 5 de outubro de 2018 ("potência de investimento"); Fundo Monetário Internacional, "Saudi Arabia: Selected Issues", Country Report 19/291, setembro de 2019, p. 9.

Capítulo 36: A peste

1. Clifford Krauss, "Saudi Oil Price Cut", *New York Times*, 9 de março de 2020; Nelli Sharushkina e Amena Bakr, "Saudi-Russia Rift", *International Oil Daily*, 9 de março de 2020 ("dúvida" e "mais tempo"); Nelli Sharush, "Russia Braces for Price War", *International Oil Daily*, 11 de março de 2020 ("variantes"); Entrevista com Alexander Novak no Russia Channel 1, 13 de abril de 2020.
2. "Sechin: Low Oil Prices", Interfax, 20 de março de 2020; Joshua Yaffa, "Russian-Saudi Oil War Went Awry", *The New Yorker*, 15 de abril de 2020 ("ameaça estratégica").
3. *Mapping the Global Future: Report of the National Intelligence Council's 2020 Project* (dezembro de 2004); Centers for Disease Control and Prevention; Bill Gates Ted Talk, 3 de abril de 2015, https://www.youtube.com/watch?v=6Af6b_wyiwI.
4. Entrevista com Alexander Novak, Ekho Moskvy Radio, 2 de abril de 2020.
5. Entrevista ("catastrófica"); entrevista com Don Sullivan; 13 de março de 2020, carta para o príncipe herdeiro; 25 de março de2020, carta a Mike Pompeo; Tucker Higgins, "Ted Cruz, Other Senators, Warn Saudis", CNBC, 30 de março de2020 ("guerra econômica"); Lutz Kilian, Michaal D. Plante e Xiaoqing Zhou, "How Falling Oil Prices in Early 2020 Weakened the U.S. Economy", Dallas Federal Reserve, maio de 2020.
6. Coronavirus Task Force Briefing, 19 de março de 2020 ("pessoa que dirige o carro"); Javier Blas, "Trump's Oil", *Bloomberg*, 13 de abril de 2020 ("baixo demais" e "aniquilada"); Coronavirus Task Force Briefing, 1º de abril de 2020; Donald J. Trump, *tweet*, 2 de abril de 2020 ("meu amigo").
7. Frank Kane, "Saudi Arabia Calls 'Urgent Meeting of Oil Producers'", *Arab News*, 2 de abril de 2020; Meeting on the Situation in Global Energy Markets, 3 de abril de 2020, Kremlin website.
8. Mohammad Barkindo, Declaração à Reunião Ministerial da Opep+, 9 de abril de 2020.
9. Coronavirus Task Force Briefing, 8 de abril de 2020 ("odiava a Opep"); Dan Brouillette, Remarks for G20 Extraordinary Energy Ministers Meeting, 10 de abril de 2020; Benoit Faucon, Summer Said e Tim Puko, "U.S., Saudi Arabia, Russia Lead Pact", *Wall Street Journal*, 12de abril de 2020; "The Largest Oil Supply Cut in History", *Oil Market Insight*, IHS Markit, 12 de abril de 2020.

462 Notas

10. Anjli Raval, "Saudi Arabia Says Price War", *Financial Times*, 14 de abril de 2020 ("desvio" e "advogados de divórcio"); *Petroleum Intelligence Weekly*, 17 de abril de 2020.
11. Jim Burkhard, "Covid-19 Oil Prices", *Oil Market Briefing*, IHS Markit, 20 de abril de 2020.

O MAPA DO FUTURO

Capítulo 37: A carga elétrica

1. Entrevista com J. B. Straubel.
2. Entrevista com with J. B. Straubel; IHS Markit, "Reinventing the Wheel: The Future of Cars, Oil, Chemicals, and Electric Power", Part I Report, junho de 2017, p. VI-3; David Keyton, "Three Win Nobel in Chemistry", Phys.org, 9 de outubro de 2019.
3. Entrevista com J. B. Straubel.
4. Ashlee Vance, *Elon Musk: Tesla, SpaceX, and the Quest for a Fantastic Future* (Londres: Virgin Books/Penguin, 2016), p. 161 ("um lixo"); Levi Tillemann, *The Great Race: The Global Quest for the Car of the Future* (New York: Simon & Schuster, 2015), p. 152 (Lutz).
5. Tillemann, *The Great Race*, p. 241.
6. Entrevista com Daniel Akerson.
7. Entrevista com Mary Barra.
8. Entrevista com Mary Barra.
9. Virginia Gewin, "Turning Point: Daniel Carder", *Nature*, 18 de novembro de 2015; Gregory J. Thompson, "In Use Emissions Testing of Light-Duty Diesel Vehicles in the United States", Final Report, Center for Alternative Fuels, Engines and Emissions, West Virginia University, 15 de maio de 2014; Philip E. Ross, "How Engineers at West Virginia University", *IEEE Spectrum*, 22 de setembro de 2015; David Morgan, "West Virginia Engineer", Reuters, 23 de setembro de 2015.
10. Chris Reiter e Elisabeth Behrmann, "VW's Diesel Woes Reach $30 Billion", *Bloomberg*, 29 de setembro de 2017; "VW Diesel Crisis: Timeline", Cars.com, 7 de dezembro de 2017; "Is Diesel Dead in the EU and Will Electrification Take Its Place?", IHS Markit AutoIntelligence Strategic Report, 27 de novembro de 2017.
11. Jeff Meyer, "Will Houston Become More Like Oslo: Perspective on City Vehicle Restrictions", IHS Markit Mobility and Energy Future Strategic Report, maio de 2020; Elena Pravettoni, "Cars and the City of the Future: London Case Study", IHS Markit Mobility and Energy Future Strategic Report, 1º de agosto de 2018; "Angela Merkel verteidigt Diesel-Autos", *Frankfurter Allgemeine*, 23 de março de 2017; Kylie MacLellan e Guy Faulconbridge, "Electric Cars Win?", Reuters, 26 de julho de 2017.
12. Herbert Diess, Discurso: na Reunião Global do Conselho, 16 de janeiro de 2020, 4 de novembro de 2019, 9 de setembro de 2019, Reunião Anual Geral, 14 de maio de 2019.
13. Jack Ewing, "Volvo, Betting on Electric", *New York Times*, 5 de julho de 2017.
14. Entrevista com Bill Ford; Akiko Fujita, "Toyota Chairman", CNBC, 5 de setembro de 2017 (Toyota); Elon Musk | Full Interview | Code Conference 2016, YouTube, 2 de junho de 2016, www.youtube.com/watch?v=wsixsRI-Sz4.
15. Jim Burkhard, "Electric Geography: Nearly Half of U.S. EVs in One State— California", IHS Markit Mobility and Energy Future Strategic Report, 22 de outubro de 2018.
16. MacLellan e Faulconbridge, "Electric Cars Win?" ("Tavares").
17. Entrevista (Noruega); Tillemann, *The Great Race*, p. 180 (funcionário do Senado).
18. California Air Resources Board, https://ww2.arb.ca.gov/our-work/programs/volkswagen--zero-emission-vehicle-zev-investment-commitment.
19. Tillemann, *The Great Race*, p. 99 (tratores), p. 115 ("a cada dia").
20. Premasish Das e Xiaonan Feng, "Electricity Takes the Bus", Strategic Report, IHS Markit, junho de 2018.

Notas **463**

21. IHS Markit, "Reinventing the Wheel", p. IV-10; Jeff Meyer et al., "From 'Carrot' to 'Stick': How China's EV Policy Support Is Evolving", IHS Markit Mobility and Energy Future Insight, 18 de setembro de 2019.
22. *Pulse of Change: Update on LV and EV Sales,* "Global EV Sales in 2019 Edge Out Higher than in 2018—But Pace of Growth Sharply Decelerates", 14 de fevereiro de 2020, IHS Markit Mobility and Energy Future Insight.
23. "Nitin Gadkari Tells Carmakers: Move to Electric Cars", NDTV, 7 de setembro de 2017.
24. "Inside India's Messy Electric Vehicle Revolution", *New York Times,* 22 de agosto de 2019; Dharmendra Pradhan e Ajit Jindal, Remarks at India Energy Forum by CERAWeek, 14–16 de outubro de 2018.
25. Sintia Radu, "Toyota and Mazda Join Forces", *Washington Post,* 4 de agosto de 2017.
26. India Energy Forum 2017 by CERAWeek, 8–10 de outubro de 2017.
27. *Pulse of Change: Update on LV and EV Sales,* "Global EV Sales".
28. Entrevista com J. B. Straubel; MIT Energy Initiative, *Insights into Future Mobility* (Cambridge, MA: MIT Energy Initiative, 2019); Elena Pravettoni, Sam Huntington e Youmin Rong, "How Fast Are Electric Vehicle Battery Costs Falling", IHS Markit Power and Renewables Strategic Report, outubro de 2019.
29. IHS Markit Lithium and Battery Materials Service.
30. IHS Markit and Energy Futures Initiative, *Advancing the Landscape of Clean Energy Innovation,* Breakthrough Energy Coalition, fevereiro de 2019.
31. Vaclav Smil, *Energy Transitions: Global and National Perspectives* (Santa Barbara: Praeger, 2017).
32. Entrevista com Bill Ford.

Capítulo 38: A chegada do robô

1. "Radio-Driven Auto Runs Down Escort", *New York Times,* 28 de julho de 1925; IHS Markit, *Reinventing the Wheel,* p. III-16.
2. "The DARPA Grand Challenge: Ten Years Later", DARPA, 13 de março de 2014.
3. Entrevista com Sebastian Thrun; Christine O'Toole, "What Drives Red Whittaker", *Pittsburgh Quarterly,* inverno de 2018; "The Great Robot Race", *Nova,* PBS, 28 de março de 2006.
4. Entrevista com Sebastian Thrun; "The Great Robot Race."
5. Entrevista com Sebastian Thrun; Conor Dougherty, "How Larry Page's Obsession Became Google's Business", *New York Times,* 22 de janeiro de 2016; Arjun Kharpal, "Google's Larry Page Disguised Himself", CNBC, 11 de maio de 2017.
6. Entrevista com Lawrence Burns; Scott Corwin e Rob Norton, "The Thought-Leader Interview: Lawrence Burns", *strategy+business,* outono de 2010; Lawrence Burns e Christopher Shulgin, *Autonomy: The Quest to Build the Driverless Car and How It Will Reshape Our World* (New York: HarperCollins, 2018).
7. Lindsay Chappell, "2007: The Moment Self-Driving Cars Became Real", *Automotive News,* 19 de dezembro de 2016 (Whittaker).
8. Entrevista com Sebastian Thrun; Sebastian Thrun, "What We're Driving At", Google Blog, 9 de outubro de 2010.
9. Burkhard Bilger, "Auto Correct", *New Yorker,* 18 de novembro de 2013.
10. "Taxonomy, and Definitions for Terms Related to Driving Automation Systems for On--Road Motor Vehicles", SAE, 6 de junho de 2015, www.sae.org/standards/content/j3016_201806/.
11. Rebecca Yergin, "IoT Update: Navigating the Course of Spectrum for Connected and Automated Vehicle Technologies", *National Law Review,* 30 de novembro de 2018.
12. National Science and Technology Council and the U.S. Department of Transportation, *Assuring America's Leadership in Automated Vehicles Technologies: Automated Vehicles 4.0*

464 Notas

(Washington D.C., 2020); Rebecca Yergin, "NHTSA Continues to Ramp Up Exploration of Automated Driving Technologies", Covington & Burling, Blog, abril de 2020.

13. Marco della Cava, "Garage Startup Uses Deep Learning to Teach Cars to Drive", *USA Today*, 30 de agosto de 2016.

Capítulo 39: Chamando o futuro

1. Entrevista com Garrett Camp; apresentação "UberCab", dezembro de 2008.
2. Adam Lashinsky, *Wild Ride: Inside Uber's Quest for World Domination* (New York: Portfolio/Penguin, 2017), pp. 80–81, 91.
3. Megan Rose Dickey, "Lyft's Rides Are So Social", *Business Insider*, 16 de março de 2014; Travis Kalanick, Uber Policy White Paper, "Principled Innovation: Addressing the Regulatory Ambiguity", 12 de abril de 2013 ("competir").
4. "Didi Chuxing's Founder Cheng Wei", *Times of India*, 8 de agosto de 2016.
5. Entrevista com Jean Liu.
6. Mike Isaacs, *Super Pumped: The Battle for Uber* (New York: W. W. Norton, 2019), capítulos 27–30; Farhad Manjoo, "Uber's Lesson", *New York Times*, 21 de junho de 2017; Anita Balakrishnan, "Here's the Full 13-Page Report of Recommendations for Uber", CNBC, 13 de junho de 2017.

Capítulo 40: *Auto-Tech*

1. Michael Sivak, "Younger Persons Are Still Less Likely to Have a Driver's License Than in the 1980s", 6 de janeiro de 2020, https://www.greencarcongress.com/2020/01/20200106--sivak.html.
2. Adrienne LaFrance, "The High-Stakes Race to Rid the World of Human Drivers", *Atlantic*, 1º de dezembro de 2015; IHS Markit, "Mobility and Energy Future: 2019 Update", julho de 2019.
3. Lawrence D. Burns com Christopher Shulgan, *Autonomy: The Quest to Build the Driverless Car—And How It Will Reshape Our World* (New York: HarperCollins, 2018).
4. Entrevista com Bill Ford.
5. Mike Colias, Tim Higgins e William Boston, "Will Tech Leave Detroit in the Dust?", *Wall Street Journal*, 20 de outubro de 2018 (Toyoda).
6. Entrevista com Bill Ford.
7. Entrevista com Mary Barra.
8. Entrevista com Bill Ford.

O MAPA DO CLIMA

Capítulo 41: Transição energética

1. Sobre neutralidade de carbono: David Victor, "Deep Decarbonization: A Realistic Way Forward on Climate Change", *Yale Environment* 360, 28 de janeiro de 2020; John Deutch, "Is Net Zero Carbon by 2050 Possible?", junho de 2020, https://eartharxiv.org/bvf5c/. Sobre carvão e Darby: Peter Brimblecombe, "Attitudes and Responses Towards Air Pollution in Medieval England", *Journal of the Air Pollution Control Association* 26, no. 10 (outubro de 1976), pp. 941–45; R. A. Mott, "Abraham Darby (I and II) the Coal Iron Industry", *Transactions of the Newcomen Society* 31, no. 1 (1957); Nancy Cox, "Imagination and Innovation of an Industrial Pioneer: The First Abraham Darby", *The Industrial Archaeology Review* 12 (1990), pp. 127–44; "Shopshire: Industrial Heritage", BBC, http://www.bbc.co.uk/shropshire/content/articles/2009/02/12/abraham_darby_feature.shtml ("duvidam de mim"); Barrie Trinder, *The Darbys of Coalbrookdale* (Chichester, UK: Phillimore, 1978), capítulo 2; Barbara Freese, *Coal: A Human History* (New York: Penguin Books, 2004), pp. 24–32.

Notas **465**

2. Vaclav Smil, *Energy Transitions: Global and National Perspectives* (Santa Barbara: Praeger, 2017).
3. Intergovernmental Panel on Climate Change, *Climate Change 2007: The Physical Science Basis* (New York: Cambridge University Press, 2007); Rajendra Pachauri, CERAWeek, 11 de fevereiro de 2008; Gayathri Vaidyanathan, "U.N. Climate Science Body Launches Search to Replace a Strong Leader", *E&E News*, 25 de fevereiro de 2015.
4. Intergovernmental Panel on Climate Change, *Climate Change 2014: Synthesis Report. Contribution of Working Groups I, II, and III to the Fifth Assessment Report of the Intergovernmental Panel on Climate Change* (Genebra: IPCC, 2014); Steven Koonin, "Climate Science Is Not Settled", *Wall Street Journal*, 19 de setembro de 2014.
5. Mark Landler e Helene Cooper, "After a Bitter Campaign, Forging an Alliance", *New York Times*, 18 de março de 2010 ("pior reunião"); Bruce Einhorn, "Why the US-China Emissions Pact Could Be a Climate Change Breakthrough", *Bloomberg*, 12 de novembro de 2014.
6. Fiona Harvey, "Paris Climate Change Agreement", *Guardian*, 14 de dezembro de 2015; Suzanne Goldenberg, John Vidal, Lenore Taylor, Adam Vaughan e Fiona Harvey, "Paris Climate Deal", *Guardian*, 12 de dezembro de 2015 (secretário-geral); Declarações do presidente Obama sobre o Acordo de Paris, 5 de outubro de 2016; "Donald Trump Would 'Cancel' Paris Climate Deal", BBC News, 27 de maio de 2016 (Trump).
7. Global Climate Project, *Global Climate Report 2019*; Daniel Yergin, *The Quest: Energy, Security, and the Remaking of the Modern World* (New York: Penguin, 2011), pp. 422–28.
8. Greta Thunberg, *No One Is Too Small to Make a Difference* (New York: Penguin, 2019), pp. 10, 62, 96–99; Charlotte Alter, Suyin Haynes e Justin Worland, "2019 Person of the Year—Greta Thunberg", *Time*, 11 de dezembro de 2019; Greta Thunberg, Luisa Neubauer e Angela Valenzuela, "Why We Strike Again", *Project Syndicate*, 29 de novembro de 2019.
9. Mark Carney, "Breaking the Tragedy of the Horizons—Climate Change and Financial Stability", Discurso, 29 de setembro de 2015.
10. "Final Report: Recommendations of the Task Force for Climate-related Financial Disclosures", Task Force for Climate-related Financial Disclosures, junho de 2017; Carta de Larry Fink para os CEOs, 14 de janeiro de 2020; Climate Bonds Initiative 2019; Andrew Edgecliffe-Johnson e Billy Nauman, "Fossil Fuel Divestment Had 'Zero' Climate Impact, Says Bill Gates", *Financial Times*, 17 de setembro de 2019.
11. Valerie Pavilonis e Matt Kristofferen, "Delay Second Half of The Game", *Yale Daily News*, 23 de novembro de 2019; Alan Murray e David Meyer, "Against Oil Divestment", *Fortune*, 26 de novembro de 2019 (Swensen).
12. Climate Accountability Institute e Union of Concerned Scientists, "Establishing Accountability for Climate Change Damages: Lessons from Tobacco Control", La Jolla, Califórnia, 14–15 de junho de 2012, www.ucsusa.org/sites/default/files/attach/2016/04/establishing--accountability-climate-change-damages-lessons-tobacco-control.pdf; Amie Tsang e Stanley Reed, "*Guardian* Stops Accepting Fossil Fuel Ads", *New York Times*, 30 de janeiro de 2020; Anna Bateson e Hamish Nicklin, "*Guardian* Will No Longer Accept Fossil Fuel Advertising", *Guardian*, 29 de janeiro de 2020.
13. Hiroko Tabuchi e Nadja Popovich, "How Guilty Should You Feel About Flying?", *New York Times*, 17 de outubro de 2019; "Climate Confessions", NBC News, https://www.nbcnews.com/news/specials/climate-confessions-share-solutions-climate-change-n1054791; James Pickford, "RSC Brings Curtain Down", *Financial Times*, 2 de outubro de 2019.

Capítulo 42: *Green Deals*

1. Declaração de Abertura na Sessão Plenária do Parlamento Europeu de Ursula von der Leyen, Estrasburgo, 16 de julho de 2019; Ewa Krukowska e *Bloomberg*, "'A Quantum Leap in Its Ambition': Europe's Investment Bank", *Fortune*, 15 de novembro de 2019; Kelly Levin

466 Notas

e Chantal Davis, "What Does 'Net-Zero Emissions' Mean? 6 Common Questions, Answered", WRI, 17 de setembro de 2019; Comissão Europeia, *Supplementary Report on Using the TEG Taxonomy*, junho de 2019; *Final Report on Financing a Sustainable European Economy* (março de 2020).

2. Samuel Petrequin e Raf Casert, "EU Commission President Announces 'European Green Deal'", *Christian Science Monitor* via Associated Press, 11 de dezembro de 2019; Jean Pisani-Ferry, "A Credible Decarbonization Agenda Can Help Strengthen Europe's Economy", Peterson Institute for International Economics, 9 de dezembro de 2019; Comissão Europeia, "Europe's Moment: Repair and Prepare for the Next Generation", 27 de maio de 2020; *press release* da UE, "Europe's Moment", 27 de maio de 2020.

3. Christina Zhao, "Alexandria Ocasio-Cortez Warns, 'World Is Going to End in 12 Years'", *Newsweek*, 22 de janeiro de 2019; Green New Deal Fact Sheet, 7 de fevereiro de 2019, https://assets.documentcloud.org/documents/5729035/Green-New-Deal-FAQ.pdf; "House Resolution 109, Recognizing the Duty of the Federal Government to Create a Green New Deal", 2 de fevereiro de 2019. Para uma análise de um *Green New Deal* em termos de "como a economia mudou e o governo evoluiu", ver Jason Bordoff, "Getting Real About the Green New Deal", *Democracy Journal*, 25 de março de 2019.

Capítulo 43: O cenário dos recursos renováveis

1. "The Father of Photovoltaics—Martin Green Profile", ABC, 26 de maio de 2011.
2. John Fialka, "Why China Is Dominating the Solar Industry", *Scientific American*, 19 de setembro de 2016; Charlie Zhu e Bill Powell, "Special Report: The Rise and Fall of China's Sun King", Reuters, 18 de maio de 2013.
3. Martin Green, "How Did Solar Cells Get So Cheap?", *Joule* 3, no. 3, 20 de março de 2019, pp. 631–33.
4. IHS Markit, *PV Module Supply Chain Tracker, PV Installation Tracker; PV Supplier Tracker*; Renewable Energy Policy Network for the 21st Century (REN21), *Renewables 2018: Global Status Report*, p. 97 ("concorrência de preços mortal").
5. IHS Markit, *Global Renewable Power Market Outlook*, março de 2020.
6. Michael Stothard, "Isabelle Kocher", *Financial Times*, 15 de maio de 2016 ("desafio fundamental"); REN 21, Renewables 2018, ("concorrência feroz"); Christopher Crane, CEO Plenary, Edison Electric Institute Annual Convention, 11 de junho de 2019, transcrição.
7. IHS Markit Global Energy Scenarios; Varun Sivaram, *Taming the Sun* (Cambridge, MA: MIT Press, 2018), pp. 43–45.
8. Sivaram, *Taming the Sun*, pp. 56, 71.
9. Ernest Moniz et al., *Optionality, Flexibility & Innovation: Pathways for Deep Decarbonization in California* (Washington, D.C.: Energy Futures Initiative, maio de 2019); Timothy P. Gardner, Michael Stoppard, Dan Clay e Raul Timponi, "Exploring the Efficient Frontier: A Global Perspective on the Gas-Renewables Partnership", Global Gas Strategic Report, IHS Markit, setembro de 2018.

Capítulo 44: Tecnologias revolucionárias

1. IHS Markit e Energy Futures Initiative, *Advancing the Landscape of Clean Energy Innovation Breakthrough Energy Coalition*, fevereiro de 2019, capítulo 3; Third Way, "2019 Advanced Nuclear Map", outubro de 2019.
2. Em 2017, o IHS Markit lançou um programa de pesquisa em larga escala sobre hidrogênio, com foco na Europa, Califórnia e China, e continua a participar do Forum on Hydrogen and Renewable Gas ("Fórum sobre Hidrogênio e Gás Renovável").

Notas **467**

3. Joeri Rogelj et al., "Mitigation Pathways Compatible with 1.5°C in the Context of Sustainable Development", em *Special Report: Global Warming of 1.5°C*, Intergovernmental Panel on Climate Change, Geneva, 2018; IPCC, B. Metz et al., eds., *IPCC Special Report on Carbon Dioxide Capture and Storage. Prepared by Working Group III of the Intergovernmental Panel on Climate Change* (Cambridge: Cambridge University Press, 2005); Francois Bastin et al., "The Global Tree Restoration Potential", *Science* 365, no. 6448 (5 de julho de 2019), pp. 76–79. Para um resumo das opções, ver U.S. National Petroleum Council, *Meeting the Dual Challenge: A Roadmap to At-Scale Deployment of Carbon Capture, Use, and Storage: Final Report*, 12 de dezembro de 2019.
4. Salk Institute, Harnessing Plants Initiative, https://www.salk.edu/harnessing-plants-initiative/.

Capítulo 45: O que significa "transição energética" nos países em desenvolvimento?

1. Timipre Sylva, ministro de Estado para Recursos de Petróleo da Nigéria, Declaração durante a Semana da Energia Russa, outubro de 2019; *WHO Guidelines for Indoor Air Quality: Household Fuel Combustion* (Genebra: World Health Organization, 2014), "Household Air Pollution and Health", 8 de maio de 2018.
2. Governo da Índia, *Economic Survey 2018–2019*, p. 180; Alex Thornton, "7 of the World's 10 Most Polluted Cities", World Economic Forum, 5 de março de 2019.
3. Shreerupa Mitra, ed. *Energizing India: Fueling a Billion Lives* (New Delhi: Rupa Publications, 2019), pp. 13–14, e para um panorama da posição energética indiana.
4. Entrevista com Dharmendra Pradhan.
5. Mitra, *Energizing India*, p. 74 ("economia baseada no gás").
6. Entrevista com Dharmendra Pradhan.

Capítulo 46: O novo *mix*

1. Atul Arya, "Whither Energy Transition?", Blog, 13 de dezembro de 2019.
2. Declarações, International Energy Forum, Beijing, 5 de dezembro de 2019; Conselho de Estado, República Popular da China, "Premier Calls for High Quality Energy Development", 11 de outubro de 2019, http://english.www.gov.cn/premier/news/201910/11/content_WS5da08a3fc6d0bcf8c4c14e92.html.
3. IHS Markit Mobility and Energy Future Scenarios 2019.
4. Tsvetana Paraskova, "IEA Chief: EVs Are Not the End of the Oil Era", OilPrice.com, 22 de janeiro de 2019 (Fatih Birol); John Heimlich, "Tracking Impacts of COVID-19", Airlines for America, 24 de abril de 2020.
5. Fenit Nirappil, "On Patrol with the Enforcer of DC's Plastic Straw Ban", *Washington Post*, 28 de janeiro de 2019.
6. Prachi Patel, "Stemming the Plastic Tide: 10 Rivers Contribute Most of the Plastic in the Oceans", *Scientific American*, 1° de fevereiro de 2018; Fonte: Christian Schmidt, Tobias Krauth e Stephan Wagner, "Export of Plastic Debris by Rivers into the Sea", *Environmental Science and Technology* 51, no. 21 (7 de novembro de 2017); Jeremy Hess, Daniel Bednarz, Jaeyong Bae e Jessica Pierce, "Petroleum and Health Care: Evaluating and Managing Health Care's Vulnerability to Petroleum Supply Shifts", *American Journal of Public Health* 101, no. 9 (2011), pp. 1568–79; *A Sea Change: Plastics Pathway to Sustainability, Multi-Client Study on Recycling & Sustainability*, IHS Markit, novembro de 2018.
7. Mark P. Mills, "Testimony Before the U.S. Senate Energy Committee Sources and Uses of Minerals for a Clean Energy Economy", 16 de setembro de 2019.

468 Notas

Conclusão: O futuro em disrupção

1. Daniel Yergin e Joseph Stanislaw, *The Commanding Heights: The Battle for the World Economy* (New York: Simon & Schuster, 2002).
2. Entrevista; Lee Hsien Loong, "The Endangered Asian Century", *Foreign Affairs*, julho-agosto de 2020, pp. 52, 61.
3. Chris Giles, "Richest Nations Face $17 Trillion Government Debt", *Financial Times*, 25 de maio de 2020.

Epílogo: Neutralidade

1. Lisa Friedman, Simoni Sengupta e Coral Davenport, "Biden, Calling for Action, Commits U.S. to Halving Its Climate Emissions", *New York Times*, 22 de abril de 2021.
2. Xi Jinping, discurso, Cúpula de Líderes sobre o Clima, 22 de abril de 2021, http://www.xinhuanet.com/english/2021-04/22/c_139899289.htm.
3. Parlamento Europeu, "MEPs: Put a Carbon Price on Certain EU Imports to Raise Global Climate Ambition", *press release*, https://www.europarl.europa.eu/news/en/press--room/20210304IPR99208/meps-put-a-carbon-price-on-certain-eu-imports-to-raise-global-climate-ambition
4. Steven E. Koonin, *Unsettled: What Climate Science Tells Us, What It Doesn't, and Why It Matters* (Dallas: BenBella Books, 2021). Koonin foi vice-reitor da Cal Tech e subsecretário de ciência do Departamento de Energia dos EUA durante o governo Obama. Ver também Michael Shellenberger, *Apocalypse Never: Why Environmental Alarmism Hurts Us All* (New York: Harper Collins, 2020).
5. Ver, por exemplo, Energy Transitions Commission, *Making Clean Electrification Possible: 30 Years to Electrify the World Economy*, abril de 2021. https://www.energy-transitions.org/publications/making-clean-electricity-possible.
6. Narendra Modi, discurso, CERAWeek 2021, 5 de março de 2021.
7. Entrevista com Noubar Afeyan, de Walter Isaacson, CERAWeek 2021, março de 2021.
8. "The Hidden Cost of Oil", audiência do Comitê de Relações Exteriores do Senado dos Estados Unidos, 3 de março de 2006, https://www.govinfo.gov/content/pkg/CHRG--109shrg34739/html/CHRG-109shrg34739.htm.
9. *CERAWeek Conversation*, dezembro de 2020.
10. Jack Ewing, "Volvo Plans to Sell Only Electric Cars", *New York Times*, 2 de março de 2021; Daniel Yergin, "How Electric, Self-Driving Cars and Ride-Hailing will Transform the Car Industry", *Wall Street Journal*, 23 de abril de 2021.
11. White House, "Executive Order on America's Supply Chain", 24 de fevereiro de 2021; Comissão Europeia, *Critical Raw Materials Resilience: Charting a Path towards Greater Security and Sustainability*, 3 de setembro de 2020; Thierry Breton, in Michael Peel e Henry Sanderson, "EU Sounds Alarm on Critical Raw Materials Shortages", *Financial Times*, 31 de agosto de 2020.
12. *Hindustan* 4 de setembro de 2020.
13. Agência Internacional de Energia, *The Role of Critical Minerals in Clean Energy Transitions*, maio de 2021, pp. 5, 8, 11–12, 30, 50, 122, 235, https://www.iea.org/reports/the-role-of--critical-minerals-in-clean-energy-transitions; Mark Mills, "Biden's Not-So-Clean Energy Transition", *Wall Street Journal*, 11 de maio de 2021.
14. Agência Internacional de Energia, "Fuel Supply", em *World Energy Investment 2020*, dezembro de 2020, https://www.iea.org/reports/world-energy-investment-2020/fuel--supply#abstract; Agência Internacional de Energia, *Net Zero by 2020: A Roadmap for the Global Energy Sector*, maio de 2021, https://www.iea.org/reports/net-zero-by-2050; Fatih Birol, Columbia University Center for Global Energy Policy, 19 de maio de 2021; Yuka

Obayashi e Sonali Paul, "Asia Snubs IEA's Call", Reuters, 19 de maio de 2021 (Japão); "Nations Dispute IEA's road map", *Financial Times*, 24 de maio de 2021.

15. White House, "Executive Order on Climate-Related Financial Risk", 20 de maio de 2021; White House, "FACT SHEET: President Biden Directs Agencies to Analyze and Mitigate the Risk Climate Change Poses to Homeowners and Consumers, Businesses and Workers, and the Financial System and Federal Government Itself", 20 de maio de 2021; Austin Landis, "President Biden Signs Order to Address Financial Risks of Climate Change", NY1, 20 de maio de 2021, https://www.ny1.com/nyc/all-boroughs/news/2021/05/20/biden-signs--order-financial-risk-climate-change.

16. White House, *Interim National Security Strategy Guidance*, 3 de março de 2021; Reuters, 19 de janeiro de 2021 (Blinken).

17. White House, *National Security Strategy*, fevereiro de 2015.

18. Wang Yi em Ryan Hass, "How China is Responding to Escalating Strategic Competition with the U.S.", *China Leadership Monitor*, 1º de março de 2021, https://www.brookings.edu/articles/how-china-is-responding-to-escalating-strategic-competition-with-the-us; Xi Jinping, discurso, World Economic Forum, 25 de janeiro de 2021, e discurso, Boao Forum, 20 de abril de 2021, XinhuaNet.; Chris Buckley, "The East is Rising", *New York Times*, 3 de março de 2021 ("maior ameaça").

Créditos das Ilustrações

Caderno de fotos 1

página 1, superior: Cynthia & George Mitchell Foundation.
página 1, meio: Foto: Propriedade do Canal do Panamá.
página 2, superior: Matthew Busch/Bloomberg via Getty Images.
página 2, meio: Murchison Oil & Gas, LLC. Ilustração © Doug Oliver, www.fossildesign.com.
página 2, inferior: Michael Wyke/AP Photo.
página 3, superior: Reuters/Jason Reed.
página 3, meio: Reuters/Terray Sylvester.
página 3, inferior: Agencia El Universal/Berenice Fregoso/RCC/ Avalon.red/Photoshot.
página 4, superior: Sergei Kharpukhin/AP Photo.
página 4, inferior: Reuters/Itar-Tass/Kremlin Press Service.
página 5, superior: Reuters/Tobias Schwarz.
página 5, meio: *St. Louis Post-Dispatch* via Polaris Images.
página 5, inferior: Cortesia da Gazprom.
página 6, superior: *Pereyaslav Rada. Reunificação da Grande e Pequena Rússia ("Ucrânia").* Aleksei Kivshenko (1851–1895).
página 6, inferior: Victor Drachev/AFP/Getty.
página 7, superior: Saul Loeb/AFP via Getty Images.
página 8, superior: Reuters/Alexander Natruskin.
página 8, inferior: Dos arquivos da *Pao Novatek*.
página 9, superior: Reuters/Sergei Bobylev/TASS Host Photo Agency/Pool.
página 9, meio: Cortesia da Gazprom.
página 9, inferior: Reuters/Alexei Nikolsky/RIA Novosti/Kremlin.
página 10, superior: British Library/ScienceSource.

472   Créditos das Ilustrações

página 10, inferior: https://commons.wikimedia.org/wiki/File:Destroying_Chinese_war_junks,_by_E._Duncan_(1843).jpg.

página 11, inferior: © Xinhua/Photoshot.

página 12, superior: Wenjie Dong/Getty Images.

página 12, inferior: DigitalGlobe via Getty Images.

página 13, superior: AFP Photo/Ministério das Relações Exteriores do Vietnã.

página 13, inferior: Reuters/Nguyen Ha Minh.

página 14, superior: Time Life Pictures/The LIFE Images Collection via Getty Images.

página 14, inferior: Ji Haixin/VCG via Getty Images.

página 15, superior: Wang Zhao—Pool/Getty Images.

página 15, inferior: Theodore Kaye/Alamy Stock Photo.

Caderno de fotos 2

página 1, superior, esquerda: https://commons.wikimedia.org/wiki/File:Mark_Sykes00.jpg.

página 1, superior, direita: Archives du Ministère de l'Europe et des Affaires étrangères—La Courneuve.

página 1, inferior: © Vice Media LLC.

página 2, superior: https://commons.wikimedia.org/wiki/File:Weizmann_and_feisal_1918.jpg.

página 2, inferior: The Huntington Library, San Marino, California.

página 4, superior: Reuters/Social Media Website via Reuters TV.

página 4, inferior: Departamento de Estado dos EUA.

página 5, superior: © Escritório do Líder Supremo Iraniano/AP Photo.

página 5, inferior: Distribuído pela unidade de mídia militar houthi.

página 6, superior: © The Economist Newspaper Limited, Londres, 6 de dezembro de 2014.

página 6, inferior: Staton R. Winter/Bloomberg via Getty Images.

página 7, superior: Fars New Agency, CC BY 4.0., https://commons.wikimedia.org/wiki/File:Ali_Khamenei_meets_Bashar_al-Assad_in_Tehran_20190225_01.jpg.

página 7, meio: Reuters/Hamad I Mohammed.

página 7, inferior: Jumbo Maritime.nl.

página 8, superior: © Saudi Aramco. Todos os direitos reservados.

página 8, meio: Bandar Algaloud/Saudi Royal Council/Handout/Anadolu Agency/Getty Images.

página 9, superior: Departamento do Interior dos Estados Unidos, National Park Service, Edison National Historic Site.

página 9, meio: Cortesia de Maurizio Pesce, https://flickr.com/photos/30364433@N05/8765031426. Atribuição 2.0 Genérica (CC BY 2.0).

página 9, inferior: Felix Wong/South China Morning Post via Getty Images.

página 10, superior: Stan Honda/AFP via Getty Images.

página 10, meio: Reuters/Gene Blevins.

página 10, inferior: Cortesia de Uber.

página 11, superior: Cortesia de Ford Motor Company.

página 11, inferior: Kiyoshi Ota/Bloomberg via Getty Images.

página 12, superior: Copyright de The University of Manchester.

página 12, inferior: UNFCCC via Flickr.

página 13, superior: Al Drago/Bloomberg via Getty Images.

Créditos das Ilustrações 473

página 13, inferior: Anders Hellberg, Wikipedia CC 4.0 Int'l license.

página 14, superior: Graham Hely/Newspix.

página 14, meio: Kevin Frayer/Getty Images.

página 14, inferior: Alex Hofford/EPA/Shutterstock.

página 15, superior: © Frans Lanting/lanting.com.

página 15, inferior: Cortesia de Siemens Gamesa.

página 16, superior: Karim Sahib/AFP via Getty Images.

página 16, meio: Andrew Harnik/AP photo.

página 16, inferior: Foto da Casa Branca de Adam Schultz.

Índice

Obs.: Os números de página em *itálico* indicam mapas e ilustrações.

11 de setembro de 2001, atentados terroristas de, 214–215, 219–220, 245, 258–260
3D, impressão, 392, 412–413
5G, tecnologia, 176–177, 342–343

Abadi, Haider al-, 230–232
Abdulaziz bin Abdul Rahman (Ibn Saud), 65–66, 287–288
Abdulaziz bin Salman, 271–272, 286–287, 304–305, 312–313
Abqaiq, refinaria de, 279
Abraão, Acordos de, 449–450
Abu Dhabi, 268, 292–295, 300–301
acionistas ativistas, 372–375, 406–407
Administração Estatal de Câmbio (SAFE — State Administration for Foreign Exchange), 135–136
Advancing the Landscape of Clean Energy Innovation (estudo), 391
Afeganistão, 180–181, 209, 214–215, 242–244, 257–260, 289–290
Afeyan, Noubar, ix
África, 44–45, 154, 159, 179, 182–183, 225–226, 395, 403–404
Agência Central de Inteligência (CIA — Central Intelligence Agency), 108
Agência de Projetos de Pesquisa Avançada para Defesa (DARPA — Defense Advanced Research Projects Agency), 336–338

Agência de Proteção Ambiental dos EUA (EPA — Environmental Protection Agency), 325–326
Agência de Segurança Nacional (NSA — National Security Agency), 95, 108
Agência Internacional de Energia, 35–36, 392, 402–403, 405–406
Ahmadinejad, Mahmoud, 219–221
Aizenberg, Eitan, 252
Akerson, Daniel, 322–323
Al Jazeera, 298
Al Qaeda, 214–215, 245, 258–261
 e a Guerra do Golfo, 233–234
Alasca, 26–27, 40, 75
alauitas, 206, 238–239, 241–242
Alberta, Canadá, 52–54, 65–66
Alekperov, Vagit, 81–82
Alemanha
 crescimento econômico antes da Primeira Guerra Mundial, 135–136
 e a Armadilha de Tucídides, 134–135, 155–156
 e a ordem global após a Primeira Guerra Mundial, 199–200
 e ambições nucleares iranianas, 220–221, 224–225
 e caso Khashoggi, 297–298
 e "diesel limpo", 325–326
 e desafios da transição energética, 6–7
 e duto Nord Stream 2, 107–113

476   Índice

e estímulo a fontes de energia renováveis, 383–384, 387–389
e "guinada para o Oriente" da Rússia, 121
e guerra comercial sino-americana, 176–177
e questões de segurança energética na Europa, 90–93
e refugiados sírios, 244
Al-Falih, Khalid, 272–273
Alibaba, 349–350
Aliyev, Ilham, 125
al-Jihad, 257–259
Allison, Graham, 134–135
ambientais, questões, e ativismo
  e desastre nuclear de Fukushima, 91–92
  e disputas de poder global, 1
  e fraturamento hidráulico, 35–36
  e oposição a projetos de dutos, 52–57
  e poluição do ar em ambientes internos em países em desenvolvimento, 395–396
  e reservas de gás de xisto americanas, 117–118
  e transição dos EUA para exportador de GNL, 43–44
  Ver também emissões de carbono; mudança climática
"ambiguidade mútua assegurada", 171–172
Amerada, 24–25
American Journal of Public Health, 404–405
Aname, reino de, 140
Angell, Norman, 460–464
Ansar Allah, 245–246
Aphrodite, campo de, 252
Apple, 346, 356
Árabe, Liga, 235–236
árabe, nacionalismo, 4–5, 198–200, 202–204, 213–214
Árabe-Iraniana, Associação da Amizade, 203–204
Árabe-Israelense, Guerra (1967), 203–204
Arábia Saudita
  conflito com Qatar, 298–299
  e a guerra civil da Síria, 241–242
  e acordo da Opep+, 312–314
  e ambições geopolíticas russas, 77–78, 122, 295–296
  e Bacia do Permiano, 29–31
  e caso Khashoggi, 297–298
  e competição interna no Islã, 4–5
  e conflito no Iêmen, 244–248
  e conflito sectário no Iraque, 227
  e contexto histórico dos conflitos no Oriente Médio, 194
  e desafios da transição energética, 2

e estratégias para o futuro, 284–302
e guerra de preços entre produtores de petróleo, 304–314
e Guerra Irã-Iraque, 211–213
e Irã, 205–206, 208, 219–226
e níveis de produção de energia dos EUA, 68–69
e o nacionalismo árabe de Nasser, 203–204
e protestos da Primavera Árabe, 235–238
impacto da revolução do xisto na, 62–63
origens da riqueza petrolífera, 287–289
Arak, reator nuclear, 223–224
Aramco. *Ver* Saudi Aramco
areias betuminosas, 52, 65–66
Argel, Acordo de, 273–274
Argélia, 91–92
Armadilha de Tucídides, 134–135, 155–156, 412–413
armas de destruição em massa (ADM), 214–217, 235–236. *Ver também* armas químicas
armas químicas, 211–212, 241–244
artefatos explosivos improvisados, 228–229, 336–337
Ártico, reservas de petróleo do, 115–118
Arya, Atul, 400–401
Ásia Central, 124–130, 159–160, 178–185, 189–190. *Ver também países específicos*
Ásia, 44–45, 165, 385–386, 389–390, 400–401, 403–404. *Ver também países específicos, como* China
Asquith, Herbert, 195–196
Assad, Bashar al-, 237–242, 263–264
Assad, Hafez al-, 238–239
Associação das Nações do Sudeste Asiático (ASEAN — Association of Southeast Asian Nations), 150–152, 169–171, 170–171n
Astana, Centro Financeiro Internacional de, 178
Atatürk, Mustafa Kemal, 200–202
atentados a embaixadas no Quênia e Tanzânia (1998), 258–260
Austrália, 44–45, 118, 169–171, 189–190, 274–275
Áustria, 36–37
Austro-Húngaro, Império, 195–196, 199–200
avanços tecnológicos
  China, 175–177
  e desafios geopolíticos atuais, 412–413
  e "energia de baixo carbono", 405–406
  e indústria automobilística, 5–6, 354–361, 402–403, 414–415
  e níveis de produção de petróleo dos EUA, 69–70
  e produção areias betuminosas, 52

Índice   477

e reservas de gás do Ártico, 115–116
e ritmo de inovação, 416–417
e sanções à Rússia, 101–103
e técnicas de fraturamento hidráulico, 14–15
e transporte de contêineres, 163–166
e veículos autônomos, 336–345, 356–357, 360–361
e veículos elétricos, 5–6, 317–335, 356–359, 402–403, 414–415, 417
aviação, combustível de, 60, 379–380
Azerbaijão, 76–77, 79–80, 113–114, 124–127, 206, 274–275

baathistas, 206, 210–212, 214–216, 238–239, 262–263
Bab al-Mandeb, 246–247
Bacia do Permiano, 27–31, 30–31, 68–71, 386–387
Badri, Ibrahim Awad al-, 262–263
Baghdadi, Abu Bakr al-, 262–265
Bahrein, 236–238, 298
Bai Meichu, 141–143, 152
Baker, James, 213–214
Bakken shale, 25–29, 54–55
Balfour, Declaração de, 198–199
Banco Asiático de Investimentos em Infraestrutura (AIIB — Asia International Infrastructure Bank), 182–183
Banco Central Europeu, 187–188
Banco da Inglaterra, 371–372
Banco de Desenvolvimento da China, 384
Banco Mundial, 229–230
Banna, Hasan al-, 254–255
Barkindo, Mohammad Sanusi, 273–275, 310–311
Barnett, xisto de, 13–15, 21, 25–26, 29–30, 30–31
Barra, Mary, 322–324, 357–358, 444
Bashneft, 81–82
bateria, tecnologia de, 317–324, 330–331, 333–335, 391, 416–417, 444–447
Bazhenov, formação, 102–103
Beckman, Robert, 146–148
"Beijing, consenso de", 120
Belarus, 79–80
Ben Ali, Zine el Abidine, 233
Benghazi, Líbia, 235–236
Bernanke, Ben, 33
Bhatt, Alia, 331–332
Biden, Hunter, 114–115
Biden, Joe, 114–115, 233–234, 380, vii, 439–440
Bin Laden, Osama, 257–260

biomassa e biocombustíveis, 382, 396, 398
BlackRock, 372–373
Blinken, Tony, 447–448
Blue Stream, duto, 90
Boko Haram, 264–265
Bolchevique, Revolução, 75, 77–78, 84
Bolsonaro, Jair, 50–51
Bósforo, estreito de, 126
Boston, Massachusetts, 116–118
BP, 22, 81–82, 373–374
Brasil, 44–45, 50–51, 61–63, 311–312
Breakthrough Energy Coalition, 391
Breton, Thierry, 444–445
BRIC, era, 61–63, 81–82, 267
Brookings Institution, 65
Brouillette, Dan, 311–312
Brunei, 40, 145, 170–171n
Budapeste, Memorando de, 99–100
Burgan, campo de petróleo de, 30–31
Burisma, 114–115
Burkan, mísseis, 246–248
Burns, Larry, 340–341, 356
Burns, William, 222–223, 234–235
Bush, George H. W., 27–29, 173–174, 212–215, 233–234
Bush, George W., 173–174, 214–216

cadeias logísticas, 61–62, 134, 412–413, 416–417
Cairo, Egito, 233–234
Caliph's Last Heritage, The (Sykes), 194–195
Câmara de Deputados dos EUA, 3–4, 180–181
Camp Bucca, 262–263
Camp, Garrett, 346–65
Canadá, 52–57, 55–56, 62–63, 102–103, 274–275, 292–293, 307–308, 311–314
Canal de Suez, 117–118, 185–187, 195–196, 198–199, 203–204, 246–247, 254
captura direta do ar, 393
Carder, Daniel, 325–326
Carnegie Mellon University (CMU), 338–341
Carney, Mark, 371–373
Carpio, Antonio, 147–148
carros híbridos, 319–320, 327–329
Carter, Jimmy, 58–59, 209–210
carvão
    e abordagens diversas à mudança climática, 400–401
    e crescimento econômico da China, 157–158
    e desafios da transição energética, 366–367
    e "guinada para o Oriente" da Rússia, 120–121
    e hidrogênio, 392

478 Índice

e resposta da Alemanha ao desastre de Fukushima, 91–92
e transporte ferroviário, 26–27
e veículos elétricos, 328–329
impacto do gás de xisto no, 19–20, 40
Catar, 41, 43–45, 118, 236–237, 271–272, 298–299
Cáucaso, 124, 125
Cazaquistão, 75–77, 79–80, 124–127, 178–181, 184–185, 274–275
Chan Heng Chee, 170–171
Chávez, Hugo, 266–267, 276–277
Cheng Wei, 349–351
Cheniere, 39, 41–45
Chesapeake, 38, 41–43
Chevrolet Volt, 321–324
Chevron, 70–71
Chiang Kai-shek, 141–143
China
    Cinturão e Rota, Iniciativa, 3–4, 137–138, 178–190, *186*
    crescimento econômico, 134–137, 163
    desenvolvimento de recursos petrolíferos, 157–162
    e "tratados desiguais", 122–123, 141–142
    e a Armadilha de Tucídides, 134–135, 155–156, 412–413
    e a Rota do Mar do Norte, 117–118
    e abordagens diversas à mudança climática, 401–402
    e avanços em *Auto-Tech*, 356
    e *boom* na produção industrial americana, 32–33
    e déficits comerciais, 45–46
    e desafios da transição energética, 400–404
    e estímulo a fontes de energia renováveis, viii, 383–390, 444–445
    e geopolítica russa, 82, 118–130
    e impacto global da pandemia do coronavírus, 303–304, 313–314
    e recursos petrolíferos do Oriente Médio, 220–222, 229–230
    e serviços de transporte de passageiros por aplicativos, 349–352
    e tendências energéticas globais, 411
    e tensões no Mar do Sul da China, 139–143, 149–153, *151*, 154–155
    e transição dos EUA para exportador de GNL, 45–46
    e transporte de contêineres, 163–166
    e veículos elétricos, 327–334
    financiamento de projetos de infraestrutura russos, 121–122

guerra comercial e guerra de preços, 33, 67–68, 306–308
impacto da produção de xisto americana na, 61–63
importações de petróleo, 136–137
"Made in China", estratégia, 175–176, 384–385
"oficina do mundo", 135–136, 3–4
poder naval na história chinesa, 154–156
posição global ascendente da, 152, 167–177, 188–190, 412–414
principais desafios enfrentados por, 144–148
Revolução Cultural, 149–150, 168, 329–330
rivalidade com os EUA, 2–5, 67–68, 133–138, 412–414
Século de Humilhação, 155–156, 459–460
China Dream, The (Liu), 135–136
China National Petroleum Company, 128–129
China Ocean Shipping Company, 165
chineses nacionalistas, 142–143, 147–148
Chipre, 113–114, 252–253
chudo (milagre econômico russo), 79–81
chulha, fogões, 396
cibersegurança e guerra, 76, 172–173, 343–344
Cinturão e Rota, Iniciativa (China), 3–4, 137–138, 178–190, *186*
Cleveland Clinic, 294–295
Clinton, Bill, 134, 155, 173–174, 214–216
Clinton, Hillary, 108, 152, 233–235
cobalto, 334, 444–446
Coldwell, Pedro Joaquín, 269
colonialismo, 193–200, *197*
Comando Central dos EUA, 298–299
Comissão de Energia do Senado (EUA), 61
Comissão de Valores Mobiliários dos Estados Unidos (SEC — Securities and Exchange Commission), 327–328
Comissão Europeia, 376–378
Commanding Heights, The (Yergin e Stanislaw), 7–8
commodities, superciclo de, 61–63, 82
Companhia Nacional da Rede Elétrica da China (China), 184–185
Congo, República Democrática do, 334
Congresso dos EUA, 108, 298
ConocoPhillips, 70–71
Conselho da União Europeia, 107
Conselho de Cooperação do Golfo, 236–238, 451–452
Conselho de Estabilidade Financeira, 372–373
Conselho de Estado (China), 340
Conselho de Ministros (União Soviética), 78–79

Índice 479

Conselho de Recursos Aéreos da Califórnia (CARB — California Air Resources Board), 319–321, 325–326, 329–330
Conselho de Segurança da Organização das Nações Unidas, 220–221
Conselho de Segurança Nacional (NSC — National Security Council), 233–234
Conselho dos Guardiões (Irã), 207–208
Conselho Militar Chinês, 141
Conselho Nacional de Inteligência (EUA), 305–306
Conselho Supremo Xiita (Líbano), 238–239
Continental Resources, 25–27
Convenção das Nações Unidas sobre o Direito do Mar, 145–148, 154, 454, 458–459
COP 20 (Copenhague), conferência, 368–369
COP 26 (Glasgow), conferência, viii–ix
Coreia do Norte, 45–46, 138
Coreia do Sul
  e a Rota do Mar do Norte, 117–118
  e exportações de GNL americano, 40, 45–46
  e "guinada para o Oriente" da Rússia, 122–123
  e infraestrutura de petróleo iraquiana, 229–230
  e parceria estratégica sino-russa, 122–123
  e tensões no Mar do Sul da China, 155–156, 172–173
  e transporte de contêineres, 165
coronavírus, pandemia do, ix, 1–2, 4–5, 303–304, 313–314, 439
  e a Iniciativa Cinturão e Rota da China, 180–182
  e Brasil, 50–51
  e China, 4–5
  e conteinerização, 165
  e desafios da transição energética, 2–3, 7–8, 403–408
  e desafios geopolíticos atuais, 412, 417
  e economia chinesa, 135–136
  e emissões de carbono, 399–401
  e guerra de preços de petróleo, 309–310, 312–314
  e Iêmen, 246–247
  e indústria petrolífera saudita, 301–302
  e interesses russos na Ásia Central, 128–130
  e Iraque, 232
  e mercado global de petróleo, ix, 304–307, 439–440
  e propostas de Green Deal, 381, 415–416
  e relações sino-americanas, 127–128, 134–135, 175–176
  e serviços de transporte de passageiros por aplicativos, 352–353

e tecnologia de veículos elétricos, 328–329, 333–334, 360–361
e tendências energéticas globais, 413–417
impacto na geopolítica global, 67–68, 70–71
origens do, 303–304
Corpo de Engenheiros do Exército dos Estados Unidos, 54–57
Corporação de Investimento Privado Internacional (OPIC — Overseas Private Investment Corporation), 188–189
Corporação Financeira dos Estados Unidos para o Desenvolvimento Internacional (DFC — U.S. International Development Finance Corporation), 188–190
Corredor Econômico China-Paquistão, 185–187
Corrida naval anglo-germânica, 460–463
corrupção, 97–98, 169, 230–232, 285–286, 408–409
Covid-19. Ver coronavírus, pandemia do
Crane, Christopher, 387–388
crescimento populacional, 12, 289–290, 356, 366, 401–402
Crimeia, 3–4, 97–101, 100–101, 119, 127–129, 242–243
crise financeira asiática de 1998, 80–81
crise financeira de 2008, 33–34, 322–323, 416–417
Cúpula de Líderes sobre o Clima, viii
Curdistão e população curda, 200–202, 229–230, 241–244, 264–265
Cuzistão, 210–211

Dakota Access, duto, 54–57, 55–56, 379
Dakota do Norte, 24–27, 54–57, 55–56, 275–277
Damman nº 7, poço, 287–288
Daqing, campo de petróleo de, 158
Darby, Abraham, 366, 416–417
Das Kapital (Marx), 150
Dawa, Partido Islâmico, 228, 230–231
"Defesa Nacional da China na Nova Era", 174–175
Dempsey, Martin, 242–243
Deng Xiaoping, 149–150, 165, 169, 412–413
Departamento de Defesa dos EUA, 173–174
Departamento de Energia dos EUA, 43–44
Departamento de Estado dos EUA, 54, 220–223
Departamento de Informações sobre Energia dos EUA, 102–103, 161–162
Departamento de Justiça dos EUA, 26–28, 325–326
Departamento Federal de Investigação dos EUA (FBI — Federal Bureau of Investigation), 108

480 Índice

dependência, 49, 229–230
"desacoplamento", 4–5, 7–8, 134–135
descarbonização, 6–7, 90–91, 365, 372–373, *377–378*, 377–379, 392
desinvestimento, movimento pelo, 372–374. *Ver também* acionistas ativistas
Despertar Sunita, 228, 261–262
Devon Energy, 15–18
DiDi, 349–353, 357, 359–360
diesel, combustível, e veículos, 60, 324–327
Diess, Herbert, 326–327
"Dilema de Malaca", 159, 182–183
Dinamarca, 333–334, 387–388
distribuídos, sistemas de energia, 386–388
Doha, Catar, 271–273
Donbas, região, 84
Donilon, Thomas, 65
Dow, 35–37
drones, tecnologia de, 246–248, 279
Drucker, Peter, 164
dutos
  e a Iniciativa Cinturão e Rota da China, 180–181
  e ativismo ambientalista, 54–57, 379
  e conflitos políticos americanos, 52–57, *55–56*
  e gás natural do Ártico, 115–118
  e GNL americano, 39–41
  e importações mexicanas de gás natural, 49–50
  e produção de petróleo da Dakota do Norte, 26–27
  e suprimentos de gás natural para a Europa, 85–94, 107–115
  impacto da produção de xisto na política externa americana, 66–67
  Ver também nomes de dutos específicos
Dyukov, Alexander, 81–82

Eagle Ford, xisto, 24, 30–31, *30–31*, 48, 61
Earth Justice, 56–57
Eberstadt, Nicholas, 135–136
Ebola, epidemia de, 306–307
Economist, The, 270, 279, 298–300
Edison, Thomas, 319
Egito
  e a guerra civil da Síria, 246–247
  e a Revolução Iraniana, 208
  e Catar, 298
  e contexto histórico dos conflitos no Oriente Médio, 195–196
  e fundamentalismo islâmico, 254–259, 264–265

  e nacionalismo árabe, 202–204, 212–213
  e protestos da Primavera Árabe, 233–235
  e recursos petrolíferos do Mediterrâneo Oriental, 250, 252–253
Einstein, Albert, 382–383
Emirados Árabes Unidos (EAU)
  e ambições nucleares iranianas, 222–223, 225–226
  e Arábia Saudita, 292–295, 298
  e conflito no Iêmen, 246–248
  e guerra de preços entre produtores de petróleo, 304–305
  e protestos da Primavera Árabe, 237–238
emissões de carbono
  e ciclo do carbono, *370–371*
  e desafios da transição energética, 365–366, 368–375, *370–371*
  e disputas de poder global, 1
  e estímulo a fontes de energia renováveis, 382
  e impacto do coronavírus, 399–401
  e propostas de Green Deal, 376–381, *377–378*
  e tecnologia de captura de carbono, 392–394, 405–407, 442–443
  e tecnologias energéticas revolucionárias, 391
  e veículos a diesel, 324–327
  e veículos elétricos, 318–321, 326–327, 335
  impacto do gás de xisto nas, 20
  por setor, *400–402*
  Ver também neutralidade de carbono
emissões de gases do efeito estufa, 53, 370–372, 399–401. *Ver também* emissões de carbono
emissões, padrões de, 324–329, 335
energia elétrica e infraestrutura, 6–7, 19–20, 184–187, 231–232, 334–335, 392
energia eólica
  e a Iniciativa Cinturão e Rota da China, 183–184
  e crescimento econômico da China, 135–136
  e desafios da transição energética, 2, 6–7, 406–407, 440–442
  e esforços europeus de descarbonização, 90–91
  e política da produção de xisto americana, 61
  e processo de Brexit da Grã-Bretanha, 332–333
  e tendências energéticas globais, 1, 382–387, 400–401, 409–410, 414–417
  impacto na fauna, 26–27
energia hidrelétrica, 328–329, 382, 387–390
energia nuclear, 68–69, 91–92, 157, 388–389, 391
energia renovável, 61, 314, 319–320, 382–390

Índice **481**

energia solar
   e a Iniciativa Cinturão e Rota da China, 183–184
   e abordagens diversas à mudança climática, 400–401, 440–442
   e desafios da transição energética, 6–7, 406–407
   e desafios geopolíticos atuais, 414–417
   e disputas de poder global, 1–2
   e esforços europeus de descarbonização, 90–91
   e estímulo a fontes de energia renováveis, 382–390
   e política das exportações de petróleo bruto dos EUA, 61
Energiewende ("virada energética"), 90–92, 383–384
Energy Transfer Partners, 54–57
Eni, 252
EOG, 21–24
Erbil, Curdistão, 229–230
Erdoğan, Recep Tayyip, 243–244, 297, 306–307
Eslováquia, 114–115
Espanha, 42–43, 76, 384
Estados Unidos
   abundância de gás natural, 407–408
   atentados terroristas contra, 207–208, 214–215, 219–220, 223–226, 233–234, 245, 258–260
   como exportador de gás natural, 38–46
   como maior produtor de petróleo, 70–71
   Conselho de Segurança, 220–221
   e a guerra civil da Síria, 242–243
   e abordagens diversas à mudança climática, 401–402
   e Arábia Saudita, 295–296, 299–300
   e batalhas dos dutos, 52–57, 55–56
   e China, 152, 167–177, 188–190, 412–414
   e conflito no Iêmen, 245–247
   e conflitos do Golfo Pérsico, 209–217
   e estímulo a fontes de energia renováveis, viii, 385–387, 444–445
   e estratégia geopolítica russa, 83–85, 99–101, 118–120, 122, 126
   e guerra de preços entre produtores de petróleo, 305–308
   e Guerra do Iraque, 215–216
   e independência ucraniana, 85
   e interesses russos na Ásia Central, 127–129
   e Irã, 208, 218–226
   e Isis, 261–262, 264–265
   e mercados de energia da América Latina, 47–51
   e mujahidin no Afeganistão, 289–290
   e o nacionalismo árabe de Nasser, 202–204
   e primeiras importações de petróleo do Oriente Médio, 58
   e produção de petróleo e gás de xisto, 1–2, 11–14, 16–18, 21–24, *30–31*, 58–71
   e propostas de *Green Deal*, 312–314, 379–381
   guinada para a Ásia, 181–182
   liderança na produção de petróleo e gás natural, 2, 118
   renascimento da indústria, 32–37
   Ver também instituições específicas dos EUA
Estônia, 65–66
"Estrada do Rejuvenescimento, A" (exposição), 168
Estratégia de Defesa Nacional (EUA), 173–174
Estratégia de Segurança Nacional (EUA), 173–174
Europa
   e a Iniciativa Cinturão e Rota da China, 182–185
   e estímulo a fontes de energia renováveis, 385–387
   e impacto do GNL e xisto dos EUA, 44–45, 61, 66–68
   e recursos petrolíferos do Mediterrâneo Oriental, 253
   Ver também União Europeia (UE); *países específicos*
Europa Oriental, 92–93, 113–114
Exército Livre da Síria (ELS ou FSA — Free Syrian Army), 240–241
extraterritorialidade, 112–113, 141–142
ExxonMobil, 22, 70–71, 81–82, 383

Fabius, Laurent, 368–369
Fahd bin Abdulaziz Al Saud, 212–213
Faiçal I, Rei do Iraque, 196–203
Falcon, foguetes, 321–322
Farouk I, Rei do Egito, 202–203
ferrovias, 26–27, 54–55, 180, 184–185, 187–189
Festival Internacional de Cinema Rota da Seda, 183–184
Filhos do Iraque, 261–262
Filipinas, 145–148, 170–171n
Financial Times, 117–118, 267
financiamento de projetos de energia
   e a Iniciativa Cinturão e Rota da China, 182–184
   e estímulo a fontes de energia renováveis, 384–385, 387–389
   e GNL russo, 116–117
   e interesses russos na Ásia Central, 128–130
   e propostas de "recuperação verde", 415–416

482 Índice

Fink, Larry, 372–373
Força Aérea dos EUA, 298–299
Força da Sibéria, duto, 121, 128–130, 159–160
Forças Democráticas Sírias, 243–244
Ford, Bill (e Ford Motor Company), 319, 327–328, 335, 340, 357–358, 360–361
Ford, Henry, 359–361
Fort Laramie, Tratado de, 54–55
Fórum de Gás Natural do Mediterrâneo Oriental, 450–451
Fórum Econômico Internacional de São Petersburgo, 64, 93–94, 127–128
Fórum Internacional de Energia, 273–274
fotovoltaicos, 382–385, 416–417. *Ver também* energia solar
Fracking Debate, The (Raimi), 35
França, 141, 194–196, 200–202, 224–225, 229–230, 243–244, 332–333
fraturamento hidráulico (*fracking*)
 e Bacia do Permiano, 28–30
 e formação Bazhenov, 102–103
 e neutralidade de carbono, 439–440
 e o xisto de Barnett, 13–15
 e origens da produção de xisto, 22–23
 e perfuração horizontal, 15–18, 25–26, 102–103
 e propostas de *Green Deal*, 380
Freeport, instalações de GNL de, *30–31*, 41–45
Fukushima, acidente nuclear de, 68–69, 91–92, 388–389, 417
fundamentalismo islâmico e jihadismo, 254–260
 busca para estabelecer o califado, 4–5, 194–195, 260–264
 e a guerra civil da Síria, 241–242
 e a Iniciativa Cinturão e Rota da China, 180–181
 e a invasão soviética do Afeganistão, 210
 e atentados à Grande Mesquita, 255–258
 e contexto histórico dos conflitos no Oriente Médio, 193–194
 e estratégias sauditas para o futuro, 289–290, 296, 298
 e mídias sociais, 263–265
 e rebelião houthi no Iêmen, 245–248
 Ver também terrorismo
Fundo de Investimento Público (PIF — Public Investment Fund), 300–301
Fundo Monetário Internacional (FMI), 187–188, 304, 313–314
Fundo para a Defesa do Meio Ambiente (EDF — *Environmental Defense Fund*), 35–36

fundos soberanos, 34, 43–44, 105, 293–295, 300–301, 328–329, 408–409
Fuzileiros Navais dos EUA, 136–137

G20, 133, 273–274, 310–312, 376, 413–414
G7, 133
G8, 133
Gadhafi, Muammar, 235–236
Gadkari, Nitin, 331–332
Gaidar, Yegor, 78–79
Galán, Ignacio, 440–442
gás natural/gás natural liquefeito, 38–46
 e a expansão da produção nos EUA, 20
 e abordagens diversas à mudança climática, 405–406
 e ambições geopolíticas russas, 76–77
 e *boom* na produção industrial americana, 33–35
 e desenvolvimento de recursos na China, 159–162
 e exportações americanas para o México, 47–50
 e governo Trump, 45–46
 e o xisto de Barnett, 14–15
 e tensões no Mar do Sul da China, 141
 e transição energética nos países em desenvolvimento, 398
 liquefação e gaseificação, 39–43
 parceria com fontes de energia renováveis, 389–390
 preços. *Ver* preços de petróleo e gás natural
 terminais de, 237–238
gasolina
 e avanços em *Auto-Tech*, 356, 357–360
 e batalhas dos dutos nos EUA, 53
 e comportamentos do consumidor, 408–409
 e "diesel limpo", 324–325
 e embargo do petróleo de 1973, 58–60
 e guerra de preços de petróleo, 307–309, 314
 importações mexicanas, 47, 49
Gates, Bill, 306–307, 372–374
Gates, Robert, 233–235
Gaza, 251
Gazprom, 81–82, 85, 90–91, 93–94, 109–114, 128–129
Geely, 327–328
General Motors, 172–173, 319, 322–324, 357
Georges-Picot, François, 194–198, 200–202
Geórgia (país), 86–87
Ghawar, campo de petróleo de, 30–31, 237–238

Índice 483

gig economy, 348–349
Global Times, 169–170
globalização, 61–62, 188–189, 305–307, 411–412
Golfo do México, 17–18, 22, 28–30, 41–42
Google, 339–342, 345, 351–352, 356–357
Gorbachev, Mikhail, 78–82
Gore, Al, 125, 367–368
GPS, tecnologia de, 337, 341–343
Grã-Bretanha e Reino Unido
  como "oficina do mundo", 3–4, 135–136
  e a Armadilha de Tucídides, 134–135, 155–156
  e a guerra civil da Síria, 243–244
  e a Revolução Iraniana, 206
  e Brexit, 332–333
  e colonialismo no Oriente Médio, 194–200, 197
  e independência ucraniana, 85
  e infraestrutura de petróleo iraquiana, 229–230
  e laços econômicos com a Ásia Central, 178
  e o nacionalismo árabe de Nasser, 202–204
  e Primeira Guerra Sino-Japonesa, 155–156
  e redução das emissões de carbono, 376
Grand Challenge, 337–341
Grande Depressão, 12
Grande Mesquita, atentado à, 255–258, 288–289
Grande Recessão, 34
Grécia, 184–185, 252–253
"Green New Deal", 56–57, 69–70, 379–380
Green, Logan, 347–348
Green, Martin, 383–385
Greenpeace, 55–57, 374–375
Grey, Edward, 462–463
gripe espanhola, pandemia da, 200–201
Groner, Eli, 251
Groningen, campo de, 40, 91–92, 112–113
Grotius, Hugo, 456–459, 463–464
Guaidó, Juan, 278–279
guar, 14–15
Guarda Republicana (Iraque), 214–215
Guarda Revolucionária Iraniana, 207–208, 211–212, 218–220, 228, 237–238, 251, 282
Guardian, The, 374–375
Guerra do Golfo, 125, 214–217, 233–234, 236–237
Guerra Fria, 2, 7–8, 65–66, 75–76, 85, 95, 125, 337, 413–414
guerras comerciais, 33, 134, 172–173, 175–177, 279
Gwadar, Paquistão, 185–187

hachemitas, 199–200
Hainan, ilha de, 159–160
Hajj, peregrinação do, 295–296
Hamas, 251, 275–276
Hambantota, Sri Lanka, 187–188
Hamm, Harold, 24–25
Han, dinastia, 179
Harnessing Plants Initiative, 393–394
HD-981 (navio-sonda), 159–161
Hejaz, 196–198
Hess, John e Hess Corporation, 24–26
Hezbollah Al Hijaz, 211–212
Hezbollah, 225–226, 238–239, 241–253, 260–261, 282, 285
hidrogênio, 391–392, 406–407, 442–443
Himalaia, 189–190
Holanda, 6–7, 40, 90–92, 229–230, 333–334
Holder, Eric, 351–352
Hong Kong, 141–142, 165, 175–176, 180–182, 333–334
Hormuz, Estreito de, 67–68, 141, 159
Houdina, Francis, 337
Houthi, Hussein al-, 245
houthis, 206, 244–248, 279, 285–287
Hu Jintao, 159
Huawei, 176–177
Hungria, 114–115
Hussein bin Ali, xerife de Meca, 196–198
Hussein, Saddam, 210–217, 219, 227–230

Iberdrola, 440–442
Ibn Saud. Ver Abdulaziz bin Abdul Rahman
Iêmen do Sul, 244
Iêmen, 203–204, 244–248, 258–259, 279–281, 285
IHS Markit, 387–388, 400–402, 404–405
Ikhwan, 288–289
Imã Oculto, doutrina do, 219–220
Império Romano, 179
Independência, terminal de gás natural, 113–114
Índia
  "Agir no Leste", 189–190
  e a Iniciativa Cinturão e Rota da China, 189–190
  e abordagens diversas à mudança climática, 400–402
  e avanços em Auto-Tech, 356
  e desafios da transição energética, 6–7, 396–398
  e GNL americano, 45–46
  e sanções ao petróleo iraniano, 220–222

484 Índice

e veículos elétricos, 331–333
impacto da revolução do xisto na, 61–62
reformas de mercado e gás natural, 397–398
Índias Orientais Holandesas, 142–143
Indonésia, 40, 41, 170–171n, 180
indústria automobilística
Auto-Tech, avanços em, 5–6, 354–361, 402–403, 414–415
e veículos autônomos, 336–345, 356–357, 360–361
fabricação de automóveis, 48, 135–136
mercado chinês para automóveis americanos, 172–173
Ver também veículos elétricos
Influence of Sea Power Upon History, The (Mahan), 458–459
Instituto Internacional de Estudos Estratégicos (IISS — International Institute for Strategic Studies), 167
inteligência artificial (IA), 175–176, 338, 342–343, 345, 351–352, 357, 412, 416–417
interferência nas eleições, 76, 83, 86, 108–109
internacional, lei
e liberdade de navegação, 146–147, 152, 167, 169
e tensões no Mar do Sul da China, 145, 169–170
e zonas econômicas exclusivas (ZEEs), 145–147, 150, 160–161, 171–172, 252–253
Ver também questões de soberania
Irã
ambições nucleares, 211–212, 215–216, 219–225, 268, 278–279
e a guerra civil da Síria, 238–239, 243–244
e a invasão soviética do Afeganistão, 209
e competição interna no Islã, 4–5
e conflito no Iêmen, 244–248
e conflito sectário no Iraque, 227–232
e contexto histórico dos conflitos no Oriente Médio, 194
e eleição de Khatami, 218–220
e Hezbollah, 225–226
e interesses geopolíticos russos, 125, 275–276
e protestos da Primavera Árabe, 235–237
e recursos petrolíferos do Mediterrâneo Oriental, 251–250, 252–253
estratégias regionais no Oriente Médio, 227–232, 244–248, 450–451
programa nuclear, 66–67, 219–226
relação com Catar, 298–299
Revolução Iraniana, 65, 205–212, 228–229, 247–248
sanções impostas ao, 61, 219–226, 278–282

Irã, negociações nucleares com o, 221–224
Irã-Iraque, Guerra, 210–212
Iraq Petroleum Company, 239–240
Iraque
conflito sectário no, 227–232
e a guerra civil da Síria, 242–244
e Isis, 260–262, 264–265
e protestos da Primavera Árabe, 238–239
e regime de Saddam Hussein, 210–217
e "Sykes-Picot", 196–198
Guerra do Iraque, 215–216
recursos petrolíferos, 62–63, 202–203, 228–230
Irmandade Muçulmana, 234–235, 251, 255–258, 298
Ischinger, Wolfgang, 109–110
Isis (Estado Islâmico do Iraque e da Síria), 193–194, 230–232, 235–236, 243–244, 254–256, 259–265, 267, 282, 367–368
Israel
e a influência crescente da Rússia no Oriente Médio, 275–276
e contexto histórico dos conflitos no Oriente Médio, 202–203
e Irã, 219–225
e o impacto regional da Revolução Iraniana, 208
e o nacionalismo árabe de Nasser, 203–204
e o regime Mubarak no Egito, 233–234
e recursos petrolíferos do Mediterrâneo Oriental, 251–253
e suprimentos de gás natural para a Europa, 113–114
Itália, 113–114, 184–185, 252–253, 384

Jackson-Vanik, emenda, 108–109
James, Baixio, 142–143
Japão
disputas territoriais, 138, 144
e a ascensão da China, 176–177
e a Iniciativa Cinturão e Rota da China, 189–190
e consumo energético, 401–402
e estímulo a fontes de energia renováveis, 383
e recursos petrolíferos da China, 158, 159
e sanções à Rússia, 104
e tensões no Mar do Sul da China, 140–143, 155–156, 169–173
e transição dos EUA para exportador de GNL, 40
Fukushima, acidente nuclear de, 388–389
jihadistas. *Ver* fundamentalismo islâmico e jihadismo

Jindal, Ajit, 331–333
Johnson, Boris, viii
Journal of Commerce, 39, 166

Kalanick, Travis, 347–349, 351–352
Kashagan, campo de, 126
Kataib Hezbollah, 282
Kawaguchi, Yoriko, 172–173
Keay, John, 455–456
Kenai, Alasca, 40
Kerry, John, 54, vii
Kettering, Charles, 319, 340
Keystone XL, 52–54, 55–56
KGB, 80–81, 108
Khamenei, Ali, 205, 219, 245–246, 282
Khashoggi, Jamal, 297
Khatami, Mohammad, 218–220
Khobar Towers, atentado às, 219
Khodorkovsky, Mikhail, 81–82
Khomeini, Aiatolá Ruhollah, 65, 206–208, 210–212, 218, 233–234, 238–239, 288–289
Khorgas, 184–185
Khosrowshahi, Dara, 351–352
Khrushchev, Nikita, 98–99
Khunjerab, passo de, 185–187
Khurais, refinaria de, 279
Kissinger, Henry, 155–156
Koh, Tommy, 154, 169–170, 454
Kudrin, Alexi, 76–77, 105–106
Kuwait, 65–67, 125, 203–204, 211–216, 268, 287–288

Lagarde, Christine, 187–188
Laos, 169n, 184–185
Lawrence, T. E. ("Lawrence da Arábia"), 198–199
Lee Hsien Loong, 413–414
Lee Kuan Yew, 127
Lenin, Vladimir, 77–78
Lenovo, 349–350
Leste da Ásia, 40
Levantamento Econômico (Índia), 396
Leviatã, campo de, 250–253
Lew, Jacob, 100–102
Líbano, 206, 225–226, 238–239, 243–244, 252, 285
Líbia, 234–236, 242–243, 264–266
Liga das Nações, 200–201
Limites do Crescimento, Os (Clube de Roma), 12
Lindmayer, Joseph, 383
Linha das nove raias, 143, 145–148, *151*, 152, 159, 454–455

lítio, baterias de, 317–322, 330–331, 333–334, 444
Lituânia, 67–68, 113–114
Liu, Jean, 349–352
Liveris, Andrew, 35–37
López Obrador, Andrés Manuel, 49–50, 311–312
Louisiana, 39
Lubmin, Alemanha, 89–90, 93–94, 110–112
Lukoil, 81–82
Lutz, Robert, 321–322
Lyft, 347–349, 357, 359–360

Ma Ying-jeou, 147–148
Mackinder, Halford, 124
Macron, Emmanuel, 110–112
Maduro, Nicolás, 267, 276–279
Mahan, Alfred Thayer, 458–464
Mahathir, Mohammad, 187–189
Maidan, Praça, protestos da, 86, 97–98
Malaca, estreito de, 117–118, 159, 185–187
Malásia, 40, 145, 170–171n, 229–230
Maliki, Nouri al-, 228, 230–231, 261–262
Manchúria, 141–142, 158
Mao Zedong, 121, 142–143, 149, 158, 169
Mapping the Global Future (Conselho Nacional de Inteligência dos EUA), 305–306
Mar Cáspio, 76–77, 79–80
Mar da China Oriental, 150
Mar do Norte, 91–92, 385–386
Mar do Sul da China
    contexto históricos das tensões atuais, 154–156, 453–464
    e a Iniciativa Cinturão e Rota da China, 188–189
    e a linha das nove raias, 143, 145–148, *151*, 152, 159
    e desafios da transição energética da China, 3–4
    e desafios geopolíticos atuais, 413–414, 453–454
    e disputas de navegação, 167, 169
    e estratégias políticas chinesas, 149–153
    e recursos pesqueiros, 141
    e reivindicações territoriais chinesas, 139–148
    e relações comerciais, 163
    e rivalidade sino-americana, 137–138, 173–174, 453–454
    recursos de petróleo e gás natural, 140, 159–162
Mar Negro, 126
Mar Vermelho, 246–247, 295–296
Marcellus, xisto, 18–19, 34, 117–118

486 Índice

Marcos, Os (Qutb), 255–256
Mare Liberum (A Liberdade dos Mares) (Grotius), 457–458
Mares do Sul, ilhas dos, 144
Marinha do Exército Popular de Libertação (China), 155–156
Marinha dos EUA, 146–147, 159
Markey, Edward, 380
maronitas, cristãos, 200–201, 225–226
Marx, Karl, 150
Masdar, 294–295
Massachusetts Institute of Technology (MIT), 357
Mattis, James, 216–217
Mazrouei, Suhail al, 304–305
McClendon, Aubrey, 41–42
McLean, Malcom, 163–165
Mediterrâneo Oriental, reservas de energia do, 251–253
Medvedev, Dmitry, 89–90
Meesemaecker, Georges, 139–141
Menhall, James, 239–240
Merkel, Angela, 64, 89–90, 107, 109–113, 119, 224–225, 325–326
Mesopotâmia, 195–202
metano, emissões de, 35–36, 370–371, 374–375, 380, 389–390
Methane Pioneer, 39, 40
México, 47–50
mídias sociais, 233–234, 239–241, 263–265, 286–287, 354–355
Mikhelson, Leonid, 115–116
"milagre econômico", países do, 40, 79–81
militar, poder e tecnologia
   ataques com mísseis de cruzeiro, 279
   e a ascensão da China, 169–176
   e ambições geopolíticas russas, 76
   e ilhas artificiais chinesas, 145
   e parceria estratégica sino-russa, 121–123
   e rivalidade sino-americana, 136–138
   e tensões russo-ucranianas, 98–100
   gastos com defesa, 82, 252–253
   modernização das forças armadas dos EUA, 136–138
   Ver também naval, poder
Miller, Alexey, 81–82, 93–94, 128–129
mísseis balísticos, 223–225
Mitchell Energy, 13–16
Mitchell, George P., 12–15, 22
mobilidade como serviço, 352–354, 358–360, 412
modernização, 5–6, 141–142, 169, 201–202, 206, 210–211, 298, 392

Modi, Narendra, ix, 45–46, 189–190, 397, 398, 445–446
Mohammed bin Nayef, 286–287
Mohammed bin Salman (MBS)
   e a Revolução Iraniana, 205
   e estratégias sauditas para o futuro, 284–287, 289–290, 292–301
   e guerra de preços de petróleo, 308–310
   e guerra de preços entre produtores de petróleo, 307–309
   e rebelião houthi no Iêmen, 246–247
Mohammed bin Zayed (MBZ), 293–294
mongóis, 84, 155
Moniz, Ernest, 222–223, 389–391
monopólios, 47–50
Moon Jae-in, 45–46
Morsi, Mohamed, 234–235
Motor Trend, 321–322
Movimento Islâmico do Turquestão Oriental, 180–181
Mubadala, iniciativa, 293–295
Mubarak, Hosni, 233–235, 250
mudança climática
   diversidade de abordagens a, 400–401
   e batalhas dos dutos nos EUA, 54
   e desafios da transição energética, 5–7, 365–375
   e disputas de poder global, 1
   e esforços europeus de descarbonização, 90–91
   e propostas de *Green Deal*, 56–57, 69–70, 376–381
   e veículos elétricos, 319–321
   política da, 5–6
mujahidins, 257–259, 289–290
Murkowski, Lisa, 61
Musk, Elon, 317–319, 321–322, 327–330
Myanmar, 170–171n

nacionalismo e movimentos nacionalistas
   e reivindicações territoriais chinesas, 147–148
   e desafios geopolíticos atuais, 411–413
   e contexto histórico dos conflitos no Oriente Médio, 194
   e México, 49–50
   e estratégias sauditas para o futuro, 292–293
   e tensões no Mar do Sul da China, 140–143, 171–172
   e a guerra civil da Síria, 244
   ucraniano, 84
   árabe, 4–5, 198–200, 202–204, 213–214, 255–256
nacionalização da indústria do petróleo, 47–49

Índice **487**

Nahyan, Zayed al, 293–294
Naimi, Ali al-, 269–275
Najaf, Iraque, 231–232
Nansha, ilhas, 169–170
Napolitano, Janet, 98–99
Nasrallah, Hassan, 245–247, 252–253
Nasser, Gamal Abdel, 202–204, 206, 255–257
"Natural Resources and the Commodity
Supercycle" (painel), 61–62
natureza, soluções climáticas baseadas na,
393–394
naval, poder
e a Armadilha de Tucídides, 134–135
e a Iniciativa Cinturão e Rota da China,
189–190
e Dilema de Malaca chinês, 182–183
e história chinesa, 154–156
e liberdade de navegação, 146–147, 152, 167,
169
e rivalidade sino-americana, 137–138
e "Situação do Petróleo no Império Britânico"
(1918), 199–200
Ver também Sul da China, mar do
navios-petroleiros, 40–41, 159, 246–247, 379
Nayef bin Saud, 219
Nazarbayev, Nursultan, 126–127
Nazarbayev, Universidade, 178–179
Nebraska, Departamento de Estradas do, 337
nenet, povo, 115–116
Netanyahu, Benjamin, 251–252
neutralidade de carbono, vii–ix, 1, 6–7, 365,
376–392, 406–407, 440–443
New China Construction Atlas (Bai Meichu),
142–143
New York Times, 207–208, 228–230, 337, 351–
352, 374–375
Newcomen, Thomas, 366
Nguyen Phu Trong, 160–161
Nichols, Larry, 15–18
Nigéria, 266, 271–274
Nissan, 48, 321–322, 329–330
Nixon, Richard, 58–59
Nobel, Prêmios, 367–368, 383
Noble Energy, 250, 252
Nord Stream, dutos, 89–90, 93–94, 107–113,
111, 117–118, 129–130, 305–306
Norte da África, 28–29, 91–92
North Dome, campo de, 41
Noruega, 92–93, 104, 229–230, 274–275, 311–
312, 328–329, 387–388
Novak, Alexander, 269, 273–274, 304–305
Novatek, 115–117
Nuland, Victoria, 97–98

Obama, Barack
e a guerra civil da Síria, 241–244
e a Iniciativa Cinturão e Rota da China,
181–184
e ambições nucleares iranianas, 223–224
e anexação russa da Crimeia, 100–101
e batalhas dos dutos, 53 (Keystone), 56–57
(Dakota Access)
e desafios da transição energética, 368–370
e desenvolvimento do carro elétrico, 329–330
e políticas de gás de xisto, 19–20
e protestos da Primavera Árabe, 233–235
e relações sino-americanas, 173–174
e tensões russo-ucranianas, 96–99
e vazamento de Snowden, 96–97
Ocasio-Cortez, Alexandria, 55–56, 379
Oceano Índico, 141, 189–190
offshore, reservas de energia, 17–18, 22, 28–30,
48, 50, 270–271. *Ver também* Mediterrâneo
Oriental, reservas de energia do; energia eólica
Oil and Gas Climate Initiative, 35–36, 393
Olimpíadas de Inverno de Sochi, 98–99
Omã, 221–223, 274–275
Opep+ ("Aliança de Viena"), 274–278, 304–307,
313–314, 439
Organização das Nações Unidas (ONU), 150,
202–203, 223–224, 235–236, 246–248, 277–
278, 367–368
Organização do Tratado do Atlântico Norte
(Otan), 76, 85–87, 92–93, 109–112, 138,
235–236
Organização dos Países Exportadores de
Petróleo (Opep)
e a Revolução Iraniana, 205
e embargo do petróleo de 1973, 58–59
e guerra de preços, 310–312
e impacto global da pandemia do coronavírus,
304–305
e produção de petróleo soviética, 77–78
Organização Mundial da Saúde (OMS),
395–396
Organização Mundial do Comércio (OMC),
4–5, 134, 158, 172–174, 412–413
Oriente Médio
e a guerra civil da Síria, 237–244
e a Iniciativa Cinturão e Rota da China, 179,
182–183
e a Primavera Árabe, 28–29, 96, 233–240,
244–248, 250, 416–417
e a Revolução Iraniana, 205–208
e ambições nucleares iranianas, 219–226
e desafios da transição energética, 4–6
e desafios geopolíticos atuais, 413–414

488 Índice

e disputa pelo Iraque, 227–232
e guerras do Golfo Pérsico, 209–217
e mercado global de petróleo, 58, 77–78,
199–200, 202–203, 228–232
e nacionalismo árabe, 202–204
e planos do Irã para o Iraque, 227–232
e "Sykes-Picot", 193–198, *197*, 199–202,
213–214, 264–265
influência crescente da Rússia no, 275–276
sistema de mandatos, 200–203, 218
Ver também países específicos
Osirik, reator de, 211–212
Otomano, Império, 4–5, 194–198, 201–202, 254
óxidos de nitrogênio (NOx), emissões de,
324–326

Pachauri, Rajendra, 367–368
Page, Larry, 339–340, 345
Pahlavi, Mohammed Reza Shah, 206–208
Painel Intergovernamental sobre Mudanças
Climáticas (IPCC — Intergovernmental Panel
on Climate Change), 367–371, 392, 441–442
países desenvolvidos, 369–370, 396, 400–401
países em desenvolvimento, 6–7, 61–62, 369–
370, 395–398, 400–402
Palestina, 196–203
Panamá, Canal do, 67–68, 184–185
Papa, Mark, 21–24
Paquistão, 180–181, 185–188, 206, 243–244
Paracel, Ilhas, 140, 142–143
Paraskevopoulos, Savvas (Mike Mitchell), 12
Parceria Transpacífica (TPP — Trans-Pacific
Partnership), 137–138
parcerias estratégicas, 121–122, 129–130, 184–
185, 189–190, 303
Paris, Acordo de (2015), 6–7, 367–373, 393,
405–406, 448
Partido Comunista Chinês, 168–169, 175–176
Partido Democrata (EUA), 4–5, 61, 69–70, 379
Partido Republicano, (EUA), 4–5, 61
Partido Revolucionário Institucional (México),
48
Partido Revolucionário Institucional (PRI), 48
Partido Verde (EUA), 379
Pascual, Carlos, 220–222
Pasdaran (Guarda Revolucionária Iraniana),
211–212
Patriotism Under Three Flags (Angell), 461–462
Pemex, 47–50, 311–312
Peña Nieto, Enrique, 48
Pence, Mike, 174–176
Pensilvânia, 117–118
Pequena Idade do Gelo, 366

perfuração horizontal, 15–18, 24–26, 29–30,
102–103
Pérsico, Golfo, 65–66, 115–117, 159, 209–217,
279, *280*
Peterson Institute for International Economics,
377–378
Petrobras, 50
petróleo árabe, embargo (1973), 58–59, 65
phoebe oriental, 26–27
pico do petróleo/pico de demanda, 5–6, 158,
290–292, 401–402, 404–405
Pioneer Natural Resources, 28–30
Piraeus, porto de, 184–185
Plano Marshall, 181–182
plásticos, 403–405, 416–417
polissilício, 384–385
política populista, 49–51, 411
Polônia, 90, 114–115
poluição atmosférica, 159–160, 330–333, 395.
Ver também emissões de carbono; emissões de
gases do efeito estufa (GEE)
poluição, 39–40, 330–333. *Ver também* emissões
de carbono; emissões de gases do efeito estufa
Pompeo, Mike, 65, 169–170, 187–188
Potential Gas Committee, 19–20
Pradhan, Dharmendra, 277–278, 331–332,
397–398
preços de petróleo e gás natural
controles de preço americanos, 58–60
e a Revolução Iraniana, 206
e ataques do Isis no Iraque, 261–263
e *boom* na produção industrial americana,
36–37
e choques de preço de 2014, 104
e desenvolvimento de recursos petrolíferos na
China, 159–160
e economia mexicana, 48
e embargo do petróleo de 1973, 58–59
e "guinada para o Oriente" da Rússia, 120
e impacto do colapso no Iraque, 230–231
e laços econômicos com a Ásia Central, 178
e preocupações com pico do petróleo/pico
de demanda, 5–6, 158, 290–292, 401–402,
404–405
e "superciclo de *commodities*", 61–63
e sanções americanas à Russia, 101–102,
104–106
impacto do fraturamento hidráulico nos,
16–17, 21–22
Primavera Árabe, 28–29, 96, 233–240, 244–248,
250, 416–417
Primeira Guerra do Ópio, 141–142
Primeira Guerra Mundial

Índice 489

e a Armadilha de Tucídides, 134–135, 155–156
e contexto histórico dos conflitos no Oriente Médio, 194–195
e crescimento econômico alemão, 135–136
e nacionalismo ucraniano, 84
e origens do nacionalismo árabe, 203–204
ordem global após, 196–203
Primeira Guerra Sino-Japonesa, 155–156, 459–460
Programas de Realização da Visão (Arábia Saudita), 294–295
propano, 398
propriedade intelectual, disputas, 172–175, 351–352
Putin, Vladimir, 76–77, 80–82, 128–129
e a guerra civil da Síria, 242–244
e conflito Rússia-Ucrânia, 86–88, 98–101
e desafios da transição energética da Rússia, 2–3
e "guinada para o Oriente" da Rússia, 119–123
e guerra de preços entre produtores de petróleo, 306–307, 309–312
e interesses russos na Ásia Central, 127–129
e oposição a exportações russas de gás natural, 110–112
e política americana, 108
e reservas de gás do Ártico, 116–118
e suprimentos de gás natural russo para a Europa, 90
e tensões com a Ucrânia, 96–98
impacto da revolução do xisto na política externa americana, 66–67
relação com sauditas, 303
sobre negociações sobre gás natural, 87–88

Quds, Força, 225–226, 228–229, 231–232, 243–244, 251, 262–263, 282
Quênia, 258–259
questões de intermitência, 6–7, 385–389, 391
Quinta Frota dos EUA, 236–237
Quirguistão, 124, 180–181, 184–185
Qutb, Sayyid, 255–259

Racketeer Influenced and Corrupt Organizations (RICO — Lei Federal das Organizações Corruptas e Influenciadas pelo Crime Organizado), Lei, 56–57
Raimi, Daniel, 35
Ramírez, Rafael, 269
RAND Corporation, 136–137
Ras Tanura, terminal de petróleo de, 237–238, 280

Reagan, Ronald, 58–60, 92–93, 173–174
Real Sociedade Geográfica, 124
reciclagem, 403–404
Reema bint Bandar Al Saud, 308–309
reféns, crises de, 207–208, 223–224, 233–234, 255–256, 259–260
refugiados, crises de, 241–244, 276–277
Reino Unido. *Ver* Grã-Bretanha e Reino Unido
Relações Exteriores da China, Ministério das, 145–146
REN, 385–387
Renault-Nissan, 321–323
República Árabe Unida, 239–240
República da China, 141–142
República Popular da China, 142–143
Revolução Cultural, 149–150, 168, 329–330
revolução do petróleo e gás natural de xisto
e Bacia do Permiano, 27–31
e *boom* na produção industrial americana, 33–35
e desafios da transição energética, 7–8
e impacto econômico, 266–283, 413–414
e neutralidade de carbono, 439–440
e recursos russos, 102–103
e transição dos EUA para exportador, 38, 41–44, 58–60
impacto geopolítico na Rússia, 64–65
impacto na geopolítica global, 60–61, 64–71
impacto no petróleo no Oriente Médio, 221–222
no Texas, *30–31*
origens da indústria, 21–24
Revolução Industrial, 135–136, 366–367
Revolução Laranja, 86–87
Rice, Condoleezza, 87–88
Richardson, Bill, 125
Richthofen, Ferdinand von, 179
Roosevelt, Theodore, 458–459
Rosas, Revolução das, 86–87
Rosen, Harold, 317
Rosneft, 81–82, 108–109, 122, 160–161, 269, 305–306
RosUkrEnergo, 87–88
Rota da Seda Marítima, 180, 185–187
Rota da Seda Polar, 117–118
Rota da Seda, 179–180
Rota da Seda, Fundo, 182–183, 189–190
Rota do Mar do Norte, 116–118
Rothschild, Lionel, 198–199
Rouhani, Hassan, 222–225
Rousseff, Dilma, 50
Royal Shakespeare Company, 374–375
Rudd, Kevin, 170–171

490 Índice

Rússia (Federação Russa), 75–81, 84, 97–98
desenvolvimento de recursos de gás natural,
76–82
desenvolvimento de recursos do Ártico,
114–118
e a ascensão da China, 173–174
e a guerra civil da Síria, 242–244
e a Iniciativa Cinturão e Rota da China,
182–183, 188–190
e acordo da Opep+, 312–314
e Ásia Central, 124–130
e conflito na Ucrânia, 85, 99–103, *100–101*
e contexto histórico dos conflitos no Oriente
Médio, 195–196
e desafios da transição energética, 2–4
e desenvolvimento de recursos petrolíferos na
China, 159–160
e Gazprom, 85–87
e GNL americano, 46
e guerra de preços entre produtores de
petróleo, 308–313
e impacto global da pandemia do coronavírus,
304–305
e interferência nas eleições, 76, 83, 86, 108–
109
e mercado global de petróleo, 413–414
e produção de energia dos EUA, 68–71
estratégia de "guinada para o Oriente", 118–123
exportações de trigo, 105
impacto da revolução do xisto na, 61–63
petróleo e poder estatal, 104–106
reservas de gás do Ártico, 101–103
Russo-Georgiana, Guerra, 96
"superpotência energética", 76–77
sanções à, 99–106
suprimentos de gás natural para a Europa, 83,
85–88, 89–94, 107–113, *111*, 117–118
Rússia de Kiev, 84

Sabetta, 115–117
SABIC, 298–299
Sabine Pass, instalações de GNL de, 41–45
Sadat, Anwar, 208, 256–258
Sakhalin, ilha, 115–116
Saleh, Ali Abdullah, 244–248
Salk Institute, 393–394
Salman bin Abdulaziz Al Saud
e estratégias sauditas para o futuro, 286,
291–293, 298
e guerra de preços de petróleo, 306–312
e rebelião houthi no Iêmen, 246–247
e relações com a Rússia, 303

Samotlor, campo de petróleo de, 30–31
Samuelsson, Håkan, 444
Sanaa, Iêmen, 244–246
Sanders, Bernie, 380
Sangam, Urja, 397
Santa Rita 1, poço, 27–28
SARS, epidemia de (2002), 135–136, 303–304,
306–307
Saudi Aramco, 237–238, 269, 272–273,
298–302
Scarborough, Baixio, 146–148
Schroeder, Gerhard, 89
Scowcroft, Brent, 213–214
Sebastopol, Crimeia, 99–100
Sechin, Igor, 81–82, 108–109, 269, 305–306
Šefčovič, Maroš, 62–63, 107
Segunda Guerra Mundial
e a expansão soviética da produção de
petróleo, 77–78
e produção de petróleo na Bacia do Permiano,
27–28
segurança energética e independência
e abordagens diversas à mudança climática,
400–402
e desafios geopolíticos atuais, 414–415
e desenvolvimento de recursos petrolíferos na
China, 161–162
e governo Nixon, 29–30
e importações canadenses para os EUA, 53
e oposição a exportações russas de gás natural,
113–114
e política da produção de xisto americana, 61
e recursos petrolíferos do Mediterrâneo
Oriental, 250–253
e relações russo-europeias, 87–88
e suprimentos de gás natural para a Europa,
89–94
e tensões no Mar do Sul da China, 172–173
e transição energética nos EUA, 2–3
e transição energética nos países em
desenvolvimento, 396–397
e veículos elétricos, 330–331
Sempra LNG, instalações da, 43–45
Senados dos EUA, 3–4, 110–112, 146–147,
247–248, 297–298, 329–330
Serviço de Geologia dos Estados Unidos,
101–102
Serviço de Pesca e Vida Selvagem dos EUA,
26–28
serviços de transporte de passageiros por
aplicativos e táxis, 332–333, 336, 346–353,
356–361

Índice   491

SH Griffin n° 4, poço de gás natural, 11–12, 14–15, 69–70
Shan Zhiqiang, 455
Shandong Yuhuang, 36–37
sharia, lei, 222–223, 241–242, 262–263
Shattered Peace (Yergin), 7–8
Sheffield, Scott, 29–30
Shell, 22, 42–43, 373–374
Shenzhen, China, 67–68
Shultz, George, 92–94, 102–103
Sibéria Ocidental, 77–80, 102–103
Sibéria, 77–82, 92–93, 102–103, 125, 178
Sibéria-Pacífico (ESPO), oleoduto, 122
Sibneft, 81–82
Silício, Vale do, 319–320, 323–324, 344–345
Sinai, península do, 250
Síndrome respiratória do Oriente Médio (Mers), 272–273, 306–307
Singapura, 153, 154, 165, 167–168, 170–171, 170–171n, 413–414
Sinopec, 67–68
Sionismo, 198–199, 219–220
Síria
   Curdos, 241–244
   e a influência crescente da Rússia no Oriente Médio, 275–276
   e a Revolução Iraniana, 206
   e contexto histórico dos conflitos no Oriente Médio, 200–203
   e Isis, 260–265
   e o nacionalismo árabe de Nasser, 203–204
   e "Sykes-Picot", 196–198
   guerra civil, 237–244
Sisi, Abdel Fattah el-, 234–235
Sistani, Ali al-, 231–232
Sivaram, Varun, 388–389
Smil, Vaclav, 367
Smith, Adam, 367, 457–459
Smith, Michael, 41–43
Snowden, Edward, 95–99
soberania, questões de
   e desenvolvimento de recursos petrolíferos na China, 159–161
   e reivindicações territoriais chinesas, 139–148, 150–152
   e contexto histórico dos conflitos no Oriente Médio, 194–195, 201–203
   e tensões no Mar do Sul da China, 169–170
   reivindicações de "soberania absoluta", 3–4, 120, 182–183, 189–190
Sobre a China (Kissinger), 155–156, 460–461

Sobre as Leis da Guerra e da Paz (Grotius), 457–458
Sochi, Olimpíadas de, 98–99, 128–129
Sociedade de Engenheiros Automotivos (SAE — Society of Automotive Engineers), 341–342
Soleimani, Qassem, 228–231, 236–238, 243–244, 247–248, 282
Son, Masayoshi, 285
Sony, 319–320
Souki, Charif, 38–39, 41–43
South China Morning Post, 185–187
South Pars, campo de, 41
SpaceX, 317, 321–322
Spraberry e Wolfcamp, 30–31
Spratly, ilhas, 139–140, 142–143, 147–148, 169
Sri Lanka, 187–188
St. James, paróquia civil de, Louisiana (EUA), 32–33
Stalin, Joseph, 77–78
Standard Oil, 287–288
Standing Rock, tribo sioux, 54–55
Stanford, Universidade de, 269, 318, 323–324, 338–340, 357
status de "superpotência energética", 2–3, 62–63, 76–77
Stavridis, James, 138
Stein, Jill, 379
Steinitz, Yuval, 252–253
Steinsberger, Nick, 14–15
Stevens, Chris, 235–236
Steward, Dan, 14
Strata, 294–295
Straubel, J. B., 317–321, 333–334
subsídios, 172–173, 328–334, 360–361
Sudeste Asiático, 155, 167–168, 189–190. *Ver também países específicos*
Suécia, 387–388, 402–403
Sunitas
   e ataques do Isis no Iraque, 261–262
   e conflito sectário no Iraque, 227–228, 230–231
   e contexto histórico dos conflitos no Oriente Médio, 201–202
   e desafios da transição energética no Oriente Médio, 4–5
   e Hamas, 251
   e protestos da Primavera Árabe, 236–239
   e regime de Saddam Hussein no Iraque, 210–211
sustentabilidade, 188–189, 340–341, 372–373, 377–378, 397

492 Índice

Swensen, David, 373–374
Sykes, Mark, 194–198, 200–201
Sykes-Picot, linha, 193–198, *197*, 199–202, 213–214, 264–265
Sylva, Timipre, 395

Tahrir, Praça, Cairo (Egito), 233–235
Taiwan
  e GNL americano, 40
  e República Popular da China, 137–138, 159, 174–175
  e rivalidade sino-americana, 137–138
  e tensões no Mar do Sul da China, 142–143, 145, 147–148, 152, 155–156, 459–460
  e transporte de contêineres, 165
Taiwan, estreito de, 155
Tajiquistão, 124, 180–181
takfir, 255–256, 258–259
Taliban, 214–215, 259–260
Tamar, campo de, 250
Tanzânia, 258–259
tarifas, 86, 97, 279, 377–378, 383–384, 398. *Ver também* tributação e política tributária
Tarim, bacia de, 180–181
Tata Motors, 332–333
Tavares, Carlos, 328–329
táxis. *Ver* serviços de transporte de passageiros por aplicativos e táxis
Taxonomia (relatório da UE), 377–378
TC Energy (TransCanada), 53
Tchukotka, península de, 75–76
Tempestade Decisiva, Operação, 246–247
Tengiz, campo de, 126
tensões no mercado global de petróleo, 266–283, 413–414
terremotos, 35
terrorismo, 214–215, 219–220, 225–226, 228–229, 237–238, 245, 251, 255–260, 264–265, 279–281, 288–289
Tesla, 319–324, 327–330, 333–334
Texas, 11–18, 26–27, 29–30, *30–31*, 35–37, 386–387
Texas, Oeste do, 27–28
Thatcher, Margaret, 212–213
The Woodlands, Texas, 13–14
Three Forks, estrato de, 25–26
Three Mile Island, acidente nuclear de, 338
Thrun, Sebastian, 338–342, 345
Thunberg, Greta, 371–372
Tibete, 152
Time, 24–27
TNK-BP, 81–82

Tokayev, Kassym-Jomart, 127
Total, 116–117
Toyoda, Akio, 357
Toyota, 327–328, 357
Transcaspiano, Oleoduto, 125–126, 180–181
transição energética
  consenso emergente sobre questões climáticas, 369–375
  e a posição dos EUA, 2–3
  e abordagens diversas à mudança climática, ix, 400–401
  e Acordo de Paris, 367–370
  e desafios globais da atualidade, 1–8, 414–417
  e estímulo a fontes de energia renováveis, 382, 387–389
  e IPCC, 367–368
  e países em desenvolvimento, 395–398
  e propostas de *Green Deal*, 376–381
  e tecnologia de captura de carbono, 406–407
  e tecnologias energéticas revolucionárias, 391–394
  perspectiva histórica sobre, 365–367
transporte de contêineres, 163–166
Tratado de Lausanne, 200–201
Tratado de Nanquim, 141–142
tributação e política tributária, 61, 328–330, 335, 376, 408–409. *Ver também* subsídios; tarifas
Truman, Harry, 65–66, 210
Trump, Donald
  e influência dos EUA, 188–189
  e ambições nucleares iranianas, 224–225
  e projeto do duto Nord Stream 2, 109–113
  e batalhas dos dutos nos EUA, 56–57
  e guerra de preços entre produtores de petróleo, 308–312
  relação com a Rússia, 108
  e interferência russa nas eleições, 83
  e relações com Arábia Saudita, 298
  e a guerra civil da Síria, 243–244
  e rivalidade sino-americana, 137–138, 172–174
  e GNL americano, 45–46
  retirada do Acordo de Paris, 369–370
  impeachment, 3–4, 114–115
Tunísia, 233
turcomanos, 201–202
Turcomenistão, 124, 180–181
Turquia
  e a guerra civil da Síria, 241–242
  e a ordem global após a Primeira Guerra Mundial, 199–202
  e Arábia Saudita, 298–299
  e caso Khashoggi, 297

Índice   **493**

e gasodutos russos, 90, 108–109
e infraestrutura de petróleo iraquiana, 229–230
e Isis, 263–264
e recursos petrolíferos do Mediterrâneo Oriental, 252–253
Tusk, Donald, 107
Twitter, 233–234, 369–370

Uber, 346–353, 355, 357, 359–360
Uchiyamada, Takeshi, 327–328
Ucrânia
  e anexação russa da Crimeia, 98–103
  e colapso da União Soviética, 78–80
  e desafios geopolíticos atuais, 413–414
  e estratégia geopolítica russa, 83–85
  e exportações russas de gás natural, 107–118
  e Gazprom, 85–87
  e isolamento político russo, 242–243
  e política da produção de xisto americana, 61
  e suprimentos de gás natural para a Europa, 114–115
  e tensões Ocidente-Oriente, 95–98
Uigures, 180–181
União Econômica Eurasiática, 97–98, 189–190
União Europeia (UE)
  e ambições geopolíticas russas, 76, 119
  e anexação russa da Crimeia, 99–100
  e desafios da transição energética, 368–369
  e duto Nord Stream 2, 107–109, 112–114
  e propostas de *Green Deal*, 376–379
  e questões de segurança energética na Europa, 90–93
  e refugiados sírios, 244
  e suprimentos de gás natural russo para a Europa, 90
  e tensões russo-ucranianas, 97–98
  Europe's Optical Illusion (Angell), 461–462
União Soviética
  colapso da, 2–3, 61–62, 78–84, 98–99, 121, 124–125, 134–135, 180, 210, 274–275
  e a Revolução Iraniana, 206
  exportações de petróleo e gás natural para a Europa, 91–94
  invasão do Afeganistão, 209–210, 257–259, 289–290
Universidade do Texas, 16–17, 27–28
Usbequistão, 124
USS *Cole*, atentado ao, 245, 258–259
USS *Impeccable*, 150
USS *John S. McCain*, 152
USS *Theodore Roosevelt*, 449

Uteybi, Juhayman al-, 255–258
Utica, xisto, 18–19

Varadi, Peter, 383
veículos elétricos (VEs), 5–6, 317–335, 356–359, 402–403, 414–417
veículos zero emissões (VZEs), 319–321
Venezuela, 77–78, 266–269, 275–279
"vergonha de voar", 374–375, 402–403
Versailles, Conferência de Paz de, 199–201
Vietnã, 139–141, 145–153, 159–161, 165, 169–170
Visão 2030 (Arábia Saudita), 286–287, 292–296, 300–302, 310–311
Volkswagen, 324–327, 329–330, 357–358
Volvo, 326–328, 444
Von der Leyen, Ursula, 376–379
Voz da República Islâmica do Irã, 289–290
Voz dos Árabes, rádio, 203–204

Wagoner, Rick, 322–323, 340
wahabismo, 288–290
Wahhab, Muhammad ibn Abd al-, 288–289
Wall Street Bar and Grill (Midland, Texas), 28–29
Wall Street Journal, 18–19
Wan Gang, 329–331
Wang Jinshu, 32–33
Wang Yi, 449
Wang Yilin, 128–129
Warren, Elizabeth, 380
Washington Post, 297
Watt, James, 367
Weihai, China, 155–156, 459–460
Weizmann, Chaim, 198–199
West Virginia University, 325–326
Whittaker, William "Red", 338–341
Williston, bacia de, 24–26
Wilson, Woodrow, 200–201
Wisner, Frank, 233–235
Wordsworth, William, 233
World Resources Institute, 377–378
World Trade Center, atentado ao (11 de setembro), 214–215, 258–260
Wright, Lawrence, 255–256
Wu Qian, 174–175
Wu Shengli, 155–156, 454, 459–460

Xi Jinping
  e a Armadilha de Tucídides, 134–135
  e a Iniciativa Cinturão e Rota da China, 178–180, 184–185, 188–190

494 Índice

e desafios da transição energética, 368–369
e "guinada para o Oriente" da Rússia, 119, 121–123
e interesses russos na Ásia Central, 127–129
e investimento chinês nos Estados Unidos, 33
e rivalidade sino-americana, 136–138, 449
e tensões russo-ucranianas, 98–99
formação política de, 168–169
Xiismo/xiitas
e conflito sectário no Iraque, 227–232
e desafios da transição energética no Oriente Médio, 4–5
e estratégias religiosas sauditas, 289–290
e objetivos iranianos no Oriente Médio, 225–226
e protestos da Primavera Árabe, 236–238
e regime de Saddam Hussein no Iraque, 210–211
Xinjiang, região de, 180–181

Yamal, Península de, 115–118
Yamal-Europa, duto, 90
Yang Jiechi, 152–153

Yanukovych, Viktor, 86, 97–98
yazidis, 201–202, 264–265
Yeltsin, Boris, 78–82
Yom Kippur, Guerra do, 58–59
Yuhuang Chemical Company, 32–33
Yukos, 81–82
Yushchenko, Viktor, 86–87

Zanganeh, Bijan, 271–274
Zawahiri, Ayman al-, 258–260
zaydis, 245
Zelensky, Volodymyr, 110–112
Zeng Ansha (Baixio James), 143
Zhang Qian, 179
Zheng He, 154–155, 166, 180, 455–458, 463–464
Zimmer, John, 347–349
Zimride, 347–348
Zoellick, Robert, 176–177
Zohr, campo de, 252
zonas econômicas exclusivas (ZEEs) e águas territoriais, 144–147, 150, 160–161, 171–172, 252–253